程千帆全集

7

程千帆／著

古诗今选

凤凰出版社

目　次

第二部分　唐诗（上）

第二部分　唐诗（下）

第三部分　宋诗

古诗今选

程千帆
沈祖棻
撰
莫砺锋
校订

前　言

在伟大祖国丰富的文学遗产中，诗歌是一个极其重要的组成部分。就今天文艺科学的概念说，诗歌的样式并不限于过去被称为诗的作品。以汉语诗歌而论，周代的四言诗、汉以来的五七言诗，还有历代为数不多的杂言诗，本有诗名，固然是诗，而许多当时另有名目，并不叫作诗的作品，如辞、赋、词、散曲、时调小曲、鼓书、弹词之类，也都是诗的一部分，只是它们的成就不同，因而在文学史上所占的比重也各有不同。

单就传统概念的诗来说，由于四言诗的盛行时期远在周代，汉魏以下很少有人写四言诗，所以五七言诗是诗歌中流行得最悠久和最广泛、作品最丰富的样式。从汉代到现代，它们一直为广大作家所喜爱和熟习，经常加以运用。从汉到宋这一千多年当中，更是其最盛行的时代。祖国文学史上的第一流诗人基本上都是用五七言诗这种样式来写作的。

这部小书，就是由汉到宋的五七言诗的一个选本（按照传统习惯，也包括了一小部分六言诗和杂言诗）。因为这一部分遗产异常丰富，这里所选的不过是“沧海一粟”。但从这少数的作品里，依然可以看出祖国古典文学这一组成部分的巨大成就。

和整个古典文学相一致，五七言诗中的优秀作品也是以健康的思想内容和精湛的艺术形式的高度统一为其基本特征的。古代的优秀诗人都很重视作品的思想内容，反对淫靡不振的思想倾向和为文造情的无病呻吟。从本书中也可以看出，卓越的诗人们总是关注着国家和社会，在自己的作品中真实地、艺术地反映人民的生活及其喜怒哀乐。因而这些作品放射着进步思想的光辉，洋溢着艺术的魅力，使人们受到鼓舞和教育。

例如：许多篇章反映了贫富不均、贤才被抑等社会黑暗现象。在这些作品中，诗人充满了对被剥削、被压迫的人民群众和怀才不遇的贤能之士的同情，也充满了对巧取豪夺、荒淫骄奢的统治者及尸位素餐、祸国殃民的黑暗势力的憎恶。这就激发了一切有正义感的人们为改变不合理现状而进行斗争的决心，在某种程度上，起了推动历史向前发展的作用。

例如：许多有关妇女问题的作品，比较广泛地反映了由宫廷到农村各阶级阶层的妇女生活，揭示了古代妇女不仅和多数男子一同受着不公正社会的压迫，还单独受着夫权的压迫这一生活真实。如我们所熟知，妇女解放的程度是一般解放的天然尺度。诗人们对于妇女问题的强有力的呼吁，以及由之而引起的反响，就不能不动摇着封建社会的黑暗统治。

例如：我们中华民族的各族人民，一向赞成平等的联合，而不赞成互相压迫。诗人们把人民的愿望反映在创作里，于是，就产生了许多反抗民族侵略和压迫、歌颂民族英雄的诗篇，以及斥责穷兵黩武、劳民伤财，反对不义战争的诗篇。这些作品，在不同程度上体现了祖国各族人民热爱和平和正义的高尚情操。

此外，诗人们还歌颂了普通人民的勤劳、勇敢、智慧这些优良品质，歌颂了纯洁的爱情和诚挚的友谊，歌颂了祖国雄伟壮丽的山河，歌颂了杰出的历史人物及其在政治、军事、艺术各方面的成就。这一切，都能使人们的精神世界更为广阔和深刻，使人们对生活更加热爱。

事实上，五七言诗所表现的进步思想，其内容是非常丰富、复杂的。从对阶级斗争比较正确的反映一直到对风景的优美感受和对爱情的健康描绘，都应当包括在内。当然，作品的题材有大有小，有重有轻，不能不加区别，等量齐观；但如果把它们孤立起来，认为彼此并无关联，那也是不妥当的。在人民的生活中，这一种健康的感情与那一种健康的感情之间，这一种美好的事物与那一种美好的事物之间，必然存在着不同程度的内在联系。

祖国古典文学中所体现的进步思想是古代人民先进的、多少带有民主性和革命性的思想感情的结晶；而任何文艺作品都是内容与形式的有机统一体，生活构成了作品的内容，借以表现这些内容的则是艺术形式。每个民族，由于它各有其表现于民族文化特点上的不同的精神形态，各有其民族特点、特殊性，因此，适应着每个民族生活的独特内容，也就有其文化上的独特形式，即民族形式。这种民族形式，是每个民族广大人民所创造出来的。它们在长远的历史过程中逐渐形成，并且和在长远的历史过程中不断发展的人民生活相适应,因而为这个民族的广大人民所喜爱。

语言是文学的根本材料。民族语言就是文学的民族形式所赖以存在和发展的手段。它将文学的民族形式固定起来,赋予它以生命以及风格、气派等等。祖国文学从古到今,由于各族人民所具有的高度创造性,拥有丰富多彩的民族形式。它们通过各民族语言,异曲同工地显示了新鲜活泼的、为中国老百姓喜闻乐见的中国作风和中国气派。

五七言诗是我国汉语文学民族形式的一个组成部分。五言诗和七言诗都起源于民间歌谣。远在周代,在一些民间劳动歌曲和抒情歌曲中,已经出现了五言句和七言句;到西汉时代,就有了整篇的五言诗和七言诗。西汉末年,东汉初年,作家们开始注意并且利用这些从民间来的新样式来从事创作。其中一部分,还配乐歌唱,和入乐的民间创作同样被称为乐府诗。由于当时入乐的主要是五言诗而非七言诗,而作为歌词来流传对于诗歌的发展又起着重要的促进作用,因此,在汉、魏、晋、南北朝、隋时代(单就汉族政权来算,就是汉、魏、晋、宋、齐、梁、陈、隋八个朝代,简称“八代”),五言诗就成为最盛行的诗的样式。七言诗在这一历史阶段的发展是比较迟缓的。从唐代起,它才达到与五言诗并驾齐驱的程度。

汉语是世界上最丰富、最精练和最富于形象性与音乐性的语言之一。汉代的人民利用这一基本材料创造了五七言诗,使祖国文学中增加了这一优美的样式。但他们的后代并不以自己的祖先所已经达到的成就为满足,到了齐、梁时代,作家们在原有的基础上,利用汉语的某些特点,进一步试行创造一种规律谨严的诗体,就是所谓律诗。律诗在唐代称今体诗,后来又称近体诗,表示和以前的古体诗,即原来规律不太谨严的五七言诗及杂言诗有所区别。

律诗是一种具有许多规律的诗体。它的构成,基本上要具备下列一些互相关联的条件:第一,全篇均须以双数的五言句或七言句组成,不能长短参差。第二,每篇除了起头两句、结尾两句而外,中间各句一定要用对偶的句法,即每两句构成一联,其词汇、语法大致上要一样。第三,以语音声调中的平声和仄声为基础,建立了有规律的韵律。句中某字必须用平声或仄声,某字可以自由使用,都有一定。第四,在整篇的声律上,每四句构成一个单元，每八句体现一次相间相重。因此，律诗一般都是八句，即两个声律单元。用两个声律单元以上写成的较长的律诗，则称为排律。第五，除了第一句押韵与否可以看情况决定而外，只有逢双的句子才能押韵，而且必须押韵。第六，所押的韵，都要是平声字，而且全篇必须一韵到底，不能中途更换。

要完成这样一些规律，必须经过一个较长时期的实践过程。因此，从唐代起，五言律诗和七言律诗才正式出现。在唐以前，完全符合这样一些规律的作品是不多的。齐、梁以来的许多诗作，大体上，乃是古诗和律诗之间的桥梁。在一篇诗中，常有符合了这一条规律又不符合那一条规律的情况。这些作品，主要是五言诗，标志着古体的律化过程。这种诗，后人称之为新变体。

每篇只有四句的五七言小诗，从汉以来就有了。五言四句是南北朝民歌——吴歌、西曲、北歌——的基本形态。当时诗坛上流行的一种风气，使这种五言小诗获得了绝句的名称。原来，晋、宋时有一种几个人共做一篇诗的风气，其办法是每人做四句而将它们联成一篇。联成功了，就叫联句；联不成功，或者没有人联，结果只有四句，就叫绝句或断句。于是，在古诗、律诗之外，又有了绝句诗。

随着古诗的律化，多数绝句诗也走上了律化的道路。律诗一般是八句，而绝句诗则是四句，它恰好是半篇律诗。唐代人称律化了的绝句为小律诗，就是这个缘故。律化了的绝句，一般也要遵守上述律诗的规律，除了不一定要用对偶的句子，也不可能体现声律上的相重。

由上可知，五七言诗细分起来，又有五言古诗、五言律诗、五言绝句、七言古诗、七言律诗、七言绝句六种（习惯上，人们把不很发达、为数较少的杂言古诗和六言绝句也附属于五七言诗的体系中）。它们从汉代开始创造，到唐代才全部完成，大大丰富了古典文学的民族形式。

这部小书一共分成三个部分，第一部分是八代诗，第二部分是唐诗（上、下），第三部分是宋诗，因为五七言诗的发展，八代、唐、宋是三个最主要的各有特色的历史阶段。不可否认，金、元、明、清都出现过一些很有成就的诗人和传诵人口的诗篇，但总的说来不如八代、唐、宋三个阶段之富有创造性和代表性。加上我们对金元以来的五七言诗研究得非常不够，所以编选工作，就以由汉到宋为限。

从八代诗的发展过程可以看出，五七言诗出自汉代的民间歌谣。西汉武帝（刘彻）时，设立了一个管理音乐的政府机构，名叫乐府（这在以后形成一个传统）。采取民间歌词，配上音乐来歌唱，是乐府工作的一部分。入乐的歌词，便称为乐府诗。这样，民间诗得以被记录整理，流传下来。乐府诗的样式非常复杂、变化多端，大体上可分为杂言和五言。有些作品有很高的思想性和艺术性，《焦仲卿妻》可算是最杰出的代表作。

在乐府诗的影响下，东汉末年大动乱局面的前夕，《古诗十九首》以及其他一些无名作家的作品在诗坛上出现了。它们主要是学习乐府民歌中的抒情之作而加以发展的，所写男女恩怨、友朋离合之情，深挚生动，和民间创作相去不远，却加上了生活在动乱时代的苦闷、对个人出路的不满等等内容，表现手法比较含蓄婉转，打上了文士生活情调和美学观点的印记。这些作品，历来被认为是五言古诗的典范。

东汉末年的农民大起义、军阀大混战使人们生活起了剧烈变化，也开创了诗坛的新局面。以曹氏父子为首的建安（献帝刘协年号）诗人，在创作上，一般都具有“慷慨任气”的特征。他们关心动乱中广大人民的生活痛苦，并希望建功立业，澄清天下。这使得建安时代的诗作，比起《古诗十九首》来，显得题材丰富，境界广阔，风格豪迈。这都是进步。建安诗人以曹植为代表，他的作品有较华美的色彩、较和谐的音调、较工整的对偶，还有较鲜明的个性。曹操、曹丕以及刘桢、王粲也都是颇有成就的诗人。

魏末的阮籍把五言抒情诗提到了一个新的高度。他的八十二首《咏怀》以丰富的想象与巧妙的比喻集中地展现了自己的内心世界。他处在当时统治阶级内部激烈斗争的漩涡里，既不满曹氏的腐朽，又不满司马氏的专横。他怕惹祸，又不肯沉默，结果就写下了这些难以一眼就看懂的诗来。《咏怀》所反映的思想感情是比较复杂的，既有反抗现实的积极面，又有逃避现实的消极面。阮籍这种具有浪漫主义色彩的、集中于内心世界自我表现的抒情手法，对后代诗人有较大影响。

西晋统治集团极其腐朽，一些出身于上层社会的诗人受了这种风气的影响，使诗歌走上形式主义的道路。到了东晋时代，统治集团又将其在剧烈的民族斗争中的失败情绪与苟安思想带进文学领域，从而产生了宣传老、庄思想的玄言诗。这都是一些逆流。西晋初年的左思和东晋末年的陶渊明是这一历史时期中不受逆流干扰而有独特成就的诗人的代表。此外，西晋、东晋之间的刘琨、郭璞也是很有成就的诗人，可惜他们留下的作品很少。

左思的代表作《咏史》反映了在门阀制度形成后，统治阶级内部上层与下层之间的矛盾。诗篇以高昂的笔调，向那班一无所能而只凭借门第占据高位的权贵投出了鄙视的目光，咏史也就是咏怀。

陶渊明是曹植以后，李白、杜甫以前最重要的诗人。他生活在司马氏的晋朝与刘氏的宋朝交替的年代，对这种改朝换代没有好感，因此长期隐居。他曾经亲自参加劳动，对农村生活，对普通农民，都有感情，写出了不少赞美自然风景、描写农耕生活的诗篇。他并不完全忘怀现实，所以在诗中还有对反抗者、复仇者的歌颂，对于理想中的没有剥削的社会的向往。陶诗语言十分简洁，风格极其自然，能把深刻的思想感情用平淡的诗句非常准确地表达出来。他的这一切，都和当日诗坛上流行的风气相反，所以并不被同时的人所珍视。唐、宋以来，他才逐渐被多数人所了解和肯定。

宋、齐时代，玄言诗发展为山水诗。这种诗以具体的山水描写和抽象的玄理论述相结合为其特征，仍然是为统治阶级的消极思想服务的，其代表作家是谢灵运。同时，声律说开始出现，奠定了后来律诗的基础。最初从事于这种新变体诗的实践的，有沈约、谢朓等人。其中谢朓的诗清新流丽，很有情韵，高出同时的其他作家。

鲍照略后于陶渊明，也是当时杰出的诗人。他出身比左思更寒微，所以诗中有和左思同样的不平之鸣，而又更为激烈。他的诗声调激昂，色彩强烈，动人心目。杂言诗在他的手中，发展到汉代民间创作以来的最高程度，而成为李白等人的先驱。

梁、陈时代，盛行宫体诗，即以色情生活为内容、华丽语言为形式的堕落文学。这是反动统治阶级腐朽生活的反映，毫无价值可言。这一时期没有产生卓越的诗人。

北朝与隋朝的文学风气大抵追随南朝，没有什么特色。只有一位由南入北的作家庾信比较突出。他在屈身北朝以后的诗、赋中所流露的身世之感，异常动人，杜甫曾大为叹赏。他还对七言律诗和绝句在形式上的发展作了有益的探索。

东晋、南朝及北朝的民间口头创作有不少流传下来，艺术水平都相当高，风格则有显著的区别。南方民歌多写儿女情怀，风格温柔；北方民歌反映的内容比较广泛，即使是写爱情的，风格也显得刚健。《西洲曲》与《木兰诗》可以作为这一时期南方民歌与北方民歌的代表作，虽然它们可能被文士们做过一些修饰。

从汉到隋这八百年当中，诗歌已经相当发达，某些作家和作品的成就很高。到了唐朝，诗苑之花开得更为茂盛。无论在质量上、数量上，又都超过了八代。根据清代及近代所搜集的还不够完全的现存资料统计，唐朝三百年中有诗家二千三百多人，诗作约五万篇。

唐帝国建立以后，采取措施，恢复生产，迅速地走上了政治安定、经济繁荣的道路。但唐初的诗，还沿袭南朝齐、梁以来浮艳的余风。到了高宗李治和武后时期，王勃、卢照邻、宋之问、沈佺期等一些诗人，才有意识地摆脱因袭的重担，从色情、宫廷等浮靡空虚的题材中解放出来，将视野转向较为广阔的生活，同时，通过他们的创作实践，萌芽于前代的律诗、绝句以及七言古诗等样式也得到完成、巩固和传播。

这一时期最重要的诗人是陈子昂。他打出了反齐梁、学汉魏的旗帜，并在自己的创作实践中反映了当时的政治、社会生活，表达了对人民的同情。陈子昂是唐代现实主义诗风的奠基者。

开元、天宝时代是唐帝国的极盛时代，但内部矛盾也日益增长起来。矛盾激化的结果就是安史之乱的爆发。从此唐朝就开始衰落。文学史上所谓盛唐诗，就是指的开元、天宝时期的诗人们反映当时各种复杂尖锐矛盾的作品。

盛唐诗有两个有代表性的主题：边塞和田园山水。中国是一个统一的多民族国家，各族人民长久以来都是和睦的邻居，但由于统治者的贪婪和野心，彼此之间不时也发生侵略和抵抗两种不同性质的战争。在各族人民居住地区的分界线之间也就各自设置了工事，配备了兵力，大概地说，这就是唐人诗中所谓的边塞。在唐朝，各民族之间战争比较频繁。诗人们往往根据直接的或间接的生活经验，创作以边塞战争生活为主题的诗篇，来表达自己希望为国效劳、建功立业的心情。所以，这类诗往往表现出他们入世的、进取的精神状态。古代诗人都是知识分子，政治上失意以后，总还可以回到家乡。诗人们对田园山水的咏歌，既显示了他们对大自然的爱好，又往往在不同程度上透露了自己不甘心于无所作为但却无可奈何的心情。所以，这类诗往往表现着诗人们出世的、恬退的精神状态。这两种精神状态往往并不是分别存在于不同的诗人身上，而是自相矛盾地存在一个诗人身上。这种情况，在杰出的诗人王维的作品中表现得很鲜明。王维在四十岁以前，写过许多风格豪迈的描写边塞风光、歌颂英雄人物的诗篇，以后却隐居在辋川别墅里过着闲适的生活。幽美的山水、宁静的田园，伴随着孤独的心情，不断地从他笔底下流露出来。王维在艺术上有很高的成就，不论是雄伟的还是幽细的景物，都能刻画传神。他善于捕捉生活事物特征，通过细节描写，构成独特的意境。这在他的一些小诗中更为突出。

孟浩然、储光羲等也是当时长于歌咏田园山水的诗人。而以长于描写边塞著名的诗人则还有王昌龄、李颀、高适、岑参等，都写出了不少名篇。岑参曾在西域军队中生活过一段时间，他的边塞诗显示着更强烈的地方色彩，更多的具体性与真实感。王昌龄对七言绝句极为擅长，用这一样式成功地写出了许多传诵后世的边塞诗与宫怨诗。后者，用委婉含蓄的手法，深刻地揭发了在绮罗珠玉重重包裹之中的残酷与黑暗，丰富和提高了有关妇女问题的诗篇。

盛唐的边塞诗人和田园山水诗人都具有一种浪漫主义的色彩，虽然往往带有消极倾向。最能代表盛唐气象的诗人则是伟大的积极浪漫主义者李白。李白是屈原的继承人。

李白诗歌的思想价值主要表现在对于封建社会秩序的对立，对于统治阶级作为诱饵的功名富贵的蔑视，对于有才能的人在昏庸的权贵压制下被迫无所作为的愤慨。一方面，他有儒家“济苍生”、“安社稷”的愿望，另一方面，他又接受了道家的“遗世独立”和游侠的“功成身退”的精神。他把这些思想材料加以熔铸化合，在创作中显示出了前所未有的独特精神面貌。他曾经努力于政治活动，但由于他的性格和实际社会生活之间的不可调和的冲突，始终一事无成。他被迫而漫游、隐居、求仙，最后还落到被贬，可是他毫不屈服，而是继续向他认为不合理的社会挑战。因此，这些强有力的思想感情表现在他富于魅力的诗篇中，就不能不成为人们去争取美好生活的一种巨大的、积极的鼓舞力量。

李白说他自己“兴酣落笔摇五岳，诗成啸傲凌沧洲”。杜甫赞美他“笔落惊风雨，诗成泣鬼神”。这都很形象地勾画出了李白诗歌的艺术特色。李白有丰富复杂的社会生活经验，游历过许多名山大川，交结过各阶级阶层的许多人物，他的诗篇中因而呈现了繁复的画面，具有鲜明的独特个性。大胆的夸张、神奇的想象、变幻莫测的结构、精工而又自然朴素的语言，无例外地表现在他创作的各种样式的诗作中，虽然后人认为，他的七言古诗和七言绝句的成就尤其卓越。李白的叛逆性格、自由思想和与之相适应的艺术手段，反映了盛唐时代乐观进取的精神，增强了反对封建秩序的潜在力量，这使得他成为祖国文学史上一个伟大的浪漫主义诗人。

杜甫是和李白同时、在创作上却走着不同的道路、而在成就上与李白达到同样高度的伟大诗人。他是一个深受儒家思想熏陶的人，少年时代就有忧国忧民的抱负，希望能够通过正常的进取道路，贡献出自己的力量。但是，安史之乱粉碎了他的希望，使他在穷困和流离中度过了艰难的一生。他的生活实践使他看出了当时统治阶级的奢侈荒淫和腐朽无能，看到了人民的灾难和痛苦；使他的创作发出了前所未有的强烈的人道主义的光辉。痛斥当时“朱门酒肉臭，路有冻死骨”这种残酷的社会现实，渴望“各使苍生有环堵”，即广大人民能够得到和平安定的生活，是他诗篇中最可宝贵的感情。对国家命运的关注和对人民的同情交织在一起，他深刻地观察了并且勇敢地、真实地反映了安史之乱前前后后的社会现象。这些具有强烈的社会性和政治性的诗篇，被后人尊为“诗史”。

比起前人来，在更其广阔的范围内和更其深刻的程度上面对现实，忠于现实，不加粉饰地反映现实，使得杜甫的诗歌将《诗经》及汉魏乐府的写实传统发展到一个新的高度。严肃认真的生活态度和创作态度是杜甫诗歌灵感的根源。他无论是叙事还是抒情，描写社会现象还是自然风物，都精雕细刻，一丝不苟。他在叙述和描写的同时，还往往插入自己的议论，对这些事物加以评价，使得客观和主观高度结合。他充分利用了连章的方法，在一个主题之下，写成组诗，使得原来比较简短的形式可以容纳巨大的图景，突破了单篇的限制。他还利用了丰富多彩的语言与以"沉郁顿挫"为主但仍然多变的风格创造了鲜明生动的社会形象与自然形象。他诗歌中的细节描写的准确性达到了惊人的程度，而概括能力又非常之强，因此，在他的笔下，给后人留下了令人难忘的典型环境和典型性格。在样式方面，杜甫的五七言古律诗无体不工，七绝诗别具一格。

安史之乱是对于唐代的政治、社会和文学的发展都具有决定性的转折点。虽然许多活跃在盛唐诗坛上的诗人都死于乱后，但能够将这场大乱所加于人民、国家和自己的灾难全面而深刻地反映出来的，只有杜甫一人。在杜甫以后，白居易以前，也出现过一些比较优秀的诗人，如韦应物、李益、卢纶等。但只有到了贞元、元和时代（德宗李适及宪宗李纯年号），白居易等人才更其鲜明地继承了杜甫的现实主义传统，并且有意识地大张旗鼓地加以发扬。

在那个历史时代里，藩镇割据，宦官专权，战祸频仍，赋税繁重；阶级矛盾和民族矛盾都继开元、天宝时代之后，进一步深化和激化，迫使诗人们正视现实，走上杜甫所开创的道路。白居易不仅从事于以批判黑暗现实为其基本特征的创作实践，而且更其可贵的，是他总结了历史的经验，提出了比较全面而系统的写实诗理论，同时，还联系了许多志同道合的诗人，开展了一场以实现其理论为目的的文学运动。他根据自己对文学来源于生活、文学应当忠实地反映生活的认识，提出了"文章合为时而著，歌诗合为事而作"的口号，即文学应当忠实地反映生活。他赞美张籍的诗"未尝著空文"，认为自己的诗"惟歌生民病"，即为时为事，又应当以反映人民的痛苦生活为重点。他以汉魏乐府和杜甫作品为榜样而写成的《秦中吟》和《新乐府》两组诗，就是自己主张的实践。这些诗，如他自己说的，曾使"权贵豪近者相目而变色"，即狠狠地刺痛了那些剥削者和压迫者。

在他的推动之下，元稹、王建、张籍、李绅等人，纷纷从事于这类创作，形成了一个新乐府运动。白诗及其他白派诗人的作品，一般都显示出语言通俗流畅、主题具有明确的社会性以及善于在叙事的篇章中刻画人物性格、塑造人物形象的特色。《新乐府》一类的诗是白居易等人的主要成绩，虽然他们还给后人留下了许多极其引人入胜的杰作，如《长恨歌》、《琵琶行》、《连昌宫词》等等。

和白居易同时的韩愈主要是一个文体革新家，他所提倡的古文运动也是中唐时代一个极为重要的文学运动。他将古文的特色带入诗中，使诗歌的散文化程度大为加强，对于后来也有很大的影响。韩诗还善于以用险韵奇字及铺张扬厉的方法，来加强艺术感染力。他的追随者如孟郊、贾岛、卢仝、李贺等人，都着重于艺术技巧的追求，风格各有特色，其中李贺的语言，色彩富艳，音响强烈，尤为突出。柳宗元和刘禹锡是韩愈的好友，也是著名的古文家，但诗风和韩愈不同。刘禹锡和盛唐诗人王昌龄一样，对七言绝句诗有独特的成就，而柳宗元则以写山水见长。

从大和（文宗李昂年号）时代到唐朝的灭亡这八十年左右，唐帝国更迅速地走着下坡路。社会的动乱，人民的痛苦，更甚于中唐。黄巢起义，给这个腐朽帝国以沉重的打击，终于迫使它结束了黑暗的统治。在这一时期里，杜牧、李商隐是有较大成就的诗人。杜牧风格豪迈，李商隐则富艳而又沉郁，各有特色。他们反映当时政治、社会重大事件的作品，也较同时的著名诗人如温庭筠等为多。

唐亡后，统一的中国暂时分裂为五代十国。在这半个世纪中，没有产生重要的诗人。直到宋朝建立，五七言诗才又显示了它的新风貌。

宋朝的国势弱于唐朝。在这一历史阶段里，国内各民族之间的斗争较前剧烈，少数民族势力渐趋强大。在宋朝内部，阶级剥削和阶级压迫也较前代为严重。统治者采取了一整套办法诸如集中兵权、提倡理学、放宽仕路、优待官僚等等，以巩固其政权。这些，都不可避免地影响到文艺的发展。

词是宋代盛行的新的抒情诗样式。但在当时人的心目中，五七言诗仍然是主要的、崇高的诗体，而词则不过是流行歌曲而已（正由于此，宋人都以词来写爱情，在五七言诗中以爱情为题材的极少）。据不完全的统计，宋朝诗人有三千八百多家，现存宋诗也比宋词的数量超出若干倍。就样式方面说，五七言的古、律、绝诗在唐代都已定型，因此，宋代诗人的艺术创造，主要地显示在语言风格、表现手段等方面。前人区分唐、宋诗，说“唐诗主情，宋诗主意”，就是说前者着重抒情，抒情就需要含蓄；后者兼重议论，议论就显得刻露。在诗中发议论，也促进了诗的散文化，即“以文为诗”。这种区别，事实上在唐诗中就有了，不过到了宋诗才更明显。当然，这只是指一般性的时代特色，绝非每一个唐或宋代诗人的作品都如此。

在宋朝开国以后的一段时期，诗风大体上沿袭中晚唐，到了仁宗（赵祯）时代，欧阳修等人的作品才显出了宋诗的特色。欧阳修是一位努力学习韩愈的作家，不仅散文以韩为师，诗歌也走着韩愈所开创的散文化的道路。他的政治地位较高，年龄活得较大，喜欢奖拔后进，因而成为文坛盟主，对于宋诗的发展起了积极作用。梅尧臣和苏舜钦是欧阳修的亲密诗友，虽然风格不同。梅诗古淡，苏诗豪迈，而欧诗则往往在和婉与雄健之间觅取平衡，显示了各自的风貌。仁宗时代被称为宋朝的盛世，但诗人笔底下已经出现了人民啼饥号寒的形象，以及有志之士不能为国效力的愤惋和渴望自由的心情。

欧阳修等播下的诗歌种子到了神宗（赵顼）、哲宗（赵煦）的时代得到了丰收。王安石、苏轼两位伟大诗人的出现，使宋诗达到了顶峰。王安石首先是一位杰出的政治家。他洞察到宋朝的深刻危机，坚持推行新法，解决矛盾，并且收到一定程度的效果。他的诗带有鲜明的政治色彩和倾向性，风格奇崛而又精美，从多方面反映了迫切的现实问题。在晚年被迫退出政治舞台以后，他仍然不能忘怀于自己的抱负，因而其作品在闲淡的情调中透露出悲壮的气息。王令是王安石极其推重的诗人，只活了二十八岁，因而没有能够充分发挥他的才能。

如果说，王安石基本上是杜甫的现实主义的继承者，那么，苏轼便是李白的积极浪漫主义的继承者。苏轼是祖国文艺史上一位在多方面都具有很大成就的卓越人物。其诗也有独特成就。他对当时的不合理的社会现实，采取了自己所特有的方式来反抗。如前人所指出的，“嘻笑怒骂，皆成文章”,是他创作的特点。他常常以鄙视和蔑视的态度来对待那些自以为了不起而实际上却是非常渺小庸俗的人物,而普通的人民、历史上的杰出人物,在他诗篇中却占有可尊敬的、被同情的地位。他对于生活有着广泛的热爱,任何题目都可以写成好诗。因此,尽管他直接涉及政治上重大事件的诗作并不多,可是由于反映了极为广阔的社会生活、散发了乐观精神,给予了读者以热爱现实生活、抗拒庸俗风习的力量。苏诗的风格多变,雄伟奔放而又婉转流丽,清新明快而又沉郁含蓄。

宋诗的一些艺术特征,特别是在黄庭坚、陈师道的作品中表现得比较充分而完整,因此,后人谈到宋诗,往往以黄、陈为代表。黄庭坚是一位在艺术技巧上下过极大功夫的诗人,风格新奇瘦硬,在句法、音节以及篇章结构各方面,具有其独创性,但他的生活视野不够广阔,限制了自己的成就。陈师道是受黄庭坚影响很深的一位苦吟诗人,有着和黄庭坚类似的优缺点。

汉族建立的宋朝和女真族建立的金朝长期斗争的结果是金朝统治了北中国,宋朝保有南中国,人民处在比以前更其严酷的民族压迫中。同时,汉族统治阶级退到南方以后,宋朝的辖区变小了,人口变少了,但他们的骄奢淫逸的生活并没有变,这样,对人民的剥削也就更重。在南宋诗中,以反抗民族压迫和揭露阶级剥削为主题的作品占有主要地位。

在北宋和南宋之交的诗人当中,陈与义是最重要的一位。他原来的作风与黄庭坚、陈师道接近,因而被宋末方回连同黄、陈尊为江西诗派的“三宗”,而以杜甫为“一祖”。但是他南渡以后的作品,随时随地表现了忧国爱民的情怀,风格也转为简严雄伟、慷慨激越,超过了他的两位前辈。

但只有在陆游的作品中,反抗民族压迫、要求民族解放的呼声才发出了最强音。他是在残酷的战争环境中,在抵抗派与投降派的激烈斗争中成长起来的。从当时的抵抗派的言行中,从古代伟大人物如屈原、诸葛亮、杜甫的事迹和作品中,他获得了丰富的营养。他在六十年的创作生活中写出了近万篇诗,要求民族解放的思想感情贯串始终,充满了对正义战争的必胜信念,绝无灰暗情调,足以永远地激发人心,鼓舞斗志。一度从军与长期游宦使他有机会亲临前线和深入民间,因此诗中反映的社会面也是很广阔的。陆游的诗，风格奔放，语言明朗，兼有杜甫诗的写实精神和李白诗的浪漫色彩。杨万里和范成大是和陆游同时的诗人，杨万里在语言的运用上较有特色，而范成大作品的现实性较强。在后者的诗中，普通人民的生活有着相当丰富的反映。

南宋中叶以后，诗坛上流行着四灵派和江湖派。“四灵”指徐照（字灵晖）、徐玑（字灵渊）、赵师秀（字灵秀）、翁卷（字灵舒）四位诗人。江湖派指的是一批功名不遂、流落江湖的文士。当时有个书商，将他们的诗编印出来，取名《江湖集》，因此得名，其中流品更杂。四灵以及江湖派的诗，基本上代表着当时脱离现实的倾向。在多数江湖诗人中，戴复古、刘克庄、方岳比较重要，他们写过一些揭露当时社会黑暗的诗篇。

蒙古族于13世纪后半期逐步统一了中国。半壁江山的南宋政权也不再存在了。在南宋覆亡的前后，诗人们再一次地发出了高亢的反对民族压迫的呼声。伟大的民族英雄文天祥不仅在宋朝危亡的前夕，鞠躬尽瘁，从事挽救的工作，在不幸被俘以后，还继续以诗歌作为武器进行战斗，最后从容就义。他的政治活动和文学活动对当时和后代都起了很大的教育作用。

谢翱、林景熙等人，追随文天祥之后，以其富于战斗性的、渴望民族解放的诗篇为宋诗作了一个光辉的结束。

以上，就是八代诗、唐诗和宋诗发展的一个极其简单的轮廓。我们的叙述，并不能和所选的诗篇完全对应。因为这部小书是一般性的读物，而不是文学史的参考资料辑录。

下面简单地说明一下选注的体例。

选录的标准，首先是注意作品的思想内容，其次也注意它们的艺术形式。我们希望介绍给广大读者的，乃是具有健康的、进步的思想内容和尽可能完美的艺术形式的篇章。

作家的排列，大致按照年代。一家之中，则先古诗，后律诗和绝句；先五言诗，后七言诗和杂言诗。

入选作品所据文字，不主一本，择善而从。各篇都作了比较详细的音注和简单的后案。注释或仅注词，或兼释句；后案或说明思想，或说明艺术。都看具体情况决定。

在今天，如何使古典文学为广大人民所共有，还是一个要不断摸索的问题。在这部书里，我们试图将八代、唐、宋诗歌介绍给读者，虽然曾经利用了古今学者在诗学研究上所获得的许多成果，但由于水平所限，一定还存在着不少缺点和错误，希望得到指正。

第一部分　八代诗

长歌行

无名氏

青青园中葵，朝露待日晞。
阳春布德泽，万物生光辉。
常恐秋节至，焜黄华叶衰。
百川东到海，何时复西归？
少壮不努力，老大徒伤悲！

〔葵〕菜名，即冬葵，又名冬寒菜。〔朝（zhāo）露句〕朝，早晨。晞，干。葵叶上早晨的露水，等太阳出来就干了，暗示时光迅速。〔阳春句〕布，分给。德泽，恩惠。这是说大自然分给植物以露水、阳光。〔焜（kūn）〕枯黄貌。〔华〕同花。〔百川二句〕百川，很多河流。两句比喻光阴一去不复返。〔徒〕空。

这篇诗是说按照自然规律，万物盛衰有时，人们应该及时努力。末两句因为集中地表现了中国人民的勤劳精神，已经变成了谚语，长远而广泛地在人民中间流传。“百川”两句，说的是人所共知，反习而不察的现象，一经提破，便觉惊心，下面转出正意，才更感到诗人的语重心长。

从《长歌行》到《悲歌》，都是汉代的乐府诗，大致均为入乐民歌。乐府诗的题目，有的和诗的内容不相关，只能从声调方面获得解释，而其声调又久已失传，所以本书在这些地方一概没有加以说明。对魏晋以下诗人用乐府古题写的作品，也是一样。

艳歌行

无名氏

翩翩堂前燕，冬藏夏来见。
兄弟两三人，流宕在他县。
故衣谁当补？新衣谁当绽？
赖得贤主人，览取为吾袒。
夫婿从门来，斜柯西北眄。
“语卿且勿眄，水清石自见。”
石见何累累，远行不如归！

〔翩翩四句〕翩翩，轻快的样子。见，这里同现（下文“水清石自见”亦同）。宕，同荡。这是说人在异乡流荡，还不如燕子这种候鸟，冬南去，夏北来，定时出现。〔谁当〕犹言谁给。〔新衣句〕衣服裂了缝叫做绽（zhàn），将裂缝缝起也叫做绽。这里是用后一解释。新衣本不须绽，这句仅是用来陪衬上句的，本身没有意义。〔赖得〕亏得，幸亏。〔贤主人〕指女主人。下面的“夫婿”就是她的丈夫。〔览〕同揽。〔袒〕“绽”的古体字。〔斜柯〕倾斜着（身体）。〔眄（miǎn）〕斜视。〔卿〕您。〔水清句〕比喻心中本来无他，嫌疑总可明白。〔石见二句〕何累（lěi）累，多么分明。何，即何其。累累，这里与“磊磊”通，石头堆积得很多的样子。这是比喻心迹虽然弄明白了，但在外面受这些闲气，还是不如回家的好。这是流宕他县的人心里的话。

这篇诗通过流浪异乡的旅客在生活中遇到的一件小小纠纷——女主人热心地为他缝补旧衣，却遭到了她丈夫的怀疑——反映了自己的委屈和怀念家乡的情绪。作者对出现在诗中的几个人物都着墨不多，却生动地写出了他们各自不同的性格以及基于性格冲突而出现的言谈动作。这，也就是鲁迅所说，画人要画眼睛。

白头吟

无名氏

皑如山上雪，皎若云间月。
闻君有两意，故来相决绝。
今日斗酒会，明旦沟水头，
躞蹀御沟上，沟水东西流。
凄凄复凄凄，嫁娶不须啼，
愿得一心人，白头不相离。
竹竿何袅袅，鱼尾何簁簁。
男儿重意气，何用钱刀为？

〔皑(ái)如二句〕霜雪的白叫做皑，月光的白叫做皎。本诗是用一个女子的口气写的，这两句是用来比喻她自己感情的纯洁。〔两意〕即二心，和下面"一心"相对，指男子变了心。〔今日二句〕斗，盛酒的器具。这是说准备今天聚会饮酒，明早沟边分手。〔躞蹀(xiè dié)二句〕躞蹀，缓步。御沟，流经或环绕皇帝宫苑的水沟。凡属皇帝的事物，古代都加一"御"字，以示尊敬。这是女子设想分手之后，自己将一人在沟边徘徊，而两人的爱情则将如同沟水长流，一去不返了。东西是偏义复词，这里偏用东字或西字的意义。一说，沟水东西流是指两人的行踪，从此各奔东西，再无来往。清汪中《自序》："蹀躞东西，终成沟水。"就是此意。但一条御沟之水，不能同时既向东流，又向西流，所以这只是诗人的比喻。〔凄凄〕寒冷。这里指感情上的凄凉。〔嫁娶三句〕嫁娶是偏义复词，这里偏用嫁字的意义。这是说女子嫁人，常要啼哭，其实也不必，只要能嫁到一个"一心人"，白头到老，别和我一样，那就好了。〔竹竿二句〕竹竿，指钓鱼竿。袅(niǎo)袅，动摇貌。簁簁，"漇漇"的假借字，都念 xī，流动，又可作湿润解。在民歌中，钓鱼、吃鱼等常常当作男女求偶的隐喻使用。〔男儿二句〕意气，这里指情义。钱刀，战国时代有一种铸成刀形的钱，因此钱也称为钱刀。这是说堂堂男子，本应看重情义，干吗你把钱看得那么重呢？这两句暗示这对男女决绝的原因和金钱有关，也许男的嫌贫爱富，另外找了一个富家女子。

这篇诗写的是一个女子因为金钱关系被丈夫抛弃的悲剧，但更其主要的则是歌颂了她对于爱情的高尚态度。当她明白了丈夫只重“钱刀”，不重“意气”以后，就决心和他“决绝”，不肯委曲求全。据诗中“御沟”一词，可以知道这是西汉京城长安或东汉京城洛阳的民歌。前人或以为它是司马相如的妻子卓文君的作品，是出于附会。

怨歌行

无名氏

新裂齐纨素，皎洁如霜雪，
裁为合欢扇，团团似明月。
出入君怀袖，动摇微风发。
常恐秋节至，凉飙夺炎热。
弃捐箧笥中，恩情中道绝。

〔新裂〕刚从织机上截断的。裂，这里指截断。〔齐纨(wán)素〕齐，本周朝国名，在今山东省境。齐地所产纨素很著名。纨，细绢。素，生绢。〔合欢扇〕合欢是男女和合欢好的意思。古代器用服饰上如有象征爱情的图案花纹的就称为合欢，如合欢扇、合欢襦等。〔团团句〕古代的扇都是团扇，所以用月亮来形容它。折扇大概从十世纪以来才有，也称为聚头扇。〔出入句〕古代衣服的袖子宽大，团扇可以放在里面。〔飙(biāo)〕急风。〔炎〕热气。〔捐〕舍弃。〔箧笥(qiè sì)〕箱子。〔中道〕半路上。

这篇诗表面上是咏扇，实际用意是用扇子比喻女子。在古代男权社会中，许多女子的命运正像一把扇子一样，为男子需要的时候就“出入怀袖”，不为男子需要的时候就“弃捐箧笥”。诗人这个比喻很贴切。因此，秋扇在古典诗歌中，一直被用作弃妇的象征。此诗也曾被后人附会为汉成帝的妾班婕妤的作品。

饮马长城窟行

无名氏

青青河边草，绵绵思远道。远道不可思，宿昔梦见之。
梦见在我傍，忽觉在他乡。他乡各异县，展转不相见。
枯桑知天风，海水知天寒。入门各自媚，谁肯相为言？
客从远方来，遗我双鲤鱼。呼儿烹鲤鱼，中有尺素书。
长跪读素书，书中竟何如？上言加餐饭，下言长相忆。

〔青青二句〕绵绵，延续不断貌。这是说看到了河边绵绵的青草，也绵绵地想念着在远道的人。　〔远道句〕是说路太远了，想也无用。　〔宿昔〕昨夜。昔与夕通。　〔之〕这里作他解，指在远道的人。　〔忽觉〕忽然醒过来。　〔异县〕犹言异地。　〔展转〕犹反复，指自己心思不定，反反复复地怀念远人。一说，不定貌，指远人的行踪无定。　〔枯桑四句〕媚，爱。言，问讯。这是说桑树虽已落叶，仍然可以感到风在吹；海水虽不结冰，仍然可以感到天很冷。那在远道的人，难道不知道我的思念吗？不过，许多从远方回家的人，进门以后，都只顾着爱自己的人，谁又肯带个信回来呢？〔客从二句〕遗（wèi），赠送。双鲤鱼，指藏书信的函，以木板两块，刻成鲤鱼形，将书信夹在里面。一说，将书信结成鲤鱼形。这是说家里的人正把在远道的人没有音信归咎于别人不肯问讯，可巧从远方来的客人把书信给带来了。　〔烹（pēng）鲤鱼〕指将信函拆开。烹，煮。　〔尺素〕古代以竹简写信，简长一尺，称为尺简。后来改用绢写，也就称为尺素。　〔长跪〕古人席地而坐，坐时两膝着地，臀部放在脚后跟上。跪时将腰伸直，上身就显得长些，所以称为长跪。长跪，这里是表示虔敬的姿态。〔竟〕究竟，到底。〔上言〕信的前面说。〔加餐饭〕是当时表示关切安慰别人的习用语，犹现在说“祝你健康”。〔下言〕信的后面说。

这是一篇写妻子怀念丈夫的诗。诗中从她做梦写到望信，反映了她的哀愁；从望信写到得信，反映了她的喜悦。可是信中除了几句泛泛的安慰话，竟完全没有提到回家的日期，又暗示了她失望的情绪。描写是极其细致的。全诗换韵数次，都和文情相应；又前后平叙，中间忽然宕开，插入“枯桑知天风，海水知天寒”一联，以妙喻见深情，都是此诗的艺术特色，值得仔细体会。

陌上桑

无名氏

日出东南隅，照我秦氏楼。秦氏有好女，自名为罗敷。
罗敷善蚕桑，采桑城南隅。青丝为笼系，桂枝为笼钩。
头上倭堕髻，耳中明月珠。缃绮为下裙，紫绮为上襦。
行者见罗敷，下担捋髭须。少年见罗敷，脱帽著帩头。
耕者忘其犁，锄者忘其锄。来归相怨怒，但坐观罗敷。

〔东南隅(yú)〕隅，方。东南是偏义复词，这里偏用东字的意义。〔好女〕美女。〔青丝二句〕笼，篮子。系，绳子。钩，篮子的提把。采桑的篮子以青色丝绳系在桂树枝做的把上。这与下四句都是为了陪衬罗敷的美貌。〔倭(wō)堕髻〕汉代妇女的一种时髦发式。倭堕，即婑媠，美好貌。〔明月珠〕大而有光彩的珍珠，用作耳坠。〔缃〕杏黄色。〔绮(qǐ)〕花绫。〔襦(rú)〕短袄。〔捋(lǚ)〕摸弄。〔髭〕口上须。〔脱帽句〕帩(qiào)头，古代男子包头发的头巾。古人先以头巾束发，再戴帽。这是说少年被罗敷的美貌吸引住了的神态。〔来归二句〕坐，因为。这是说男子们因贪看罗敷，耽误了工作，所以回来后互相埋怨。一说“相怨怒”是指男子和他们的妻子，由于他们贪看罗敷，以致夫妻不和。

以上写罗敷的美貌，并点明她是一位善于蚕桑的妇女。

使君从南来，五马立踟蹰。使君遣吏往，“问是谁家姝。”
“秦氏有好女，自名为罗敷。”“罗敷年几何？”“二十尚不足，
十五颇有余。”“使君谢罗敷，宁可共载不？”罗敷前置辞：
“使君一何愚！使君自有妇，罗敷自有夫。”

〔使君〕东汉以来对州长官刺史或郡长官太守的称呼。　〔五马句〕古代诸侯驾车用五匹马，汉时太守也用五马。踟蹰（chí chú），要走不走的样子。〔问是句〕姝（shū），美女。以下几句是使君的问话和吏的回复。　〔使君二句〕谢，问。共载，同车。这是吏向罗敷道：“使君叫我问你，可不可以和他同车走呢？”　〔置辞〕致辞。　〔一何〕多么。

以上写使君无耻地调戏罗敷，被她严词拒绝。

“东方千余骑，夫婿居上头。何用识夫婿？白马从骊驹，
青丝系马尾，黄金络马头，腰中鹿卢剑，可值千万余。
十五府小史，二十朝大夫，三十侍中郎，四十专城居。
为人洁白皙，鬑鬑颇有须，盈盈公府步，冉冉府中趋。
坐中数千人，皆言夫婿殊。”

〔东方〕指罗敷的夫婿做官的所在。　〔骑〕骑马的人。　〔上头〕前列，地位高的人所在的地方。　〔何用二句〕用，以。骊（lí）驹，黑马。这是说用什么标记来认识我的丈夫呢？只要看骑着白马，后面有许多骑着黑马的人跟着的就是。　〔青丝二句〕马尾上系青色丝绳，马头上戴着黄金络头，表示富贵。　〔鹿卢剑〕鹿卢，同辘轳，汲井水用的滑车。古代将长剑的把子做成辘轳形，以便把握，所以叫鹿卢剑。　〔十五四句〕府小史，太守府

中的小吏。朝大夫、侍中郎，较高的官。专城，一城之主，如刺史和太守。这是夸耀她的丈夫为人很有才能，所以升迁得快。〔为人二句〕皙（xī）也是白。鬑（lián）鬑，须长貌。颇，略微。〔盈盈二句〕盈盈、冉（rǎn）冉，都是优雅缓慢的样子。公府步、府中趋，指在官府中走路姿态优美，等于后来所谓踱官步。〔殊〕特别，出众。

以上写罗敷急中生智，把自己丈夫的社会地位、才能、品貌大大地向使君夸耀了一番，使他有所顾虑，不敢胡来，从而保全了自己。罗敷，作为一个经常要采桑养蚕的普通妇女，当然是不会在劳动时穿那么珍贵的服饰，也不会有一个官高爵显的丈夫。前面写她的服饰，只是为了陪衬她的美貌；这里写她夸夫，只是为了刻画她机智、聪明的性格。古代诗歌中像这样的地方很多，读时不可“以辞害意”。

这篇诗通过罗敷这一美丽的形象，歌颂了人民不怕强梁、蔑视权贵、忠于爱情等崇高品质。同时，也就斥责了那些权豪势要的令人憎恨的卑鄙行为。在技巧上，值得注意的是对罗敷的外部描写，对衬托她容貌的衣饰乃至劳动工具都写得很具体，而对她的容貌则反而回避了正面的描绘，只从行者、少年、耕者、锄者一系列的行动和心理状态中反映出来。这就给了读者以丰富想象的余地。

羽林郎

辛延年

昔有霍家奴，姓冯名子都，依倚将军势，调笑酒家胡。
胡姬年十五，春日独当垆。长裾连理带，广袖合欢襦。
头上蓝田玉，耳后大秦珠。两鬟何窈窕，一世良所无，
一鬟五百万，两鬟千万余。“不意金吾子，娉婷过我庐。
银鞍何煜爚，翠盖空踟蹰。就我求清酒，丝绳提玉壶。
就我求珍肴，金盘脍鲤鱼。贻我青铜镜，结我红罗裾。

不惜红罗裂，何论轻贱躯！男儿爱后妇，女子重前夫。
人生有新故，贵贱不相逾。多谢金吾子，私爱徒区区。”

〔霍家〕指霍光家。霍光是汉昭帝时的大将军。　〔姓冯句〕冯殷，字子都，霍光家的总管，很受宠。　〔胡〕指胡姬。当时西北各少数民族统称为胡。姬，古时对妇女的美称。　〔当垆〕在垆前卖酒。垆，放酒坛子的地方，用土垒成，四边隆起，一面稍高。　〔长裾二句〕裾，衣襟，这里指裙。连理带，衣服的飘带。两株草木的枝干生到一起叫连理枝。带名连理，当指两根飘带垂在一起。广袖，宽大的袖子。合欢襦，上有合欢图案花纹的短袄。这是东汉时最时兴的女装，所以《续汉书·五行志》说："女子好为长裾而上（襦）甚短。"　〔蓝田〕山名，在今陕西省蓝田县东，出美玉。　〔耳后句〕大秦，即罗马帝国，传说出夜光璧、明月珠等珍宝。古人以簪横穿髻上。簪长一尺，两头悬挂珠玉。所以从正面看，胡姬头上的大秦珠就在耳后。　〔鬟〕梳成环形的发髻。　〔窈窕（yǎo tiǎo）〕美丽。　〔良〕真。〔一鬟二句〕指胡姬髻上的饰物非常贵重。五百万、千万，都是钱数。〔不意句〕金吾子，指冯子都。金吾，本是一种铜棒。汉代卫戍京城的武官手执金吾巡夜，因此官名执金吾，省称金吾。子，男子尊称。冯子都只不过是一个豪奴，胡姬称他为金吾子，无非是敷衍的意思。从此以下，都是用胡姬的口气写的。　〔娉婷（pīng tíng）〕这里作和颜悦色解，指冯子都的装模作样。　〔庐〕屋，这里指酒店。　〔煜爚（yù yuè）〕光辉照耀。〔翠盖〕用翠鸟的羽毛作装饰的车篷。盖，古代车篷，像伞，这里代称车。〔空踟蹰〕空，徒然。冯子都到了酒家，停车不进，原想调戏胡姬，不料遭到严正的反抗，所以说是"空踟蹰"。　〔清酒〕好酒。　〔珍肴〕贵菜。　〔脍（kuài）〕将鱼、肉细切。　〔贻我四句〕贻，赠送。这是写冯子都调戏胡姬，被她拒绝的情形。冯子都拿出一面铜镜子，拉拉扯扯地要给胡姬系在衣襟上。胡姬使劲地推开，把罗衣都撕裂了。她说："我连衣服都不让你碰，撕裂罗衣，毫不可惜，何况我的身体呢！"古代铜镜背后正中有小孔穿着绳子，所以冯子都可以把它结在胡姬的衣襟上。　〔男儿四句〕胡姬申明她拒绝的理由：一是不负故夫，二是不嫁贵人。逾，跨越。　〔多谢〕犹言郑重地告诉。〔私爱句〕私爱，指冯子都的主观愿望。区区，本指心间方寸之地，这里引申为殷勤的意思。这是说你这一番心思算是白用了。

这篇诗，从风格及服装上考察，可能是东汉的作品。东汉和帝时，窦宪做大将军。其弟窦景做执金吾，骄横不法，他手下的人也常常掠夺民间财物，强占民间妇女，官吏不敢干涉，商人也非常惧怕他们。本诗可能是为控诉窦景而作的。把东汉的窦家改成西汉的霍家，乃是为了避免统治者的迫害。这种“陈古刺今”的方式，是古典文学中常用的。诗中的胡姬是一个坚强而勇敢的形象。在她身上，诗人体现了广大人民的反抗精神。

辛延年，身世不详。

焦仲卿妻

无名氏

汉末建安中，庐江府小吏焦仲卿妻刘氏为仲卿母所遣，自誓不嫁。其家逼之，乃投水而死。仲卿闻之，亦自缢于庭树。时人伤之，为诗云尔。

孔雀东南飞，五里一徘徊。“十三能织素，十四学裁衣，
十五弹箜篌，十六诵诗书。十七为君妇，心中常苦悲。
君既为府吏，守节情不移，贱妾留空房，相见常日稀。
鸡鸣入机织，夜夜不得息。三日断五匹，大人故嫌迟。
非为织作迟，君家妇难为。妾不堪驱使，徒留无所施。
便可白公姥，及时相遣归。”

〔建安〕汉献帝刘协年号。〔庐江〕汉郡名，郡治在今安徽省潜山市。〔云尔〕所说如此，这么说的。〔孔雀二句〕这两句是起兴，即借事物引起联想。古代传说，凡是大的鸟兽，都知道留恋自己的巢穴，离开的时候，一定要徘徊很久，才舍得走。所以这里用来兴起以下的情节。〔箜篌

(kōng hóu)〕古代一种弦乐器,有二十三弦。　〔守节〕这里指遵守做府吏的本分。　〔三日句〕断,从织机上截断。古代织物以宽二尺二寸,长四丈为一匹。三天织五匹,说明工作非常辛苦。　〔大人〕对长上的尊称。这里是刘氏称她的婆婆。　〔故〕故意。　〔妾〕古代女子对自己的谦称。〔施〕用。　〔白〕告诉。　〔公姥(mǔ)〕公公婆婆。公姥是偏义复词,这里偏用姥字的意义。就情节考察,仲卿的父亲这时已经死去(后面仲卿决定殉情时有"令母在后单"的话),所以诗中没有出现过他的形象。

以上除头两句起兴外,都是刘氏向丈夫诉苦,自请回家的话。

府吏得闻之,堂上启阿母:"儿已薄禄相,幸复得此妇。
结发同枕席,黄泉共为友。共事二三年,始尔未为久。
女行无偏斜,何意致不厚?"阿母谓府吏:"何乃太区区!
此妇无礼节,举动自专由。吾意久怀忿,汝岂得自由?
东家有贤女,自名秦罗敷,可怜体无比,阿母为汝求。
便可速遣之,遣去慎莫留!"府吏长跪告:"伏惟启阿母,
今若遣此妇,终老不复取!"阿母得闻之,捶床便大怒:
"小子无所畏,何敢助妇语!吾已失恩义,会不相从许!"

〔启〕禀告。　〔薄禄相〕缺少做高官、享厚禄的相貌。古人迷信看相,所以这样说。　〔结发〕古代男子到了二十岁,束发加冠,女子到了十五岁,束发加笄(jī。簪子),表示成年,通称结发。　〔同枕席〕表示结婚。　〔黄泉句〕黄泉,地下的水流。人死了葬入地下,故以黄泉为死亡的代语。这是说两人感情极好,死后也要在一道。　〔共事〕共同生活。　〔始尔〕才开始这样。尔,这样,指夫妻生活。　〔行〕品行。　〔何意句〕意,料想。厚,犹爱。　〔区区〕这里作老实或固执解。　〔自专由〕自专、自由,自作主张。　〔吾意句〕暗示婆媳之间久已不和。　〔可怜〕可爱。　〔体无比〕身体美丽无比。　〔长跪〕见《饮马长城窟行》注。　〔伏惟〕俯身思考。〔取〕同娶。　〔捶床〕以拳击床。床,坐具,大致像现在的凳。　〔会不句〕

必定不听从你的话。会,必定。

以上是仲卿母子的谈话。儿子要求母亲不要驱逐儿媳,母亲坚决不答应。

府吏默无声，再拜还入户。举言谓新妇，哽咽不能语：
“我自不驱卿，逼迫有阿母。卿但暂还家，吾今且赴府。
不久当归还，还必相迎取。以此下心意，慎勿违吾语。”
新妇谓府吏：“勿复重纷纭！往昔初阳岁，谢家来贵门。
奉事循公姥，进止敢自专？昼夜勤作息，伶俜萦苦辛。
谓言无罪过，供养卒大恩。仍更被驱遣，何言复来还？
妾有绣腰襦，葳蕤自生光。红罗复斗帐，四角垂香囊。
箱帘六七十，绿碧青丝绳。物物各自异，种种在其中。
人贱物亦鄙，不足迎后人。留待作遗施，于今无会因。
时时为安慰，久久莫相忘。”

〔再拜句〕再拜,连拜。户,指房间。〔举言〕扬言。〔新妇〕犹言媳妇。古代女子结婚以后,在一个相当长的时间里都称为新妇。〔卿〕这里是夫对妻的爱称。〔赴府〕到庐江太守府去办公。〔以此句〕此,指以后接她回来这件事。下心意,犹言低心下气。这是说为了这个,你就多受点委屈吧！〔勿复句〕重,再。纷纭,多而乱的样子,引申为啰嗦。这是说不必再啰嗦了吧,也就是说别再提接我回来了吧。〔初阳岁〕初阳月是农历十一月。初阳岁,或指冬末春初的时候。〔谢家〕辞别娘家。〔奉事〕恭敬地办理公姥吩咐的事情。奉是敬语。〔循〕顺从。〔进止〕进退举止的省文,犹言动作、行动。〔作息〕偏义复词,这里偏用作字的意义。〔伶俜(líng pīng)〕孤单貌。〔萦(yíng)苦辛〕被辛苦纠缠着。〔供养句〕卒,终了。这是说本来希望侍奉公公婆婆,报答恩德,一直到他们死去为止。〔腰襦〕齐腰的短袄。〔葳蕤(wēi ruí)〕草木茂盛枝叶下垂貌。这里形容腰襦上绣的花纹。〔复斗帐〕双层的、其形如覆斗的帐子。〔帘〕读为奁，镜匣。〔丝绳〕是用来扎箱和奁的。〔后人〕指仲卿将来再娶的新娘。〔留待二句〕遗（wèi），赠送。施，给予。这是说留下的许多嫁妆，虽然不配给你将来的新娘用，但可以送给你作纪念。从今以后，我再也没有机会看那些东西了。〔时时二句〕是说希望仲卿看到自己留下的那些嫁妆，时时因之获得安慰，永远不要因为有了后人而忘了自己。

以上是仲卿夫妻俩的谈话。仲卿将母亲的意思告诉妻子，同时表示过些时一定要来接她，刘氏虽然深深地爱着仲卿，但认为再回来是不可能的了。

鸡鸣外欲曙，新妇起严妆。著我绣裌裙，事事四五通。
足下蹑丝履，头上玳瑁光，腰若流纨素，耳著明月珰。
指如削葱根，口如含朱丹。纤纤作细步，精妙世无双。
上堂谢阿母，阿母怒不止。“昔作女儿时，生小出野里，
本自无教训，兼愧贵家子。受母钱帛多，不堪母驱使。
今日还家去，念母劳家里。”却与小姑别，泪落连珠子。
“新妇初来时，小姑始扶床，今日被驱遣，小姑如我长。
勤心养公姥，好自相扶将。初七及下九，嬉戏莫相忘。”
出门登车去，涕落百余行。

〔曙〕天明。〔严妆〕整妆，盛妆。〔裌裙〕有里子的裙。裌，今作“夹”。〔事事句〕事事，样样，指穿裙、着鞋、戴簪、穿衣、戴耳坠等。通，犹言遍。每样穿戴四五遍，表示当心烦意乱的时候，一遍两遍不能妥帖，使自己满意。这句虽然是在“著我绣裌裙”一句之下，但系通指各种打扮而言。〔蹑（niè）〕踩。这里指穿鞋。〔履〕鞋子。〔玳瑁（dài mào）光〕玳瑁簪发出光彩。玳瑁，龟类动物，甲壳可用来制簪。〔腰若句〕这是形容刘氏腰肢的轻盈。一说，腰犹言身。若，“著”字之误。这是说刘氏身穿流纨素，与下句“耳著明月珰”相对。又一说，是指用素束腰，光彩流动如水波。

〔明月珰〕明月珠做的耳坠。 〔口如句〕朱丹，一种红宝石。这是说嘴唇红得好看，像含着一块红宝石。 〔谢〕告别。 〔野里〕乡间。 〔钱帛〕指聘金。 〔不堪〕不能担负。 〔却〕退却，回过来。 〔新妇四句〕刘氏到焦家，不过两三年，这里所写的小姑成长的情形，显然太快了。但在古代作品特别是民歌中，常常有为了突出地刻画某一细节而变更其前后相关情节的手法。这四句也是一例。它是为了更好地描写刘氏姑嫂间的感情和她对小姑的关怀，而加以变更的。 〔好自句〕扶将，照料。这是要小姑好好照料自己。 〔初七〕指农历七月初七日，是古代神话中牛郎织女相会的日子。妇女在这天晚上用瓜果供织女，求织女给予自己智慧，叫做乞巧。 〔下九〕古人以每月的二十九日为上九，初九日为中九，十九日为下九。每逢下九日，妇女们便在一道聚会游玩，叫做阳会。 〔嬉戏句〕这是要小姑别忘了自己。

以上写刘氏和婆婆、小姑告别回家。她临走时的用心打扮和她对婆婆讲的在委婉中含着愤慨的、针锋相对的一番话，都流露了不肯示弱的坚强性格。

府吏马在前，新妇车在后，隐隐何甸甸，俱会大道口。
下马入车中，低头共耳语。“誓不相隔卿，且暂还家去。
吾今且赴府，不久当还归，誓天不相负。”新妇谓府吏：
“感君区区怀。君既若见录，不久望君来。君当作磐石，
妾当作蒲苇。蒲苇纫如丝，磐石无转移。我有亲父兄。
性行暴如雷，恐不任我意，逆以煎我怀。”举手长劳劳，
二情同依依。

〔隐隐句〕隐隐、甸(tián)甸，都是车声。何字是助词，无实义。 〔区区怀〕相爱的心意。 〔君既句〕录，收留。这是说既然承你收留我。 〔磐石〕大石。 〔蒲、苇〕均水草名。 〔纫〕与韧通，柔软而坚固。 〔父兄〕偏义复词，这里偏用兄字的意义，就诗中情节考察，刘氏的父亲这时也已

死去。〔任我意〕听从我的意见。〔逆以句〕逆，预料。煎，忧急。这是说事先预料到这种情况，使我非常忧急。〔举手〕表示告别。〔劳劳〕心情很不愉快的样子。〔依依〕不舍貌。

以上是仲卿夫妇分手的情形。由于仲卿的婉劝，刘氏也表示了愿意再回婆家，并且希望仲卿从速设法，以免发生意外。通过他们的谈话，暗示了以后情节的开展。

入门上家堂，进退无颜仪。阿母大拊掌："不图子自归！
十三教汝织，十四能裁衣，十五弹箜篌，十六知礼仪，
十七遣汝嫁，谓言无誓违。汝今无罪过，不迎而自归？"
"兰芝惭阿母，儿实无罪过。"阿母大悲摧。

〔进退句〕无颜仪，没有脸面。这是说刘氏回家以后，因为觉得没脸见人，所以欲进又退，进退两难。〔拊(fǔ)掌〕拍手，这里表示惊骇。拊，同抚。〔不图句〕图，想。子，你，指兰芝。这是说没想到你自个儿回来了。大概那时的风俗，出嫁的女儿要等娘家迎接才可以回家。所以本诗下面也说："汝今无罪过，不迎而自归?"就是说你若没有过错，为什么并不曾去接你，你就自己回来了呢？〔谓言句〕当作"谓言誓无违"，无、誓二字误倒。誓，诺言。古代女子出嫁，父母都要告诉她说："往之女(汝)家，必敬必戒，无违夫子(丈夫)。"(《孟子·滕文公下》)兰芝的妈妈误以为自己的女儿对丈夫不恭顺，才被赶回娘家，所以说："我还以为你遵守着对丈夫千依百顺的诺言呢?"〔兰芝二句〕是女儿的回答。她说："我也怪难为情的，妈，可是女儿实在没有罪过啊!"兰芝，刘氏名。〔摧〕悲伤。

以上写兰芝回家，遭到母亲的责怪，幸而解释清楚了。

还家十余日，县令遣媒来。云"有第三郎，窈窕世无双，
年始十八九，便言多令才"。阿母谓阿女："汝可去应之。"
阿女衔泪答："兰芝初还时，府吏见丁宁，结誓不别离。

今日违情义，恐此事非奇。自可断来信，徐徐更谓之。”
阿母白媒人：“贫贱有此女，始适还家门，不堪吏人妇，
岂合令郎君？幸可广问讯，不得便相许。”

〔便(pián)言〕能说会道，即有口才。〔令〕美。〔丁宁〕同叮咛，嘱咐。〔结誓〕犹发誓。〔非奇〕不好，不妙。〔断来信〕回绝来使。信，使者，这里指媒人。〔徐徐句〕慢慢地再谈它吧。之，此，指再嫁这件事。〔始适〕刚才，不久。〔广问讯〕多打听。意思是说可以再访求其他女子。

以上写县令遣媒求亲，被兰芝拒绝。

媒人去数日，寻遣丞请还，说“有兰家女，承籍有宦官”，
云“有第五郎，娇逸未有婚”，遣丞为媒人，主簿通语言，
直说“太守家，有此令郎君，既欲结大义，故遣来贵门”。
阿母谢媒人：“女子先有誓，老姥岂敢言？”阿兄得闻之，
怅然心中烦，举言谓阿妹：“作计何不量！先嫁得府吏，
后嫁得郎君，否泰如天地，足以荣汝身。不嫁义郎体，
其往欲何云？”兰芝仰头答：“理实如兄言。谢家事夫婿，
中道还兄门，处分适兄意，那得自任专？虽与府吏要，
渠会永无缘。登即相许和，便可作婚姻。”

〔寻遣句〕寻，不久。丞，县丞，县令的助理人员。这句意思不很明白，可能是说媒人回县不久，县令因事派县丞到太守府请示。这位县丞顺便谈到了县令向刘家求婚被拒的事，恰巧太守的第五个儿子也要结婚，就请县丞在请示回县后，给他当媒人，再向刘家说亲。〔说有四句〕兰家女是刘家女或兰芝女之误。“承籍有宦官”，是说刘家继承祖先，世代都有做官的人。这是县丞恭维刘家的话。娇逸，漂亮潇洒。这四句总起来是县丞说刘家的女儿和太守的儿子结婚，不只是女貌郎才，而且是门当户对。〔主簿句〕主簿，太守府掌文书的官员。太守因为希望婚事成功，除了请县

丞做媒以外，又请主簿来给他传话。〔结大义〕这里指结亲。〔作计句〕既要打主意，为什么不好好算计？〔否(pǐ)泰句〕否、泰，《易经》里的两个卦名，用来表示坏运和好运。这里否指先嫁府吏，泰指后嫁郎君。如天地是说先坏后好，相差如同天地悬隔。〔义郎〕有义的郎君。阿兄力劝兰芝嫁给太守的儿子，故意给他以这种美称。〔体〕身，指义郎这个人。〔其往句〕以后要怎么样呢？〔仰头答〕根据古代礼教，妹妹对哥哥要尊敬，向他说话时应当低着头。这里说仰头答，是表示她愤慨到了极点，无暇再顾礼节。〔谢家〕指出嫁。谢，辞。〔适〕顺从。〔自任专〕自作主张。〔要(yāo)〕约。〔渠会〕和他相会。渠，他。〔登即〕登时，即刻。〔许和〕答应。

以上写太守遣媒求亲，阿兄逼迫兰芝答应。兰芝在表面上虽然答应了，但从她那么突兀、干脆的口气中，可以知道她心里已经有了更坚决的打算。诗中写兰芝被婆家赶出不久，就有县令、太守等不断前来求婚，显示了她实在是一位出名的美丽、勤劳的好姑娘，从而使读者感到她那个恶婆婆实在可恨。

媒人下床去，诺诺复尔尔。还部白府君："下官奉使命，
言谈大有缘。"府君得闻之，心中大欢喜。视历复开书，
便利此月内，六合正相应。"良吉三十日，今已二十七，
卿可去成婚。"交语速装束，络绎如浮云。青雀白鹄舫，
四角龙子幡，婀娜随风转。金车玉作轮，踯躅青骢马，
流苏金缕鞍。赍钱三百万，皆用青丝穿，杂采三百匹，
交广市鲑珍。从人四五百，郁郁登郡门。

〔诺诺、尔尔〕都是应声。〔部〕地方区域的名称。这里指太守府所在地。〔府君〕就是太守。〔下官〕官吏的谦称，犹后来称卑职。〔视历句〕书，指历书。"视历"就是"开书"，这是为了凑足五字句而构成的。〔六合句〕月建和日辰相合，即子与丑合，寅与亥合，卯与戌合，辰与酉合，巳与申

合，午与未合。古人的迷信，逢着六合相应就是好日子。〔良吉句〕三十日那天是吉日良辰。〔卿〕这里是太守对他儿子的爱称。〔交语〕互相传话。〔络绎(luò yì)〕连续不绝。〔青雀句〕舫，船。雀、鹄(hú)是画在船头作装饰的。鹄，天鹅。〔四角句〕龙子幡(fān)，画有小龙的旗帜，挂在船舱四角。〔婀娜(ē nuó)〕轻柔貌，形容龙子幡在风中飘动的样子。〔踯躅(zhí zhú)〕走得很慢的样子。〔骢(cōng)〕青白色的马。〔流苏〕用彩色羽毛或丝线制成的、下垂的缨子。〔赍(jī)〕给予。〔杂采〕杂帛，杂色丝织物。古人用来作货币使用。〔交广句〕交，交州，东汉时置，治所原在广信(今广西梧州)，旋移番禺(今广东广州)，三国时分为交、广二州。一说，交广，这里不用作地名，交同教，广是广泛的意思。市，购买。鲑(xié)，鱼菜的总称。珍，美味。〔从人〕仆人。〔郁郁句〕郁郁，繁盛貌。登，上。这句表示从郡门出发，到各地采买。一说“登”是“发”字之误。发字繁体作發，和登字相似。亦通。

以上是太守家办喜事的情况。诗人以夸张的手法描写了太守家的富贵，是为了更突出地表现兰芝不贪富贵、忠于爱情的品德。

阿母谓阿女：“适得府君书，明日来迎汝。何不作衣裳？
莫令事不举！”阿女默无声，手巾掩口啼，泪落便如泻。
移我琉璃榻，出置前窗下。左手执刀尺，右手执绫罗，
朝成绣袂裙，晚成单罗衫。晻晻日欲暝，愁思出门啼。

〔适〕刚才。〔不举〕办不成。〔泻〕急流。〔琉璃榻〕用琉璃镶嵌的坐具。琉璃是天然的青金石或人造的结晶体。〔晻(yān)晻〕日落昏暗貌。〔暝(míng)〕日暮。〔愁思句〕暗示兰芝希望会到仲卿。

以上写母亲劝兰芝做嫁妆，兰芝在极度痛苦中敷衍着母亲，期待着和仲卿相会。

府吏闻此变，因求假暂归。未至二三里，摧藏马悲哀，
新妇识马声，蹑履相逢迎，怅然遥相望，知是故人来。
举手拍马鞍，嗟叹使心伤。“自君别我后，人事不可量，
果不如先愿，又非君所详。我有亲父母，逼迫兼弟兄，
以我应他人，君还何所望！”府吏谓新妇：“贺卿得高迁！
磐石方且厚，可以卒千年；蒲苇一时纫，便作旦夕间。
卿当日胜贵，吾独向黄泉。”新妇谓府吏：“何意出此言！
同是被逼迫，君尔妾亦然。黄泉下相见，勿违今日言！”
执手分道去，各各还家门，生人作死别，恨恨那可论！
念与世间辞，千万不复全。

〔求假〕请假。　〔摧藏句〕摧藏，忧伤貌。马都感到悲哀，人就可以想见了。　〔量〕料。　〔父母、弟兄〕都是偏义复词，这里偏指母、兄。诗中并无父亲、弟弟逼她的事。　〔何所望〕有什么希望。　〔卒〕终，到。　〔日胜贵〕日胜，日贵，一天比一天好。　〔尔〕如此。　〔千万句〕这是说无论如何也不想再保全自己的生命了。

以上写仲卿夫妇暗中相会。由于仲卿不了解情况，对兰芝有些误会，但经兰芝说明以后，两人就决定殉情，用死来反抗那些迫害他们的人。

府吏还家去，上堂拜阿母：“今日大风寒，寒风摧树木，
严霜结庭兰。儿今日冥冥，令母在后单。故作不良计，
勿复怨鬼神。命如南山石，四体康且直。”阿母得闻之，
零泪应声落。“汝是大家子，仕宦于台阁。慎勿为妇死，
贵贱情何薄？东家有贤女，窈窕艳城郭。阿母为汝求，
便复在旦夕。”府吏再拜还，长叹空房中，作计乃尔立。
转头向户里，渐见愁煎迫。

〔儿今四句〕冥冥，同暝暝。故，故意。这是说儿子现在像红日西沉一般，要了结自己的生命了，只好教母亲往后一个人过着孤单的日子。这是我自己故意作出这种不好的打算，您可不要埋怨鬼神。 〔命如二句〕命，使。这是仲卿给他母亲祝福的话。他希望自己死后，妈妈依然安康硬朗，寿比南山。 〔仕宦句〕台阁，指尚书台，汉时中央的官署。这句是预拟之词，说你将来还要进尚书台做大官哩。 〔贵贱句〕贵指仲卿，贱指兰芝。这是说二人既然贵贱悬隔，将她驱遣，又哪能算薄情呢？ 〔艳城郭〕在城内外数她长得美。郭，外城。 〔作计句〕主意就这么立定了。 〔转头句〕"户里"的户，即上文"再拜还入户"的户，也就是"空房"的门。这是说仲卿在曾经和兰芝同住过的空房中长叹，下了决心以后，走出来，又转头望着房里，对过去的生活不胜留恋。

以上写仲卿回家，辞别母亲，决心殉情。

其日牛马嘶，新妇入青庐。庵庵黄昏后，寂寂人定初。
"我命绝今日，魂去尸长留。"揽裙脱丝履，举身赴清池。
府吏闻此事，心知长别离。徘徊庭树下，自挂东南枝。

〔青庐〕临时以青布幔围成的用来行婚礼的屋子。当时风俗，婚礼要在青庐中举行。 〔庵庵〕和晻晻通用。 〔人定初〕人刚刚安静下来的时候。〔我命二句〕是兰芝的独白。 〔自挂句〕自挂，自缢。东南枝，与首句"孔雀东南飞"相应，或者刘家在焦家的东南方，所以诗人以孔雀朝东南飞比喻兰芝被迫还家，又以仲卿在东南枝上自缢暗示其对兰芝生死不渝的情爱。

以上写兰芝投水，仲卿自缢，是这个悲剧的顶点。

两家求合葬，合葬华山傍。东西植松柏，左右种梧桐。
枝枝相复盖，叶叶相交通。中有双飞鸟，自名为鸳鸯，
仰头相向鸣，夜夜达五更。行人驻足听，寡妇起彷徨。
多谢后世人，戒之慎勿忘！

〔华山〕庐江郡小山名。　〔行人二句〕是说这一悲剧深深地感动了世人。

以上前十二句写仲卿夫妇死后的情况。他们合葬华山，墓上桐柏交阴，鸳鸯双飞，象征两人的爱情地久天长，任何恶势力也不能再把它毁灭。末两句是诗人告诫后人的话，他要大家认真地接受这个悲剧所给予人们的教训。

这篇作品是祖国文学史上杰出的叙事诗。它以高明的艺术手段刻画了几个人物形象，如忠于爱情、不贪富贵并富于反抗精神的兰芝，同样忠于爱情而秉性纯良的仲卿，专制而有心计的焦母，趋炎附势、卑鄙冷酷的刘兄等。这些形象都很鲜明，他们的语言与行动都显示了性格特征，富于戏剧性。通过这些形象，诗人歌颂了人民追求幸福的正当愿望和行为，鞭挞了那两个代表封建思想的家长，从而有力地暴露了封建制度的罪恶。

上　邪

无名氏

上邪！我欲与君相知，长命无绝衰。
山无陵，江水为竭，冬雷震震，夏雨雪，
天地合，乃敢与君绝！

〔上邪〕天呀。上，指上天。邪，同耶，这里作惊叹词啊或呀用。　〔相知〕相亲，相爱。　〔长命〕永远使得。命，令，使。　〔无绝衰〕（感情）不断绝，不衰退。　〔山无六句〕陵，丘陵，山无陵，就是高山变成了平地。雨（yù）雪，下雪。雨，作动词用。这是说，只有在自然界发生了如上五种绝对不可能发生的现象以后，我才敢于和你断绝关系。

唐无名氏《菩萨蛮》："枕前发尽千般愿，要休且待青山烂。水面上秤锤浮，直待黄河彻底枯。白日参辰现，北斗回南面。休即未能休，且待三更见日头。"和汉代这篇民歌简直是惊人地相似。我们读后，固然会赞赏这两位民间作者艺术构思的巧妙，但更会敬佩其对待爱情的忠贞。

本篇和以下两篇都是汉乐府诗中的杂言诗。

有所思

无名氏

有所思，乃在大海南。何用问遗君？双珠玳瑁簪，用玉绍缭之。
闻君有他心，拉杂摧烧之。摧烧之，当风扬其灰。
从今以往，勿复相思！相思与君绝！鸡鸣狗吠，兄嫂当知之。
妃呼狶，秋风肃肃晨风飔，东方须臾高知之。

〔问遗（wèi）〕赠予。〔双珠二句〕玳瑁簪，用玳瑁甲壳做的簪子，双珠和玉是系在簪头的装饰。绍缭（liáo），缠绕。参看《羽林郎》及《焦仲卿妻》注。〔鸡鸣二句〕这是回忆当初幽会，由于惊动了鸡狗，生怕哥哥嫂嫂察觉的情形。〔妃呼狶（xī）〕入乐歌唱时表声的字，无实义。〔肃肃〕风声。〔晨风〕即鹯（zhān），一种猛禽，飞得很快。〔飔（sī）〕迅速。〔东方句〕须臾，一会儿。高，读为皜（皓的异体字），白。这是说东方一会儿就发白了，天日自会知道我的心，也就是“指天誓日”之意。

这篇诗细致地描写了一位女子知道男方变了心以后决计和他断绝关系时的内心活动。她本来准备将珍贵的礼物送给他，现在一股脑儿都烧掉了，连灰都不留存。可是回忆前情，又觉得不舍得，下不了决心，因此她一夜都没有睡好。当听到晨风鸟在肃肃的秋风中飞过之后，知道天又快亮了。诗中写她的决绝，正是写她的缠绵，从决绝中见缠绵。从海南及明珠、玳瑁等词来看，这篇诗可能是南方的民歌。

悲　歌

无名氏

悲歌可以当泣，远望可以当归。
思念故乡，郁郁累累。
欲归家无人，欲渡河无船。
心思不能言，肠中车轮转。

〔当(dàng)〕作为。　〔郁郁句〕是形容故乡相距很远。郁郁，树木茂盛貌。累(léi)累，山峦重复貌。一说，是形容人的心情不好。郁郁，忧愁的样子。累累，疲倦的样子。

这篇诗直抒心情，更无修饰，而自然动人，起头两句用意尤其深刻。柳宗元《对贺者》云："嘻笑之怒，甚乎裂眦；长歌之哀，过乎恸哭。"被前人认为"文之险语"，也许由此得到启发，可以相提并论。

古　诗

无名氏

上山采蘼芜，下山逢故夫。长跪问故夫："新人复何如？"
"新人虽言好，未若故人姝。颜色类相似，手爪不相如。"
"新人从门入，故人从阁去。""新人工织缣，故人工织素。
织缣日一匹，织素五丈余。将缣来比素，新人不如故。"

〔蘼(mí)芜〕一种香草，即江离。　〔长跪〕见《饮马长城窟行》注。　〔姝(shū)〕这里作好解，泛指各种长处，不单指容貌美丽。　〔手爪〕这里指妇女的纺织技巧。　〔新人二句〕阁，屋旁小门。这是这位弃妇当故夫坦白承认新人不如故人之后，对他重提旧事，申诉自己过去的委屈。〔工〕善于。〔缣(jiān)、素〕都是绢。素洁白，价贵；缣微黄，价贱。〔一匹〕只有四丈，比“五丈余”少得多。

这也是一篇写弃妇的诗。除起头三句叙事，并借女主人的采撷香草以兴起她的芳洁之外，其余都是这对已经离异的夫妇的问答之辞。诗中侧重描写了故夫对她的怀念，而特别着眼于她的劳动力强。这反映了一般劳动人民在私有制度之下生活的经济观念。它不写弃妇念故夫，而写故夫念弃妇，也较别致。

五言诗在东汉已经成熟。其时出现了一些无名氏的杰作，风格多样，技巧精纯。其中有叙事的，也有抒情的。这一首和下面一首，就是偏于叙事的，它们和乐府诗很接近。

古诗

无名氏

十五从军征，八十始得归。道逢乡里人：“家中有阿谁？”
“遥望是君家……”，松柏冢累累。兔从狗窦入，雉从梁上飞。
中庭生旅谷，井上生旅葵。舂谷持作饭，采葵持作羹。
羹饭一时熟，不知贻阿谁。出门东向望，泪落沾我衣。

〔阿谁〕阿，发语词。阿谁的阿字，与阿母、阿兄的阿字同一用法。〔遥望句〕是被问者含混其词的回答，因为这位军人家里事实上已经没有人了，可是又不便明说。〔冢(zhǒng)〕坟墓。〔累累〕这里与垒垒通，坟墓靠在一处的样子。〔兔从二句〕窦，洞。雉，野鸡。在狗洞中出出进进的，不是狗而是野兔，在屋梁上飞来飞去的，不是燕而是野鸡，都说明屋子早已无人居住。〔中庭〕即庭中，院子里。〔旅〕凡植物不经播种而生的，就叫做旅生。〔井上〕井台旁边。〔葵〕见《长歌行》注。〔贻〕送给。

这篇诗通过一个十五岁就从军、八十岁才还乡的军人不幸的遭遇(在外的情况是虚写的,回家的情况是实写的),深刻地揭露了统治阶级的不义战争所加于人民的灾害。按照汉朝的制度,人民服兵役的年龄是从二十岁起到五十六岁止,但这位老人的服役期限却几乎超过了规定三十年。诗中特别写明老军人从军和复员的年龄,从而着力揭露了统治阶级的欺骗性和残酷性。

古　诗

无名氏

行行重行行，与君生别离。相去万余里，各在天一涯。
道路阻且长，会面安可知？胡马依北风，越鸟巢南枝。
相去日已远，衣带日已缓。浮云蔽白日，游子不顾返。
思君令人老，岁月忽已晚。弃捐勿复道，努力加餐饭。

〔行行句〕走了又走,即越走越远的意思,与下三、四两句相应。重,又。〔生别离〕活生生地分开了。　〔一涯〕犹一边、一方。　〔阻且长〕阻,险。阻指障碍,长指距离。　〔会面句〕是说不知道什么时候才能再会,补足"生别离"之痛苦。　〔胡马二句〕胡,见《羽林郎》注。依,依恋。越,指南方越族聚居之地,今福建、两广一带。北方的马,依恋北风,南方的鸟,巢于南枝,可见鸟兽都知道眷怀故土。暗示物犹如此,何况人呢?　〔相去二句〕已,同以。远,长久。缓,松弛。衣带松弛,表明人瘦了。这是说随着时光的消逝,相思之情,与日俱增,人也一天一天地瘦了。　〔浮云二句〕浮云蔽日,旧比邪臣蔽贤。陆贾《新语·慎微篇》:"故邪臣之蔽贤,犹浮云之障日月也。"这里则以比喻游子可能在远方另有新欢,所以不想回家。蔽,遮。顾,念。　〔岁月句〕是说一年将尽,岁月无多。忽,忽然,快貌。　〔弃捐二句〕捐,也是弃。勿复道,别再提了。这是说,即使自己被抛弃，也不用提了，只希望远方的游子努力加餐，诸多保重。一说，末句是自我安慰之辞。但与汉人以“加餐饭”为向对方祝福之辞的习惯用法不合，似不可从。

这是一篇思妇怀人之作。首写别离之苦，次写会面之难。然后以“游子不顾返”与“思君令人老”对照，而终以抑制着自己精神上的（也许还有物质上的）痛苦，转而希望对方多加保重作结，语浅意深。女主人忠厚善良的性格，通过她的自白，跃然纸上。

梁代萧统曾将大约产生于东汉末年的古诗，选了风格相近的十九首，编入《文选》。此后，《古诗十九首》就成为一个专名。从本篇起，以下八篇，都是《十九首》的一部分。《十九首》是五言抒情诗最早出现的典范。

青青陵上柏，磊磊涧中石。人生天地间，忽如远行客。
斗酒相娱乐，聊厚不为薄。驱车策驽马，游戏宛与洛。
洛中何郁郁，冠带自相索。长衢罗夹巷，王侯多第宅。
两宫遥相望，双阙百余尺。极宴娱心意，戚戚何所迫？

〔陵〕大的土山。　〔磊（lěi）磊〕石堆积的样子。　〔人生二句〕这是说人生短促，如远行之客，难以久留，不能如陵柏、涧石之长存世上。　〔斗酒二句〕斗，酒器。一斗酒，言其量少。聊，姑且。这是说斗酒虽少，究胜于无，所以也可聊以为厚，不以为薄，而相与娱乐了。　〔驱车二句〕策，马鞭，这里作动词用。驽（nú）马，能力低下的马。宛，东汉时南阳郡治，有南都之称。洛阳是东汉的都城。两地都是东汉时的繁华都市。这两句承上两句来，斗酒虽微，可相娱乐，驽马不好，也能用来驾车出游。　〔郁郁〕盛貌。　〔冠带句〕冠带，特指贵人戴的冠和束的带，所谓官服，即以之作为贵人的代称。索，访求。这是说，在京城里，王侯们互相访求，自成集团，不屑和比他们地位低的人交往。　〔衢（qú）〕四通八达的路。　〔罗〕排列。　〔夹巷〕夹在长衢两边的小巷。　〔第〕贵人们的住宅，凡是正门不在巷内而向着大街开的，就称为第。　〔两宫句〕洛阳城中的南宫和北宫，相距七里，所以说是“遥相望”。　〔阙〕宫门前面两边的望楼。这里指南、北宫前的阙。　〔极宴二句〕极宴，尽情地享乐。戚戚，忧愁貌。这是说，那些贵人过着穷奢极侈的生活，本该非常开心，可是有什么原因迫使他们感到忧愁呢？

这篇诗写的是一位在政治道路上失意的人在京城的生活感受。他由自己的经历感到人生之短促而想及时行乐，以资排遣。可是也就在他的娱乐和游戏中，察觉到了那些深居第宅、高高在上的王侯，互相求索（明写），又互相倾轧（暗写），在“极宴”之中，仍感“戚戚”的矛盾和痛苦。贫士失职而不平，是容易理解的。贵人得势而仍然忧心忡忡，不可终日，就将东汉帝国末年那种极其严重的动乱局势的阴影勾画出来了。

西北有高楼，上与浮云齐。交疏结绮窗，阿阁三重阶。
上有弦歌声，音响亦何悲！谁能为此曲，无乃杞梁妻？
清商随风发，中曲正徘徊。一弹再三叹，慷慨有余哀。
不惜歌者苦，但伤知音稀。愿为双鸿鹄，奋翅起高飞。

〔交疏二句〕交疏，交错地刻镂着。结绮，窗格子连结着像丝织品花纹一般。这句是形容窗子做得很细巧玲珑。阿阁，四面有檐的楼阁。三重阶，阶有三层。这句形容楼阁建得精美高峻。王延寿《鲁灵光殿赋》：“尔乃悬栋结阿，天窗绮疏。”与此同意。　〔弦歌〕以弦乐伴唱，弹唱。　〔谁能二句〕无乃，莫非。春秋时，齐大夫杞梁为齐伐莒，战死。其妻痛哭十天，终于自杀。相传古代有琴曲《杞梁妻叹》乃是她作的。这里是以杞梁妻比阿阁中的歌女，说：“莫非是杞梁妻吧？除了她，谁还能唱出这样悲哀的曲调呢？”　〔清商四句〕清商，乐调名。中曲，乐曲奏到中段。徘徊，这里指乐曲的往复回旋。一弹，弦歌一曲。再三叹，反复咏叹，指乐曲的和声。慷慨，不平的心情。这是写楼外行者听到随风飘散的楼内歌声之后的体会。〔不惜二句〕是说歌者的内心苦楚不见得特别可痛，使人更加痛苦的倒是她竟找不到一个知音，即能够理解和同情她的内心苦楚的人。　〔鸿鹄〕

一种善飞的大鸟,也可单称鹄。

这篇诗写一位行人偶然从贵人第宅前经过,听到了楼中歌女在弦歌中迸发出来苦情,产生了高度的同情。楼中之女当然不知道有这样一位楼外的同情者。楼外之人对楼中那位歌女的身世和际遇也一无所知。但通过音乐语言,这位行人却能够深刻地领会到她之所以"苦",是由于"知音稀",而这,也正是和自己相同的,于是,一种奇思妙想忽然产生了:如果两个缺少知音,因而感到痛苦的人,能够化为一双鸿鹄,奋翅高飞,岂不好吗?但事实上,以常情论,这位楼外行人所缺少的知音恐怕是在政治方面,而那位楼中歌女所缺少的知音则多数是在爱情方面。需要知音,是所同;而所需要的知音,却不同。"知音稀"之"苦",既相通而又不同,所以前人曾认为此诗终究是"抚衷徘徊,四顾无侣……空中送情,知向谁是"的凄恻之音。看来处处是同情对方,实质上却归结到哀怜自己,不独哀断沉咽,而且于平易中见奇特。

冉冉孤生竹,结根泰山阿。与君为新婚,兔丝附女萝。
兔丝生有时,夫妇会有宜。千里远结婚,悠悠隔山陂。
思君令人老,轩车来何迟!伤彼蕙兰花,含英扬光辉。
过时而不采,将随秋草萎。君亮执高节,贱妾亦何为?

〔冉(rǎn)冉〕柔弱下垂貌。〔孤生竹〕暗喻自己是个独养女儿。〔结根句〕泰山,当作大山。泰可写作太,太与大通。山阿,山弯里。这句暗喻在父母庇荫之下,很有依靠。〔为新婚〕新订了婚约。〔兔丝句〕兔丝、女萝,都是蔓生植物。女萝比男子,兔丝比女子。这是说我和你订婚以后,就该从速结婚,如同兔丝、女萝缠在一道,不该再分开了。〔会有宜〕会合(指结婚)应当在适宜的时候。〔千里二句〕悠悠,远貌。陂(bēi),山坡。这是说希望结婚,可是男的又远隔千里,道路艰难。〔轩车〕有阑干的车,大夫所乘。这是她的想象,希望丈夫发达后,乘着轩车来迎接自己。〔伤彼句〕蕙和兰都是香草,一箭多花叫作蕙,一箭一花叫作兰。蕙兰花,女子自比。“伤彼”事实上是自伤。〔英〕花朵。〔君亮二句〕亮，真的，实在。高节，坚贞的品质。这是说只要你真能够坚持婚约，那么迟早总会来娶我的，那么，我还是等着吧，又何必要（自己悲伤）呢？

这是一篇怨迟婚的诗。它反映了古代妇女婚姻生活中的另外一种痛苦。诗中男子和女子订婚以后，不知道为什么离开了她，走到远方去了。这位姑娘老得不着结婚的确期，但又不能不自宽自解地等着他。正是从这种自我宽解中，人们看到了妇女们精神负担的沉重，和诗人对他们的高度同情。

迢迢牵牛星，皎皎河汉女。纤纤擢素手，札札弄机杼。
终日不成章，泣涕零如雨。河汉清且浅，相去复几许！
盈盈一水间，脉脉不得语。

〔迢（tiáo）迢〕远貌。〔河汉女〕指织女星。河汉即银河。〔擢（zhuó）〕举。〔素〕洁白。〔札札〕织机声。〔机杼（zhù）〕织机上用来转轴的叫机，用来支持纬线的叫杼。〔终日句〕《诗经·小雅·大东》：“跂彼织女，终日七襄。虽则七襄，不成报章。”七襄，是更移七个星次。报章，是往复穿梭，组成织纹。这是写天上的织女星并不能像人用梭，一反一复，所以织不成章，是就这个星座一直向西不能来回而言。这里只是表示织女内心哀伤，不想劳动，用其词，不用其意。〔零〕落。〔几许〕犹几何，指多远。〔盈盈〕水清浅貌。〔脉（mò）脉〕相视貌。

古代人民根据天上的星象变化，结合了自己的生活现实，创造了牛郎织女这个神话，反映了他们对于男耕女织的和平生活的向往，对于统治阶级破坏了他们交织着劳动与爱情的生活的不满。这篇诗写的是织女思念牛郎、隔河怅望的情况。诗人的设想是非常动人的。

回车驾言迈，悠悠涉长道。四顾何茫茫，东风摇百草。
所遇无故物，焉得不速老？盛衰各有时，立身苦不早。
人生非金石，岂能长寿考？奄忽随物化，荣名以为宝。

〔回车二句〕言，助词，无实义。迈，远行。悠悠，长远貌。涉，本义为徒步过水，引申为经历。这里写征人远游，从下文看来，也是暗示走上了漫长的人生道路。〔茫茫〕这里是形容远远望去草木茂盛的样子。〔所遇二句〕承上文来。在春天东风的煦拂下，百草萌发，一片新绿，去年的枯草，已成为“故物”，再也看不见了。由物联想到人，所以有“焉得不速老”之叹。〔盛衰二句〕上句由春草的荣枯想到人生的盛衰都有其时，所以用一“各”字。下句偏重人生而言，所以说怕不能早日做出一番事业。立身，建立功业。苦，恐怕。〔人生二句〕是说人的生命固然远不及金和石那样坚固耐久，即使活得长些，也不能一直长下去，是两层意思。考，老。寿考就是老寿。〔奄忽二句〕是说短促的人生将迅速地消逝，所以应当做出一番事业，使自己垂名于世。奄忽，迅速貌。随物化，随着客观事物的变化（而变化），指死亡。荣名，美名，光荣的声誉。宝，贵重。

《古诗十九首》产生于东汉末年那个令人感到窒息的时代，所以许多诗作中都弥漫着、掺和了愤慨悲凉的颓废享乐的思想。“所遇无故物，焉得不速老”，是客观现实。但在这个严酷的现实面前，是荡涤以放情志呢，还是立身以致荣名呢？这就要看每个人如何去选择自己的道路了。这篇诗是以自警自励的口气，希望立功立事，来使短促的人生变为永恒的存在，所以特别值得重视。

孟冬寒气至，北风何惨栗！愁多知夜长，仰观众星列。
三五明月满，四五蟾兔缺。客从远方来，遗我一书札。
上言长相思，下言久离别。置书怀袖中，三岁字不灭。
一心抱区区，惧君不识察。

〔孟冬〕农历十月。〔惨栗〕悲惨战栗，兼指生理上和心理上的感受。〔三五〕农历十五日。〔四五〕农历二十日。〔蟾兔〕月的代称。古代神话：嫦娥偷了她丈夫后羿的长生药奔入月宫，化为蟾蜍（chán chú）。蟾蜍即癞蛤蟆。又月中有玉兔永不停息地捣着仙药。〔札〕小木板，古人用来写字。〔置书二句〕灭，消失。这是暗喻感情不变。〔区区〕相爱之情。

这是一篇怀念远人的诗。她低声独语说："自从上次收到来信之后，已经三年了。这件事在我的记忆中永远是新鲜的。在这寒冷的冬夜里，不由地又想起了它。远方的人啊，我就怕你不理解我的心。"诗篇把她过去的欢乐，现在的怀念，将来的担心非常巧妙地交织在一起，展示出了一位妇女的心灵。

客从远方来，遗我一端绮。相去万余里，故人心尚尔。
文采双鸳鸯，裁为合欢被。著以长相思，缘以结不解。
以胶投漆中，谁能别离此？

〔端〕二丈为端，即半匹。〔绮（qǐ）〕花绫。〔尚尔〕还是如此。〔著以二句〕被中铺上丝绵，四边结上丝缕。著，在衣被中装绵。长相思，丝绵的代称，结不解，丝缕的代称，暗示感情深厚。〔别离此〕拆散这个。此，指胶漆般的感情。

这是收到故人从远方寄来的富于象征性的礼物以后，所流露的愉快的心情。诗中充满着信念和欢乐的气息。这篇诗可与上篇合读，虽然它们并不一定出于一人之手。

古　诗

无名氏

结发为夫妻，恩爱两不疑。欢娱在今夕，燕婉及良时。
征夫怀往路，起视夜何其？参辰皆已没，去去从此辞。
行役在战场，相见未有期。握手一长叹，泪为生别滋。
努力爱春华，莫忘欢乐时。生当复来归，死当长相思。

〔燕婉〕欢好。〔良时〕好时光，指今夕。〔怀往路〕惦念着去程。〔夜何其(jī)〕已到晚间什么时候了。其，语尾助词，无实义。何，如何。〔参(shēn)辰句〕参、辰，二星名，辰即心星、商星，又名大火。参在每年夏历十月下旬开始出现于东方，到正、二月，升到中天，三月逐渐下沉。参星隐而辰星出现于东方，到五、六月，升到中天。九月后，辰星渐隐而参星复出，故其出没不相见。所以杜甫《赠卫八处士》说："人生不相见，动如参与商。"参、辰在这里泛指星宿(xiù)。星宿都已沉落，是说天要亮了。〔去去〕"去"的加重语。〔行役〕出行服役。〔滋〕多。〔爱春华〕犹言珍重彼此的少年时代。华同花。春华是以植物为喻。

这是一篇战士离家，留别妻子的诗。他在与她分别的前夕，向她诉说了平日的恩情、现在的惆怅，同时对将来还抱着一种显得有点渺茫的希望。感情虽然沉重，但词意并不迫切，所以前人认为风格宽和。

汉末古诗中，有一部分被后人加上了作者姓名，如《文选》即收有苏武诗四首、李陵诗三首，因此被总称为"苏、李诗"，其实都是无名氏古诗。这篇和下篇是旧题苏武《别诗》四篇中的两篇，现在仍定为无名氏作品，以恢复其真相。

烛烛晨明月，馥馥秋兰芳。芬馨良夜发，随风闻我堂。
征夫怀远路，游子恋故乡。寒冬十二月，晨起践严霜。
俯观江汉流，仰视浮云翔。良友远别离，各在天一方。
山海隔中州，相去悠且长。嘉会难再遇，欢乐殊未央。
愿君崇令德，随时爱景光。

〔烛烛〕光明的形容词。〔馥(fù)馥〕香气的形容词。〔秋〕《文选》误作"我"，今改正。〔芬馨(xīn)〕芳香。〔闻我堂〕在我的堂屋中都能嗅到。〔游子〕旅客，指自己，与上句"征夫"指友人相对。〔寒冬四句〕是指想象中友人和自己分手之后的情景。那时，举目无亲，低头但见流水，抬头只有浮云而已。严霜，浓霜。翔，以鸟飞比喻云的飘动。〔山海句〕

古豫州(今河南省)居九州之中,所以称为中州。山海,犹言万水千山,形容中州与江、汉相距之远。一说,按照当时人的习惯用语,山、海二字连用时,山指五岭,海指南海,即比江汉流域更远的南方。〔未央〕没有穷尽。〔愿君二句〕崇,尊重。令德,美德。景光,光阴。这是临别赠言,要友人爱惜光阴,努力使自己的品德更加完美。

这是一篇客中送客的诗,"征夫"一联,点明双方情况。结尾两句,写出诗人对朋友期望的殷切。布景抒情,则由小而大,由近而远。和前一首一样,也是显得感情深刻,而词意宽和。

古　诗

无名氏

良时不再至,离别在须臾。屏营衢路侧,执手野踟蹰。
仰视浮云驰,奄忽互相逾。风波一失所,各在天一隅。
长当从此别,且复立斯须。欲因晨风发,送子以贱躯。

〔屏(bǐng)营〕犹彷徨。〔衢(qú)路〕四通八达的路。〔野踟蹰〕即踟蹰于野,在野外徘徊。〔仰视四句〕奄忽,迅速貌。所,处所。这是见景生情,由看到浮云在空中被风吹动,时有后先,互相超越,想到朋友们由于人事变迁也会离开原来共同生活的处所,各在一方。风波,比喻波动变迁的人事。〔斯须〕即须臾。〔欲因二句〕晨风,见《有所思》注。贱躯,对己身的谦称。这是说希望自己能附在晨风鸟的羽翼上,伴送友人直到远方。

携手上河梁,游子暮何之?徘徊蹊路侧,悢悢不能辞。
行人难久留,各言长相思。安知非日月,弦望自有时?
努力崇明德,皓首以为期。

〔河梁〕架在黄河上的桥。〔何之〕何往。〔蹊(xī)〕小路。〔悢(liàng)悢〕犹惆怅。〔不能辞〕无话可说,没法开口。〔安知二句〕农历每月初七八或二十三四日月形如弓时叫作弦,每月十五日月正圆时叫作望。弦、望都有定时,诗人借以寄托他与友人的离合也应有定时的期望。日月是偏义复词,这里偏用月字的意义。〔明德〕犹令德,美德。〔皓首〕白头,指老年。

以上是《文选》所载旧题李陵《与苏武诗》三篇中的两篇,事实上也是无名氏的作品。两篇的主题都是送别,但前篇着重写当时分离的痛苦,本篇则着重写对后日会合的希望,用意各自不同。此诗先说"悢悢不能辞",结尾又终于发出"努力崇明德,皓首以为期"这种充满信心、令人鼓舞的话,更见诗人的感情深厚,爱人以德。这些诗风格清劲,与前旧题苏武诗异趣。

蒿里行

曹 操

关东有义士,兴兵讨群凶。初期会盟津,乃心在咸阳。
军合力不齐,踌躇而雁行。势利使人争,嗣还自相戕。
淮南弟称号,刻玺于北方。铠甲生虮虱,万姓以死亡。
白骨露于野,千里无鸡鸣。生民百遗一,念之断人肠。

〔关东二句〕关,指函谷关。战国时在今河南省灵宝市西南,汉时迁到今新安县东北。义士,仗义的人,这里指袁绍等。汉灵帝刘宏中平六年(189),奸臣董卓废少帝刘辩,立刘协为帝,又杀何太后。次年,关东各州郡起兵讨伐董卓,推袁绍为盟主。〔初期二句〕初期,原先希望。会盟津,商纣(zhòu)王暴虐无道,周武王在盟津(即孟津,在今河南省)地方大会诸侯,决定进攻纣王,吊民伐罪。乃心,其心。在咸阳,项羽、刘邦等攻秦的时候，曾经相约，谁先进占秦帝国京城咸阳（今陕西省咸阳市），就以秦地封他为王。后来刘邦先占了咸阳，项羽大怒，和刘邦打仗，也攻入咸阳。这是说这些“义士”们原先希望像会盟津那样去吊民伐罪，后来却像攻咸阳那样一心一意地争权夺利。〔力不齐〕各怀私心，力量不能统一，临阵观望不前。〔踌躕〕同踟蹰。〔雁行（háng）〕雁飞时结成小队。这里用以借比“义士”们“军合力不齐”。〔嗣〕后来。〔还〕读为旋，不久。〔自相戕（qiāng）〕戕，杀。指袁绍、公孙瓒等互相攻杀。〔淮南二句〕袁绍的从弟袁术于献帝刘协建安二年（197）称帝，并将所占据的九江郡改名淮南。玺（xǐ），皇帝的印章。袁绍和韩馥于献帝初平二年（191）谋立幽州牧刘虞为帝，刻金玺。幽州在今河北、辽宁省境，故称北方。这两句所叙事实，先后颠倒了。〔铠（kǎi）甲四句〕铠也是甲。以，因而。虮（jǐ），虱的幼虫。露，暴露。这是说长年战争，人民差不多死完了。〔生民〕人民。〔遗〕剩下。

这篇诗写汉代末年军阀混战，争权夺利，给人民带来了深重的灾难。诗中渗透了人道主义的精神。比较同情人民的痛苦，正是曹操能够战胜当时北方其他军阀，从而取得政权的重要原因之一。

曹操，字孟德，沛国谯县（今安徽省亳〔bó〕州市）人，生于汉桓帝刘志永寿元年（155），死于建安二十五年（220）。子曹丕代汉，追谥他为武帝。

苦寒行

曹　操

北上太行山，艰哉何巍巍！羊肠坂诘屈，车轮为之摧。
树木何萧瑟，北风声正悲。熊罴对我蹲，虎豹夹路啼。
溪谷少人民，雪落何霏霏！延颈长叹息，远行多所怀。
我心何怫郁，思欲一东归。水深桥梁绝，中路正徘徊。
迷惑失故路，薄暮无宿栖。行行日已远，人马同时饥。

担囊行取薪，斧冰持作糜。悲彼《东山》诗，悠悠使我哀。

〔太行山〕指今河南省沁阳市北的太行山，是太行山的支脉。〔巍巍〕高貌。〔羊肠坂〕地名，指今沁阳市经天井关到山西晋城县的通道。〔诘屈〕弯曲。坂名羊肠，就是因为它很弯曲。〔摧〕折断，毁坏。〔萧瑟〕凄凉的样子或声音。〔罴(pí)〕人熊，又名马熊。〔溪谷句〕溪，山里的水沟。山中居民一般都聚居在溪谷旁边。溪谷旁边人都很少，山里别处更不用说了。〔霏霏〕大雪貌。〔延颈〕伸长颈项，表示怀望。〔怫郁〕不愉快，不安。〔思欲句〕是说想回自己的家乡谯县去一次。〔担囊〕挑着袋子。〔斧冰〕以斧打冰。〔糜(mí)〕粥。〔东山〕《诗经·豳风》中的一篇，写远征军人凯旋还乡。旧说是周公作的。这里提到这篇诗，一是对照当前行军的艰苦，希望早日凯旋，二是以周初大政治家周公自比。

这篇诗写于建安十一年(206)，是在出征高幹时作的。诗中描写了战争中环境的困难、士兵的艰苦和作者自己的悲壮情怀。

室思

徐幹

浮云何洋洋，愿因通我词。
飘飖不可寄，徙倚徒相思。
人离皆复会，君独无返期。
自君之出矣，明镜暗不治。
思君如流水，何有穷已时？

〔室思〕即闺情之意。〔愿因句〕希望依靠浮云将我的话传去。〔徙倚〕犹徘徊。〔徒〕空。〔治〕整理。古人以铜为镜，用久了，镜面就昏暗无光，所以要经常地磨。不磨镜子，暗示无心打扮。〔穷已〕穷尽。

此诗共有六章，前五章写这位思妇对远方爱侣的怀念，后一章希望他也同样怀念自己。虽然都是室思，但每章都各自成为一个独立的整体。这是第三章，极写寄书之难，相思之切。其中“思君如流水”，曾被钟嵘《诗品》认为是“即目”（见景生情）的佳句。

徐幹，字伟长，北海（今山东省寿光市东南）人，生于汉灵帝建宁四年（171），死于建安十九年（214）。

七哀诗

王　粲

西京乱无象，豺虎方遘患。复弃中国去，委身适荆蛮。
亲戚对我悲，朋友相追攀。出门无所见，白骨蔽平原。
路有饥妇人，抱子弃草间。顾闻号泣声，挥涕独不还。
“未知身死处，何能两相完？”驱马弃之去，不忍听此言。
南登霸陵岸，回首望长安。悟彼《下泉》人，喟然伤心肝！

〔西京〕指西汉首都长安。〔无象〕犹无道，没有秩序。〔豺虎〕指董卓及其部将李傕、郭汜等。〔遘（gòu）患〕犹造乱。遘与构通。〔复弃二句〕古代汉族以自己所居住的黄河中下游地区为中国。周时，荆（jīng。即楚）地文化较低，曾被称为蛮荆。委，付托。适，到。这是作者自述因世乱离开长安，到荆州（今湖北省境）托身刘表。〔攀〕以手相挽，表示惜别。〔蔽〕遮满。〔顾闻二句〕顾，回头。挥涕，以手挥去鼻涕和眼泪。这是说母亲将孩子抛弃了，回头听到孩子的哭声，虽然自己也忍不住哭了，却仍然没有回去再看一下。〔未知二句〕是饥妇人的话。两相完，指母子两全。〔霸陵〕汉文帝刘恒的陵墓，在长安东。〔岸〕高地。〔悟彼二句〕悟，领悟，体会。《下泉》，《诗经·曹风》中的一篇，是曹国人为希望出现贤明政治领袖而作的。作者在本朝贤君汉文帝的陵墓旁边，看到长安的祸乱、人民的痛苦，因而对诗人为什么要写《下泉》这样一篇诗，有了更深的体会，因而更为伤痛。喟(kuì)然，叹气的样子。

作者于献帝初平三年(192)从长安到荆州。诗中所写，就是他离开长安时的闻见和感想。

王粲，字仲宣，山阳高平(今山东省邹城市西南)人，生于汉灵帝熹平六年(177)，死于建安二十二年(217)。

荆蛮非我乡，何为久滞淫？方舟溯大江，日暮愁我心。
山冈有余映，岩阿增重阴。狐狸驰赴穴，飞鸟翔故林。
流波激清响，猴猿临岸吟。迅风拂裳袂，白露沾衣襟。
独夜不能寐，摄衣起抚琴。丝桐感人情，为我发悲音。
羁旅无终极，忧思壮难任。

〔滞淫〕淹留，停顿。 〔方舟二句〕方舟，将两条船并在一道行驶，取其宽敞平稳，古代大夫所乘。溯，逆流而上。这是说自己怀乡心切，因此乘船游江，以资排遣，但直至红日西沉，心中仍然发愁。以下八句，即描写目中所见薄暮江边景物。 〔余映〕余光，指日落时的斜晖。 〔阿(ē)〕大的丘陵。〔吟〕这里指呻吟。 〔裳〕下衣。 〔袂(mèi)〕衣袖。 〔摄衣〕犹言整衣。〔丝桐〕琴的代称。琴弦是用蚕丝制的，琴身是用桐木做的。 〔羁(jī)旅句〕老是留滞异乡，没完没了。羁旅，犹客居。 〔忧思句〕古代北方方言，草木刺人叫作壮。难任，难受。这是说思乡使人伤心，犹如草木刺人很痛，难以忍受。一说，壮是盛的意思，“壮难任”指忧思太盛，难以负担。

这篇诗写于到荆州之后，表达了诗人客居异乡的忧思。史载，王粲从十七岁时避难荆州，投奔刘表，在荆州住了十五年，却不被重视，无所作为。这篇诗虽侧重怀乡，也暗示失意，可与作者的另一篇作品《登楼赋》合读。

赠从弟

刘　桢

亭亭山上松，瑟瑟谷中风。
风声一何盛，松枝一何劲。
冰霜正惨凄，终岁常端正。
岂不罹凝寒？松柏有本性。

〔从弟〕堂弟。〔亭亭〕挺立的样子。〔瑟瑟〕风声。〔劲〕坚强。〔罹(lí)〕遭受(灾祸)。〔凝寒〕犹严寒。

在这篇诗中，诗人勉励他的堂弟，做人应当像松柏一样，经常保持端正的本性，不可以因为受到无理的压迫而有所改变。

刘桢，字公干，东平(今山东省东平县)人，生年不详，死于建安二十二年(217)。

饮马长城窟行

陈　琳

饮马长城窟，水寒伤马骨。
往谓长城吏："慎莫稽留太原卒！"
"官作自有程，举筑谐汝声。"
"男儿宁当格斗死，何能怫郁筑长城？"
长城何连连，连连三千里。
边城多健少，内舍多寡妇。
作书与内舍："便嫁莫留住！
善侍新姑嫜，时时念我故夫子。"

报书往边地："君今出语一何鄙？"
"身在祸难中，何为稽留他家子？
生男慎莫举，生女哺用脯。
君独不见长城下，死人骸骨相撑拄？"
"结发行事君，慊慊心意关。
明知边地苦，贱妾何能久自全？"

〔饮(yìn)马句〕在长城边的水坑中饮马。饮，使马喝水。窟，指水坑。〔慎莫〕犹言切不要。〔稽留〕滞留，指对徭役过了限期的人仍不放还。〔太原卒〕从太原郡征发来的兵卒。太原，秦郡名，辖境为今山西省的一部分。〔官作二句〕官作，官府工程。程，期限。筑，筑土用的木杵。谐，随着。声，指筑城时伴唱的夯歌。吏回答卒说："官府工程，自有期限，快点随着夯歌举起木杵吧，别说废话。"〔男儿二句〕太原卒的话。格斗，指和胡人作战。怫郁，见曹操《苦寒行》注。〔作书与内舍〕内舍，内室，这里作妻子的代称。〔善侍〕好好侍候。〔嫜〕同章，公公。〔故夫子〕原来的丈夫。〔一何鄙〕多么庸俗。〔身在六句〕是太原卒再告妻的话。身，指本人。祸难，指无休无止的筑城苦役。他家子，别人家的女儿，指妻。举，抚养。哺，喂。脯，干肉。这位太原卒对他的妻子说，我在苦役之中，没有理由耽误你。你现有孕在身，如果生的是女儿，就好好养大她，如果是男孩，就不用白费心思了，长大以后还是要给统治阶级作践死的，长城下互相支撑着的尸骨就是证据。这几句是秦代民歌"生男慎勿举，生女哺用脯。不见长城下，尸骸相支拄"的改写。〔结发四句〕妻再答太原卒。慊(qiàn)慊，不满足的样子。关，牵系。"慊慊心意关"，是说自觉对你关心不够，或不断地想多关心你。

这篇诗以极其经济的手法写出了秦代筑长城防御胡人时过重的徭役所加于人民的痛苦。它的全部情节及人物个性都通过一对夫妻之间的对话而展开。男的在愤慨中含着柔情，女的则在坚贞中见出开朗，彼此都富于自我牺牲的精神。诗人不但揭露了统治阶级的代表人长城吏横暴的嘴脸，而且还以深挚的同情心描绘了太原卒和他妻子这样一对普通男女的爱憎，所写的虽然是秦代修筑长城的事，但也间接地、深刻地反映了汉末人民在战祸频繁中所担承的灾难。

陈琳，字孔璋，广陵(今江苏省扬州市广陵区)人，生年不详，死于建安二十二年(217)。

悲愤诗

蔡　琰

汉季失权柄，董卓乱天常。志欲图篡弑，先害诸贤良。
逼迫迁旧邦，拥主以自强。海内兴义师，欲共讨不祥。
卓众来东下，金甲耀日光。平土人脆弱，来兵皆胡羌。
猎野围城邑，所向悉破亡。斩截无孑遗，尸骸相撑拒。
马边悬男头，马后载妇女。长驱西入关，迥路险且阻。
还顾邈冥冥，肝脾为烂腐。所略有万计，不得令屯聚。
或有骨肉俱，欲言不敢语。失意几微间，辄言："弊降虏！
要当以亭刃，我曹不活汝。"岂复惜性命，不堪其詈骂。
或便加棰杖，毒痛参并下。旦则号泣行，夜则悲吟坐。
欲死不能得，欲生无一可。彼苍者何辜，乃遭此厄祸！

〔季〕季世，衰微的年代。〔失权柄〕指皇帝大权旁落。〔董卓句〕天常，犹天经地义，指封建秩序，古人认为这种秩序合于自然规律，所以称为天常。董卓杀何太后，又淫乱宫廷，发掘陵墓，所以说他"乱天常"。〔图篡(cuàn)弑(shì)〕篡，臣夺君位。弑，臣杀君。董卓先废少帝刘辩为弘农王，后来又把他杀了，自己想做皇帝。〔诸贤良〕指被董卓所杀的周珌、伍琼等。〔逼迫二句〕旧邦，犹言旧都。董卓逼迫献帝从洛阳迁都西汉帝国的旧都长安，以便"挟天子以令诸侯"。主，指献帝。〔海内二句〕指袁绍、孙坚、曹操等关东州郡长官起兵讨伐董卓。义师，正义的军队。〔卓众句〕初平三年(192)三月，董卓的部将李傕等由长安东下，为孙坚的义师所败，流窜到陈留郡，掠夺了这个区域。蔡琰就在此时被掳入关。其后，兴平二年(195)，李傕等和南匈奴作战失利，蔡琰又从李傕军中转移到南匈奴军中，再度被掳至平阳(今山西省临汾市西南)。关于第二次遭难的经过，诗中省略了。〔平土〕平原地区，指作者的家乡今河南省一带。〔胡羌〕董卓的军队中，有许多羌族和氐族人。羌、氐都是我国西北地区的少数民族。〔猎野〕指洗劫农村。〔斩截〕杀戮。〔无孑遗〕不剩一个。孑，一个。〔拒〕同拄。〔长驱句〕关指函谷关。董卓的部队本由函谷关内东下，大肆劫掠以后，又西上回到关内。〔迥(jiǒng)〕远。〔险且阻〕即险阻，阻也就是险。〔还顾〕指回顾家乡。〔邈(miǎo)冥冥〕辽远迷茫的样子。〔肝脾句〕形容内心痛苦到了极点。后面的"胸臆为摧败"、"怛咤糜肝肺"，意均同。〔所略〕被掠夺的人。略，掠夺。〔屯聚〕聚在一起。〔失意四句〕失意，不合意。几微，细小。辄(zhé)，每。弊，同毙。降虏，对被俘者的蔑称。亭刃，挨刀子。亭，当。我曹，我们，董卓部下的兵士自称。这是写他们对俘虏的恐吓。〔詈(lì)〕骂。〔棰(chuí)〕鞭子。〔毒痛句〕毒，恨。参并，交并。〔彼苍句〕苍，青色，天的代称。辜(gū)，罪。这是说，青天老爷，我要问您，我究竟犯了什么罪啊？

以上写董卓之乱，战乱中人民的痛苦和作者自己不幸被掳的经过。

边荒与华异，人俗少义理。处所多霜雪，胡风春夏起。
翩翩吹我衣，肃肃入我耳。感时念父母，哀叹无穷已。
有客从外来，闻之常欢喜。迎问其消息，辄复非乡里。

〔边荒〕指平阳。灵帝时，南匈奴一部分移住塞内。平阳就是其单于(chán yú。匈奴君主的尊称)所住的地方。〔华〕这里指腹地汉族聚居区。〔人俗句〕人俗，胡人的风俗。少义理，不大讲理，不文明。这是暗指自己被掳掠以后，被人侮辱，强迫同居等种种遭遇。〔肃肃〕风声。〔感时〕感叹季节的变更。

以上写在胡中(平阳)怀念家乡的感情。

邂逅徼时愿，骨肉来迎己。己得自解免，当复弃儿子。
天属缀人心，念别无会期。存亡永乖隔，不忍与之辞。
儿前抱我颈，问“母欲何之？人言母当去，岂复有还时！
阿母常仁恻，今何更不慈？我尚未成人，奈何不顾思？”
见此崩五内，恍惚生狂痴。号泣手抚摩，当发复回疑。
兼有同时辈，相送告离别。慕我独得归，哀叫声摧裂。
马为立踟蹰，车为不转辙。观者皆歔欷，行路亦呜咽。

〔邂逅(xiè hòu)〕不约而会。指意外地有人来赎还自己。〔徼〕读为儌(jiǎo)，同侥，儌幸，出于意外地获得了某种幸运的意思。〔时愿〕时时存着的愿望。〔骨肉句〕曹操和蔡琰的父亲蔡邕是好朋友。建安十一年(206)，曹操遣人以金、玉等贵重物品将他亡友的女儿从胡中赎回。蔡邕死于初平三年(192)，其后家里人也都死了。蔡琰在最初有人来赎她的时候，并不知道这些情况，总以为来迎接她的是骨肉至亲。〔解免〕解免了俘虏、奴隶的身份。〔弃儿子〕蔡琰在胡中十二年，被迫和人同居，生了两个儿子。她回来时，那人不许她将儿子带回。〔天属〕犹天伦，指母子关系。〔缀(zhuì)〕系。〔乖〕离。〔问母句〕何之，何往。从这以下七句是孩子向她说的话。〔恻〕恻隐，仁慈。〔崩〕裂开。〔五内〕五脏。〔摩〕同摸。〔发〕出发。〔回疑〕犹迟疑，表示不忍分别。〔同时辈〕指十二年前同时被掳的妇女。〔马为二句〕与《焦仲卿妻》中“摧藏马悲哀”句同意，都是借物写人。不转辙(zhé)，车轮不在辙上转，即不走之意。辙是车轮的痕迹。〔歔欷(xū xī)〕悲泣，抽咽。〔行路〕行者。

以上写被赎回汉的经过及和孩子、朋友们诀别的情况。诗篇对无罪的孩子和同时落难而无告的许多妇女寄予了极其深挚沉痛的同情。

去去割情恋，遄征日遐迈。悠悠三千里，何时复交会？
念我出腹子，胸臆为摧败。既至家人尽，又复无中外。
城郭为山林，庭宇生荆艾。白骨不知谁，纵横莫覆盖。
出门无人声，豺狼号且吠。茕茕对孤景，怛咤糜肝肺。
登高远眺望，魂神忽飞逝。奄若寿命尽，旁人相宽大。
为复强视息，虽生何聊赖？托命于新人，竭心自勖励。
流离成鄙贱，常恐复捐废。人生几何时？怀忧终年岁。

〔遄(chuán)〕快速。〔征〕行。〔遐迈〕远。〔交会〕相会。〔出腹子〕亲生子。〔摧败〕犹摧毁。〔中外〕中表，表兄弟姊妹。中指舅父的子女，外指姑母的子女。〔城郭六句〕极言兵乱后城市的荒凉。荆、艾，都是野草。覆盖，掩埋。〔茕(qióng)茕〕孤单貌。〔景〕同影。〔怛咤(dá zhà)〕悲叹。〔糜〕烂。〔奄〕即奄奄，呼吸微弱貌。〔强(qiǎng)视息〕勉强地活着。息，呼吸。〔何聊赖〕有什么意味。〔托命句〕蔡琰回来后，重嫁董祀。“新人”指董。〔勖(xù)〕勉励。〔流离句〕是说自己的不幸遭遇不免被人轻视。〔捐废〕抛弃。

以上写回汉后的生活和自己对于生活的感受和痛苦的心情。

蔡琰(yǎn)，字文姬，陈留圉(yǔ。今河南省杞县)人，著名作家、学者蔡邕的女儿，博学多才，尤精音律。汉末大乱，被乱兵劫掠，辗转流落南匈奴十二年。曹操遣人将她赎回，重嫁同郡董祀。她的生活，如我们在这篇诗中所看到的，是充满着悲剧的。通过这篇自传性的叙事诗，我们不仅认识到汉末战乱所加于人民的灾祸，而且看清了妇女们在这一黑暗时代中更为悲惨的命运，即她们既是被掠夺的对象，同时又是被鄙贱的对象。诗中所写这样一种十分沉痛的感情，在那个时代，是具有典型意义的。

杂　诗

曹　丕

西北有浮云，亭亭如车盖。惜哉时不遇，适与飘风会。
吹我东南行，行行至吴会。吴会非我乡，安得久留滞？
弃置勿复陈，客子常畏人。

〔西北四句〕亭亭，耸立的样子。这是说远远看上去，浮云就像车盖一般。哉，语尾助词，犹呀、啊。飘风，暴风。这是以云被风吹比喻人为世事推移，行踪无定。　〔吴会(kuài)〕西汉会稽郡以吴县为治所，当时习惯郡县连称，所以叫作吴会。东汉将会稽与吴分为二郡，也合称吴会。吴，今江苏省苏州市；会稽，今浙江省绍兴市。　〔弃置句〕丢开它，别再谈了吧。这是汉代乐府诗中的一句习用语。

这也是一篇“游子恋故乡”的作品。诗中的我乃是设想中的客子。结句“客子常畏人”，也就是前面《艳歌行》的结句“远行不如归”之意。其中包含了在异乡受够了说不尽的委屈在内。它们都是一语道破了旧社会一般旅人的遭遇和心理，具有普遍意义，所以为后世所广泛传诵。

曹丕，字子桓，曹操的次子，生于汉灵帝中平四年(187)，死于黄初七年(226)。建安二十五年(220)，他代汉为帝，国号魏，死谥文帝。

燕 歌 行

曹　丕

秋风萧瑟天气凉，草木摇落露为霜。
群燕辞归雁南翔，念君客游思断肠。
慊慊思归恋故乡，何为淹留寄他方？

贱妾茕茕守空房，忧来思君不敢忘，
不觉泪下沾衣裳。援琴鸣弦发清商，
短歌微吟不能长。明月皎皎照我床，
星汉西流夜未央。牵牛织女遥相望，
尔独何辜限河梁！

〔慊慊二句〕是说既然老是说想念故乡，为什么又老不回来呢？慊慊，见陈琳《饮马长城窟行》注。淹留，久留。〔茕(qióng)茕〕孤独忧伤的样子。〔援〕取。〔鸣弦〕拨弦发声。〔清商〕曲调名，音节短促，所以下句说“短歌微吟不能长”。〔星汉句〕夜未央，夜已深而未尽。这篇诗写的是初秋夜景。初秋傍晚时银河正见于天顶，指向西南方，夜深时则转向西方，所以“星汉西流”表示夜深。〔尔独句〕尔，指牛、女两星。何辜，犹言何故。河梁，河桥。这句表面上是女子问牛郎、织女为什么要被银河上的桥梁所限，一年才会一次面，事实上是自恨和丈夫长期离别。

这篇乐府诗写思妇离别之情，委婉深刻，虽然句句押韵，一韵到底，而流转自如，音节非常美妙动人。汉、晋时代七言诗不及五言诗之发达，名作很少。这是其中很杰出的一篇。

泰山梁甫行

曹　植

八方各异气，千里殊风雨。
剧哉边海民，寄身于草野。
妻子象禽兽，行止依林阻。
柴门何萧条，狐兔翔我宇。

〔泰山、梁甫〕两山名，在今山东省境内。〔八方二句〕这是说地域不同，气候各别。八方,东、南、西、北、东南、西南、东北、西北。〔剧〕艰苦。〔边海〕“海边”的倒置。〔象禽兽〕指生活水平低下,有如动物。〔林阻〕山林险阻。〔翔〕游逛。〔我〕指“边海民”。〔宇〕屋边。

这篇诗反映了滨海居民的贫困生活。头两句似乎有借自然现象来讽喻朝廷的德泽不能及于边远人民的意思。建安十二年(208),诗人曾随他父亲征辽东乌桓,经过今河北省冀东边海地区。此诗疑为其时所作。

曹植,字子建,曹丕弟。生于汉献帝初平三年(192),死于魏明帝曹叡(ruì)太和六年(232),是汉、魏之际最杰出的诗人。

送应氏诗

曹 植

步登北邙阪,遥望洛阳山。洛阳何寂寞,宫室尽烧焚。
垣墙皆顿擗,荆棘上参天。不见旧耆老,但睹新少年。
侧足无行径,荒畴不复田。游子久不归,不识陌与阡。
中野何萧条,千里无人烟。念我平生亲,气结不能言。

〔北邙(máng)〕山名,在洛阳北。〔阪(bǎn)〕山坡。〔洛阳二句〕初平元年(190),董卓逼献帝迁都长安,尽烧洛阳宫室。〔垣(yuán)〕墙。〔顿擗(pǐ)〕崩裂。〔耆(qí)老〕指老人。六十岁叫作耆,七十岁叫作老。〔睹〕见。〔侧足句〕侧足,置足。这是说道路损坏,不好走,和没有路一样。〔畴(chóu)〕耕过的田地。〔田〕这里作耕种解。〔游子〕指应氏,他们或许曾在洛阳住过。〔陌、阡〕田间小路。南北曰阡,东西曰陌。〔中野〕野外。〔平生亲〕一向很亲密的人,指原住洛阳的亲友,也包括应氏在内。〔气结〕悲痛以致气塞。

这篇诗是建安十六年(211)作者在洛阳送应玚、应璩兄弟随曹操北征马超而作的,所以同题的另一篇有“我友之朔方,亲昵并集送”等句。这时上距董卓焚烧洛阳已经过了二十年，而城乡仍然这么荒凉，人民仍然这么困苦，使诗人感到难言的悲痛。

美女篇

曹　植

美女妖且闲，采桑歧路间。柔条纷冉冉，落叶何翩翩。
攘袖见素手，皓腕约金环。头上金爵钗，腰佩翠琅玕。
明珠交玉体，珊瑚间木难。罗衣何飘飖，轻裾随风还。
顾眄遗光彩，长啸气若兰。行徒用息驾，休者以忘餐。
借问女安居？乃在城南端。青楼临大路，高门结重关。
容华耀朝日，谁不希令颜！媒氏何所营？玉帛不时安。
佳人慕高义，求贤良独难。众人徒嗷嗷，安知彼所观。
盛年处房室，中夜起长叹。

〔妖〕娇媚。〔闲〕幽雅。〔歧(qí)路〕岔路。〔纷〕众多。〔冉冉〕柔弱下垂貌。〔翩翩〕飞飘的样子。〔攘〕卷。〔皓〕白。〔约〕束，戴。〔金爵钗〕头上作爵形的金钗。爵，同雀。〔翠琅玕(láng gān)〕一种像玉的翠绿色石头。〔明珠二句〕交，络。珊瑚，一种海生动物，骨骼色泽美丽，可做装饰品。木难，一种碧色珠。这是说这位美女身上佩带着各种珍贵饰物，互相间隔地配合得很好。〔还〕读为旋，转动。〔眄(miǎn)〕看。〔遗〕留下。〔啸〕撮着嘴唇发出有节奏的声音，古人表示感情的一种动作，也是古代的一种声乐艺术。〔行徒二句〕行徒，行路的人。用，因。息驾，停车。休者，休息的人。以，因。这是说人们都为她的美貌所吸引。〔安居〕住在哪里。安，何。〔城南端〕城的正南门。〔青楼〕用青漆漆的楼，古代富贵人家的房屋。宋、元以来才称妓院为青楼。〔结重关〕加上几道门闩，形容所住是深宅大院。〔容华句〕面貌像初升的太阳一样美。〔希〕羡慕。〔令颜〕美貌。〔媒氏二句〕媒氏，媒人。何所营，何以时时来谋求。所，这里作时解。营，求。玉帛，指聘金。安，定。这是说媒人虽然时常来说媒，但因贤才难得，并不能及时接聘定婚。〔高义〕理想中道德品质很高的人，即下句的"贤"。〔良〕实在。〔嗷（áo）嗷〕犹嚷嚷，大家说话的声音。〔彼〕指佳人。〔盛年〕青春年少的时候。〔中夜〕半夜。

这篇诗以美女希望得到理想的配偶比喻贤臣希望遇到理想的君主。作者为兄曹丕、侄曹叡所忌，始终没有为国家服务的机会，所以有"盛年不偶"的慨叹。以男女之情比喻君臣之谊或国家和个人的关系，是由《离骚》以来形成的传统。

白马篇

曹　植

白马饰金羁，连翩西北驰。借问谁家子？幽并游侠儿。
少小去乡邑，扬声沙漠垂。宿昔秉良弓，楛矢何参差！
控弦破左的，右发摧月支。仰手接飞猱，俯身散马蹄。
狡捷过猴猿，勇剽若豹螭。边城多警急，胡虏数迁移。
羽檄从北来，厉马登高堤。长驱蹈匈奴，左顾凌鲜卑。
弃身锋刃端，性命安可怀？父母且不顾，何言子与妻？
名编壮士籍，不得中顾私。捐躯赴国难，视死忽如归。

〔羁〕马络头。〔连翩〕鸟并飞貌。形容马队飞驰。〔幽并句〕幽、并，二州名。幽州，今河北省东北部及辽宁省西南部。并州，今山西省北部。游侠儿，周游各地任侠仗义的人。〔扬声〕出名。〔垂〕同陲，边疆。〔宿昔〕这里作向来解。〔秉〕拿着。〔楛（hù）矢〕以楛木做干的箭。〔参差（cēn cī）〕长短不齐的样子。〔控弦二句〕指从右射，中左靶。控弦，拉弓。

的，射靶的通称。月支，还有下面的马蹄，都是射靶名。〔仰手〕将箭射向高处。〔接〕迎头射箭为接。〔猱(náo)〕猿类。〔散〕犹破。〔狡捷〕动作灵活迅速。〔剽(piāo)〕轻快。〔螭(chī)〕古代传说中一种没有角的龙。〔胡虏句〕指匈奴、鲜卑等北方民族内侵。数(shuò)，屡次。〔羽檄(xí)〕檄，古代用于征召或宣告性质的文书，上插羽毛表示紧急。〔厉马〕扬鞭打马。〔长驱二句〕是写幽、并游侠儿克敌制胜。蹈，践踏。“左顾”即东顾，向东看。(张觉君举扬雄《解嘲》：“今大王左东海，右渠搜，前番禺，后椒涂。”证明左顾即东顾，其说甚是。西汉都长安，其论全国方位，是以长安为中心，东左、西右、南前、北后。后人沿用。东汉末年，匈奴、鲜卑虽然都在北边，所以上文说“羽檄从北来”，但匈奴主要活动地带在今甘肃省和内蒙古自治区，而鲜卑则在今内蒙古自治区以北，位于匈奴的东边。诗先说匈奴，故对鲜卑称“左顾”。)凌，压制。〔弃身二句〕是说在和敌人进行白刃战时，富于献身精神，决不顾惜自己的生命。怀，爱惜。〔籍〕名册。〔中顾私〕心里想着个人的私事。中，内心。〔视死句〕忽，忽略，不在意的样子。这是说精忠报国，将死亡看得很不在意，去死好像回家。

东汉以来，由于政治腐败，军备废弛，匈奴、鲜卑等族的奴隶主贵族经常侵犯汉族地区，从而破坏了各族人民和平共处的生活，造成了很大的损害。这篇诗特别强调了保卫祖国，献身人民这种公而忘私的精神，不仅体现了作者希望建功立业的思想，而且也反映了各族广大人民安居乐业的愿望。

名都篇

曹　植

名都多妖女，京洛出少年。宝剑直千金，被服丽且鲜。
斗鸡东郊道，走马长楸间。驰骋未能半，双兔过我前。
揽弓捷鸣镝，长驱上南山。左挽因右发，一纵两禽连。

余巧未及展，仰手接飞鸢。观者咸称善，众工归我妍。
归来宴平乐，美酒斗十千。脍鲤臇胎虾，寒鳖炙熊蹯。
鸣俦啸匹侣，列坐竟长筵。连翩击鞠壤，巧捷惟万端。
白日西南驰，光景不可攀。云散还城邑，清晨复来还。

〔名都二句〕京洛即洛京。洛阳是东汉京城。这两句对起，以“妖女”陪“少年”，以下专讲“少年”。　〔直〕同值。　〔被服〕犹衣着。　〔斗鸡〕使两鸡相斗，观其胜败，是一种娱乐和赌博。　〔长楸（qiū）〕路旁种植楸树的大路。　〔驰骋（chěng）句〕是说在道上跑马，还没有跑到一半的距离。〔我〕少年自指。　〔鸣镝（dí）〕响箭。镝，箭头。　〔南山〕这里指洛阳郊外的南山。　〔挽〕拉弓。　〔发〕射箭。　〔纵〕也是发射。　〔两禽〕古时鸟兽都可称为禽，两禽就是上文的双兔。　〔巧〕指高超的箭术。　〔接〕迎射。　〔鸢（yuān）〕鹞鹰。　〔咸〕都。　〔众工句〕众工，许多精于箭术的人。妍，好。这是说大家都认为我的射技最高。　〔宴平乐〕在平乐观（guàn）举行宴会。平乐观在洛阳西门外，汉明帝所造。　〔美酒句〕每一斗酒值一万钱，极言其美。　〔脍鲤二句〕脍（kuài），细切鱼肉。臇（juàn），汤汁较少的肉羹，这里都作动词用。胎虾，有子的鲐鱼或有子的虾。胎指鱼子。寒，酱渍。炙（zhì），烤。熊蹯（fán），熊掌。　〔鸣俦二句〕是说呼朋引类，坐在一道（吃喝）。鸣、啸，这里指招呼。俦、匹侣，朋友，伙伴。竟，完，尽。筵，席子。古人席地而坐，分器而食。人众席多，排成长列，所以说“列坐竟长筵”。　〔连翩〕见《白马篇》注。　〔击鞠壤〕蹴（cù）鞠和击壤，古代的两种游戏。蹴鞠就是踢球。鞠是中间塞毛使其具有弹性的皮球。击壤，现在有的地方叫做打梭。壤用两块木板制成，一头宽，一头尖，长一尺四寸，阔三寸。玩时，将一块放在远外，用另一块去打它，中者为胜。　〔巧捷句〕指技艺精妙。惟，助词，无实义。万端，形容变化之多。　〔光景〕光阴。　〔攀〕留住。　〔云散〕形容人们四散。

这篇诗有声有色地描绘了一群豪家少年一天之中貌似充实、实则空虚的生活。他们年轻，体健，武艺精能，却把宝贵的青春消磨在饮宴、游戏之中。通篇只陈述事实，并不发议论，而惋惜之情，自在言外。在曹植笔下，慕高义的佳人、赴国难的游侠，与斗鸡走马的少年，形成了鲜明的对立。曹植的乐府诗文采缤纷，仍见朴质，叙事繁密，每存讽谏。《诗品》赞美他的作品“情兼雅怨，体被文质”，上选三篇，表现得颇为明显。

七哀诗

曹　植

明月照高楼，流光正徘徊。
上有愁思妇，悲叹有余哀。
借问叹者谁？言是宕子妻。
君行逾十年，孤妾常独栖。
君若清路尘，妾若浊水泥。
浮沉各异势，会合何时谐？
愿为西南风，长逝入君怀。
君怀良不开，贱妾当何依？

〔流光句〕指月光正在缓慢地移动。　〔余哀〕不尽的忧伤。　〔宕子〕在异乡游宕的人，即客子。宕，同荡。　〔逾〕超过。　〔君若四句〕尘和泥本都是土。路上的尘，随风而动，故显得清；水中的泥，淤积难移，故显得浊。这里用来比喻夫妇因环境、地位不同，就如尘清泥浊，难以会合。谐，同。〔长逝〕犹言远去。　〔君怀〕指宕子的心。

这篇诗写闺怨。古代诗歌往往以爱情关系比拟政治关系，所以作者此诗也可能是用来“讽君”，希望朝廷看顾他，信用他。

杂　诗

曹　植

仆夫早严驾，吾行将远游。
远游欲何之？吴国为我仇。
将骋万里途，东路安足由？
江介多悲风，淮泗驰急流。
愿欲一轻济，惜哉无方舟。
闲居非吾志，甘心赴国忧。

〔仆夫〕这里指赶车的，驭手。　〔严驾〕整治车马。　〔行〕且。　〔吴国句〕当时，蜀、吴与魏鼎立，三分天下。每一方都思谋吞并另外两方，互相仇视，所以诗人这么说。　〔将骋（chěng）二句〕骋，骑马奔驰。万里途，指南下攻伐吴国的漫长道路。东路，指由洛阳回到鄄（juàn）城（今属山东省）的路。鄄城在洛阳东边。安足由，有什么值得走的。安，岂。由，走。黄初四年（223），曹植由鄄城到洛阳朝见哥哥文帝曹丕。此诗是朝见后准备回鄄城时所作。这是说他希望远行万里，南征吴国；东归鄄城，没有什么意思。　〔江介二句〕江介，犹江间。淮、泗，二水名。南征孙权的吴国，要经过淮水和泗水流域，即今河南、安徽、江苏诸省，以达长江流域。〔愿欲二句〕一，加强语气的助词。轻济，方便地不费力地渡河。方舟，见王粲《七哀诗》注。这里以“轻济”比喻为国立功，以“无舟”比喻权不在己。

在黄初四年朝见时，曹植写了一篇《求自试表》，表示不愿意安享富贵，而愿意为国家和人民做些工作，特别是愿意为削平吴、蜀，统一全国而出力。但曹丕很忌刻他，不批准他的请求。这篇诗可能就是在这种情况之下写的。在封建社会中，不知道有多少“甘心赴国忧”的有志之士，却因为“无方舟”，不能“轻济”，在“闲居”中消磨了自己的生命。曹植的遭遇和呼吁，在过去漫长的历史时代中，并不是少见的。

定情诗

繁　钦

我出东门游，邂逅承清尘。思君即幽房，侍寝执衣巾。
时无桑中契，迫此路侧人。我既媚君姿，君亦悦我颜。

〔我出句〕《诗经·郑风·出其东门》:“出其东门，有女如云。”是写郑国东门之外，许多漂亮的姑娘在游玩。所以这句暗含有自己长得美丽的意思在内。　〔邂逅(xiè hòu)句〕邂逅，没有相约而遇到。承清尘，得以接近你脚底下扬起的尘土，是与人相见时的客气话。“清”是与贬义词“浊”相对相反的褒义词，如人的容颜也可美称清光，人的精神也可美称清神等。这是说很荣幸地偶然遇到了你。　〔思君二句〕思，爱。即，就，犹言进入。幽房，深幽的屋子，犹言洞房。这是写双方一见钟情，旋即同居。　〔时无二句〕《诗经·鄘风·桑中》是一篇写男女相约幽会的诗。契，约。迫，近。这是说彼此本来不认识，只是在路侧相逢，坠入情网，便由亲近而结合了。〔媚〕爱，喜欢。

以上写彼此偶然相遇，一见钟情，即行同居，是这一短促的爱情悲剧的第一幕。

何以致拳拳？绾臂双金环。何以道殷勤？约指一双银。
何以致区区？耳中双明珠。何以致叩叩？香囊系肘后。
何以致契阔？绕腕双跳脱。何以结恩情？美玉缀罗缨。
何以结中心？素缕连双针。何以结相于？金薄画搔头。
何以慰别离？耳后玳瑁钗。何以消滞忧？足下双远游。
何以答欢欣？纨素三条裙。何以结愁悲？白绢双中衣。

〔致〕表达。　〔拳拳〕诚恳。　〔绾(wǎn)〕系。　〔环〕这里指臂钏，即镯子。　〔约指句〕约指，戒指。这句本应为“一双银约指”，因押韵而倒文。

以下多有类似句法，可以推知，不再说明。〔耳中句〕指珍珠耳环。〔叩叩〕犹拳拳，诚意。〔香囊句〕古代男女都有以香料放在袋中，系在肘下（从前面看，就在肘的后面，故称肘后）作为佩饰的习惯。〔契阔〕这里是融洽、情投意合的意思。〔跳脱〕又作“条脱”，镯子。〔罗缨〕指系玉的丝带。〔素缕句〕素缕，白线。用白线将两根针穿在一道，以表示爱情的纯洁坚贞。〔相于〕相好，相厚。〔金薄句〕金薄，即金箔。画也是装饰的意思。搔头，簪子。这里是说簪子以金为饰。金薄是名词，画是动词。〔耳后〕见前《羽林郎》注。〔何以消滞忧二句〕这两句见于《文选·洛神赋》李善注。《玉台新咏》卷一所载《定情诗》脱去，今斟酌文义，插在这里。远游，某种形式的鞋子。〔三条裙〕条读为绦（tāo），用丝编成的仄带子。三条裙是裙子以三条丝带作为装饰。〔中衣〕衬在外衣里面的衣。

以上用一问一答的方式，描写双方结合之后，彼此互赠礼物以表达相爱之意，十分频繁，以反衬下文。这是第二幕。

与我期何所？乃期东山隅。日旰兮不来，谷风吹我襦。
远望无所见，涕泣起踟蹰。与我期何所？乃期南山阳。
日中兮不来，飘风吹我裳。逍遥莫谁睹，望君愁我肠。
与我期何所？乃期西山侧。日夕兮不来，踯躅长叹息。
远望凉风至，俯仰正衣服。与我期何所？乃期北山岑。
日暮兮不来，凄风吹我襟。望君不能坐，悲苦愁我心。

〔隅〕角落。〔旰（gàn）〕晚。孙月沐君说：“旰当为盱（yù）之误。盱，训日初升。诗由日盱、日中、日夕写到日暮，是一天之内事。若作日旰，就变为两天了。”按孙说可取。〔谷风〕东风。〔南山阳〕南山的南面。山北为阴，南为阳。旧作“山南阳”，误。〔飘风〕旋风。〔逍遥〕自由自在的样子，这里是形容孤寂，无人理会。〔莫谁睹〕即莫睹谁，看不见人。〔踯躅（zhí zhú）〕犹踟蹰，停脚不进的样子。〔俯仰句〕俯仰，犹上下。

正,同整。因久等情人不来,在凉风中感到寒冷,因此活动活动,把上下衣服都整理一下。〔岑(cén)〕小而高的山。〔凄风〕冷风。

以上是第三幕,写男方负心,屡次相约,屡次失信。

爱身以何为,惜我华色时。中情既款款,然后克密期。
褰衣蹑茂草,谓君不我欺。厕此丑陋质,徙倚无所之。
自伤失所欲,泪下如连丝。

〔爱身二句〕身,指女子自身。以何为,犹言因何故,为什么。华色,犹言青春美貌。这是说,我为什么爱护自己呢?因为珍惜青春美貌。〔中情二句〕中情,内心。款款,犹拳拳、叩叩。克密期,定下(幽会的)秘密日期。这两句承上说,由于珍惜自己,所以只是在真诚地爱上了以后,才和对方约会。〔褰(qiān)衣〕提起衣裳。〔蹑(niè)〕踩。〔厕(cè)此二句〕厕,置,参与。徙倚,徘徊不定的样子。这两句是自伤的话,由于男方的遗弃,她觉得自己无非是个丑丫头,简直无路可走,暗中和起句“我出东门游”相对应。〔所欲〕所希望的事,指与男方相爱。

以上写女方被弃以后的自伤,是第四幕。

在古汉语“定情”一词中,“定”可释为固定,也可释为镇定。通过一定的仪式或信物使一对男女相爱的关系固定下来,叫作定情,而在情场中使感情镇定,不至于过分地冲动,也叫定情。这里是用后一义。诗人显然不赞成诗中这位姑娘凭着一时的感情冲动,轻率以身许人,以致落得这么一个悲惨的下场。诗中只作了客观描写,而通过诗题把含意点出。

本篇第二段连用十二个问答以表双方的互爱,第三段分东南西北四方来描写男方多次背信失约,都是民歌中通行的手法,而文采富丽,则又与民歌不同。

繁(pó)钦,字休伯,颍川(今河南省禹州市)人,生年不详,死于建安二十三年(218)。

咏　怀

阮　籍

夜中不能寐，起坐弹鸣琴。薄帷鉴明月，清风吹我襟。
孤鸿号外野，翔鸟鸣北林。徘徊将何见？忧思独伤心！

〔寐(mèi)〕睡。〔帷〕帐幔。〔鉴〕照见。〔号〕啼叫。〔北林〕《诗经·秦风·晨风》："鴥(yù)彼晨风，郁彼北林。未见君子，忧心钦钦。"这里暗用其意，表示自己的忧心与古代诗人相同。〔徘徊二句〕将何见，会看到什么呢？就是说，凡是所看到的无非是令人伤心的事物罢了。

这篇诗写的是诗人在自己所生活着的黑暗时代中的彷徨、苦闷。曹魏末年，司马氏专政，对于反对他的人们，时常加以虐杀。《咏怀》八十二篇就是作者在那个窒息年代中的歌唱，因此它虽然基本上是写来讽刺当时政治的，而采取的表现方式却又很隐蔽。

阮籍，字嗣宗，陈留尉氏(今河南省尉氏县)人，生于建安十五年(210)，死于魏常道乡公曹奂景元四年(263)。

昔闻东陵瓜，近在青门外。连畛距阡陌，子母相钩带。
五色曜朝日，嘉宾四面会。膏火自煎熬，多财为患害。
布衣可终身，宠禄岂足赖？

〔东陵瓜〕汉邵平在秦朝曾封东陵侯，秦亡后，成为平民，种瓜为生。他种的瓜很好吃，人们称之为东陵瓜。〔青门〕汉长安东面南头第一个门叫霸城门。它的颜色是青的，因此人们也称它为青门。〔连畛(zhěn)句〕"畛"和"阡陌"都是田间小路。距，到。"连畛"即"距阡陌"，重复言之，以见种瓜之地很广。〔子母句〕钩带，犹言钩连，连带。这是说无数的大瓜(母)和小瓜(子)生长在一起，即瓜结得非常之多。〔五色二句〕是说瓜的色彩鲜艳，在早晨的阳光下显得十分悦目，可以用来招待四方八面来的高贵的客人。曜(yào),照耀。〔膏火二句〕是说人的财产多了,就容易惹祸,好比油脂燃烧起来,自己煎熬自己。〔布衣〕指麻布衣,平民所穿。古代贵人和老人可穿丝织物,一般平民都穿麻织物。〔宠禄〕恩宠和俸禄。受宠于君王,就可以获取高官厚禄,故"宠禄"连称。〔赖〕倚靠。

这篇诗咏邵平失侯之后,安分种瓜,借以表示自己对于离开当时政治斗争的漩涡的愿望。

独坐空堂上,谁可与欢者?出门临永路,不见行车马。
登高望九州,悠悠分旷野。孤鸟西北飞,离兽东南下。
日暮思亲友,晤言用自写。

〔永路〕长路。〔九州〕泛指中国。九州名称,诸书不同。据《尔雅》,是冀州、豫州、雍州、荆州、扬州、兖州、徐州、幽州和营州。〔悠悠句〕是说辽阔大地,分割为九州。〔离兽〕离了群的兽。〔日暮二句〕晤,对。写,消除。这是说日暮时思念亲友,希望和他们相对谈话,以消除忧愁。

这篇诗写自己的寂寞,无论是独坐、出门或登高,都感到孤独无聊,而以思念亲友作结。这反映了作者对当时社会、政治现状的不满和游离。

驾言发魏都,南向望吹台。箫管有遗音,梁王安在哉?
战士食糟糠,贤者处蒿莱。歌舞曲未终,秦兵已复来。
夹林非吾有,朱宫生尘埃。军败华阳下,身竟为土灰!

〔言〕犹而,助词。〔吹台〕魏王所筑音乐台,故址在今河南省开封市东南。〔箫管二句〕梁王,即魏王。战国时魏国以大梁(今开封市)为都城,因此魏王又称为梁王。这两句是说战国时的音乐,还有留传至今的。可是煊赫一时的魏王却不复存在了。极言富贵权势之不可长保。〔贤者句〕蒿、莱都是野草。这是说贤人被排斥,住在草屋里面。〔夹林〕魏王游览的胜地。〔吾〕我,代魏王自称。〔朱宫〕华丽的宫殿。〔军败句〕华阳，地名，在今河南省密县附近。前 273 年，秦大败魏军于华阳，斩首十五万。〔身竟句〕言被消灭。

这篇诗表面上是怀古，事实上是“陈古刺今”，即借战国时代的魏来比喻曹魏。魏明帝末年，歌舞荒淫，不知求贤讲武，以致国家日趋衰微，政权终于落到司马氏手里，这正是作者所痛心的。

豫章行苦相篇

傅　玄

苦相身为女，卑陋难再陈。男儿当门户，堕地自生神。
雄心志四海，万里望风尘。女育无欣爱，不为家所珍。
长大逃深室，藏头羞见人。垂泪适他乡，忽如雨绝云。
低头和颜色，素齿结朱唇。跪拜无复数，婢妾如严宾。
情合同云汉，葵藿仰阳春。心乖甚水火，百恶集其身。
玉颜随年变，丈夫多好新。昔为形与影，今为胡与秦。
胡秦时相见，一绝逾参辰。

〔苦相〕犹言苦命。〔陋〕丑，不体面。〔难再陈〕难得一再地说，无从多讲。陈，说。〔堕地〕出世。〔生神〕神气。〔雄心二句〕是说可以各处走动，做出事业。〔珍〕贵重。〔适〕出嫁。〔忽如句〕出嫁后和家人分开，就像雨从云中落下，永远隔绝。〔素齿句〕闭住嘴唇，不露牙齿，形容不敢随便开口说话。〔无复数〕数不清。〔婢妾句〕才结婚时，对夫家的婢、妾，也像对贵宾一般客气。严宾，尊严的客人，贵宾。〔情合句〕这是说要好时就像牛郎织女在银河相会。〔葵藿句〕是说女子仰赖丈夫的爱情，像葵、藿仰赖和暖的春天。葵，菜名，即冬寒菜。藿，豆叶，嫩时可吃。唐太宗《赋得白日半西山》：“藿叶随光转，葵心逐照倾。”杜甫《自京赴奉先县咏怀五百字》：“葵藿倾太阳，物性固莫夺。”因为葵、藿都是菜，所以连类并举。有的注家说葵指向日葵，葵能向日，藿则不能，葵藿是复词偏义，偏用葵字意义。其实植物都有光合作用，莫不倾向太阳，以释葵为菜较准确。唐郑愔《奉和春日幸望春宫》："幸同葵藿倾阳早，愿比盘根应候荣。"葵藿，《文苑英华》作"微藿"，"微藿"对"盘根"，较工整，可能是原文。足证"葵藿"非复词偏义。〔乖〕相反。〔胡〕这里指西北少数民族聚居地区。〔秦〕这里指汉族地区。〔胡秦二句〕逾，超过。参（shēn）、辰，见《古诗》"结发为夫妻"篇注。这是说把感情恶劣的夫妻比成胡、秦，还不确切，因为胡人和秦人有时还可相见，而夫妻的隔绝的程度，甚至超过出没永不相见的参、辰两星。

《豫章行》是曲名，《苦相篇》是诗题。这是一篇封建社会妇女的苦难之歌。诗人在这里以高度的同情心描绘了她们生下来就被轻视，出嫁之后，不但处处要做小服低，而且随时有被丈夫抛弃的危险等种种的苦相。

傅玄，字休奕，北地泥阳（今甘肃省宁县东南）人，生于建安二十二年(217)，死于晋武帝司马炎咸宁四年(278)。

悼亡诗

潘　岳

荏苒冬春谢，寒暑忽流易。之子归穷泉，重壤永幽隔。
私怀谁克从？淹留亦何益。僶俛恭朝命，回心反初役。
望庐思其人，入室想所历。帷屏无仿佛，翰墨有余迹。
流芳未及歇，遗挂犹在壁。怅恍如或存，回惶忡惊惕。
如彼翰林鸟，双栖一朝只。如彼游川鱼，比目中路析。
春风缘隙来，晨霤承檐滴。寝息何时忘？沉忧日盈积。
庶几有时衰，庄缶犹可击。

〔荏苒（rěn rǎn）句〕时间不知不觉地过去了叫作荏苒。冬春，代指四季。

谢，去。这是说一年不知不觉地过去了，服丧的时间也满了。古礼，丈夫为妻子期服，即戴一年的孝。〔流易〕变动。〔之子句〕之子，那个人。这里指妻子杨氏。穷，尽头。穷泉，指地下，犹九泉。〔重壤〕犹言厚地。〔幽隔〕犹言永隔。幽，深。〔私怀二句〕私怀，指个人不想离家的心情。这两句是两层意思。服丧期满了，得出去工作。不想走，谁人能做到呢？这是一层。即使做得到，妻子已经死了，留在家里，又有什么好处？这是二层。〔僶俛（mǐn miǎn）二句〕僶俛，努力，即黾勉。恭朝命，恭敬地对待朝廷的命令。反初役，回到原来做官的任所。这是说由于要尊重皇帝的旨意，只好将思念亡妻的心思暂时收起，回到原地去工作。〔历〕经过。〔帏屏句〕帏，帐幕。屏，屏风。仿佛，这里指相似的形影。传说汉武帝的爱妾李夫人死后，方士曾经招致她的魂魄来到宫里，武帝在远处见到了她。这是说帏屏之间，连个仿佛的形影也没有。〔翰墨〕犹笔墨，指杨氏留下的手迹。〔流芳句〕（衾枕衣裳上）发散的香气还没有消失。〔遗挂〕杨氏遗留下来的悬挂在墙壁上的东西，不详何物。〔怅恍（chàng huǎng）〕恍忽。〔回惶〕惶恐不安。〔忡（chōng）〕忧愁。〔惊惕〕心神不宁。〔翰林〕鸟栖息的树林。〔比目〕鱼名，两只眼睛长在一边。都长在右边的叫鲽，都长在左边的叫鲆。据说，这种鱼要一左一右比目而行，以喻夫妻经常生活在一起。〔析〕分开。〔隙〕指墙壁的缝。〔霤（liù）〕屋檐流下来的水，通作溜。〔庶几二句〕庶几，或许，表示希望的词。缶（fǒu），瓦器，大肚小口，古人用来作为唱歌时伴奏的乐器。战国时，庄周的妻子死了，惠施去吊唁，看见庄周正在敲着瓦缶唱歌。惠施觉得他太过分了。庄周解释说："我原来也感到难受，但后来想到，人的生死也不过是像四季循环，乃是自然之理。有生必有死，又何必悲伤呢？"见《庄子·至乐篇》。这是说自己由于悼亡心切，日夕难忘，所以希望能够达观一些，像庄周那样。

悼亡，在古汉语中，通常指丈夫悼念妻子。潘岳《悼亡诗》一共三篇，这是第一篇，写他在妻子周年祭以后，不得不离开家庭，返回任所的心情，其中"望庐"以下八句，写临行之时，徘徊空房，触景伤情，不忍离去，非常真挚动人，为后世所传诵。

潘岳，字安仁，中牟(今河南省中牟县)人，生于魏齐王曹芳正始八年(247)，死于晋惠帝司马衷永康元年(300)。

猛虎行

陆　机

渴不饮盗泉水，热不息恶木阴。恶木岂无枝？志士多苦心。
整驾肃时命，杖策将远寻。饥食猛虎窟，寒栖野雀林。
日归功未建，时往岁载阴。崇云临岸骇，鸣条随风吟。
静言幽谷底，长啸高山岑。急弦无懦响，亮节难为音。
人生诚未易，曷云开此衿？眷我耿介怀，俯仰愧古今。

〔渴不四句〕盗泉，水名，在今山东省境内。传说孔丘经过盗泉，虽然口很渴，但因为不喜欢这个名字，所以没有喝它的水。恶木，指形状难看的树，与嘉树相对。这是比喻有志气的人，用心谨慎，爱惜声名，不愿意被牵涉到不好的环境中去。　〔整驾句〕整驾，整理车马，泛指准备行装。肃，敬。时命，当时君王的命令。这是说由于君王令其出来做事，所以恭敬地遵命而行。　〔杖策〕即扶杖。杖，在这里作动词用，即扶。策，在这里作名词用，即杖。　〔饥食二句〕乐府古辞《猛虎行》说："饥不从猛虎食，暮不从野雀栖。"陆机在这里反用其语，说由于杖策远寻，道途辛苦，饥不择食，寒不择栖。　〔日归二句〕"日归"即"时往"。载，犹则。岁则阴，犹岁则暮。这是说时日已过，功业无成。　〔崇云二句〕岁阴之景。崇，高。骇，起。鸣条，枝条被风吹发出声音。　〔静言二句〕由于功业未建，心情抑郁，所以徘徊山谷，或静言，或长啸，以排遣忧思。啸是古代一种声乐艺术，见曹植《美女篇》注。　〔急弦二句〕急弦，乐器上绷紧了的弦。懦响，弱音。亮节，高节。音，这里指执高节的人所发表的言论。急弦发不出懦响，执高节的人谈起问题来，也一定慷慨激昂，不同流俗，而一般时君却不喜欢直言不讳的人，所以“亮节”反而“难为音”。〔人生四句〕曷（hé），怎么。衿，同襟，指胸襟。眷，看顾。耿介，正直。俯，低头。仰，抬头。俯仰表示思忖。这是说做人不容易，很难敞开胸襟，想到自己平生怀抱虽然正直，但行动未必相合，所以感到惭愧。

这篇诗写襟怀正直的志士虽然慎于出处，但有时世势牵挽，没有保持其高节的可能，而出来以后，仍然功名难就，进退两难，以今比古，深感愧负。作者少年时候，就有大名，后来陷入晋朝贵族的内部斗争中，终于被杀。这篇诗中所表达的彷徨、苦闷，正是其当时政治生活中的实感。

陆机，字士衡，吴郡华亭（今上海市松江区）人，生于魏主曹奂景元二年（261），死于晋惠帝太安二年（303）。

咏　史

左　思

弱冠弄柔翰，卓荦观群书。著论准《过秦》，作赋拟《子虚》。
边城苦鸣镝，羽檄飞京都。虽非甲胄士，畴昔揽《穰苴》。
长啸激清风，志若无东吴。铅刀贵一割，梦想骋良图。
左眄澄江湘，右盼定羌胡。功成不受爵，长揖归田庐。

〔弱冠（guàn）〕《礼记·曲礼》：“人生十年曰幼，学；二十曰弱，冠。”古人到了二十岁，束发加冠（guān），表示成年，称为冠（guàn）。后人即以弱冠一词代表成年。〔弄柔翰〕指写作。柔翰，毛笔。〔卓荦（luò）〕杰出，不平凡。〔著论二句〕承上“弄柔翰”来。《过秦》是贾谊《新书》中篇名，后来曾经单行，称《过秦论》，内容是论秦之过。《子虚赋》是司马相如的代表作。这是说自己写作，取法乎上，政论以《过秦》为标准，词赋以《子虚》为法式。〔边城二句〕是说边境发生战事，情报飞向京城。鸣镝，见曹植《名都篇》注。羽檄，见曹植《白马篇》注。〔虽非二句〕甲胄士，武装的战士。甲,铠甲。胄,头盔。畴昔,从前。穰苴,《司马穰苴兵法》的简称,春秋时代齐国的一部兵书。这里作为一般兵书的代称。这是说自己虽非武人,但颇通兵法。〔长啸二句〕长啸,见曹植《美女篇》注。这是说自己精神饱满,斗志昂扬,没有把东吴看在眼里。〔铅刀句〕东汉班超上疏章帝,希望施展"铅刀一割"之用,这里沿用其语。铅是一种很软的金属,以铅做刀,其钝可知。故以之表示谦虚。〔骋良图〕实行自己的好主意,指为国立功,功成身退,即下文的"功成不受爵,长揖归田庐"。〔左眄二句〕眄(miǎn),斜视。江、湘,长江、湘水流域,南边东吴所在。羌胡,住在西北的羌族。以洛阳为中心,所以称江湘为左,羌胡为右。〔爵〕爵位,国家赐给有功之臣的荣誉称号及物质待遇。〔长揖句〕长揖,古时两手抱拳高拱,自上而下移动的相见礼。这是设想自己"功成不受爵"时的情况。

在晋代,高门贵族通过九品中正制,更彻底地垄断了仕进的道路,许多有才有德但门第较低的人,往往得不到为国家人民服务的机会。左思的《咏史》八篇,就是针对这一情况而发出的不平之鸣。这第一篇,是全组诗的总纲,并非咏古代之史,而是写当时之事。咸宁五年(279),晋武帝司马炎在伐吴的诏书中指出,"孙皓犯境,夷虏扰边",要求"上下戮力,以南夷句吴,北威戎狄",与此篇所述情事符合,《咏史》当作于其时。诗篇以简劲有力的语言,表达了诗人豪情壮志,体现了建安风骨的优良传统。

诗人咏史,并不只是为了怀古或好奇,而是具有更其深永的思想感情根源。他们总是从古人非常丰富复杂的生活中,找出能够和自己的心灵贴切地相接触,相吻合,相交通的某种东西。这些东西,无疑地会使他们关心,注意,激动。因此,这些已经成为陈迹的人和事,经过他们的描绘,塑造,咏叹之后,就注入了新的生命,和当时乃至后代的人发生更为密切的关系了。凡咏史诗,都应当首先从这个角度去理解。一句话,咏史也就是咏怀。

左思,字太冲,临淄(今山东省淄博市临淄区)人,晋初著名作家(约当3世纪后期)。

郁郁涧底松，离离山上苗。以彼径寸茎，荫此百尺条。
世胄蹑高位，英俊沉下僚。地势使之然，由来非一朝。
金张藉旧业，七叶珥汉貂。冯公岂不伟？白首不见招。

〔涧底松〕即“百尺条”，比喻“沉下僚”的“英俊”。〔离离〕下垂貌。〔山上苗〕即“径寸茎”，比喻“蹑(niè)高位”的“世胄(zhòu)”。〔径寸〕只有一寸高。径，直。〔荫〕遮蔽。〔世胄〕高门贵族的子弟。〔下僚〕小吏。〔然〕如此。〔金张二句〕匈奴人金日磾(mì dī)、张汤，均汉武帝刘彻的贵臣。金的子孙从武帝到平帝七世为内侍。张的子孙也有十余人相继做侍中、中常侍等高官。藉，凭借。旧业，指先人遗留的功业。叶，世。珥(ěr)，这里作插解。貂，冠上作装饰的貂尾。汉代制度，侍中、中常侍可戴貂尾冠。〔冯公二句〕冯唐，汉文帝时人，见解高超，但老年还只做郎中署长(一种职位很低的官)。不见招，犹言不被重用。

本篇以“山上苗”与“涧底松”为喻，发抒了在九品中正制控制之下，“上品无寒门，下品无世族”的愤慨。

皓天舒白日，灵景耀神州。列宅紫宫里，飞宇若云浮。
峨峨高门内，蔼蔼皆王侯。自非攀龙客，何为欻来游？
被褐出阊阖，高步追许由。振衣千仞冈，濯足万里流。

〔舒〕展现。〔灵景〕日光。灵即曜灵，日的美称。〔神州〕赤县神州的简称，即中国。〔紫宫〕即紫微宫，星名，古人认为是天帝所居，所以用来指皇宫。这里引申为京城。〔飞宇〕像鸟翼扬起的屋檐。这里即指高楼。宇，屋檐。〔峨峨〕高貌。〔蔼蔼〕犹济济，人数众多而有威仪的样子。〔自非〕本来不是。〔攀龙客〕扬雄《法言·渊骞篇》：“攀龙鳞，附凤翼。”后人因以攀龙附凤比喻依附统治阶级。〔欻(xū)〕忽然。〔被〕穿着。〔褐(hè)〕粗布衣。〔阊阖(chāng hé)〕神话中的天门，也指皇宫的正门。又洛阳西城门也名阊阖。〔许由〕古代传说中的高士。尧把帝位让给他，他不接受。参看后郭璞《游仙诗》注。〔振衣〕抖落衣上的灰尘。〔仞(rèn)〕周尺七尺或八尺为一仞。

荆轲饮燕市，酒酣气益震。哀歌和渐离，谓若旁无人。
虽无壮士节，与世亦殊伦。高眄邈四海，豪右何足陈！
贵者虽自贵，视之若埃尘。贱者虽自贱，重之若千钧。

〔荆轲四句〕荆轲和高渐离都是战国时代著名的侠客。他们在燕国京城的市上吃醉了酒，高渐离击筑(乐器名)，荆轲伴着唱歌，一会儿欢笑，一会儿悲泣，好像旁边没有其他的人一样。震，振作，兴奋。和(hè)，伴唱或伴奏。〔虽无二句〕左思心目中的理想人物，如《咏史》另一篇所说，是"当世贵不羁，遭难能解纷，功成耻受赏，高节卓不群"的鲁仲连那种人。荆轲后来去刺秦王，未成而死，和鲁仲连设计为赵国解除秦军的威胁，事后又不受千金重赏，是有距离的。所以这里说荆轲"无壮士节"。尽管如此，荆轲比起那些庸俗的人来，还是高得多，所以又说他"与世殊伦"。殊，异。伦，类。〔邈(miǎo)〕远。〔豪右〕豪门右姓。汉以来以右边为尊贵，世家大族称为右姓。〔何足陈〕不值一谈。〔埃尘〕形容轻。〔千钧〕形容重。钧，古衡名，三十斤为一钧。

"郁郁涧底松"一篇反映了门阀制度压抑人才的社会真实，这两篇则更进一步地对这种压抑表示了鲜明的反抗。诗人歌颂了自己"振衣千仞冈，濯足万里流"的广阔胸襟，并对贵贱作了和封建社会的统治思想不相同的评价。

杂诗

张　协

秋夜凉风起，清气荡暄浊。蜻蛚吟阶下，飞蛾拂明烛。

君子从远役，佳人守茕独。离居几何时？钻燧忽改木。
房栊无行迹，庭草萋以绿。青苔依空墙，蜘蛛网四屋。
感物多所怀，沉忧结心曲。

〔荡暄浊〕涤荡炎热混浊的空气。　〔蜻蛚(liè)〕蟋蟀。　〔拂明烛〕扑向烛光。　〔君子〕古人称社会中上层人物为君子，这里指诗中男主人。〔佳人〕美女，指诗中女主人。　〔茕(qióng)独〕孤独。　〔钻燧(suì)句〕燧，古代取火的一种工具。上古人类以燧钻木取火，据说，所钻的树木，因季节而异，春季用榆和柳，夏季用枣和杏，季夏取桑和柘，秋季取柞和楢(yóu)，冬季取槐和檀。这是说季节改变了。　〔房栊(lóng)二句〕房栊，犹言房舍。以，而且。这是说佳人独居，不常出房走动，因而庭中的草长得茂盛翠绿。　〔沉忧〕深重的哀愁。　〔心曲〕内心深处。

这也是一篇“室思”，由季节的改变而感到人事。笔触细致，显示了晋诗不同于建安的风格，为薛道衡《昔昔盐》(见后)一类的作品开辟了道路。

张协，字景阳，安平(今河北省安平县)人，生年不详，死于晋怀帝司马炽永嘉元年(307)。

昔我资章甫，聊以适诸越。行行入幽荒，瓯骆从祝发。
穷年非所用，此货将安设？瓴甋夸玙璠，鱼目笑明月。
不见郢中歌，能否居然别？《阳春》无和者，《巴人》皆下节。
流俗多昏迷，此理谁能察？

〔昔我六句〕资，供给，这里引申为贩卖。章甫，商朝人的一种冠。周朝的宋国是商朝的后代，所以宋人也戴这种样式的冠。聊，姑且。适，去到。诸越，指住在今中国东南部及东南亚一带的越族。古代每一民族之中，又有许多部落，不止一种，所以称夏族为诸夏，戎族为诸戎，越族为诸越。幽荒，指远方荒凉之地。瓯骆，诸越部落之一，在汉朝的交趾、九真两郡。祝发，断发。穷年，尽年，一年到头。《庄子·逍遥游》有个寓言说，宋国人携带着章甫到诸越去卖给他们，可是越人都不蓄头发，根本用不着它。这里借庄子的寓言比喻虽有德有才，但不为社会所重视，也就没有什么用处。〔瓴甋(líng dì)二句〕瓴甋，砖。玙璠(yú fán)，宝玉名。明月，宝珠名。这是比喻好坏颠倒，真假混淆。〔不见四句〕郢，楚国的都城。能否，能唱还是不能唱。居然别，很分明地有所区别。《阳春白雪》，高级乐曲名。《下里巴人》，低级乐曲名。下节，犹言击节，即唱歌时打拍子。宋玉《对楚王问》说：有人在楚国都城郢中唱歌，当他唱《下里巴人》的时候，跟着唱的有几千人，而他唱《阳春白雪》的时候，跟着唱的就不过几个人了。可见乐曲愈高，能够跟着唱的人也就愈少。这是以唱歌的“曲高和寡”比喻流俗不识贤才。〔流俗〕犹世俗。

这篇诗分三层设喻，前六句第一层，次两句第二层，又次四句第三层，用笔错落有致，用意在于说明在庸俗的社会中，有德有才的人，不易施展其能力，为人民作出贡献，末二句点明主旨。

扶风歌

刘　琨

朝发广莫门，暮宿丹水山。左手弯繁弱，右手挥龙渊。
顾瞻望宫阙，俯仰御飞轩。据鞍长叹息，泪下如流泉。
系马长松下，发鞍高岳头。烈烈悲风起，泠泠涧水流。
挥手长相谢，哽咽不能言。浮云为我结，归鸟为我旋。
去家日已远，安知存与亡？慷慨穷林中，抱膝独摧藏。
麋鹿游我前，猿猴戏我侧。资粮既乏尽，薇蕨安可食！
揽辔命徒侣，吟啸绝岩中。君子道微矣！夫子故有穷。
惟昔李骞期，寄在匈奴庭。忠信反获罪，汉武不见明。
我欲竟此曲，此曲悲且长。弃置勿重陈，重陈令心伤。

〔朝发二句〕广莫门，洛阳北城门名。丹水山，在今山西省高平市北，是丹水的发源地。这是形容行路迅速。　〔繁弱〕大弓名。　〔龙渊〕宝剑名。〔顾瞻四句〕写离开京城时的悲壮情怀及对朝廷的系念。宫阙（què），指洛阳的皇宫。阙是宫门前两边的望楼。俯仰，高高低低的。飞轩，犹飞宇，见左思《咏史》“皓天舒白日”篇注。“俯仰御飞轩”是“顾瞻望宫阙”时所见。据，靠着。　〔发鞍句〕是说在山头休息。发鞍，卸下马鞍。岳，山。〔泠（líng）泠〕水声。　〔谢、哽咽、摧藏〕均见《焦仲卿妻》注。　〔旋〕盘旋不去。　〔麋（mí）〕鹿的一种。　〔薇、蕨〕都是野菜。　〔揽辔（pèi）句〕辔，驾驭牲口的缰绳。徒侣，指随从的人。这是说命令徒侣拿起缰绳，登车出发。　〔君子二句〕微，衰微。道微矣，出路很狭窄。夫子，指孔丘。故，本来，从前。穷，困难。孔丘在陈国游历时，因为无人重视，以致生活困难，曾经绝粮，但并不绝望，而且认为：“君子固穷，小人穷斯滥矣。”见《论语·卫灵公篇》，这里引以自比。　〔惟昔四句〕惟昔，想到从前。李，李陵。骞与愆通。愆期，误期。李陵于汉武帝天汉二年（前99）带领步兵五千出塞攻击匈奴，先获大胜，后来和匈奴主力军遭遇，战败降敌，武帝杀了他的全家。据同时的史学家司马迁说，李陵并非真心投敌，而是希望将来得到机会报答汉朝。作者这时孤军北上，情况和李陵出塞有些相似，也生怕和李一样无功，误了朝廷的限期，所以引以自比。　〔竟〕完。　〔重陈〕再说，再唱。

作者于永嘉元年（307）九月，从洛阳出发，到并州去任刺史。这时，北方各游牧民族统治阶级的侵略势力已经达到黄河流域，他带着一千人，沿途历尽饥寒困苦，辗转战斗，才到达晋阳（今山西省太原市）。这篇诗写的就是途中的经历和感想。诗中很细致地表现了一方面要坚持斗争，一方面又不无惶惑的心理状态。

刘琨，字越石，中山魏昌（今河北省无极县东北）人，生于晋武帝泰始六年（271），死于晋元帝司马睿太兴元年（318），西晋末年北中国战乱中重要的军事首领、卓越的反侵略战士和诗人。元好问对他评价很高，在《论诗》中，他写道：“曹刘虎啸坐生风，四海无人角两雄。可惜并州刘越石，不教横槊建安中。”遗憾的是这位诗人的作品传世太少，对后来的影响并不太大。

游仙诗

郭　璞

京华游侠窟，山林隐遁栖。朱门何足荣？未若托蓬莱。
临源挹清波，陵冈掇丹荑。灵溪可潜盘，安事登云梯？
漆园有傲吏，莱氏有逸妻。进则保龙见，退为触藩羝。
高蹈风尘外，长揖谢夷齐。

〔京华句〕京华，京城，泛指长安、洛阳等处。游侠，游行各地行侠仗义的人。窟，作动词，犹言居住，藏身。这是说京城是游侠藏身之所。　〔隐遁〕隐士。　〔栖〕住在山里。　〔朱门〕有着红漆大门的房子，指富贵之家。　〔蓬莱〕长着蓬莱这类野生植物的地方。古人认为有些仙人是住在草野荒僻之处的，所以也称仙人住处为蓬莱，并创造出海中蓬莱仙岛的神话传说。这里仍指人世草野荒僻之处。　〔挹〕汲，以器取水。　〔陵冈〕登山。　〔掇(duō)〕采。　〔丹荑〕红色的初生的草，指道家认为吃了可以延年益寿的某些植物。　〔灵溪二句〕灵溪，水名，在荆州。郭璞曾做过荆州临沮县(今湖北省当阳市北)令，所以诗中咏及在临沮附近的山水。潜，藏。盘，盘桓，停留在一个地方消遣。安事，何须。登云梯，指升天成仙。这是说只要可以在灵溪隐遁，又何必再去求仙。　〔漆园句〕战国时，庄周曾做漆园吏。楚威王派人重金礼聘他去做宰相。庄周笑着对来人说："你快请回吧，别来污辱我了。"庄周蔑视富贵，故称之为傲吏。　〔莱氏句〕莱氏，即老莱子。周老莱子夫妇在蒙山耕种，楚王想请他出山主持国政。老莱子答应了。可是他的妻子却说："在乱世而被别人所控制，能够免于祸害吗？我是不能受人控制的。"老莱子便拒绝了聘请。逸妻，隐逸之妻。　〔进则句〕《易经》的《乾卦》中有"见龙在田，利见大人"的话，王弼注云："出潜离隐，故曰'见龙'。"这是引用《易经》说明隐士进而出仕，也许可为王公大人所重视，安保富贵。　〔退为句〕《易经》的《大壮卦》中有"羝(dī)羊触藩，羸(léi)其角，不能退，不能遂"的话。羝羊，公羊。这是用这一古代比喻，说明如果陷溺在富贵荣华之中以后，再要想脱身归隐，就不免进退两难，像一头角被篱笆卡住了的公羊一般。〔高蹈二句〕高蹈，远走。风尘，犹尘世，指现实社会。谢，告别。夷、齐，指伯夷、叔齐，商代孤竹君的两个儿子。孤竹君临死时，要传位给叔齐。兄弟两人互相推让，结果都将君位放弃了。后来周武王讨伐商纣王，他们出来干预，没有效果，终于饿死首阳山。这是说，夷、齐虽然曾经一度隐居，但又不能忘怀世事，不足取法，所以自己要向他们告别（即不效法他们），远走尘世之外。

古代文学中，有一些以“游仙”为题材的作品，描写想象中的仙人仙境和自己游历仙境的情景。郭璞的《游仙诗》，题曰游仙，实是歌颂隐居生活，表现忧生愤世的心情。他生活在东西晋之交大动乱的时代，显示这类心情，是完全可以理解的。本篇写“朱门”不如“蓬莱”，富贵而蹈危机，不如贫贱而能安乐。

郭璞，字景纯，河东闻喜（今山西省闻喜县）人，生于晋武帝咸宁二年(276)，死于晋明帝司马绍太宁二年(324)。在盛行抽象说理、平淡无味的玄言诗的时代，他以其富艳的文采发抒慷慨的情怀，独树一帜，才使得当时诗坛不致过分寂寞。

青溪千余仞，中有一道士。云生梁栋间，风出窗户里。
借问此何谁？云是鬼谷子。翘迹企颍阳，临河思洗耳。
阊阖西南来，潜波涣鳞起。灵妃顾我笑，粲然启玉齿。
蹇修时不存，要之将谁使？

〔青溪句〕青溪，山名，在临沮县，山东有泉。仞，古度名，七尺或八尺。〔道士〕这里指得道之士。〔云生二句〕形容高山房屋，如在风云之中，盛弘之《荆州记》描写青溪山水之美说：“稠木旁生，凌空交合，危楼倾崖，恒有落势。风泉传响于青林之下，岩猿流声于白云之上。游者常目不周玩，情不给赏，是以林徒栖托，云客宅心，泉侧多结道士精庐焉。”可以参证。〔何谁〕哪一位。〔鬼谷子〕古代传说中一位博学的高士，姓王名利，或云名诩(xǔ)。相传著名的纵横家苏秦、张仪都是他的学生。隐居鬼谷,因称鬼谷子。据华峤《后汉书》,他曾寓居清溪,故郭璞描写清溪而咏及鬼谷子。〔翘迹二句〕翘,高举。迹,踪迹。企,羡慕。颍(yǐng)阳,颍水的北面。水北为阳,南为阴。唐尧时的高士许由隐居于此。相传尧曾经要将帝位让给许由。许由听了尧的话,认为这话把他的耳朵弄污秽了,于是,就去洗耳朵。这是说自己鄙弃富贵,羡慕许由的行踪,临近水边,就想到洗耳的故事。〔阊阖二句〕阊阖,阊阖风的省称,即西风。潜波,平静的水面。涣,水盛貌。这是说西南风一吹,平静的水面就生出了鱼鳞似的波纹。〔灵妃四句〕灵妃,指传说中的洛水女神宓(fú)妃。蹇(jiǎn)修,相传是伏羲氏的贤臣,主管给男女做媒的事。要(yāo),约。屈原在《离骚》中,写过他要云神丰隆寻找宓妃,要蹇修去为自己做媒。这里发挥说灵妃虽然有情,但因蹇修不在,要想和她约会,又派不出人去联系,以喻自己虽然想学仙,但缺少缘法。

这篇诗写对高人隐士的向往,对于仙境的企羡,以表达对当时黑暗的现实和庸俗的风习的抗拒。所咏三事——鬼谷子、许由、宓妃——似乎各不相关,但作者以自己的思想感情使他们统一在一个有机体里,读来甚觉在错落之中,有和谐之感。这正是它的特点和妙处。

癸卯岁始春,怀古田舍

陶渊明

先师有遗训:"忧道不忧贫。"瞻望邈难逮,转欲志常勤。
秉耒欢时务,解颜劝农人。平畴交远风,良苗亦怀新。
虽未量岁功,即事多所欣。耕种有时息,行者无问津。
日入相与归,壶浆劳近邻。长吟掩柴门,聊为陇亩民。

〔癸卯岁〕晋安帝司马德宗元兴二年(403)。〔怀古田舍〕在田舍中怀念古代。〔先师二句〕先师，指孔丘。孔丘说过，君子只是因为自己不明道理而忧愁，决不因为自己生活贫困而忧愁。因为懂得道理，就可以做官，享受俸禄，不必忧贫。见《论语・卫灵公篇》。〔瞻望二句〕邈难逮，远难及。常勤，经常劳动。这是说，自己生活贫困，仰望这种崇高的想法，感觉不易做到，因而更想努力耕作。〔秉耒(lěi)句〕拿起农具，愉快地干着当前的工作。时务，指及时的农活。〔解颜〕欢笑。〔平畴(chóu)〕平坦的田地。〔怀新〕欣欣向荣，生气勃勃。〔岁功〕年成。〔即事句〕就眼前的事实看，已经使人很快乐。〔行者句〕津，渡口。据《论语・微子篇》记载：长沮、桀溺两位隐士一道耕田，自食其力。孔丘周游列国，从事政治活动，走过那里，不知道渡口，派学生去问他们，他们因为不同意孔丘那种急于用世的主张，避免作正面回答，就推脱说："是知津矣。"(他是知道渡口的，何必要问我们?)作者用这个典故，是以长沮、桀溺自比。〔相与〕一道。〔壶浆句〕邻舍看到耕田的人回来了，就提壶水来慰劳。〔长吟〕打起调子念诗。〔陇亩民〕即农民。

这篇诗描写劳动的愉快，表明诗人安于贫贱，宁肯自食其力，也不愿意卷入当时昏浊的政治漩涡。陶诗语言平淡，风格自然，但细加体味，就会发现有极工致处。苏轼称其"质而实绮，癯而实腴"，最为有见。这种似质朴而富文采，似枯瘠而实丰腴的风格特征，仍然来自对生活的细致体察。

陶渊明，字元亮，后改名潜，浔阳柴桑(今江西省九江市西南)人，生于晋哀帝司马丕兴宁三年(365)，死于宋文帝刘义隆元嘉四年(427)，是祖国最杰出的诗人之一。他的作品特征是用朴素的语言歌颂自然，赞美劳动，追求淳朴的理想世界，反抗罪恶的黑暗统治，体现了深刻的人道主义思想。

饮　酒

陶渊明

栖栖失群鸟，日暮犹独飞。徘徊无定止，夜夜声转悲。

厉响思清远，远去何所依？因值孤生松，敛翮遥来归。
劲风无荣木，此荫独不衰。托身已得所，千载不相违。

〔栖栖〕忙碌不安的样子。〔定止〕固定的住处。〔厉响句〕厉响，高叫。这句承上，说这只失群的鸟，厉声高叫，表示希望找到一个远僻而清静的地方。〔值〕遇到。〔敛翮（hé）〕收敛翅翼，停止飞翔。翮，鸟羽的根，引申为鸟翼。〔劲风二句〕这是说在强风劲吹之下，多数树木都枯萎了，惟独这棵孤生松依然挺立，它的树阴还是可以庇护这只失群鸟。〔托身二句〕诗人代失群鸟说的话，说是自己在孤生松上找到了一个好住处，永远也不离开了。

这是一篇纯用比体写的诗，是诗人生活道路的总结，也就是《归去来辞》中的“识迷途其未远，觉今是而昨非”之意。他徘徊探索，终于感到，在迷茫的人海中，归隐对于自己来说，是一条最可行的道路，因此就坚定地走下去了。《咏贫士》之一有云：“朝霞开宿雾，众鸟相与飞。迟迟出林翮，未夕复来归。量力守故辙，岂不寒与饥？知音苟不存，已矣何所悲！”朱熹说：“隐者，多是带性负气之人为之。陶，欲有为而不能者也。”不能为，故不能不隐，不能不成为失群的出林之翮，终于归宿孤松。认识到这一点，才会明白这位诗人何以于“悠然见南山”之外，如鲁迅所说，还有许多“金刚怒目式”的作品。

《饮酒》共二十篇，今选其第四、五两首。题为《饮酒》，因为是酒醉后随意写的。

结庐在人境，而无车马喧。问君何能尔？心远地自偏。
采菊东篱下，悠然见南山。山气日夕佳，飞鸟相与还。
此中有真意，欲辨已忘言。

〔结庐〕造屋子。〔车马喧〕指人世交往的纷扰。〔问君二句〕君，作者自己。何能尔，怎么能这样。尔，如此。两句是自问自答。因为心胸高远，不贪名利，交游很少，所以门前无车马的喧闹，地方也就显得偏僻了。〔悠然〕安闲貌。〔南山〕即庐山，在柴桑之南。〔真意〕自然意趣。〔欲辨句〕由于景物与人心高度契合，忘了再去辨析。古代哲学家庄周认为：语言是表达意义的，理解意义之后，就可以忘掉语言。

这篇诗歌颂自己的田园生活，突出地表现诗人与大自然的契合心情。"悠然见南山"的"见"字，有的本子作"望"，"此中有真意"的"中"字，有的本子作"还"，如果细加研究，就会觉得，"见"字、"中"字要好得多。因为"见"字能精确地表达出诗人采菊之时，本非有意看山，可是抬头之际，南山的形象忽然进入他眼中的情景。同样，"中"字包括了地偏心远的全部意境，当然也包括了山气之佳、飞鸟之还。由于这一切都是诗人所感到、所欣赏的自然意趣，所以有欲辨忘言之乐。校勘学应用在文学作品上，当然首先要求其真，其次也要求其美善，陶诗此篇异文可以为例。

归园田居

陶渊明

少无适俗韵，性本爱丘山。误落尘网中，一去三十年。
羁鸟恋旧林，池鱼思故渊。开荒南野际，守拙归园田。
方宅十余亩，草屋八九间。榆柳荫后檐，桃李罗堂前。
暧暧远人村，依依墟里烟。狗吠深巷中，鸡鸣桑树颠。
户庭无尘杂，虚室有余闲。久在樊笼里，复得返自然。

〔适俗〕和世俗相适应。〔韵〕这里作性情解。〔误落二句〕尘网犹言尘世。作者二十九岁出任江州祭酒，为晋孝武帝太元十八年(393)，四十一岁辞去彭泽令，为安帝义熙元年(405)，共十二年，此诗作于次年。所以"三十年"乃"十三年"之误倒，应校正。〔羁鸟二句〕比喻农村出身的人总是怀念农村。羁鸟，关在笼中失去自由的鸟。池鱼，指从深水里捉来养在池中的鱼。渊，深水。〔南野〕南边的郊野。〔守拙〕守着本分。〔方宅〕屋子的旁边。方，旁。〔暧(ài)暧〕模糊貌。〔依依〕轻柔貌。〔墟里〕村庄。〔烟〕指炊烟。〔尘杂〕世俗琐事。〔虚室〕空虚的房屋，引申为寂静的内心。〔樊〕关鸟兽的笼子，比喻“尘网”。

这篇诗写摆脱官场、归隐农村的乐趣。只就眼前景物略作描摹，而自然引人入胜。由实写的当前之乐，暗示了过去陷身尘网之苦。归隐本是一种消极的行为，但在社会黑暗的时代，它正反映了人们洁身自好、不肯同流合污的正义感，因此又有一定的积极意义。对于陶渊明以及其他古典作家歌颂隐逸生活的诗篇，是应当从这一角度来理解，并予以适当的肯定的。

野外罕人事，穷巷寡轮鞅。白日掩柴扉，虚室绝尘想。
时复墟曲中，披草共来往。相见无杂言，但道桑麻长。
桑麻日已长，我土日已广。常恐霜霰至，零落同草莽。

〔罕(hǎn)〕少。〔人事〕交际，与人们往来。〔穷巷〕偏僻的巷子。〔寡〕少。〔轮鞅(yāng)〕车马的代称。鞅，马驾车时套在颈上的皮带。〔柴扉〕简陋的木门。〔绝尘想〕断绝世俗(功名富贵)的杂念。〔时复〕常常。〔墟曲〕犹乡野。曲，隐僻的地方，角落。〔披草〕穿着草衣。《晋书·袁宏传》:“披草求君，定交一面。”又《世说新语·政事篇》注引王隐《晋书》:“草衣缊袍，不以为忧。”〔霰(xiàn)〕雪珠，这里就是雪的意思。〔零落〕凋谢，衰败。草曰零，木曰落。〔莽〕丛生的草。

这篇写归田之后，渐少交游，愿意当一辈子自食其力的农民，因此关心的只是农作物的生长情况。末四句特别提到很担心自己种植的桑麻遭到天灾的摧残，言外也许有担心自己不能安守田园的意思。下面一篇的“田家岂不苦？弗获辞此难。四体诚乃疲，庶无异患干”，可以参照。

庚戌岁九月中于西田获早稻

陶渊明

人生归有道，衣食固其端。
孰是都不营，而以求自安？
开春理常业，岁功聊可观。
晨出肆微勤，日入负耒还。
山中饶霜露，风气亦先寒。
田家岂不苦？弗获辞此难。
四体诚乃疲，庶无异患干。
盥濯息檐下，斗酒散襟颜。
遥遥沮溺心，千载乃相关。
但愿长如此，躬耕非所叹。

〔庚戌岁〕晋安帝义熙六年(410)。〔人生二句〕端，开头。这是说，人在世界上，都会走上一定的生活道路，而总要从穿衣吃饭开头。〔孰是二句〕孰，如何。是，此，指衣食。营，谋求。这是说，如何连这都不去谋求，却想自己安然度日。〔常业〕日常工作，指耕种。〔岁功〕年成。〔聊可观〕还看得过去，还不错。〔肆微勤〕犹言尽微薄的力量。肆，尽。〔饶〕多。〔弗获〕犹不能。〔四体〕四肢，两手两足。〔诚〕实在。〔庶〕庶几，将近，差不多。〔异患〕意外的，不寻常的灾祸。〔干〕干扰。〔盥(guàn)〕洗手。〔濯(zhuó)〕洗脚。〔斗酒句〕斗，酒器。这是说在劳动之后，喝一点酒，就驱散了身上里里外外的疲劳。〔沮、溺〕见上《癸卯岁始春，怀古田舍》注。〔千载句〕关，关联。这是说千年以后，自己还很仰慕长沮、桀溺，觉得自己的心和他们的心连在一起。〔躬耕〕亲身耕作。〔叹〕这里指悲叹。

这篇诗写自己在收获时的喜悦和对于自食其力的生活的满意心情。而当时统治阶级内部斗争非常激烈，彼此争权夺利，没有什么是非可言，所以洁身自好的人，都不愿意卷入漩涡，则是作者这一类作品的社会背景。

拟古

陶渊明

少时壮且厉，抚剑独行游。谁言行游近，张掖至幽州。
饥食首阳薇，渴饮易水流。不见相知人，惟见古时丘。
路边两高坟，伯牙与庄周。此士难再得，吾行欲何求！

〔拟古〕模仿古代诗意而作。　〔壮且厉〕志气奋发貌。厉，猛烈。　〔张掖句〕张掖，汉郡名，在今甘肃省境内。幽州，见曹植《白马篇》注。作者并未到过两地，这只是借以形容青年时代谋取功名之心很切，不怕远行。〔饥食句〕作者在420年刘裕代晋为帝、建立宋朝以后，不愿意和刘宋政权合作，改名潜，作诗纪年也不用宋朝年号。这里以伯夷、叔齐隐居首阳山，采薇度日自比。　〔渴饮句〕易水在今河北省境内。战国时荆轲去刺秦王，燕太子丹在易水边给他饯行。这句暗含自己要学荆轲那样为晋报仇的意思。　〔不见四句〕丘，坟墓。钟子期死后，伯牙不再弹琴；惠施死后，庄周不再议论。作者引用这两个周朝的典故，说明自己没有“相知人”。〔此士〕指诗中提到的那些古人。　〔行〕将。

这篇诗发抒了作者怀念晋朝的感情和没有人理解自己的苦闷。他的怀念晋朝，是要和他憎恶宋朝联系起来理解的，因为以宋代晋，也不过是“以暴易暴”，这种由于统治阶级争权夺利而形成的政权转移，对人民并没有什么好处。

咏荆轲

陶渊明

燕丹善养士，志在报强嬴。招集百夫良，岁暮得荆卿。
君子死知己，提剑出燕京。素骥鸣广陌，慷慨送我行。
雄发指危冠，猛气冲长缨。饮饯易水上，四座列群英。
渐离击悲筑，宋意唱高声。萧萧哀风逝，淡淡寒波生。
商音更流涕，羽奏壮士惊。心知去不归，且有后世名。
登车何时顾？飞盖入秦庭。凌厉越万里，逶迤过千城。
图穷事自至，豪主正怔营。惜哉剑术疏，奇功遂不成。
其人虽已没，千载有余情。

〔燕丹二句〕战国时，燕国遭受秦国的侵略，太子丹礼贤下士，希望求得勇士，去劫持或者刺杀秦王（后为始皇），为燕报仇。强嬴（yíng）就是强秦，嬴是秦王的姓。〔百夫良〕百人中之良者，杰出人物。〔岁暮〕这里是过了很久的意思。〔荆卿〕即荆轲，卿是尊称。〔死知己〕为知己而死。〔素骥（jì）句〕素，白色。骥，好马。广陌，大路。太子丹和宾客给荆轲送行的时候，都穿着丧服，素车白马，以示决死之心。所以这里写马也是白马。〔雄发句〕犹言怒发冲冠。雄发，竖起的发。危冠，高帽。〔缨〕系冠的带子。〔渐离、宋意〕高渐离、宋意，都是当时参加送行的人。〔筑（zhú）〕一种十三弦的乐器，用竹敲奏。〔萧萧四句〕荆轲这时也歌唱道："风萧萧兮易水寒，壮士一去兮不复还！"淡淡，水动貌。商、羽，均乐调名，其声悲壮。〔心知二句〕是说四座的群英都知道荆轲难以生还，但会流芳千古。〔登车句〕何时，犹何所。这是说荆轲登车之后，再不回头。〔飞盖〕犹言飞车。盖是车篷，以部分代全体。〔凌厉〕奋勇直前貌。〔逶迤（wēi yí）〕道路曲折漫长的样子。〔图穷二句〕荆轲假装代表燕国将督亢地方献给秦王，事先将一把小刀藏在地图里面。当地图全部摊开时，小刀就露出来了。荆轲拿起刀向秦王刺去，秦王吓得绕着柱子打转。因为寡不敌众，荆轲终于被杀。穷，尽。事，指行刺的事。豪主，指秦王。怔营，害怕得发愣。〔疏〕不精，造诣不高。〔奇功〕指刺杀秦王。〔遂〕竟。

在这篇诗里，作者歌颂了一位复仇的侠士。这主要是和他想为晋报仇的政治态度有关。同时，对于荆轲这样的人物的赞美，也是诗人积极浪漫主义精神的体现。当然，在我们看来，暗杀并不是可取的行为。至于清龚自珍《舟中读陶诗》云："陶潜诗喜说荆轲，想见《停云》发浩歌。吟到恩仇心事涌，江湖侠骨恐无多。"则是自抒怀抱，借题发挥，又当别论。

杂 诗

陶渊明

白日沦西阿，素月出东岭。遥遥万里辉，荡荡空中景。
风来入房户，中夜枕席冷。气变悟时易，不眠知夕永。
欲言无余和，挥杯劝孤影。日月掷人去，有志不获骋。
念此怀悲凄，终晓不能静。

〔沦〕落。〔西阿〕西山，与下句"东岭"相对。〔素月〕白色的月亮。〔遥遥二句〕形容月光澄澈，照临世界。荡荡，广大貌。景，光影。〔中夜〕半夜。〔气变句〕因气候发生变化，感到季节已经改移。〔不眠句〕即《古诗》"孟冬寒气至"篇中"愁多知夜长"之意。〔欲言句〕一人唱歌，另一人同唱，叫作唱和（hè）。引申起来，两人对谈也可叫唱和。余，我。这是说，自己想说话，可是没人陪着。无余和，即无人和余或无和余者。〔挥杯句〕即李白《月下独酌》中"独酌无相亲"之意。挥杯，干杯后将杯摇动。〔掷〕抛弃。〔骋〕施展。〔终晓〕从夜间直到天亮。

忆我少壮时，无乐自欣豫。猛志逸四海，骞翮思远翥。
荏苒岁月颓，此心稍已去。值欢无复娱，每每多忧虑。
气力渐衰损，转觉日不如。壑舟无须臾，引我不得住。
前途当几许？未知止泊处。古人惜寸阴，念此使人惧。

〔无乐句〕这是说没有快乐的事情也还是高兴，言情绪饱满，和下面“值欢”句相对。那是说遇到欢乐的事情也不觉愉快，言情绪低沉。〔逸〕超越。〔骞翮（hé）〕举翅。〔翥（zhù）〕飞。〔荏苒（rěn rǎn）〕时光慢慢过去。〔颓〕水朝下流叫作颓，引申为过去。〔日不如〕一天不如一天。〔壑（hè）舟〕生命的代称。壑，山沟。《庄子·大宗师》中有个比喻生命短促的寓言说：把一条船藏在山沟里，又将山沟藏在山里，可以算得稳当了，然而大力的人半夜将它扛走了，睡着了的人还是不会知道。〔须臾〕一会儿。〔几许〕多少，指路程。〔泊〕停船。〔古人句〕传说夏禹王非常勤劳，一寸光阴也都爱惜。

这两篇诗当是诗人晚年的作品。前篇感叹时光易逝，志业无成；后篇回忆少年时代远大的志向、欢乐的情怀，面对无多的来日，充满忧惧。与前面一些对安贫力耕、守拙自乐的生活加以歌颂的作品，形成强烈对照。入世的志士陶渊明，始终对抗着出世的隐士陶渊明，乃是这位诗人在思想和生活中的基本矛盾，虽然在自己很不甘心的情况之下，隐士最后战胜了志士。

读《山海经》

陶渊明

孟夏草木长，绕屋树扶疏。众鸟欣有托，吾亦爱吾庐。
既耕亦既种，时还读我书。穷巷隔深辙，颇回故人车。
欢言酌春酒，摘我园中蔬。微雨从东来，好风与之俱。
泛览周王传，流观山海图。俯仰终宇宙，不乐复何如！

〔山海经〕一部夹杂着许多神话传说的古代地理书。 〔孟夏〕农历四月。 〔扶疏〕枝叶繁茂的样子。 〔众鸟句〕是说众鸟筑巢树上，有所依托，自得其乐，以比自己也喜爱自己的住宅。 〔穷巷二句〕穷巷，偏僻之巷。辙(zhé)，车轮痕迹，也就是车行时一定的路线。故人，旧友。这是说自己的住处偏僻，和有很深的辙迹的大路有距离，因而车子无从到达，结果使得许多旧友回车而去，不来访问自己了。 〔欢言〕犹欢然。言，助词。 〔俱〕在一道。 〔泛览、流观〕都是随意阅读。 〔周王传〕指《穆天子传》，一部夹杂着许多神话传说的游记，记周穆王西游的故事。 〔山海图〕是后人为《山海经》所绘的图像。郭璞有《〈山海经〉图赞》。 〔俯仰句〕俯仰，这里作片刻解。终，穷尽。上下四方为宇，即空间。往古来今为宙，即时间。这是说读了《山海经》和《穆天子传》等书，在一俯一仰之间，即片刻之间，可以穷尽宇宙之事。

《读〈山海经〉》一共十三篇，这头一篇总写从事农业劳动之余，泛览奇书的乐趣，实质上仍是赞赏自己的隐居生活。其余十二篇，则是歌咏《山海经》中一些事物的。

桃花源诗 并记

陶渊明

晋太元中，武陵人捕鱼为业，缘溪行，忘路之远近。忽逢桃花林，夹岸数百步，中无杂树，芳草鲜美，落英缤纷。渔人甚异之，复前行，欲穷其林。林尽水源，便得一山。山有小口，仿佛若有光。便舍船，从口入。初极狭，才通人，复行数十步，豁然开朗。土地平旷，屋舍俨然，有良田、美池、桑、竹之属。阡陌交通，鸡犬相闻。其中往来种作，男女衣着，悉如外人。黄发、垂髫并怡然自乐。见渔人，乃大惊，问所从来，具答之，便要还家，设酒杀鸡作食。村中闻有此人，咸来问讯。自云：先世避秦时乱，率妻子、邑人来此绝境，不复出焉，遂与外人间隔。问今是何世，乃不知有汉，无论魏、晋。此人一一为具言所闻，皆叹惋。余人各复延至其家，皆出酒食。停数日，辞去。此中人语云："不足为外人道也。"既出，得其船，便扶向路，处处志之。及郡下，诣太守说如此。太守即遣人随其往，寻向所志，遂迷，不复得路。南阳刘子骥，高尚士也，闻之，欣然规往，未果，寻病终。后遂无问津者。

嬴氏乱天纪，贤者避其世。黄绮之商山，伊人亦云逝。
往迹浸复湮，来径遂芜废。相命肆农耕，日入从所憩。
桑竹垂余荫，菽稷随时艺。春蚕收长丝，秋熟靡王税。
荒路暧交通，鸡犬互鸣吠。俎豆犹古法，衣裳无新制。
童孺纵行歌，斑白欢游诣。草荣识节和，木衰知风厉。
虽无纪历志，四时自成岁。怡然有余乐，于何劳智慧。
奇踪隐五百，一朝敞神界。淳薄既异源，旋复还幽蔽。
借问游方士，焉测尘嚣外？愿言蹑轻风，高举寻吾契。

〔太元〕晋孝武帝司马昌明年号，376年—396年。〔武陵〕晋郡，治所在今湖南省常德市。〔缘〕沿着。〔英〕花。〔缤纷〕繁多貌。〔异〕奇怪，动词。〔欲穷其林〕想把那个树林走完。穷，尽。〔林尽水源〕到了水源的地方，林子也就没有了。〔才通人〕仅仅够一个人通过。〔豁(huò)然〕敞亮貌。〔俨然〕分明貌。〔阡陌(qiān mò)交通〕阡陌，田间小路。秦人废井田，开阡陌，加强土地兼并及地租剥削。桃花源中人是秦时逃入源中，所以已有阡陌之制。〔衣着〕犹穿着(指所穿衣服)。〔悉〕完全。〔外人〕指住在桃花源以外的人。〔黄发〕指老人。〔垂髫(tiáo)〕指儿童。髫，儿童扎在头上的下垂的短发。〔怡然〕快乐貌。〔具〕完全。〔要(yāo)〕邀请。〔咸〕都，皆。〔乃不知〕竟然不知道。〔无论〕更不用说。〔延〕邀请。〔不足句〕没有必要告诉外人。〔扶〕循着。〔向路〕以前进来的路。〔志〕标志。〔郡下〕指武陵郡治所。〔诣太守〕到太守那里。〔南阳〕今河南省南阳市。〔刘子骥〕名驎之，喜欢游玩山水。〔欣然〕高兴貌。〔规往〕计划前往。〔未果〕没有成功。〔寻〕不久。〔问津〕问路。津，渡口，这里泛指路途。〔嬴(yíng)氏句〕嬴氏，指秦始皇，姓嬴名政。天纪，犹天条，指自然的规律或秩序。儒家的政治哲学认为天人相感，“天视自我民视，天听自我民听”。同时，“民为邦本，本固邦宁”。秦始皇过分地压迫剥削人民，也就是违反了天条，所以诗人这么说。〔黄绮句〕秦末，有夏黄公、绮里季、东园公、角(lù)里先生等四位老人，因避乱在商山(今陕西省商洛市商州区东南)隐居，合称商山四皓(四位白发老人)。〔伊人句〕伊人，此人，指最先迁入桃花源中的人。云，助词。逝，去。这是说在黄、绮等人隐居商山的同时，另外也有些人因避世乱，迁入桃花源。〔往迹二句〕往迹，过去的踪迹。寖(qìn)，渐渐。湮(yān)，埋没。这是说年深日久，桃花源与外界相通的道路渐渐荒废，因而就和外界完全隔绝了。〔相命〕互相劝勉。〔肆〕尽力。〔日入句〕憩(qì)，休息。这是说努力劳动以后，当太阳落下时，大家就随意休息。〔菽〕豆。〔稷(jì)〕黍类作物。一说是粟。〔艺〕种植。〔靡〕无。〔荒路二句〕暧(ài)，昏暗貌。《老子》中曾描写上古时代的生活：小国寡(少)民，鸡犬之声相闻，却老死不相往来。这里暗用其语。〔俎(zǔ)豆二句〕俎、豆，古代祭祀用的两种礼器。这是说，由于与世隔绝，所以还保存了旧日习俗。新制，犹言新样。〔孺〕小孩。〔纵行歌〕尽情唱歌。〔斑白〕头发花白的老人。〔游诣〕互相往来游玩。〔草荣四句〕纪历志，记载年历的记录。古代政府每年都要将历书颁布天下。这里是说桃花源中人虽然没有记载年历的记录，但看到草木茂盛、凋落，便知道过了四季，就是一年。〔于何句〕就是说，在这种平静的环境中生活，智慧都成为多余的了。〔奇踪句〕是说桃花源中人这种奇异的行踪已经隐藏了约五百年。从秦始皇到晋孝武帝，相距约六百年。这里说的是约数。〔敞〕开放。〔淳薄句〕淳，厚。这是说桃花源中人风俗淳厚，而外人则浇薄，各有来源，难相混杂。〔旋复句〕没有多久，又回到隐蔽状况，而与外界隔绝。旋，不久。〔借问二句〕游方士，指游于方内之士，即生活在尘世的人。焉测，怎能揣测。尘嚣(xiāo)外，指桃花源。尘嚣，尘世。这是以问句说明汩(gǔ)没尘世的人，对隐居的人，无法理解。〔愿言二句〕言，助词。蹑，踏上。吾契，与我投合的人，指桃花源中人。这是说自己希望乘风而去，高飞远走，进入桃花源中。

在上面这两篇作品中，陶渊明描绘了自己的理想国。人民在没有“王税”即没有剥削的和平环境里，愉快地从事劳动生活。当然，在封建社会里，这终究只是一个善良人的美妙幻想。但这种幻想正是对于当时的黑暗的政治现实的否定。

五君咏

颜延之

阮步兵

阮公虽沦迹，识密鉴亦洞。
沉醉似埋照，寓词类托讽。
长啸若怀人，越礼自惊众。
物故不可论，途穷能无恸？

〔五君咏〕歌咏晋代阮籍、嵇康，刘伶、阮咸、向秀五人的诗，人各一篇，合称《五君咏》。〔阮步兵〕古人习惯将某人所任官名简化后再加上他的姓，以称呼其人。阮籍曾任步兵校尉，故称阮步兵。下一篇称嵇康为嵇中散，也因为嵇曾任中散大夫。〔沦迹〕埋没自己的踪迹。〔识〕见解。〔鉴〕这里指识别及判断事物的能力。〔洞〕深刻。〔沉醉三句〕阮籍爱喝酒，经常大醉，甚至连月不醒。埋照，掩蔽光辉，犹言韬光。寓词，指阮所作《咏怀诗》。颜延之曾为《咏怀诗》作注，认为这些诗乃是作者在身居乱世常恐遇祸的背景之下写成的。所以虽有讽刺，却很隐蔽，后人难以测度。长啸，见曹植《美女篇》注。阮籍曾经在苏门山遇到一位隐士，和他谈论哲理，这位隐士不感兴趣。阮籍就对他长啸，这位隐士却笑了。阮籍下山后，这位隐士也啸了起来，非常好听，就像鸾凤的鸣声一样。以上三句，连用“似”、“类”、“若”字，是要表达阮籍的思想和生活，纯任自然，“沉醉”像是为了“埋照”，“寓词”像是为了“托讽”，“长啸”像是为了“怀人”，其实未必如此。〔越礼句〕根据古礼，男女有别，嫂子和小叔子，弟媳和大伯子一般是不能说话的。阮籍的嫂子回娘家，他却去道别。有人批评他不合礼。阮籍回答说：“礼难道是为我设置的吗？”这句话所写即是此事。越礼，超越礼数，即不受礼教的限制。〔物故句〕物故，事故，世事。这是说阮籍认为世事昏乱，已不可论，所以绝口不谈。他从来不批评人物，曾被称为“天下之至慎”（世界上最谨慎的人）。〔途穷句〕阮籍有时驾车随意行驶，等到车辙走完，不能前进的时候，就痛哭而回。这种行为，实质上是对于自己在思想上、政治上没有出路，感到悲痛的表现。

颜延之，字延年，琅琊临沂（今山东省临沂市北）人，生于太元九年（384），死于宋孝武帝刘骏孝建三年（456）。他爱酒放荡，不拘小节，被人排挤，由步兵校尉出任永嘉太守，心怀怨愤，因此写下《五君咏》，借古事来发泄自己的不平之鸣。

嵇中散

中散不偶世，本自餐霞人。
形解验默仙，吐论知凝神。
立俗迕流议，寻山洽隐沦。
鸾翮有时铩，龙性谁能驯？

〔不偶世〕不能和世俗的人协调。偶，配合，引申为和谐，协调。〔餐霞人〕仙人。古代学仙的人荒谬地认为霞是日之精，吃下去可以长生不老。〔形解句〕形解，犹尸解。古代道家认为得了道的人可以遗弃形体（尸体），而精神永存，叫作尸解。晋人有嵇康被杀后尸解成仙的传说。验，证明。默，暗。这是说嵇康虽然被杀，仍然可证明他已暗中成仙。〔吐论句〕凝神，精神集中专一。嵇康是一位著名的评论家，所著论文见解高超，论证严谨。他的《养生论》发表后，人们非常钦佩，称其为神人。〔立俗句〕当作“立议迕流俗”。迕(wǔ)，抵触。流俗，持庸俗见解的人，指司马氏的拥护者。当时司马氏想篡魏自立，特别尊崇儒家，而嵇康大唱反调，认为商汤王伐夏，周武王伐商，都是不对的，周公、孔子也没有什么值得尊敬的地方，因此为司马昭所忌，终于被杀。〔寻山句〕洽，融洽。隐沦，隐士。嵇康为了养生，经常入山采药，并与隐士孙登、王烈等同游。〔鸾翮句〕鸾，古代传说中的一种很珍贵的鸟，羽毛五彩而多青色。翮，翅。铩(shā)，摧残。古人常以鸟的铩羽比喻人的受压抑，不得志。〔龙性句〕司马昭曾经想拉拢嵇康，他的谋士钟会却说，嵇康是一条卧龙，是没法叫他起来的。这句即指此事。

《五君咏》所咏的五个历史人物，都以反抗当时的黑暗政治和封建礼教而为后代所钦佩。其中阮籍和嵇康尤其知名。古代诗人们往往借古喻今，以咏史来咏怀。这两篇也是颜延之用来抒发自己不得志的情绪。同时，也非常准确而生动地再现了这两位著名历史人物的生活情况和精神面貌。

登池上楼

谢灵运

潜虬媚幽姿，飞鸿响远音。薄霄愧云浮，栖川怍渊沉。
进德智所拙，退耕力不任。徇禄及穷海，卧痾对空林。
衾枕昧节候，褰开暂窥临。倾耳聆波澜，举目眺岖嵚。
初景革绪风，新阳改故阴。池塘生春草，园柳变鸣禽。
祁祁伤豳歌，萋萋感楚吟。索居易永久，离群难处心。
持操岂独古，无闷征在今。

〔池上楼〕在永嘉郡治(今浙江省温州市)。 〔潜虬句〕虬(qiú),传说中有角的小龙。媚,爱。幽姿,安闲的姿态。这是说虬藏水中,自爱其幽姿,以喻人之退隐。潜龙象征隐士,见《易经·乾卦》。 〔飞鸿句〕飞鸿象征出仕的人,见《易经·渐卦》。 〔薄霄二句〕是说自己有愧于鸿之能飞,虬之能潜。薄,迫近。怍(zuò),惭愧。 〔进德句〕是说想提高自己的德业,但知道智力笨拙,难以做到。进德是出仕的准备。《易·乾·文言》:“君子进德修业,欲及时也。”及时,就是趁时出仕。 〔不任〕不胜任。 〔徇(xùn)禄〕以身从物叫做徇。禄,俸禄,做官所得的物质报酬。徇禄就是为了俸禄(而做官)。 〔及〕到达。 〔穷海〕边远的海边,指永嘉,永嘉在东海边。 〔卧疴(kē)〕生病躺着。 〔空林〕冬季枯凋的树林。 〔衾枕二句〕衾,被。昧,不明白。褰(qiān),同搴,也是开的意思,指揭开帘幕。窥临,近窗观看。作者于宋武帝刘裕永初三年(422)七月由京城建康(今江苏省南京市)到永嘉,不久就卧病,直到次年即景平元年春天才好,登池上楼观赏景物。所以说,由于老是躺在床上,由冬到春的变化都不太清楚了,登楼游赏,才发觉节候已大不相同。 〔倾耳〕表示注意去听。 〔聆〕听。 〔岖嵚(qīn)〕山高貌,这里即指山。 〔初景〕春初的阳光。 〔革〕改变。 〔绪风〕秋冬的余风。 〔新阳句〕是说冬天已变成春天。春夏为阳,秋冬为阴。故,旧。 〔园柳句〕春日鸟类的啼叫,时有后先。园柳之上,鸟的啼声已有更变,可见春已来了一些时候。 〔祁祁二句〕《诗经·豳风·七月》:“春日迟迟,采蘩祁祁,女心伤悲,殆及公子同归。”据旧解,是说已许嫁的女子,预想到要离开父母,和丈夫一同到夫家去,所以悲哀。又《楚辞·招隐士》:“王孙游兮不归,春草生兮萋萋。”这里是作者由于眼前春色而想到《诗经》和《楚辞》中所写春日别离之恨,因为他自己也是离开了京城故家,“徇禄及穷海”的。 〔索居句〕是说孤独地住着,容易觉得日子长久,不易消磨。 〔处〕安。 〔持操句〕操,乐曲,指豳歌和楚吟。这是说不仅古人有伤离之情,怨别之曲。 〔无闷句〕征,证明。《易经·乾·文言》中有“遁世无闷”的话。作者将在永嘉做官看成遁世,即隐居。所以说,虽也有离别之感,但遁世者是可以没有烦闷的,自己现在就可为证。

这篇诗写居官与遁世的矛盾心情。前六句一正一反对比。第一、第

四、第六等三句是说退，第二、第三、第五等三句是说进。以下写虽已出仕，仍想归隐，通过对病后观赏景物的描写，透露了自己思想上的苦闷。其中“池塘生春草，园柳变鸣禽”一联，精确地描绘了久病新愈的诗人对季节变化的感受，自来被推为佳句。《诗品》称赞谢诗“如初日芙蓉，自然可爱”，于此等处可见。作者出身高门，富有才华，又有点政治野心，但遭到排斥，所以诗中常有不平之气，又兼归隐之情。

谢灵运，小字客儿，陈郡阳夏（今河南省太康县）人，生于太元十年(385)，死于宋文帝刘义隆元嘉十年(433)。其诗擅长描写山水，可惜往往在篇末谈玄说理，宣扬了消极思想，同时，篇章结构也缺乏变化。

登江中孤屿

谢灵运

江南倦历览，江北旷周旋。怀新道转迥，寻异景不延。
乱流趋孤屿，孤屿媚中川。云日相辉映，空水共澄鲜。
表灵物莫赏，蕴真谁为传？想象昆山姿，缅邈区中缘。
始信安期术，得尽养生年。

〔江中孤屿〕指永嘉附近瓯江中的一个小岛屿。 〔江南二句〕旷，久。周旋，犹周游。这是说在江南、江北游览已久，有些厌倦了。二句互文见义。〔怀新二句〕迥(jiǒng)，远。景，光景，时间。延，长。这是说想望（寻求）新异的风景，很不容易找到，所以转觉道路很远，及至找着了，游赏一会儿，时间又过去了，不能延长。 〔乱流〕横渡。 〔孤屿句〕媚，喜人。中川，江中。这是说孤屿矗立江心，令人喜爱。 〔空〕天空。 〔表灵二句〕灵，神异。真，仙人。物，指世人。这是说这个孤屿表现得如此神异，可是世人却不知游赏，即使其中蕴藏有仙人，又有谁给他传出来呢？ 〔想象二句〕昆山，即昆仑山，传说中神仙的住处。缅邈，遥远。区中缘，尘世的缘法，俗缘。这是由上面两句生发出来的。既然孤屿近在人间还无人游赏，那么想象中的“昆山”，距尘世就更遥远，无缘相接了。〔始信二句〕安期术，即仙术。安期生，仙人名。这是游赏之余，自表希望遁世求仙之意。

这篇诗写由“怀新”、“寻异”而登屿，由登屿而想到遁世求仙。前半写景，后半抒情。

石壁精舍还湖中作

谢灵运

昏旦变气候，山水含清晖。清晖能娱人，游子憺忘归。
出谷日尚早，入舟阳已微。林壑敛暝色，云霞收夕霏。
芰荷迭映蔚，蒲稗相因依。披拂趋南径，愉悦偃东扉。
虑澹物自轻，意惬理无违。寄言摄生客，试用此道推。

〔昏旦〕傍晚和清晨。〔游子〕客居异地的人，这里是诗人自指。〔憺(dàn)〕安适。〔暝色〕暮色。〔霏〕霏本训雪多貌，这里借指云彩。〔芰(jì)〕菱。〔映蔚(wèi)〕映照。〔稗(bài)〕一种形似水稻的野生植物。〔因依〕依傍。〔披拂句〕披拂，犹扇动。石壁精舍，是谢灵运在会稽巫湖南边的一所屋子，他由本来的住处渡过巫湖，上岸后沿南向的小路走到精舍，走时空气被衣服所扇动，所以这么说。这句是写去时，与上“出谷日尚早”句相应。〔愉悦句〕偃，休息。东扉，即原住处朝东的房间。这是写回时，与上“入舟阳已微”句相应。〔虑澹句〕是说如果思想感情淡泊自甘，就会将外物(功名富贵之类)看得很轻。澹。同淡。〔意惬(qiè)句〕惬，满足。这是说只有不悖理，才能惬意。〔摄生客〕注意保养生命的人。〔此道〕指“虑澹”二句所阐明的道理。

这篇诗写清早渡湖到石壁精舍，薄暮从原路回来。前幅总叙山水娱人，中幅着重描绘湖中景色，后幅抒感。

夜宿石门诗

谢灵运

朝搴苑中兰，畏彼霜下歇。暝还云际宿，弄此石上月。
鸟鸣识夜栖，木落知风发。异音同至听，殊响俱清越。
妙物莫为赏，芳醑谁与伐？美人竟不来，阳阿徒晞发。

〔石门〕地名，在今浙江省嵊州市境内，作者在这里建筑了一座别墅。〔搴(qiān)〕取。　〔苑(yuàn)〕花园，指石门别墅。　〔歇〕尽。　〔异音句〕听，这里指听官，耳。这是说鸟声、落叶声、风声等都传到了耳里。〔殊响〕不同的声音，即异音。　〔清越〕清楚而且传播得远。　〔妙物〕指上面所描写的自然风景。　〔醑(xǔ)〕美酒。　〔伐〕这里作夸奖、赞美解。〔美人二句〕山南为阳。阿，曲处。徒，空。晞(xī)，干。这是说所希望见面的人(这里的“美人”不一定是指美女)竟然不能到此同游，无事可干，只好洗了头发在山南阳光照耀的地方把它晒干，暗示自己的寂寞。《楚辞·九歌·少司命》：“与女(汝)沐兮咸池，晞女发兮阳之阿。望美人兮未来，临风怳兮浩歌。”这里使用了这一传统形象。这是夜宿次日的事。

诗人看到了大自然的美，并且由于能够获得这种美的享受而感到幸福时，就往往会热切地怀念自己的知心朋友，希望他们也能分享这种幸福。这也就是说，由于美的感受，强烈地诱发了对人的怀念之情。本篇，还有后面的杨素《山斋独坐，赠薛内史》、张九龄《对月怀远》、孟浩然《夏日南亭怀辛大》及苏舜钦《中秋夜吴江亭上对月，怀前宰张子野及寄君谟蔡大》等，都是如此。

代出自蓟北门行

鲍　照

羽檄起边亭，烽火入咸阳。征骑屯广武，分兵救朔方。
严秋筋竿劲，虏阵精且强。天子按剑怒，使者遥相望。
雁行缘石径，鱼贯度飞梁。箫鼓流汉思，旌甲被胡霜。
疾风冲塞起，沙砾自飘扬。马毛缩如猬，角弓不可张。
时危见臣节，世乱识忠良。投躯报明主，身死为国殇。

〔代〕犹拟。本篇系拟乐府旧题。　〔羽檄〕见曹植《白马篇》注。　〔边亭〕边境上的瞭望哨。亭，戍楼。　〔烽火句〕烽火，古代边防军发现敌人来犯时燃起的烟火，用以向腹地报警。咸阳是秦京城，这里借指京城。这是说警报已达到京城。　〔征骑〕征发的骑兵。　〔屯〕驻守。　〔广武〕今山西省代县。　〔朔方〕汉郡名，在今内蒙古自治区境内。　〔严秋〕犹言深秋。〔筋〕弓弦。　〔竿〕箭杆。　〔虏〕古代对北方入侵民族的恶称。　〔使者句〕遥相望，使者们在路上远远地互相望得见。这是说军情紧急，天子不断地下达命令和听取情报，所以经常有使者在路上奔走。　〔雁行句〕形容士兵行列整齐地行进。　〔鱼贯句〕士兵渡过桥梁，像许多鱼被穿成一串。飞梁，似飞越而过的架空的高桥。　〔箫鼓句〕是说军乐中流露了汉族的思想感情。箫、鼓，军中的乐器。汉思，这里指家国之思。　〔砾(lì)〕碎石。　〔马毛二句〕角弓，以牛角做的硬弓。这是形容气候异常寒冷。〔投躯〕献出生命。　〔国殇(shāng)〕为祖国战死的烈士。

这是一篇保卫祖国之歌。诗人在这篇作品里，对千千万万的为保卫祖国而自觉地献出自己生命的普通将士，作了热烈的歌颂。

鲍照，字明远，上党(今山西省长治市)人，迁居东海(今江苏省涟水县北)，生于晋末，死于宋文帝时(约当5世纪20年代到60年代)，南朝时代杰出的诗人，重要的诗体革新者。

代东武吟

鲍　照

主人且勿喧，贱子歌一言：仆本寒乡士，出身蒙汉恩。
始随张校尉，占募到河源。后逐李轻车，追虏穷塞垣。
密途亘万里，宁岁犹七奔。肌力尽鞍甲，心思历凉温。
将军既下世，部曲亦罕存。时事一朝异，孤绩谁复论？
少壮辞家去，穷老还入门。腰镰刈葵藿，倚杖牧鸡豚。
昔如鞲上鹰，今似槛中猿。徒结千载恨，空负百年怨。
弃席思君幄，疲马恋君轩。愿垂晋主惠，不愧田子魂。

〔勿喧〕别说话。　〔贱子〕自谦的称呼，犹称鄙人。　〔歌一言〕唱（这么）几句。　〔寒乡〕指东武，今山东省诸城市。　〔张校尉〕汉张骞曾经以校尉的官职从大将军出击匈奴。　〔占募〕自愿应募。　〔河源〕黄河的发源地。张骞后来曾探查河源，但和出击匈奴是两回事。这里借来表示走得很远。　〔逐〕追随。　〔李轻车〕汉轻车将军李蔡，对匈奴作战有功。〔塞垣〕本指长城，后亦以泛指北方边界。　〔密途二句〕密途，近路。亘（gèn），横贯。宁岁，安宁的年岁。最近的路也得走一万里，最安宁的年岁也得奔驰七次，是说辛苦异常。　〔历凉温〕经历过多少回凄凉和温暖，指时而失意，时而得意。一说，“凉温”指寒暑季节。　〔下世〕死亡。〔部曲〕汉代军队的编制，营有部，部有曲，故以部曲通称将军统率的士兵。魏晋以来用以指亲兵。　〔罕存〕指还在军中任职的人很少了。　〔孤绩〕个人的功劳。　〔谁复论〕哪个来提起。　〔刈（yì）〕割草。　〔葵、藿〕泛指农作物。　〔鞲（gōu）〕绑在手臂上，专供猎鹰站立的皮制工具。　〔槛（jiàn）〕关野兽的笼子。　〔怨〕这里念 yuān。　〔弃席句〕幄（wò），帷帐。被抛弃的席子还是思念君的帷帐，比喻被弃的臣不忘君。《韩非子·外储说左上》记载：春秋时晋公子重耳（后为晋文公）在外流亡二十年，才回国为君，走到黄河边上，就叫把原来用的笾豆（食具）、席蓐（卧具）都丢了，又令手脚生了茧、面孔晒黑了的臣子都走在后面。子犯力加劝阻，重耳才收回了这道命令。这里活用了这个典故。〔疲马句〕老病的马还是留恋君的轩车，喻意和上句相同。《韩诗外传》载：战国时贤人田子方看见路上有匹老马没人照管，问知原是公家养的，由于它老病无用，所以放在外面，不再喂了。田子方听了，感叹道："在它年轻时用它，等它老了就抛弃它，仁爱的人可不该做这样的事啊！"就自己出钱将马买回去养着。这句也是活用此典。〔垂〕降下。〔不愧句〕魂，这里与云通，说。这是说要君主不要抛弃旧臣，才会对田子方所说不感到惭愧。一说，魂指魂灵。

这篇诗托为汉朝一位老军人的自白，来讽谏当时的君主。末四句是作者代有功于国，老而被弃的人们所作的呼吁。正是在这种呼吁中，我们看清了封建统治者的"刻薄寡恩"。

拟行路难

鲍　照

奉君金卮之美酒，玳瑁玉匣之雕琴。
七采芙蓉之羽帐，九华葡萄之锦衾。
红颜零落岁将暮，寒光宛转时欲沉。
愿君裁悲且减思，听我抵节行路吟。
不见柏梁铜雀上，宁闻古时清吹音！

〔奉〕进献。〔卮（zhī）〕酒器。〔雕琴〕雕镂了花纹的琴。〔七采句〕以翠羽为帐，上面饰以七色荷花。采，丝织物，这里借为色彩的彩。芙蓉即荷花。〔九华句〕以锦为被，锦上面有葡萄及另外许多花纹图案。"九"在这里是多的意思。衾，被。〔红颜句〕《楚辞·离骚》："惟草木之零落兮，恐美人之迟暮。"就是此意。〔寒光句〕以日光的西沉比喻年华的消逝。宛转，辗转。〔愿君二句〕裁，减。思，指忧思。抵，敲击。节，乐器名，又名拊鼓。这是说，希望你们抑制住忧伤，且听我打着节拍来唱《行路难》吧。〔不见二句〕柏梁台，汉武帝于元鼎二年（前115）建，在长安城中北门内；铜雀台，曹操于汉献帝建安十五年（210）建，在邺城西北，都是古代帝王享乐的地方。宁，岂。清吹，美妙的管乐，这里泛指音乐。这两句承上，说历史上有名的柏梁、铜雀，今已无存，谁也听不见古时美妙的音乐了。那么，行乐须及时，不妨来听我唱一段吧。

《拟行路难》共十八篇，这是第一篇，在这组诗中，具有序曲的性质和规定基调的作用。这组诗内容广泛，涉及社会人生的种种忧患艰难，发出了一个"才秀人微"的诗人的不平之鸣，感情悲愤，词气慷慨。句法错综变化，与文情相应，堪称杰作。前人评鲍诗"发唱惊挺，操调险急，犹五色之有红紫，八音之有郑卫"。这些特征，《拟行路难》体现得最清楚。

洛阳名工铸为金博山，
千斫复万镂，上刻秦女携手仙。
承君清夜之欢娱，列置帏里明烛前。
外发龙鳞之丹采，内含麝芬之紫烟。
如今君心一朝异，对此长叹终百年。

〔金博山〕一种名贵的铜香炉，像海中的博山，共有九层，上刻各种人物禽兽，都能活动。〔斫（zhuó）、镂〕雕刻。〔秦女携手仙〕传说弄玉是春秋时秦穆公的女儿，嫁给了萧史，向他学吹箫，能作凤鸣，后来双双升天成了仙。〔承君二句〕是说将博山炉放在房内，供你夜间享受。〔外发句〕采，这里也借作色彩之彩。这是说铜炉在明烛之下，金光闪闪，有如龙鳞上所呈现的红色。〔麝（shè）芬〕麝香。〔对此句〕此，指刻有"秦女携手仙"的金博山。这是以仙家永恒的爱情与人间男子的薄幸对照。

这一篇是一位被遗弃的妇女的凄凉的独白，以香炉上所刻仙家故事来比照自己的不幸遭遇。主题是古老的，材料却很新鲜。

璇闺玉墀上椒阁，文窗绣户垂罗幕。
中有一人字金兰，被服纤罗蕴芳藿。
春燕参差风散梅，开帷对景弄春爵。
含歌揽涕恒抱愁，人生几时得为乐？
宁作野中之双凫，不愿云间之别鹤。

〔璇闺玉墀(chí)〕形容建筑的富丽。璇，好石头。闺，屋中小门。墀，台阶。〔椒阁〕阁内墙壁以花椒末和泥涂抹，取其芳香。〔文窗〕窗槅上雕有花纹。文与纹通。〔被服句〕被服，穿着。纤罗，精美的罗。蕴，藏。芳藿，藿香。这是说不但穿得漂亮，身上还发散着香气。〔参差(cēn cī)〕不齐貌。这里是形容许多燕子飞时，翅膀不齐的样子。〔景〕同影，这里指日光。〔弄〕玩赏。〔爵〕同雀，这里指上文的燕子。〔含歌句〕含歌，不想吐露歌声。揽涕，收敛起眼泪。恒，常。这是说孤居独处，无人同情，所以经常愁苦，不但不想唱歌，连流泪也不想了。〔宁作二句〕凫(fú)，野鸭。云间，云霄里，比喻地位高贵。别鹤，失去配偶的鹤。这是说宁愿贫贱而双栖，不愿富贵而孤独。古人以鹤为贵鸟，凫为贱鸟。篇末以鸟为喻，是由于“弄春爵”而引起的联想。

南朝时，统治阶级荒淫无耻，经常掠夺民间妇女作为婢妾。这篇诗所写的金兰就是其中的一个。她虽然在富贵环境中过活，可是念念不忘旧日的情人。

对案不能食，拔剑击柱长叹息。
丈夫生世会几时，安能蹀躞垂羽翼？
弃置罢官去，还家自休息。
朝出与亲辞，暮还在亲侧，
弄儿床前戏，看妇机中织。
自古圣贤尽贫贱，何况我辈孤且直！

〔案〕古人进食的小几，形如有脚的托盘。〔会几时〕能有多少时候。〔蹀躞〕同躞蹀。见《白头吟》注。〔弃置〕抛弃，指被朝廷抛弃。〔亲〕父母。〔孤〕孤寒，指自己出身寒门，不是高门贵族。

鲍照和左思一样，也出身寒微，有同样的不平之鸣。这种不平之鸣，本质上就是对门阀制度的控诉和攻击，在历史上所起的作用是积极的，因为它代表了绝大多数人对高踞在他们头上的一小撮人的反抗。本篇虽然描写了还家的愉快，不过是自己宽解的话，其实，诗人对于自己因出身寒门而遭受的压抑，是很愤慨的。

中庭五株桃，一株先作花。
阳春夭冶二三月，从风簸荡落西家。
西家思妇见悲惋，零泪沾衣抚心叹。
初我送君出户时，何言淹留节回换？
床席生尘明镜垢，纤腰瘦削发蓬乱。
人生不得长称意，惆怅徙倚至夜半。

〔中庭〕即庭中。〔作花〕开花。〔夭冶〕美艳貌。夭，同妖。〔从风〕从，随。花从东风，所以落西家。〔簸（bǒ）〕颠动。〔思妇〕怀念丈夫的妇女。〔何言句〕何曾说过要久留（他方）以至于季节都转换了呢？〔床席句〕明镜垢，久不磨镜而污秽，就是久不照镜了。这是说没有心情收拾床铺和妆扮自己。〔称（chèn）意〕合意。〔徙倚〕犹徘徊。

这是闺中少妇怀远之词，以落花起兴，睹物伤情，含思婉转。

梅花落

鲍　照

中庭杂树多，偏为梅咨嗟。

问君何独然？念其霜中能作花，
露中能作实，摇荡春风媚春日。
念尔零落逐寒风，徒有霜华无霜质。

〔咨嗟(zī jiē)〕叹息声。〔何独然〕为什么单单这样(指“偏为梅咨嗟”)。〔尔〕你，就是梅花。〔华〕同花。〔霜质〕经得起霜打的姿质。

这篇诗写梅能够凌寒开花，但不久仍然飘落，虽有霜花，但无霜质，可能是讽刺当时某些想砥砺节操，但又终于不能坚持的人。此诗上半以“嗟”、“花”为韵，下半以“实”、“日”、“质”为韵，而韵脚的变换则在“念其”以下两个叠句中，格局新奇，音节美妙。

古意赠今人

鲍令晖

寒乡无异服，毡褐代文练。日月望君归，年年不解綖。
荆扬春早和，幽冀犹霜霰。北寒妾已知，南心君不见。
谁为道辛苦？寄情双飞燕。形迫杼煎丝，颜落风催电。
容华一朝尽，惟余心不变。

〔异服〕珍奇贵重的衣服。〔文练〕有花纹的熟丝织物。〔日月〕每日每月。〔年年句〕解，松弛。綖(yán)，缓。这是说望夫心切，年年一样，无法松弛缓和。〔荆扬〕指南方。荆州和扬州在南方。〔幽冀〕指北方。幽州和冀州在北方。〔霰(xiàn)〕雪珠。〔南心〕在南方的人的心，即“妾”心。〔形迫句〕迫，近。煎，煎熬，引申为强迫的意思。这是说丈夫在北方终日奔忙，样子近于丝缕被梭子强迫着穿过来穿过去。〔颜落句〕是说自己因为忧愁，很快就要变得老丑了，快得同下雨时的风电一般。

这是一篇妻子寄给远方的丈夫，希望他及早回来的诗。夫妻离别，彼此怀念，愿意早日团聚，是生活中常见的现象，也是诗歌中古老的主题，所以题为《古意赠今人》。这位“今人”，是否就是作者的丈夫，因为她生平不详，已无可考。

鲍令晖，鲍照的妹妹。

暂使下都，夜发新林，至京邑，赠西府同僚

谢　朓

大江流日夜，客心悲未央。徒念关山近，终知返路长。
秋河曙耿耿，寒渚夜苍苍。引领见京室，宫雉正相望。
金波丽鳷鹊，玉绳低建章。驱车鼎门外，思见昭丘阳。
驰晖不可接，何况隔两乡？风云有鸟路，江汉限无梁。
常恐鹰隼击，时菊委严霜。寄言罻罗者，寥廓已高翔。

〔暂使下都〕暂从下都出使。下都，对上都即首都（京邑）建康而言，指随王萧子隆的藩国的政治中心荆州。〔新林〕浦名，在今南京市西南。〔京邑〕指齐的首都建康（今南京市）。首都古称京师，晋景帝名师，晋人避讳，改京师为京邑。这里是沿用。〔西府〕指在荆州的随王萧子隆的王府。荆州在建康之西。〔同僚〕同事。〔未央〕未已，不停。〔徒念二句〕徒，空。关山，指建康的关塞山陵。终，竟。返路，返回西府的路。这是说愈走近都城，愈想念西府，而且终于知道，被王秀之陷害之后，很难再回去了。〔秋河〕秋天的银河。〔曙〕清晨。〔耿耿〕明净。〔渚（zhǔ）〕水中的小块陆地。〔引领〕伸长了颈项（远望）。〔宫雉句〕宫雉，宫墙。这是说京城宫墙已在望中。〔金波二句〕金波，月光。丽，附着，这里引申为照射的意思。鳷鹊，汉代观名。玉绳，星名。建章，汉代宫名。鳷鹊观、建章宫，都是借汉代长安的宫观，比喻齐朝的京邑。这是写披星戴月，连夜赶路，到了拂晓，已达都城。〔驱车二句〕鼎门，相传周成王定鼎于

郏鄏，其南门称定鼎门，这里用来借指建康的南门。昭丘，楚昭王墓，在荆州当阳(今湖北省当阳市)东。丘南曰阳。这里以昭丘阳代表荆州。这两句是说才乘车到了京邑，却已怀念荆州。〔驰晖二句〕驰晖，飞驰的日光。两乡，指荆州和建康。这是说不停地飞驰着的日光在这大清早都还不能立即望见，何况隔绝在荆州与建康两地的人呢？〔风云二句〕是说天空虽然广阔，鸟还有翅易飞。江汉虽然不远，人却无桥难走。〔常恐二句〕隼(sǔn)，鹰类猛禽。委，同萎，凋谢。这是说自己在西府中，忧谗畏讥，如同鸟怕猛禽搏击，菊怕严霜摧残一样。〔寄言二句〕寄言，带话。罻(wèi)罗者，布罗网的人。寥廓，宽阔，指天空。这是以鸟自比，说已经远走高飞，张网的人就无从捕捉了。

作者曾任齐代随王萧子隆的文学(官名)，很被赏爱，但为长史王秀之所忌，密报朝廷，说他惑乱随王，因此被敕令回到京城。他返回以后，写了这篇诗寄给同事，除了描述沿途景物，还谈到自己一方面怀念西府，一方面又庆幸脱离了那个对于自己说来不无困扰的环境这样一种矛盾心情。

谢朓(tiǎo)，字玄晖，陈郡阳夏人，生于宋孝武帝大明八年(464)，死于齐东昏侯萧宝卷永元元年(499)。

晚登三山，还望京邑

谢　朓

灞涘望长安，河阳视京县。
白日丽飞甍，参差皆可见。
余霞散成绮，澄江静如练。
喧鸟覆春洲，杂英满芳甸。
去矣方滞淫，怀哉罢欢宴。
佳期怅何许，泪下如流霰。
有情知望乡，谁能鬒不变。

〔三山〕山名，在今南京市西南长江南岸，山有三峰，南北相连，故名。〔灞涘(sì)二句〕灞，一作“霸”，水名，出陕西省蓝田县，流经长安。涘，水边。灞涘即灞岸。汉文帝的陵墓在长安东，名霸陵。故王粲《七哀评》说：“南登霸陵岸，回首望长安。”河阳，县名(今河南省孟州市西)。京县，指西晋京城洛阳。潘岳《河阳县诗》：“引领望京室，南路在伐柯。”(伐柯是不远的意思。京县、京室也都是京城。)这两句是以王粲望长安，潘岳望洛阳，比自己望建康，以灞岸、河阳比三山。　〔白日二句〕丽，这里当附着解，引申为照射。甍(méng)，屋脊。飞甍，形容屋脊两檐张开，有如飞鸟。参差，见鲍照《行路难》注。这是说夕阳照射在建康城中参差的屋脊上，在三山上看得很清楚。　〔喧鸟句〕春天的洲渚被喧闹的鸟儿盖满了，极言其多。　〔杂英句〕各种花开满了郊野，发散着芳香。甸(diàn)，郊野。〔去矣二句〕滞淫，见王粲《七哀诗》“荆蛮非我乡”篇注。这是写要想走，可是还停留在这儿；由于很思念家乡，连欢乐的宴会也作罢了。言外有功名蹭蹬，进退两难之意。　〔佳期句〕因为不知道好日子在哪里而感到惆怅。何许，何处，哪里。　〔鬒(zhěn)〕黑头发。

这篇诗写登三山所见春天傍晚的景物以及由于瞻望京城而引起的游宦无成、思念家乡的心情，当是居建康时在近郊游览所作。

之宣城郡，出新林浦，向板桥

谢　朓

江路西南永，归流东北骛。天际识归舟，云中辨江树。
旅思倦摇摇，孤游昔已屡。既欢怀禄情，复协沧洲趣。
嚣尘自兹隔，赏心于此遇。虽无玄豹姿，终隐南山雾。

〔之〕往。　〔宣城郡〕今安徽省宣城市。　〔板桥〕浦名，在新林浦南。〔江路二句〕永，长。归流，指东流入海的江水，江水入海曰归。骛(wù)，奔驰。这是说自己溯江而上,前往在建康西南的宣城,江水则与自己背道而驰,奔流向东北。〔天际二句〕写大江行舟所见,天际、云中,形容江面开阔遥远。归舟,指回到建康的船。〔旅思二句〕是说旅途奔波,早已感到厌倦,而正因为常年游宦,也已习惯于孤独的生涯。〔既欢二句〕是说一方面因为满足了自己希望获得官职俸禄的心情而感到欢欣,另一方面又因为满足了自己希望隐居山泽的要求而感到合适。沧洲,水边洲渚,隐士所居,这里指宣城一带比较僻野的地区。〔嚣(xiāo)尘〕喧闹的地方,指建康。〔赏心〕心所欣赏的事,指隐居。〔虽无二句〕古代传说,南山有一种玄(黑)豹,很爱惜自己的皮毛,在下大雾的时候,它宁愿躲在洞穴里,一连七天都不出去觅食,为的是怕把皮毛弄坏了。这个典故,一向被用来比喻人的洁身自好,全身远祸。这里作者也是用来自比。

这篇诗是作者到宣城郡去任太守时,初从建康出发时所写,前半写景,后半抒情。谢朓也长于写山水。他的诗是谢灵运诗的一个发展。在谢朓的作品中,山水诗中玄言诗的不良影响完全被摆脱了,而语言更秀丽,风格更清新。这对唐诗的发展起了重大作用,所以李白极其推重谢朓。

玉阶怨

谢　朓

夕殿下珠帘,流萤飞复息。
长夜缝罗衣,思君此何极!

〔夕殿〕夜间的宫殿。〔何极〕哪有穷尽。

这是一篇写宫怨的小诗,是唐代诗人以五、七言绝句写宫怨的先声。宫怨诗写被幽囚在封建帝王宫中的少女们的怨情,是古典诗歌中所反映的当时妇女问题的一个重要方面。"缝罗衣"是外部动作,"思君"是内心活动。这个外部动作，只不过是用来掩饰她苦闷情绪罢了。诗写的是一位宫女，却可使读者联想到许多并未出场的相关事件与人物。

西洲曲

无名氏

忆梅下西洲，折梅寄江北。单衫杏子红，双鬓鸦雏色。
西洲在何处？两桨桥头渡。日暮伯劳飞，风吹乌臼树。
树下即门前，门中露翠钿。开门郎不至，出门采红莲。
采莲南塘秋，莲花过人头。低头弄莲子，莲子青如水。
置莲怀袖中，莲心彻底红。忆郎郎不至，仰首望飞鸿。
鸿飞满西洲，望郎上青楼。楼高望不见，尽日栏杆头。
栏杆十二曲，垂手明如玉。卷帘天自高，海水摇空绿。
海水梦悠悠，君愁我亦愁。南风知我意，吹梦到西洲。

〔忆梅二句〕西洲，长江中小洲名，是诗中爱侣共同纪念的地方。这是说住在江南的女子想念起和她一道在西洲玩赏过梅花而现在江北的情人，便特地到西洲去折一枝梅花，托人捎到江北去。　〔单衫二句〕形容女子服饰、容貌之美。鸦雏，小鸦，羽毛柔软而黑。　〔伯劳〕鸟名，据说这种鸟是单栖的。这里用来暗喻女子的孤独。　〔翠钿(diàn)〕妇女的头饰。将贵重金属、宝石等镶嵌在器物上做装饰叫作钿。　〔莲心句〕莲心，“怜心”的谐声隐语。这句暗喻深刻的爱。　〔望飞鸿〕相传鸿雁可以给人捎信，所以望飞鸿含有望江北来信的意思。　〔青楼〕见曹植《美女篇》注。　〔垂手句〕手垂下来白净得像玉一样。　〔海水摇空绿〕形容帘子卷起之前，从动荡着的帘缝中望出去，天空像绿色的海水在波动一样。而在卷起帘子之后，则是天高气爽了。本句和上句，因押韵的关系颠倒了一下。　〔海水梦悠悠〕是承上，由天空像海水而产生的联想。　〔君〕指在江北的情人。

这是南朝长江流域的一篇民歌，大约经过作家的修饰，所以风格非常精丽。它写的是一个女子对情人的回忆和怀念，时间从“折梅”的早春起，一直到“鸿飞”的深秋；并由日间缠绵相念之情，到夜间迷离入梦之境。通过一些细节描写，非常生动地刻画了一个少女丰富的内心活动。如“鸿飞”以下四句，写盼不来，所以登楼远望，楼虽高，却仍然望不见；尽管望不见，却仍然竟日望之不已。曲折婉转，极尽相望相思，无可奈何之致，非常动人。它对初唐歌行的影响是巨大的，虽然本身还是五言而非七言。

河中之水歌

萧　衍

河中之水向东流，洛阳女儿名莫愁。
莫愁十三能织绮，十四采桑南陌头。
十五嫁为卢家妇，十六生儿字阿侯。
卢家兰室桂为梁，中有郁金苏合香。
头上金钗十二行，足下丝履五文章。
珊瑚挂镜烂生光，平头奴子提履箱。
人生富贵何所望？恨不嫁与东家王。

〔河中句〕这句是起兴，洛阳距黄河不远，所以先说河水东流，以引起诗中所写洛阳女儿莫愁的故事。　〔兰室桂为梁〕用兰树造屋，桂树为梁，形容卢家的富贵。　〔郁金苏合香〕两种贵重的香料。郁金香，出大秦国（古罗马帝国）。苏合香，出大食国（古波斯帝国）。　〔头上句〕这是夸张的写法，形容首饰插戴之多。　〔五文章〕交错的花纹。五与午通，一纵一横交互为午。　〔平头奴子〕平头，巾名，文官所戴。写奴仆都戴平头巾，也是形容卢家声势的煊赫。　〔人生二句〕望，怨恨。这是说莫愁嫁给富贵的卢家，还有什么怨恨呢？恨的是没有嫁给东边的邻居王昌。关于莫愁爱王昌，未能嫁与，却嫁给了富贵卢家的故事，现在只略见于唐人元稹、李商隐等的诗中，详情已不可考。

这篇诗有的书归于无名氏的乐府古辞，有的书题萧衍作。写一个女子嫁给了富贵人家，以没有能够和自己心爱的人结合为恨，反映了普通人民所具有的纯洁的爱情不是丰厚的物质生活所能代替的这样一种价值观念。

萧衍，字叔达，南兰陵中都里（今江苏省常州市武进区）人，生于宋孝武帝大明八年（464），天监元年（502）代齐为帝，史称梁武帝，太清三年（549），被侯景逼迫，饿死。

别范安成

沈　约

生平少年日，分手易前期。
及尔同衰暮，非复别离时。
勿言一尊酒，明日难重持。
梦中不识路，何以慰相思？

〔范安成〕范岫，在齐朝曾任安成内史。以姓加在地名的前面，用作人的别称，也是古人的一种习惯。〔易前期〕把将来的约会看得很容易。〔及尔二句〕是说彼此年老，来日无多，已经到了不应当随便分别的时候。〔勿言二句〕是说杯酒饯行，物轻意重，到明天分手之后，要在一起持杯共饮，也不可再得了。尊，酒杯之类。〔梦中二句〕《韩非子》载：战国时张敏和高惠友好，分别之后，张曾在梦中多次访高，均迷路而回。这里暗用这个典故。

这篇诗写朋友别情，风格朴素，感情真挚。

齐梁时代，声律说渐兴，为律诗的产生提供了条件，先是五言古诗开始律化，然后是七言古诗和绝句诗。在完全律化以前的过渡形态，称为“新变体”。本诗就是其中之一。以下所选的诗，如何逊《与胡兴安夜别》、王籍《入若耶溪》、徐陵《关山月》、庾信《咏怀》、薛道衡《昔昔盐》也都是由五古过渡到五律的“新变体”。到了唐代，就出现了完整的律诗和律化了的绝句。

沈约，字休文，吴兴武康（今浙江省德清县武康）人，生于元嘉十八年(441)，死于梁武帝天监十二年(513)。

杂体诗

江　淹

古离别

远与君别者，乃至雁门关。黄云蔽千里，游子何时还？
送君如昨日，檐前露已团。不惜蕙草晚，所悲道里寒。
君在天一涯，妾身长别离。愿一见颜色，不异琼树枝。
兔丝及水萍，所寄终不移。

〔雁门关〕在今山西省代县西北，古代著名的要塞。〔黄云句〕形容塞外风沙很大，黄色的沙尘高卷入云，广阔的地区都被遮蔽。〔团〕同漙(tuán)，露多貌。〔不惜二句〕是说时节更换，蕙草凋残，并不是她所惋惜的；征人远戍苦寒之地，才使她感到悲伤。〔琼树〕玉树。这是以珍异之物比所盼之人。〔兔丝二句〕兔丝是蔓生植物，依附于树，浮萍则只能生活在水中。这是比喻自己的忠贞，犹植物各有本性，不能改变。

《杂体诗》三十篇，系拟古之作，由无名氏到汤惠休，各拟一篇，并标明所拟主题。这是第一篇，托用一个女子的口吻，拟以离别为主题的古诗，故称《古离别》。

江淹，字文通，济阳考城（今河南省兰考县）人，生于元嘉二十一年（444），死于天监四年（505）。

之零陵郡，次新亭

范　云

江干远树浮，天末孤烟起。
江天自如合，烟树还相似。
沧流未可源，高帆去何已。

〔零陵郡〕今湖南省永州市零陵区。作者时从建康去零陵任内史。〔次〕停顿。〔新亭〕故址在今南京市南。〔江干句〕江干，江边。这是说，水势浩荡，远望过去，江边的树木像在水面上浮动。〔孤烟〕指居人稀少之处的炊烟。〔沧流二句〕沧流，犹言碧波。沧，同苍，青色。"源"字在这里作动词用。未可源，是说无法找到这股沧流的源头。已，止。两句从江源之远，舟行之久，以见旅行的劳苦。

这篇诗以写江景为主，而从写景中暗示出旅途的生活，旅人的心情，用笔很含蓄。

范云，字彦龙，南乡舞阳（今河南省泌阳市西北）人，生于元嘉二十八年（451），死于天监二年（503）。

范广州宅联句

范　云　何　逊

洛阳城东西，长作经年别。昔去雪如花，今来花似雪。（云）
蒙蒙夕烟起，奄奄残晖灭。非君爱满堂，宁我安车辙？（逊）

〔范广州〕范云曾任广州刺史。〔经年〕经过整年的时间。〔昔去二句〕是说冬去春来。〔蒙蒙〕不明貌。〔夕烟〕傍晚的雾气。〔奄奄〕同晻晻,日落昏暗貌。〔非君二句〕爱,恩惠。这是说如果不是你的住宅中充满了友好的气氛,我怎么会将车子停放在你的宅外呢?

这是一篇联句诗。联句之风,起于南朝。一般是两人共作一篇诗,每人作四句。这种联句的方式,到了后来,又有许多变化发展,可以由许多人参加合作;也可以每人只作一或二句;作了以后,还可以依次循环再作,或不依次序,谁先想好了,就由谁联下去。《红楼梦》第五十回和第七十六回对此均有较细的描写,可以参看。

这篇诗当是范云从广州回到建康以后所作。诗中"洛阳",即借指建康。范写的部分,是追述别情,通过后两句雪与花的反复比喻,使人耳目一新,相当精彩。何写的都是当时情景。前二句写薄暮,后二句写来访。两人虽然联句,但还是各写各的,没有融合成为一个整体。这显示了,当时这种写作方式,还不成熟。正因为如此,所以分开也可各自成篇。此诗颇为后人重视,如李商隐《漫成》云:"不妨何范尽诗家,未解当年重物华。远把龙山千里雪,将来并拟洛阳花。"讲的就是这篇诗。

何逊,字仲言,东海郯(今山东省郯城县西)人。生年不详,死于天监十七年(518)。

与胡兴安夜别

何　逊

居人行转轼,客子暂维舟。
念此一筵笑,分为两地愁。
露湿寒塘草,月映清淮流。
方抱新离恨,独守故园秋。

〔胡兴安〕兴安，南朝宋所置县，当在今四川省成都附近。胡某在其地做官，故称。〔居人句〕居人，指自己。行，将要。转轼，回车。轼是装在车前的横木，这里代指车。这是说自己送别后即将回去。〔客子句〕客子，指胡。维舟，系船。这是说胡不久也要开船。〔一筵〕筵，席。古人席地而坐，所以称在一起说话，欢笑为一席话，一筵笑。〔方抱二句〕是说与胡别后，只好在家乡抱恨独居。

这篇诗写秋夜舟中别友。一、二两句叙事，五、六两句写景。三、四、七、八句抒情，布局错落有致。

江南曲

柳 恽

汀洲采白蘋，日暖江南春。
洞庭有归客，潇湘逢故人。
“故人何不返？春花复应晚。”
不道新知乐，只言行路远。

〔汀(tīng)〕水边平地，小洲。〔蘋(pín)〕一种水生植物，春天开白花，可供玩赏。蘋指蘋花。〔洞庭二句〕洞庭，湖名，在今湖南省北部。潇湘，湖南境内的两条河流，湘水至零陵西与潇水合流，合称潇湘。这是说有人从洞庭回到女子所在地，对她说起曾在潇湘会见过她的“故人”。〔故人二句〕是女子问归客的话。复应晚，又该过时了。〔不道二句〕是归客不肯说破其人已另有新知(新欢)，只推托说他因路远回来不了。

这篇诗用很经济的手法，勾画出一幅痴心女子负心汉的图景。

柳恽，字文畅，河东解(今山西省运城市西南)人，生于宋明帝刘彧泰始元年(465)，死于天监十六年(517)。

入若耶溪

王　籍

艅艎何泛泛，空水共悠悠。
阴霞生远岫，阳景逐回流。
蝉噪林逾静，鸟鸣山更幽。
此地动归念，长年悲倦游。

〔若耶溪〕在今浙江省绍兴市南，著名的风景区。〔艅艎(yú huáng)〕船名。〔泛泛〕飘浮貌。〔空〕天空。〔阴霞〕色彩不鲜明的云霞。〔远岫(xiù)〕远山。岫，山穴，这里即指山。〔阳景〕日光。〔回流〕即洄流，曲折的水流。〔逾〕更。

这篇诗写若耶风景之美，并因泛舟而动乡思。五、六两句，动中见静，极佳。钱起《山中酬杨补阙见访》次联云："幽溪鹿过苔还静，深树云来鸟不知。"境界仿佛似之。王安石《钟山即事》后半云"茅檐相对坐终日，一鸟不鸣山更幽"，则是以自己一时的生活体验写出了与王籍诗中不同的境界。

王籍，字文海，琅琊临沂(今山东省临沂市北)人，梁代的诗人。

渡青草湖

阴　铿

洞庭春溜满，平湖锦帆张。沅水桃花色，湘流杜若香。
穴去茅山近，江连巫峡长。带天澄迥碧，映日动浮光。
行舟逗远树，度鸟息危樯。滔滔不可测，一苇讵能航？

〔青草湖〕在今湖南省岳阳市西南，与洞庭湖连接，二湖自来并称。〔春溜〕春水。〔沅水句〕沅水东流入洞庭湖。这是说两岸多种桃花，掩映水中，所以沅水也带桃花色。〔湘流句〕《楚辞·九歌》中《湘君》和《湘夫人》两篇中都有在洲上采折杜若的描写，这句诗当是由此发生联想。杜若，一种香草。〔穴去二句〕穴，指仙人的洞府。茅山，即句曲山，在今江苏省句容市东南。相传汉代有茅盈、茅固、茅衷三人在这里修炼，得道成仙。江，指长江。巫峡，在今重庆市巫山县东。相传战国时代的楚怀王曾在巫山梦见高唐神女。这是说从青草湖可以东去茅山仙人洞，西达巫峡神女峰，极言其水势浩淼。〔迥(jiǒng)碧〕远天的青色。迥，远。〔浮光〕浮在水面的日光。〔行舟二句〕逗，停止。这是说船开到远处，看上去就好像停在树边不动了。度鸟，飞过湖的鸟。危，高。樯，桅杆。这是说鸟过湖时，中途要在高桅上休息。两句极言湖面广阔。〔滔滔二句〕滔滔，大水漫流的样子。《诗经·卫风·河广》："谁谓河广，一苇杭之。"这里反用其意。一苇，一束芦苇。讵，岂。杭与航通。这是说青草湖不比黄河，不是抱着一束芦苇就可以渡得过去的。

这是一篇写景的诗。在作者笔下，既显示了春日晴和、湖波浩荡的阔大图景，也通过精雕细刻，突出了这幅图景的某些细部。

阴铿，字子坚，武威姑臧(今甘肃省武威市)人，梁、陈时代的诗人，与何逊齐名，并称阴、何。

关山月

徐　陵

关山三五月，客子忆秦川。
思妇高楼上，当窗应未眠。
星旗映疏勒，云阵上祁连。
战气今如此，从军复几年？

〔三五月〕农历十五夜的月亮，指月圆之夜。〔秦川〕以长安城为中心的关中平原，这里即借指长安。〔旗〕星名。古人认为它主兵象。〔疏勒〕汉时西域诸国之一，故都在今新疆维吾尔自治区疏勒县。〔云阵〕阵名，古八阵之一。〔祁连〕山名，即天山。〔战气二句〕是说战争的气氛目前还是这样(浓厚)，不知道还要在军队中干几年(才能回家)。

这篇诗写的是征戍关山的军人怀念妻子之情，先写因月圆人不圆而相忆，次写妻子想必也在怀念自己。最后写战争方在进行，还家不知何日。南北朝诗人写的这一类的作品是唐人边塞诗的先驱。次联则为杜甫名篇《月夜》所自出。

徐陵，字孝穆，东海郯(今山东省郯城县西南)人，生于天监六年(507)，死于陈后主陈叔宝至德元年(583)。

咏 怀

庾 信

步兵未饮酒，中散未弹琴。
索索无真气，昏昏有俗心。
涸鲋常思水，惊飞每失林。
风云能变色，松竹且悲吟。
由来不得意，何必往长岑？

〔步兵四句〕阮籍和嵇康生活在魏晋之际。那时，司马氏正准备接掌曹氏的政权，统治阶级内部斗争很激烈。他们为了全身免祸，便不问世事，不拘礼教，饮酒弹琴，来消磨岁月和发泄胸中的不平之气。阮籍听说步兵官厨中藏有美酒，就要求担任步兵校尉，以便痛饮。嵇康曾任中散大夫，善于弹琴，所弹《广陵散》一曲尤其有名。索索，没精打采的样子。昏昏，糊涂的样子。真气，与“俗心”相对，指反抗庸俗的精神状态。这是以阮、嵇自比，但又认为自己无真气，有俗心，还不如他们。〔涸(hé)鲋(fù)句〕庄周曾向监河侯借粮食。监河侯说："我不久会有很大一笔收入。到时，我要借给你三百金。"庄周生气地说："我昨天来到这里的时候，听到路上有喊我的。一看，原来是一条鲋鱼(鲫鱼)陷在车辙里面。鱼问我，是否可弄点水来救他一命。我回答说：'好的，让我到吴越去一趟，把长江的水引来接你，好吗？'鱼说：'我只要一点儿水就活了。你那样说，还不如到干鱼店去寻找我吧。'"(见《庄子·外物篇》)这里用涸鲋思水以喻自己希望摆脱困境。水干了叫作涸。〔惊飞句〕用惊飞的鸟比喻自己离开了南方。〔风云二句〕风云变化无常，比喻政治局势。松竹经冬不凋，比喻个人节操。这里指西魏攻陷江陵，梁朝灭亡，自己被迫由梁入周，对这种巨大的变化，怀有深沉的悲痛。〔由来二句〕东汉崔骃，博学能文，曾任车骑将军窦宪的主簿，后因正直不被窦所容纳，出为长岑(今辽宁省沈阳市东)县令。他便辞官回家了。这里说自己被迫在周任职，即使没有受到像崔骃被派到长岑那样的排斥，本来也就很不得意了。

诗人在梁元帝萧绎承圣三年(554)，奉命出使西魏。当他留在西魏京城长安时，西魏出兵攻陷梁朝京城江陵，灭梁。他因而被强迫留在西魏做官。过了三年，北周代西魏建国，他同样受到宠遇，但仍然非常怀念南朝和江南旧居，终于含恨而死。《咏怀》二十七篇，从不同的角度反映了这种心情。这篇写自己遭逢巨大的政治变动，留仕北朝，困于尘俗，不能退隐，有如鲋失水，鸟失林，惟有悲吟度日。

庾信，字子山，新野(今河南省新野县)人，生于梁武帝天监十二年(513)，死于周静帝宇文阐初大象三年(581)。他对诗歌形式曾作过多方面的探索，对于律诗和律化绝句的成熟，显示了实绩，作出了贡献。

榆关断音信，汉使绝经过。
胡笳落泪曲，羌笛断肠歌。
纤腰减束素，别泪损横波。
恨心终不歇，红颜无复多。
枯木期填海，青山望断河。

〔榆关〕指榆林塞，在今内蒙古自治区境内，是秦、汉时代对匈奴作战的要塞之一。〔绝经过〕断绝往来。〔胡笳二句〕笳，管乐器名。因身在异域，心念汉朝，所以听笳、笛等胡乐而伤感。〔纤〕细。〔减束素〕古人以束着的绢素形容女子的细腰。减束素是说腰围更小了，即更瘦了。〔损横波〕古人以横流的水波形容女子的眼睛。损横波是说眼枯了。〔枯木二句〕古代神话：炎帝的女儿在东海里淹死以后变成精卫鸟，每天衔着西山的木石填到海里，希望把海填平。又：华山挡住了黄河的道路，河神巨灵就将它劈开，变成了两座山，让黄河从中间流过。这都是比喻自己渴望回到故国的心情。

这篇诗写的是一个流落胡中的女子（如远嫁匈奴的王昭君）怀念故国的感情，事实上也就是作者自己不愿羁留北朝的感情。

怨歌行

庾信

家住金陵县前，嫁得长安少年。
回头望乡泪落，不知何处天边。
胡尘几日应尽？汉月何时更圆？
为君能歌此曲，不觉心随断弦。

〔家住二句〕比拟自己本在南朝的京城金陵（即建康，今江苏省南京市），却因为政局变化，羁留在北朝的京城长安（今陕西省西安市）为臣。〔君〕这里指故国。〔断弦〕因心情激动，将琴弦拨断。

这篇六言诗以女子自伤远嫁来形容自己在北朝的心情。六言诗在古代诗歌中不很发达。唐、宋以来的作家也偶然有写六言诗的，但一般都是六言绝句。

乌夜啼

庾　信

促柱繁弦非《子夜》，歌声舞态异《前溪》。
御史府中何处宿？洛阳城头那得栖？
弹琴蜀郡卓家女，织锦秦川窦氏妻。
讵不自惊长泪落？到头啼乌恒夜啼。

〔促柱二句〕促柱繁弦，指弦乐器演奏时声调的高亢繁复。促柱，犹促弦，将弦拧紧。柱是乐器上的枕弦木，又名品。《子夜》、《前溪》，都是晋代乐曲名。这是说《乌夜啼》一曲，与《子夜》、《前溪》不同。　〔御史二句〕西汉长安"(御史)府中列柏树，常有野乌数千栖宿其上，晨去暮来，号曰'朝夕乌'"(见《汉书·朱博传》)。又东汉桓帝时洛阳有童谣："城上乌，尾毕逋。"(见《续汉书·五行志》)这是说，乌之夜啼，是由于不能宿于御史府中、洛阳城头，以喻自己由南入北，流离失所。　〔弹琴二句〕西汉时司马相如到临邛富人卓家做客，弹琴挑逗新寡的卓文君，她便和相如私奔了。前秦窦滔在远方做官，迷恋宠妾赵阳台，不想回家。其妻苏蕙就作了若干首回文诗(一种顺着念倒着念都成文理的诗)织在一幅锦上寄去。窦滔看了很感动，便与苏蕙和好如初。文君新寡再嫁，苏蕙被弃，因文才重新得到宠爱，和作者在南朝灭后，又仕北朝，并因才华出众获得宠遇，有类似之处，故以自比。　〔讵(jù)不〕岂不。

这篇诗形象不够集中，不能算是一篇好作品。但它却是七言诗律化过程中的产物，也可以说是一篇七言新变体。它证明：在五言诗开始律化不久，诗人们也就注意到七言诗的律化并从事实践。就这一点来说，它是重要的。

寄王琳

庾　信

玉关道路远，金陵信使疏。
独下千行泪，开君万里书。

〔王琳〕梁元帝部下的一位将军。元帝从建康迁都江陵，被西魏攻陷。萧詧(chá)在西魏卵翼之下，继位为帝。敬帝萧方智即位金陵，又被陈霸先篡夺。对于这些政治上的变化，王琳都曾经站在梁朝的立场予以抵制，是梁的忠臣。　〔玉关句〕玉关即玉门关，在今甘肃省敦煌市西，是通西域的要道。这是以征人远戍玉门，比己身留长安。　〔信使〕寄书人。古汉语信指寄信的人。今天的所谓信，古代只称为书。

这篇诗当是庾信在江陵事变以后，陈霸先企图代梁自立时，收到王琳的信时所作。想来王琳的信中必然详述事变，发抒忠愤，所以庾信读了，感慨万端，为之泪下。

秋夜望单飞雁

庾　信

失群寒雁声可怜，夜半单飞在月边。
无奈人心复有忆，今暝将渠俱不眠。

〔无奈〕无可奈何。　〔今暝〕今夜。　〔将渠〕和它。

从以上两篇中，可以看到存在于五、七言的四句小诗中的律化痕迹，当然还不彻底。它们可以算是绝句诗中的新变体。虽然自来谈新变体的，多着眼于五言古诗到五言律诗的变化，但在七言古诗以及五、七言小诗中，这种逐渐律化的现象也是存在的。否则初唐的七言律诗以及律化了的绝句的出现就显得太突然了。

敕勒歌

无名氏

敕勒川，阴山下。
天似穹庐，笼盖四野。
天苍苍，野茫茫，
风吹草低见牛羊。

〔敕(chì)勒〕即铁勒，我国北方的一个民族。〔川〕平原。〔阴山〕在今内蒙古自治区境内。〔穹(qióng)庐〕毡制的圆顶帐篷。〔茫茫〕广阔无边貌。

这是北齐斛律金所唱敕勒民歌，是由鲜卑语译成汉语的。它描绘了祖国北方草原上无比壮阔的风光，使人感到在这种地方生活和工作是愉快的。

木兰诗

无名氏

唧唧复唧唧，木兰当户织。不闻机杼声，唯闻女叹息。
“问女何所思，问女何所忆？”“女亦无所思，女亦无所忆。
昨夜见军帖，可汗大点兵。军书十二卷，卷卷有爷名。
阿爷无大儿，木兰无长兄。愿为市鞍马，从此替爷征。”

〔唧唧〕叹声。〔当户〕对着屋门。〔机杼(zhù)〕见《古诗》“迢迢牵牛星”篇注。〔军帖〕征兵的文书。〔可汗(kè hán)〕汉以后西北各民族君主的尊称。〔点兵〕征兵。〔军书〕征兵名册。〔十二卷〕十二,表示多,并非实数,下面“策勋十二转”、“同行十二年”均同。〔卷卷句〕这是一句夸张的话。意思是父亲的名字无论如何都在军书里面。〔愿为句〕愿意为了父亲而去购置鞍和马。市,购置。西魏到唐初,行府兵制,这种制度规定服兵役的人要自备鞍马、弓箭等物。

以上写阿爷因故不能出去作战,木兰决心代父从军。

东市买骏马,西市买鞍鞯,南市买辔头,北市买长鞭。
旦辞爷娘去,暮宿黄河边。不闻爷娘唤女声,但闻黄河流水鸣溅溅。
旦辞黄河去,暮至黑水头。不闻爷娘唤女声,但闻燕山胡骑声啾啾。

〔鞯(jiān)〕马鞍下的垫子。〔辔(pèi)头〕驾驭牲口的嚼子和缰绳。〔旦〕早晨。〔溅溅〕水声。〔黑水〕今库葛尔黑河,在内蒙古自治区境内。〔燕山〕燕然山,即今蒙古国境内的杭爱山。〔骑〕这里指骑兵。〔啾(jiū)啾〕轻微的呼叫声。

以上写木兰紧张地做好准备工作,迅速地从家出发,赶到战地。

万里赴戎机,关山度若飞。朔气传金柝,寒光照铁衣。
将军百战死,壮士十年归。

〔赴戎机〕参加战争。戎机,军事行动。〔朔气〕北方的寒气。〔金柝(tuò)〕即刁斗,军用铜器,白天用来做炊具,晚上敲打它,用来警戒和报更。〔铁衣〕铠甲。〔十年〕也是约数,下面说木兰在外十二年。

以上写木兰在战场上经过长期艰苦的斗争生活,最后胜利回国。关于木兰在军中英勇作战的描写，诗中都省略了，而只从下面写论功行赏一段中暗示出来。

归来见天子，天子坐明堂。策勋十二转，赐物百千强。
可汗问所欲，“木兰不用尚书郎。愿借明驼千里足，送儿还故乡。”

〔天子〕就是可汗。诗中或用汉称，或用胡称。　〔明堂〕殿堂。　〔策勋〕记录功勋。策，竹简，这里作动词用。勋，功劳。　〔十二转〕将勋位分成若干等，每升一等为一转。十二转，表示功高。　〔百千强〕比百、千还要多。　〔尚书郎〕大官名。　〔明驼〕一种好骆驼。据说，它躺着的时候，肚子不贴在地面，在弯曲的脚中间可以透光。一说，明有白义，明驼即白骆驼。唐哥舒翰有白骆驼，日行五百里。见《明皇杂录》。　〔儿〕古代女子的自称。

以上写木兰入朝受赏，辞官还乡。

爷娘闻女来，出郭相扶将。阿姊闻妹来，当户理红妆。
小弟闻姊来，磨刀霍霍向猪羊。开我东阁门，坐我西阁床。
脱我战时袍，著我旧时裳。当窗理云鬓，对镜帖花黄。
出门看火伴，火伴皆惊惶。“同行十二年，不知木兰是女郎！”
雄兔脚扑朔，雌兔眼迷离。两兔傍地走，安能辨我是雄雌？

〔郭〕外城。　〔霍霍〕磨刀声。　〔理云鬓〕梳头发。云鬓，指头发柔密如云。　〔帖花黄〕在脸上贴花，额上涂黄色，是当时妇女流行的装饰。帖，同贴。　〔火伴〕古时兵制，十人为一火，火伴是同火的人。　〔雄兔二句〕扑朔，跳跃貌。迷离，眯着眼看不清楚的样子。两句互文见义，意思是雄兔扑朔而又迷离，雌兔迷离而又扑朔，所以它们在一道时就分不清楚，比喻男女在许多方面并没有差别，所以木兰仍可出外作战，为国立功，而火伴却长期不知道她是女子。　〔傍地走〕依傍着走。地，犹着。

以上写木兰到家，受到热烈欢迎，显出女郎的本来面目以后，为战友们所赞佩。

这篇北朝的民歌，通过木兰这个女英雄机智勇敢的形象，反映出妇女完全具有与男子同样的能力，是一曲女战士的赞歌。全诗充满了一种女性的胜利的喜悦。游牧民族强悍尚武的社会风气则是它产生的基础。

从军行

卢思道

朔方烽火照甘泉，长安飞将出祁连。
犀渠玉剑良家子，白马金羁侠少年。
平明偃月屯右地，薄暮鱼丽逐左贤。
谷中石虎经衔箭，山上金人曾祭天。
天涯一去无穷已，蓟门迢递三千里。
朝见马岭黄沙合，夕望龙城阵云起。
庭中奇树已堪攀，塞外征人殊未还。
白雪初下天山外，浮云直上五原间。
关山万里不可越，谁能坐对芳菲月？
流水本自断人肠，坚冰旧来伤马骨。
边庭节物与华异，冬霰秋霜春不歇。
长风萧萧渡水来，归雁连连映天没。
从军行，军行万里出龙庭。
单于渭桥今已拜，将军何处觅功名？

〔朔方句〕朔方，北方。又郡名。烽火，见鲍照《出自蓟北门行》注。甘泉，西汉皇帝的离宫，故址在今陕西省淳化县甘泉山上。汉武帝时，与匈奴作战，形势紧张，烽火曾直通甘泉、长安。　〔飞将〕匈奴对汉将李广非常敬畏,称为“汉之飞将军”。这里用来指汉朝的良将。〔祁连〕山名,即天山。〔犀渠二句〕犀渠,犀牛皮制成的盾牌。良家子,好人家的子弟。汉朝制度,凡是有罪的官吏、逃亡的罪犯、有市籍的商人等七种人,都不算良家。羁,马络头。这是写当时应征的军人都是名门侠少。〔平明二句〕平明,拂晓。偃月、鱼丽,都是阵名。右地,西边的阵地。我国地理以西为右,东为左,如山西称山右,江东为江左。左贤,匈奴王爵名,相当于汉朝的丞相。这是写汉兵从早到晚,都在布成阵势,进击匈奴。〔谷中二句〕经,曾经。据说李广的箭法极好,他在右北平时,一次夜间出猎,看见草中蹲着一只老虎,就射了它一箭,原来是块石头。因为用力过猛,连箭尾的羽毛都穿进石中去了。霍去病是汉朝的大将,他远征匈奴,到了皋兰山,将匈奴休屠王的祭天金人都没收了。这是说,将士们这次远征,又到了李广、霍去病活动过的地方。〔蓟门〕即蓟丘,在今北京市西北郊。〔迢递〕遥远。〔朝见二句〕马岭,关隘名,在今山西省晋中市太谷区东南。龙城,匈奴祭天的地方,又名龙庭。黄沙合,指风沙之大。阵云起,指战争之烈。这是写在漫长的时间和广阔的空间里,艰苦地进行无休止的战斗。〔庭中二句〕奇树,犹嘉树,好树。攀,折,指折花。这是说树已经长大开花了,可是出征军人还没有回来。从这以下,由写军士出征之事转入思妇怀人之情。〔五原〕汉郡名,今内蒙古自治区包头市西北。〔关山二句〕写思妇的内心活动。上句说自己无法远去边疆与丈夫相聚,下句说纵使有香花明月也无心玩赏,言外有辜负了青春年少的意思。越,跨过。芳菲,芳香。〔流水二句〕《陇头歌辞》:“陇头流水,鸣声呜咽。遥望秦川,肝肠断绝。”陈琳《饮马长城窟行》:“饮马长城窟,水寒伤马骨。”这里借用成语以写女方的离别之恨与男方的征戍之苦。〔边庭二句〕是化用蔡琰《悲愤诗》“边荒与华异,人俗少义理。处所多霜雪,胡风春夏起”等句。〔从军行〕即从军出征。这个“行”字不作乐曲名解,而作行走解。〔单于二句〕汉宣帝甘露三年(前51),匈奴呼韩邪单于入朝,宣帝登渭桥接见。当时在长安的各族君长都拜于桥下,呼万岁。渭桥,指中渭桥,在故长安城北渭水上。这是讽刺将军们为了求取功名,在各族已经臣服之后,还要穷兵黩武,以致出征军士长久不能回家。

萧衍的《河中之水歌》和本篇，无论在样式或题材方面，都为初唐七言歌行开辟了道路。它们的特点是情调爽朗，语言流畅，音节浏亮，并在整齐中有变化。

卢思道，字子行，范阳(今河北省涿州市)人，生于魏孝庄帝元子攸永安二年(529)，死于隋文帝杨坚开皇元年(581)。

昔昔盐

薛道衡

垂柳覆金堤，蘼芜叶复齐。水溢芙蓉沼，花飞桃李蹊。
采桑秦氏女，织锦窦家妻。关山别荡子，风月守空闺。
恒敛千金笑，长垂双玉啼。盘龙随镜隐，彩凤逐帷低。
飞魂同夜鹊，倦寝忆晨鸡。暗牖悬蛛网，空梁落燕泥。
前年过代北，今岁往辽西。一去无消息，那能惜马蹄？

〔金堤〕坚固的堤。 〔蘼芜〕香草名。 〔芙蓉沼〕即荷花池。荷与桃李不能同时开花，所以这里是说种荷花的而非现在开着荷花的池塘。 〔蹊〕小路。 〔采桑二句〕秦氏女，指《陌上桑》中的秦罗敷。窦家妻，见庾信《乌夜啼》注。这是赞美诗中女子具有像罗敷、苏蕙一般的美貌和才德。〔荡子〕游子，在外乡作客的人。 〔风月〕犹言良辰美景。 〔恒敛〕常常收敛着。 〔千金笑〕美女好看的笑容。 〔双玉啼〕两行眼泪。玉，指玉箸(zhù)，玉制的筷子，女子眼泪的美称。 〔盘龙句〕盘龙，指镜背龙纹。这是说无心打扮，把镜子也藏起了。 〔彩凤句〕彩凤。帷幕下端绣的凤凰。这是说懒得将帷幕卷起。 〔飞魂句〕月明之夜，乌鹊以为天亮了，就飞翔起来。这是说女子神魂不定，和夜鹊惊飞一样。 〔倦寝句〕因疲倦而就寝，但仍然失眠，因而想及司晨的鸡。 〔暗牖(yǒu)二句〕形容屋子好久没有收拾。牖，窗户。空梁，空房中的梁。古人称思妇独居之室为空房、空闺。〔前年二句〕表示到处奔波，行踪不定。代北，今山西省北部。辽西，今辽宁省西部。〔那能句〕你怎么不快点儿骑着马回来呢？

这也是一篇乐府诗，《昔昔盐》是乐曲名。隋时，在北方经常和突厥等族作战，在东北经常和高丽作战，频繁的战争和繁重的徭役引起了广大人民的不满，这篇诗反映的就是这种感情。它不仅属对律切，风格精美，而且上承南朝民歌，下开初唐歌行，是承先启后的一个标志。据说，隋炀帝杨广能文而忌才，薛道衡因此得罪。他被杀后，杨广还说："更能作'空梁落燕泥'否？"这个传说虽未必可靠，但其出现却证明了诗人刻画一位思妇在寂寞中的精神状态的这一联诗，实在写得好，值得许多懂得诗、会写诗的人忌妒。

薛道衡，字玄卿，河东汾阴（今山西省万荣县东北）人，生于梁武帝大同五年（即东魏孝静帝元善见兴和元年〔539〕），死于隋炀帝杨广大业五年（609）。

人日思归

薛道衡

入春才七日，离家已二年。
人归落雁后，思发在花前。

〔人日〕古代相传农历正月初一为鸡日，初二为狗日，初三为猪日，初四为羊日，初五为牛日，初六为马日，初七为人日。〔离家句〕这是说在客中度岁，由旧年跨入了新年，不是说离家已整整两年。〔人归二句〕作者在正月初七思归作诗，归心虽在花开以前已经发动，但真正动身，也许还要落在春来即行北去的雁子的后边，所以这么说。

相传这篇诗是诗人出使陈国时在江南所作。陈国的人看了前两句，说："这是什么话？谁说他会作诗呢？"及到看了后两句，又说："到底名不虚传。”它以平常的前半衬托出精彩的后半，与范云“洛阳城东西”一篇相似。

山斋独坐，赠薛内史

杨　素

居山四望阻，风云竟朝夕。深溪横古树，空岩卧幽石。
日出远岫明，鸟散空林寂。兰庭动幽气，竹室生虚白。
落花入户飞，细草当阶积。桂酒徒盈尊，故人不在席。
日落山之幽，临风望羽客。

〔山斋〕犹山房，山居。〔薛内史〕即薛道衡，隋初曾任内史舍人。〔风云句〕这是说，由于山高，从早到晚都有风云。〔远岫〕远山。〔动幽气〕浮动着静静的香气。〔虚白〕指一种澄澈明朗的境界。《庄子·人间世》：“虚室生白。”〔桂酒〕用肉桂浸泡的酒。〔不在席〕不在座。〔羽客〕能飞的仙人，这里指故人，即薛道衡。

这篇诗写山斋景物之美，恨不能和故人同游共赏。

杨素，字处道，弘农华阴（今陕西省华阴市）人，生年不详，死于大业二年（606）。

第二部分　唐诗（上）

长安古意

卢照邻

长安大道连狭斜，青牛白马七香车。
玉辇纵横过主第，金鞭络绎向侯家。
龙衔宝盖承朝日，凤吐流苏带晚霞。
百尺游丝争绕树，一群娇鸟共啼花。
啼花戏蝶千门侧，碧树银台万种色。
复道交窗作合欢，双阙连甍垂凤翼。
梁家画阁中天起，汉帝金茎云外直。
楼前相望不相知，陌上相逢讵相识？

〔狭斜〕小巷。〔青牛句〕以毛色漂亮的牲口拉着的珍贵的车子。七香车，以七种香木制成的车，贵族妇女所乘。〔玉辇（niǎn）句〕玉辇，以玉为装饰的辇，一般由皇帝乘坐。辇是一种用人拉的车。南北叫纵，东西叫横。主第，公主的府第，公主家。过，来到。〔金鞭〕这里是骑马的人的代称。〔络绎〕连续不绝的样子。〔龙衔二句〕宝盖，以珍宝为饰的圆形车篷。其支柱雕有龙纹，龙口好像衔着车盖。流苏，一种用羽毛或丝制成球状，下垂长穗的装饰品。车上悬挂流苏的钩子刻成凤头，凤嘴上挂着流苏，流苏就仿佛是从凤嘴中吐出来的。这是说车子一清早就出来，傍晚还没有回去。〔游丝〕虫类吐出的飘荡在空中的丝。〔千门〕形容宫殿建筑繁复壮丽。〔银台〕以银装饰的台。〔复道句〕连接楼阁与楼阁之间的空中走廊，因为其下还有一条地面上的道路，故称为复道。交窗，雕有交错着的花纹的窗，花格子窗。合欢，见《怨歌行》注。这是说房屋修得非常考究，连复道上的窗子也刻有合欢图案。〔双阙（què）句〕阙，宫门前面两边的望楼。汉未央宫有东阙和北阙,故称双阙。甍(méng),屋脊。这是说宫阙屋脊下垂,如同凤翼。 〔梁家句〕梁家,指东汉顺帝时外戚梁冀在都城洛阳的家,以第宅豪华著名。中天起,犹言矗立在半空中。本诗是写长安的贵族生活,这里是借用。洛阳是唐东都。 〔汉帝金茎〕指汉武帝在建章宫中所立铜柱。柱高二十丈,上有仙人像,仙人掌中托承露盘,接取露水。武帝取来和玉屑服食,希望长生不老。 〔云外〕形容高峻。 〔直〕立。 〔楼前两句〕陌,路。讵,岂。这是写在梁家画阁前,有一位男子远远望见楼中的一位女子,凭空生出爱慕之情,此后即使在路上相逢,又岂能认得。此联承上启下,由描绘长安景物而转入人事。

以上通过对长安的车马、宫阙、府第的描写,反映了当时贵族生活的骄奢淫逸。

借问吹箫向紫烟,曾经学舞度芳年。
得成比目何辞死,愿作鸳鸯不羡仙。
比目鸳鸯真可羡,双去双来君不见?
生憎帐额绣孤鸾,好取门帘帖双燕。
双燕双飞绕画梁,罗帷翠被郁金香。
片片行云着蝉鬓,纤纤初月上鸦黄。
鸦黄粉白车中出,含娇含态情非一。
妖童宝马铁连钱,娼妇盘龙金屈膝。

〔借问四句〕吹箫,秦穆公的女儿弄玉的故事,见鲍照《拟行路难》注。向紫烟,腾云升天。比目,见潘岳《悼亡诗》注。这是楼前男子心里的话。〔比目四句〕生憎,非常厌恶。帐额,帐檐,悬挂在帐门上端的一种装饰品。鸾凤和鸣,比喻夫妻和美,而孤鸾乃是独身生活的象征。这是楼中女子心里的话。 〔罗帷句〕是说罗制的帷,翠鸟的羽毛织成的被,又熏以名贵的郁金香,形容其物质生活之富裕。 〔片片句〕蝉鬓,一种发式,将两鬓梳得状如蝉翼。这是说蝉鬓像流动的云片挨在头部。 〔纤纤句〕鸦黄,嫩黄。六朝和唐代女子以嫩黄色涂在额上，作小小的新月形，叫作约黄。〔妖童二句〕妖童，美少年，指贵族家中歌舞班子里的男性。铁连钱，青色而有圆形斑纹的马。娼妇，指贵族家中歌舞班子中的女性，即家妓。屈膝，一作屈戌，即铰链。盘龙，当是屈膝上的花纹。这里所说屈膝，当是车门上的铰链，因上文说到“鸦黄粉白车中出”，即娼妇已乘车出门了。这是写贵族家中歌儿舞女，生活都很豪华。出门时男乘宝马，女坐香车。

以上写贵族府第中歌儿舞女的生活，而以女性为主。先写她们的内心活动，次写她们的日常生活。诗人在这里，着重地发挥了她们在锦衣玉食的物质生活中精神生活的空虚，表达了她们对于真诚纯洁的爱情的渴望。

御史府中乌夜啼，廷尉门前雀欲栖。
隐隐朱城临玉道，遥遥翠幰没金堤。
挟弹飞鹰杜陵北，探丸借客渭桥西。
俱邀侠客芙蓉剑，共宿娼家桃李蹊。

〔御史二句〕御史府中乌啼事，见庾信《乌夜啼》注。汉代翟公做廷尉的时候，宾客满门，罢官后，没人来了，门外冷清得可以张网罗捕捉鸟雀。御史掌弹劾，廷尉掌刑法。这是暗示这些官吏已不能执行权力，以对衬下文所写那些违法犯禁的游侠的横行无忌。　〔隐隐二句〕隐隐，模糊的样子。朱城，红色的宫城。玉道，石铺街道的美称。翠幰（xiǎn），车上青绿色的帷幕，这里用作车的代称。金堤，见薛道衡《昔昔盐》注。这是说在暮色苍茫之中，路旁边的宫城只模糊可辨，而车子也远远地隐没在堤上了。〔挟弹（dàn）二句〕杜陵，汉宣帝陵墓，在长安东南，是当时游侠少年游乐的地方。探丸，指汉代游侠杀人的部署。当时他们有一个专门刺杀官吏代人报仇的组织。每次行动之前，都用红、黑、白三种弹丸来抓阄儿。摸到红丸的去杀武吏，摸到黑丸的去杀文吏，摸到白丸的则为在行刺中死亡的同伙办理后事，见《汉书・尹赏传》。又同书《朱云传》也载朱云年轻时

“借客报仇”的事。借客报仇，犹言给人报仇。渭桥，渭水上的一座桥，在长安西北。这是说这些游侠少年横行长安一带，或者打猎，或者杀人，略无顾忌。〔芙蓉剑〕春秋时越国所出的宝剑，据说它光彩夺目，“如芙蓉（即莲花）始生于湖”。〔娼家〕这里的娼家，指公娼，与上面的娼妇指贵族的家妓略有区别。〔桃李蹊〕指娼家所在。蹊是小路。凡是桃李盛开的地方，赏花的人必多，自然出现了小路。这里用来暗示出入娼家的人之多。

以上写长安城内城外，游侠横行，根本没有将官府放在眼里，打猎、杀人之后，又去宿娼。

娼家日暮紫罗裙，清歌一啭口氛氲。
北堂夜夜人如月，南陌朝朝骑似云。
南陌北堂连北里，五剧三条控三市。
弱柳青槐拂地垂，佳气红尘暗天起。
汉代金吾千骑来，翡翠屠苏鹦鹉杯。
罗襦宝带为君解，燕歌赵舞为君开。

〔啭〕婉转地歌唱。〔氛氲（yūn）〕形容香气四散。〔北堂二句〕北堂，南朝诗中用来指女子闺房，这里指娼家的堂屋。南陌，指娼家门外的小路，即上文的“桃李蹊”。人如月，形容娼妓很美。〔南陌二句〕北里，唐代长安妓女聚居的地区，即平康里。交错的道路叫作剧。相通的道路叫作条。五剧三条，泛指发达的交通。控，控制。三市，指每天的集市多次。这是说市场所在交通方便。平康里就和长安的东市挨着，所以北里、三市连言。〔佳气句〕这是形容城市繁华，车马往来，尘土飞扬，飘扬在空气里面，使天色都暗了下来。〔汉代二句〕金吾，见《羽林郎》注。屠苏，酒名。翡翠，形容酒呈绿色。鹦鹉杯，用鹦鹉螺制成的酒杯。这是写禁卫军的军官也玩忽职守，来到娼家饮酒。〔罗襦二句〕下句写娼家为客人歌舞，上句写其陪侍客人过夜，因迁就声律的关系颠倒了次序。古代燕、赵两国多出能歌善舞的美女。襦，短袄。

以上写游侠及金吾等在娼家寻欢作乐，并对都市繁华作了补充描写。

别有豪华称将相，转日回天不相让。
意气由来排灌夫，专权判不容萧相。
专权意气本豪雄，青虬紫燕坐春风。
自言歌舞长千载，自谓骄奢凌五公。

〔转日回天〕比喻在政治上势力很大，能够转移皇帝的意旨。　〔意气二句〕灌夫，汉武帝时一位负气任侠，喜欢使酒骂座的将军，后被丞相田蚡陷害，族诛。萧相，指萧何，汉高祖时宰相，曾被高祖怀疑入狱。一说，指萧望之，他曾任御史大夫、太子太傅，自称“备位将相”，后被宦官石显陷害，自杀。判，同拚。这是说朝廷之上，掌握大权的文臣武将，彼此斗争非常激烈。　〔青虬（qiú）句〕是说在春风之中乘着骏马。虬，龙子。屈原曾经在自己的作品中想象利用虬龙这类灵异的动物驾车，所以后人也借以指骏马。紫燕也是骏马名。　〔凌〕超过。　〔五公〕指张汤、杜周、萧望之、冯奉世、史丹这五个西汉时代著名的权贵。

以上写除了游侠和军官等类人物，也还有一些豪华的文武大臣，他们经常为了政治权力，从事斗争，互不相让，得势的人总认为自己可以永远保持功名富贵。

节物风光不相待，桑田碧海须臾改。
昔时金阶白玉堂，只今惟见青松在。

〔节物〕按季节变更的景物。　〔桑田句〕传说女仙麻姑曾对王方平说和他分别之后，已经三次见到东海变成桑田。后人往往用这个说自然界发生过巨大变化的神话来形容人事上的巨大变化。须臾（yú），一会儿，顷刻。

以上写随着时间的消逝，过去长安的豪华宫阙、富贵人家都已经不复存在了。

寂寂寥寥扬子居，年年岁岁一床书。
独有南山桂花发，飞来飞去袭人裾。

〔扬子〕指西汉末年的扬雄。他学问极好，但在政治上很不得意，闭门著书，名垂后代。〔南山〕即终南山，在长安附近。〔发〕这里指开花。〔袭人裾〕（香气）散到人的衣襟上。裾，衣襟。

以上是以安贫著书的扬雄和前面所写豪华富贵的人物对照，以见权贵虽然一时气焰熏天，终不及贫贱而有学问操守的人，能够为人敬重。前者以秋景衬托（桂花在秋天开放），后者以春景衬托（游丝绕树、娇鸟啼花等都属春景），也是对照，从而显示出两种不同生活的不同情趣。

这篇诗利用历史题材，写当时长安繁华的面貌以及统治阶级中某几类人物的腐化堕落生活，揭示了他们的荒淫横暴。同时，它也透露了受压迫被玩弄的女性对自由和幸福的渴望，以及身居下位遭到排斥的才士们的不满和自我安慰。它格局开阔，语言精丽而流畅，透露出了齐梁宫体诗中所没有的对现实的讽刺、对人生的感慨等生疏的气息，呈现了唐诗的新面貌。这种主题和题材，古已有之（如左思的《咏史》即其一例），所以也题为“古意”。

卢照邻，字升之，范阳（今北京市大兴区）人，约生于唐太宗李世民贞观四年（630），约死于武后秉政初期。

送杜少府之任蜀川

王　勃

城阙辅三秦，风烟望五津。
与君离别意，同是宦游人。
海内存知己，天涯若比邻。
无为在歧路，儿女共沾巾。

〔少府〕官名，当时县尉的美称。〔之任〕上任，就职。〔蜀川〕指今四川省西部。〔城阙句〕阙，见刘琨《扶风歌》注。这里城阙指唐代的首都长安城。三秦，秦汉之际，项羽曾把秦国故地分为雍、塞、翟三国，总称三秦，这里指长安附近关中一带。辅，护卫。这句是说作者和他的杜姓友人当时所在之地乃是被三秦地区护卫着的长安城。〔风烟句〕风烟，风云。五津，四川省岷江从都江堰市到犍为县一段中的五个渡口，即白华津、万里津、江首津、涉头津、江南津。这里五津指杜少府要去的蜀地。这句是说杜此时虽将南下，而远望蜀地，仍只能见天际风烟。〔与君二句〕点明客中送客。宦游，在异乡做官。〔海内二句〕是说四海之内，总有知心的朋友，虽然远在天边，可是还像邻居一样亲近。比邻，犹近邻。〔无为〕不用。〔歧路〕岔路，指分别的地方。〔儿女句〕像缺少英雄气概的少男少女那样，分别时让泪水沾湿了手巾。

这篇诗的作者，对于送别这样一个习见的主题，作出了与众不同的处理。它指出前途的希望应当而且可以克服现在的离愁，从而对远行人起了一种鼓舞作用。因此，五、六两句，迄今已成为家喻户晓的名句。高适《别董大》云："千里黄云白日曛，北风吹雁雪纷纷。莫愁前路无知己，天下谁人不识君？"用意略同，而风格有宽和、清劲之别。

王勃，字子安，绛州龙门（今山西省河津市附近）人，生于高宗永徽元年（650），死于高宗上元二年（675）。

古剑篇

郭 震

君不见，昆吾铁冶飞炎烟，红光紫气俱赫然。
良工锻炼凡几年，铸得宝剑名龙泉。
龙泉颜色如霜雪，良工咨嗟叹奇绝。
琉璃玉匣吐莲花，错镂金环映明月。

正逢天下无风尘，幸得周防君子身。
精光黯黯青蛇色，文章片片绿龟鳞。
非直结交游侠子，亦曾亲近英雄人。
何言中路遭弃捐，零落飘沦古狱边？
虽复尘埋无所用，犹能夜夜气冲天。

〔君不见〕古乐府诗用在篇首或篇中的成语。〔昆吾〕古代传说中的山名。山产矿石，冶炼成铁，可以制成透明像水精（晶），切玉像切泥的宝剑。〔飞炎烟〕升腾起热浪。〔红光紫气〕指铸剑时炉中放射出来的光焰。〔赫然〕明显貌。〔龙泉〕今浙江省龙泉市南有水名龙泉。相传春秋时欧冶子曾铸剑于此。剑成，在水中淬火，化龙飞去。后人因称宝剑为龙泉（“泉”本作“渊”，唐高祖名渊，唐人为了避讳，改为龙泉，后人一直沿用）。〔咨嗟〕叹息声，但这里有赞赏之意。〔琉璃二句〕形容宝剑及其装饰之美。上句写剑匣用琉璃和玉嵌镶，剑锋光彩，有如莲花（参看卢照邻《长安古意》“芙蓉剑”注）。下句写剑匣上用以佩带的金环经过精雕细刻，发出光彩，可与明月交相辉映。琉璃，见《焦仲卿妻》注。明月，指明月珠。〔无风尘〕无战事。〔周防〕犹言保卫。〔文章〕这里指宝剑上的花纹。〔非直〕不仅。〔何言四句〕传说西晋张华看见天空有一道紫气，便问望气人雷焕，从而知道这乃是宝剑放射的精光，便令雷焕去找。结果在丰城县（今江西省丰城市西南）牢狱的屋基下找到两口宝剑。这里写的就是这个故事。弃捐，抛弃。尘埋，埋在土里。

这篇诗先写古剑之可贵，后叹其埋没，并指出虽被埋没，仍然紫气冲天，借以比喻英雄人物，虽不见重于时，但还是力求有所表现。它事实上也就是一篇咏怀诗。后来作者果然被武曌（照）所赏识，保卫边境，很有功劳，在中宗时并做到宰相，为国家做了许多有益的事情。

郭震，字元振，魏州贵乡（今河北省大名县附近）人，生于高宗显庆元年（656），死于玄宗李隆基开元元年（713）。

感　遇

陈子昂

兰若生春夏，芊蔚何青青。幽独空林色，朱蕤冒紫茎。
迟迟白日晚，袅袅秋风生。岁华尽摇落，芳意竟何成？

〔兰〕这里指的是一种菊科芳香植物，又名蕳，不是现在的兰花。〔若〕杜若，一种香草，又名杜蘅。〔芊(qiān)蔚句〕芊蔚、青青，都是茂盛的样子("青青"是"菁菁"的假借字)。何，多么。〔幽独句〕这是说兰、若在空林之中，呈现出幽独的样子。〔朱蕤(ruí)句〕蕤本是花叶繁盛下垂之貌，这里指花。这是说红花从紫茎上冒头。〔袅(niǎo)袅〕微弱而细长的样子，这里形容风声。〔岁华〕华即花字。花一年一开，所以称为岁华。〔摇落〕凋零。〔芳意句〕是说兰、若意图流芳于世，但经秋风摧折，终于摇落，到底有什么成功呢？

这篇诗以兰、若自比，说明自己虽想流芳百世，但受到打击，终于无成。

《感遇》一共三十八篇，是陈子昂的代表作。它们从较广阔的范围里反映了当时的政治社会情况和诗人对这些情况的看法，是阮籍《咏怀》的后劲。

陈子昂，字伯玉，梓州射洪(今四川省射洪市)人，生于高宗显庆四年(659)，死于周圣神皇帝武曌久视元年(700)。他以刚健朴质的诗风结束了初唐诗人所接受的齐梁余波，开拓了唐诗的新境界。

翡翠巢南海，雄雌珠树林。何知美人意，骄爱比黄金。
杀身炎州里，委羽玉堂阴。旖旎光首饰，葳蕤烂锦衾。
岂不在遐远？虞罗忽见寻。多材信为累，叹息此珍禽。

〔翡翠二句〕翡翠，鸟名，羽毛美丽。珠树，即三珠树，传说中的宝树，长的叶子都是珍珠。〔美人〕指富贵人家的女子。〔骄爱句〕骄,骄傲,引申为夸耀的意思。美人喜欢翠羽,得到它可以夸耀于人,好比黄金。〔杀身二句〕炎州,南海中的岛屿,即珠树林的所在。委,舍弃。玉堂,这里指富贵人家。阴,暗处。这是说,由于美人的骄爱,便有人到炎州捕捉翡翠,将它们杀死,拔下羽毛,放在玉堂里,以便加工。〔旖旎(yǐ nǐ)二句〕旖旎、葳蕤(wēi ruí),盛美貌。光、烂,照耀。衾,被。这是说美人将翠羽或插在头上,或放在床上,作为装饰。〔遐(xiá)〕远。〔虞罗〕虞人的罗网。虞人,古代掌管山泽的官。〔材〕才能。〔信〕实在。

这篇诗借翡翠因美丽的羽毛而被杀戮,来比喻自己因出众的才能而被陷害。作者具有建功立业的抱负和才干,但一直受到打击和陷害,因此产生了这种消极的全身远祸的思想。

朝发宜都渚,浩然思故乡。故乡不可见,路隔巫山阳。
巫山彩云没,高丘正微茫。伫立望已久,涕落沾衣裳。
岂兹越乡感?忆昔楚襄王。朝云无处所,荆国亦沦亡。

〔宜都〕今湖北省宜都市。〔渚〕水中小地,这里泛指水边。〔浩然〕广大貌,形容乡思之深广。〔巫山阳〕山南为阳,但这里用巫山阳,只是为了押韵,并非山南路隔,山北就不隔了。巫山在今重庆市东部。〔巫山彩云二句〕宋玉《高唐赋》和《神女赋》中叙述有位巫山神女,“在巫山之阳,高丘之阻,旦为朝云,暮为行雨”。楚怀王曾在梦中和她欢会。后来怀王的儿子襄王和宋玉到云梦泽一带游览,也看到了云梦中的高唐台上出现了云气,因而问知这一段传说,当夜,这位神女又来和襄王相会了。微茫,不清晰的样子。这是说,这个古代神话已成过去。〔岂兹句〕是说流泪并不只是为了怀乡。越,离开的意思。〔朝云句〕《高唐赋》形容神女行动的飘忽说:“湫兮如风,凄兮如雨,风止雨霁,云无所处。”〔荆国句〕荆国即楚国。这是说楚国君王荒淫无道,父子二人都与巫山神女发生关系,所以不久为秦所灭亡。

武曌本是太宗李世民的才人，高宗还是太子的时候，就看上了她。太宗死后，高宗先令她出家做了尼姑，然后纳进宫中。武曌入宫后，逐渐扩张势力，做了皇后，进而将唐朝改成周朝，自立为皇帝。这篇诗借古喻今，以巫山神女影射武曌，暗指她行为不端，干政专权，使国家走上了危险的道路。

朔风吹海树，萧条边已秋。亭上谁家子，哀哀明月楼。
自言幽燕客，结发事远游。赤丸杀公吏，白刃报私仇。
避仇至海上，被役此边州。故乡三千里，辽水复悠悠。
每愤胡兵入，常为汉国羞。何知七十战，白首未封侯！

〔海〕指渤海。　〔亭〕边境上的戍楼，也就是下文“明月楼”的楼。　〔幽燕〕幽，幽州。燕（yān），燕国，今河北省、辽宁省一带。　〔结发〕见《焦仲卿妻》注。　〔赤丸〕见卢照邻《长安古意》注。　〔被役句〕是说在这个边州服役。　〔辽水〕即辽河，在今辽宁省。　〔悠悠〕遥远无穷的样子。〔汉国〕即汉朝。　〔何知二句〕西汉名将李广，与匈奴作战七十余次，立有大功，却没有被封为侯爵，后来还因为出征迷路得罪，悲愤自杀。这是诗中军人以李广自比，自鸣不平。

这篇诗写一位生长幽燕的侠客，被役边州，忠心卫国，而有功不赏。在武曌当政的时代，边境将士的功劳多被一些无耻有权的人冒去，所以诗人借汉喻唐，加以揭露。

登幽州台歌

陈子昂

前不见古人，后不见来者。
念天地之悠悠，独怆然而涕下！

〔幽州台〕幽州治所在今北京市大兴区。幽州台，即燕台，又名蓟北楼。〔来者〕指将来的能致祖国和人民于富强康乐的人。〔怆然〕悲伤貌。

诗人登上幽州台，面对着雄浑壮丽的祖国山川，感到在无始无终的宇宙里，自己所生活的时代，远不是令人满意的，因为所企羡的历史上的卓越人物既已过去，所渴望其出现的将来的卓越人物又没有到来。一阵孤独的感情涌上了心头，于是，他洒出了自己悲壮的、抗拒寂寞的眼泪。

和晋陵陆丞早春游望

杜审言

独有宦游人，偏惊物候新。
云霞出海曙，梅柳渡江春。
淑气催黄鸟，晴光转绿蘋。
忽闻歌古调，归思欲沾巾。

〔和(hè)晋陵陆丞早春游望〕按照别人诗的主题、题材、韵脚也作一篇，叫作和。晋陵，郡名，今江苏省常州市。丞，郡的佐官。〔宦游〕见王勃《送杜少府之任蜀川》注。〔物候〕指自然物（如草木的荣枯）所反映出来的季节变化，物即节物，候即气候。〔梅柳句〕似乎一过了江，梅、柳便换上了春妆。〔淑气句〕淑气，温和的气息，即春气。黄鸟，黄莺。这是说春气转暖，是在催黄莺早日婉转歌唱。〔晴光句〕转，动摇。杜牧《洛中》云"风吹柳带摇晴绿"，与此同意。蘋，草名。〔古调〕这里赞美陆丞的诗有古调的水平。〔沾巾〕见王勃《送杜少府之任蜀川》注。

这篇诗所写早春景物，全从宦游人眼中看出。"偏惊"两个字是关键。因为客居多感，所以对物候之新，特别敏感。中间四句所描摹的，都是宦游人为之惊心的新的物候。结句点出"归思"，与起句"宦游"对应，章法很密。宦游人，兼指陆丞和自己，或以为单指陆，非是。

杜审言，字必简，原籍襄阳（今湖北省襄阳市襄州区），从祖父起，迁居巩县（今河南省巩义市附近），约生于贞观二十年（646），约死于中宗李哲景龙二年（708）。他是杜甫的祖父，在性格和艺术上，都对杜甫有一定的影响。

此诗，吴曾《能改斋漫录》以为是韦应物作，俟考。

明河篇

宋之问

八月凉风天气清，万里无云河汉明。
昏见南楼清且浅，晓落西山纵复横。
洛阳城阙天中起，长河夜夜千门里。
复道连甍共蔽亏，画堂琼户特相宜。
云母帐前初泛滥，水晶帘外转逶迤。
倬彼昭回如练白，复出东城接南陌。
南陌征人去不归，谁家今夜捣寒衣。
鸳鸯机上疏萤度，乌鹊桥边一雁飞。
雁飞萤度愁难歇，坐见明河渐微没。
已能舒卷任浮云，不惜光辉让流月。
明月可望不可亲，愿得乘槎一问津。
更将织女支机石，还访成都卖卜人。

〔明河〕即天河，银河。下文的河汉、长河，也都是指天河。　〔昏见句〕傍晚时在南楼上望见（天河），觉得它很清浅。这是用《古诗》“迢迢牵牛星”篇中的“河汉清且浅”语意。　〔晓落句〕清晨，（天河）从西方落下，因地球自转，瞭望的角度不同，所以觉得方向有了改变。纵横，见卢照邻《长安古意》注。　〔天中〕天半，形容高峻。　〔复道二句〕复道、甍，均见《长安古意》注。亏，缺。琼，美玉。这是说天河的光影，有时被宫中的复道和屋脊遮蔽，以致有的地方不能照到，有所亏缺，但对广阔的厅堂、洞开的窗户，则特别相宜。〔云母二句〕云母，一种有许多颜色的矿物，可以用来做装饰品。泛滥，形容天河的光彩四布。逶迤（wēi yí），曲折的样子。这是说天河的光影最初泛滥于云母帐前，转而逶迤地照射于水晶帘外，是“特相宜”的具体描写。〔倬（zhuō）彼句〕《诗经·大雅·云汉》：“倬彼云汉，昭回于天。”倬，显著。昭，光影。练，煮过的洁白的丝织物。这是说显著的天河在太空转动，如同一匹练那么白。〔捣寒衣〕唐代的府兵制度规定，应召出征的战士要自备武器衣物，衣服由家中做好，寄往驻地，而以练制衣，要先在石砧上用木杵捣后，才便于缝纫。所以唐诗写征戍，每每涉及寄衣和捣衣。〔鸳鸯二句〕鸳鸯机，是装饰有鸳鸯图案的织机。乌鹊桥，相传农历七月初七，牛郎织女要过银河相会，乌鹊为他们搭桥。这里写鸳鸯机上，只有稀疏的萤度过；乌鹊桥边，只有孤独的雁在飞，都是比喻出征军人妻子在家中的生活。〔微没〕指天河的光影由微弱而沉没。〔已能句〕舒，展开。卷，卷起。这句与上文“万里无云河汉明”对照，写其夜由无云而有云。〔流月〕在移动的月亮。〔愿得三句〕古代传说，天河是和海相通的。一个住在海边的人看到年年八月都有浮槎（chá。木筏）来去，便乘槎而去，到了一座城。有许多女子在纺织。他问一个在牵牛喝水的男子，这是什么地方。这人给了他一块石头，说：“你回去问成都卖卜人严君平，就知道了。”后来严对他说：“这是织女的支机石。”他才知道上次是到了天河牛郎织女居住的地方。问津，见陶渊明《桃花源诗》注。

这篇诗写作者在秋夜仰望天河所发生的感想。同是在天河光影照射之下，宫廷则“特相宜”，民间则“捣寒衣”，悲欢是不同的。末四句另出一意，以就题咏古作结。

宋之问，字延清，虢（guó）州弘农（今河南省灵宝市西南）人，一说，汾州（今山西省汾阳市附近）人，生年不详，约死于玄宗开元元年（713）。

度大庾岭

宋之问

度岭方辞国，停轺一望家。
魂随南翥鸟，泪尽北枝花。
山雨初含霁，江云欲变霞。
但令归有日，不敢怨长沙。

〔大庾岭〕在今江西省大余县。〔度岭句〕方，当。国，京城。这是说，当辞别京城长安以后，还要度过大庾岭，极言迁谪之远。辞国在先，度岭在后，这是因迁就诗的格律而倒文。〔轺(yáo)〕单马拉的轻便车。〔魂随句〕翥(zhù)，飞。南翥鸟，指鸿雁。相传北雁南飞，到了庾岭就要折回。作者在另一篇《题大庾岭北驿》中写道："阳月（农历十月）南飞雁，传闻至此回。我行殊未已，何日复归来？"形容自己还不如鸿雁，到了庾岭，就可折回，而是要继续南下，可和这句诗参照。〔泪尽句〕庾岭上梅花很多，所以又称梅岭。据说因为山势高峻，岭北岭南气候悬殊，梅花南枝已落，北枝才开。作者以阳月达到庾岭，看到在南方已算迟开的北枝梅花，就更加怀念这时梅花尚未开放的家乡，以至于眼泪都要流干了。〔含霁(jì)〕呈现霁色。雨雪停止，天色放晴叫做霁。〔但令二句〕汉文帝时，年轻有为的政治家贾谊为权贵所排斥，被贬出京，任长沙王太傅，不久就抑郁而死。这里是以贾谊自比，说如果能够获得从宽处理，由岭南到得了长沙，也就很不错，不敢像贾谊那样，认为连长沙那个地方都不满意了。

这篇诗写逐臣在旅途中的心情。作者曾两次迁谪岭南，此诗不见再次被贬之意，当是在中宗时贬为泷州（今广东省罗定市）参军时所作。含思凄婉，哀感动人。

杂 诗

沈佺期

闻道黄龙戍，频年不解兵。
可怜闺里月，长在汉家营。
少妇今春意，良人昨夜情。
谁能将旗鼓，一为取龙城？

〔黄龙戍〕在今辽宁省朝阳市，一曰黄龙城，当时的要塞。〔频年〕连年。〔解兵〕撤兵，收兵。〔可怜二句〕就是谢庄《月赋》“隔千里兮共明月”的意思。少妇闺中忆夫之情，可随月光而达到征夫心中，因而更觉得月之可怜（可爱）。汉家指汉朝，唐代诗人常以汉喻唐。〔少妇二句〕是进一步写“频年不解兵”，因为长期征战，所以征夫久不得归。“今春”、“昨夜”，互文见义，实质上是说彼此之间夜夜相思，年年相望。良人，丈夫。〔谁能二句〕将（jiàng），统率，指挥。一是加强语气的助词。龙城，见卢思道《从军行》注。这是说希望有人能够统率军队，一举战胜敌人，使得征夫和家人得以早日团聚。

这篇诗写闺中少妇和塞上征人相思相望之情，而结尾对征人之久戍有所讽怨，但语气非常委婉。

沈佺期，字云卿，相州内黄（今河南省内黄县）人，生年不详，死于玄宗开元元年（713）。

独 不 见

沈佺期

卢家少妇郁金堂，海燕双栖玳瑁梁。
九月寒砧催木叶，十年征戍忆辽阳。

白狼河北音书断，丹凤城南秋夜长。
谁知含愁独不见，更教明月照流黄。

〔卢家句〕见萧衍《河中之水歌》注。但此处系泛指，即以“卢家少妇”作少妇的代称。〔海燕句〕这里用海燕双栖在以玳瑁做装饰的屋梁上，来对衬少妇的孤独。〔九月句〕寒风中的砧杵之声伴随着树叶的飘落，似乎叶落是由杵声所催。用砧杵捣衣，见宋之问《明河篇》注。〔辽阳〕泛指今辽宁省一带。〔白狼河〕今辽宁省大凌河，流经锦州入海。〔丹凤城〕相传秦穆公的女儿弄玉吹箫引凤，凤在秦都咸阳降落，因称咸阳为凤城。这里指长安，长安大明宫南有丹凤门。〔城南〕唐代长安城中，宫廷在城的东北，住宅多数在城南。所以这里“城南”系实指，而上句“河北”倒是为了与“城南”作对而泛用的。〔谁知句〕柳恽《独不见》：“奉帚长信宫，谁知独不见。”此用柳词。独不见，谓独处孤居，不能见君。参后王昌龄《长信秋词》注。〔更教句〕更教（jiāo），更使。流黄，黄紫间色的绢。因为独处孤居，不能与丈夫相见，而无情明月，偏又不知趣地来照着织机上的流黄，因而就更引起她的相思之意了。

这篇诗情致婉转，色彩富丽，音调和谐，是初唐七律的杰出作品。它标志着七言诗的律化已经达到成熟的阶段。

春江花月夜

张若虚

春江潮水连海平，海上明月共潮生。
滟滟随波千万里，何处春江无月明。
江流宛转绕芳甸，月照花林皆似霰。
空里流霜不觉飞，汀上白沙看不见。
江天一色无纤尘，皎皎空中孤月轮。

江畔何人初见月？江月何年初照人？
人生代代无穷已，江月年年只相似。
不知江月待何人，但见长江送流水。
白云一片去悠悠，青枫浦上不胜愁！
谁家今夜扁舟子？何处相思明月楼？
可怜楼上月徘徊，应照离人妆镜台。
玉户帘中卷不去，捣衣砧上拂还来。
此时相望不相闻，愿逐月华流照君。
鸿雁长飞光不度，鱼龙潜跃水成文。
昨夜闲潭梦落花，可怜春半不还家。
江水流春去欲尽，江潭落月复西斜。
斜月沉沉藏海雾，碣石潇湘无限路。
不知乘月几人归，落月摇情满江树。

〔滟（yàn）滟〕水流动貌。这里用来形容月光。〔芳甸〕散溢着芳香的郊野。〔似霰〕犹似雪。〔空里句〕流霜，犹飞霜。春天不会降霜，这只是形容月光皎洁。〔汀上句〕也是说月光之白与沙不能分辨。〔穷已〕穷尽。〔青枫浦〕地名，在今湖南省浏阳市境内。此处指旅人所在。〔扁（piān）舟子〕乘着小船的旅人。〔何处句〕曹植《七哀诗》："明月照高楼，流光正徘徊。上有愁思妇，悲叹有余哀。借问叹者谁？言是宕子妻。"此用其意。〔玉户二句〕写月光老是照射在闺中、砧上，似乎同情这位思妇。玉户，闺房的美称。捣衣砧，见宋之问《明河篇》注。〔愿逐句〕逐，追随。月华，月光。这是说楼上的妻子想念在远方的丈夫（扁舟子），希望能够跟随月光的照射看见他。〔鸿雁二句〕潜跃，暗暗地跳起来。文，同纹。这是说，古代传说鸿雁和鱼都能给人捎信（龙在这里只是为了和鸿雁相对才加上的），但现在，远走高飞的鸿雁，并不能将楼前的月光带给远方人；而暗暗跳起的鱼儿，也不过使水面出现波纹（却并没有给人捎个信儿）。〔闲潭〕寂静的水边。下文"江潭"也是指江边。〔落花〕这里是青春消逝的象征。〔斜月句〕落月逐渐藏入海边升起的晨雾里。〔碣(jié)石句〕碣石，山名，在今河北省乐亭县西南。潇湘，见柳恽《江南曲》注。诗里以“碣石”代表北方，“青枫浦”和“潇湘”代表南方，形容离人相距之远。〔摇情〕落月的余光摇荡着树影，象征着离人情绪的波动。

这篇诗以明丽的形象与轻快的节奏将自然的美景、诗人的遐想与人间的相思交织成一幅神奇的画。在诗中，无限与有限，永恒的宇宙与短促的人生，春景之美与离人之愁，得到了巧妙的平衡。这种境界，在古典作品中不多见。这是一篇非常杰出的作品，所以王闿运说作者是“孤篇横绝，竟为大家”（《王志》）。

张若虚，扬州（今江苏省扬州市）人，显庆、开元间的诗人（当7世纪中叶至8世纪初叶）。

邺都引

张　说

君不见，魏武草创争天禄，群雄睚眦相驰逐。
昼携壮士破坚阵，夜接词人赋华屋。
都邑缭绕西山阳，桑榆汗漫漳河曲。
城郭为墟人代改，但见西园明月在。
邺傍高冢多贵臣，蛾眉曼睩共灰尘。
试上铜台歌舞处，惟有秋风愁杀人。

〔邺都〕指汉末魏国的都城，在今河北省临漳县西。〔魏武〕曹操在汉末封魏王，死后，子曹丕代汉为帝，追尊他为武帝。〔草创〕指曹操创建自己的政治势力。〔天禄〕天赐的爵禄，这里特指帝位。〔群雄〕指当时和曹操“争天禄”的英雄人物如袁绍、袁术、吕布、孙策、孙权、刘备等人。〔睚眦(yá zì)〕怒目而视。〔驰逐〕追赶，引申为争夺（权力）。〔坚阵〕

坚强的阵地。〔夜接句〕华屋，华美的住宅。这是指曹操常常和一些词人（文士）如徐幹、王粲、刘桢、陈琳、阮瑀、应玚等人，吟诗作赋于华屋之中（有人认为“赋华屋”是为华屋作赋，如《铜雀台赋》之类，似过于拘泥）。〔都邑二句〕都邑，城市，指邺都。缭（liáo）绕，曲折环绕。西山，指邺都外的一座山。曹操的陵墓名西陵，在临漳县西三十里。这里的西山当即为西陵所在地。桑、榆，均树名，这里泛指农林作物。汗漫，无边无际的样子。漳河，河名，流经临漳。曲，指河岸曲折之处。这是写邺都的形势和繁富。〔城郭句〕墟，丘墟，空旷荒废了的地方。人代，即人世。唐人避太宗李世民的讳，用“世”字时，改成“代”字。这是说随着人事朝代的改变，邺都已变为丘墟。〔但见句〕西园，曹操父子常和词人们行乐的地方。他们的诗中都有月夜在西园游赏的描写。这是说西园也已“为墟”，但有当时明月还在而已。〔冢（zhǒng）〕坟墓。〔蛾眉句〕蛾眉，细长的眉毛。曼睩（lù），灵活的眼珠。这是说供曹操享乐的美女，也已和贵臣一样，化为灰土。〔铜台歌舞处〕铜台，铜雀台的省称，是曹操所造，在邺都西北角，高二丈五尺，顶立铜雀。曹操生前常在台上行乐，临死还留下遗令，要妓女们定时登台歌舞，娱乐他的亡灵。〔愁杀人〕把人都愁坏了。

这是一篇凭吊古代英雄人物曹操的诗。诗中概括地写了曹操的武功文治和生活爱好，而最后归结为“惟有秋风愁杀人”，以见功名富贵不能常保，这是怀古诗最习见的写法。作者曾为相州刺史，相州故治在临漳县境内，这篇诗当是其游览铜雀台故迹后所作。

张说，字道济，洛阳（今河南省洛阳市）人，生于高宗乾封二年（667），死于开元十八年（731）。

感　遇

张九龄

兰叶春葳蕤，桂花秋皎洁。欣欣此生意，自尔为佳节。

谁知林栖者，闻风坐相悦？草木有本心，何求美人折？

〔兰叶句〕葳蕤，见《焦仲卿妻》注。这里的兰也是指蕑，即陈子昂《感遇》中“兰若生春夏”之兰。其香在叶，故写兰叶下垂。〔欣欣二句〕自尔，自然地。这是说生气勃勃的兰与桂香气四布，因而自然地显出春秋两季之美好。〔谁知二句〕林栖者，住在林中的人，隐士。风，风致，风格。坐，因。这是说没有预料到隐士知道了兰、桂的风格，因而爱上了它们。〔草木二句〕草，指兰。木，指桂。本心，本性，自然的禀赋。美人，指林栖者及其他“相悦”的人。这是说草木散布芳香，不是为了求人折取，而是出于本性。

这篇诗以兰、桂比喻贤人，说他们志向高尚，品德纯洁，乃是出于对自己的要求，并非为了引人重视，求人赏识。

张九龄，字子寿，韶州曲江（今广东省韶关市曲江区）人，生于高宗仪凤三年（678），死于开元二十八年（740）。

孤鸿海上来，池潢不敢顾。侧见双翠鸟，巢在三珠树。
矫矫珍木颠，得无金丸惧？美服患人指，高明逼神恶。
今我游冥冥，弋者何所慕？

〔孤鸿二句〕潢（huáng），积水池。这是说孤鸿虽是水鸟，来自海边，但不敢顾望池水，在其中栖息，怕不安全。〔侧见〕指孤鸿从旁看见。〔双翠鸟、三珠树〕见陈子昂《感遇》注。〔矫矫〕高飞貌。〔珍木〕指三珠树。〔得无句〕这是说，难道（双翠鸟）不怕被金属弹丸打中吗？〔美服二句〕患，怕。高明，出众。逼，近。恶（wù），憎厌。这是说穿得太美了，别人就要注意他；才能出众了，就会连鬼神对之也近于厌恶。〔今我二句〕我，“孤鸿”自指。冥冥，指辽阔的天空。弋者，打鸟的人，即金丸的发射者。这是说自己现在已经高飞远走，弋者又还有什么想头呢？

这篇诗以孤鸿自比，反映了作者在玄宗开元年代后期担任宰相，遭到李林甫、牛仙客等奸臣排斥打击之后的消极心情。他另有《咏燕》诗说：“无心与物竞，鹰隼莫相猜。”与此同意。

江南有丹橘，经冬犹绿林。岂伊地气暖？自有岁寒心。
可以荐嘉客，奈何阻重深？运命惟所遇，循环不可寻。
徒言树桃李，此木岂无阴？

〔岂伊四句〕伊，助词，无实义。自有，本有。孔丘说过，当天气严寒，才知道松柏的后凋（即松柏能够抵挡严寒）。这是说丹橘本有后凋的性格，冬天橘林还是绿色，并非因为江南地暖的缘故。〔荐〕献给。〔嘉客〕美好的客人。〔重（chóng）〕指重叠的山。〔深〕指深水。〔循环句〕循环摸索，永远找不出它的头尾来。这是比喻运命难知，有如循环。〔徒言二句〕徒言，仅说，只说。《韩诗外传》载：春秋时，晋国的赵简子曾说："春树（种）桃李，夏得阴（遮阳）其下，秋得食其实（果）。"这是说种橘也一样可以遮阴吃果，为什么人们就不说种橘的好处呢？只说"此木岂无阴"，不再说"此木岂无实"，是以偏概全。

这篇诗赞美丹橘，说其后凋的性格同于松柏，能够给人遮阴，供人吃果的好处又同于桃李，但因为产在南方，山重水深，无法呈献给嘉客，这乃是一种难以推寻的命运。事实上是以橘树比喻贤士，慨叹他们虽有品德才能，但没有为人民国家服务的机会。诗人在当时不可能认识到这乃是封建制度本身所造成的缺陷，所以只能归之于运命。

汉上有游女，求思安可得？袖中一札书，欲寄双飞翼。
冥冥愁不见，耿耿徒缄忆。紫兰秀空蹊，皓露夺幽色。
馨香岁欲晚，感叹情何极！白云在南山，日暮长太息。

〔汉上二句〕用《诗经·周南·汉广》成句"汉有游女，不可求思"。游女，在外游玩的姑娘。思，句尾助词，无实义。〔一札书〕见《古诗》"孟冬寒气至"篇注。〔欲寄句〕是说想托飞鸟将信捎去。古人认为雁可传书。〔冥冥二句〕冥冥，天空。耿耿，不安。徒，空。缄（jiān），默。这是说仰望天空，不见飞鸟，只好不安地默忆那位游女而已。〔紫兰四句〕秀，开花。

蹊，小路。空蹊，犹空谷。皓露，白露。幽色，指幽谷中兰花的颜色。何极，没有穷尽。这是说紫兰逢秋，芬芳将歇，使人感叹无穷。〔白云句〕白云，比喻小人。陆贾《新语·慎微》："邪臣之蔽贤，犹浮云之障明也。"南山，比喻君王。《汉书·杨恽传》："田彼南山。"张晏注："山高而在阳，人君之象也。"（山南为阳）〔太息〕叹气。

这篇诗的结构比较别致。它以三个互不关联的比喻组成。前六句以男性对一个游女的追求比喻自己对国家和君王的思念。中四句以兰花之被秋露摧残，即将凋谢，比喻君子被小人排斥。后两句以白云遮住了南山，比喻奸臣蒙蔽了君王；日暮比喻自己年老，难以为力。这些比喻，在古代文学中已经形成传统，所以还是能够形成一个整体，表达出此诗统一的主题来。张协《杂诗》、郭璞《游仙诗》已有此写法，见前。

望月怀远

张九龄

海上生明月，天涯共此时。
情人怨遥夜，竟夕起相思。
灭烛怜光满，披衣觉露滋。
不堪盈手赠，还寝梦佳期。

〔遥夜〕漫长的夜。〔竟夕〕整晚。〔灭烛句〕这是说在室内赏月，由于将烛熄灭了，觉得月亮更加光明可爱。〔披衣句〕披衣表示走出室外。滋，生。这是说在室外赏月，为时很久，直到夜深，感到露水都生出来了。〔不堪二句〕晋朝诗人陆机的拟《古诗》"明月何皎皎"篇："照之有余辉，揽之不盈手。"大意是：月亮虽然很亮，但无法用手去拿。这里借用说：既然不能拿着满手的月光来赠送你，那还不如在梦中欢会吧。

这是一篇怀念远人的诗。但这位被怀念者是诗人的爱人还是好友，却不能确指。因为古人有时也称好友为情人，并常用男女关系比喻朋友关系。

夏日南亭怀辛大

孟浩然

山光忽西落，池月渐东上。
散发乘夜凉，开轩卧闲敞。
荷风送香气，竹露滴清响。
欲取鸣琴弹，恨无知音赏。
感此怀故人，中宵劳梦想。

〔辛大〕姓辛，兄弟排行老大。唐人有以姓加排行(也叫行第)称人的习惯，如杜甫称杜二，李白称李十二，高适称高三十五。〔山光句〕山光，照射在山上的日光。忽，忽然。这是说，在不知不觉中，太阳已落了山。〔散发〕古人平时都要戴冠(帽)，用簪子将头发盘住，藏在冠内。不戴冠，头顶就露出，抽掉簪子，头发就散了，这是一种不拘礼节的行为，只有在家中无事时才能这样。〔轩〕敞厅，也可以指窗。〔卧闲敞〕空闲而舒畅地躺着。〔故人〕指辛大。〔中宵〕半夜。

这篇诗表现了诗人在幽美而静寂的环境中对友人的怀念，同时又体现了他的心境和大自然的契合无间。

孟浩然，襄州襄阳(今湖北省襄阳市襄州区)人，生于武后永昌元年(689)，死于开元二十八年(740)。

临洞庭上张丞相

孟浩然

八月湖水平，涵虚混太清。
气蒸云梦泽，波撼岳阳城。
欲济无舟楫，端居耻圣明。
坐观垂钓者，徒有羡鱼情。

〔张丞相〕疑是张九龄，他在唐玄宗开元时代，曾做丞相。　〔涵虚句〕涵，包含。虚，太虚，即空间。涵虚，形容湖面所占空间很广。混，混同。太清，天的代称。这是说广阔的湖水和天都连成一片了。　〔气蒸二句〕气蒸，水面云气蒸腾起来。云梦泽，古代著名的沼泽地带，在今湖北省东南部及湖南省北部一带。岳阳，今湖南省岳阳市。这是说洞庭湖非常雄伟，云气蒸腾，可以远达云梦泽；波涛汹涌，可以摇撼岳阳城。　〔欲济句〕济，过渡。楫(jí)，桨。想过渡，可是没有船和桨，比喻想为国家服务，可是没有人推荐。　〔端居句〕端居，安居。圣明，好皇帝，指玄宗。这是说自己过着安闲的生活，没有能贡献出力量，不免愧对皇帝。　〔坐观二句〕是说我看到钓鱼的人，对于他们钓到了鱼，未尝没有羡慕的心情，只是没有钓具，只好空羡慕罢了，仍是暗示因为无人推荐，不能为国效力之意。《淮南子·说林》："临河而羡鱼，不若归家织网。"此用其语。

诗人面临波澜壮阔的洞庭湖，不禁激起了自己用世的壮怀，因而就写了这篇诗献给张丞相，希望得到帮助。诗人又有句云："不才明主弃，多病故人疏。"合起来看，他之终于成为隐士，还是被逼上梁山的。李白赞美他说："吾爱孟夫子，风流天下闻。红颜弃轩冕，白首卧松云。醉月频中圣，迷花不事君。高山安可仰？徒此挹清芬。"却将他看得太高尚、太单纯了。其实李白自己也和孟浩然一样，都是"穷则独善其身，达则兼济天下"这种儒家思想的信徒，其归隐都是有所不得已。古代歌颂隐逸生活的诗篇，大都如此。

与诸子登岘山

孟浩然

人事有代谢，往来成古今。
江山留胜迹，我辈复登临。
水落鱼梁浅，天寒梦泽深。
羊公碑尚在，读罢泪沾襟。

〔岘(xiàn)山〕在今湖北省襄阳市襄州区南。〔人事四句〕登临，登山临水，游览。三国末年，吴和晋南北对峙，晋羊祜镇守襄阳，常登岘山饮宴。他曾对同游的人们叹息说："自从有天地，就有岘山。古来像我们一样登山远望的优秀人物可多了，但时过境迁，就不再有人知道，使人伤感。"这里暗用羊祜语意。〔水落句〕鱼梁，洲名，在襄阳附近沔水(即汉水)中。水落洲出，故云"浅"。〔天寒句〕梦泽，即云梦泽，见《临洞庭上张丞相》注。天寒泽荒，一望无际，故云"深"。〔羊公二句〕羊祜镇守襄阳，很得人民爱戴，他死后，人民为他树碑立庙，看了碑的人，无不为他的政绩所感动而流泪，因此称为堕泪碑。诗人读碑而"泪沾襟"，既是追悼古代贤明的政治家，又是因为自己虽有意仕进，但无机缘，不能像羊祜那样建功立业，遗爱于民，名声与岘山同其不朽。

这篇诗凭吊家乡古迹，通过对于宇宙永恒、人生短暂这个主题的描写，暗示了自己在政治上失意的悲哀，而风格清逸，耐人寻味。

过故人庄

孟浩然

故人具鸡黍，邀我至田家。
绿树村边合，青山郭外斜。

开轩面场圃，把酒话桑麻。
待到重阳日，还来就菊花。

〔具〕备办。　〔鸡黍(shǔ)〕泛指待客的菜饭。黍，黄米饭。　〔绿树二句〕写村庄风景。村四周种满了树，故称“合”。城郭倚山，地势高，村在郭外，地势低，故称“斜”。　〔轩〕这里作窗户解。　〔场〕打谷场。　〔圃〕菜园。〔待到二句〕重阳日，农历九月九日。古代风俗，在这一天要登高，喝菊花酒。这是写故人邀请诗人重阳再来，就着菊花喝酒。

这篇诗写到农村做客的情形，反映了乡居生活宁静的一面。

早寒江上有怀

孟浩然

木落雁南渡，北风江上寒。
我家襄水曲，遥隔楚云端。
乡泪客中尽，孤帆天际看。
迷津欲有问，平海夕漫漫。

〔江〕指长江。　〔襄水曲〕自襄阳以下的一段汉水，亦名襄水。襄阳正当汉水由东曲折南流的地方，所以称为襄水曲。　〔楚云端〕襄阳在湖北省北部，古为楚地，从长江下游回望，地势很高，所以称为楚云端。云端，云头。　〔迷津〕迷失了渡口。　〔平海〕指长江下游近海的宽阔水面。古称镇江以下的长江为海门。　〔漫漫〕广阔无边的样子。

这篇诗题为“有怀”，所怀主要的并非乡里或亲友，而是自己的政治前途。欲问迷津而一眼望过去却是漫漫平海，诗人不能不因此感到惶惑了。所以虽曰“有怀”，实是“感遇”。

宿建德江

孟浩然

移舟泊烟渚，日暮客愁新。
野旷天低树，江清月近人。

〔建德江〕即新安江。它流经浙江省建德市。〔烟渚〕晚烟中的小洲。〔野旷二句〕是说纵目望去，在辽阔的原野上，远处的天空似乎反低于树木，而月影映于清江之中，好像也比天空的月亮距人更近一些。

这篇诗后两句融景入情。“野旷”句写遥天无际，前路渺茫；“江清”句写月影多情，慰人寂寞，互相激射。

登鹳雀楼

王之涣

白日依山尽，黄河入海流。
欲穷千里目，更上一层楼。

〔鹳(guàn)雀楼〕故址在蒲州(今山西省永济市)。

这是写作者傍晚登上这座雄峻的高楼的感受。诗人以广阔的胸襟摄取了这幅壮丽的图景，写出了这一杰出的诗篇。后两句一向被人们用来作为站得高、看得远的好比喻。

此诗，芮挺章《国秀集》以为是朱斌作，沈括《梦溪笔谈》以为是王文奂作，俟考。

王之涣，字季凌，并州(今山西省太原市)人，生于武后垂拱四年(688)，死于玄宗天宝元年(742)。

凉州词

王之涣

黄河远上白云间，一片孤城万仞山。
羌笛何须怨《杨柳》，春风不度玉门关。

〔黄河句〕和李白《将进酒》“黄河之水天上来”句同意，形容黄河上游地势极高。〔孤城〕指凉州（今甘肃省武威市）。〔羌（qiāng）笛二句〕笛子原是羌族的乐器，所以称为羌笛。杨柳，指描写折柳送别的乐曲《折杨柳》。玉门关，在今甘肃省敦煌市西，是当时凉州最西境。这是说，出征军人走向边塞，首先看到像是从云端挂下来的黄河，随后又走到万仞高山中的一片孤城——凉州。最后，还得走出玉门关外。这时，羌笛吹奏着的《折杨柳》还可以反映自己的愁怨。如果再往西去，出了玉门关，似乎连春风都吹不到那里，连杨柳都不生长了。羌笛虽怨也不济事，又何必再吹呢？

这篇诗描写了征人们由愈走愈远的行程而引起的愈来愈深的愁怨。前两句境界开阔苍茫，在征人面前开展了一幅巨大的图景；后两句由征人所见转入所怀。由曲中之柳犹可闻，想到关外之柳不可见，层层深入，极尽征戍离别之情。

赠张旭

李　颀

张公性嗜酒，豁达无所营。皓首穷草隶，时称太湖精。
露顶踞胡床，长啸三五声。兴来洒素壁，挥笔如流星。
下舍风萧条，寒草满户庭。问家何所有？生事如浮萍。
左手持蟹螯，右手执丹经。瞪目视霄汉，不知醉与醒。

诸宾且方坐，旭日临东城。荷叶裹江鱼，白瓯贮香粳。
微禄心不屑，放神于八纮。时人不识者，即是安期生。

〔张旭〕字伯高，吴(今江苏省苏州市)人，唐代著名的书法家。他的草书和李白的歌诗、裴旻(mín)的剑舞在当时曾并称为“三绝”。 〔嗜(shì)〕爱好。 〔豁(huò)达〕性格开朗。 〔营〕谋求。 〔皓首句〕草隶，草书。这是说他尽心于草书，一直到老。 〔露顶〕参看孟浩然《夏日南亭怀辛大》注。这里是形容他的狂放。 〔踞〕蹲，坐。 〔胡床〕交椅，折叠椅。因其来自西北少数民族，所以称为胡床。 〔长啸〕见曹植《美女篇》注。 〔兴来二句〕是说张旭高起兴来，就在素壁(粉墙)上写草书，运笔迅速，有如流星。洒、挥，都是指写字的动作。 〔下舍〕住宅。 〔生事句〕生事，生活，特指经济状况。这是说他生活不好，不稳定，有如水上浮萍。 〔左手二句〕东晋毕卓好饮酒，曾说：“一手持蟹螯，一手持酒杯，拍浮酒池中，便足了一生。”见《世说新语·任诞》。 〔诸宾二句〕这是写他和朋友喝了一夜的酒，宾客还坐着的时候，太阳又从东边出来了。 〔荷叶二句〕粳(jīng)，粳稻米。这是形容生活朴素。 〔微禄〕很少的俸禄。张旭曾任常熟尉、金吾长史，都不是高官。 〔不屑〕看不起，轻视。 〔放神句〕八纮(hóng)，指远处。古人认为，九州之外有八寅，八寅之外有八纮，八纮之外有八极。这是说他不重视人间的富贵功名，而放纵其精神于广阔的宇宙。 〔时人二句〕安期生，古仙人。这是说不认识张旭的人，准会认为他就是安期生。

这篇诗成功地塑造了一位书法艺术家富于个性的肖像。杜甫《饮中八仙歌》写道：“张旭三杯草圣传，脱帽露顶王公前，挥毫落纸如云烟。”可与此诗对照。

李颀(qí)，东川(今四川省东部)人，生于周圣神皇帝武曌天授元年(690)，死于天宝十载(751)。

古从军行

李　颀

白日登山望烽火，黄昏饮马傍交河。
行人刁斗风沙暗，公主琵琶幽怨多。
野云万里无城郭，雨雪纷纷连大漠。
胡雁哀鸣夜夜飞，胡儿眼泪双双落。
闻道玉门犹被遮，应将性命逐轻车。
年年战骨埋荒外，空见蒲桃入汉家。

〔烽火〕见鲍照《代出自蓟北门行》注。　〔交河〕唐县名，故址在今新疆维吾尔自治区吐鲁番市西。又河名，出交河县北天山，分流城下，故名。这里指河。　〔行人句〕刁斗本是晚上宿营时用来警戒或报更的，但因风沙太大，以致天昏地暗，行军时也敲着它传递信号，以免失去联络。　〔公主句〕汉朝曾将江都王刘建女细君嫁给西域的乌孙国王昆莫，因为怕她在路上烦恼，就组织了一个马上乐队沿途演奏来安慰她。其中主要乐器是琵琶。这句说在塞外听到的音乐，都是幽怨的声调，像汉代公主在路上听到的琵琶演奏一般。　〔胡儿句〕连本地胡人都因战争的艰苦而落泪，那么，长征的汉族士兵的生活也就可想而知了。　〔闻道二句〕汉武帝时，贰师将军李广利奉命出征西域，后因粮食缺乏，要求将部队暂时调回休整补充。汉武帝大怒，派使者拦住返国的要道玉门县(故址在今甘肃省玉门市西北赤金堡)，说："谁敢进来，就杀他的头。"李广利吓得没敢回国。轻车，指汉轻车将军李蔡。这是说皇帝对待将士很残暴，驱使他们进行不义的战争，不准回国，他们只好在塞外拼命。　〔年年句〕荒外，这里作边疆解。蒲桃，即葡萄。汉武帝进攻西域，劳民伤财，但得到的只是一些新的植物品种，如苜蓿、葡萄等，还有一些好马。这是说像这样的战争，对于祖国和人民来说是得不偿失的。

我国是一个统一的多民族国家。在历史发展中，各族之间也发生过战争。这些战争，有的属于防卫性质，有的属于侵略性质。防卫胜利，也可转为侵略；侵略失败，也可变成防卫。因此，它有时是正义的，有时又是不义的。进步的诗人们就根据自己对于生活的具体感受，用诗歌作为武器，来歌颂那些正义战争，暴露那些不义战争。这篇诗所写的虽是汉代的事情，却正是为唐玄宗的好大喜功、穷兵黩武而发。

听董大弹胡笳弄兼寄语房给事

李　颀

蔡女昔造胡笳声，一弹一十有八拍。
胡人落泪沾边草，汉使断肠对归客。
古戍苍苍烽火寒，大荒阴沉飞雪白。
先拂商弦后角羽，四郊秋叶惊摵摵。
董夫子，通神明，深松窃听来妖精。
言迟更速皆应手，将往复旋如有情。
空山百鸟散还合，万里浮云阴且晴。
嘶酸雏雁失群夜，断绝胡儿恋母声。
川为净其波，鸟亦罢其鸣。
乌珠部落家乡远，逻娑沙尘哀怨生。
幽音变调忽飘洒，长风吹林雨堕瓦。
迸泉飒飒飞木末，野鹿呦呦走堂下。
长安城连东掖垣，凤凰池对青琐门。
高才脱略名与利，日夕望君抱琴至。

〔董大〕名庭兰，当时著名的琴师。　〔弹胡笳弄〕以琴弹出胡笳的声音，翻管乐为弦乐。弄，乐曲。“弄”字旧在“寄语”两字之下，误。　〔房给事〕即房琯（guǎn），曾做给事中的官（给事是给事中的省称），是董大的知音。

〔蔡女二句〕蔡女，指蔡琰。拍，乐曲的节奏。蔡琰被匈奴掳去时，曾写歌曲《胡笳十八拍》抒发悲愤。但今传《胡笳十八拍》之词恐系后人依托。〔胡人二句〕形容董大所弹奏的胡笳弄，情调非常悲凉，无论胡人、汉人，听了都要受感动，正如昔日蔡琰的胡笳声一样。归客，指蔡琰，这是想象汉使来迎接她归汉时，她曾对使者弹奏《胡笳》。〔古戍二句〕古戍，古代留下来的要塞。这两句是琴声所引起的联想。诗人们常常以视觉中所得到的印象，来描写听觉中所获得的感受，称为通感。〔先拂句〕拂，弹。商、角、羽，均乐调名。这是说董大在弹奏时，不断地变更乐调。〔四郊句〕摵（shè）摵，落叶声。是以落叶声来比喻琴声。〔通神明〕艺术精妙，可以感动鬼神。〔言迟二句〕将往复旋，将去又回，形容感情变化多端。这是说弹奏的快慢，得心应手，感情的变化，也非常丰富。〔空山二句〕上句以鸟或散或聚时的鸣声、下句以云或阴或晴时的形状形容琴声。云形变幻，虽无声音，但由于视觉与听觉有通感，故可以用来描绘音乐形象。〔嘶酸〕叫得很哀痛。〔雏雁〕小雁。〔断绝句〕暗用蔡琰《悲愤诗》“儿前抱我颈”一段情事，见前。〔川为二句〕是说在琴声感召之下，水波变得更加澄澈，鸟叫也停止了。〔乌珠二句〕乌珠，在今内蒙古自治区境内。逻娑（luó suō），今西藏自治区的拉萨。这是说琴声又将听众带进了少数民族的生活环境中，使人仿佛远到了乌珠、逻娑，觉其辽远，感其哀怨。〔幽音四句〕写琴中幽细的声音忽然变调，转为高昂，有如风飘雨洒，吹林堕瓦，或如飞泉之在树颠，或如野鹿之鸣堂下。迸泉，喷泉。飒（sà）飒，风声，这里形容泉水喷出的声音。木末，树颠。呦（yōu）呦，鹿叫声。以上十二句都是形容琴声的，也是音乐形象所引起的诗人丰富的联想。〔长安二句〕东掖，宫殿东边的房屋。房琯任给事中，属门下省。门下省就在东掖。垣（yuán），墙。凤凰池，中书省和门下省的美称。青琐门，皇宫的门，漆以青色，上有连琐形的花纹。这是说房琯官居要职，和皇帝很接近。〔高才二句〕高才，指房琯。脱略，看得随便。君，指董大。这是赞美房琯虽居要职，对名利却看得随便，倒是对音乐有深刻的爱好，终日希望听到董大弹琴。

这篇诗以非常健拔的风格和细腻的手法描写了董庭兰在演奏时所创

造的丰富多彩的音乐形象,使读者如见其形,如闻其声。从这里,可以体会诗歌、绘画和音乐这些艺术的相通之处。此诗可与韩愈《听颖师弹琴》、李贺《李凭箜篌引》合读。

古意

李颀

男儿事长征,少小幽燕客。
赌胜马蹄下,由来轻七尺。
杀人莫敢前,须如猬毛磔。
黄云陇底白云飞,未得报恩不得归。
辽东小妇年十五,惯弹琵琶解歌舞。
今为羌笛出塞声,使我三军泪如雨。

〔男儿二句〕幽州、燕国,今河北、辽宁一带。这是托为一位远征军人的口吻。〔赌胜二句〕是说在战马奔驰之下,较量胜负,从来就没有把自己的性命当作一回事。七尺,身躯的代称。古尺较今尺为短,成年男子一般身长七尺。〔杀人句〕是说当自己杀人的时候,别人没有敢上前拦挡的。〔须如句〕胡子翘起来像刺猬的毛张开。磔(zhé),张开。〔黄云句〕黄云,指风卷起的沙尘。陇,山坡。〔解歌舞〕能歌善舞。〔羌笛〕见王之涣《凉州词》注。〔出塞声〕描写出征边塞的乐曲。

这篇诗写豪侠男儿尚武的精神和报国的志愿,同时也反映了边庭将士的思乡之情。这都是古代常见的主题,所以也题为《古意》。乐舞所以娱人,却反使三军泪落,一结幻甚,而小妇技艺之高,壮士身世之恨,皆由此显示,所以为妙。

送刘昱

李　颀

八月寒苇花，秋江浪头白。
北风吹五两，谁是浔阳客？
鸬鹚山头微雨晴，扬州郭里暮潮生。
行人夜宿金陵渚，试听沙边有雁声。

〔刘昱(yù)〕无考。〔五两〕古代测量风力和风向的工具，用鸡毛五两(或八两)系在高竿上，看它的动静。〔谁是句〕浔阳，今江西省九江市。浔阳客，指刘昱，他将去浔阳作客。明知故问，古诗中常有的写法。〔鸬鹚二句〕写分别之地，并暗示分别之情。鸬鹚山，据僧皎然《买药歌送杨山人》中“京口斜通江水流，徘徊应上青山头。夜惊潮没鸬鹚堰，朝看日出芙蓉楼。遥荡春风乱帆影，片云无数是扬州”诸句，及《舆地纪胜》中芙蓉楼在镇江京口(今镇江市)的记载，知鸬鹚堰及与之同名的山也当在镇江。长江潮水，旧通扬州郭内，后来才由于瓜洲涨起，陆地相连，隔绝不通。〔行人二句〕行人，指由镇江去浔阳的刘昱。渚，见陈子昂《感遇》“朝发宜都渚”篇注。这是悬想刘昱于当日“暮潮生”的时候乘船西上以后，经过一段航程，于次日“夜宿金陵渚”的情景。

此诗只是写送别一位溯江西上的朋友，事极平常，篇中景物亦无特别可喜、可悲、可愕之处，但于景中寓情，不作儿女缠绵之语，读来遂觉风调俊爽，不同凡响。前半五言四句一韵，隔句押，后半七言四句，两句一韵，句句押，于整齐中有变化，音节也很夭矫，能适应超逸的文情。

送陈章甫

李　颀

四月南风大麦黄，枣花未落桐叶长。
青山朝别暮还见，嘶马出门思旧乡。
陈侯立身何坦荡，虬须虎眉仍大颡。
腹中贮书一万卷，不肯低头在草莽。
东门沽酒饮我曹，心轻万事如鸿毛。
醉卧不知白日暮，有时空望孤云高。
长河浪头连天黑，津吏停舟渡不得。
郑国游人未及家，洛阳行子空叹息。
闻道故林相识多，罢官昨日今如何？

〔陈章甫〕江陵（今湖北省江陵县）人，曾官太常博士。〔青山二句〕是写客居寂寞，朝暮骑马出门，所见只是青山，因此更增乡思。〔立身〕为人。〔何〕多么。〔坦荡〕光明磊落，坦率开朗。〔虬（qiú）须句〕写其人面貌威猛。虬须，胡须蜷曲。虎眉，眉毛浓厚。大颡（sǎng），前额宽广。〔腹中二句〕是说陈章甫饱读诗书，不甘心在草野隐居，埋没一辈子。〔东门四句〕写其平日在洛阳的生活。东门，指洛阳的东门。沽（gū），买。饮（yìn），给人喝。他买回酒来，和朋友喝醉以后，一切都不放在心上，睡上一整天；有时又“白眼望青天”，表示对世俗的轻蔑，和杜甫在《饮中八仙歌》中所形容的崔宗之一样。〔长河二句〕写在黄河渡口送别陈章甫，而陈为大风浪所阻，不能渡河。津吏，管理渡船的小吏。〔郑国游人〕作者自指，他家住颍阳，颍阳古为郑地。〔洛阳行子〕指陈，时陈寓居洛阳。行子即游人。〔闻道二句〕是惦念陈章甫罢官回到故乡江陵以后，虽然旧友很多，但人情冷暖，世态炎凉，不知对他怎样。故林，犹言故山，即家乡，指江陵。

这篇诗写陈章甫罢官还乡，作者客中送客。诗人可惜朋友的才学不能施展，怀念平日彼此交往的生活情趣，又结记他回到故乡以后的境遇，设想周到，一往情深。

送魏万之京

李　颀

朝闻游子唱离歌，昨夜微霜初渡河。
鸿雁不堪愁里听，云山况是客中过。
关城树色催寒近，御苑砧声向晚多。
莫见长安行乐处，空令岁月易蹉跎。

〔魏万〕后改名颢（hào），住在王屋山（今山西省阳城县西南），号王屋山人。〔之京〕到京城（长安）去。〔朝闻二句〕游子，指魏万。这是说魏在下着薄霜的昨夜渡过黄河，与自己相会，而今天早上却又要唱着离别之歌，与自己分手了，极言聚散之匆促。〔鸿雁二句〕是作者设想魏万在途中所看到的景物以及他对这些景物的感受。鸿雁是候鸟，这时正由北而南，而人则和它们相反，所以听了它们的叫声，觉得难堪。〔关城句〕是作者设想魏万将到和已到长安的情景。本是寒气迫近使得树叶变色，诗句却写树叶变色催促寒气迫近，就使人读后，觉得新颖可喜。〔御苑句〕御苑，皇帝的苑囿（yòu）。砧（zhēn）声，捣衣声。这句也是暗示魏的乡愁。〔莫见二句〕是作者劝勉朋友到了长安以后，要及时努力，而不要及时行乐，浪费了大好时光。蹉跎，失时，白耽误了时间。

这篇诗和上篇同样是送别之作，同样体现了深刻的友情，但前篇是送一位罢官还乡的人，本篇是写一位求名上京的人，用意就各自不同。前篇侧重安慰，本篇侧重勉励。

出　塞

王昌龄

秦时明月汉时关，万里长征人未还。
但使卢城飞将在，不教胡马度阴山。

〔秦时二句〕建筑关塞，防备胡人入侵，是从秦、汉时代开始的，首句这样写法，是互文见义，即秦、汉时的“明月”，秦、汉时的“关”。这是说从秦、汉起，月亮已经照射着防备胡人的关塞了。可是，直到现在，长征万里的人依旧不能回家。〔但使二句〕卢城，指卢龙县，旧作“龙城”，误。龙城是匈奴单于祭神的地方，李广不可能驻守在那里。飞将，指汉朝著名的将军李广。李广屡次打败匈奴，匈奴非常怕他，称他为“汉之飞将军”。他当时是右北平太守。右北平在唐朝为北平郡，治卢龙县，故称之为卢城飞将。不教(jiāo)，不使。这是说现在如果有像李广那样的飞将军镇守卢城，就决不会使胡人的兵马进入阴山以南了。

长征的士兵，老是不能回家；侵略的胡人，老是度过阴山，是什么原因呢？作者回答道：是因为将领太无能了。要是有李广那样的将军，该多么好啊！在这里，诗人既关心着战士的痛苦，又关心着边防的巩固。唐代诗人习惯以汉代的人和事来比喻或影射唐代的人和事。这篇诗，实际上是指摘当时将领的。

王昌龄，字少伯，京兆长安(今陕西省西安市)人，一说太原(今山西省太原市)人，生于周圣神皇帝圣历元年(698)，约死于肃宗李亨至德二载(757)。这位诗人对于七言绝句，有独特的成就。

从军行

王昌龄

烽火城西百尺楼，黄昏独上海风秋。
更吹羌笛《关山月》，无那金闺万里愁。

〔烽火城〕边境上设有烽火台的城堡。　〔海〕内陆的湖泊。这里指青海湖。　〔更吹二句〕《关山月》，一个以离别为主题的乐曲名。无那，无奈。金闺，这里是妇女住房的美称。这是说出征军人思家吹笛，而他的相隔万里的妻子也无可奈何地在发愁。

琵琶起舞换新声，总是关山旧别情。
缭乱边愁听不尽，高高秋月照长城。

〔琵琶二句〕虽然琵琶随着舞蹈节目的变更也弹奏出新的曲调，但内容却总是别恨离愁。“新声”与“旧别情”互相激射，极写边愁之重，非军中女乐所可消除。　〔缭（liáo）乱二句〕曲中纷乱的边愁，听来没完没了，不觉秋月高悬，已到夜半了。

青海长云暗雪山，孤城遥望玉门关。
黄沙百战穿金甲，不破楼兰终不还。

〔青海二句〕青海，湖名，在今青海省。长云，布满长空的云。雪山，也在今青海省境内。由青海遥望（当然事实看不见，而是想象），远在甘肃省的玉门关只是一座孤城。这是泛写当日战场之广阔。　〔黄沙句〕在沙漠中多次激战，连金属的铠甲都因长久穿着而磨穿了。　〔楼兰〕汉时西域诸国之一，曾经和汉作战。故地在今新疆维吾尔自治区若羌县西。唐时已不存在，诗中这个名词，只是用来泛指当时在西北地区和唐为敌的各族。

大漠风尘日色昏，红旗半卷出辕门。
前军夜战洮河北，已报生擒吐谷浑。

〔辕门〕古代乘车作战，行军扎营时，用车环卫，以保安全，出口处用两部车的辕相对竖起，作门状，故称辕门。后来习惯用来指军营的正门。〔前军〕先头部队。〔洮(tiáo)河〕在今甘肃省西南部。〔吐谷浑(tǔ yù hún)〕民族名，住在洮河流域。这里用来泛指敌人，与上篇“楼兰”同。

在这几篇作品中，诗人描写了远征军人的生活和感情。他们过着艰苦而孤寂的生活，有时也怀念着家乡，但为了保卫祖国，终于出色地完成了自己应当完成的任务。王昌龄写边塞的七绝，不独风格雄浑，意境开阔，而且善于通过一些鲜明的景物，刻画出出征人的内心活动，为其他诸家所不及。

长信秋词

王昌龄

奉帚平明金殿开，且将团扇共徘徊。
玉颜不及寒鸦色，犹带昭阳日影来。

〔奉帚句〕奉，同捧，拿着。帚，扫帚。奉帚表示扫地。平明，清晨。金殿，这里指长信宫。汉成帝的才德姿容兼备的妃子班婕妤，由于另一淫而且妒的妃子赵飞燕的排挤，被迫离开皇帝，迁往长信宫和太后同住。这句诗是写她失宠以后，清早起来，亲自劳作的情形。〔且将句〕且，姑且。将，拿着。徘徊，指脚步的徘徊，也指心绪的徘徊。这句诗的意象取自古乐府《怨歌行》，见前。因为那篇作品也有人认为是班婕妤所作。它将妇女的命运比成到了秋天就要被人抛弃的团扇。本诗写班婕妤在失宠之后的一个秋晨的情绪，她深感自己的遭遇有同秋扇，因而对于秋扇也具有同情，即使已经用不着它，还在扫地完毕，没有事做的时候，将它拿在手中，和它共同徘徊着。〔玉颜二句〕昭阳，殿名，赵飞燕的住处。成帝宠爱她，自然也经常住在昭阳殿。古人以日光象征皇帝的恩宠。这是说班婕妤的容貌虽然洁白美丽像玉一样，但遭遇却还赶不上一只在寒冷的清晨中的乌鸦。因为乌鸦飞过昭阳殿上空时，还可以受到日光的照射。

这篇诗以含蓄委婉的手法，写出了汉代（也是唐代）一个（同时也是许多）宫廷妇女不幸的命运。虽然诗人还不可能全面地认识封建社会中这个严重问题的罪恶的本质，但他的歌唱，却典型地揭发了在绮罗珠玉中所包裹着的黑暗残酷，宣泄了千千万万被压迫的宫廷妇女的心声。由于贵族的多妻制度而引起的妇女问题，王昌龄是唐代诗人中先行的积极的反映者。

芙蓉楼送辛渐

王昌龄

寒雨连江夜入吴，平明送客楚山孤。
洛阳亲友如相问，一片冰心在玉壶。

〔芙蓉楼〕见李颀《送刘昱》注。〔寒雨二句〕古吴、楚两国接壤，楚在长江上游，吴在下游。芙蓉楼在吴地。作者于某个寒雨连江之夜，从楚到吴，而不久以后，辛渐又在某日平明（清晨），由吴去楚，沿江西上，再北赴洛阳。这是写其相聚之匆促。楚山孤，是作者因同情友人旅途的寂寞而发生的想象。〔一片句〕比喻个人品德的纯洁清白。鲍照《白头吟》："直如朱丝绳，清如玉壶冰。"

作者曾被贬为龙标尉，这篇诗当是其从贬所回到江宁以后所作。当时辛渐正要去洛阳，所以诗人特别嘱咐他，如果有亲友问到自己，那么，就请代为说明，我是清白无罪的；被贬，并非由于我的过错。这层意思，用一个传统的形象作为比喻来说出，就既委婉又有力量。李商隐诗云“水精如意玉连环”，温庭筠词云“水精帘里玻璃枕”，与此诗“一片冰心在玉壶”，都写想象中最明洁的境界，富有象征意义，而各擅胜场。

黄鹤楼

崔　颢

昔人已乘黄鹤去，此地空余黄鹤楼。
黄鹤一去不复返，白云千载空悠悠。
晴川历历汉阳树，芳草萋萋鹦鹉洲。
日暮乡关何处是？烟波江上使人愁。

〔黄鹤楼〕原在武昌西长江边黄鹤矶上。故址今为武汉长江大桥的武昌桥头。相传古代有位名叫王子安的仙人曾骑黄鹤由此飞过，一说，三国时费祎在此乘鹤登仙，因此地和楼都以黄鹤为名。　〔晴川二句〕晴川，晴朗的平原。历历，分明貌。汉阳，今武汉市的汉阳区。萋萋，茂盛貌。鹦鹉洲，原在长江中，现已和汉阳陆地连在一起。这是说汉阳的树木历历在望，鹦鹉洲的芳草也萋萋可爱。“历历”是形容树的，“萋萋”是形容草的，但在句中结构的位置不同。　〔乡关〕故乡。

这篇诗因览胜景而动乡思，主题习见，而气象阔大，风骨隽上，第二联还突破了一般七律诗要平仄相间、对偶成句的规定。李白看了，很为佩服，并在他写得不多的七律中一再模仿它。

崔颢(hào)，汴州(今河南省开封市)人，生年不详，死于天宝十三载(754)。

长干曲

崔　颢

君家住何处？妾住在横塘。
停船暂借问，或恐是同乡。

〔长干〕即长干里，故址在今江苏省南京市南。　〔横塘〕在今南京市西南，长干里附近。

家临九江水，来去九江侧。
同是长干人，生小不相识。

〔九江〕据说，古代长江流到浔阳（今江西省九江市附近），就分为九派（九条支流，亦即九江），实际上是在其地有九条小水流入长江。这里用来偏指南京附近广阔的江面。　〔生小〕从小。

这是两篇拟民歌，写一男一女初次相识的情形。女方先问，可见有情。男方回答，以早先不相识为憾，显然由于这一意外的相遇而感到高兴。

洛阳女儿行

王　维

洛阳女儿对门居，才可颜容十五余。
良人玉勒乘骢马，侍女金盘脍鲤鱼。
画阁朱楼尽相望，红桃绿柳垂檐向。
罗帷送上七香车，宝扇迎归九华帐。
狂夫富贵在青春，意气骄奢剧季伦。

自怜碧玉亲教舞，不惜珊瑚持与人。
春窗曙灭九微火，九微片片飞花璅。
戏罢曾无理曲时，妆成只是熏香坐。
城中相识尽繁华，日夜经过赵李家。
谁怜越女颜如玉，贫贱江头自浣纱。

〔才可〕恰好。〔良人〕丈夫。〔玉勒〕用玉妆饰的马笼头。〔骢马〕青白色的马。〔脍(kuài)〕细切鱼肉。〔向〕相向，相对。〔罗帷二句〕七香车，用七种香木做成的车子。用罗制的帷幕遮住，送上车子，表示娇贵，不愿被人看见。这种罗帷，古名步障，贵族妇女出门时，皆用以障身。宝扇，也是古代贵妇出行时遮身之具。九华帐，是有花纹的帐子。这是写洛阳女儿出嫁时的盛况。〔狂夫〕放纵任性的人，这里指洛阳女儿的丈夫。〔意气句〕剧，甚于，超过。季伦，晋代大富人石崇的字。石崇以生活极其奢侈著名。这是说，这位“狂夫”生活奢侈，神气骄傲，甚至超过了石崇。〔碧玉〕南朝刘宋贵族汝南王的妾。这里用来指“狂夫”的妾。〔不惜句〕石崇曾经和贵族王恺比富。王恺拿了一枝两尺多长的珊瑚树来向石崇夸耀，石崇将它砸碎了，随即取出六七枝长达三四尺的来，王恺终于自愧不如。这句仍然是用石崇的故事来形容“狂夫”的骄奢。〔春窗句〕九微，一种做得极其精巧的灯。这是说“狂夫”因为通夜作乐，直到清晨才将九微灯熄灭。〔九微句〕璅，同琐(锁)，连缀。大概九微灯的外部是由若干片连缀而成，上面都画有很生动飞舞的花朵。〔戏罢二句〕曾无，不曾有过。理曲，练习歌曲。妆成，打扮好了。熏香，古代富贵人家经常烧香熏屋子或衣服。这是形容洛阳女儿的矫贵，终日不是游玩，就是打扮得漂漂亮亮地闲坐着。〔繁华〕这里指过着繁华生活的人。〔赵李家〕汉成帝宠妃赵飞燕和李平的家，这里用来指当时的贵戚家庭。〔谁怜二句〕越，今浙江省境。相传这地方美女很多。浣(huàn)，洗。这是说洛阳女儿由于嫁给了豪家，就能过着富贵的生活，越女虽然美貌得像玉一样，却因为贫贱，就只好在江边浣纱。

这篇诗讽刺了当时贵族豪家的奢华生活，同时也以美色暗喻贤才，对当时社会中只重出身、不重贤才的风气，发出了不平之鸣。传说作者写这篇诗时，仅十六岁。

王维，字摩诘，太原祁（今山西省祁县）人，生于周圣神皇帝大足元年（701），死于肃宗上元二年（761），唐代杰出的诗人和画家。苏轼曾赞美他“诗中有画”、“画中有诗”。

陇头吟

王　维

长安少年游侠客，夜上戍楼看太白。
陇头明月迥临关，陇上行人夜吹笛。
关西老将不胜愁，驻马听之双泪流。
身经大小百余战，麾下偏裨万户侯。
苏武才为典属国，节旄空尽海西头。

〔长安二句〕戍楼，建在边境要塞上的敌楼，用以瞭望敌情。太白，星名。古代占星学家认为它主兵象，根据它的出没以定战争的长短和胜败。这是说长安侠少，从军陇头，关心战事，希望建立功名，所以夜上戍楼，观测星象。　〔陇（lǒng）头句〕陇头，即陇山，在今陕西省陇县西，山下有陇关。迥，远。行人，这里即指长安侠少。这两句就是王昌龄《从军行》“烽火城西百尺楼”一篇之意。　〔关西二句〕汉代谚语：“关西出将，关东出相。”关西，函谷关西，今陕西、甘肃一带。不胜，难以负担。这是说老将听了侠少吹笛，感念平生，非常悲痛。　〔麾（huī）下句〕麾，古代用以指挥军队的旗帜。麾下，犹部下。偏裨（pí），副将。万户侯，食邑万户的侯爵。这是老将自叹时运不济，过去的部下都封了万户侯，而自己却依然故我。　〔苏武二句〕借古事以寓今情，慨叹有功不赏。汉武帝时，苏武出使匈奴，被扣留十九年。他在北海(今贝加尔湖)手上拿着汉节牧羊,年深月久,节旄尽落。但这位宁死不屈的民族英雄返国以后,才做了典属国这样一个小官。详后温庭筠《苏武庙》注。节,即符节,古代使者所持,用作凭证的一种杖形物。旄(máo),节上装饰的犛(lí)牛尾。典属国,掌管外国归服等事的小官。空尽,白白地落尽。

这篇诗与鲍照的《代东武吟》以及作者的另一篇《老将行》(本书未选)用意相同,而写法各别。那两篇都以铺叙见长,本篇却以一位想从戎立功的侠少与一位久历戎行而功名蹭蹬的老将对照,展现主题,而以老将听侠少之吹笛这一情节,将两人绾合,格局甚新。全诗十句,四句侠少,四句老将,最后两句挽入史事,按而不断,耐人寻味。

夷门歌

王　维

七雄雄雌犹未分,攻城杀将何纷纷。
秦兵益围邯郸急,魏王不救平原君。
公子为嬴停驷马,执辔愈恭意愈下。
亥为屠肆鼓刀人,嬴乃夷门抱关者。
非但慷慨献奇谋,意气兼将身命酬。
向风刎颈送公子,七十老翁何所求!

〔夷门〕魏国都城大梁(今河南省开封市)的东门。　〔七雄〕齐、楚、燕、赵、韩、魏、秦,战国时代的七个强国。　〔雄雌〕这里指胜败,强弱。　〔秦兵二句〕益围,增强围城的兵力。急,危急。公元前258年,秦兵围困了赵国都城邯郸。赵国的大臣平原君向魏求援。魏王怕秦,不敢去救。　〔公子四句〕公子,指魏国的大臣信陵君。驷马,四匹马。古代社会地位高的人都乘四匹马驾的车子。执辔,手牵缰绳。意愈下,态度更加谦虚。屠肆鼓刀人，屠宰店中动刀宰杀牲畜的人。抱关者，看守城门的小吏。关，门闩。这四句写信陵君礼贤下士的故事。看守城门的侯嬴，是一位七十岁的老策略家，以屠宰为业的朱亥，是一位勇士。信陵君先知道了侯嬴的才能，就亲自赶着马车去迎接他做自己的门客。侯嬴为了试探信陵君的诚意，毫不谦让，自己上坐，由信陵君去赶车。到了半路上，又故意下车找朱亥谈了很久的话，看信陵君是否耐烦。哪知信陵君的脸色倒更加和悦了。后来，信陵君并用同样的态度得到了朱亥的好感。〔非但四句〕酬，报答。向风，即临风。刎（wěn）颈，抹脖子自杀。这四句写侯嬴等仗义扶危的故事。魏王不肯救赵，信陵君非常着急，侯嬴于是给出了个主意：要信陵君设法偷到魏王的兵符，去接收大将晋鄙的兵权，如晋鄙不肯交出，就让朱亥将他打死。信陵君采用其计，后来果然打败秦兵，保全了赵国。当信陵君离开大梁到晋鄙军中去的时候，侯嬴因年老不能同去，就自杀以表示愿意和信陵君共命运的决心。

这篇诗以简洁而又丰富的语言咏叹了古代一个激动人心的故事，歌颂了广大人民所喜爱的礼贤下士、仗义扶危的历史人物。诗写到侯嬴自刎，便戛然而止，如截奔马，倾向性鲜明，风格隽上。

山居秋暝

王　维

空山新雨后，天气晚来秋。
明月松间照，清泉石上流。
竹喧归浣女，莲动下渔舟。
随意春芳歇，王孙自可留。

〔暝（míng）〕晚。〔竹喧二句〕是说听见竹林中喧闹，知道浣纱的女子回来了；看见莲叶的摇动，又知道捕鱼的船只回来了。〔随意二句〕春芳，春草。歇，这里作枯萎解。王孙，和公子同义，这里系诗人自指。《楚辞·招隐士》："王孙游兮不归，春草生兮萋萋。"又："王孙兮归来，山中兮不可以久留。"这里反用其意，说草在春天随意而生，又在秋天随意而歇。春草怒生的时候，我愿意留在这地方，而秋草将枯的季节也还是一样，因为大自然永远是美丽的。

在这篇作品里，诗人写了美丽如画的秋日乡村和自己对于这一幽美环境契合的心情。

终南山

王 维

太乙近天都，连山到海隅。
白云回望合，青霭入看无。
分野中峰变，阴晴众壑殊。
欲投人处宿，隔水问樵夫。

〔太乙句〕终南山山脉很长，西起甘肃省，东至河南省，绵延一千多里，太乙是其主峰，在陕西省西安市长安区南。天都，即帝都，指长安。〔连山句〕是说终南与它山连属不断，直到海边。海隅，犹海角。一说，关中平原由于物产极其丰富，古人称为陆海，这是指终南山横亘于这一平原之中。〔白云二句〕进一步形容山的高大。回望山巅，都被缭绕着的白云围住了，而远处青色的雾气在进入眼中时又突然消失。霭（ǎi），云雾。〔分野句〕分野，古代占星学家将天空星宿（xiù）分为十二次，配属于地上各郡区，用以占卜吉凶。这是说终南山脉很大，分野因中峰（主峰）而改变，即中峰的两侧就属于不同的分野。这是夸大之辞，终南山分野为秦，十二星次为鹑首，并不属于两国和两个分野。〔阴晴句〕也是形容山大，同一时间，在不同的山沟里，有阴天，有晴天。〔人处〕有人住的地方。

这篇诗从各个方面来描写终南山的高大，用笔既雄浑而又细致。末二句点出游山。

汉江临眺

王　维

楚塞三湘接，荆门九派通。
江流天地外，山色有无中。
郡邑浮前浦，波澜动远空。
襄阳好风日，留醉与山翁。

〔汉江〕指东汉水，发源陕西，流经湖北，到汉阳注入长江，参看孟浩然《早寒江上有怀》注。　〔临眺（tiào）〕到水边观赏（景物）。有的本子作“临泛”，指到水边泛舟（坐船）。但诗中不见泛舟之意，以作“临眺”为是。〔楚塞二句〕楚塞，战国时楚国的边界，指汉水流域。三湘，湘水与漓水合流称漓湘，与蒸水合流称蒸湘，与潇水合流称潇湘，总称三湘。荆门，山名，在今湖北省宜都市西北江边。唐人每称荆州为荆门。九派，见崔颢《长干曲》注。这是形容汉江水势浩荡，流域广阔，它注入长江以后，就南北来看，则三湘与楚塞相接；就东西来看，则九派与荆门相通。　〔江流四句〕是进一步写汉江水势。由于水大，所以极目望去，好像已流出天地之外，而远山也在若有若无之中，郡邑（城市）似乎不是位于水边而是浮在水面，波浪翻腾也似乎将高高的天空都摇动了。　〔襄阳二句〕风日，风景。山翁，指晋山简。他镇守荆襄时常在襄阳的名胜习家池畔饮酒，每次都大醉而归。这是说襄阳的自然环境很好，可以使山简在这里流连痛饮。

这篇诗可与《终南山》合读。前篇极写山之高大，此篇极写水之浩荡，而各极其妙。这次临眺，可能是陪同地方长官，所以用赞美襄阳风景之美好、长官之高雅作结。

观 猎

王 维

风劲角弓鸣，将军猎渭城。
草枯鹰眼疾，雪尽马蹄轻。
忽过新丰市，还归细柳营。
回看射雕处，千里暮云平。

〔角弓〕见鲍照《代出自蓟北门行》注。 〔鸣〕指射箭时弓弦的响声。〔渭城〕今陕西省咸阳市，在长安西北，渭水北岸。 〔草枯句〕疾，快。草枯后禽兽无处藏身，所以鹰眼更尖锐。 〔雪尽句〕雪已化尽，地面泥干，所以马跑起来很轻松。 〔忽过二句〕新丰市，出美酒的地方，今陕西省咸阳市西南。细柳营，汉朝著名将军周亚夫驻兵的地方，在长安西。渭城、新丰、细柳，相距都不远。这是说将军在渭城打过猎，又到新丰市饮酒，后来才回细柳营。 〔回看二句〕雕，猛禽名，很不容易射着。写将军射雕是暗示他武艺高强。傍晚回去的时候，还回顾一望无际的猎场，又暗示将军这次打猎后的满意心情。

这篇诗给我们塑造了一位将军在打猎时的英勇豪迈的形象。周亚夫治军，以纪律严明著称。汉代匈奴的神箭手称射雕手，北齐斛律光射杀过大雕，也被称为射雕手。这里用“细柳营”和“射雕”两个典故，是对这位出猎将军的赞美。

送梓州李使君

王 维

万壑树参天，千山响杜鹃。
山中一夜雨，树杪百重泉。

汉女输橦布，巴人讼芋田。
“文翁翻教授，不敢倚先贤。”

〔梓州〕今四川省三台县。〔使君〕见《陌上桑》注，这里指刺史。〔参天〕高耸入云。〔杜鹃〕鸟名，鸣声凄厉，听上去好像是“不如归去”，所以送别诗中常提到杜鹃。〔山中二句〕树杪（miǎo），树梢。百重（chóng），犹言百道。这是写雨后山泉，向下流注。〔汉女二句〕汉，指西汉水，即嘉陵江。输，缴纳。橦（tóng）布，用橦树的花织成的布，是四川特产。巴，古国名，在四川西部，这里用来泛指四川一带。讼（sòng），打官司。这是写四川的民情风俗。由于生产不发达，汉女只能用橦布交纳租税，而巴人则常常为了芋田打官司。〔文翁二句〕文翁，西汉景帝时的蜀郡太守。他到官以后，看到四川地方文化不高，就一面派人到长安的博士们那里去学习，一面又在当地开办学校，培养人才，因此文化大为发达。翻，反。先贤，指文翁。这是对李使君的劝勉之词，而以他的口吻说出，意思是像文翁那样的贤人，反而注意教育事业，我还不如文翁，是不敢倚仗先贤已经取得的成就（就懈怠下来）的。

写沿途风景，写去地风俗，然后对行者出以慰安或勉励之词，是送别诗最常见的格局，这篇诗也是如此。它之所以被人称为杰作，是因为前四句的景物描写是不可重复的、特别出色的。

皇甫岳云溪杂题

王　维

鸟鸣涧

人闲桂花落，夜静春山空。
月出惊山鸟，时鸣春涧中。

〔云溪〕皇甫岳的别墅，所在地不详。

萍 池

春池深且广，会待轻舟回。
靡靡绿萍合，垂杨扫复开。

〔春池二句〕会待，将要等着。回，回旋。这是说池子深而且宽，正好划船。〔靡靡〕慢慢地。

辋 川 集

王 维

鹿 柴

空山不见人，但闻人语响。
反景入深林，复照青苔上。

〔辋川〕王维的别墅，故址在今陕西省蓝田县西南。 〔鹿柴〕辋川别墅中的一景。柴（zhài），同寨，篱落。 〔反景〕反射的光影，指夕照。景，同影。

辛 夷 坞

木末芙蓉花，山中发红萼。
涧户寂无人，纷纷开且落。

〔木末〕树梢上。　〔芙蓉〕这里指木芙蓉，一种锦葵科植物，不是荷花。〔萼(è)〕本意是花托，这里指花。　〔涧户〕山沟的出口。

云溪和辋川两个别墅中，各有许多景物（鸟鸣涧、萍池、鹿柴、辛夷坞都是其中的一景）。诗人根据自己的感受，给它们各自题了一篇小诗。在这些作品中，作者细致地描摹了幽美的景物以及自己的心境，对于大自然的深刻爱好，也处处反映了他隐居生活的情趣，虽似“无人”，而人自在。

相　思

王　维

红豆生南国，春来发几枝。
劝君多采撷，此物最相思。

〔红豆句〕红豆，树名，又名相思子，结实红色，大如豆，生长在广东省一带。南国，这里指广东一带。　〔撷(xié)〕摘。

红豆是爱情的象征物。诗人通过对它的歌咏，赞颂了爱情。

田园乐

王　维

萋萋芳草春绿，落落长松夏寒。
牛羊自归村巷，童稚不识衣冠。

〔萋萋〕茂盛貌。　〔落落句〕众多貌，指松叶长得很密。这是说松树干长叶密，夏天人在它下面，觉得很凉爽。　〔童稚〕孩子。　〔衣冠〕做官的人穿戴的衣帽，这里是官的代称。

这篇诗写隐居田园，不但风物气候宜人，而且民情淳朴，孩子们甚至连官服都没见过，因而不认识这样穿戴着的是些什么人。

桃红复含宿雨，柳绿更带朝烟。
花落家童未扫，莺啼山客犹眠。

〔宿雨〕头天晚上的雨。

这篇诗写春晨雨过的景色和闲适自在的生活。

送沈子福归江东

王　维

杨柳渡头行客稀，罟师荡桨向临圻。
惟有相思似春色，江南江北送君归。

〔江东〕长江下游地区的泛称。　〔罟(gǔ)师〕渔人。这里借指划船的人。罟，渔网。　〔临圻(qí)〕地名，当在江东。一说，“圻”当作“沂”。临沂是东晋的侨置县，故城在今南京市附近。

行客已很稀少，而沈子福仍然要走，可见他是不得不行。相思之无尽，以春色之无边相比，就觉得此情充塞天地，无所不在。上文的杨柳，也就包括在下文的春色之内，衔接无痕。

经下邳圯桥，怀张子房

李　白

子房未虎啸，破产不为家。沧海得壮士，椎秦博浪沙。
报韩虽不成，天地皆振动。潜匿游下邳，岂曰非智勇？
我来圯桥上，怀古钦英风。唯见碧流水，曾无黄石公。
叹息此人去，萧条徐泗空。

〔子房八句〕这是叙述汉初著名政治家张良的故事。子房，张良的字。老虎要有所动作时常先发啸，这里用来比喻英雄事业的开始。沧海，指沧海君，当时一位贤人的别号。张良通过他找到一位大力士，用铁椎去刺杀秦始皇。博浪沙，地名。报韩，张良本是韩国的贵族，韩被秦灭后，他立志为韩国报仇。潜匿（nì），暗藏。下邳（pī），在今江苏省邳州东。〔圯（yí）桥〕黄石公传给张良《太公兵法》的地方。张良因为敬老，对黄石公谦逊有礼，又勇于克服缺点，终于得到传授。事详《史记·留侯世家》。〔此人〕指张良。〔萧条〕草木枯萎貌，引申为荒凉。〔徐泗〕指今江苏省徐州、邳州等地。下邳就在这一带。泗，指泗水流域。

张良是一个爱国者，一个具有谦逊美德和政治才干的人，同时，还是一个对国家有贡献的人。诗人经过圯桥遗迹，怀念着这样一位历史人物，也正反映了自己的抱负和愿望。

李白，字太白，祖籍陇西成纪（今甘肃省天水市附近），先世在隋末流徙中亚。他生于碎叶（唐时属安西都护府），幼时回到四川，因此也算是蜀郡人。生于周圣神皇帝长安元年（701），死于唐肃宗宝应元年（762），祖国最伟大的诗人之一。他的作品充满了积极的浪漫主义精神，一千多年以来，一直是支持广大人民反抗黑暗势力，鄙视庸俗风习的一股重要的精神力量。人们敬称他为“诗仙”。

长干行

李　白

妾发初覆额，折花门前剧。郎骑竹马来，绕床弄青梅。
同居长干里，两小无嫌猜。十四为君妇，羞颜未尝开。
低头向暗壁，千唤不一回。十五始展眉，愿同尘与灰。
常存抱柱信，岂上望夫台！十六君远行，瞿塘滟滪堆。
五月不可触，猿声天上哀。门前迟行迹，一一生绿苔。
苔深不能扫，落叶秋风早。八月蝴蝶黄，双飞西园草。
感此伤妾心，坐愁红颜老。早晚下三巴，预将书报家。
相迎不道远，直至长风沙。

〔初覆额〕才遮住额头，即很短。〔剧〕游戏。〔郎〕这里是女子对自己丈夫的爱称。〔竹马〕儿童游戏时将一根竹竿骑在胯下当马。〔床〕坐具。大致像现在的凳。〔弄〕玩。〔长干里〕见崔颢《长干曲》注。〔无嫌猜〕古代封建礼教规定，男女七岁以上，授受不亲，以别嫌疑。因为两人都很小，所以“无嫌猜”。〔展眉〕形容愉快。〔愿同句〕这是说夫妻俩结合在一起，希望永不分开，即《古诗》“以胶投漆中”的意思。〔常存句〕古代传说：尾生和情人在一个桥下约会。尾生先到，情人因事耽搁，很久没来。忽然涨水，尾生不愿失信，竟然抱着桥柱，被水淹死。〔岂上句〕望夫台即望夫山。古代传说：有人离家很久，他的妻子因为想念他，便天天上山去望，终于变成了一块石头。那石头的形状，正像一个远望的女子，就称为望夫石。那座山就称为望夫山或望夫台。这句承接上句，说由于丈夫的忠实，就不曾想到他会离开自己，使自己去盼望他。〔瞿塘二句〕瞿塘，峡名，在重庆市奉节县附近。滟滪（yàn yù）堆，是矗立在瞿塘峡口江中的一块大石头。附近的水流得非常急，是航行很危险的地带。古代民谣有“滟滪大如襆（fú。包袱），瞿塘不可触”的话。〔猿声句〕天上，指峡中山高如在天上。四川东部江峡多猿，啼声哀切，所以古代歌谣有“巴东三峡巫峡长，猿鸣三声泪沾裳”之句，杜甫《秋兴》也说：“听猿实下三声泪。”〔门前二句〕迟，等待。这是说等待着远人的回来，为时已久，远人不归，所以门口已长满了青苔。宋吴文英《风入松》词云：“惆怅双鸳不到，幽阶一夜苔生。”与此同意。〔坐愁句〕顿时为自己的青春消逝而发愁。“坐”字在这里作顿或遽解。〔早晚四句〕三巴，巴郡、巴东、巴西，大约相当于今四川省的东部。长风沙，在今安徽省安庆市东的江边。从南京到长风沙，有七百里路。这一段江流非常湍急。这是女方的想象之词。她说：“多早晚你从四川回来，就先捎个信儿给家里吧，那么，我就会冒着危险跑到长风沙去接你也不嫌远。”

这篇诗代替一位少妇倾吐了从小成长起来的爱情和后来的别离之感。它先推出几幅画面，由叙事转入抒情，然后又以叙事抒情交替，直至结束。它显然受了《西洲曲》的影响，音节极其相似，但彼多写景，此多叙事，微有不同。

春　思

李　白

燕草如碧丝，秦桑低绿枝。
当君怀归日，是妾断肠时。
春风不相识，何事入罗帏？

〔燕草二句〕是说当丈夫远征的燕地的草才发芽细嫩如丝时，妻子所居的秦地桑叶长得把树枝都压得低垂了。以气候不同形容两地极远。燕，今河北省境。秦，今陕西省境。〔当君二句〕是承上二句，说两人相思之情则完全一致。〔春风二句〕晋代民歌《子夜四时歌》：“春风复多情，吹我罗裳开。”这里反用其意。

这篇诗写一位征人的妻子的相思之情。她由自己断肠，想到丈夫也必然怀归。末二句反用古民歌语意，以暗示自己对于爱情的忠贞纯洁。

前四句对起，一、二句景，三、四句情，三应一，四应二，五、六从二、四出。诗只六句，结构却错综入妙。

蜀道难

李　白

噫吁嚱，危乎高哉！

蜀道之难，难于上青天。蚕丛及鱼凫，开国何茫然！

尔来四万八千岁，不与秦塞通人烟。

西当太白有鸟道，可以横绝峨眉巅。

地崩山摧壮士死，然后天梯石栈相钩连。

〔噫吁嚱(yī xū xī)〕古蜀地方言，惊叹声。　〔危乎高哉〕(多么)高啊！(多么)高啊！　〔蜀道〕这里指由秦(陕西)通蜀(四川中部)的道路。〔蚕丛句〕在秦以前，四川中部有个和中原隔绝的古国叫作蜀。蚕丛和鱼凫，都是传说中的古蜀国的国王。　〔何茫然〕多么不清楚。　〔尔来句〕这只是说从远古以来，经过很久的岁月。　〔西当二句〕当，对着。太白，山名，秦岭的主峰，在今陕西省周至县、眉县、太白县一带。因为它在长安西边，李白就长安来说，所以认为是“西当太白”。鸟道，指极高而危险的山路。横绝，横过，跨越。峨眉，山名，在今四川省峨眉山市西南。这是说秦、蜀之间都是崇山峻岭，只有鸟才可以从太白山上飞到峨眉山的顶上。〔地崩二句〕古代神话：秦惠王将五个女儿嫁给蜀王，蜀王派了五个力士去迎接。回到梓潼，看到一条正朝洞里钻的大蛇。五个力士一齐拖住蛇尾，想将它拖出来。结果将山都拉崩了，五个力士和秦王的五个女儿都被压死，整座山也分成了五个岭。从此之后，秦、蜀之间才可以比较便利地往来。天梯石栈，指在高山削壁上开凿的小路。栈即栈道，又名阁道、栈阁，在山边悬空架木以通行人。钩连，犹钩结，衔接。

以上写蜀道的来历。

上有六龙回日之高标，下有冲波逆折之回川。
黄鹤之飞尚不得过，猿猱欲度愁攀缘。
青泥何盘盘！百步九折萦岩峦。
扪参历井仰胁息，以手抚膺坐长叹。

〔上有句〕古代神话：羲和每天赶着一部有六条龙驾的车子，载着日神，在天空由东往西走。高标，指蜀道上成为那一带地方的标志的最高山峰。这是说蜀道的山是那么高，即使那六条龙碰着它，也只好拖着日神的车子回转去。〔逆折〕水回旋貌。〔回川〕打着漩涡的水流。〔猿猱（náo）〕猿猴。〔青泥〕岭名，在今陕西省略阳县西北。〔盘盘〕曲折貌。〔萦〕绕。〔扪参句〕扪，摸。参（shēn）、井，两星宿（xiù）名。参宿约相当于蜀的区域，井宿约相当于秦的区域，见《史记·天官书》。胁（xié），收敛。息，呼吸。这是说走在青泥岭上，似乎一伸手就摸得着天上的星，紧张得连呼吸都要停止了。〔抚膺（yīng）〕摸着胸脯。〔叹〕这里念 tān。

以上写蜀道的艰险。

问君西游何时还，畏途巉岩不可攀。
但见悲鸟号古木，雄飞雌从绕林间。
又闻子规啼，夜月愁空山。
蜀道之难难于上青天，使人听此凋朱颜。
连峰去天不盈尺，枯松倒挂倚绝壁。
飞湍瀑流争喧豗，砯崖转石万壑雷。
其险也若此，嗟尔远道之人胡为乎来哉？

〔巉（chán）岩〕山高峻貌。〔号〕同嚎，悲鸣。〔子规〕鸟名，即杜鹃，相传是古蜀国国王杜宇变的，叫声凄苦。〔凋朱颜〕变老了。〔湍(tuān)〕急流的水。〔喧豗(huī)〕喧闹。〔砯(pīng)崖句〕砯，水撞在崖上的声音，引申为动作。这是说急流撞在崖上，或者推动水中的石头，使许多沟壑发出雷一般的巨响。〔胡为乎〕干吗啊。

以上写对于不顾艰险西游蜀道者的关心和惋惜。

剑阁峥嵘而崔嵬，一夫当关，万夫莫开。
所守或匪亲，化为狼与豺。
朝避猛虎，夕避长蛇，磨牙吮血，杀人如麻。
锦城虽云乐，不如早还家。
蜀道之难难于上青天，侧身西望长咨嗟！

〔剑阁〕大剑山和小剑山之间的一条栈道，在今四川省剑阁县，也是秦、蜀间的要道。〔峥嵘、崔嵬(wéi)〕均山高峻貌。〔所守二句〕匪，同非。这是说蜀地非常险要，如果防守的人不是亲信，一旦叛变，就可以像豺狼一样吃人。晋张载《剑阁铭》云："一人荷戟，万夫趑趄。形胜之地，匪亲弗居。"此用其意。〔朝避四句〕吮(shǔn)，吸。这是悬想万一发生了叛乱以后的情况。〔锦城〕即锦官城，成都产锦，古代管理织锦之官居此，故名。〔咨(zī)嗟〕叹息。

以上写蜀中并不安全，劝西游者早日回去。

这篇诗写蜀道艰险，行旅困难。它通过对山川景物的惊心动魄的刻画，反映了诗人对祖国的统一和安定的崇高愿望，同时，也表现了他巨大的艺术才能。

战城南

李　白

去年战，桑干源；今年战，葱河道。

洗兵条支海上波，放马天山雪中草。
万里长征战，三军尽衰老。
匈奴以杀戮为耕作，古来唯见白骨黄沙田。
秦家筑城备胡处，汉家还有烽火燃。
烽火燃不息，征战无已时。
野战格斗死，败马号鸣向天悲。
乌鸢啄人肠，衔飞上挂枯树枝。
士卒涂草莽，将军空尔为！
乃知兵者是凶器，圣人不得已而用之。

〔去年四句〕桑干河，在今山西、河北两省境内，源出朔州朔城区北洪涛山下。玄宗天宝元年(742)，唐将王忠嗣与东胡族的奚怒皆大战于桑干河。葱河，即葱岭河，在今新疆维吾尔自治区境内。天宝六载(747)，唐将高仙芝远征吐蕃，经过这里，沿途用武力开辟道路。两次战争相隔五年，诗中说"去年"、"今年"，只是形容战事频繁，连年不息。　〔洗兵二句〕洗兵，洗涤兵器。条支，唐时西域国名，在今亚洲西南部伊拉克国境内。条支和天山距离很远，这里写在一道，是用以形容用兵范围非常广阔。　〔匈奴〕这里泛指我国西、北的游牧民族。　〔以杀戮为耕作〕形容将战争当成主要的生活方式。　〔秦家句〕指秦始皇修筑万里长城以防御匈奴的侵略。　〔格斗〕犹言战斗。格，抵挡。　〔号(háo)〕嘶叫。　〔鸢(yuān)〕鹰的一种。〔士卒句〕涂，这里作粘着解。这是说士兵流的血都粘在野外的草地上。〔将军句〕"空尔为"就是"空为尔"，空这样做了。这是斥责将军们的话，意思是士兵牺牲这样惨重，你们却还空做着你们的将军。　〔圣人句〕《六韬》："圣人号兵为凶器，不得已而用之。"此用其语。唐朝人习惯上称皇帝为圣人。

这是一篇反对战争的诗。它既反对古代匈奴的侵略行为，又反对当时唐朝的扩张主义，其中充满了诗人对于各族人民和睦相处，共同过着和平生活的渴望。

梦游天姥吟留别

李　白

海客谈瀛洲，烟涛微茫信难求。
越人语天姥，云霓明灭或可睹。
天姥连天向天横，势拔五岳掩赤城。
天台四万八千丈，对此欲倒东南倾。
我欲因之梦吴越，一夜飞度镜湖月。

〔海客二句〕海客，旅行海外的人。瀛洲，神话里的海中仙山名。烟涛，海中的烟雾和波涛。微茫，渺茫。信，实在。这是说，传说中神仙住在瀛洲，实为渺茫，很难凭信，以反衬天姥却在人间，可往游览。 〔天姥(mǔ)〕山名，在今浙江省新昌县东南。 〔霓(ní)〕也就是云。 〔明灭〕时现时隐。〔睹〕看见。 〔拔〕超出。 〔五岳〕我国五个名山的总称。一般指东岳泰山、西岳华山、南岳衡山、北岳恒山、中岳嵩山。 〔掩〕盖，胜过。 〔赤城〕山名，在今浙江省天台县北。 〔天台〕山名，在天台县东北。 〔对此句〕这是说天台山虽然很高，但还不及天姥。如果和天姥比较，就得拜倒在它面前，而东南的地势也就会更为倾斜了(天台山在天姥山的东南)。“对此”以上五句，都是“越人语天姥”之辞。 〔吴越〕这是复词偏义，这里偏指越地。上述各山，都在越(浙江)境，和吴(江苏)不相涉，吴只是顺带提到的。 〔飞度镜湖月〕镜湖在今浙江省绍兴市东南。这是说在月光之下，飞过镜湖。

以上写天姥的雄伟，希望梦中前去游览。

湖月照我影，送我至剡溪。
谢公宿处今尚在，渌水荡漾清猿啼。
脚著谢公屐，身登青云梯。
半壁见海日，空中闻天鸡。

千岩万转路不定，迷花倚石忽已暝。
熊咆龙吟殷岩泉，栗深林兮惊层巅。
云青青兮欲雨，水澹澹兮生烟。
列缺霹雳，丘峦崩摧。洞天石扉，訇然中开。
青冥浩荡不见底，日月照耀金银台。
霓为衣兮风为马，云之君兮纷纷而来下。
虎鼓瑟兮鸾回车，仙之人兮列如麻。

〔剡(shàn)溪〕水名，在浙江省东北嵊州市境内，即曹娥江上游。〔谢公句〕南朝著名诗人谢灵运也曾经过剡溪，去游天姥，他在《登临海峤》诗中说："暝投剡中宿，明登天姥岑。"〔渌〕水的绿色。〔脚著二句〕谢公屐(jī)，谢灵运最爱游山，特制一种木屐，屐下装有活动的齿。上山时抽去前齿，下山时抽去后齿，以便保持身体的平衡，减省脚力。青云梯，仙人上天用的梯子，这里形容山间小路。谢灵运《登石门最高顶》："惜无同怀客，共登青云梯。"〔半壁二句〕半壁，犹言山腰。天鸡，古代神话：东南方桃都山上有棵桃都树，树上有一只天鸡。每天太阳出来，照着桃都树，天鸡就叫了起来，天下的鸡随着鸣叫。这两句极写山势之高。〔迷花句〕在花丛中迷了路，正倚靠着石头找路时，天色忽然变暗了。暝，暗。〔熊咆二句〕咆，咆哮，猛兽的吼声。吟，龙的叫声。殷，原意为盛大，引申作充塞解。兮，助词，就是现代口语中的"啊"字。这是说熊和龙的叫声，使得深林高山都为之战栗惊骇。〔云青二句〕澹(dàn)澹，水流动貌。"脚著"句起到此，都是写山，以下写洞。〔列缺二句〕列缺，电光。霹雳，雷声。这是说忽然闪电打雷，连小山也给震崩了。〔洞天〕仙人所住的洞府。〔扉(fēi)〕门。〔訇(hōng)然〕大声。〔青冥二句〕青冥，青色的天空。金银台，仙人住的楼台。从此以下六句都是写石门开后，所见洞天中情景。〔云之君〕即云中君，云神。〔鼓〕这里作弹奏解。〔如麻〕形容多。

以上写梦游天姥所见到的奇情幻景。山中晴朗之景、阴霾之景与洞中之景，共分三层写之。

忽魂悸以魄动，恍惊起而长嗟。
惟觉时之枕席，失向来之烟霞。
世间行乐亦如此，古来万事东流水。

〔悸(jì)〕心惊。〔恍〕忽然。〔觉〕醒。〔世间二句〕是说从古以来，万事万物都像水向东流逝，人世间的作乐也是这样。这两句是倒文，按照思维顺序，“古来”句应在前。

以上写惊醒的情形和醒后的感想。

别君去兮何时还？且放白鹿青崖间，须行即骑访名山。
安能摧眉折腰事权贵，使我不得开心颜！

〔且放二句〕古乐府《长歌行》：“仙人骑白鹿。”这里说在山中养着白鹿，准备随时骑走，游历名山，也就包含有访道求仙的意思在内，与上文梦见仙人相应。须行，要走。〔摧眉〕犹言低眉，和扬眉相对。〔折腰〕弯腰，恭敬的样子。〔事〕这里作侍奉解。〔权贵〕有权势的贵人。

以上向友人送别，并表明自己即将归隐，游览各地名山。

这篇诗是作者在天宝初年由东鲁南游吴越时，和某些友人分别时写给他们的，但主要用意并不在留别，而在借梦游天姥的描写来发抒自己奇妙的幻想和高旷的情怀。“诗境虽奇，脉理极细”(沈德潜语)。在这里，我们也看到了诗人无可比拟的丰富想象和惊人的艺术手段。

远别离

李　白

远别离，古有皇英之二女，乃在洞庭之南、潇湘之浦。
海水直下万里深，谁人不言此离苦！

日惨惨兮云冥冥，猩猩啼烟兮鬼啸雨。
我纵言之将何补？皇穹窃恐不照余之忠诚，雷凭凭兮欲吼怒。
尧舜当之亦禅禹。君失臣兮龙为鱼，权归臣兮鼠变虎。
或云尧幽囚，舜野死。
九疑联绵皆相似，重瞳孤坟竟何是？
帝子泣兮绿云间，随风波兮去无还。
恸哭兮远望，见苍梧之深山。
苍梧山崩湘水绝，竹上之泪乃可灭。

〔古有句〕皇，娥皇；英，女英。传说她们是帝尧的女儿，嫁给帝舜为妃。帝舜南巡苍梧之野（今湖南省宁远县境），她们没有能够同去。后来帝舜死在那里，她们就在湘江投水自杀。一说，她们随舜南巡，淹死在湘江里。〔乃在句〕是指皇、英的魂灵经常在洞庭湖以南的潇湘水一带遨游。苍梧就在潇水上游。潇水在零陵与湘水合流称潇湘，北流入洞庭湖。〔海水二句〕形容生离之恨，死别之苦，深如海水。〔日惨二句〕写“洞庭之南、潇湘之浦”的气候、环境，险恶可怕。冥冥，昏暗貌。〔我纵句〕与上文“谁人不言此离苦”对应。何补，有什么益处。〔皇穹（qióng）二句〕皇穹，皇天，伟大的老天爷。窃，谦词。照，明白，理解。凭凭，雷声的形容词。这是暗喻自己想对皇帝进谏，但又恐他不明白，反而大发雷霆。〔尧舜句〕当之，当此，即遇到这种情况（指下面的“君失臣”和“权归臣”的情况）。禅（shàn），帝王让位。古代传说：尧曾将帝位禅让给舜，舜也曾将帝位禅让给禹。有人认为，这是天下为公的表现，出于让者自愿；也有人认为，这是大权旁落，迫不得已，并非出自本心。诗人赞成后说，看下文便明白。这句诗是尧当之亦禅舜，舜当之亦禅禹两句的压缩，但语意不明，不足为训。〔君失二句〕是说君王失去贤臣，无人相助，就好像龙变成了鱼；而大权若被臣子掌握，小人得势，也会像鼠变成了虎。〔尧幽囚〕据《竹书纪年》记载，尧年老德衰，被舜所囚，与《孟子》等书所说尧自愿禅位，舜不敢当，彼此一团和气，全然不同。〔舜野死〕据《史记》等书，舜年六十一代尧为帝，又过了三十九年，才南巡死于苍梧之野。百岁老人，为什么还要离开本来居住的黄河流域，而跑到极远的南方去，是非常可疑的。所以诗人以“野死”与“幽囚”相提并论。〔九疑二句〕九疑，山名，即苍梧山，相传舜死后就葬在那里。这座山有九个山峰，联结一起，形势差不多，因此后人无法确定舜的坟墓究竟埋在哪座山头上。重瞳，舜的代称，相传舜每个眼睛各有两个瞳孔。〔帝子〕指皇、英，她们是帝尧的女儿，故称帝子。〔绿云〕指绿色的竹林。〔随风句〕是说帝子之所以哭泣，是由于她们的丈夫随着洞庭湖、潇湘水的风波南下，一去不返。〔苍梧二句〕相传皇、英在舜死后痛哭，泪点洒在竹上，便成为斑竹，因此又名湘妃竹（参看后贾岛《赠人斑竹拄杖》注）。这是说二女因为丈夫野死，抱恨终天。

这篇诗表面上是歌咏一个动人的古代传说，事实上是反映了诗人对当时政治局势的深切忧虑。玄宗晚年荒淫无道，重用奸臣李林甫、杨国忠，以及有政治野心的边将安禄山等。由于贤臣引退，大权旁落，所以安禄山就造起反来，结果爆发了安史之乱。李隆基成了鱼，安禄山变了虎。此诗写于安史之乱以前，它通过古代帝舜南巡的故事，写出人君失去贤臣和大权旁落的后果，以舜事为主，尧事作陪，而将皇、英二女忠贞的爱情作为线索，贯串首尾，显示了诗人对祖国安危的高度关怀以及他的政治敏感和预见性。

乌栖曲

李　白

姑苏台上乌栖时，吴王宫里醉西施。
吴歌楚舞欢未毕，青山欲衔半边日。
银箭金壶漏水多，起看秋月坠江波。
东方渐高奈乐何！

〔姑苏二句〕姑苏台，故址在今江苏省苏州市西南的姑苏山上，吴王阖闾兴建，夫差增修的游乐之地。乌栖时，夜幕拉开的时候。吴王，这里指夫差。夫差胜越之后，骄奢淫逸，不分昼夜地和西施饮酒作乐。〔青山句〕是说一天又到了黄昏。〔银箭金壶〕古代的计时器。以铜为壶，壶中盛水。水中立着一支刻有度数的箭。随着水从壶底小孔缓缓漏出，现出刻度上标出的时间。漏水多，表明夜深。〔起看句〕是说一夜又到了黎明。〔东方句〕高，读为皜（hào），白色。东方渐皜，就是东方发白。参看汉乐府《有所思》。这是说，吴王日夜寻欢作乐，即使天亮了，又有什么关系呢？

这篇诗写吴王的荒淫生活，由青山衔日的乌栖时到秋月坠江，东方渐皜，这就是其全部生活内容，他再也没有时间去过问别的事了。借古讽今之意，自在言外。

长相思

李　白

长相思，在长安。
络纬秋啼金井阑，微霜凄凄簟色寒。
孤灯不明思欲绝，卷帷望月空长叹。
美人如花隔云端。
上有青冥之高天，下有渌水之波澜。
天长路远魂飞苦，梦魂不到关山难。
长相思，摧心肝！

〔络纬〕虫名，俗名纺织娘。〔金井阑〕铜制的井阑。〔簟（diàn）〕竹席。〔色寒〕寒无色，这是指寒冷的触觉，也是通感。〔青冥〕青天。〔渌（lù）水〕清亮的水。〔梦魂句〕关山难以逾越，虽梦魂也无法到达。

这篇诗写离别之悲，相思之苦，而景象开阔，风格俊逸，抒儿女之情，具豪迈之气，在爱情诗中别开生面。有人认为它实质上是写对理想的追求及理想不能实现的苦闷和悲哀心情，不为无见。

行路难

李　白

金尊美酒斗十千，玉盘珍羞直万钱。
停杯投箸不能食，拔剑四顾心茫然。
欲渡黄河冰塞川，将登太行雪满山。
闲来垂钓碧溪上，忽复乘舟梦日边。
行路难！行路难！多歧路，今安在？
长风破浪会有时，直挂云帆济沧海。

〔尊〕酒杯。　〔美酒斗十千〕这是借用曹植《名都篇》成句，形容酒好价高。斗，盛酒容器。　〔珍羞〕贵重的菜肴。羞，同馐。　〔直〕同值。　〔闲来二句〕传说周初的宰相吕尚（即民间传说中的姜太公）在没有遇到文王的时候，曾在磻（pán）溪垂钓；商初的宰相伊尹在受汤聘请之前，曾梦见乘船经过日月旁边。这是说古人有这种遭遇，自己也不见得就没有。　〔歧路〕岔路。　〔长风句〕比喻具有广阔的前途。南朝刘宋的宗悫（què）年少时，叔父宗炳曾问他的志愿，他回答说“愿乘长风破万里浪”，表示志在四方。会，当。　〔云帆〕犹高帆。　〔济〕渡过。　〔沧海〕古人称今黄海、渤海和东海海域为沧海。

李白在天宝元年（742）到了长安，颇为玄宗赏识，礼遇有加，生活优裕，却没有施展政治抱负的机会。后来，又被高力士等谗毁，无法再留下去，只有离开。这篇诗当作于将要离京的时候，虽然知道“行路难，多歧路”，有点茫然，但仍对未来存有幻想，认为有朝一日，可以乘风破浪，所以它一方面充满了抑郁不平之气，一方面又充满了积极自信之心。在诗篇中，这一对矛盾始终交织在一起。

梁甫吟

李　白

长啸《梁甫吟》，何时见阳春？
君不见，朝歌屠叟辞棘津，八十西来钓渭滨。
宁羞白发照渌水，逢时吐气思经纶。
广张三千六百钓，风期暗与文王亲。
大贤虎变愚不测，当年颇似寻常人。
君不见，高阳酒徒起草中，长揖山东隆准公。
入门开说骋雄辩，两女辍洗来趋风。
东下齐城七十二，指麾楚汉如旋蓬。
狂客落拓尚如此，何况壮士当群雄？

〔长啸二句〕啸，啸歌，即歌唱。《梁甫吟》，古乐曲名。这里指本诗。阳春，这里指良好的政治环境或遭遇。这是说自己希望遭遇明主，建立功业，因而长歌此诗，以抒情志。　〔朝歌二句〕是讲吕尚的故事。屠叟（sǒu），以屠宰牲畜为业的老汉。据说，他五十岁在棘津（今河南省延津县东北）贩卖食物，七十岁在朝歌（今河南省淇县东北）屠宰牲畜，八十岁在渭水旁边磻（pán）溪（河名，在今陕西省宝鸡市东南，流入渭水）钓鱼，才遇到了周文王，拜他为师，九十岁被封为齐侯。　〔宁羞二句〕渌（lù）水，清澈的水。经纶，整理丝缕，引申为处理国家大事。这里说吕尚遭遇到好时候，就扬眉吐气，一心想治国安民，而不以年老为羞耻。　〔广张句〕一年有三百六十天。吕尚八十岁在磻溪钓鱼，九十岁才遇到文王，一共钓了十年鱼，所以这么说。广张，广阔地张开（钓竿）。　〔风期句〕风，风度。期，襟期，犹抱负。这是说吕尚的风期很吸引人，暗中投合了文王的心意，所以一见如故。　〔大贤句〕《易经》的《革卦》爻辞说："大人虎变。"这是说，大人物的出处变化，有如虎身花纹之有文采，非愚人所可测度。　〔高阳六句〕是讲郦食其（lì yì jī）的故事。他是高阳（今河北省高阳县东）人，家贫落魄，性狂爱酒，自称“高阳酒徒”。刘邦当时是沛公，到了高阳，派人召见他。他见了刘邦，只长揖为礼，并不下拜。看到刘邦正在让两个女子给自己洗脚，就又批评说：“你要想结集义兵，诛灭无道的秦国，可不应当这样傲慢地接见一位长者啊。”于是刘邦就向他道歉，停止洗脚，穿好衣服，请他上坐。后来他为刘邦游说齐王田广，田广听信了他的话，便将齐国的七十余座城池都归顺了刘邦，削弱了项羽的势力。草中，草野之中，即民间。山东，指太行山以东之地，当时反秦的义兵都先在秦帝国统治比较薄弱的山东地区发难，称为山东豪杰。刘邦也是山东豪杰之一。隆准，高鼻子。据史，刘邦是个高鼻子，故以“隆准公”为他的代称。辍(chuò)，停。趋风，指刘邦向往郦食其风度。指麾，即指挥。旋蓬，即转蓬，旋转的蓬草。蓬草又名飞蓬，枯后根断，随风飞旋。“指麾”句是说郦善于游说，能够使楚汉争霸的局势动摇不定，有如旋蓬。〔落拓〕性情放浪，不拘小节。又作穷困失意解。这里兼用二义。

以上写吕尚虽老，而能遭遇文王；郦生虽狂，也能遭遇沛公，以见自己之长啸欲见阳春，并非奢望。

我欲攀龙见明主，雷公砰訇震天鼓。
帝旁投壶多玉女，三时大笑开电光，
倏烁晦明起风雨。阊阖九门不可通，
以额叩关阍者怒。

〔攀龙〕见左思《咏史》“皓天舒白日”篇注。〔雷公句〕雷公，雷神。古人想象中的雷公是一位力士，左手拿着像鼓一般的雷，右手以椎打鼓。砰訇(pēng hōng)，大声。〔帝旁五句〕古代神话：东王公和一位玉女做投壶的游戏，没有投好，天就笑了起来。人间看到的电光，就是天笑，它是天口中流出的火光变的。投壶的方法是以盛酒的壶口作目标，站在一定距离外，用箭投入，以投中多少决胜负，负者要罚酒。三时，早、午、晚，犹终日。倏烁(shū shuò)，光闪动貌。《楚辞·九思·悯上》：“云蒙蒙兮电倏烁。”

晦明,或暗或明。阊阖,见左思《咏史》"皓天舒白日"篇注。九门,指皇帝的宫门,由内而外,共有九重。阍(hūn)者,看门的人。这里以"玉女"比谗人,以天气变化比明主喜怒莫测。

以上转入自己,言虽有为国效忠之心,但被谗人堵塞了前进的道路。

白日不照吾精诚,杞国无事忧天倾。
猰貐磨牙竞人肉,驺虞不折生草茎。
手接飞猱搏雕虎,侧足焦原未言苦。
智者可卷愚者豪,世人见我轻鸿毛。
力排南山三壮士,齐相杀之费二桃。
吴楚弄兵无剧孟,亚夫咍尔为徒劳。

〔白日二句〕白日,比皇帝。精诚,至诚。《列子·天瑞篇》载,"杞国有人,忧天地崩坠,身亡(无)所寄,废饮食者"。倾,倒塌。这是说由于皇帝不明,自己忧国也成为多此一举了。 〔猰貐(yà yǔ)二句〕猰貐,古代传说中的一种凶兽,食人。驺虞(zōu yú),古代传说中的一种义兽,不吃生物,不踏活草。君王有德,它就出现。这是说义兽、凶兽的出现都和天下治乱有关,以喻圣主则得贤臣,否则相反。 〔手接二句〕接,迎头射箭。猱,猴类。雕虎,猛虎。侧足,置足。焦原,山名,即石焦原,古代莒国(今山东省莒县)一处极其危险难走的地方。这是说射猱搏虎,或侧足焦原,都不能算苦。 〔智者二句〕卷,藏起。这是说世人智愚不分,每每愚者称雄,智者退让,所以认为我也不值重。 〔力排二句〕春秋时,公孙接、田开疆、古冶子三人臣事齐景公,都以勇力闻名,后来变得骄傲自大,连齐相晏婴也看不起了。晏婴想将他们除掉,就请景公拿两个桃子出来,要三人计功食桃。公孙接和田开疆先各拿了一桃。后来古冶子说出自己的功劳比两人都大。二人感到羞耻,退桃自杀。古冶子认为不应独生,也自杀了。事见《晏子春秋·谏下》。托名诸葛亮的《梁甫吟》写道:"步出齐城门,遥望荡阴里。里中有三坟,累累正相似。问是谁家坟,田疆古冶子。力能排南山，文能绝地纪。一朝被谗言，二桃杀三士。谁能为此谋？相国齐晏子。”这两句与上“手接”两句相应，说不怕冒危险、经辛苦，只怕遭谗言、被陷害，无益于国，有害于身。〔吴楚二句〕汉文帝时，吴、楚两国诸侯造反。太尉周亚夫到河南，找到了大侠客剧孟，知道他们并没有去找剧孟为助，就非常高兴地说：“吴、楚要想办大事（指造反），却不去找剧孟，我就知道他们成不了气候。在天下骚动时，宰相得到了剧孟，就等于掌握了一个敌国。”弄兵，玩弄兵器，是对造反者蔑视的话。咍（hāi），讥笑。尔，指吴、楚。徒劳，白费气力。这两句与上“智者”两句相应，说智卷愚豪固属世情颠倒，但一旦国家有事，需要用人，宰相得到一位有能力的人，就会像能掌握一个敌国那样看重，那么，自己又何尝不能待时而动，以求遇合呢？

以上感叹历史上的治乱，人生的遭遇，希望能够抓机会，建功立业。

《梁甫吟》，声正悲。张公两龙剑，神物合有时。
风云感会起屠钓，大人峴屼当安之！

〔梁甫二句〕是说自己以上的歌唱，慷慨悲凉。〔张公二句〕见郭震《古剑篇》注。〔风云二句〕《易·乾·文言》：“云从龙，风从虎。圣人作而万物睹。”意谓同类相感。后人因以风云感会比喻遭遇。这是说，吕尚因为“风期暗与文王亲”，所以虽隐于屠、钓，终于建功立业，名垂后世。由此可见，大人遇到不利的环境，也应当安心等待。大人，这里指德行高尚的人。峴屼（ní wù），不安貌。

以上以有志之士，终有感会风云的一天，自己应当隐居待时作结。

这篇诗以史事与神话、传说交织，开展主题。场景变更处，跳跃的幅度很大。“手接”八句，交错承接，纯用伏线。前人评为“错落雄深”，是不错的。李贺歌行，很得力于这些地方。它们都以极宽广的空间或时间跨度来发挥自己创造性的想象。

宣州谢朓楼饯别校书叔云

李 白

弃我去者,昨日之日不可留;
乱我心者,今日之日多烦忧。
长风万里送秋雁,对此可以酣高楼。
蓬莱文章建安骨,中间小谢又清发。
俱怀逸兴壮思飞,欲上青天揽明月。
抽刀断水水更流,举杯消愁愁更愁。
人生在世不称意,明朝散发弄扁舟。

〔宣州〕故治在今安徽省宣城市。 〔谢朓楼〕谢朓见前。楼是他任宣城太守时所建,又名北楼,在县治北。 〔饯别〕以酒食送别。 〔校书〕校书郎的简称。 〔叔云〕名云的叔叔。 〔对此句〕此,指上句所写秋景。酣(hān),饮酒尽量。这是说在高楼览景,开怀畅饮。 〔蓬莱二句〕蓬莱,古代神话中的海上仙山,相传为仙界藏书之所。东汉时,东观是官府藏书及著述的地方,因此也被称为蓬莱。这里"蓬莱文章",即指汉代文学。李云任校书郎,故用蓬莱故事。建安骨,指东汉末年建安时代以曹氏父子为首的作家群"慷慨以任气,磊落以使才"的风格。小谢,指谢朓。清发,犹清越,清秀而发越。这是因登谢朓楼而联想到谢朓的文学成就。李白认为,汉代文章,建安风骨以后直到唐朝,中间谢朓清发的风格是很突出的。 〔俱怀二句〕这个"俱"字,包括汉代及建安作家、小谢以及李云和自己而言。逸兴,高雅的或超越凡俗的兴趣。揽,取。这是说,叔侄两人酣饮高楼,精神与古代作家相通,因而发生青天揽月的奇想。 〔散发〕见孟浩然《夏日南亭怀辛大》注。 〔弄扁舟〕指归隐江湖。

昔人认为小谢诗"工于发端",如"大江流日夜,客心悲未央"之类。李白最钦佩这位前辈,在创作上也显然受了他的影响。即如此诗发端,也是"破空而来,不可端倪"。尤其奇妙的是,以下的衔接转折之处,都来得突然,出人意料；而人情与物理，过去与现在，幻想与现实，又交织得十分妥帖，莫不在意中。篇幅很短，而变化极大，乃是此诗特别值得重视的独特成就。

将进酒

李　白

君不见，黄河之水天上来，奔流到海不复回！
君不见，高堂明镜悲白发，朝如青丝暮成雪！
人生得意须尽欢，莫使金尊空对月。
天生我材必有用，千金散尽还复来。
烹羊宰牛且为乐，会须一饮三百杯。
岑夫子，丹丘生，将进酒，杯莫停。
与君歌一曲，请君为我倾耳听。
钟鼓馔玉不足贵，但愿长醉不愿醒。
古来圣贤皆寂寞，惟有饮者留其名。
陈王昔时宴平乐，斗酒十千恣欢谑。
主人何为言少钱？径须沽取对君酌。
五花马，千金裘，
呼儿将出换美酒，与尔同销万古愁。

〔将进酒〕犹言且饮酒。将，且。　〔黄河句〕黄河发源于巴颜喀拉山，地势极高，所以说从“天上来”。　〔奔流句〕即古乐府《长歌行》“百川东到海，何时复西归”之意。　〔金尊〕贵重的酒器。　〔会须〕应当要。　〔岑夫子〕指岑勋。夫子，尊称。　〔丹丘生〕指元丹丘，当时隐士。生，先生的省称。古人有将先生这个敬称拆开，简称为先或生的习惯。　〔倾耳〕见谢灵运《登池上楼》注。　〔钟鼓〕指富贵人家的音乐。　〔馔（zhuàn）玉〕指富贵人家享用的珍贵如玉的食物。　〔寂寞〕指身后被人忘记。　〔陈王二句〕曹植《名都篇》:“归来宴平乐,美酒斗十千。”见前。曹植曾封陈王。恣,纵情。谑,游戏。这两句诗本是曹植讽刺当时豪家少年的,并非描写自己的生活,但李白却将其张冠李戴了。这是他的疏忽之处。〔径须〕直要。〔五花马〕毛色作五花纹的马。一说,鬣修剪为五瓣的马。这里指名贵的马。〔将〕取,拿。〔尔〕指岑夫子和丹丘生。

本篇及上篇都反映作者有才力而不能施展的苦闷心情。希望“与尔同销万古愁”,结果却是“举杯消愁愁更愁”,因为“天生我材必有用”,在等级森严的封建社会中,对于多数人来说,只不过是一种美好的幻想罢了。正如左思所说:“何世无奇才?遗之在草泽。”

扶风豪士歌

李　白

洛阳三月飞胡沙，洛阳城中人怨嗟。
天津流水波赤血，白骨相撑如乱麻。
我亦东奔向吴国，浮云四塞道路赊。
东方日出啼早鸦，城门人开扫落花。
梧桐杨柳拂金井，来醉扶风豪士家。
扶风豪士天下奇，意气相倾山可移。
作人不倚将军势，饮酒岂顾尚书期？
雕盘绮食会众客，吴歌赵舞春风吹。
原尝春陵六国时，开心写意君所知。
堂上各有三千客，明日报恩知是谁？
抚长剑，一扬眉，清水白石何离离！
脱吾帽，向君笑；饮君酒，为君吟。
张良未逐赤松去，桥边黄石知我心。

〔洛阳四句〕胡沙，犹胡尘，指安禄山叛军，其军中有不少东胡各族人。安禄山、史思明之乱，是一场带有民族斗争性质的地方武装叛乱，所以唐代诗人在描写它时，每用“胡”字。天津，桥名，在洛阳附近洛水上。这是说天宝十四载(755)十二月，安禄山攻陷洛阳，杀人如麻，血流成河。 〔我亦二句〕至德元载(756)，李白由宣城到溧阳、会稽等地，都是古吴国境。浮云四塞，形容时局不靖。赊(shē)，远。两句写其东行。 〔东方四句〕金井，有铜制井栏的井，多在人家庭院中，旁植梧桐、杨柳。王昌龄《长信秋词》亦云：“金井梧桐秋叶黄。”扶风，今陕西省宝鸡市凤翔区一带。豪士，犹侠士。这四句形容吴地之宁静，与篇首四句写洛阳之动乱对照。〔意气句〕是说彼此情投意合，连山都可移动。倾，向。移山，暗用《列子》愚公移山事。 〔作人句〕是说不仗势欺人。冯子都仗着将军的势力，调戏酒店胡姬，见前辛延年《羽林郎》。 〔饮酒句〕是说行为很任性。陈遵是汉代著名的侠客，家中经常宾客满堂。客人来了，他都留下饮酒，不让离去，甚至将客人的车辖(xiá。插在车轴头孔内以防车轮脱出的零件)投入井内。有一位刺史已与尚书约期会见，也被陈遵强行留住。刺史只好央求陈遵的母亲，她才放他从后阁走了。 〔雕盘绮食〕精美的食具盛着精美的食物。 〔吴歌赵舞〕吴，今江浙一带。赵，今山西省北部。吴、越、燕、赵都是古代出能歌善舞的姑娘的地方。 〔原尝四句〕原、尝、春、陵，即赵国的平原君、齐国的孟尝君、楚国的春申君和魏国的信陵君，战国时代著名的四公子。他们礼贤下士，门下各有食客三千人。六国，指山东六国，即战国七雄中除秦以外的齐、楚、燕、赵、韩、魏。开心写意，指四公子和其所养之士以诚相待。君，指“扶风豪士”。这是诗人与豪士谈到历史上的往事，感到向往。 〔抚长二句〕用南朝陈江晖《雨雪曲》“抚剑一扬眉”句。 〔清水句〕古乐府《艳歌行》：“语卿且勿眄，水清石自见。石见何累累，远行不如归。”“离离”即“累累”的音转。 〔脱吾帽〕表示不拘礼节。〔张良二句〕张良在下邳圯桥遇到黄石公的事，略见前《经下邳圯桥，怀张子房》注。他在辅佐汉高祖刘邦取得天下，被封为留侯以后，认为功成应当身退，就向刘邦表示：“愿弃人间事，从赤松子游。”终于弃官归隐修道去了。赤松子，古代神仙名。这是以张良自比，说自己之未能像张良一样去从赤松子游，是因为未能像张良一样用黄石公传授的兵法以建立功业，即功未成，所以身不退。这种想法，黄石公是理解的。

"扶风豪士"无考。从诗中看来，他只不过是当时由战乱中心南奔的许多流亡人士之一。他豪迈的意气偶为诗人所激赏，因而留下了这篇诗。诗中前幅，平叙事实。后幅宕开，以四公子养士暗喻豪士好客，恐其无人报恩；以张良功成身退明比自己无成，还望能酬壮志。总的说来，两层都是抒感，妙在一气旋转，衔接无痕。

庐山谣寄卢侍御虚舟

李　白

我本楚狂人，凤歌笑孔丘。
手持绿玉杖，朝别黄鹤楼。
五岳寻仙不辞远，一生好入名山游。
庐山秀出南斗旁，屏风九叠云锦张，影落明湖青黛光。
金阙前开二峰长，银河倒挂三石梁。
香炉瀑布遥相望，回崖沓嶂凌苍苍。
翠影红霞映朝日，鸟飞不到吴天长。
登高壮观天地间，大江茫茫去不还。
黄云万里动风色，白波九道流雪山。
好为庐山谣，兴因庐山发。
闲窥石镜清我心，谢公行处苍苔没。
早服还丹无世情，琴心三叠道初成。
遥见仙人彩云里，手把芙蓉朝玉京。
先期汗漫九垓上，愿接卢敖游太清。

〔卢侍御〕卢虚舟在肃宗时任殿中侍御史。　〔我本二句〕《论语·微子篇》:“楚狂接舆歌而过孔子,曰:‘凤兮!凤兮!何德之衰?往者不可谏,来者犹可追。已而!已而!今之从政者殆而!’”接舆是楚国的隐士,一个狂放的人,他这首歌以凤比孔丘,讥笑他身处乱世,而不自量力,想从事政治活动,平治天下。　〔黄鹤楼〕见崔颢《黄鹤楼》注。　〔五岳〕见上《梦游天姥吟留别》注。这里用来泛指各处名山。　〔庐山句〕南斗,星宿名。按分野,在今江西省星子县西北的庐山是在南斗旁边。分野,见王维《终南山》注。　〔屏风句〕庐山五老峰东北有一处胜景叫九叠云屏,又名屏风叠,李白曾隐居于此。云锦张,形容山色之美丽多彩,有如张开的云锦。云锦是一种很华美的丝织物。参后陆游《九月一日,夜读诗稿有感,走笔作歌》注。　〔影落句〕是说屏风叠苍翠的山色倒映在鄱阳湖里。这是想象之词,事实上,两地相距很远,山影无从落入明湖。黛(dài),青黑色。〔金阙句〕指庐山北面的石门涧,有双石高耸,其状如门,下有瀑布。　〔银河句〕指屏风叠左边名为三叠泉的瀑布,水势随地质上形成的三级冰阶,分为三叠,如银河倒挂在三条石梁之上。　〔香炉句〕指香炉峰南的开先寺青玉峡瀑布。它与石门涧瀑布及三叠泉瀑布相距不远,所以说遥相望。〔回崖句〕回崖,曲折的山崖。沓嶂(zhàng),重叠的山岭。凌,跨越。苍苍,天的代称。这是说登山览胜,愈走愈高。　〔翠影〕指山色,即上文的“青黛光”。　〔鸟飞句〕江西省北部九江一带是春秋时吴、楚交界之地,后人因称为吴头楚尾。诗人在庐山凌苍苍的高峰之上极目东望,站得高,看得远,似乎吴地尽收眼底,因而有这句诗中所写的那样一种感觉。　〔黄云二句〕也和“鸟飞不到吴天长”一样,是描绘一种极其辽阔的感觉。黄云,指边远之处吹来的风沙。动风色,是说气象有变化。九道,即九江、九派,见崔颢《长干曲》注。流雪山,形容江浪的汹涌。　〔好〕这里念 hào。〔兴因句〕兴趣因庐山而发动。　〔闲窥二句〕石镜,峰名,在星子县西二十五里。峰东悬崖上有一圆石,明净如镜,故名。谢灵运曾游其地,故其《入彭蠡湖口》诗云:“攀崖照石镜。”这是说自己来游石镜,颇觉心旷神怡,但可惜谢灵运的游踪已无可寻找。　〔早服二句〕还丹,据说是仙丹的一种,服后百日可以成仙。世情,世俗的情欲,如功名富贵之类。琴心三叠是道家的修炼方法。据说，人身上的丹田有三处，在脐下为下丹田，在心下为中丹田，在两眉间为上丹田。修道的人能使三丹田和谐重叠，统一起来，叫作琴心三叠。〔玉京〕道教尊神元始天王的住处。〔先期二句〕《淮南子·道应篇》载：卢敖游北海，到了蒙谷，看见一个人在舞蹈。卢敖想和他做朋友。那个人回答说："吾与汗漫期于九垓之外，吾不可以久驻。"就腾身到云端里去了。汗漫，不可知的人物或漫无边际的地方。期，约会。九垓（gāi），九天之外。接，陪同。太清，太空。这两句是点题"寄卢侍御"，以卢敖比虚舟（取其同姓，这是古人常用的方法）。又以卢敖所见之人比自己，说自己已经成仙得道，并愿与卢虚舟同游太空。

在许多诗篇中，李白是将自己作为一个道教徒来展示的。本篇即是其中之一。但我们也不难看出，李白并不是虔诚的信徒，而是浪漫的诗人。他的求仙，或者幻想自己已经成仙，无非是对庸俗的现实社会的蔑视和反抗。这篇诗是因参与永王李璘的军事行动获罪，后又遇赦，从江夏（今武汉市）来游庐山所作。诗中毫不涉及那次政治灾难，也可以看出他的胸怀。此诗写庐山景物，采取了在非常广阔的范围随手点染，而不就一处精雕细刻的方法，就更加显得庐山之气象万千，与诗人俊伟超逸的精神面貌相融合。它与后面苏轼的《庐山二胜》同属咏庐山景物的杰作，而用意、用笔，各不相同。比较玩赏，对于古人文心可以有更多的体会。

塞下曲

李　白

五月天山雪，无花只有寒。
笛中闻《折柳》，春色未曾看。
晓战随金鼓，宵眠抱玉鞍。
愿将腰下剑，直为斩楼兰。

〔雪〕这里作动词用，下雪。 〔折柳〕即《折杨柳》，伤离的乐曲。 〔金〕指金属打击乐器，如钲(zhēng)等。 〔宵眠句〕玉鞍，以玉装饰的马鞍。抱鞍而眠，是说作战辛苦，没有正式睡眠的机会。 〔为〕这里念 wèi。〔楼兰〕见王昌龄《从军行》注。

骏马似风飙，鸣鞭出渭桥。
弯弓辞汉月，插羽破天骄。
阵解星芒尽，营空海雾消。
功成画麟阁，独有霍嫖姚。

〔风飙(biāo)〕即飙风，暴风。 〔鸣鞭〕响起马鞭子。 〔渭桥〕在长安西北渭水上，唐代从长安出发往西域，要经过这里。 〔汉月〕犹言汉境。〔插羽句〕插羽，将军事文件上插上羽毛，表示要迅速传送，即羽檄或羽书。天骄，指强悍的胡人。汉时匈奴强盛，被称为天之骄子(宠儿)，简称天骄。这是说通过传送的急件指挥战争，因而战胜了强敌。 〔阵解句〕星芒，星的光芒。据说，星的光芒变成白色，就预兆有战争。这是说胡兵被击溃后，其阵地瓦解，天空中作为战争兆头的星芒也就没有了。 〔营空句〕这是说胡兵夜间逃跑，等海(湖泊)中的夜雾消散之后，敌人驻扎的地方只剩下了空营。 〔功成二句〕麟阁，即麒麟阁，汉帝国政府藏书的地方。汉宣帝刘询曾将有功国家的文武大臣十一人的画像挂在里面，以资纪念。霍嫖(piāo)姚，名去病，汉代著名的将军，防御匈奴有功，曾任嫖姚校尉之职。根据历史记载，在麒麟阁上有像的，是霍去病的弟弟政治家霍光，而不是去病。诗人在这里，只是借用画像的故事来说明士兵群众的功劳最后都记在将军一个人的功劳簿上面这一情况而已。

这两篇诗表扬了当时普通将士们在艰难困苦的环境下对敌作战的英勇，而斥责了统治者对于他们的漠不关心。这在过去是一种大量存在着的现象。诗人将它反映出来，是有其普遍的、积极的意义的。李白是一位天才横溢，格律束缚不住的诗人，但这并不意味着他在声律、对偶方面缺乏精纯的造诣。如这两篇，声势之稳顺，属对之工整，就绝不亚于唐代任何一位以律体见长的诗人。当然，他有时也突破樊篱，以古为律，如下面的《夜泊牛渚怀古》。

送友人

李　白

青山横北郭，白水绕东城。
此地一为别，孤蓬万里征。
浮云游子意，落日故人情。
挥手自兹去，萧萧班马鸣。

〔郭〕外城。　〔此地二句〕是双句单意的流水对。一，助词，用来加强语气。蓬，草名，枯死后被风卷起，到处飞旋，所以名为飞蓬，又称转蓬。这是说相别之后，友人远行，有如一根蓬草被风卷走。　〔浮云句〕游子，指友人。这是说友人行踪飘泊无定如浮云。　〔落日句〕故人，指自己。这是说自己眷恋难舍，有如日光徐徐落山，似不忍与大地分别。　〔自兹〕从此。　〔萧萧句〕萧萧，马鸣声。班，分别。这是说和友人分手时，双方骑的马也因恋群而长鸣。

这篇诗写惜别之情，而出以俊爽之笔。风格流丽，如珠走盘，下开大历、元和诗派。“浮云”、“落日”，喻浅意深。一结因人及马，联想得好。

夜泊牛渚怀古

李　白

牛渚西江夜，青天无片云。

登舟望秋月，空忆谢将军。
余亦能高咏，斯人不可闻。
明朝挂帆席，枫叶落纷纷。

〔牛渚(zhǔ)句〕山名，在安徽省当涂县西北。山北部突入江中，名采石矶。古称南京到江西一段的长江为西江，牛渚在西江南岸。 〔登舟四句〕本诗题下原注："此处即谢尚闻袁宏咏史处。"晋镇西将军谢尚镇守牛渚时，曾在月夜乘船泛江游览，偶然听见有人在客船中朗诵诗歌，非常欣赏，问知是一位以运租为业的袁宏在念自己写的《咏史》诗，就不拘社会地位，和他订交。这是说，在几百年之后同一地方的月夜里，想起谢尚爱才的故事。我虽然也能够像袁宏一样朗诵自己的诗篇，可惜此人（谢尚）已经无法听到了。 〔挂帆席〕指开船。帆席，帆布。

这篇诗是作者对自己怀才不遇，为世无知音而慨叹。就音律论，它是一首律诗，而通篇不用对句，则是古诗才有的结构。在律诗中，这是一种变体。诗人根据所要表现的内容，大胆地突破了已经成了定型的形式。五、六两句，也就是辛弃疾《贺新郎》词"不恨古人吾不见，恨古人不见吾狂耳"的意思，但出之以蕴藉，似有胜于辛。

登金陵凤凰台

李　白

凤凰台上凤凰游，凤去台空江自流。
吴宫花草埋幽径，晋代衣冠成古丘。
三山半落青天外，二水中分白鹭洲。
总为浮云能蔽日，长安不见使人愁。

〔凤凰台〕故址在今南京市城南。相传南朝刘宋时有凤凰在山上出现，因称山为凤凰山，台为凤凰台。〔吴宫二句〕吴，指三国时代的孙吴；晋，指东晋。花草，美女的代词。衣冠，见王维《田园乐》注。幽径，冷落的小路，这里指墓道。丘，坟墓。这两句是互文见义，说曾经在金陵建都的孙吴、东晋时代的宫中美女、朝里高官都已死去，可见得富贵繁华不能长久。〔三山句〕三山，在今南京市西南长江边上，有三峰，南北相接，故名。这是说从凤凰台上望过去，觉得三山距离很远，看不清楚，好像有一半落在天外去了。陆游《入蜀记》云："三山自石头及凤凰台望之，杳杳有无中耳。及过其下，距金陵才五十余里。"正好用来说明李白此诗。〔二水句〕水，指长江。二，或作"一"。白鹭洲位于南京西南江中，说"一水"，是就江流整体而言；说"二水"，是指江流经过洲的部分而言，皆可通。这也是台上所见。〔浮云蔽日〕比喻奸臣遮拦贤臣，参张九龄《感遇》注。〔长安〕这里是用京城代表朝廷和皇帝。

这篇诗是李白被高力士等陷害排挤，离开长安以后所作。他于登览名胜时，慨叹古代王朝的成败兴亡，而归结到对当时邪臣蔽贤的政治局面表示了自己的忧虑。

玉阶怨

李　白

玉阶生白露，夜久侵罗袜。
却下水精帘，玲珑望秋月。

〔罗袜〕丝织物制成的袜子。〔水精〕水晶。〔玲珑句〕玲珑，形容月光明亮。这是说望着玲珑的秋月。

这篇诗写一位深宫怨女秋夜孤寂无聊的生活。她先是立在室外阶上望月，时间久了，露水把袜子都打湿了，只好进到房里来，把帘子放下。帘子放下以后，她仍然依恋玲珑的月光。在这痴望中，她该有多少心事想向多情的秋月倾吐啊！诗以外部动作体现内心活动，与谢朓同题之作一致。

这是李白向谢朓学习的实例之一。

劳劳亭

李　白

天下伤心处，劳劳送客亭。
春风知别苦，不遣柳条青。

〔劳劳亭〕故址在今南京市境内，是送别的地方。《焦仲卿妻》写仲卿和兰芝分别云："举手长劳劳，二情同依依。"劳劳，心情不愉快的样子，所以送别的亭子以"劳劳"为名。

柳条未青，点明是早春季节。诗人就由此设想，极写伤心，与王维《送沈子福归江东》之"惟有相思似春色，江南江北送君归"，同属奇思妙想。

峨眉山月歌

李　白

峨眉山月半轮秋，影入平羌江水流。
夜发清溪向三峡，思君不见下渝州。

〔峨眉山〕见《蜀道难》注。　〔半轮秋〕是说秋夜的上弦或下弦月，形如半个车轮。　〔平羌江〕即青衣江，源出四川省芦山县，流到乐山市注入岷江。　〔清溪〕驿名，故址在今四川省犍（qián）为县。在峨眉山附近。〔三峡〕一般指位于重庆市东部的瞿塘峡、巫峡和湖北省西部的西陵峡。〔夜发二句〕君，指月。它在清溪、三峡之间，半轮也看不见了。渝州，今重庆市。

这篇诗是作者由蜀出游途中咏月之作。短短二十八字中，连用了峨眉山、平羌江、清溪、三峡、渝州等五个地名，共占十二字，而读来仍然婉转流畅，可以看出他安排得非常巧妙。

春夜洛城闻笛

李　白

谁家玉笛暗飞声，散入春风满洛城。
此夜曲中闻《折柳》，何人不起故园情？

〔谁家〕谁人。〔洛城〕即洛阳。〔折柳〕见上《塞下曲》注。〔故园情〕怀念家乡的感情。

客中行

李　白

兰陵美酒郁金香，玉碗盛来琥珀光。
但使主人能醉客，不知何处是他乡。

〔兰陵〕今山东省枣庄市峄城区和江苏省常州市西北，古代都称兰陵。此诗所指，不知是哪一个。〔郁金香〕一种入药的香草，可浸酒。〔琥珀(hǔ pò)光〕琥珀，一种树脂化石，黄红色，半透明。这是形容酒的光彩。

以上两篇诗，一写闻笛声而思故园，一写饮美酒而忘客感，都反映了生活真实，所谓情随事迁。

闻王昌龄左迁龙标，遥有此寄

李　白

杨花落尽子规啼，闻道龙标过五溪。
我寄愁心与明月，随风直到夜郎西。

〔左迁龙标〕古人排列班位，一般以右边为尊，从右边迁到左边，就是由尊变卑，所以左迁是降级贬官的意思。龙标，今湖南省黔阳县，王昌龄这时被贬为龙标县尉。第二句的“龙标”，即王的代称。　〔五溪〕雄溪、樠溪、无溪、酉溪、辰溪等五条水流的总称，在今湖南省西部。　〔我寄二句〕夜郎，指位于今湖南省沅陵县境的古夜郎县，沅陵正在黔阳的南方而略偏西。这是说，由于同情好友的不幸，他将以愁苦的心情，托之明月，随风而去，直到更西的夜郎。

赠汪伦

李　白

李白乘舟将欲行，忽闻岸上踏歌声。
桃花潭水深千尺，不及汪伦送我情。

〔踏歌〕一边走一边唱歌，用脚踏地打拍子唱歌。　〔桃花二句〕桃花潭，在今安徽省泾县。李白在这里游览时，当地人汪伦常常用好酒招待他，临走时又来送行，李白就写了这篇诗相赠。

以上两篇诗是在不同的心情之下写的，但都体现了诗人对朋友最深厚的感情，一则寄予明月，一则比之潭水，都是眼前景物，随手拈来，而言近旨远，这些自然的地方，正是难以企及之处。

封丘作

高　适

我本渔樵孟诸野，一生自是悠悠者。
乍可狂歌草泽中，宁堪作吏风尘下。
只言小邑无所为，公门百事皆有期。
拜迎官长心欲碎，鞭挞黎庶令人悲。
归来向家问妻子，举家尽笑今如此。
生事应须南亩田，世情付与东流水。
梦想旧山安在哉？为衔君命且迟回。
乃知梅福徒为尔，转忆陶潜归去来。

〔孟诸〕泽名，在今河南省商丘市东北。诗人少年时代，曾在这地方浪游。〔悠悠者〕闲散不羁的人。　〔乍可〕只可。　〔草泽中〕犹言民间。　〔宁堪〕怎能。　〔风尘〕这里指污浊的社会环境。　〔小邑〕指封丘（今河南省封丘县），诗人初次出来做官，就在封丘任县尉。　〔期〕期限。　〔黎庶〕老百姓。　〔今如此〕现在都是这样，指做官就得拜迎官长，鞭挞黎庶。〔生事〕生计。　〔南亩田〕周族兴起于渭水流域，渭水是由西向东流的。沿岸开辟的田地，其水沟和道路都是南北向，所以《诗经》谈到田地，常常要说南亩。这里只是泛指田地。　〔世情〕这里指用世的心情。　〔付与东流水〕是说不再顾念。　〔旧山〕犹言家山、故乡。　〔为衔句〕衔，犹言奉。迟回，犹徘徊，这里指内心迟疑不决。这是说本来想弃官归隐，但担任这个职务又是奉了皇帝的命令的，因此不免迟疑。　〔乃知二句〕梅福，西汉末年人，曾任南昌尉，王莽专权时，他抛弃官职、家庭走了，当时传说成了仙，后来却有人在会稽看见他。徒为尔，空这样做了。归去来，陶潜（渊明）曾任彭泽县令，不久辞职回家，写了《归去来辞》，表示自己的愉快。这是说我知道成仙原是假的，梅福只是空这样做做罢了，转过来，倒觉得陶渊明的辞官归隐，真值得人怀想。

这篇诗是作者初次做官的感受。由于不能够低声下气地侍奉官长，耀武扬威地欺负人民，他果然不久就辞职了。

高适，字达夫，渤海蓨（今河北省沧县）人，生于周圣神皇帝圣历三年（即久视元年〔700〕），死于代宗李豫永泰元年（765）。

燕歌行

高　适

开元二十六年，客有从御史大夫张公出塞而还者，作《燕歌行》以示。适感征戍之事，因而和焉。

汉家烟尘在东北，汉将辞家破残贼。
男儿本自重横行，天子非常赐颜色。
摐金伐鼓下榆关，旌旆逶迤碣石间。
校尉羽书飞瀚海，单于猎火照狼山。
山川萧条极边土，胡骑凭陵杂风雨。
战士军前半死生，美人帐下犹歌舞。
大漠穷秋塞草腓，孤城落日斗兵稀。
身当恩遇常轻敌，力尽关山未解围。
铁衣远戍辛勤久，玉箸应啼别离后。
少妇城南欲断肠，征人蓟北空回首。
边庭飘飖那可度，绝域苍茫更何有？
杀气三时作阵云，寒声一夜传刁斗。
相看白刃雪纷纷，死节从来岂顾勋？
君不见，沙场征战苦，至今犹忆李将军。

〔开元二十六年〕公元738年。〔御史大夫〕御史台的长官。〔张公出塞〕开元二十一年到二十六年，张守珪屡次在塞外和契丹族作战，曾经取得较大胜利，后来又和奚族作战，打了败仗，他谎报军情，假称胜利。诗人因此写了这篇作品来揭露他。〔征戍〕战争和防守，指军事活动。〔汉家、汉将〕汉皆指唐。〔烟尘〕指军事行动。〔东北〕契丹族的所在地（今辽宁省和内蒙古自治区的南部）。〔残贼〕指进犯的敌人。〔横行〕这里指对敌作战的英勇行为。〔天子句〕非常，例外地。赐颜色，赏脸，表示慰勉、鼓励。开元二十三年，张守珪回京报功，玄宗曾经亲自作了一篇诗嘉奖他的功劳。这里指的可能就是这件事。〔摐（chuāng）〕撞，打。〔金〕见李白《塞下曲》注。〔伐〕这里作敲打解。〔榆关〕即今山海关，为军事要地。〔逶迤（wēi yí）〕曲折貌，形容军队的行进。〔碣石〕见张若虚《春江花月夜》注。〔校尉二句〕校尉，官阶次于将军的武官。羽书，即羽檄，见曹植《白马篇》及李白《塞下曲》注。瀚海，沙漠的别名。单于（chán yú），匈奴君长的尊称，后来通用于北方各少数民族。猎火，夜间打猎时升起的火，这里比喻作战。狼山，在今内蒙古自治区五原县西北，即狼居胥山。这是说战争双方，都已开始进行军事行动。〔凭陵〕有所凭仗而欺凌别人。〔战士二句〕是说战士在阵前拼命，主将却在军中享乐。〔穷秋〕犹言深秋。〔腓（féi）〕病，这里是枯的意思。〔斗兵稀〕伤亡惨重，战士减员，应上"半死生"。〔身当句〕这是说将士们想到国家对自己的好处，就奋发起来，蔑视敌人，勇敢作战。事实上，那时的朝廷对待将士们并没有什么恩遇，诗的用意只是赞扬他们的英勇顽强。〔玉箸〕妇女眼泪的美称。箸，筷子。〔城南〕见沈佺期《独不见》注。〔蓟（jì）〕唐州名，今天津市蓟州区北。〔空回首〕是说欲归不能。〔边庭〕边疆。〔绝域句〕是说在极远的边疆，一片空阔荒凉。〔杀气句〕三时，早、午、晚。这是说阵地上终日杀气冲天，看上去就像空中的云一样。〔刁斗〕见李颀《古从军行》注。〔沙场二句〕沙场，沙漠中的战场。李将军，指李广。李广爱护士兵，和他们同甘共苦，见《史记》本传，和张守珪的不顾士兵死活，自己纵情享乐，成为强烈对照。这两句诗也和王昌龄的"但使卢城飞将在，不教胡马度阴山"两句，用意略同。

这篇诗歌颂了普通将士们的忠诚和勇敢，揭露了军事首领张守珪的不惜士卒，有亏职守，为当时对契丹和奚族的战争绘制了一幅生动的画图。

人日寄杜二拾遗

高　适

人日题诗寄草堂，遥怜故人思故乡。
柳条弄色不忍见，梅花满枝空断肠。
身在南蕃无所预，心怀百忧复千虑。
今年人日空相忆，明年人日知何处？
一卧东山三十春，岂知书剑老风尘？
龙钟还忝二千石，愧尔东西南北人。

〔人日〕见薛道衡《人日思归》注。〔杜二拾遗〕指杜甫。杜甫行二，在肃宗至德二载(757)，曾任左拾遗。〔草堂〕杜甫在成都浣花溪边营建一所简陋的房屋，称为草堂。〔遥怜句〕故人，指杜甫。高适作此诗时，是上元二年(761)，正任蜀州刺史，杜甫则在成都，所以老远地哀怜故人的思乡之感。〔柳条二句〕是高适想象中杜甫在初春的感受。弄色，犹言呈现颜色。“弄”本是戏弄的意思，引申为表现，如卖弄。〔身在句〕南蕃，南方边远地区，这里指今四川省西部。无所预，不曾参与朝廷大政。高适在地方做官，所以这么说。〔一卧二句〕东晋著名宰相谢安曾经一度不问朝政，高卧东山。高适少年时期，曾在各处流浪，也不过问政治，所以以谢安自比。项羽少年时期，曾学书不成，学剑又不成。“书”代表文才，“剑”代表武艺。这是说自己少年时期，曾经不屑于出来做官，有如谢安的隐居东山，哪里知道后来虽有文才武艺，仍然无所成就，白白地在风尘之中老去。〔龙钟二句〕龙钟，老迈潦倒的样子。二千石，汉时郡太守俸禄为二千石，唐朝州刺史与汉朝郡太守相等。高适任刺史，所以说“忝二千石”。忝是个谦词，凡是自己认为不配承受某种事物而又承受了，就叫作忝。东西南北人，孔丘曾自称“东西南北之人”，这里指到处奔走漂泊的杜甫。

这篇诗前四句忆杜，以下全是自抒感慨。杜甫晚年曾经追和此诗，题为《追酬故高蜀州人日见寄》，其中写道：“呜呼壮士多慷慨，合沓(tà)高名动寥廓。叹我凄凄求友篇，感君郁郁匡时略。”非常准确而深刻地阐明了高诗的用意。

送前卫县李寀少府

高 适

黄鸟翩翩杨柳垂，春风送客使人悲。
怨别自惊千里外，论交却忆十年时。
云开汶水孤帆远，路绕梁山匹马迟。
此地从来可乘兴，留君不住益凄其。

〔卫县〕今河南省浚县西南。〔少府〕见王勃《送杜少府之任蜀川》注。〔黄鸟〕黄莺。〔怨别二句〕上句是说今后相距之远，下句是说当年结交之早。〔云开二句〕汶(wèn)水、梁山，都在今山东省泰安市附近。上句是说李寀(cài)乘船经汶水而去，下句是说自己骑马绕梁山而归。帆曰“孤”，马曰“匹”，都是形容孤独。〔此地二句〕君，指李。凄其，指情绪冷落。这是说两人分手的地方，向来景物很美，足以使人乘兴游览，而现在却留君不住，因此更觉心情不好了，与起二句相应。

从动人之景、乘兴之地着笔，以反衬离别之难以为情，是这篇诗构思上的特点。

营州歌

高　适

营州少年厌原野，狐裘蒙茸猎城下。
虏酒千钟不醉人，胡儿十岁能骑马。

〔营州〕唐代都护府之一，治所在今辽宁省锦州市西北，开元后设平卢节度使，统辖今河北省长城以北及辽河以东地区，是汉族和契丹族杂居的地方。〔厌〕同餍（yàn），饱，引申为满足。〔蒙茸（róng）〕杂乱貌。〔虏酒句〕是说兄弟民族酿的酒较淡，喝得虽多也不会醉。钟，酒杯。

这是一篇古体七绝诗。它是一幅兄弟民族少年生活的速写，用的是粗线条，但营州少年豪迈勇武的精神面貌跃然纸上。

杂　咏

储光羲

钓鱼湾

垂钓绿湾春，春深杏花乱。
潭清疑水浅，荷动知鱼散。
日暮待情人，维舟绿杨岸。

〔乱〕这里是繁盛的意思。〔情人〕见张九龄《望月怀远》注。〔维舟〕用缆系船。

这篇诗和孟浩然的《夏日南亭怀辛大》在题材、结构、风格各方面都很相近，可以参读。

储光羲，润州延陵（今江苏省常州市金坛区）人，生于中宗李哲景龙元年（707），约死于肃宗李亨上元元年（760）。

题破山寺后禅院

常　建

清晨入古寺，初日照高林。
曲径通幽处，禅房花木深。
山光悦鸟性，潭影空人心。
万籁此都寂，但余钟磬音。

〔破山寺〕即兴福寺，故址在今江苏省常熟市虞山北麓。　〔后禅院〕寺庙常分前、后院，前院供佛、做法事，后院是生活区。禅，梵语“禅那”的省文，佛教指静思。有关佛教的人和物往往都加上“禅”字。　〔山光二句〕这是形容后禅院环境幽美，使鸟感到愉快，人消除俗念。　〔万籁（lài）〕一切的声响。籁，本指孔穴里发出的声音，这里用来泛指声音。　〔钟、磬（qìng）〕两种打击乐器。寺庙中用作作息信号，鸣钟表示开始，击磬表示结束。

这篇诗以写静景知名，曾为欧阳修所激赏。

常建，长安（今陕西省西安市）人，玄宗时代的诗人（约当8世纪中叶）。

送李中丞归汉阳别业

刘长卿

流落征南将，曾驱十万师。
罢归无旧业，老去恋明时。
独立三边静，轻生一剑知。
茫茫江汉上，日暮欲何之？

〔中丞〕官名，御史中丞的简称。〔汉阳〕汉水的北面，这里指今湖北省襄阳市襄州区，襄阳旧称襄州，本诗题目一作《送李中丞之襄州》。〔别业〕本宅以外的宅院。〔曾驱句〕曾带领十万军队挺进。驱，驰驱。〔罢归二句〕旧业，指在原籍的产业。明时，古人常称自己所生活的时代为明时，以表示对皇帝的爱戴。这是说李中丞在老年被解除了兵权以后，生活并不优裕，却仍然非常依恋朝廷。上句写其清廉，下句写其忠爱。〔独立句〕古称幽州、并州、凉州为三边。这里是用来泛指边疆。这是说李中丞精于用兵，威望很高，在他戍守边疆时，敌人不敢侵犯，因此安静无事。独立，是形容其他将领无法和他相比。〔轻生句〕是说李中丞过去以身许国，英勇杀敌，只有他随身的宝剑知道。言外有为李中丞之不为人重视抱不平的意思。〔茫茫〕广阔貌。〔江汉〕汉水南流，注入长江，诗人当是在汉口与李相别，所以写李之归汉阳，因其路程而连言江汉。〔何之〕何往。

李中丞是个曾经以自己的本领和忠诚为国家作过贡献而且操守廉洁的人，作者对他的晚途流落深表同情。分明知道他是回到襄州去，末句却以感叹的口气问他“日暮欲何之”，送别的和被送的双方都为此行感到不是滋味，可以想见。

刘长(zhǎng)卿，字文房，河间(今河北省河间市)人，一说宣城人，天宝、贞元间的诗人(约当8世纪初叶至8世纪80年代)。

经漂母墓

刘长卿

昔贤怀一饭，兹事已千秋。
古墓樵人识，前朝楚水流。
渚蘋行客荐，山木杜鹃愁。
春草茫茫绿，王孙旧此游。

〔漂母墓〕漂母，漂洗绵絮的妇人。韩信没有发迹时，常在淮阴城下水边钓鱼，一位漂洗绵絮的妇人看到韩信饥饿，拿饭给他吃，供给了他几十天。后来，韩信在汉高祖部下立了大功，封楚王，建都下邳（今江苏省邳州市东）。他将那位漂母召来，赐以千金。墓的故址在今江苏省淮安市淮阴区西南十多里处。〔昔贤〕古代贤人，指韩信。〔兹事〕这件事，指漂母和韩信的故事。〔前朝〕指汉朝。〔楚水〕指淮水，淮水流经淮阴，其地在汉代属楚。〔渚蘋句〕是说旅客走过墓时，用渚中的蘋花做祭品放在坟前，向漂母致敬。不用牛、羊等牺牲做祭品的祭祀叫作荐。〔山木句〕是说杜鹃在树上啼叫，其声哀切，动人归思。〔春草二句〕《楚辞》淮南小山《招隐士》："王孙游兮不归，春草生兮萋萋。"据《史记》，漂母和韩信说话时，曾称他为"王孙"，所以作者借用《楚辞》语句，说韩信曾在这一带漂泊过。

施恩不望报，受恩必报，这是中国人民所崇尚的品德。这篇咏史诗肯定了这点，但只用"已千秋"、"行客荐"、"樵人识"略点，其余都以唱叹出之，意深而不露，所以好。

别严士元

刘长卿

春风倚棹阖闾城，水国春寒阴复晴。
细雨湿衣看不见，闲花落地听无声。
日斜江上孤帆影，草绿湖南万里情。
东道若逢相识问，青袍今已误儒生。

〔别严士元〕严士元，吴人。作者任苏州长洲尉时，曾因事入狱，肃宗至德三载(758)贬潘州南巴(今广东省茂名市东)尉。这篇诗是他离开苏州赴贬所时别严之作。〔倚棹(zhào)〕犹言倚装，表示即将乘船出发。棹，桨，代称船。〔阖闾城〕即苏州城，相传是春秋时吴王阖闾所建。〔水国〕指苏州。〔日斜二句〕是想象途中情景。作者由苏州去南巴，要先溯江西上，进入洞庭湖，到湖南，再南下，所以诗言江上、湖南。〔东道二句〕东道即东道主，东边路上的主人，指家住苏州的严士元。青袍，唐代九品官的服色。作者贬为南巴尉，级别为从九品，正好服青。这是说如果我走以后，有相识的人问起，就请您告诉他，我这个有抱负的儒生已经被一件青袍耽误了。

据唐人记载，刘长卿性情刚直，常和权贵冲突，两度贬官，别人都为他不平。这篇诗写于第一次遭贬时，融情于景，很细腻地表达了诗人的牢落之感，可惜结句略嫌浅露。

过贾谊宅

刘长卿

三年谪宦此栖迟，万古惟留楚客悲。
秋草独寻人去后，寒林空见日斜时。

汉文有道恩犹薄，湘水无情吊岂知？
寂寂江山摇落处，怜君何事到天涯。

〔贾谊宅〕故址在今湖南省长沙市。〔三年二句〕贾谊，洛阳人，汉文帝时著名的政治家和诗人。在朝廷担任大中大夫的官职时，敢于指摘时弊，因此被贵族、权臣所排斥，调他任长沙王太傅，三年后悲郁而死。这两句诗写的就是此事。此，指长沙。栖迟，居住，过活。楚客，指贾谊。〔秋草二句〕是说作者在一个草衰林寒的秋天下午来凭吊了这位古代著名人物。人去后，指贾谊死去已久（九百多年）。〔汉文二句〕汉文帝不是个无道昏君，但对贾谊的恩宠还是很薄，说明君臣彼此相投，不是一件容易的事。贾谊贬官长沙的时候，经过湘水，想起伟大诗人屈原的遭遇，产生了同病相怜的感情，曾写了一篇《吊屈原文》。可是，贾谊虽然吊念屈原，但屈原已经死了，湘水哪能知道他的意思呢？这两句诗说的是汉文帝和贾谊的关系，事实上也就是唐肃宗和作者的关系，贾谊对屈原的感情，也就是作者对贾谊的感情。〔江山摇落处〕指秋天的长沙。摇落，草木凋零的样子。〔何事〕为什么。

这篇诗写的也是对于一个历史人物的怀念。贾谊是个善于发现政治社会问题，很有工作能力，并且极其愿意为祖国效忠的人，却由于遭到权贵的排斥，在年纪很轻的时候就抑郁地死去了。诗人在这里悼念贾谊，同时也就是在申诉自己的类似的不幸。全诗处处双关，上文已明言是“谪宦”，下文又故意问“何事到天涯”，言外自露抱屈之意，“怜君”即是自怜，用笔含蓄，构思巧妙。

自京赴奉先县咏怀五百字

杜　甫

杜陵有布衣，老大意转拙。许身一何愚，窃比稷与契！

居然成濩落，白首甘契阔。盖棺事则已，此志常觊豁。
穷年忧黎元，叹息肠内热。取笑同学翁，浩歌弥激烈。
非无江海志，潇洒送日月。生逢尧舜君，不忍便永诀。
当今廊庙具，构厦岂云缺？葵藿倾太阳，物性固莫夺。
顾惟蝼蚁辈，但自求其穴。胡为慕大鲸，辄拟偃溟渤？
以兹误生理，独耻事干谒。兀兀遂至今，忍为尘埃没？
终愧巢与由，未能易其节。沉饮聊自适，放歌颇愁绝。

〔自京赴奉先县〕天宝十四载(755)十一月，杜甫从长安到奉先县(今陕西省蒲城县)去探望暂时寄居在那里的妻儿。〔杜陵句〕杜陵是汉宣帝的陵墓，在长安东南。杜甫祖籍杜陵，又在那一带住过，所以自称杜陵布衣。布衣是社会地位低下的人的代称。〔老大句〕这是一句含有愤慨的反话，意即年纪愈大，愈不愿意投机取巧，随波逐流。〔许身〕期望自己。〔一何〕多么。〔窃比句〕窃，谦词。稷(jì)，周代的祖先，舜时主管农业；契(xiè)，商代的祖先，舜时主管教育。两人都是上古时代的贤臣。这是说，自己想为国效劳，上比稷、契，也就是"拙"和"愚"的具体表现。〔居然句〕濩(huò)落，即瓠落，大而无当的意思。这是说自己窃比稷、契，立志虽高，但一事无成。〔契(qì)阔〕勤苦。〔盖棺二句〕盖棺，指死亡。此志，指上文"窃比稷与契"那种崇高的志愿。觊(jì)，希望。豁，达到。这是说，总希望能够实现那种崇高的志愿，死而后已。〔穷年句〕黎元，老百姓。这是说自己一年到头关心人民。〔取笑二句〕翁，对年长的人的尊称。弥，更为。这是说虽然由于"许身一何愚"而被那些庸俗的同学们所讥笑，但表达自己思想感情的歌唱却更加响亮，更加慷慨激昂。〔非无四句〕江海志，放浪于江海之上，即归隐的志愿。尧舜君，像古代尧舜一样好的皇帝，指玄宗。永诀，永别，永远离开。这是说自己并非没有归隐江海、自在度日的意思，但由于在自己的有生之年，遇到这么一个好皇帝，实在不舍得和他永别。玄宗是一位早年励精图治，晚年昏聩荒淫的皇帝。诗人对开元盛世，留有深刻印象，所以即使此诗写于天宝乱世，也还对玄宗怀有好感。〔当今二句〕廊庙，指朝廷的建筑物，犹言宫殿。具，完备。

与下句“缺”相对。构，修建。厦，大屋。岂云，难道。这是说现在朝廷建筑物都已完备，难道还因为要起房子而缺少什么（材料）吗？比喻朝中人才很多，并不缺自己这么一个人。〔葵藿二句〕葵藿，见前傅玄《豫章行苦相篇》注。固，本来。莫夺，不可能强加改变。这是说自己的忠君爱国，出于本性，不可改变。〔顾惟四句〕顾惟，却想。蝼，蝼蛄，土狗。偃，游息。溟渤，广大无边的海。这是以蝼蚁与大鲸对比，来说明当时许多庸俗的人和自己的区别，而以反问自己的方式表达出来。〔以兹二句〕以兹，因此。生理，生活，偏指物质生活。干谒，因有所请求而拜访权贵，即奔走权门。这两句诗是倒文，由于自己胸怀大志，窃比稷、契，以从事干谒为可耻，所以耽误了谋求较富裕的生活。〔兀（wù）兀〕劳苦貌，又穷困貌。〔忍为句〕怎么忍心（使自己一辈子）埋没在尘埃里面。〔终愧二句〕巢，巢父；由，许由。古代传说中的两位隐居高士，和稷、契是两种类型的人。在古典文学中，常将巢、由和稷、契对比，以表避世和用世的差异。节，操守。这是说自己终于无法改变操守，效法巢、由的避世，对他们不免感到惭愧。〔沉饮〕犹言痛饮。〔聊自适〕姑且自我快意。〔放歌句〕这是说由于非常忧愁，所以放声歌唱。颇，一作“破”，则是说放歌以破除忧愁，亦通。

以上诗人倾吐自己的怀抱。他自比稷、契，忧国忧民，既耻于干谒，又不肯隐遁，旅食长安，难酬素志，感到非常苦闷。

岁暮百草零，疾风高冈裂。天衢阴峥嵘，客子中夜发。
霜严衣带断，指直不得结。凌晨过骊山，御榻在嵽嵲。
蚩尤塞寒空，蹴踏崖谷滑。瑶池气郁律，羽林相摩戛。
君臣留欢娱，乐动殷胶葛。赐浴皆长缨，与宴非短褐。
彤庭所分帛，本自寒女出。鞭挞其夫家，聚敛贡城阙。
圣人筐篚恩，实欲邦国活。臣如忽至理，君岂弃此物？
多士盈朝廷，仁者宜战栗。况闻内金盘，尽在卫霍室。
中堂舞神仙，烟雾蒙玉质。暖客貂鼠裘，悲管逐清瑟。

劝客驼蹄羹，霜橙压香橘。朱门酒肉臭，路有冻死骨。
荣枯咫尺异，惆怅难再述。

〔零〕植物凋谢，草叫作零，木叫作落。〔疾风句〕这一句是夸张之词，形容风势猛烈，甚至连高峻的山冈也被吹得裂开了。〔天衢(qú)句〕天衢，天街，指天空或长安城中的街道。峥嵘，本山高貌，这里用来形容阴云密布。这是说从长安出发时，天气很坏。〔客子〕诗人自指，他在长安做官，也是作客。〔中夜发〕半夜动身。〔霜严二句〕是说在浓霜之中，手指冻得僵直了，所以偶然断了衣带，也无法将它结起来。〔骊(lí)山〕山名，在临潼，距长安六十里，有温泉，玄宗与杨贵妃每年十月移居骊山华清宫避寒。〔嵽嵲(dié niè)〕本山高貌，这里即用来作骊山的代词。〔蚩尤〕上古传说中曾与黄帝作战的一位酋长，能作大雾，这里即用来作为雾的代词。〔蹴(cù)踏〕行动。〔瑶池〕古代神话中西王母居住的地方，这里指骊山上的温泉华清池。〔郁律〕水汽蒸腾的样子。〔羽林〕即羽林军，保卫皇帝安全的禁卫军。〔摩戛(jiá)〕拥挤貌，形容人多。〔乐动句〕殷，盛大，引申为充塞。胶葛，本是天空广阔的形容词，这里即指广阔的天空。这是说奏起乐来，声音远播，充塞空间。〔赐浴二句〕缨，帽带。与(yù)，参加。短褐(hè)，粗布短衣。这是说被皇帝赏赐到温泉洗浴的，到宫殿参加宴会的，都是系着长长帽带的高官，绝无身着粗布衣服的平民。〔彤庭二句〕彤庭，指朝廷。彤，红色。朝廷建筑多以红色为饰。这是说朝廷分赐给官吏们的帛，原来都是贫苦妇女辛苦织成。〔聚敛(liǎn)〕搜刮。〔圣人四句〕圣人，见李白《战城南》注。筐篚(kuāng fěi)，竹器。古代礼节：皇帝赐宴时，也以筐篚盛币帛分赐大臣，以示恩宠。这是说皇帝对群臣如此优礼，实是希望他们尽忠效力，使国家隆盛。如果臣下忽略这一至关重要的道理，那么，皇帝岂非将这些币帛都白白地丢掉了吗？〔多士〕犹言百官。〔仁者句〕是说他们中有点良心的人都应对上述情景触目惊心，浑身发抖。〔况闻二句〕内，大内，皇帝的宫禁。卫，卫青。他的姐姐子夫为汉武帝宠爱，立为皇后。霍，霍去病，是卫青的另外一姐姐少儿的儿子。这里用来借指杨贵妃的哥哥杨国忠及其姐妹亲戚。这是说，何况还听说，宫中的许多宝物都已赐给了这些外戚。〔中堂六句〕神仙，唐人对妖艳妇女的习用代词，这里指歌儿舞女。烟雾，指她们穿的衣服，轻薄如烟雾。“悲管逐清瑟”即管瑟合奏。管，管乐。瑟，一种二十五弦的乐器。古人听乐，以悲哀为美，故管乐称悲管，弦乐称哀丝。驼蹄羹，用骆驼蹄中的一块肌肉做成的羹汤，是一种珍贵的食品。橙、橘，都是南方果品，在长安很不易得。这是写杨国忠等人在府第中举行豪华宴会的情形，出自诗人想象。〔荣枯二句〕荣指“朱门酒肉臭”；枯，指“路有冻死骨”。咫，八寸。这是说，同是生活在这个社会里，距离如此之近，而苦乐相差如此之远，真是使人万分难受，再也无法说下去了。

以上写沿途景物以及经过骊山温泉宫殿时的见闻和感受。

北辕就泾渭，官渡又改辙。群水从西下，极目高崒兀。
疑是崆峒来，恐触天柱折。河梁幸未坼，枝撑声窸窣。
行旅相攀援，川广不可越。老妻寄异县，十口隔风雪。
谁能久不顾？庶往共饥渴。入门闻号咷，幼子饥已卒！
吾宁舍一哀？里巷亦呜咽。所愧为人父，无食致夭折。
岂知秋禾登，贫窭有仓卒？生常免租税，名不隶征伐。
抚迹犹酸辛，平人固骚屑。默思失业徒，因念远戍卒。
忧端齐终南，澒洞不可掇。

〔北辕二句〕北辕，驾车朝北方走。就，走近。泾、渭，二水名，在昭应县（今陕西省西安市临潼区）合流。官渡，公家设立的渡口。改辙，改道。这是说驾车到泾渭合流处的渡口，准备乘船过河，而因水势太大，渡口已不在原处。〔极目〕远望。〔崒兀（zú wù）〕高峻貌。这里形容水势之大。〔疑是句〕崆峒（kōng tóng），山名，在甘肃省岷县。泾、渭二水都发源甘肃，所以诗人疑心它们来自崆峒。〔恐触句〕古代神话：共工和颛顼（zhuān xū）争为帝，怒而触不周山，将支撑天的柱子都弄断了。〔河梁二句〕坼（chè），裂开。窸窣（xī sū），细小的声音。这是说因为渡口移动，只好改由桥上过河，幸而桥梁还没有被水冲坏，但它已经有些摇晃，支撑点发出细小的声音。〔相攀援〕互相牵引协助。〔川广句〕形容过桥有些困难，并非真的没法过去。〔寄〕客居。〔异县〕指奉先。〔十口〕指一家十口人。〔庶往句〕是说希望去（和妻儿们）一同过苦日子。庶，庶几，希望。〔吾宁二句〕这两句也是倒文，是说幼儿饿死的悲剧，连邻人都为之伤心落泪，我（虽然达观）又岂能不痛哭一场呢？〔岂知二句〕登，谷物成熟。贫窭（jù），穷苦人。这是说今年秋收之后，本不应饿死人，哪里知道穷苦人家还会发生这种事故。〔生常二句〕封建统治阶级优待士大夫，照例让他们免缴租税，免服兵役。杜甫也享受这种特权。征兵都有名册，免服兵役，就册上无名。所以说"名不隶征伐"。〔抚迹二句〕抚迹，犹抚事，回想（幼子饿死的）情事。平人，即平民（唐太宗名世民，唐人讳"民"字，改作"人"）。骚屑，扰动不安貌。这是说自己是个小官，儿子还会饿死，人民生活之痛苦不安就更不用说了。〔默思二句〕失业徒，指由于被大地主兼并丧失土地因而再不能从事本业的农民。远戍卒，指被征发到边境戍守的农民。这是诗人由自己之享受了免除租税兵役的特权，生活尚且过得如此悲惨，想到那些广大失业农民、远征戍卒更加悲惨的命运。〔忧端二句〕忧端，犹忧愁。物件的一头叫端，引申则事物的项目也叫端。终南，见王维《终南山》注。澒洞（hòng dòng），广大貌。掇，收拾。这是说自己想到这些，简直觉得心中的忧愁和终南山一般高大，没法收拾了。

以上写旅途的辛苦，家境的悲惨，并从自己的亲身遭遇想到更不如自己的广大人民，对于国家的前途充满了深切的忧愤。

这篇诗是杜甫的杰作之一，它表达了诗人"穷年忧黎元"，"窃比稷与契"的崇高思想，也反映了安史乱前唐帝国已经危机四伏不可终日的政治社会情况，可以说是他在长安十年生活的观察与体验的总结。特别值得指出的是，他写这篇诗时，安禄山已经在范阳发动了叛乱（虽然他还不知道），由此可以见出诗人的政治敏感性。伟大的诗人，永远既是时代的先行者，又是历史的见证人。

杜甫，字子美，襄州襄阳人，生于先天元年（712），死于代宗大历五年

(770)，祖国最伟大的诗人之一。深挚的爱祖国、爱人民的精神贯注在他的创作中。在艺术技巧方面，他也达到了五七言诗这种古典形式的最高成就。古来人们就敬称他为“诗圣”，称他的作品为“诗史”。

北　征

杜　甫

皇帝二载秋，闰八月初吉。杜子将北征，苍茫问家室。
维时遭艰虞，朝野少暇日。顾惭恩私被，诏许归蓬荜。
拜辞诣阙下，怵惕久未出。虽乏谏诤姿，恐君有遗失。
君诚中兴主，经纬固密勿。东胡反未已，臣甫愤所切。
挥涕恋行在，道途犹恍惚。乾坤含疮痍，忧虞何时毕！

〔皇帝四句〕皇帝，指肃宗。二载，即至德二载(756)。743年玄宗改“年”为“载”，到758年才由肃宗改回。初吉，初一，即朔日。北征，朝北面走，指由凤翔(今陕西省宝鸡市凤翔区)到鄜(fū)州(今陕西省富县)去探望寄居在那里的妻儿。鄜州在凤翔东北。苍茫，渺茫。问，探望。音书阻隔，所以觉得家庭情况有些渺茫而急于探问。这四句说明因“问家室”，所以“北征”，为全篇纲领。此诗题目及起句有意模仿班昭的《东征赋》。赋以下列四句开头：“惟永初之有七兮，余随子乎东征。时孟春之吉日兮，撰良辰而将行。”可以类比。　〔维时四句〕维，发语词。艰虞，艰难困苦。顾，可是。恩私，给予自己的特殊恩惠或照顾。被，加给。蓬荜(bì)，以蓬和荜这类草做门户的屋，穷人所居，这里谦指自己在鄜州的住宅。这是说，国家正在困难时期，上上下下都没有闲空，可是我却获得特殊的照顾，由皇帝降下诏书，要我回去探亲。至德二载五月，杜甫担任左拾遗时，因上疏救房琯触怒肃宗，几乎闯下大祸。幸得宰相张镐为他申辩，方才免罪，但肃宗毕竟和他疏远了，八月便放他回家省亲。　〔诣(yì)〕到。　〔阙下〕即朝廷所在的地方。阙,宫阙。〔怵(chù)惕〕惶恐不安的样子。〔虽乏二句〕旧时对君主或尊长进行规劝或争论,使之改正错误,叫作谏诤(jiàn zhèng)。姿,这里指表现。杜甫当时任左拾遗,谏诤是他的职责,所以这么说。〔君诚句〕一个皇朝在衰落以后又振作起来,称为中兴。这是对肃宗的赞美,说他实在是一位中兴的皇帝。〔经纬〕织物以纵线为经,横线为纬。经纬交织而成布帛,引申为组织安排。〔固〕本来。〔密勿〕周密勤勉。〔东胡句〕东胡,指安、史叛军。本年正月,安禄山的儿子杀父自立,继续和唐军对抗。禄山虽死,胡祸未平,所以说未已(还没完结)。〔愤所切〕即"所切愤",切愤,犹痛愤,因押韵而倒文。〔行在〕皇帝临时住的地方,指凤翔。〔道途句〕是说上路以后,心事重重,所以精神恍惚。〔乾坤句〕是说全国都饱含着战争的创伤。乾坤,天地。痍(yí),创伤。〔虞〕忧虑。

以上写得假探亲,以及拜别皇帝时所引起的伤时忧国之情。

靡靡逾阡陌,人烟渺萧瑟。所遇多被伤,呻吟更流血。
回首凤翔县,旌旗晚明灭。前登寒山重,屡得饮马窟。
邠郊入地底,泾水中荡潏。猛虎立我前,苍崖吼时裂。
菊垂今秋花,石戴古车辙。青云动高兴,幽事亦可悦。
山果多琐细,罗生杂橡栗。或红如丹砂,或黑如点漆。
雨露之所濡,甘苦齐结实。缅思桃源内,益叹身世拙。
坡陀望鄜畤,岩谷互出没。我行已水滨,我仆犹木末。
鸱鸟鸣黄桑,野鼠拱乱穴。夜深经战场,寒月照白骨。
潼关百万师,往者散何卒!遂令半秦民,残害为异物。

〔靡(mǐ)靡〕犹迟迟。〔逾〕跨越。〔阡陌〕田间小路。〔人烟句〕这是说战乱之后,人口稀少,情况萧条。〔被伤〕指受伤者。〔回首句〕承上"挥涕恋行在"。〔旌旗句〕这是写旌旗在夕照下闪动的情形。〔重〕重叠。〔屡得句〕饮(yìn)马窟,为了给马喝水而挖的积水坑。一路上多次遇见饮马窟，可见地近战场。〔邠郊二句〕邠（bīn），今陕西省彬州市。荡潏（jué），水流汹涌貌。泾水从邠州北部流过，形成盆地。杜甫身在寒山，向下眺望，所以看到邠郊如在地底，泾水流经其中。〔猛虎二句〕猛虎，指立在那里的苍崖。崖有裂缝，很像老虎大吼。有人认为是指真虎，但看上下文，诗人此时面对秋山，心情舒展，如果当时真有老虎对他大吼一声，他恐怕就会魂飞天外，不会认为"幽事亦可悦"了。〔石戴句〕是说山头石路，被来往的车轮轧得有很深的轨迹。〔青云句〕是说秋空的云物诱发了自己高雅的兴致。〔幽事〕山间幽美的景色。〔橡〕栎树的果实，俗名橡子。参后皮日休《正乐府·橡媪叹》注。〔濡〕滋润。〔缅思二句〕缅思，遥想。桃源，见陶渊明《桃花源诗》。身世拙，指自己年将半百（杜甫写此诗时是四十六岁），一事无成。这是由眼前幽事之可悦，联想到古代桃源之可羡，再转而想到自己生平之可悲。〔坡陀二句〕坡陀，山冈起伏不平的地方。畤（zhì），祭祀天神的祭坛。春秋时的秦国王曾在鄜州立畤祭祀白帝，所以用"鄜畤"代称鄜州。这是写由寒山下来，远见鄜州，仍然隔着一段有岩有谷（有高有低）的距离。〔我行二句〕是说自己已经到了泾水旁边，但仆人还在半山，回首望过去，像在树梢头上。杜甫为什么比他仆人快呢？他另一篇诗《徒步归行》回答了这个问题，原来他在邠州向一位姓李的官员借了一匹马。诗中说："凤翔千官且饱饭，衣马不复能轻肥。青袍朝士最困者，白头拾遗徒步归。人生交契无老少，论心何必先同调？妻子山中哭向天，须公枥上追风骠。"就是写他借马的情况。否则，他归心再急，恐怕也难以把仆人落下那么远。〔鸱（chī）〕猫头鹰。〔拱〕指野鼠站立的时候，将两条前腿放在一处，如人拱手。〔夜深二句〕诗人八月初一从凤翔出发，经邠州再到鄜州，一路行来，已在中旬以后，所以夜深见月。〔潼关二句〕潼关，在今陕西省潼关县黄河边，是当时的险要关塞。百万师，指哥舒翰镇守潼关的二十万军队，说"百万"，是夸大之词。往者，过去，指去年。卒，同猝，即仓猝，匆遽。至德元载（756）哥舒翰守潼关时，杨国忠逼他出战，六月，被安禄山打败，伤亡惨重，十不存一二。〔遂令二句〕秦民，关中平原的人民。为异物，即死亡。据《唐会要》，天宝十四载（755），户为八百九十一万余，口为五千二百九十一万五千余。到了上元元年(760)户仅一百九十三万余,口仅一千六百九十九万余。前后相距五年,户口减少这么多,可见这两句诗是当时实录。

以上写由凤翔经邠州到鄜州沿途对自然风物和战后景象的感受。虽然中途因风物可爱,忧怀暂舒,但终于回到“乾坤含疮痍”的苦难现实。

况我堕胡尘,及归尽华发。经年至茅屋,妻子衣百结。
恸哭松声回,悲泉共幽咽。平生所娇儿,颜色白胜雪。
见耶背面啼,垢腻脚不袜。床前两小女,补绽才过膝。
海图坼波涛,旧绣移曲折。天吴及紫凤,颠倒在短褐。
老夫情怀恶,呕泄卧数日。那无囊中帛,救汝寒凛栗。
粉黛亦解包,衾裯稍罗列。瘦妻面复光,痴女头自栉。
学母无不为,晓妆随手抹。移时施朱铅,狼藉画眉阔。
生还对童稚,似欲忘饥渴。问事竞挽须,谁能即嗔喝?
翻思在贼愁,甘受杂乱聒。新归且慰意,生理焉得说?

〔况我二句〕堕胡尘,这里指落在安禄山叛军势力的控制之中。华发,花白头发。至德元载(756)七月,杜甫在鄜州,听说肃宗在灵武(今宁夏回族自治区灵武市)即位,就起程前往,中途被叛军俘获,送往长安。二载二月,肃宗由灵武移驾凤翔,四月,杜甫才从长安逃出,五月到凤翔担任左拾遗职务,八月得假回家探亲,所以下文说“经年至茅屋”。相隔只一年,头发全变花白了,可见忧患之深重。〔百结〕打满了补丁,破破烂烂。〔恸哭二句〕这是说一家人重逢,都悲哭起来,松风、泉流互相应和,也显得凄凄惨惨的。〔平生句〕一向最宠爱的儿子。“娇”字这里作动词用。〔见耶句〕耶,同爷。由于一年不见,所以生疏了,看见爸爸,反而背过脸哭了起来。〔垢腻句〕与上“颜色白胜雪”句对衬,从前很白净,现在却很脏,连袜子都穿不上。〔床〕一种类似凳子的坐具。〔补绽(zhàn)句〕绽,裂开。补绽,即补缀,补联。这是说两个女孩穿的衣服,不但破烂,而且短小。〔海图四句〕海图,指绣着海景的图障。坼(chè),裂开。据《山海经》，天吴和九凤都是神名。天吴是八首人面，八足八尾，色青黄。九凤是九首，人面鸟身。诗中天吴、紫凤连称，紫凤可能就是指的九凤。褐（hè），粗布衣服。这是说，孩子衣服破了，也找不到布来补，杜二奶奶只好将家中的旧海图绣障子剪开，胡乱缝在孩子们穿的粗布衣上，也顾不上绣在障子上的那些天吴、紫凤的原有位置，将它们都弄颠倒了。〔老夫二句〕老夫，杜甫自称。恶，恶劣。诗人看了家里这种悲惨情形，心绪恶劣，生起病来，上吐下泻，躺了几天。〔那无句〕那无，岂无。唐人官俸，有钱有帛。囊中帛，泛指他带回的俸禄，言帛则钱在其中。〔寒凛栗〕冻得发抖。〔黛〕古代妇女用来画眉的一种青黑色矿物质颜料。〔衾（qīn）〕被子。〔裯（chóu）〕帐子。〔痴女句〕痴女，犹娇女。这个"痴"字是指天真烂漫，不是贬义词。头自栉（zhì），自己梳起头来。〔学母四句〕无不为，什么都做，即妈妈怎样打扮，她也怎样打扮。随手抹，信手乱抹。移时，花了不少时间。朱，胭脂。铅，粉，古人搽脸的粉用铅烧成。狼藉，不整洁的样子。画眉阔，写孩子不会画眉，将眉毛画得太粗了。所以用狼藉来形容它。天宝末年，流行细眉，所以白居易《新乐府・上阳白发人》说："小头鞋履窄衣裳，青黛点眉眉细长，外人不见见应笑，天宝末年时世妆。"这四句表面是写孩子，实际上却是写杜二奶奶在丈夫回来后用心梳妆，是上面"瘦妻面复光"的补充描写，所谓言在此而意在彼。〔问事二句〕事指自己被俘逃出及得假探亲的经过。嗔（chēn），生气。焉，怎么，疑问词。孩子争先恐后问东问西，做爸爸的虽然有点儿嫌烦，但又怎么好对他们生气，加以斥责呢？〔翻思〕回想。翻，同反。〔聒（guō）〕吵闹。〔新归二句〕生理，生计，指物质生活。这是说，才回家中，和妻儿团聚，已经很安慰。至于生活问题，一时还没法说。

以上写到家以后，所看到的家庭情况及与家人团聚，悲喜交萦的心情。

至尊尚蒙尘，几日休练卒？仰观天色改，坐觉妖氛豁。
阴风西北来，惨淡随回纥。其王愿助顺，其俗善驰突。

送兵五千人，驱马一万匹。此辈少为贵，四方服勇决。
所用皆鹰腾，破敌过箭疾。圣心颇虚伫，时议气欲夺。
伊洛指掌收，西京不足拔。官军请深入，蓄锐可俱发。
此举开青徐，旋瞻略恒碣。昊天积霜露，正气有肃杀。
祸转亡胡岁，势成禽胡月。胡命其能久？皇纲未宜绝。

〔至尊〕最尊贵的人，指皇帝。〔蒙尘〕皇帝因故流落在外，称为蒙尘。这时玄宗、肃宗都还没有回到都城长安。〔几日句〕练卒，训练军队。这是说哪有几天能够停止练兵的？表明平叛战争还在继续进行。〔仰观二句〕坐，因。妖氛，犹妖气，指叛乱势力。豁，开朗。这是以天象比喻人事，诗人觉得国事已有好转，所以其下就接写借兵回纥的事。〔阴风二句〕以阴惨惨的风从西北方吹入中原地区，暗示诗人对借兵平叛这一措施的看法。回纥本是匈奴的一支，原在唐帝国的北方建国，唐末才进入今新疆维吾尔自治区境内，逐渐定居。〔其王句〕助顺，指帮助唐朝平叛。唐为顺，安、史为逆。至德二载九月，回纥怀仁可汗派他的儿子叶护、将军帝德率领精兵四千余人来凤翔助顺。肃宗大喜，赏赐很厚。〔驰突〕奔驰冲突，指以骑兵作战。〔送兵二句〕骑兵都有一匹备用马，所以人五千有马万匹。〔此辈二句〕是说回纥骑兵以少为贵（“送兵五千人”正与上“潼关百万师”相映，可见当如此解），因此四方都佩服其勇敢坚决。〔鹰腾〕鹰一般地飞腾。〔箭疾〕箭一般地迅速。〔圣心二句〕圣，指肃宗。虚伫，谦虚地等待。时议，指当时朝野对借兵平叛这一措施所持的异议。气欲夺，勇气几乎被剥夺。这是说由于皇帝对这一并不合适的措施寄予很大的期望，所以虽然有人另有看法，也不敢坚持己见。〔伊洛二句〕伊、洛，伊水、洛水流域，这里借指唐帝国的东京洛阳。指掌收，犹言唾手可得。西京，长安。拔，夺取敌占地点。不足拔，不值一拔。这是对回纥助顺的希望之辞。〔官军二句〕官军，唐朝部队。俱，指唐军与回纥协同作战。发，发动进攻。这是说回纥新来，而唐军在潼关败后，经过休整，已经养精蓄锐，可以共同进攻。〔此举二句〕青，青州，在今山东省。徐，徐州，在今江苏省北部。略，夺取。恒，恒山，在今山西省。碣，碣石山，在今河北省。这是诗人对即将发动的战役寄予的希望。他希望由于这一战役的胜利,能够打入青、徐,夺取恒、碣。这些地方当时都在叛军控制之下。〔昊天二句〕昊天,伟大的天。肃杀,严酷萧瑟貌,这是形容当时的平叛工作。 〔皇纲句〕是说唐帝国不应由于安史之乱而崩溃。皇纲,指国家的政权法度。

以上写自己对时局的看法,对借兵回纥深表忧虑,对平定叛乱颇具信心。末句启下段。

忆昨狼狈初,事与古先别。奸臣竟菹醢,同恶随荡析。
不闻夏殷衰,中自诛褒妲。周汉获再兴,宣光果明哲。
桓桓陈将军,仗钺奋忠烈。微尔人尽非,如今国犹活。
凄凉大同殿,寂寞白兽闼。都人望翠华,佳气向金阙。
园陵固有神,洒扫数不缺。煌煌太宗业,树立甚宏达。

〔忆昨句〕指去年安史叛乱,玄宗奔亡入蜀诸事。 〔奸臣二句〕菹醢(zū hǎi),肉酱。这里作动词用。这是说将奸臣剁成了肉酱。荡析,犹扫荡。奸臣,指杨贵妃的哥哥杨国忠,是当时的宰相。天宝十五载(756)六月,玄宗在禁卫军护送之下,逃离长安。到了离长安不远的马嵬驿,士兵们连饭也吃不上,大家都很愤怒。左龙武大将军陈玄礼率领将士杀掉了杨国忠,“屠割支体,以枪揭其首于驿门外”(《资治通鉴》)。同恶,指杨国忠的家族,他的妻子裴柔、儿子杨暄、他的妹妹韩国夫人、虢国夫人等害人虫,还有敢于反对这一正义行动的御史大夫魏方进等人。 〔不闻二句〕古代史学家认为女宠太甚,足以亡国,故认为夏代的桀王因宠妹喜而亡,殷(商)代的纣(zhòu)王因宠妲己而亡,西周的幽王因宠褒姒而亡。这两句诗中夏殷和褒妲对不上号,应作“不闻夏殷衰,中自诛妹妲”,或“不闻周殷衰,中自诛褒妲”,才符合史实。这两句是杜甫“为尊者讳”,说从来没有听说过,前代帝王因为女宠致祸,但能悬崖勒马,割情正法,将女宠处死的;但玄宗却能够处死杨贵妃,所以胜于前代帝王。事实上,玄宗也是在以陈玄礼将军为首的将士们的正义行动之下，为了保全自己，才将杨贵妃抛了出来做替罪羊的。〔周汉二句〕这两句是赞美肃宗，将他比作前代中兴的皇帝。西周被犬戎灭亡后，宣王建立东周王朝；西汉被王莽篡夺后，光武帝建立东汉帝国，史家认为是周、汉两代的中兴。再兴就是中兴。〔桓桓四句〕桓桓，威武貌。钺（yuè），大斧，一种兵器。微尔，没有你。这是赞美陈玄礼手握武器，忠心耿耿，保护了皇帝，诛灭了奸臣及同恶。如果没有你，大家都会成问题；可现在，国家却还活着。〔凄凉二句〕大同殿，在长安南内兴庆宫勤政楼北，是玄宗朝见群臣的地方。白兽闼，即白虎门。唐高祖李渊的祖父名虎，唐人避讳，将“虎”字改写为“兽”（或武、或豹、或彪）。“门”改为“闼”，则因此诗用入声韵。白虎门在长安西内东北角凌烟阁北不远，是玄宗诛灭韦后奠定帝业所曾经战斗过的地方。这两句是对玄宗的怀念。补足上面“不闻夏殷衰”二句对他的称颂。〔都人句〕翠华，饰有翠羽的旌旗，指皇帝的仪仗队。这是说人民希望早日胜利，肃宗和太上皇玄宗早日回京。〔佳气句〕古代有一种叫作望气术的迷信，认为根据天上云气的变化，可以预知人事的吉凶。这是说预示着吉兆的云气正向着金阙（皇宫的美称，犹金殿），可见前途光明。〔园陵二句〕园陵，指死去的皇帝在长安附近的陵墓。数，礼节。这两句是预期之词，说先帝的亡灵在暗中保佑着肃宗，而他收复长安后，会亲自去扫墓以尽礼数。

以上是诗人良好的祝愿，他认为叛乱平定在即，中兴指日可期。

开元之治是唐帝国发展的顶点。经过安史之乱——这是一场极为严重的、具有民族斗争性质的地方军阀叛乱，所以诗中说“东胡反未已”——她便衰落了下来。杜甫通过记述自己在战乱中请假回家探亲的所见所闻所感，将当时朝廷的治乱、人民的苦难、家庭的悲欢、个人的哀乐、国家的命运，都如实地作了反映，从而刻画了这一大转变时代的面貌。它和上篇都以回家探亲为题材，都将家庭的和国家、人民的命运紧密地联系在一起。但在艺术构思上，并不重复，虽然它们都以波澜起伏而又结构严密见长。

新安吏

杜　甫

客行新安道，喧呼闻点兵。借问新安吏："县小更无丁？"
"府帖昨夜下，次选中男行。""中男绝短小，何以守王城？"
肥男有母送，瘦男独伶俜。白水暮东流，青山犹哭声。
"莫自使眼枯，收汝泪纵横。眼枯即见骨，天地终无情。
我军取相州，日夕望其平。岂意贼难料，归军星散营。
就粮近故垒，练卒依旧京。掘壕不到水，牧马役亦轻。
况乃王师顺，抚养甚分明。送行勿泣血，仆射如父兄。"

〔客〕诗人自称。　〔新安〕今河南省新安县。　〔点兵〕征兵。　〔县小句〕唐朝制度原以十六岁为中男，二十一岁为丁男。玄宗天宝三载(744)，改十八以上为中男，二十三以上为丁男。只有丁男才有服兵役的义务。杜甫这篇诗作于肃宗乾元二年(759)，这时的中男和丁男的年龄，都应照天宝三载的规定，但诗中却说"中男绝短小"，似乎又不到十八岁。或许因为安禄山叛乱之后，兵源缺乏，临时又将提高的年龄降低了也说不定。更，岂。这句是客问。　〔府帖二句〕府帖，折冲府(唐代的军区)的征兵文书。天宝时府兵制尚未完全破坏，故征兵文书仍称府帖。这两句是吏答。〔中男二句〕绝，这里作十分或非常解。王城，京城，这里指唐帝国的东都洛阳。这两句又是客问。　〔肥男二句〕肥男有母，瘦男无母，但无父则同。诗人只写其有母、无母之异，而无父之同则在言外，使人读来更感悲痛。伶俜，见《焦仲卿妻》注。　〔白水二句〕形容当时的悲惨气氛。傍晚时，被征发的士兵全都走了，像眼前东流的白水，而青山里却还萦绕着送行者的哭声。　〔莫自四句〕代当事的居者、行者双方发抒怨愤的话。即使将眼泪哭干了，也不会有人来同情。天地，暗指朝廷。　〔我军四句〕相州，即邺城，今河南省安阳市。其，指安禄山、史思明的叛乱武装。归军，即败军，这是由于不肯"长他人志气，灭自己威风"而采用的一种含蓄的说法。星散营，合围的军队像星一般散开，各自回营。乾元元年（758），郭子仪等九个节度使带兵二十万围安庆绪（安禄山的儿子，这时安禄山已被安庆绪杀死）于相州。二年三月，史思明来救安庆绪，唐军大败，各节度使都退回本镇，只有郭子仪还留下保卫着洛阳。这是说明这次征兵是在大败之后，有所不得已。〔就粮八句〕就粮，犹就食。故垒，旧营地。练卒，训练兵卒。旧京，指洛阳。泣血，血也就是泪，说泣血，是形容哭得厉害。仆射（yè），即丞相，指郭子仪。他在至德二载（757）五月为左仆射。如父兄，对士兵像父兄对子弟那么好。这是说军中既然有吃的，又只参加训练，暂无危险，总之是工作既轻，待遇也好。由“莫自使眼枯”到篇末共十六句，都是诗人安慰被征的士兵和送行者的话。

《新安吏》、《潼关吏》、《石壕吏》、《新婚别》、《垂老别》、《无家别》是杜甫最杰出的组诗之一。这一组简称为“三吏”、“三别”的诗篇，是诗人在759年唐帝国的部队在相州被安、史叛军打败不久，由洛阳回到华州（今陕西省渭南市华州区）时，依据沿途的见闻而写的。安禄山在755年冬叛变，到这时已近五年。频繁的战争，已经加深了人民的痛苦。在相州新败之后，唐帝国必须扩大兵源，加强战斗力量，来继续对抗和镇压这一十分危险的地方武装叛乱，因此就再行征兵。这时，一些横暴的官吏竟然采取了许多残酷的非法手段来完成自己的任务，以致民不聊生，家破人亡。杜甫既关心着祖国的安全，又同情着人民的苦难；既不能反对征兵来支援平叛战争，又不能坐视人民遭受折磨而不加申诉。在这种极端矛盾的心情之下，诗人就写出了这一组诗。这些诗篇歌颂了普通人民对祖国的忠诚勇敢，鼓舞了他们继续进行斗争，也警告了将士们要认真防守关塞，以免再打败仗，同时还以大量的篇幅揭露了官吏们任意捕捉人民、乱拉兵夫的罪行。在这六幅不朽的生活图画里，洋溢着诗人深厚无比的爱国主义和人道主义精神。但“三吏”兼有问答叙事，“三别”都是托为居者、行者之辞，手法又不一样。

这第一篇，是为控诉统治者将未到兵役年龄的青年驱上战场而作。作者一方面描写了他们的和他们亲属的痛苦，另一方面，为了祖国和人民的长远利益，又安慰和鼓励了他们。

潼关吏

杜　甫

士卒何草草，筑城潼关道。大城铁不如，小城万丈余。
借问潼关吏："修关还备胡?"要我下马行，为我指山隅：
"连云列战格，飞鸟不能逾。胡来但自守，岂复忧西都。
丈人视要处，窄狭容单车。艰难奋长戟，万古用一夫。"
"哀哉桃林战，百万化为鱼。请嘱防关将，慎勿学哥舒!"

〔草草〕劳苦貌。　〔潼关〕见上《北征》注。　〔大城二句〕这两句是互文见义，意思是不论大城小城，都修筑得又坚固又高。小城修在山上，故曰万丈余。　〔修关句〕是客人的问话。还，还是。因为在"潼关百万师，往者散何卒"之后，故用一"还"字。这个字有惩前毖后的意思。　〔要(yāo)〕邀请。　〔连云句〕连云，形容地势之高，上连云端。战格，战栅，防止敌人进攻的障碍物。这是说，潼关高处都已布满战格。自此以下八句，都是潼关吏的回答。　〔西都〕长安。　〔丈人〕对老年人的尊称。　〔艰难句〕戟，兵器名，在长杆上端装以附有分枝的利刃。这是说地方窄狭，如果奋起长戟作战，也难以施展开来。　〔万古句〕从古以来，这地方只要用少数人就可以守住，即"一夫当关，万夫莫开"，易守难攻的意思。　〔哀哉四句〕桃林，要塞名，在今河南省灵宝市以西到潼关一带。化为鱼，比喻士兵战败以后，掉进黄河里面。756 年，大将哥舒翰出潼关，和安禄山战于桃林塞一带，大败，竟然无耻地投降了叛军。这是诗人希望潼关吏转告防关将，要他们用心防守这个要塞，以免再打败仗。

相州败后，唐军赶紧加强潼关的防御工事，以阻止叛军的西进。士兵们辛苦地修好了要塞，但官吏们却有倚仗险要的轻敌思想，诗人恐怕将来又像哥舒翰一样一败涂地，所以特地写了这篇诗告诫他们，希望他们提高警惕。

石壕吏

杜　甫

暮投石壕村，有吏夜捉人。老翁逾墙走，老妇出门看。
吏呼一何怒，妇啼一何苦。听妇前致词：“三男邺城戍。
一男附书至，二男新战死。存者且偷生，死者长已矣！
室中更无人，惟有乳下孙。有孙母未去，出入无完裙。
老妪力虽衰，请从吏夜归。急应河阳役，犹得备晨炊。”
夜久语声绝，如闻泣幽咽。天明登前途，独与老翁别。

〔投〕投宿。〔石壕村〕在今河南省陕县东。〔邺城戍〕戍，原是防守的意思，但这里是指前往邺城包围叛军。〔附书〕带信。〔存者〕指附书的一男。〔长已矣〕永远完了。〔乳下孙〕吃奶的孙子。〔去〕这里指断绝和夫家关系。〔妪(yù)〕老年的妇女。〔河阳〕今河南省孟州市，在洛阳东北。郭子仪的军队当时就驻防在那里，以保卫洛阳，所以本诗中的“河阳役”就是《新安吏》中的“守王城”。〔犹得句〕连夜赶去，还可以给你们烧早饭。备，供给。〔独与句〕诗人只和老翁作别，说明老妪已被捉走，而老翁则在天明以前又偷偷地回了家。

这篇诗以富于戏剧性的手法，揭露了官吏的横暴。妇女依法是不服兵役的。老妪出来陈说家庭的苦情，原是希望可以免于被征，但出于她的(同时也是诗人的)意料之外，仍然被捉去了，这就使人更其清楚地看出了统治者及其爪牙是在如何地对待人民。

新婚别

杜　甫

兔丝附蓬麻，引蔓故不长。嫁女与征夫，不如弃路旁。

结发为夫妻，席不暖君床。暮婚晨告别，无乃太匆忙！
君行虽不远，守边赴河阳。妾身未分明，何以拜姑嫜？
父母养我时，日夜令我藏。生女有所归，鸡狗亦得将。
今君往死地，沉痛迫中肠。誓欲随君去，形势反苍黄。
勿为新婚念，努力事戎行。妇人在军中，兵气恐不扬。
自嗟贫家女，久致罗襦裳。罗襦不复施，对君洗红妆。
仰视百鸟飞，大小必双翔。人事多错迕，与君永相望。

〔兔丝二句〕故，本来。“不长”的“长”，兼指植物及时间的长度。这是以兔丝附蓬麻则伸蔓不长，比喻女子嫁征夫则相亲不久。一说，这是比喻女子嫁给男子，总得在一道生活，不该离开好远，如同兔丝缠绕在蓬麻上，伸出蔓来，也不会有多长。　〔结发句〕用汉无名氏《古诗》成句，见前。　〔席不句〕连你床上的席子都还没有睡热。　〔守边句〕是诗人讽刺之辞。河阳本是内地，却变成了要守的“边”，可见敌人猖狂到了什么地步。　〔妾身二句〕古代风俗，第一天晚举行婚礼，第二天一清早，新婚夫妇才拜见婆婆公公。所以朱庆余在《闺意》中说：“洞房昨夜停红烛，待晓堂前拜舅姑。”这是说他们结婚之后，第二天早上丈夫还没有来得及带妻子去拜见父母，就得走了，一个新媳妇，身份都还不明不白，怎么好自个儿去见婆婆公公呢？姑，婆婆。嫜，公公。　〔日夜句〕古代封建习俗，女子到十四五岁，就藏起来，不见外人。　〔归〕这里作嫁解。　〔鸡狗句〕将，追随。这句诗就是俗话所谓“嫁鸡随鸡，嫁狗随狗”。　〔中肠〕犹言心肠。　〔苍黄〕即仓惶，紧张的样子。　〔戎行（háng）〕军事。　〔自嗟四句〕这是写新娘对丈夫表示忠贞。她是一位穷家小户的姑娘，好不容易才做了一身好衣裳，打扮得漂漂亮亮地来做新娘子，却又遇到这样一场意外。现在，她当着丈夫的面，脱下衣裳，洗掉脂粉，一心一意等他回来。久致，很久才得到。施，这里当穿着解。　〔错迕（wǔ）〕差错。　〔望〕盼望。

“三别”三篇，都是用第一人称来写的。这篇是一位新娘子的自白。她为自己命运的不幸、处境的尴尬而痛苦着，为自己前途的不可知而忧虑着;但为了支持国家正在进行着的平叛正义战争,她仍然坚强地负担起自己的责任,鼓励丈夫走上前线。诗人在这里为我们塑造了一个非常优美的普通少妇的形象。通过她,我们看到了中国人民自觉地牺牲个人幸福,为祖国而献身的崇高精神。这篇所受到《古诗》"冉冉孤生竹"一篇的影响很清楚。

垂老别

杜　甫

四郊未宁静，垂老不得安。"子孙阵亡尽，焉用身独完?"
投杖出门去，同行为辛酸。幸有牙齿存，所悲骨髓干。
男儿既介胄，长揖别上官。老妻卧路啼，岁暮衣裳单。
孰知是死别，且复伤其寒。此去必不归，还闻劝加餐。
土门壁甚坚，杏园度亦难。势异邺城下，纵死时犹宽。
人生有离合，岂择衰老端?忆昔少壮日，迟回竟长叹。
万国尽征戍，烽火被冈峦。积尸草木腥，流血川原丹。
何乡为乐土，安敢尚盘桓?弃绝蓬室居，塌然摧肺肝。

〔四郊句〕指各地都在打仗。古人认为,如果一座城市四面的郊区都由于敌人的进逼而建立了防御工事,那就是负责官员的耻辱。所以这句诗也含有指斥当时军政当局的意思。　〔垂老〕将老。　〔子孙二句〕老军人的独白。他说,后人都死光了,一个人还活着,有什么意思。焉用,何用。〔介胄(zhòu)〕这里作动词用,即穿戴上介和胄。介,甲。胄,头盔,古代作战时用的防护帽。　〔长揖〕拱手为礼,古时介胄之士不行跪拜礼。　〔上官〕指地方官吏。　〔老妻句〕写这位军人的妻子因为在家衣食无着,所以睡在路上,拦住他,不让他去。　〔孰知〕分明知道。孰,同熟,分明。〔伤其寒〕指自己伤老妻。无衣曰寒。　〔土门二句〕土门口,即井陉关,在今河北省井陉县。壁，堡垒。杏园镇，在今河南省卫辉市。这是说唐军已从在邺城北面的土门和在邺城南面的杏园将叛军根据地邺城控制住，使它不容易再发展。〔势异二句〕以前在邺城，是进攻，现在是防守，所以情势有区别。宽，这里是远的意思。这是安慰老妻和自己的话。〔离合〕偏义复词，这里偏用离字的意义。〔岂择句〕衰老端，犹言衰老时。老，一作“盛”。“端”字在这里具有词尾的性质。这是说哪里管得你衰老，或哪管老少。〔迟回〕见高适《封丘作》注。〔川原〕平原。〔丹〕红色。〔何乡句〕《诗经·魏风·硕鼠》：“逝将去女（汝），适彼乐土。乐土乐土，爰得我所。”这里反用其意，以见在叛军蹂躏之下，各地都非乐土，只有努力消灭敌人，才有出路。〔盘桓〕徘徊不进，停留。〔蓬室〕茅屋。〔塌然〕垮下来的样子。

这篇诗通过一位老军人的口气，写出了当时人民在战争中所受的灾难。但这位老人并不是用消极态度来对待这次战争的。他一想到整个祖国所受的灾难比个人更加深重，就立刻振奋起来，发出了勇敢的“安敢尚盘桓”的声音。

无家别

杜 甫

寂寞天宝后，园庐但蒿藜。我里百余家，世乱各东西。
存者无消息，死者为尘泥。贱子因阵败，归来寻旧蹊。
久行见空巷，日瘦气惨凄。但对狐与狸，竖毛怒我啼。
四邻何所有？一二老寡妻。宿鸟恋本枝，安辞且穷栖。
方春独荷锄，日暮还灌畦。县吏知我至，召令习鼓鞞。
虽从本州役，内顾无所携。近行只一身，远去终转迷。
家乡既荡尽，远近理亦齐。永痛长病母，五年委沟溪。
生我不得力，终身两酸嘶。人生无家别，何以为蒸黎！

〔寂寞二句〕安禄山在天宝十四载(755)冬叛变。次年七月,唐肃宗就继位为帝,并改年号为至德。对安禄山的战争,主要是在天宝时代之后进行的。几年战争的结果,损失很大,田地荒芜,住宅也没人住了,都长满了蒿(hāo)、藜这类野草。〔贱子〕古人对自己的一种谦称。〔阵败〕指九节度使在相州的溃败。〔旧蹊〕原有的小路,借指家乡。〔日瘦〕日光暗淡。日光有明暗、强弱,无肥瘦。称"日瘦",是一种通感。〔怒我啼〕由于对我发怒而啼叫着。〔安辞〕哪里会推辞。〔穷栖〕在穷困中住了下去。〔荷(hè)〕扛着。〔畦(qí)〕田地里分成的小区。〔习鼓鼙(pí)〕鼙,军鼓的一种。习鼓鼙就是练习打仗。〔虽从二句〕携,这里作分别解。这是说自己虽然要离开本村到州城里去,但因亲属都死光了,向家内望过去,竟没有人可以告别。这是自伤的话。〔近行二句〕虽然孤零零地只有一身,幸喜得只到离乡很近的州城,如果远去,心里会变得更加迷乱。这是自慰的话。〔家乡二句〕转念一想,反正在家乡也是一无所有了,到本州和到外地还不是一样。这又是自伤的话。齐,同。理亦齐,事理反正一样。以上六句,层层深入,刻画这位孤独者的心理,非常细致入微。〔五年句〕委沟溪,死了不能安葬,抛弃在山沟里。这是说在战争中折磨了五年,终于不幸地死去。〔终身句〕死去的母亲和活着的儿子两个人都一辈子辛酸地号泣着。〔蒸黎〕老百姓。

这篇诗通过一位家破人亡,只剩下孑然一身的军人的自白,控诉了叛乱者发动战争的罪恶。它显然与《古诗》"十五从军征"一篇有渊源。两篇诗都突出了主人公对极熟悉的家乡的陌生和非常难堪的孤独。但杜诗更有发展,即这可痛的陌生和孤独也不能保持了。

丽人行

杜 甫

三月三日天气新,长安水边多丽人。

态浓意远淑且真,肌理细腻骨肉匀。

绣罗衣裳照暮春，蹙金孔雀银麒麟。
头上何所有？翠为㔩叶垂鬓唇。
背后何所见？珠压腰衱稳称身。

〔三月三日〕古人以三月三日为上巳日。这一天要到水边斋戒沐浴，消灾求福。后来成了游春的日子。〔水边〕指位于长安城东南角的名胜曲江池，现已干涸。〔丽人〕美女。这里指游春的贵妇人。〔态浓意远〕姿态凝重，神情高雅。〔淑且真〕性格和善而又天真。〔绣罗二句〕描写丽人们所穿罗衣。蹙（cù），这里指刺绣。金、银分用，互文见义。麒麟，传说中一种象征祥瑞的兽。〔翠为句〕是说用翠玉制成的㔩（è）叶（一种妇女的头饰）垂在鬓边。〔珠压句〕是说腰衱（jié）上系着珍珠，压住衣襟或裙子，使之贴身。腰衱，腰带，一说是衣的后襟。称（chèn），服帖，适合。

以上泛写上巳日贵族妇女出游曲江时体态之美和服饰之盛。

就中云幕椒房亲，赐名大国虢与秦。
紫驼之峰出翠釜，水精之盘行素鳞。
犀箸厌饫久未下，鸾刀缕切空纷纶。
黄门飞鞚不动尘，御厨络绎送八珍。
箫鼓哀吟感鬼神，宾从杂遝实要津。

〔就中二句〕就中，唐时口语，犹其中。云幕，绘有云彩的帷幕；椒房，以花椒和泥抹墙的宫室。云幕椒房亲，指杨贵妃的姐姐们。她有三个姐姐，都被玄宗赐予国夫人的名号。大姨韩国，三姨虢（guó）国，八姨秦国。这是说，上巳游春的贵妇人中，就有杨贵妃的三位姐姐。诗句受字数限制，只举虢、秦。〔紫驼二句〕驼峰羹也和《自京赴奉先县咏怀五百字》中提到的驼蹄羹一样，是一种名菜。翠釜（fǔ），翠绿色的锅。水精，即水晶。行，送。素鳞，白色的鱼。这是说各位国夫人出游时，事先为她们准备了许多名菜。这两句语对、意对而词义不对，交错成文。〔犀箸二句〕犀箸，犀牛角制成的筷子。厌饫(yù),饱足。厌,同餍。久未下,很久没有伸筷子。鸾刀,柄上饰以鸾铃的刀。缕切,细切。纷纶,忙乱貌。这是说她们对于珍品佳肴久已吃腻,连筷子都懒得动,厨师们白忙了一阵子。〔黄门二句〕黄门,这里指在宫廷服役的宦官。鞚(kònɡ),马勒头,代指马。飞鞚即驰马。不动尘,形容道路整洁,马行平稳。这是说夫人们正吃不下,皇帝又送了许多好东西来。〔箫鼓句〕形容音乐的动人。古人论乐,以悲哀为美。〔宾从句〕宾从,宾客和跟随的人。杂遝(tà。通沓),多而乱的样子。实,充满。这是说夫人们出游,一些钻营的人闻风而至,以致道路为之阻塞。《古诗》:“何不策高足,先据要路津。”要津一向比喻重要的政治地位,这里也是双关,实要津即奔走权门。

以上突出写杨氏姐妹骄奢淫逸的生活以及玄宗对她们的宠幸,宾从对她们的趋奉。

后来鞍马何逡巡!当轩下马入锦茵。
杨花雪落覆白蘋,青鸟飞去衔红巾。
炙手可热势绝伦,慎莫近前丞相嗔。

〔后来鞍马〕最后骑马而来的人,指杨贵妃的哥哥杨国忠。〔逡(qūn)巡〕欲进不进的样子,这里形容大模大样。〔轩〕敞厅。〔锦茵〕丝织地毯。〔杨花二句〕暗指杨国忠和他的堂妹虢国夫人私通的事。古人认为杨花入水化为白蘋,二物同出一源,所以用如雪的杨花覆盖在白蘋上暗示兄妹同根,而发生苟且的丑恶行为。青鸟是神话中西王母的使者,而男女偷情常赠与红巾作为表记,所以用青鸟衔红巾来影射暗通情意。〔炙手句〕是说杨国忠气焰逼人,权势无与伦比。炙,烤。〔慎莫句〕是诗人告诫之词,要大家注意不要走近那些贵妇,否则丞相就要生气。嗔(chēn),发怒。

以上写杨国忠的骄横和无耻。

杨国忠于天宝十一载(752)十一月任右丞相,此诗当作于次年春天。

正在杨氏兄妹最得意的时候，诗人却冷隽地描绘了他们的丑恶形象，也就判决了这般害人虫的前途只能是灭亡。诗人在这里公然地点了杨氏姐弟的名，是对当时邪恶势力最英勇的挑战，表现了他的胆量。罗马诗人说："愤怒出诗人。"这自然是对的。但还可以加上一句：忠义出诗胆。杜甫若不是对祖国对人民爱得心里发痛，他就不敢这样毫无顾忌地抨击这些蟊贼。另外，还有一点值得注意的就是：诗中着重描写的杨贵妃的三个姐姐，这时都是四十左右的半老妇人了，而还打扮得这么花俏，搔首弄姿，无非是以肉麻当有趣罢了。诗人却特意笼统地以"态浓"等句来描写她们，正是入骨的讽刺，读时切不可忽略过去。

渼陂行

杜　甫

岑参兄弟皆好奇，携我远来游渼陂。
天地黤惨忽异色，波涛万顷堆琉璃。
琉璃汗漫泛舟入，事殊兴极忧思集。
鼍作鲸吞不复知，恶风白浪何嗟及。
主人锦帆相为开，舟子喜甚无氛埃。
凫鹥散乱棹讴发，丝管啁啾空翠来。
沉竿续缦深莫测，菱叶荷花净如拭。
宛在中流渤澥清，下归无极终南黑。
半陂以南纯浸山，动影袅窕冲融间。
船舷冥戛云际寺，水面月出蓝田关。
此时骊龙亦吐珠，冯夷击鼓群龙趋。
湘妃汉女出歌舞，金支翠旗光有无。
咫尺但愁雷雨至，苍茫不晓神灵意。
少壮几时奈老何，向来哀乐何其多！

〔渼陂(měi bēi)〕湖名，在长安西南终南山麓，水源来自终南，方广数里。〔岑参〕和杜甫同时的诗人，见后。其兄弟不详。 〔黤(yǎn)惨〕昏暗貌。〔琉璃〕一种半透明的化学物质，此处形容波涛。 〔汗漫〕无边无际的样子。 〔事殊句〕是说事情很特殊(指起了大风浪还泛舟)，兴致好到极点，但也带来了忧愁。 〔鼍(tuó)作二句〕鼍，即猪婆龙，鳄鱼的一种。不复知，无法预知。何嗟及，即嗟何及，叹悔不及。这是写因好奇而冒险游陂，既感兴奋，又觉惊恐。 〔主人二句〕这是说恶风白浪一会儿就过去了，主人(岑参兄弟)叫船夫再为客人把帆张开，继续游赏，而船夫也因沙尘不再吹到水面，便于操作，十分高兴。 〔凫鹥(fú yī)二句〕凫，野鸭。鹥，鸥。棹讴，船夫的歌。啁啾(zhōu jiū)，象声词，常指动物细小的叫声，这里指弦管声。空翠，天空的蔚蓝色。这是说继续在乐声中游赏。 〔沉竿句〕缦(màn)，丝绳，这里作缆绳解。这一句是虚摹水深。 〔菱叶句〕这句是实写水面。 〔宛在二句〕宛，宛然，仿佛。渤澥(xiè)，海的别支，海湾，借指渼陂。无极，无底。这是说泛舟渼陂，仿佛在海湾清澈的中流；俯视深不可测的陂，但见终南山黑色的倒影。这两句同上两句一样，也是前虚摹，后实写。 〔袅窕(niǎo tiǎo)〕即窈窕(yǎo tiǎo)，美好貌，形容山。〔冲融〕深广貌，形容水。 〔船舷二句〕舷，船边。冥，暗。戛(jiá)，摩擦。云际寺，指户县东南云际山上的大定寺。蓝田关，在渼陂东南的蓝田县，即秦时峣(yáo)关。寺和关均距陂约六七十里。这是写天黑月出，几只船靠在一起，发生摩擦的声音。其时，望几十里外的大定寺和峣关，就和在面前一样。 〔此时四句〕骊龙，黑龙，传说它颔(hàn)下有宝珠。冯(píng)夷，即冰夷，水神名。湘妃，指帝舜的两位妃子娥皇和女英，参李白《远别离》注。汉女，汉水女神。金支，即金枝。翠旗，以翠鸟羽毛为饰的旗。这是诗人面对云影月光，水声山色以及船中女乐而想象出来的神奇世界。月如骊龙所吐之珠，山上树木为月光照耀，似乎是金枝翠旗，而女乐的吹弹歌唱，又像是冯夷击鼓，群龙戏波，湘妃、汉女载歌载舞。

这是一篇纪游诗，先写气候恶劣，冒险游赏；次写气候转好，直到夜间才尽兴而归。末抒天有不测风云和年华容易消逝的感慨，反映了作者长期旅居长安，功名蹭蹬(cèng dèng)的情绪。通篇出以浪漫主义的夸张手法，和李白的作风相近，在杜集中是别调。

奉先刘少府新画山水障歌

杜　甫

堂上不合生枫树，怪底江山起烟雾！
闻君扫却赤县图，乘兴遣画沧洲趣。
画师亦无数，好手不可遇。
对此融心神，知君重毫素。
岂但祁岳与郑虔，笔力远过杨契丹。
得非玄圃裂？无乃潇湘翻？
悄然坐我天姥下，耳边似已闻清猿。
反思前夜风雨疾，乃是蒲城鬼神入。
元气淋漓障犹湿，真宰上诉天应泣。
野亭春还杂花远，渔翁暝踏孤舟立。
沧浪水深青溟阔，欹岸侧岛秋毫末。
不见湘妃鼓瑟时，至今斑竹临江活。
刘侯天机精，爱画入骨髓。
自有两儿郎，挥洒亦莫比。
大儿聪明到，能添老树巅崖里。
小儿心孔开，貌得山僧及童子。
若耶溪，云门寺，
吾独胡为到泥滓？青鞋布袜从此始！

〔奉先〕县名，今陕西省蒲城县。　〔刘少府〕名单。少府是唐人对县尉的美称。　〔山水障〕画有山水的屏风。　〔堂上二句〕写初见这幅画障的印象,由于画得逼真,因而发生疑问。怪底,怪得。 〔闻君二句〕君,指刘单。扫却,画完。赤县图,当系指奉先县的形势图。唐人称京城长安所辖各县为赤县。沧洲趣,流连于水边景物的情趣,即画中的景物和情趣。这是诗人自答,以“赤县图”作“山水障”的陪衬。 〔对此句〕这是说自己非常欣赏这幅画,对之感到心旷神怡。 〔重毫素〕毫,笔。素,作画的绢。古人作画多用绢素。这是形容刘单精于画艺。 〔岂但二句〕以当代和前代的画家为刘单的陪衬。祁岳、郑虔,与杜甫同时的画家。杨契丹,隋代大画家。 〔得非二句〕“得非”与“无乃”同义,都是反诘词,犹莫不是。玄圃,古代神话中的仙境。这是以反问语气赞美这幅画障之美好,似乎它是从玄圃中分裂出来的,或者是潇湘流到这里了。 〔悄然二句〕悄然,静悄悄地。天姥,见李白《梦游天姥吟留别》注。“裂”与“翻”如见其形;“闻”则如听其声。 〔反思四句〕写看见这幅画障,正在前天晚上大风大雨之后,因此产生许多幻想。真宰,天神。诗人幻想蒲城(奉先)前夜之所以发生了大风雨,乃是因有鬼神进入城中,看到了刘少府这幅笔墨未干,充满了元气的作品,认为是巧夺天工,泄露了宇宙间的秘密,因此上诉天神,天神也因之哭了起来(“风雨”就是天神的哭泣)。古代传说:凡是人类有伟大的创造时,鬼神都认为泄露了天机,为之哭泣,如仓颉造字后,就发生过“天雨粟,鬼夜哭”的事。此诗用意也是这样。元气,古人想象中的一种充满宇宙的流动性的物质实体,也是构成整个宇宙的原始材料。 〔野亭四句〕暝,傍晚时。沧浪,水名。青溟,碧海。欹、侧,都是斜的意思。秋毫,鸟兽在秋天新长出来的毫毛,细而难见。秋毫末,极形容其工细。这是实写图中景物,有树有人,有山有水,或巨或细,或近或远。 〔不见二句〕湘妃鼓瑟,见后钱起《湘灵鼓瑟》及注。斑竹,见后贾岛《赠人斑竹拄杖》及注。这两句又由实转虚,因画中有竹,联想到古代神话传说。 〔天机〕指创作时的思维活动,犹神思或艺术构思。 〔自有六句〕挥洒,挥毫洒墨,指绘画。心孔,心眼。貌,作动词用。画,特指画人像和动物。这是兼赞刘氏二子,并点明这画障是父子三人合作。 〔若耶溪〕见王籍《入若耶溪》及注。 〔云门寺〕在若耶溪边云门山上。 〔吾独二句〕胡为,何为,为什么。泥滓,犹泥涂,比喻污浊的社会。这是说看了这幅神妙的画障,不禁发生归隐之心。

天宝十三载（754），寓居长安的杜甫因秋雨成灾，生活困难，就将家口迁往奉先安顿。这篇诗就是此时所作。它时而写画，时而写人，时而写画师，时而写自己，交错纵横，几乎无轨辙可寻；在写画时，着重在读画时的真实感，反复强调以画为真，而用“不合”、“怪底”、“得非”、“无乃”、“似已闻”、“乃是”等词勾勒，使人如同身历其境；虽然换韵数次，但气势融贯，一波未平，一波又起，变幻莫测，是杜甫题画诗的杰作之一。

醉时歌

杜　甫

诸公衮衮登台省，广文先生官独冷。
甲第纷纷厌粱肉，广文先生饭不足。
先生有道出羲皇，先生有才过屈宋。
德尊一代常坎坷，名垂万古知何用！

〔衮（gǔn）衮〕连续不绝的样子，形容众多。　〔登台省〕在御史台、中书省、尚书省、门下省担任要职。　〔广文句〕郑虔是当时著名文士，对诗、书、画造诣都很高，被玄宗称为“三绝”。天宝九载（750），玄宗在国子监（国立大学）中设置广文馆，派郑虔为广文馆博士，故诗中称之为“广文先生”。广文馆博士是个闲官，故曰“官冷”。　〔甲第〕头等（住宅）。宅分几等，有甲乙次第，故称甲第。　〔厌〕同餍，饱足。　〔粱〕良种的粟。这里泛指精美的主食。　〔先生二句〕出，超出。羲皇，上古传说中的圣王伏羲氏。有道出羲皇，是赞美郑虔的道德完美，甚至超出上古时代淳朴的人民。屈、宋，屈原和宋玉，战国时代楚国著名的诗人、《楚辞》的作者。〔德尊〕品德为人所尊敬。　〔坎坷〕不平的样子，引申为不得志。

以上写郑虔怀才不遇。

杜陵野客人更嗤，被褐短窄鬓如丝。
日籴太仓五升米，时赴郑老同襟期。
得钱即相觅，沽酒不复疑。
忘形到尔汝，痛饮真吾师。

〔杜陵野客〕杜甫自称。参看上《自京赴奉先县咏怀五百字》注。〔嗤(chī)〕讥笑。〔被褐(hè)句〕是说又穷困又衰老。被，穿着。褐，粗布衣服。〔日籴(dí)句〕籴，买粮食。太仓，京都设置的国家粮仓。当时因大雨成灾，粮食涨价，所以朝廷命令太仓减价卖米给穷人。杜甫因为穷困，只好每天去买五升，买一天，吃一天。也就是说，家无隔宿之粮，得过且过。〔时赴句〕郑虔年龄比杜甫大，所以尊为郑老。襟期，犹性情、怀抱。这是说由于和郑虔合得来，所以在很艰苦的生活中，仍然时常来往。〔不复疑〕指决不为了生活问题而发生该不该有钱就去买酒的疑虑。

以上写与郑虔交往，借酒浇愁。

清夜沉沉动春酌，灯前细雨檐花落。
但觉高歌有鬼神，焉知饿死填沟壑？
相如逸才亲涤器，子云识字终投阁。
先生早赋《归去来》，石田茅屋荒苍苔。
儒术于我何有哉？孔丘盗跖俱尘埃。
不须闻此意惨怆，生前相遇且衔杯。

〔动春酌〕在春天饮酒。〔檐花〕在屋檐下面的树枝上的花。〔但觉二句〕是说由于心情激动，引吭高歌，似有鬼使神差，而不管这样下去必然要饿死，终于抛弃在沟壑之中，连埋葬的地方都没有。〔相如二句〕司马相如，西汉武帝时的大文学家和语言学家。当他还没有发达的时候，和妻子卓文君在成都开小酒店为生。文君当垆，他洗涤食器。扬雄，字子云，西汉末年著名的学者，多识古文奇字。在校书天禄阁时，有狱官来逮捕他，他便吓得从阁上跳下，几乎跌死。其实那件案子与他并无关系。这是说，有才学的人不见得有好遭遇，从古如此。〔先生二句〕是劝郑虔弃官归隐，像陶渊明一样。陶弃官归隐之后，写了一篇《归去来辞》，起句道："归去来兮，田园将芜胡不归。"这两句与之同意。石田，土中搀有沙石的瘦田。〔孔丘句〕承上句来，因为孔丘是儒家的创始人。盗跖，姓柳下，名跖，相传是春秋末年一位著名的"盗"，故连称盗跖。在《庄子·盗跖》中，有盗跖与孔丘进行哲学辩论的寓言。所以在传统观念中，孔丘与盗跖是对立面。丘与跖终于都已成尘埃，则儒也并不比"盗"更可贵了。这是认为善恶是非并无区别的消极想法。〔此〕指有关相如、子云、孔丘、盗跖的往事。〔衔杯〕饮酒。

这篇诗大概与前篇作于同时。它是杜甫在旅居长安十年，最后连衣食都没有着落的情况之下，对现实的嘲弄和抗议。在一篇文章中，他曾以"奉儒守官，未坠素业"自豪，而本篇却认为"儒术于我何有哉"了。写郑虔，写古人，也就是写自己。

茅屋为秋风所破歌

杜　甫

八月秋高风怒号，卷我屋上三重茅。
茅飞渡江洒江郊，高者挂罥长林梢，下者飘转沉塘坳。
南村群童欺我老无力，忍能对面为盗贼！
公然抱茅入竹去，唇焦口燥呼不得，归来倚杖自叹息。
俄顷风定云墨色，秋天漠漠向昏黑。
布衾多年冷似铁，娇儿恶卧踏里裂。
床头屋漏无干处，雨脚如麻未断绝。
自经丧乱少睡眠，长夜沾湿何由彻？
安得广厦千万间，大庇天下寒士俱欢颜，风雨不动安如山。

鸣呼！何时眼前突兀见此屋，吾庐独破受冻死亦足。

〔三重(chóng)茅〕盖在屋顶上的几层茅草。古汉语中往往以三和九代表多数。〔罥(juàn)〕也是“挂”。〔坳(ào)〕低洼的地方。〔忍能〕忍心这样。“能”字在这里作这样解。〔对面〕即当面，也就是下句的“公然”。〔竹〕指竹林子。〔定〕这里作停息解。〔漠漠〕阴沉貌。〔向〕将近。〔衾(qīn)〕被子。〔恶卧〕睡相不好。〔里〕指被里子。〔雨脚〕就是雨。雨向下落，如人脚下垂。日光下射，也可称日脚。〔丧乱〕指公元755年以来的安史之乱。〔何由彻〕怎能等到天亮。〔大庇〕全部庇覆。〔突兀〕高耸貌。〔见〕同现，出现。

这篇诗是肃宗上元二年(761)杜甫在成都时所作。诗人由自己生活上的不幸，想到广大人民的不幸，认为只要“天下寒士”都有屋子住，那么自己就是冻死了也不要紧。这种感情是非常高贵的。郭沫若先生在《李白与杜甫》中认为诗中所说的“寒士”仅仅限于和作者一样的比较穷困的知识分子。证以杜甫的另外一些诗篇(如《寄柏学士林居》：“几时高议排金门，各使苍生有环堵。”)以及后人对本诗的体会(如王安石《杜甫画像》：“宁令吾庐独破受冻死，不忍四海赤子寒飕飕。”)可以看出，那种理解未免片面。别林斯基曾说：“任何一个诗人也不能由于他自己和靠描写他自己显得伟大，不论是描写他本身的痛苦，或者描写他本身的幸福。任何诗人之所以伟大，是因为他们的痛苦和幸福的根子深深地伸进了社会和历史的土壤里，因为他是社会、时代、人类的器官和代表。”友人霍松林先生引之以说杜甫此诗，极为恰当。

丹青引赠曹将军霸

杜　甫

将军魏武之子孙，于今为庶为清门。
英雄割据虽已矣，文采风流今尚存。

学书初学卫夫人，但恨无过王右军。
丹青不知老将至，富贵于我如浮云。

〔将军二句〕曹霸，唐朝著名画家，长于画人物和马，玄宗天宝时代曾任左武卫将军，后以罪贬为平民。他是三国时被追尊为魏武帝的曹操的曾孙曹髦的后代。曹髦的画也很有名。庶，即庶人，平民。清门，即寒族，与势族相对而言。　〔英雄二句〕英雄割据，指曹操在汉末战乱中建立自己的政治势力，终于与孙权、刘备三分天下。这是说，曹霸虽然无从继承他祖先的霸业，但继承了其文艺才能。　〔学书二句〕卫夫人，晋人，李矩的妻子，名铄，字茂漪，大书法家。王羲之曾经向她学习。无过，不能超过。王羲之是我国最杰出的书法家，曾任右军将军，故称为王右军。这是先写曹霸兼工书法，以作为下文赞美他的画艺的陪衬。本诗多处用陪衬法，亦详下文。　〔丹青二句〕丹青，红色和青色，绘画的代称。《论语·述而》："发愤忘食，乐以忘忧，不知老之将至云尔。"又："不义而富且贵，于我如浮云。"诗人借用《论语》中的成句，以描绘曹霸创作的辛劳和品格的高尚。

以上从曹霸的家世渊源说到他的艺术和品德。

开元之中常引见，承恩数上南熏殿。
凌烟功臣少颜色，将军下笔开生面。
良相头上进贤冠，猛将腰间大羽箭。
褒公鄂公毛发动，英姿飒爽来酣战。

〔开元二句〕数（shuò），屡。南熏殿，在南内兴庆宫中。这里说玄宗非常赏识曹霸的艺术，在开元时屡次召见他，要他到南熏殿去作画。　〔凌烟功臣〕指唐太宗贞观十七年（643），命阎立本在西内凌烟阁上所画功臣长孙无忌等二十四人的像。　〔少颜色〕指图像时代久远，已经有些褪色。〔开生面〕重新绘制，出现了新的面貌。　〔良相二句〕是说忠良的宰相头上戴着进贤冠，勇猛的将军腰间佩着装有长箭的箭袋。二十四功臣，有文有武,衣冠装束当然各自不同。这里从服制、佩饰方面加以概括。进贤冠是古代儒者所戴。〔褒公二句〕褒国公段志玄和鄂国公尉迟敬德,是二十四功臣中的两位,尉迟排在第七,段排在第十。英姿飒(sà)爽,犹后来小说中所形容的相貌堂堂,威风凛凛。这是说这些人物画得极其生动,两位将军头发胡子都在飘动,很是威风,就像要来厮杀一样。也许画家自己特别欣赏这两幅,诗人听了他的介绍,因此形容一番。

以上赞美曹霸在画人物方面的成就,是陪衬。

先帝御马玉花骢,画工如山貌不同。
是日牵来赤墀下,迥立阊阖生长风。
诏谓将军拂绢素,意匠惨淡经营中。
斯须九重真龙出,一洗万古凡马空。
玉花却在御榻上,榻上庭前屹相向。
至尊含笑催赐金,圉人太仆皆惆怅。
弟子韩幹早入室,亦能画马穷殊相。
幹惟画肉不画骨,忍使骅骝气凋丧。

〔先帝句〕先帝指玄宗。本篇约作于代宗广德二年(764),玄宗早在两年前即肃宗宝应元年(762)就死了。玉花骢是玄宗的爱马之一,产自西域。〔画工句〕如山,形容人多。貌,作动词用,画,特指画人像和动物。下"屡貌寻常行路人",意同。不同,不像。这句出众工以陪衬曹霸。〔是日〕指玄宗要曹霸给玉花骢画像的那个日子。这篇诗中所叙之事,有许多当是曹霸告诉杜甫的,所以在描摹曹霸最得意的那段遭遇时,通过画家回忆的方式写出,以"是日"起头。〔赤墀(chí)〕宫殿的红色台阶。〔迥(jiǒng)立句〕迥立,昂头站着。阊阖,宫门。生长风,形容马的精神飞动。这句写马的神态,上承"画工如山貌不同"句,下开"斯须九重真龙出"句,以见曹霸艺术之精。〔诏谓句〕玄宗下令,要曹霸拂拭绢素,即将绘画用的白绢弄得平整,以便动笔。〔意匠句〕意匠,艺术构思。惨淡经营，苦心布置。〔斯须二句〕九重，九道宫门，这里作为宫殿的代称。马高八尺为龙。一，加强语气的助词。〔玉花二句〕却在，犹言反而在。这是疑画为真，与上《奉先刘少府新画山水障歌》中"堂上不合生枫树，怪底江山起烟雾"同意，杜诗中多有这种写法。〔庭前〕即上文的"赤墀下"。〔屹〕耸立如山。〔圉(yǔ)人句〕圉人，养马人。太仆，为皇帝掌管车马的官。圉人和太仆都是最熟悉玉花骢的人，仔细看了曹霸画的马，觉得形神兼备，与真无异，所以不禁怅然若失。〔弟子句〕韩幹，大梁(今河南省开封市)人，善画人物，尤工鞍马。先以曹霸为师，后来自成一派。〔入室〕成绩优秀之意，以进入房屋为喻。孔丘曾说他的弟子子路"升堂矣，未入于室也"。〔穷殊相〕画尽了各种不同的姿态。〔幹惟二句〕韩幹所画的是当时的御马，所以膘肥体壮，而杜甫的美学观点，则认为无论写字画物，都要从瘦处见精神，线条肥重，就显不出神气来，所以对韩幹的马作出了这种并不算公正的评价。骅骝，古代周穆王的八匹骏马之一，这里借指良马。气凋丧，神态萎靡。这里四句再出韩幹以陪衬曹霸。

以上赞美曹霸在画马方面的成就，是重点。

将军善画盖有神，必逢佳士亦写真。
即今飘泊干戈际，屡貌寻常行路人。
途穷反遭俗眼白，世上未有如公贫。
但看古来盛名下，终日坎壈缠其身。

〔将军四句〕神是指绘画达到一种奇妙的境界。写真，画肖像。这是说曹霸很珍惜自己造诣极高的绘画艺术，必须遇到值得画像的"佳士"，才肯动笔作画，可现在因为安史叛乱，四处漂泊，为了生活，也不得不经常为不相识的普通人画像。〔途穷句〕这句用阮籍的典故。魏晋之际的阮籍，对当时当权的司马氏持有不同的政见。为了排遣胸中的郁闷，他常常独自驾车出游，到了路的尽头，不能再进，就痛哭而回。他又爱翻白眼，以表鄙视。杜甫这句诗将属于阮籍一人的两个典故活用，使之分属两方，说曹霸途穷，不但不为人所怜惜，却反而遭到庸俗人的白眼。“白”字在这里作动词用。〔但看二句〕终日，一天到晚。坎壈（kǎn lǎn），穷困不得志的样子。这两句反映了诗人既宽慰又愤慨的心情。从古以来，负有盛名而终身失志的人有的是。

以上由过去之盛回到今日之衰，以感慨作结。

这篇诗气势充沛，情绪苍凉，感慨深至。它透过一位艺术家的遭遇，显示了当时整个社会政治局势的重大变化，与《观公孙大娘弟子舞剑器行》及《江南逢李龟年》两篇事异情同；杜甫五十二岁时在成都遇到了这位颇负盛名而生活潦倒的艺术家，既钦佩又同情，在写《丹青引》的同时，他又写了一篇《韦讽录事宅观曹将军画马图歌》，和这篇同中见异，异中有同，都应参看。凡大诗人，手中都有许多支笔，所以不至于像曹雪芹所讥笑的“千部共出一套”。

观公孙大娘弟子舞剑器行

杜　甫

大历二年十月十九日，夔州府别驾元持宅见临颍李十二娘舞剑器，壮其蔚跂，问其所师。曰：“余，公孙大娘弟子也。”开元五载，余尚童稚，记于郾城观公孙氏舞剑器浑脱，浏漓顿挫，独出冠时。自高头宜春、梨园二伎坊内人洎外供奉，晓是舞者，圣文神武皇帝初，公孙一人而已。玉貌锦衣，况余白首，今兹弟子，亦匪盛颜。既辨其由来，知波澜莫二，抚事慷慨，聊为《剑器行》。昔者，吴人张旭善草书书帖，数尝于邺县见公孙大娘舞西河剑器，自此草书长进，豪荡感激，即公孙可知矣。

昔有佳人公孙氏，一舞剑器动四方。
观者如山色沮丧，天地为之久低昂。

爧如羿射九日落，矫如群帝骖龙翔。
来如雷霆收震怒，罢如江海凝清光。
绛唇珠袖两寂寞，晚有弟子传芬芳。
临颍美人在白帝，妙舞此曲神扬扬。
与余问答既有以，感时抚事增惋伤。
先帝侍女八千人，公孙剑器初第一。
五十年间似反掌，风尘澒洞昏王室。
梨园弟子散如烟，女乐余姿映寒日。
金粟堆南木已拱，瞿塘石城草萧瑟。
玳筵急管曲复终，乐极哀来月东出。
老夫不知其所往，茧足荒山转愁疾。

〔大历二年〕公元767年。〔夔(kuí)州〕今重庆市奉节县。〔别驾〕刺史的佐吏。〔临颍〕今河南省临颍县。〔剑器〕当时的一种健舞(与健舞相对的则为软舞)，舞者手持双剑。一说，就是长绸舞。〔蔚跂(qí)〕雄健貌。〔开元五载〕公元717年。〔童稚〕孩子。那时杜甫才四岁。〔郾(yàn)城〕今河南省漯河市郾城区。〔剑器浑脱(tuó)〕舞蹈名，是由剑器和浑脱两种舞蹈合成的。〔浏漓〕即流利，活泼。〔冠时〕为当时之冠。〔高头〕犹言上头、上面，指皇家。〔宜春、梨园二伎坊〕唐代的两个宫廷歌舞机构。梨园是唐玄宗设立的。隶属梨园的宫女，称梨园弟子。〔内人〕宫人，这里指宫廷舞女。〔洎(jì)〕及，和。〔外供奉〕不属于宫廷系统的艺人，但随时可以被召来侍奉皇帝，所以称为外供奉。〔圣文神武皇帝〕开元二十七年(739)群臣所上玄宗尊号。〔初〕指玄宗即位的初年。〔况余白首〕况余，“晚余”之误。这个“余”字不作我解，而作剩余解。这是说公孙大娘当初虽然很美丽漂亮，后来也老了，只剩下了满头白发。〔盛颜〕年轻貌美。〔由来〕指师承。〔波澜莫二〕指公孙大娘和李十二娘的艺术风格没有两样。〔张旭〕当时著名的书法艺术家。参李颀《赠张旭》注。〔数(shuò)〕屡次。〔西河〕即今河西走廊一带，是唐代和西域交通的要道。剑器和浑脱本来都是胡舞，由西河传入。〔豪荡感激〕形容张旭草书在公孙大娘舞蹈艺术影响下获得长进后的风格。感激，富于感染力。〔即公孙可知矣〕公孙大娘的造诣也就可想而知了。〔观者句〕这是说观众都被公孙大娘神妙的舞艺惊住了。〔天地句〕这是说观众由于神摇目眩，在很长的时间里，一直好像天地也在随着舞蹈家的动作忽低忽高地晃动着。〔㸌(huō)如四句〕㸌，火光。古代神话：天空原来有十个太阳，后来被一位最会射箭的后羿(yì)射掉了九个。矫，飞貌。群帝，古代神话中的五方上帝。骖，这里作驾解。收，凝，聚积。前两句写动，后两句写由动转静。写舞蹈的动作而涉及声音(雷霆的震怒)及光影(江海的清光)，是作者由伴奏者的鼓笛及舞蹈家手持的双剑而产生的联想。〔绛唇珠袖〕即序文中"玉貌锦衣"的意思。绛，红色。〔白帝〕即白帝城，在夔州东，这里用来代表夔州。〔有以〕有原因。指李十二娘自述是公孙大娘的弟子。〔初第一〕本来就推她第一，即向来无与伦比。〔五十年〕从开元五年杜甫第一次看到公孙大娘，到现在恰好五十年(717 到 767)。〔似反掌〕时间过得快，像将手掌翻过来那么容易。〔风尘句〕风尘，指战争。澒洞(hòng dòng)，广大貌。王室，指国家。这是用来暗指安禄山的叛变对唐王朝造成了极大的损害。〔女乐余姿〕指"亦匪盛颜"的李十二娘。女乐，由女子表演的歌舞。〔寒日〕李十二娘表演在十月，故云。〔金粟句〕金粟堆，即金粟山，在今陕西省蒲城县东北，玄宗墓泰陵所在地。拱，两手合抱。金粟堆南边种的树木已经大得要用两手合抱，说明皇帝死了好些年了。按：玄宗死于公元 762 年，距作诗时已五年多。〔瞿塘石城〕指夔州。夔州江边就是瞿塘峡。或说即上文的白帝城。〔玳筵〕饰以玳瑁的席子。古人席地而坐，玳筵即看舞蹈时的座位。这是点明元持宅。〔急管〕节奏很急的管乐。〔老夫二句〕茧，同趼，手、脚上因摩擦而生的硬皮。转，反而。愁疾，嫌太快了。这是说，由于"乐极哀来"，不知道该上哪儿去才好，所以一双长着老茧的脚在荒山中信步走着，本来很慢，反而嫌它太快了。

这篇诗描写了当时舞蹈家卓越的艺术，并通过她们生活的变迁，反映了半个世纪中国家的重大变化和自己对于这些变化的沉痛心情，所谓"言在此而意在彼”。前人称杜甫的作品为“诗史”，是指他艺术地反映了当时的生活真实。如这篇，即其一例。

月　夜

杜　甫

今夜鄜州月，闺中只独看。
遥怜小儿女，未解忆长安。
香雾云鬟湿，清辉玉臂寒。
何时倚虚幌？双照泪痕干。

〔鄜(fū)州〕今陕西省富县。杜甫妻子、儿女当时所在的地方。　〔闺中〕这里代称妻子。　〔遥怜二句〕长安，杜甫当时所在之地。诗人表面上是“遥怜小儿女”，实际上却是遥怜想象中那位独自对月流泪的人。　〔香雾二句〕清辉，月光。这两句是诗人想象妻子在月下久待自己。忆人愈深，则望月愈久，以至于“鬟湿”、“臂寒”。　〔何时二句〕虚，这里作稀疏解。幌(huǎng)，门窗上的帷幔，窗帘。这是说什么时候才能团聚，两人并倚稀疏的窗帘一道赏月，那就不会像现在由于分离而流泪了。“双照”与上文“独看”对应。

这篇诗是天宝十五载(756)秋天杜甫陷在安禄山叛乱武装控制下的长安时所写的。本是诗人对月怀念妻儿，但诗中所写主要是妻子对月怀念丈夫，和孩子们由于年龄太小、还不知道怀念爸爸的情形。通过这样一种巧妙的构思，就不仅使得自己的怀念之情更加突出，而且整个诗篇也由自己单独的抒情变为夫妻两人共同的抒情了。

春　望

杜　甫

国破山河在，城春草木深。
感时花溅泪，恨别鸟惊心。
烽火连三月，家书抵万金。
白头搔更短，浑欲不胜簪。

〔国破句〕国破，指长安沦陷。古人也称国都为国。这是暗示在叛军占领长安之后，除了大自然，其余的情况都有了很大的不同。〔城春句〕春天的城市，草木生长得很茂盛。暗示长安城中居民很多人都已逃亡。〔感时句〕时，政治局势。由于自己感伤时局而溅泪，所以觉得花上的露水也在为感时而溅泪。〔恨别句〕由于自己和家庭隔绝而愁恨，所以觉得鸟叫也在为恨别而惊心。〔烽火句〕烽火，指战争。见鲍照《代出自蓟北门行》注。三月，指时间很久。〔家书句〕此时杜甫家在鄜州。抵万金，极言其难得可贵。抵，犹言值。〔白头二句〕浑欲，简直要。胜，受。这是说白发脱落很多，越搔越短少，简直插不上簪(zān)子了。

这篇诗也作于沦陷中的长安。诗人通过对于京城发生巨大变化——由繁盛而荒凉——的感受，对于处在危急之中的祖国和处在隔绝之中的家庭，表示了深刻的忧愁和眷念。

天末怀李白

杜　甫

凉风起天末，君子意如何？
鸿雁几时到？江湖秋水多。

文章憎命达，魑魅喜人过。
应共冤魂语，投诗赠汨罗。

〔凉风二句〕天末，天边，指秦州（今甘肃省天水市）。君子，指李白。杜甫写这篇诗时，正流亡秦州，而李白则因参加过永王李璘的政治活动，得罪朝廷，被放逐到夜郎去，彼此相距非常远。　〔鸿雁〕消息的代称。参张若虚《春江花月夜》注。　〔江湖句〕李白被放逐的道路，是由浔阳（今江西省九江市）出发，沿江西上的。这是说江湖之中水势很大，怕李白不安全，也就是杜甫《梦李白》诗中"江湖多风波，舟楫恐失坠"的意思。　〔文章句〕命达，命运亨通。杜甫认为李白命之不达，是因为他的文章不利于统治者的缘故。　〔魑魅（chī mèi）句〕魑魅，鬼怪。这是说夜郎一带高山深林中住有魑魅，见有人经过就很喜欢，因可以对之加以残害。因而李白被放逐到那里，很可忧虑。作于同时的《梦李白》云："水深波浪阔，无使蛟龙得。"与此同意。　〔应共二句〕冤魂，指伟大的诗人屈原。他为了反抗国外敌人的侵略和国内黑暗势力的压迫，在今湖南省汨罗市的汨罗江投水自尽。这是说，你遭受了冤枉而被放逐，经过汨罗江，也该写一篇诗赠给另外一位遭受冤枉而自杀了的伟大诗人，谈谈彼此的心情吧。

李白是杜甫敬爱的前辈和老友，他们的友谊，是祖国文学史上的佳话。这篇诗充分地体现了作者对于李白的不幸遭遇的深切关怀。作者另一篇诗说："世人皆欲杀，吾意独怜才。"也就是本篇第三联的意思，它们都非常深刻地反映了伟大的李白在那个庸俗昏浊的社会里走投无路的命运与作者对他的理解与同情。

登岳阳楼

杜　甫

昔闻洞庭水，今上岳阳楼。
吴楚东南坼，乾坤日夜浮。

亲朋无一字，老病有孤舟。
戎马关山北，凭轩涕泗流。

〔今上句〕大历三年(768)春天，杜甫从夔州东下，冬天流浪到了岳阳(今湖南省岳阳市)，初次登上岳阳楼。楼即岳阳城西门楼，下临洞庭湖，是登览胜地。〔吴楚二句〕我国长江中下游湖北、湖南、安徽、江西、江苏、浙江各省，战国时为吴、楚两国国境，而以江西为大致的分界线。坼(chè)，裂开。这是说好像洞庭湖将吴、楚两国在东南坼裂开来了。乾坤，天地。古人认为天地都是元气构成，气之轻清上浮者为天，重浊下凝者为地。两句极赞湖的宏伟壮阔。〔老病句〕有，在。作者写此诗时，已五十七岁。他一身是病，乘船出峡以后，沿途漂泊，所以这么说。〔戎马二句〕戎马，兵马，指战争。关山北，指岳阳以北中原及边塞地区，这些地区和岳阳之间隔着关塞山陵。凭，倚。轩，敞厅，这里指岳阳楼。涕泗，眼泪。据史，大历二年和三年唐朝正连续和入侵的吐蕃作战，同时，国内各地军阀也不断发生混战，局势非常紧张。所以诗人登临之际，想到国家的内忧外患，人民的苦难，自己的流落，感慨万端，不禁流下眼泪来了。

这篇诗先写初次登岳阳楼时所特有的那种“闻名欣识面”(陈师道诗句)的愉快，而以“万方多难此登临”(作者诗句)的感叹作收。前半写景，极其雄浑开阔；后半写情，极其寥落悲哀。境随心转，意到笔随，是艺术创造上极高的造诣。

奉送严公入朝十韵

杜　甫

鼎湖瞻望远，象阙宪章新。四海犹多难，中原忆旧臣。
与时安反侧，自昔有经纶。感激张天步，从容静塞尘。
南图回羽翮，北极捧星辰。漏鼓还思旦，宫莺罢啭春。

空留玉帐术，愁杀锦城人。阁道通丹地，江潭隐白蘋。
此生那老蜀？不死会归秦。公若登台辅，临危莫爱身。

〔严公入朝〕严公，严武。肃宗宝应元年(762)春，严武任剑南节度使，开府成都。四月，太上皇(玄宗)及肃宗相继死去。代宗李豫即位，召严武回朝。〔十韵〕律诗逢双句押韵，十韵即二十句。〔鼎湖句〕古代神话：黄帝采首山的铜，在荆山下铸鼎。鼎铸成后，有一条龙垂着胡须下来迎接，黄帝就骑着它上天去了，那个地方即称鼎湖。瞻(zhān)，仰望。这是说臣下看到玄宗、肃宗相继死去，如同仰望黄帝在鼎湖骑龙升天。〔象阙句〕周代制度，宫外立象阙，将政策法律条文悬挂在上面，示令大家共同遵守，亦名象魏。宪章，这里指条文。这是说代宗即位后，采取某些政治措施，朝廷上出现了一番新气象。这是"颂圣"之词，并非事实。〔四海句〕从755年安禄山叛变，到这时已经七年，还没有平定。四海，犹全国。〔中原句〕旧臣，指严武。严武在玄宗朝曾任侍御史，肃宗朝曾任京兆少尹、御史中丞。不说朝廷而说中原，是赞扬严武为众望所归，表明他这次还朝是大家所盼望的。〔与时二句〕与时，及时。反侧，情绪不稳。经纶，犹谋略。安禄山叛乱后，玄宗逃往成都，肃宗即位灵武。严武也到灵武辅佐肃宗，其后并随从肃宗返回长安。这两句就是写这件往事。〔感激句〕《诗经・小雅・白华》："天步艰难。"天步，比喻国家的政治局势。这是说严武过去在朝廷工作，曾经激于忠愤，协助打开当时的局面，收复长安。〔从容句〕这是说严武现在镇守四川，又从容不迫地平息了和少数民族之间的纠纷。〔南图句〕《庄子・逍遥游》有个寓言：大鹏高飞九万里，背负青天，然后图谋迁移到南海去，用来比喻志向远大。这是赞美严武抱有大志，要将长安南边的四川地区治理好，如大鹏展翅，而现在奉召回朝，又好比它由南方飞返北方。翮(hé)，翅。〔北极句〕这是赞美严武一向忠心耿耿为皇帝工作，这次内调中央，更加接近，和其他大臣一道犹如众星捧着北极星。〔漏鼓〕漏是古代的计时器。古时官吏凌晨上朝，要先去朝房等待，时候到了，就击鼓为号，所以上朝常称为待漏或听鼓。〔思旦〕犹待旦，等天亮。用"思"字是为了调平仄。〔宫莺句〕点明严武入朝已在夏天，宫莺都不歌唱了。鸟叫得好听叫啭(zhuàn)。〔空留二句〕玉帐术，古代兵家一种安营的方法，认为主帅在某月将营帐安在某个方位，敌人就无法攻破，是一种迷信。锦城，见李白《蜀道难》注。这是说严武还朝后，虽然留下玉帐术，足以“静塞尘”，保护人民，但成都人民依旧非常怀念他。〔阁道句〕阁道，就是栈道，参李白《蜀道难》注。丹地，指皇帝的宫廷，因宫廷都用红色涂饰。这是说严武入朝。〔江潭句〕杜甫在成都所居草堂，前临浣花溪，靠近百花潭。这是说自己仍流落成都。〔此生二句〕会，定。秦，指长安，今陕西省古为秦地。这是说，严武走后，自己无所依靠，隐居江潭、白蘋之间是不能长久的；如果不死，定要北归。〔台辅〕即宰相。台，三台，星名，又名泰阶。辅，辅佐。古人认为这颗星和宰相有天人交感的关系，宰相得人，泰阶在空中的位置就平正。所以用台辅作宰相的美称。

严武是杜甫流寓所在地成都的地方长官，又是他的好友，也是他经济上的资助者。现在，严武走了，杜甫作诗送他，却毫不涉及私交私事，而处处从政治着眼。最后诗人勉励严武说：“你如果当上了宰相，遇到国家有危难的时候，可是要献身，莫爱身啊！”我们念过的送别诗也不少了，其中许多是写得很好的，可是结尾像杜甫这样语重心长的却不多见。

五言排律是唐代诗人常用的一种诗体。由于它的音律是用固定的平仄反复相间相重，同时，句法除一头一尾之外，都要对偶，比较难于处理，后人写得不多。杜甫在这种诗体上的造诣也是极其杰出的。现选此篇及《偶题》以见一斑。

偶　题

杜　甫

文章千古事，得失寸心知。作者皆殊列，名声岂浪垂？

骚人嗟不见，汉道盛于斯。前辈飞腾入，余波绮丽为。

后贤兼旧制，历代各清规。法自儒家有，心从弱岁疲。
永怀江左逸，多谢邺中奇。騄骥皆良马，骐驎带好儿。
车轮徒已斫，堂构惜仍亏。漫作《潜夫论》，虚传幼妇碑。
缘情慰漂荡，抱疾屡迁移。经济惭长策，飞栖假一枝。
尘沙傍蜂虿，江峡绕蛟螭。萧瑟唐虞远，连翩楚汉危。
圣朝兼盗贼，异俗更喧卑。郁郁星辰剑，苍苍云雨池。
两都开幕府，万寓插军麾。南海残铜柱，东风避月支。
音书恨乌鹊，号怒怪熊罴。稼穑分诗兴，柴荆学土宜。
故山迷白阁，秋水忆黄陂。不敢要佳句，愁来赋别离。

〔殊列〕犹言不同的流派。殊，差别。列，行列。　〔浪垂〕随便留传。浪，放纵，引申为随便的意思。　〔骚人〕指《楚辞》的作者。屈原的《离骚》是《楚辞》的代表作，后称《楚辞》这种诗体为骚体，其作者为骚人。　〔汉道盛于斯〕是说在汉代开始出现的五、七言诗至今盛行。　〔前辈二句〕是说各种文学样式、流派初兴，作者大都气势飞腾地投入创作，后来由盛而衰，洪流已成余波，则往往转而只重形式的华美。绮（qǐ）丽，华美。　〔后贤二句〕是说文学有继承，有发展。后来的作家必须兼有旧时制作的长处，但并非食古不化，而是推陈出新，所以历代各有很好的规范。　〔法自句〕儒家很注重诗学，从孔丘、孟轲以下，论诗解诗的话不少。这些意见对杜甫的文学观点及创作实践具有深刻影响，所以他这么说。　〔心从句〕弱岁，二十岁。这是说他从少年时代，由于过分的思维和创作活动，已经感到疲劳。　〔永怀二句〕江左逸，指东晋、南朝时代的诗人如陶潜、谢灵运、鲍照、谢朓等。多谢，远远赶不上。邺中奇，指曹氏父子及“建安七子”王粲、刘桢等人。这是说诗人永远怀念邺中、江左那些奇逸的才子，自觉远不及他们。　〔騄（lù）骥二句〕騄骥、骐驎，都是好马名，比喻诗人们。带好儿，是说有的诗人还将诗学传给儿子，如曹操和儿子丕、植都是著名诗人。后一句引起下文杜甫对自己的儿子宗文、宗武不能继承自己诗学的慨叹。〔车轮二句〕《庄子·天道》有一则寓言说：轮扁（以制车轮为业，名扁，故称轮扁)告诉齐桓公道:我斫(zhuó。砍伐)木头做轮子,快了不行,慢了也不行,要“得之于手,而应之于心”。这,我没法传给我的儿子。后人常用这典故来比喻艺术创作经验不易为人体会。堂,这里指屋基。构,这里指屋架。《书经·大诰》有个比喻:父亲做房屋,儿子连屋基都不肯筑,哪肯去树屋架?后人因以“堂构”这个词指子继父业。这是说我空斫了一辈子车轮,到头来屋基屋架仍然亏欠,未免可惜,用以表示对两个儿子的失望心情。〔漫作二句〕漫,随便。后汉王符隐居著书,评论当时得失。由于不想出名,就把这部书称为《潜夫论》(隐士的议论)。魏邯郸淳作《曹娥碑》,蔡邕读了,在后面题了“黄绢幼妇外孙齑(jī)臼”八个字。黄是色,绢是丝,丝字右边和色字合起来是“绝”字。幼是少,妇是女,女字与少字合起来是“妙”字。外孙是女儿的儿子,女字与子字合起来是“好”字。齑是捣碎了的姜、蒜、韭菜等有辛辣味的食物,臼中放齑,就是受辛,受字加辛字是“辤”(辞的别体)字。原来,蔡邕是赞美这篇《曹娥碑》是“绝妙好辞”。这两句承上,说自己的作品虽如《潜夫论》、《曹娥碑》,而继业无人,不过是“漫作”、“虚传”罢了。〔缘情〕陆机《文赋》:“诗缘情而绮靡。”这里即以“缘情”为赋诗的代语。〔屡迁移〕这首诗是大历元年(766)秋在夔州(今重庆市奉节县)作。上年五月,杜甫从成都东下,途经戎州(今宜宾市)、渝州(今重庆市)、忠州(今忠县)、云安(今云阳县),本年春天才迁居夔州。〔经济二句〕经济,经邦济世。假,借。这是说自己很惭愧,没有经邦济世的良好计策,只好带病漂荡各地,如飞鸟借枝而栖。〔尘沙二句〕虿(chài),蝎子。蛟、螭(chī),古代传说中的龙类。这两句双关,既描摹夔州一带景物可畏,又暗喻四川一带兵乱不息,祸害很多。〔萧瑟句〕诗人面对盗贼不息、民生困穷的现实,深觉唐(尧为帝)、虞(舜为帝)的盛世已远,冷落可悲。〔连翩句〕连翩,鸟并飞貌。楚汉之际,群雄并起,有如连翩飞鸟。楚项羽与汉刘邦则是其主要对立面。当时战争激烈,局势危急,诗人认为现实局势亦复相同。〔圣朝句〕圣朝,指唐朝。盗贼,指安史余党及各地叛乱分子。这是说,虽是圣朝,仍有盗贼。〔异俗句〕异俗,指四川东部一带不同于中原地区的人情风俗。喧,喧哗。卑,低湿。这是说住在夔州,不习惯于它的人情风俗和地理环境。〔郁郁二句〕郁郁,盛貌。星辰剑，言精气上冲星辰的宝剑。事见郭震《古剑篇》注。苍苍，盛貌。三国时，赤壁战后，刘备领荆州牧。周瑜认为，刘备有关羽、张飞帮助，再资以土地，“恐蛟龙得云雨，终非池中物”。这是以两事自比在夔州流离失所，好比宝剑埋在狱底而未出，蛟龙蛰居池中而难飞。〔两都句〕两都，西都长安和东都洛阳。军队出征，随地搭起帐幕办公，所以将军府也称幕府。这是说由于战乱未平，两都都还设有军事指挥部。〔万寓〕寓，同宇。万宇，犹万方。〔军麾（huī）〕军旗。〔南海二句〕东汉马援曾在交趾立铜柱以表汉界，其地在今广西壮族自治区上思县东北分茅岭。这时，南诏背唐与吐蕃联结，南部边界很不平静，所以用马援所立铜柱已残破为比。月支，即月氏（zhī），汉西域国名，以喻吐蕃。当时，吐蕃多次入侵，唐朝时常屈辱让避。唐居吐蕃东，故云“东风”。这是写在民族团结方面也存在问题。〔音书句〕古人迷信，认为乌鹊叫是有喜事。当人们希望收到亲人来信时，乌鹊恰巧叫了，而结果仍无信来，便转而恨乌鹊的无灵了。这句写心情寂寞。〔号（hào）怒句〕这是写居处荒僻，时闻熊、罴（pí。马熊）的叫声，觉得讨厌。〔稼穑（sè）句〕种谷叫做稼，收谷叫做穑。这是说因为要从事农作，分散了作诗的兴趣。〔柴荆句〕柴荆，茅屋。各地水土不同，人们各有所宜，叫做土宜。这是说旅居夔州，努力习惯它的水土。〔故山二句〕白阁在终南山上，下面就是渼陂。皇陂即皇子陂，在长安南。这是怀乡之词，即《奉送严公入朝十韵》中“此生那老蜀？不死会归秦”之意。〔不敢二句〕要（yāo），求。这是说由于漂泊乱世，怀乡心切，赋起诗来就发愁，即使抒发离别之感，也不敢追求好句了。

这是一篇以诗体写成的随感录，故以《偶题》为名。它大体上可以分成前后两段。前段谈论诗学，后段感叹身世。前是发议，概括而深刻；后是抒情，详尽而缠绵。“缘情”两句，是前后两段的过脉。

以诗歌来写文艺理论和批评，虽不始于杜甫，但杜甫却使这种表现方式上升到一个新的高度。本篇之外，本书未选的《戏为六绝句》也是他在这方面的代表作。

送韩十四江东省觐

杜　甫

兵戈不见老莱衣，叹息人间万事非。
我已无家寻弟妹，君今何处访庭闱？
黄牛峡静滩声转，白马江寒树影稀。
此别应须各努力，故乡犹恐未同归！

〔江东〕见王维《送沈子福归江东》注。〔省觐（xǐng jìn）〕探望父母。〔兵戈句〕兵戈，战争的代词。兵，武器的通称。戈，一种长柄兵器。传说老莱子是春秋时代的一位孝子，几十岁了，还穿上花衣，模仿儿童，使他的父母欢娱。这是说，由于战争，儿子无法在父母面前尽孝。〔我已句〕杜甫有四个弟弟，叫颖、观、丰、占。由甘肃到四川，只有占跟着他。还有一个妹妹，是个寡妇，有个时期，拖着一群孤儿住在钟离（今安徽省凤阳县）。这是说没有一个家，就没法寻找弟妹，让他们和自己住在一道。〔君今句〕庭闱（wéi），父母的住处，用作父母的代词。可能韩十四虽然听说他父母是在江东，但不知其详细地址，所以有此一问。〔黄牛句〕黄牛峡，在今湖北省宜昌市西，南岸高崖有石，如人负刀牵牛，人黑牛黄，故名。峡下有黄牛滩。这是韩去江东必经之地。此句想象其归途之景。〔白马句〕白马江在蜀州（今四川崇州市）东北十里。杜甫于上元元年（760）到蜀州拜访好友刺史高适，即在蜀州白马江边与韩分别。〔此别二句〕是说当此乱世，分手以后，大家都得努力，挣扎着活下去，但要天下太平，同返故乡，恐怕一时还不很可能。（据末句，韩、杜可能是同乡。）

这篇诗写客中送客，着重描绘在兵荒马乱中骨肉分离之恨，悱恻动人。第三联从景物写出韩之归思与杜之离怀，使通篇于沉郁之中，更具生动之美，是融景入情的好例。

蜀　相

杜　甫

丞相祠堂何处寻？锦官城外柏森森。
映阶碧草自春色，隔叶黄鹂空好音。
三顾频烦天下计，两朝开济老臣心。
出师未捷身先死，长使英雄泪满襟。

〔丞相〕指三国时代蜀汉丞相诸葛亮。　〔锦官城〕成都别名，见李白《蜀道难》注。　〔森森〕树木茂密貌。　〔自春色、空好音〕“自”、“空”两字，暗示自然界景物依旧，而人事上已有很大的变迁。梁何逊《行孙氏陵诗》：“山莺空树响，垄月自秋晖。”是杜甫用字所本。　〔三顾句〕即，拜访。频烦，郑重，这里用来形容“三顾”。诸葛亮本来隐居南阳隆中（在今湖北省襄阳市襄州区），刘备极其郑重地去拜访他三次，他才答应出来辅佐刘备，果然三分天下，建立蜀汉。　〔两朝句〕两朝，指先主刘备、后主刘禅两朝。开，开创基业。济，济美，继续办好政事。这是说诸葛亮忠心耿耿，鞠躬尽瘁，死而后已。　〔出师句〕是说诸葛亮屡次出兵北伐中原，希望完成统一事业，还没有胜利就先死了。

诗人在这里歌颂着历史上一位以忠贞和智慧著名的人物，也正反映了蕴藏在他心中的对于安史之乱还没有完全平定的隐忧。这些具有深厚的爱国主义感情的、灼热的语言，曾经不断地燃烧着后代忠臣义士的心灵，如宋代坚决抵抗女真贵族入侵的民族英雄宗泽，在临死的时候，就曾朗诵着“出师未捷身先死，长使英雄泪满襟”的诗句。

闻官军收河南河北

杜　甫

剑外忽传收蓟北，初闻涕泪满衣裳。
却看妻子愁何在，漫卷诗书喜欲狂。
白日放歌须纵酒，青春作伴好还乡。
即从巴峡穿巫峡，便下襄阳向洛阳。

〔河南河北〕指今洛阳一带地方及河北省北部。　〔剑外句〕剑外，指剑阁（剑门关）以南的四川地方称为外，是与首都长安相对说的。蓟（jì）北，见高适《燕歌行》注。这里指安、史叛军的根据地。唐肃宗宝应元年（762）冬，唐军再度收复洛阳，第二年春，收复河北，安史之乱至此平定。　〔初闻句〕太喜欢了，以至于激动得流泪。“初闻”与上“忽传”对应。　〔愁何在〕忧愁不知上哪儿去了。　〔漫卷诗书〕将书籍随便卷起。唐代书籍的形式像字画一样，一卷一卷的。　〔白日二句〕白日，明媚的阳光。青春，指763年的春天，即杜甫写诗的时候。上句是当时的情景，下句是最近的愿望。　〔即从二句〕写还乡的路线。句末原注：“余有田园在东京。”巴峡，指重庆市东北部巴江诸峡。巫峡在重庆市巫山县东，三峡之一。

这是杜甫广德元年（763）在梓州（今四川省三台县）漂泊时，忽然听到叛军首领史怀义自缢，李怀仙斩其首来降，延续了七八年的安史之乱得以粗定的消息后，所写下的一篇诗。诗人以极其难得的开朗的心情唱出的欢欣的调子，非常动人地描绘了对于祖国的兴复和对自己的（也是人民的）和平生活的渴望。

登　楼

杜　甫

花近高楼伤客心，万方多难此登临。
锦江春色来天地，玉垒浮云变古今。
北极朝庭终不改，西山寇盗莫相侵。
可怜后主还祠庙，日暮聊为《梁甫吟》。

〔花近二句〕是说由于在万方多难之时，却登楼远望，所以花枝照眼，更觉伤心。后句用来说明前句。　〔锦江句〕锦江，即濯锦江，流经成都的岷江支派。成都出锦，锦在江中漂洗，色泽更其鲜明，因此命名濯锦江。来天地，犹言来到世间。这是承“花近高楼”而来。春色虽浓艳无边，人心却凄黯如旧。　〔玉垒句〕玉垒，山名，在今四川省茂汶羌族自治县。这是说多变的政局和多难的人生捉摸不定，有如山上浮云，古往今来，一向如此。〔北极二句〕西山，指今四川省西部当时和吐蕃交界地区的雪山（雪岭）。寇盗，指入侵的吐蕃统治集团。代宗广德元年（763）十月，吐蕃攻入长安，立广武王承宏为傀儡皇帝，企图控制唐朝，但不到两个月，这个伪政权就垮台了。同年十二月，吐蕃又攻陷松、维、保三州及云山新筑二城。唐朝不能采取有效措施进行抵抗，各地就完全沦陷了。万方多难，没法全说，所以只举以上两事，以概其余。意思是说，唐代政权是巩固的，不能够篡夺的，吐蕃还是别枉费心机前来侵略吧。　〔可怜句〕还，仍然。蜀汉先主刘备有祠庙在成都锦官门外，其西边为武侯诸葛亮祠，东边为后主刘禅祠。这是说后主是个亡国之君，虽然数百年后还有祠庙，享受祭祀，总觉可怜。刘禅以宠信宦官黄皓而亡国，代宗也因宠信宦官程元振、鱼朝恩而弄得朝政紊乱，甚至被吐蕃赶出长安。诗人登楼望见祠庙，由吊古而伤今，所以有此慨叹。　〔日暮句〕《梁甫吟》是古乐府中的一首葬歌。相传诸葛亮爱好《梁甫吟》。作者由刘禅而想到诸葛亮，又由诸葛亮而想到自己，觉得自己没有机会为国家人民出力，就好像“躬耕陇亩，好为《梁甫吟》”时的诸葛亮一般。“日暮”在这里是双关，既指太阳落山，也指年华老大。日暮而仍然只好歌唱《梁甫吟》，其抑郁无聊，就可想而知了。这里的《梁甫吟》，实际上就是指本诗。

广德二年(764)，杜甫在阆州(今四川省阆中市)准备离蜀东下，听说严武重任成都尹兼剑南节度使，于是又折回成都。这篇诗作于初到成都的时候，情绪虽然不无悲凉，气象却显得雄伟，两者之间取得了巧妙的平衡，使人读后，能够感受到作者对在苦难中的祖国充满了信心和热爱。

咏怀古迹

杜　甫

群山万壑赴荆门，生长明妃尚有村。
一去紫台连朔漠，独留青冢向黄昏。
画图省识春风面，环佩空归月夜魂。
千载琵琶作胡语，分明怨恨曲中论。

〔群山句〕荆门，见王维《汉江临眺》注。这是形容昭君村所在地归州地势很高，从归州往东南看，好像群山万壑都奔赴荆门。　〔生长句〕明妃，即王昭君(晋朝人避司马昭的讳，改“昭”为“明”，后人沿用)。汉元帝的宫女，容貌美丽，品行正直。元帝召幸宫妃，都是先看她们的画像。王昭君不肯贿赂画师毛延寿，被画得很丑，因此始终见不到元帝。后来汉与匈奴和亲，她请求前往。临走时，元帝才看见她，知道了上述情况，就将毛延寿杀了，但已无法挽回。昭君到匈奴后，含恨而死。相传她出生在归州(今湖北省秭归县)东四十里的乡下，那地方因此被称为昭君村。　〔一去句〕紫台，即紫宫，汉朝未央宫中的一座宫殿。这里指昭君所住的汉宫。连，这里是进入的意思。朔漠，北方的沙漠。　〔青冢(zhǒng)〕昭君死后葬在胡地，传说坟上草色常青，故称。青冢在今内蒙古自治区呼和浩特市南。〔画图句〕省识，略识。春风面，美丽的脸。这是说昭君生得那么美貌，但元帝却只从画图中约略地看到她。〔环佩句〕环佩，女子身上佩带的玉制饰物。这是说昭君怀念祖国，假想她死后魂灵月下归来也是凄苦的。〔千载二句〕这是说千年以来，琵琶所奏，仍然是胡地的曲子，这分明是昭君在那里申诉着自己的怨恨啊。论，这里念 lún。

在古代传说中，王昭君是一个为国家利益而献身的妇女，也是一个不愿意为着个人地位而丧失正直品行的人物，所以人民自来非常同情她。在这篇作品里，诗人非常婉转地表达了她的痛苦，也反映了人民对她的同情。

白帝城最高楼

杜 甫

城尖径仄旌旆愁，独立缥缈之飞楼。
峡坼云霾龙虎睡，江清日抱鼋鼍游。
扶桑西枝对断石，弱水东影随长流。
杖藜叹世者谁子？泣血迸空回白头。

〔白帝城〕白帝城在夔州东白帝山上，西南临大江。山势高峻，城依山而筑。〔城尖句〕城尖，就是最高楼的所在。旌旆（pèi），旗帜。这是说通过仄路才能上去的高楼上插满旗帜。言“旌旆愁”，则人之愁可知，与《春望》之“感时花溅泪，恨别鸟惊心”写法相同。〔缥缈（piāo miǎo）〕隐约、高远貌。〔飞楼〕高峻如凌空而飞的楼。〔峡坼二句〕坼，裂开。霾（mái），阴暗。龙虎，比喻山头怪石。白帝城正当夔门之前，江峡裂开，雾气昏暗，怪石纵横，有如龙虎睡在那里，而江水清澈，日光照耀，又似鼋鼍（yuán tuó）游戏于日光的拥抱之中。〔扶桑二句〕扶桑，古代神话中东方日出处的一种神木，长数千丈。弱水，古代神话中西方昆仑山下面的一条水流，连羽毛放上去都会即时沉没。长流，指江水。这是说远望过去，可以看到扶桑西边的枝条正和山峡相对，弱水东边的影子似与江水相随。这是写心中虚构的远景。〔杖藜二句〕杖藜，扶着拐杖。藜，一种植物，茎可做手杖。谁子，哪一个。迸，洒。泣血迸空，因身在高楼，所以泪洒空中。回，掉转。这是因为独立眺望，又生叹世之心，也就不想在这个费了许多事才上来的城尖径仄的飞楼上待下去了。

这篇诗当是大历元年(766)诗人初到夔州时所作。它是一篇句法用律体而音节用古体写成的诗，称为“拗体七律”。这是杜甫的一种创造，其目的在于突破七言律诗中已经形成传统的对偶与声律的统一与和谐，使人一新耳目。这首诗情绪郁勃，声调拗怒，互相配合，取得了良好的艺术效果。

阁　夜

杜　甫

岁暮阴阳催短景，天涯霜雪霁寒宵。
五更鼓角声悲壮，三峡星河影动摇。
野哭千家闻战伐，夷歌几处起渔樵。
卧龙跃马终黄土，人事音书漫寂寥。

〔阁〕西阁，杜甫在夔州的寓所。〔岁暮句〕阴阳，月与日的代称。短景，指冬季日短。这是说，冬季日短，日月催逼着流驶的光阴。〔天涯句〕天涯，指夔州。霁，雨雪停止，天气开朗。这句写寒夜客居的寂寥之感。〔五更二句〕唐代军事制度：行军在外，日出、日入之时，都要击鼓、吹角。鼓三百三十三槌为一通，角十二声为一叠。每次要三鼓三角。三峡，通指瞿塘峡、巫峡、西陵峡。瞿塘峡在夔州东。星河，天河。这两句写寒夜无眠直达清晨的所听闻(上句)所想象(下句)，都承第二句来。〔野哭句〕是说由许多家的野哭中仿佛听到了战争的声音。野哭，哭于郊野，古人哀悼死者的一种方式。去年(代宗永泰元年〔765〕)十月，蜀中爆发崔旰之乱，大历元年(766，即本诗作年)，方才勉强平息。〔夷歌句〕写夔州之僻远。应上“天涯”，启下“寂寥”。夷，指少数民族。〔卧龙句〕卧龙，指诸葛亮。徐庶曾对刘备说：“诸葛孔明(亮字)者，卧龙也。”跃马，指西汉末年曾割据蜀地自称“白帝”的公孙述。左思《蜀都赋》中有“公孙跃马而称帝”句，因以作为代称。诸葛、公孙二人在夔州都有祠庙。他想到二人虽一为忠良的宰辅，一为割据的奸雄，但都终归黄土。〔人事句〕人事指目前的遭遇，音书指远地的消息。漫，任。这句说既然从古以来都贤愚同尽，则自己流寓天涯，生活艰难，朋友阻绝，也就只好任其寂寥算了，是自宽之意。

登　高

杜　甫

风急天高猿啸哀，渚清沙白鸟飞回。
无边落木萧萧下，不尽长江滚滚来。
万里悲秋常作客，百年多病独登台。
艰难苦恨繁霜鬓，潦倒新停浊酒杯。

〔风急四句〕写秋景，是登台后所闻所见。渚，水中小洲。回，回旋。〔万里句〕杜甫自从安史乱后不久，弃官离开长安、洛阳，一直到死，也不曾回去过。〔百年句〕百年，犹一生。这是点明抱病登台。〔艰难二句〕苦恨，极恨。繁霜鬓，白得像浓霜一般的鬓发。潦倒，衰颓或困顿之貌。这是说由于苦恨艰难之境，遂至白发满头，而潦倒之中，惟有借酒浇愁，可是近来又因肺病，不得不停止举杯，于是就更为潦倒，更为苦恨了。

这篇诗大约作于大历二年(767)秋。以上两篇作品都是杜甫衰年迟暮，流落天涯，吊古伤今之作，充满了悲壮的气息。而大气盘旋，一气呵成，属对精工而不露痕迹，代表着诗人晚年在七律方面的成就。

三绝句

杜 甫

前年渝州杀刺史，今年开州杀刺史。
群盗相随剧虎狼，食人更肯留妻子？

〔前年二句〕渝州，今重庆市。开州，今重庆市开州区。这两次杀刺史的事件，史书上失于记载。〔剧〕甚于。〔食人句〕是说群盗杀人和虎狼一样，动及全家，吃了某个人也不会留下他的妻子不吃。更肯，犹岂肯，是问语。

这组诗大概作于永泰元年(765)诗人离开成都沿江东下之时。这一篇写四川东部政局混乱，经常发生叛变，老百姓因而大为遭殃。

二十一家同入蜀，唯残一人出骆谷。
自说二女啮臂时，回头却向秦云哭。

〔残〕剩下。〔骆谷〕在今陕西省周至县西南。〔啮(niè)臂〕咬手臂，古人用来表示相爱而不愿分离的一种动作。〔秦云〕秦地的天空。

这篇诗用二十八个字生动地叙述了一幕惨剧。由秦向蜀逃难，出发时有二十一家(少说也有上百口人)，及到走出骆谷，就只剩他一个了。在无法两全的情况下，又难分难舍地丢掉两个女孩儿。事后不禁转头回望"秦云"，悲痛万分。

殿前兵马虽骁雄，纵暴略与羌浑同。
闻道杀人汉水上，妇女多在官军中。

〔殿前句〕殿前兵马，保卫皇帝的禁军，即下文的官军。骁(xiāo)雄，勇健。这句是欲抑先扬。〔纵暴〕放纵暴行，为非作歹。〔羌〕指吐蕃、党项等族。〔浑〕土谷浑的省称。见王昌龄《从军行》注。〔闻道二句〕汉水这里指西汉水，即嘉陵江的上游。这是证实纵暴。

这一篇写官军的奸淫掳掠。官军本来应该保卫人民，然而他们的行为却和入侵的敌人相同。

杜甫的绝句也别开生面，与唐代其他诗人不同。这三篇是连章之作，勾绘出几幅8世纪60年代秦、蜀地区人民苦难的生活图景。纯用赋体，音节拗折，风格朴质，爱憎分明。

江南逢李龟年

杜　甫

岐王宅里寻常见，崔九堂前几度闻。
正是江南好风景，落花时节又逢君。

〔江南逢李龟年〕江南，这里指今湖南省长江、湘水一带地区。李龟年，当时著名的声乐家。在开元时代，极受玄宗宠爱，曾在洛阳大起房屋，奢侈过于公侯。安史乱后，流落江南。杜甫在大历五年(770)漂泊到了长沙，和他重见。　〔岐王二句〕岐王，玄宗的弟弟李范。寻常，古度名。周尺八尺为一寻，两寻为一常，引申为平常的意思。崔九，殿中监崔涤。诗人少年时代在洛阳，已以其出众的才华受到名流的重视，因此得时常在岐王宅里、崔九堂前和李龟年接触，并欣赏他的歌唱。有的注家认为李范和崔涤都死于开元十四年(726)，那时诗人才十四岁，所以不可能与龟年同游。但在《壮游》中，他却非常明白地说："往昔十四五，出游翰墨场。斯文崔(尚)魏(启心)徒，以我似班(固)扬(雄)。……脱略小时辈，结交皆老苍。"其说不攻自破。

这篇诗前两句写过去之盛，后两句写今日之衰，而以一"又"字形成尖锐对比。国家的治乱兴衰，个人的升沉哀乐，都在其中。两位流落异乡的艺术家在国破家亡之余，意外重逢，恰在"落花时节"。这"落花"实在太富于象征意味了。诗中泛说江南好风景而独取落花入诗，应当不是信手拈来的，而是“神与物游”(刘勰语)的结果。

望蓟门

祖　咏

燕台一望客心惊，笳鼓喧喧汉将营。
万里寒光生积雪，三边曙色动危旌。
沙场烽火连胡月，海畔云山拥蓟城。
少小虽非投笔吏，论功还欲请长缨。

〔蓟门〕见卢思道《从军行》注，即诗中“蓟城”，当时幽州治所。〔燕台二句〕燕台，即幽州台。见陈子昂《登幽州台歌》注。这是说登上燕台，北望蓟门，但觉笳鼓之声，惊心动魄。蓟门当时是安禄山的根据地。诗人突如其来地在此诗起头写上这么两句，很可能是对安的拥兵自大，渐生逆谋，有些预感。〔万里寒光〕皆由积雪的反射而生，见得广阔而寒冷。〔三边句〕古称幽州、并州、凉州为三边。安禄山当时身兼平卢、范阳、云中三镇节度使，诗人或以“三边”借指三镇。危旌，矗立的旗帜。危，高。〔沙场句〕这是指边患未平，有时月夜也有敌情，要举烽火。〔海畔句〕蓟城距渤海不远。这是说这座城倚山近海，形势险要。〔少小二句〕东汉班超年少时做过抄写文书的小吏，他投笔长叹说：“大丈夫应当立功异域，怎么能老干这个?”后来，他弃文就武，出使西域，建立了功勋。西汉终军出使南越，曾对武帝夸口道：“只要赐予我一根长缨(绳)，我就能将南越王绑住，带到您面前来。”作者引用这个典故，希望建功立业，报效国家。

这篇诗写诗人面对祖国的壮丽山河与现实局势而产生的立功报国的心情，诗笔也很壮丽。

祖咏，洛阳人，玄宗时代的诗人(约当8世纪前期)。

与高适、薛据同登慈恩寺浮图

岑　参

塔势如涌出，孤高耸天宫。登临出世界，磴道盘虚空。
突兀压神州，峥嵘如鬼工。四角碍白日，七层摩苍穹。
下窥指高鸟，俯听闻惊风。连山若波涛，奔凑似朝东。
青槐夹驰道，宫观何玲珑！秋色从西来，苍然满关中。
五陵北原上，万古青蒙蒙。净理了可悟，胜因夙所宗。
誓将挂冠去，觉道资无穷。

〔薛据〕荆南人，玄宗时代的诗人。　〔慈恩寺浮图〕慈恩寺，在长安曲江的北面，本隋代无漏寺故地。唐高宗做太子的时候，为了纪念他母亲文德皇后，重加修整，赐名慈恩。高宗永徽三年(652)，玄奘(zàng)法师建塔，通称大雁塔。浮图，梵语，即塔。　〔塔势二句〕这是形容塔矗立半空之中，好像是地中涌出来的。　〔登临二句〕蹬道，指塔内石级砌成的道路。盘虚空，从塔内顺路盘旋而上，达到高空。以下十二句则写登后所见。〔突兀〕高貌。　〔神州〕中国的别名。　〔峥嵘(zhēng róng)〕高貌。〔鬼工〕犹言鬼斧神工，超出人力所能的工艺。　〔四角〕指塔四周的檐角。〔七层句〕这是说塔高七层，几乎摩天。苍穹，青天。　〔凑〕聚合。　〔青槐二句〕驰道，即御道，皇帝出行时要走过的大路。长安城中街道宽广整齐，宫门外的东西大街宽达四百多米，路边种着一排排的青槐和榆树，行人走两边，中为御道。宫观，即宫阙，指位于长安城北的宫禁和行政区。这是从塔上眺望宫观之景。　〔关中〕指以长安为中心的今陕西省地区。其地东有函谷关，南有武关，西有散关，北有萧关，居四关之中，故名关中。〔五陵句〕五陵，指汉代五位皇帝的陵墓，即高帝的长陵、惠帝的安陵、景帝的阳陵、武帝的茂陵、昭帝的平陵，合称五陵，都位于长安北面。　〔净理四句〕净理，清净的道理；胜因，良好的因缘；觉道，大觉之道；都是佛教术语。了，了然，明白清楚。夙，素来。挂冠，辞官归隐。西汉王莽当权时，逄萌预料天下将乱，不愿在朝为官，就将做官戴的冠取下，挂在洛阳城门上，隐居辽东。这是说，登上佛塔以后，觉得清净的道理可以领悟，学佛的因缘素来向往，发誓也要将官职辞去，而皈(guī)心于应用无穷的觉道。这是抒感。

天宝十一载(752)秋天，岑参、高适、薛据、杜甫、储光羲五位诗人同登慈恩寺浮图，都有纪游之作。其中薛据一篇今佚。现存四篇之中，岑、杜两作，工力悉敌，都很精彩。此诗着重在写建筑物之高峻，而杜诗云"高标跨苍穹，烈风无时休。……仰穿龙蛇窟，始出枝撑幽。七星在北户，河汉声西流。……秦山忽破碎，泾渭不可求。俯视但一气，焉能辨皇州"诸句，也是在这方面着笔。后有苏轼《凤翔八观》中《真兴寺阁》云："山川与城郭，漠漠同一形。市人与鸦鹊，浩浩同一声。此阁几何高？何人之所营？侧身送落日，引手攀飞星。"与岑、杜两作可称鼎足。它们写的都是登临的实感，客观上反映了古代建筑艺术的伟大成就。天宝八载(749)，作者随安西四镇节度使高仙芝赴安西，在他幕府中掌书记。十载，高被大食击败，还朝，诗人也回到了长安。作诗时，正是他闲居长安，功名蹭蹬，心情苦闷的时候，所以有"誓将挂冠去，觉道资无穷"的想法。

岑参，荆州江陵(今湖北省江陵县)人，生于开元三年(715)，死于大历五年(770)。他参加过封常清等边防将领的幕府，在轮台等地住过几年，因而祖国西北雄伟的自然环境和当时的边塞生活，在他的笔下有着很丰富的反映。

轮台歌奉送封大夫出师西征

岑　参

轮台城头夜吹角，轮台城北旄头落。
羽书昨夜过渠黎，单于已在金山西。
戍楼西望烟尘黑，汉兵屯在轮台北。

上将拥旄西出征，平明吹笛大军行。
四边伐鼓雪海涌，三军大呼阴山动。
虏塞兵气连云屯，战场白骨缠草根。
剑河风急雪片阔，沙口石冻马蹄脱。
亚相勤王甘苦辛，誓将报主静边尘。
古来青史谁不见？今见功名胜古人。

〔轮台〕唐县名，属北庭都护府辖区。故址在今新疆维吾尔自治区乌鲁木齐市米东区。唐金满县(今吉木萨尔县北护堡子一带)是庭州都护府治所，但都护有时也驻节轮台。　〔封大夫出师西征〕天宝十三载(754)，安西四镇节度使封常清入朝，摄(代理)御史大夫，后又暂兼北庭都护、伊西节度使、瀚海军使。岑参随封出任安西、北庭节度判官。封驻轮台，这年秋天，出兵西征入侵之敌。此役史书失载。这一篇诗和下一篇《走马川行》都是为这次出征而作。出师，出兵。　〔轮台二句〕角，即画角，军中所用的一种管乐器，吹奏以报时间。旄头，古代占星家认为是攸关胡人命运的星宿。旄头星落下，主胡人败亡。这是写战争尚未发生，但已有准备，有兆头。　〔羽书二句〕渠黎，唐都督府名，在北庭界内，今地不详；不是汉西域诸国之一，位于今尉犁县南的渠黎。金山，这里指天山东段。这是说紧急情报经过渠黎，报告轮台，因而知道敌人已经到了金山的西边。称敌人的君长为单于，是用汉代对匈奴的旧称。　〔戍楼二句〕指唐军屯于轮台之北，据戍楼以侦察自西来犯之敌。烟尘黑，形容敌军的移动。　〔上将四句〕拥，持。旄，节旄，皇帝赐给使臣或大将以表示其身份的一种凭证。伐鼓，打鼓。雪海，今地不详。阴山，在今内蒙古自治区西部，但天山北支亦名阴山。此诗所称雪海、阴山当都在轮台附近。所以岑参《首秋轮台》诗中说：“异域阴山外，孤城雪海边。”这是写封常清清晨亲自领兵出战，军威雄壮，士气昂扬。　〔虏塞句〕虏塞，敌军的要塞。兵气，战争的气氛，犹杀气。这是说敌人也集中了他们的力量，准备抵抗。〔战场句〕是说这次作战之区是个古战场，地上遗有白骨。草又从白骨边生出，以致白骨草根缠在一处了。　〔剑河、沙口〕均地名，今地不详。

〔亚相四句〕亚相，指封常清。封常清摄御史大夫。在汉代这个职位仅次于宰相，故称亚相。勤王，为皇帝出力。古人以竹简记事，竹呈青色，因称史书为青史。这是赞美封大夫不辞辛苦，忠勇报国，将来会名垂史册，胜过古人。

走马川行奉送出师西征

岑　参

君不见，走马川，雪海边，平沙莽莽黄入天。
轮台九月风夜吼，一川碎石大如斗，随风满地石乱走。
匈奴草黄马正肥，金山西见烟尘飞，汉家大将西出师。
将军金甲夜不脱，半夜军行戈相拨，风头如刀面如割。
马毛带雪汗气蒸，五花连钱旋作冰，幕中草檄砚水凝。
虏骑闻之应胆慑，料知短兵不敢接，车师西门伫献捷。

〔走马川，雪海边〕两句中各本均多一“行”字，误，今删去。走马川，今地不详。或以为是今伊塞克湖附近，天山山地中之砾石河川。这是一种季节河，有水则成河，干涸则为一走马平川，所以诗中有“一川”二句。〔莽莽〕密集的样子。〔汉家大将〕指封常清。〔金甲〕铁甲。〔相拨〕互相碰击。〔马毛二句〕五花，剪马鬣为五瓣，是当时对马的一种打扮。连钱，即连钱骢，一种身上有圆形花纹的名马。五花连钱，是打扮得很漂亮的好马。旋，不久。这是说马身上原就有雪，加上出汗，不久就都结了冰。〔草檄(xí)〕起草文件。檄，古代征召或宣告性质的公文。〔凝〕这里是冻住了的意思。〔虏骑〕指敌人的骑兵。〔慑(shè)〕怕。〔短兵〕指刀剑。短兵相接，就是白刃战。〔车师〕汉西域国名，有前、后车师。今新疆维吾尔自治区吐鲁番市为前车师故地，唐时属安西都护府；吉木萨尔县北为后车师故地，属北庭都护府。封常清当时是北庭都护，所以此诗车师乃指后车师，唐为庭州金满县，北庭都护的驻节之地。故在其地等候献捷。参上篇注。〔伫（zhù）〕等待。〔献捷〕呈报胜利的消息并献上战利品。

这是两篇胜利的颂歌。在音节上，它们都有独特之处。上一篇全用七言，先是句句用韵，两句一转，先仄后平，交替出现，最后四句，以平韵收束，而“古来”一句不押韵，音节遂由急促转为安和。这一篇篇首以“君不见”三字领起，先以三、三、七言，后以七、七、七言构成，而句句用韵，三句一转，先平后仄，交替到底，音节亢烈。两篇都于整齐中见变化，变化中含统一，富于创造性，是以语言的音响传达生活的音响的成功范例。

白雪歌送武判官归京

岑　参

北风卷地白草折，胡天八月即飞雪。
忽如一夜春风来，千树万树梨花开。
散入珠帘湿罗幕，狐裘不暖锦衾薄。
将军角弓不得控，都护铁衣冷犹着。
瀚海阑干百丈冰，愁云惨淡万里凝。
中军置酒饮归客，胡琴琵琶与羌笛。
纷纷暮雪下辕门，风掣红旗冻不翻。
轮台东门送君去，去时雪满天山路。
山回路转不见君，雪上空留马行处。

〔判官〕官名，节度使的僚属。〔白草〕牧草名，干熟时色白，故名。〔忽如二句〕以春天盛开的梨花比喻塞外的雪花，是诗人奇妙的想象。忽如，就是如。杜甫《峡中览物》：“巫峡忽如瞻华岳，蜀江犹似见黄河。”用法相同。〔裘〕皮袍。〔角弓〕见王维《观猎》注。〔控〕拉开。〔都护〕指北庭都护封常清。〔瀚海句〕瀚海，见高适《燕歌行》注。阑干，犹纵横。百丈，极言其厚。这句就是冰天雪地之意。〔中军〕古代的部队编制，多分为中、左、右三军，中军是主帅驻地，这里指封常清的幕府。〔归客〕指武判官。〔辕门〕军营的正门。见王昌龄《从军行》注。〔掣(chè)〕拉扯，这里是吹动的意思。〔翻〕飞扬。

这篇诗以豪迈的感情描写了北方壮丽的冬景，虽然是送别之作，却并无哀伤的情绪，也正反映了诗人胸襟的开朗。

送张子尉南海

岑参

不择南州尉，高堂有老亲。
楼台重蜃气，邑里杂鲛人。
海暗三山雨，花明五岭春。
此乡多宝玉，慎勿厌清贫。

〔尉南海〕到南海去做县尉。南海，县名，唐时故治在今广东省广州市。〔不择二句〕南州，南海一带的州县。这是说这位张姓友人情愿到远地做小官，不加选择，是因为亲老家贫，出于不得已。〔楼台二句〕重(chóng)，重复。蜃(shèn)气，在海边或沙漠中，常因光线通过密度有较大差异的空气层时发生折射而将远处景物显示在空中或地面。古人对此不理解，认为它是海中的蜃吐气而成，故名海市蜃楼。鲛人，古代传说中一种鱼一样的水居人，能织精美的丝织物，名为鲛绡，哭出来的眼泪都是珍珠；上岸寄居人家卖绡，临别时泣珠相赠，作为报酬。这是写想象中奇幻的南州风光。〔海暗二句〕三山，在今广州市南。五岭，指位于今湖南、江西与广东交界处的大庾、骑田、都庞、萌渚、越城等五座岭，是由北方往南海要经过的地方。这是写想象中经五岭抵南海的景色。〔此乡二句〕此乡，指南州。南海以生产珠宝著称。所以诗人对朋友预先加以告诫，要他不要因为贫穷而贪污，败坏自己的品德。末二句与首二句相应。

这篇诗尾联与杜甫《奉送严公入朝十韵》尾联，都是作者“爱人以德”的表现。张子与严公身份不同，所以对两人的要求各异。作应酬诗，不说应酬话，难得。

春　梦

岑　参

洞房昨夜春风起，故人尚隔湘江水。
枕上片时春梦中，行尽江南数千里。

〔洞房〕深屋，一般指女子所居。　〔江南〕指湖南，见杜甫《江南逢李龟年》注。

这是一篇写梦的诗。洞房已透春风，故人尚隔湘水，岂能没有相思之情呢？而这相思之情，却借春梦而得到补偿，也可以说是“慰情聊胜无”（陶渊明句）吧！

春陵行

元　结

癸卯岁，漫叟授道州刺史。道州旧四万余户，经贼已来，不满四千，大半不胜赋税。到官未五十日，承诸使征求符牒二百余封。皆曰：“失其限者，罪至贬削。”於戏！若悉应其命，则州县破乱，刺史欲焉逃罪？若不应命，又即获罪戾，必不免也。吾将守官，静以安人，待罪而已。此州是春陵故地，故作《春陵行》以达下情。

军国多所需，切责在有司。有司临郡县，刑法竞欲施。
供给岂不忧，征敛又可悲。州小经乱亡，遗人实困疲。
大乡无十家，大族命单羸。朝餐是草根，暮食仍木皮。
出言气欲绝，意速行步迟。追呼尚不忍，况乃鞭扑之。
邮亭传急符，来往迹相追。更无宽大恩，但有迫促期。
欲令鬻儿女，言发恐乱随。悉使索其家，而又无生资。
听彼道路言，怨伤谁复知。去冬山贼来，杀夺几无遗。
所愿见王官，抚养以惠慈。奈何重驱逐，不使存活为？
安人天子命，符节我所持。州县忽乱亡，得罪复是谁？
逋缓违诏令，蒙责固其宜。前贤重守分，恶以祸福移？
亦云贵守官，不爱能适时。顾惟孱弱者，正直当不亏。
何人采国风？吾欲献此辞。

〔癸卯岁〕即代宗广德元年(763)。　〔漫叟〕作者的别号。　〔授〕朝廷任命。　〔道州〕州治在今湖南省道县，为汉春陵县故地，故诗名《春陵行》。〔经贼已来〕经过“贼”的蹂躏以后。广德元年冬天，当时称为西原蛮的一个少数民族曾经攻占道州一个多月。称之为“贼”，是对少数民族上层集团残害人民、破坏民族关系的指斥。　〔不胜〕不能担负。　〔符〕古代政府传令或征调将士时用的一种凭证，以玉、铜、竹、木制成，作虎、鱼等形，分为两半，下令和受令的双方各持其一，命令到时，合符以验真伪。　〔牒(dié)〕文书。　〔於戏〕“呜呼”的异体。　〔戾(lì)〕罪过。　〔守官〕忠于职守。　〔安人〕即安民。唐人避太宗李世民讳，“民”字改用“人”字。〔切责〕严厉地责难。　〔有司〕有所管理的人，官吏的通称。　〔临〕治理。〔刑法句〕是说(有司)都争先恐后地要(对人民)施加刑法。　〔供给〕指应当交纳的军国所需财物。　〔征敛〕征，征收。敛，聚敛。指对人民的勒索、搜刮。　〔遗人〕劫后留下的百姓。　〔大族句〕单，指人丁稀少。羸(léi)，身体衰弱。大族命运如此，小家可知。　〔出言二句〕讲起话来，上气不接下气；走起路来，心想快，脚却快不了。这是描绘人民在死亡线上挣扎的惨状。

〔邮亭二句〕邮亭，驿站。古制：十里一亭，五里一邮。这是说官府催征，急如星火，传令的人，脚印一个接着一个，像在互相追赶。〔鬻(yù)〕卖。〔言发句〕恐怕话一出口，就要出乱子。〔生资〕生活资料。〔王官〕皇帝派来的官，朝廷命官。〔奈何二句〕重(chóng)，再。为，语气词。这是说，（人民已经够苦了，）为什么还要再加驱逐，不让他们生存下去呢？〔安人二句〕是说我奉皇帝的命令来安抚人民，持有符、节作为凭证（节即节旄，见岑参《轮台歌奉送封大夫出师西征》注）。〔州县二句〕即序中所说“若悉应其命，则州县破乱，刺史欲焉逃罪”。〔逋(bū)缓二句〕即序中所说“若不应命，又即获罪戾，必不免也”。逋，欠交租税。缓，迟交租税。诏令，皇帝的命令。〔前贤二句〕守分，守本分。恶(wū)，何，怎么。这是说古代的贤人都认为做人应当守本分，怎么可以因为怕受祸而改移呢？〔亦云二句〕守官，尽其职责，守本分。适时，适合时宜。这是作者自白之词，说自己也认为守官为贵，不以适时为能。〔顾惟二句〕顾惟，惦念。孱(chán)弱者，指被压迫剥削的人民。这是说只要想到人民，就不应当有亏于正直。〔采国风〕周代有采诗的制度，朝廷在一定时期派行人之官到各地搜采民间诗歌，借以了解政治社会情况，作为施政的参考。采来的诗，按国编排，入乐歌唱，就是《诗经》中的“国风”。

元结，字次山，河南鲁山（今河南省鲁山县）人，生于开元十九年(719)，死于大历七年(772)。

贼退示官吏

元　结

癸卯岁，西原贼入道州，焚烧杀掠几尽而去。明年，贼又攻永，破邵，不犯此州边鄙而退。岂力能制敌欤？盖蒙其伤怜而已。诸使何为忍苦征敛？故作诗一篇以示官吏。

昔岁逢太平，山林二十年。泉源在庭户，洞壑当门前。
井税有常期，日晏犹得眠。忽然遭世变，数岁亲戎旃。
今来典斯郡，山夷又纷然。城小贼不屠，人贫伤可怜。
是以陷邻境，此州独见全。使臣将王命，岂不如贼焉？
今彼征敛者，迫之如火煎。谁能绝人命，以作时世贤？
思欲委符节，引竿自刺船。将家就鱼麦，归老江湖边。

〔永〕永州，治所在今湖南省永州市零陵区。 〔邵〕邵州，治所在今湖南省邵阳市。 〔此州〕指道州。 〔诸使〕各位使者，指政府派来催逼租税的官吏。 〔忍苦征敛〕向人民征收过重的租税。 〔山林句〕作者在天宝十三载(754)进士及第。十四载冬，安禄山叛变。在进士及第之前，他没有做过官。山林，即隐居山林之意。 〔井税〕古代井田制：将九百亩田划为九块，每块一百亩；中央一块为公田，余八块为私田；八家共耕这块公田，作为向国家缴纳租税，所以称为井税。唐代早已废除井田制，这里是借指当时行用的租庸调制。 〔忽然二句〕世变，指安史叛乱以来的时局。戎旃(zhān)，用毡子制成的军用帐篷，指战争生活。这是说由于安史之乱突然爆发，自己曾于肃宗乾元二年(759)充山南东道节度参谋，招集义军，参与对叛乱分子的战斗。 〔典斯郡〕指出任道州刺史。典，治理。 〔山夷〕山居的少数民族，即西原蛮。这是侮辱性的称呼。 〔将王命〕奉皇帝之命。〔时世贤〕这是讽刺反话，指对人民“迫之如火煎”的“征敛者”。 〔思欲句〕委，抛弃。这是说想辞职不干了。符节，见上篇注。 〔刺〕以竹篙撑船。 〔将家二句〕将，携带。就鱼麦，住近食物丰富的地方，即“江湖边”。这是说这样的官实在没法做下去了，只好带着老婆孩子退隐江湖，以终余年。

元结这两篇诗写于广德二年(764)，即他任道州刺史的第二年。到了大历二年(767)，它们流传到了流寓在夔州的杜甫手里。杜甫读了，大为感动，就作了一篇《同元使君〈舂陵行〉》，在序中，他写道：“今盗贼未息，知民疾苦，得结辈十数公，落落然参错天下为邦伯，万物吐气，天下小安可待矣。不意复见比兴体制，微婉顿挫之词。”在诗中，他写道：“道州忧黎庶，词气浩纵横，两章对秋月，一字偕华星。”从杜甫的高度评价中，我们可以大体上领会到元结诗歌的思想和艺术两方面的特色。

回军跛者

赵微明

“既老又不全，始得离边城。一枝假枯木，步步向南行。
去时日一百，来时月一程。常恐道路旁，掩弃狐兔茔。
所愿死乡里，到日不愿生。”闻此哀怨词，念念不忍听。
惜无异人术，倏忽具尔形。

〔回军〕从军队中退伍回来。〔不全〕四肢不全，指脚跛了。〔一枝句〕是说借一枝枯树做拐杖。假，借。〔向南行〕表示战场在北方。〔去时二句〕这是说，去的时候，身体健全，一日走百里；回的时候，身体残废，一月走百里。〔常恐二句〕掩，埋葬。茔（yíng），坟地。这是说常常害怕死在半路上，就随便地掩埋（事实上是抛弃）在狐兔的洞穴旁边。〔所愿二句〕这是极写思乡之情，说只要能回到家乡，一到就死去也都情愿。以上十句，回军跛者的话。〔闻此四句〕诗人感叹之词。异人术，奇异人的法术，犹仙术。倏（shū）忽，忽然。具尔形，使你的形体具备，即跛脚变得不跛了。

元结曾录其同时诗人沈千运、赵微明、孟云卿、张彪、元季川、于逖、王季友七人作品二十四篇，编为《箧（qiè）中集》，风格质朴高古，和元结本人相近。这是其中之一。卢纶《逢病军人》云：“行多有病住无粮，万里还乡未到乡。蓬鬓哀吟古城下，不堪秋气入金疮。”与此诗事意全同，可见当时这种现象的普遍性。

赵微明，天水（今甘肃省天水市）人。

第二部分　唐诗（下）

湘灵鼓瑟

钱　起

善鼓云和瑟，常闻帝子灵。冯夷空自舞，楚客不堪听。
苦调凄金石，清音入杳冥。苍梧来怨慕，白芷动芳馨。
流水传湘浦，悲风过洞庭。曲终人不见，江上数峰青。

〔湘灵〕指帝舜的妃子娥皇和女英姐妹俩。参阅李白《远别离》注。　〔善鼓二句〕鼓，弹奏。云和，地名，出产乐器。瑟，一种有二十五条弦的乐器。帝子灵，即湘灵，她们是帝尧的女儿，故称帝子。这两句是倒文，是说曾听说湘灵善于鼓瑟。　〔冯夷二句〕冯夷，水神。楚客，指屈原。屈原的《九歌》中有《湘君》、《湘夫人》两篇，写仙灵之间相爱相思。旧日注家或以为湘君是娥皇，湘夫人是女英，或以为湘夫人兼指姐妹两人。这是赞美湘灵鼓瑟，非常动人，冯夷随之起舞，但也相形见绌，屈原闻之生悲，因而谱入诗篇。《楚辞·远游》写道："使湘灵鼓瑟兮，令海若舞冯夷。"就是本诗题目及"冯夷空自舞"句所本。　〔苦调二句〕古人评乐，以悲哀为美，见杜甫《自京赴奉先县咏怀五百字》注。金，指钟类乐器。石，指磬类乐器。杳冥，高远之处，指天空。这是说瑟所发出的苦调清音，凄凉过于钟磬，飘扬远达高空。　〔苍梧句〕是说瑟之苦调清音是来自二妃对野死于苍梧的帝舜的哀怨和思慕。　〔白芷句〕白芷，香草名。《九歌·湘夫人》："沅有芷兮澧有兰，思公子兮未敢言。"这是运用这一传统的意象来补充上句所写的怨慕之情。　〔流水二句〕是写湘灵鼓瑟时的自然环境也和她们所弹奏出来的情调密切结合。李白《远别离》："远别离，古有皇英之二女，乃在洞庭之南，潇湘之浦。"此兼用其词意。　〔曲终二句〕曲终，结"鼓瑟"。人不见，点"灵"字。江上数峰青，点"湘"字。

进士科举是唐代读书人最好的出路，所以每年应考的人非常之多。作诗是考试科目中主要的一项。当时进士考试归礼部掌管，而礼部则属尚书省，所以这种诗称为省试诗或试帖（试卷）诗。限于体制、题目、时间以及许多禁忌，省试诗很少有好作品。这一篇以一个古代动人的传说为题材，“不失为唐人的好试帖”（鲁迅《“题未定”草〔七〕》），录之以见一斑。

钱起，字仲文，吴兴（今浙江省湖州市）人，生于开元十年（722），死于德宗李适建中元年（780）。

归　雁

钱　起

“潇湘何事等闲回？水碧沙明两岸苔。”
“二十五弦弹夜月，不胜清怨却飞来。”

〔潇湘二句〕等闲，轻易，或无缘无故。这是说潇湘一带，水流是碧绿的，沙石是明净的，两岸还长满了莓苔，风景幽美，食物丰富，雁子，你为什么随便地从这么个好地方飞回来了呢？这是身居北方的诗人问雁。　〔二十五句〕清怨，即《湘灵鼓瑟》中的“苦调”、“清音”。湘灵在月夜鼓瑟，那种凄清悲戚的声音使我的感情承受不住，所以只好回来了。这是来自南方的雁答诗人。

这篇诗应当和上一篇合读，就某种意义上说，它是上篇的补充。它以一问一答组成，结构也非常别致，为唐人绝句中所稀见。

送杨中丞和番

郎士元

锦车登陇日，边草正萋萋。

旧好寻君长，新愁听鼓鼙。
河源飞鸟外，雪岭大荒西。
汉垒今犹在，遥知路不迷。

〔和番〕在与少数民族建立的政权打仗以后，修好讲和。番，古代对西北少数民族的通称。据诗中地理，这次杨中丞当是出使吐蕃(bō)。吐蕃是当时藏族在今西藏一带建立的国家。唐代中叶以后，与吐蕃时和时战。〔锦车〕以锦帷装饰的车，表示华贵。　〔陇〕指位于今陕西、甘肃两省的陇山。　〔旧好(hǎo)句〕君长，这里指称少数民族领袖。这是说杨中丞这次出使，是为了和君长重申旧好。这句写公事。　〔新愁句〕鼓鼙(pí)，军鼓。京城已远，军声入耳，旅途寂寞，故有“新愁”。这句写私情。　〔河源二句〕河源，指黄河发源地，在今青海省境内。雪岭，指西部诸雪山。这是形容杨中丞去吐蕃时要经过的地区极其辽远。　〔汉垒二句〕是说过去唐军所筑堡垒现在还存在，但因双方已修好，今天它只起着作为路标的作用了。言外有庆幸国内各民族和睦相处的意思。

这是一篇送友人出使吐蕃的诗。它显示了诗人对汉、藏两个兄弟民族互相团结的良好祝愿。

郎士元，字君胄，中山(今河北省定州市)人，和钱起同时齐名。

云阳馆与韩绅宿别

司空曙

故人江海别，几度隔山川。
乍见翻疑梦，相悲各问年。
孤灯寒照雨，湿竹暗浮烟。
更有明朝恨，离杯惜共传。

〔云阳〕唐县名，在今陕西省三原县境内。〔馆〕驿馆，旅客中途休息的地方。〔宿别〕同住然后分别。〔翻〕同反。〔惜〕珍重。

这篇诗写与多年不见的老友客路相逢、旋即分手的情景，十分真挚动人。

司空曙，字文明，广平（今河北省邯郸市永年区附近）人，大历、贞元时代的诗人（约当8世纪60年代至9世纪初叶）。

拜新月

李端

开帘见新月，即便下阶拜。
细语人不闻，北风吹裙带。

〔新月〕上弦月。

李端，字正己，赵州（今河北省赵县附近）人，与司空曙同时。

听筝

李端

鸣筝金粟柱，素手玉房前。
欲得周郎顾，时时误拂弦。

〔鸣筝〕声音嘹亮的筝。筝，一种弦乐器。〔金粟柱〕上有金色小点花纹的枕弦木。〔玉房〕闺房的美称。〔欲得二句〕三国名将周瑜精通音乐，如果乐人将曲子弹错了，他就朝那个人望一眼以示意。所以当时人说："曲有误，周郎顾。"这是说这位姑娘为了引人注意，故意将指法弄错。拂弦，犹拨弦。

这两篇小诗都是写少女情态的。前者写有心事却怕人知道，后者则相反，生怕人不知道。寥寥二十个字，情景交融，神形兼备，真是绝妙的写生手。

征人怨

柳　淡

岁岁金河复玉关，朝朝马策与刀环。
三春白雪归青冢，万里黄河绕黑山。

〔征人〕出征军人。〔金河〕即黑河。唐代曾设置金河县，故址在今内蒙古自治区呼和浩特市南。〔玉关〕即玉门关。〔马策〕马鞭。〔刀环〕古时刀头上有环，这里就是指刀。称"刀环"是为了与"马策"作对。古人也以"环"为"还"的谐声隐语，暗示征人的怀归之情。〔三春〕孟春、仲春、季春，即正月、二月、三月。〔青冢〕见杜甫《咏怀古迹》注。〔黑山〕一名杀虎山，在今呼和浩特市东南。

这篇诗写征人远戍，前两句说行踪不定，时在金河，时在玉关，和他做伴的只有马鞭和战刀而已。后两句写以时间言，在三春仍有白雪的时候，又回到了青冢；以空间言，随万里黄河之奔泻，又绕到了黑山。通篇无一"怨"字，却非常深刻地将这位征人藏在心底的怨透露出来了。这就比直抒怨情，更为有力。

柳淡（一作谈），字中庸，河东（今山西省永济市）人，与李端同时。

初发扬子，寄元大校书

韦应物

凄凄去亲爱，泛泛入烟雾。
归棹洛阳人，残钟广陵树。
今朝此为别，何处还相遇？
世事波上舟，沿洄安得住？

〔初发〕启程。〔扬子〕指扬子津。在今江苏省扬州市南瓜洲附近，对面就是镇江市。古称扬州、镇江之间这一段长江为扬子江。〔校书〕即校书郎，掌管国家图书的官。〔亲爱〕名词，指元大。〔归棹句〕是说自己是乘船北归洛阳的人。〔残钟句〕广陵，今扬州市。残钟，残余的钟声。这是说舟行渐远，钟声余音入耳，广陵树色还依稀可见。〔世事二句〕沿，顺流而下。洄，逆流而上。这是因景及情，慨叹自己到处宦游，有如波上之舟，去来无定。

韦应物，长安（今陕西省西安市）人，生于开元二十五年（737），约死于德宗贞元七、八年（791、792）。

长安遇冯著

韦应物

客从东方来，衣上灞陵雨。
问客何为来？采山因买斧。
冥冥花正开，扬扬燕新乳。
昨别今已春，鬓丝生几缕？

〔客〕指冯著。　〔灞陵〕旧县名，即霸陵，因汉文帝的陵墓在此得名，在长安东边。　〔采山〕砍柴。这里指隐居自食其力。　〔冥冥〕下雨之貌。〔扬扬句〕扬扬，飞貌。在古代汉语中，人和鸟生子叫作乳，兽生子叫作产。这是说新生的燕子在学飞。　〔丝〕这里指白发。

这两篇诗都是通过描写友情来反映当时士人在政治上的失意。本篇出语尤其隐约，所谓“哀而不伤”。

寄李儋、元锡

韦应物

去年花里逢君别，今日花开又一年。
世事茫茫难自料，春愁黯黯独成眠。
身多疾病思田里，邑有流亡愧俸钱。
闻道欲来相问讯，西楼望月几回圆？

〔李儋（dān）〕字不详，唐朝的宗室。　〔元锡〕字君贶。　〔世事句〕是说在当时复杂多变的社会中，难以掌握自己的命运。　〔黯（àn）黯〕无精打采的样子。　〔田里〕这里作家乡解。　〔邑〕居民点。这里指自己主管的苏州。　〔俸（fèng）钱〕薪水。　〔西楼〕又名观风楼，故址在今苏州市境旧长洲县内。

这篇诗是作者做苏州刺史时，寄给两位友人的。和他们分别已经一年了，听说两人要来相会，日日盼望，一直没来，于是诗人只好先将自己的心情倾吐给他们了：苏州是江南最富饶的地区之一，可是在安史之乱以后，政局仍然动荡不定，人民生活非常困苦，甚至被迫流亡。这使得自己感到惶惑、惭愧，觉得既然无法改变这种局面，还不如弃官回家的好。（作者《郡斋雨中与诸文士燕集》云“自惭居处崇，未睹斯民康”，亦即“邑有流亡愧俸钱”之意。）关心人民疾苦，是这位诗人的创作特色之一，虽然他的诗以风格闲适出名。

阊门即事

张　继

耕夫召募逐楼船，春草青青万顷田。
试上吴门窥郡郭，清明几处有新烟？

〔阊(chāng)门〕古吴县城的西北门。〔即事〕就眼前有所触发的事物写诗，又叫即兴。〔耕夫句〕楼船，即楼船将军，汉朝将军的一种称号，借指当时的将领。这是说农夫都被征集，追随将军们打仗去了。〔顷〕一百亩。〔吴门〕指阊门。〔郡郭〕城郊。郭，外城。〔清明句〕古代风俗，每年冬至后第105日(即清明前一二日)，不烧火，吃冷饭菜，叫寒食，又名禁火或禁烟。过了这天，再重新生火，称为新火或新烟。据说，这种风俗起源于纪念春秋时代晋国一位名叫介之推的人。这是一种附会。据《周礼》，每年仲春(二月)，要在城里“修火禁”。可见其事早已有了。

韦应物的“邑有流亡愧俸钱”之句是着重抒写自己的感受，而本篇则对“邑有流亡”的真实情况作了具体描绘，正好互相补充。

张继，字懿孙，襄州(今湖北省襄阳市襄州区)人，天宝、大历间诗人(约当8世纪40年代至70年代)。

枫桥夜泊

张　继

月落乌啼霜满天，江枫渔火对愁眠。
姑苏城外寒山寺，夜半钟声到客船。

〔枫桥〕在今江苏省苏州市西郊。　〔泊〕靠岸停船。　〔江枫句〕是说因客愁而未能成眠的旅人，与江边的枫树、渔舟的火光终夜相对。　〔姑苏〕山名，这里作为苏州的别称。　〔寒山寺〕以唐时诗僧寒山曾经住此，故名。〔夜半句〕唐宋时佛寺习惯，夜半可以敲钟。

此诗写旅愁，皆通过景物。而选色配声，极为恰切；融情入景，极为超妙，千百年来为人传诵。

寒　食

韩　翃

春城无处不飞花，寒食东风御柳斜。
日暮汉宫传蜡烛，轻烟散入五侯家。

〔寒食〕见张继《阊门即事》注。　〔花〕这里指柳絮。　〔御柳〕指宫城旁边或宫苑里面栽的柳树。　〔日暮二句〕汉宫，即唐宫。以汉喻唐，下句用的汉代五侯典故也同。传蜡烛，指寒食禁火后，宫中使臣以新火赐予近臣。五侯，东汉外戚梁冀为大将军，他的儿子胤和叔父让、淑、忠、戟五人封侯，世称梁氏五侯；又桓帝时宦官单超等五人诛梁冀及其亲党有功，同日封侯，单超为新丰侯，徐璜为武原侯，具瑗为东武阳侯，左悺为上蔡侯，唐衡为汝阳侯，也称五侯。这是讽刺朝廷恩泽只给予皇亲贵臣，即使赐火这样一件小事也不例外。据史，玄宗天宝十载规定，“自今以后，寒食并禁火三日”。可见禁火之后，继以赐火，乃是唐时上层社会的风俗。

韩翃，字君平，南阳（今河南省沁阳市附近）人。玄宗天宝末年进士及第，德宗时又以驾部郎中知制诰（担任为皇帝起草诏书的工作）。这篇政治讽刺诗无法确知其写作年代。如果作于玄宗时，则“五侯”当系指杨贵妃的哥哥杨国忠及其姊妹等。若是作于安史乱后，则是指从代宗以来权势日盛的宦官政治集团。写法委婉而讽刺有力。

江 南 行

张 潮

茨菰叶烂别西湾，莲子花开犹未还。
妾梦不离江水上，人传郎在凤凰山。

〔茨菰〕即慈姑，一种多年生的水生植物，秋天开花，块茎可食。〔西湾〕今地不详。〔凤凰山〕我国古代以“凤凰”为名的山非常之多，作者所指，不知今在何处。

请回忆一下前面读过的薛道衡那篇《昔昔盐》吧。同一主题，那篇写得繁富，可是我们并不觉得它冗长。这篇写得简略，可是我们也不觉得它单薄。这就叫作“繁而不可删，略而不可益”(《文心雕龙·熔裁篇》)。

张潮，曲阿(今江苏省丹阳市)人，大历时代的诗人。

女耕田行

戴叔伦

乳燕入巢笋成竹，谁家二女种新谷？
无人无牛不及犁，持刀斫地翻作泥。
自言家贫母年老，长兄从戎未娶嫂。
去年灾疫牛囤空，截绢买刀都市中。
头巾掩面畏人识，以刀代牛谁与同？
姊妹相携心正苦，不见路人唯见土。
疏通畦垄防乱苗，整顿沟塍待时雨。
日正南冈午饷归，可怜朝雉扰惊飞。
东邻西舍花发尽，共惜余芳泪满衣。

〔乳燕句〕乳燕，刚会飞翔的雏燕。这是写春末夏初的景物，表示正当谷子下种的季节。〔不及犁〕犹言无法用犁。〔斫(zhuó)〕砍。〔从戎〕服兵役。〔截绢买刀〕唐时绢可以作为货币使用，所以截下几尺绢去买刀。〔头巾句〕古代分工，男耕女织，现在两位姑娘却从事刀耕，感到羞耻，所以以头巾掩面。〔谁与同〕谁和（我们）一同耕作？指大哥不在家，又没有娶嫂子，母亲也老了，所以无人帮助。〔相携〕犹相随。〔不见句〕写她们以巾掩面，埋头苦干。〔畦(qí)〕田中划分的小区。〔垄(lǒng)〕田埂。〔沟塍(chéng)〕用土埂筑成的小沟，以通灌溉。〔时雨〕下得及时的雨水。〔午饷(xiǎng)〕农民正午收工回家吃饭。〔可怜句〕可怜，可爱。朝雉，《诗经·小雅·小弁》："雉之朝雊(gòu。雄雉鸣叫)，尚求其雌。"雉，野鸡。古人以鸟雄雌和鸣，比喻男女求偶。这是写两位姑娘在回家吃饭的路上，打扰了正在鸣叫着调情的野鸡，以致它们飞散了，因之有感，引起下文。〔东邻二句〕这是她们回家后，想到沿途及门前景物而发生的少女过时不嫁、虚度年华的伤感。花的"余芳"正是她们在极其艰苦的生活中消磨殆尽的青春的象征。

女代男耕，刀作犁用，这都不是当时普遍存在的现象，但由于诗人通过它们反映了统治阶级残酷地压迫劳动人民这一封建社会生活中最本质的方面，同时，又写出了她们在这种严峻的环境之下，也没有丧失对自己应当得到的美好生活的向往，这就使得这篇虽然写的只是个别现象的作品，同样具有深刻的典型意义。

戴叔伦，字幼公，润州金坛（今江苏省常州市金坛区）人，生于开元二十年(732)，死于贞元五年(789)。

过三闾庙

戴叔伦

沅湘流不尽，屈子怨何深！
日暮秋风起，萧萧枫树林。

〔三闾庙〕祭祀屈原的庙。屈原曾任三闾大夫，主管楚国王族事务。　〔沅湘二句〕沅水和湘水均在今湖南省，它们的流域是屈原生活过的地方。《离骚》："济沅湘以南征兮，就重华（即帝舜）而陈词。"《九章·怀沙》："浩浩沅湘，分流汩兮。修路幽蔽，道远忽兮。"在这些诗句中，发抒了这位伟大诗人热爱祖国、人民的感情和自己不能尽心竭力地为之服务的哀怨。这是作者过三闾庙而即景抒情，似觉沅湘之日夜东流、注入洞庭湖中，还充满了屈原当年深沉的哀怨。　〔日暮二句〕宋玉《九辩》："悲哉！秋之为气也。萧瑟兮，草木摇落而变衰。"又《招魂》："湛湛江水兮上有枫，目极千里兮伤春心。"这两句也和前两句一样，所写景物既是当前的，又是《楚辞》中所描写过的。

这篇诗的特色是在描写当前景物时，充分利用了与之相关的传统艺术形象和意境。这使得熟悉《楚辞》的读者对之可以有更丰富的感受，即使并不熟悉的人也同样可以欣赏它。

腊日观咸宁郡王部曲娑勒擒虎歌

卢　纶

山头曈曈日将出，山下猎围照初日。
前林有兽未识名，将军促骑无人声。
潜形踠伏草不动，双雕转旋群鸦鸣。
阴方质子才三十，译语受词蕃语揖。
舍鞍解甲疾如风，人忽虎蹲兽人立。
欻然扼颡批其颐，爪牙委地涎淋漓。
既苏复吼拗仍怒，果叶英谋生致之。
拖自深丛目如电，万夫失容千马战。
传呼贺拜声相连，杀气腾凌阴满川。
始知缚虎如缚鼠，败寇降羌生眼前。

祝尔嘉词尔无苦，献尔将随犀象舞。
苑中流水禁中山，期尔攫搏开天颜。
非熊之兆庆无极，愿纪雄名传百蛮。

〔腊日〕农历十二月初八日。　〔咸宁郡王〕当时著名将军浑瑊所封的爵位。　〔部曲〕见鲍照《代东武吟》注。　〔娑(suō)勒〕擒虎壮士的名字，即诗中所说的“阴方质子”。　〔曈(tóng)曈〕日出貌。　〔猎围〕打猎的队伍所合成的包围圈。　〔前林句〕是说人们只知道前面林中有只猛兽，但还不知道究竟是什么。　〔将军句〕是写将军催马向前，进行搜索，大家提高警惕，一声不吭。骑，一人一马谓之一骑。　〔潜形二句〕踠，屈着腿，兽类伏着时的样子。这是写老虎躲在深草中，两只雕已经从空中发现，在它头上盘旋，而因为双雕的活动，乌鸦也吓得叫噪起来。　〔阴方句〕阴方，阴山那一边，泛指北方阴山一带少数民族聚居地区。质子，当作押头的少数民族的贵族成员。古代少数民族归附以后，为了表示忠诚，其君长往往派遣儿子长期住在中国，称为质子。这是点明娑勒的身份和年龄。　〔译语受词〕娑勒通过翻译的语言，接受了咸宁郡王要他去擒捉这只老虎的命令。　〔蕃语揖〕娑勒用本族语言作答，表示接受这项任务，同时行了军礼。古人行军，身穿铠甲，不便下拜，都只拱手作揖为礼。　〔舍鞍句〕写娑勒动作极其轻捷，他跳下马鞍，卸掉铠甲，快得像一阵风。　〔人忽句〕写人虎搏斗的姿势，人有时像老虎一样蹲下去，老虎有时像人一样立起来。　〔欻(xū)然二句〕欻然，忽然。扼，压住。颡(sǎng)，前额。批，打。颐(yí)，面颊。委地，落在地上。涎，口水。淋漓，沾湿。这是娑勒制伏老虎的具体描写。　〔既苏句〕苏，醒。拗，挣扎。这是说老虎被娑勒按得太紧，昏了过去，一会儿又苏醒过来，仍然吼叫、挣扎、发威。　〔果叶句〕叶(xié)，符合。英谋，英明的谋略。生致，活捉。这是说，最后果然符合了咸宁郡王的谋划，活捉了这只老虎。　〔拖自二句〕战，发抖。这是描写老虎被捉，仍不倒威，双目发光，许多人看了还是觉得非常可怕。　〔杀气句〕腾凌，升起。阴，阴森。川，平地。这是写在传呼贺拜声中，仍觉斗虎之地充满了阴森之气。　〔始知二句〕是由缚虎联想到克敌，由于战士之勇猛，战败之寇、投降之羌，似乎就要出现在眼前了。〔祝尔二句〕尔，你，指老虎。这是安慰这只被活捉的老虎的话：我拿好话来祝愿你，你可别为被捉而苦恼。你将被贡献给皇帝，随着那些会舞蹈的犀牛、大象一同生活。〔苑中句〕是写老虎进入宫苑后的生活环境。〔期尔句〕期，希望。攫(jué)，用爪抓取。开天颜，让皇帝高兴。〔非熊之兆〕传说周文王有一次出去打猎，事先卜了一卦，卜辞说："所获非龙非螭，非虎非罴，所获霸王之辅。"果然在渭水北岸遇见吕尚(就是姜太公)。吕尚辅佐他创建了周王朝的基业。这里借用这个典故来赞扬皇帝宠任咸宁郡王，可使天下大治。〔愿纪句〕百蛮，泛指四面八方的其他民族、国家。这是诗人自述作诗之意在于歌颂他的府主。浑瑊任河中同陕虢节度及管内诸军行营兵马副元帅时，卢纶是元帅府的判官，此诗当是其时所作。

读这篇诗，请参看《水浒传》第二十三回。同是写打虎，卢纶的艺术构思和施耐庵就不一样，娑勒和武松的形象也各有特色。这当然不仅是文学样式存在着区别(一个是诗，一个是小说)的问题。

卢纶，字允言，河中蒲(今山西省永济市)人，约生于开元二十五年(737)，约死于贞元十四、五年(798、799)。

塞下曲

卢　纶

林暗草惊风，将军夜引弓。
平明寻白羽，没在石棱中。

〔将军三句〕将军，指汉朝的飞将军李广。引弓，拉弓。平明，清早。白羽，箭尾上的白色羽毛，这里指箭。没，指箭镞嵌入。石棱(léng)，犹言棱石，有棱角的石头。这是用汉代名将李广射石没羽的典故，详卢思道《从军行》注。

月黑雁飞高，单于夜遁逃。
欲将轻骑逐，大雪满弓刀。

〔单于〕见高适《燕歌行》注。〔轻骑〕装备很轻、便于运动的骑兵。〔大雪〕“胡天八月即飞雪”（岑参句，见前），故诗中“飞雁”与“大雪”同时出现。

这组小诗都是古代边塞军事生活的片段。这两篇，前一篇写将军的武艺，后一篇写战争的胜利。它们的特色就在于能够以极其精炼的手法画出一幅容量很大、情节很完整的图画。诗贵含蓄，但含蓄的方式却是多种多样的。如前一篇，似乎将话说尽了，但言外却有“射石如此，射虎可知”之意在内，所以仍然是含蓄的。

喜见外弟又言别

李　益

十年离乱后，长大一相逢。
问姓惊初见，称名忆旧容。
别来沧海事，语罢暮天钟。
明日巴陵道，秋山又几重。

〔外弟〕表弟。〔言别〕犹告别。〔问姓二句〕极写久别重逢的情景。〔别来二句〕沧海事，指多变的世事。沧海，东海。参卢照邻《长安古意》注。这是说表兄弟俩长谈别后乱离情事。把话说完时，寺庙里已经敲夜钟了。〔明日二句〕巴陵，唐郡名，治所在今湖南省岳阳市。这是说表弟明天将向巴陵进发，和自己又要远隔几重秋山了，点题“又言别”。

这篇诗写乱世悲欢离合之情，纯用赋体白描，语言平淡，可是意味深长，与司空曙《云阳馆与韩绅宿别》近似。杜甫《赠卫八处士》云：“人生不相见，动如参与商。今夕复何夕，共此灯烛光。少壮能几时，鬓发各已苍。

访旧半为鬼，惊呼热中肠。焉知二十载，重上君子堂。昔别君未婚，儿女忽成行。怡然敬父执，问我来何方。问答乃未已，驱儿罗酒浆。夜雨剪春韭，新炊间黄粱。主称会面难，一举累十觞。十觞亦不醉，感子故意长。明日隔山岳，世事两茫茫。”则提供了更多的细节描写，而乍逢旋别之感寄寓其中，细加玩味，可悟行文舒卷繁简，各有妙处。

李益，字君虞，姑臧(今甘肃省武威市)人，生于天宝七载(748)，死于文宗李昂大和元年(827)。

江南曲

李 益

嫁得瞿塘贾，朝朝误妾期。
早知潮有信，嫁与弄潮儿。

〔瞿塘贾(gǔ)〕指到四川经商的人。贾，商人。瞿塘，三峡之一，参李白《峨眉山月歌》注。〔误妾期〕让我的期望落空。〔早知二句〕这是说，潮水上涨有定时，那么，人去弄潮也就有定时，不会误期。看来，嫁个弄潮儿比嫁个老不回家的商人要强得多。

这篇诗是一位商人妇的独白，写的乃是“商人重利轻别离”(《琵琶行》)那种当时习见的家庭悲剧。处理相同或相似的主题、题材，有本领的诗人总拥有他不同于别人的独特艺术手段。后两句的巧妙联想，使得这篇小诗发出了夺目的光彩。它与宋张先《一丛花令》结尾“沉恨细思，不如桃杏，犹解嫁东风”同一手法。虚而非妄，幻而实真，理之所无，情之所有，较之如实地反映现状，更为感人。

夜上受降城闻笛

李　益

回乐烽前沙似雪，受降城外月如霜。
不知何处吹芦管，一夜征人尽望乡。

〔回乐烽〕回乐县的烽火台。县故址在今宁夏回族自治区灵武市西南。烽，或作“峰”，误。　〔受降城〕武后时，张仁愿筑东、西、中三座受降城。中受降城，即汉五原郡，唐时设安北大都护府于其地。作者另有《盐州过胡儿饮马泉》诗，盐州也就是五原。可知此处所说乃是中受降城。　〔芦管〕即芦笛，以芦制成的管乐器。

从军北征

李　益

天山雪后海风寒，横笛偏吹《行路难》。
碛里征人三十万，一时回首月中看。

〔天山二句〕雪后风寒，征人已很愁苦，而横笛所吹，又偏偏是以写行路的艰难为主题的乐曲，岂不更加使人难受吗？　〔碛（qì）〕沙漠。

作者在三十多岁的时候，曾入朔方节度使崔宁的幕府，随着崔宁在祖国边地巡视，写了好些篇边塞诗。和岑参一样，他也是深入过边塞生活的。这两篇小诗写征人怀乡之情，而气象阔大，使人读后，感受到的是悲壮而非衰飒的情调。杜牧《边上闻笳》云：“游人一听头堪白，苏武争禁十九年。”用古虽工，却显得有些凄凉了。

写　情

李　益

水纹珍簟思悠悠，千里佳期一夕休。
从此无心爱良夜，任他明月下西楼。

〔水纹二句〕珍簟(diàn)，贵重的竹席。水纹，形容簟子上面花纹有如水的波纹。佳期，特指和情人的约会。这是说与对方远道相期，而对方终于失约，不禁产生悠长的思念之情。

这是一篇失恋者的独白。它表明境随心转，由于对方的失约，明月良宵，对他来说，已没有什么意义了。

望夫石

王　建

望夫处，江悠悠，化为石，不回头。
山头日日风复雨，行人归来石应语！

〔望夫石〕相传丈夫行役未回，妻子每日在江头眺望，年深月久，竟然变成了一块石头。这个传说，各地都有，难以指实诗人所咏究在何处。〔悠悠〕形容江水永远不断地流着。

这篇诗以一个古代著名的传说为题材，勾画出祖国普通妇女忠于爱情的优美心灵，可以和李白的《长干行》合看。古代诗人以望夫石为题材的作品不少，这一篇是最短的，同时也是最好的。刘禹锡有一篇同题七绝写道："终日望夫夫不归，化为孤石苦相思。望来已是几千载，只似当时初望时。"用意深至，但出语拙率，仍然赶不上这一篇。

王建，字仲初，颍川（今河南省许昌市东北）人，大历、大和间（约当 8 世纪 60 年代到 9 世纪 30 年代）的诗人。

羽林行

王　建

长安恶少出名字，楼下劫商楼上醉。
天明下直明光宫，散入五陵松柏中。
百回杀人身合死，赦书尚有收城功。
九衢一日消息定，乡吏籍中重改姓。
出来依旧属羽林，立在殿前射飞禽。

〔羽林〕即羽林军，皇帝的禁卫军。〔出名字〕出名。〔下直〕下班。“直”是当班。〔明光宫〕汉代宫殿名，代指唐代宫殿。〔五陵〕见岑参《与高适、薛据同登慈恩寺浮图》注。〔合〕应该。〔赦（shè）书句〕这是说这些恶少所犯的罪虽然被查出来了，但皇帝依旧包庇他们，说过去有战功，予以赦免。〔九衢（qú）〕意为条条大路上。〔消息定〕赦罪的消息得到了证实。

这篇诗揭露了当时禁卫军的无恶不作，并特别指出，他们之所以敢于这样，就是因为皇帝包庇他们。这种大胆的揭露，正是中唐时代以白居易为首的新乐府诗人们最重要的创作特色。

新嫁娘词

王　建

三日入厨下，洗手作羹汤。

未谙姑食性，先遣小姑尝。

〔谙(ān)〕熟悉。〔食性〕口味。〔小姑〕丈夫的妹妹。

古代风俗，新娘子进门的第三天，要到厨房里亲自做一次菜奉献给公婆，以表明她做媳妇的职责。这篇小诗很成功地描写了一位乖巧的新媳妇的心理状态。

游子吟

孟 郊

慈母手中线，游子身上衣。
临行密密缝，意恐迟迟归。
谁言寸草心，报得三春晖？

〔寸草心〕比喻外出的儿子的心。寸草，小草。〔三春晖〕比喻母亲的慈爱。三春，见柳淡《征人怨》注。晖，阳光。

此诗突以比喻作结，斩截有力，而以“寸草心”作为陪衬，又使“慈母”的形象更为鲜明。

孟郊，字东野，湖州武康(今浙江省德清县武康镇)人，生于天宝十载(751)，死于元和九年(814)。

长安早春

孟 郊

旭日朱楼光，东风不起尘。
公子醉未起，美人争探春。

探春不为桑，探春不为麦。
日日出西园，只望花柳色。
乃知田家春，不入五侯宅。

〔朱楼〕指富贵人家。〔美人〕指公子的家属。〔西园〕建安时代曹丕、曹植兄弟游宴的花园，这里借指富贵人家的花园。〔五侯〕见韩翃《寒食》注。

这篇诗非常明快而又形象地揭示了对立阶级的审美观念，各有不同。

闻　砧

孟　郊

杜鹃声不哀，断猿声不切。
月下谁家砧？一声肠一绝。
杵声不为客，客闻发自白。
杵声不为衣，欲令游子归。

〔闻砧〕砧，见沈佺期《独不见》注。古代征夫游子远离家乡，每年靠家中制寄寒衣过冬，所以听到妇女以木杵在石砧上捣练（缝制寒衣的准备工作）之声，自然产生思乡之感。〔杜鹃二句〕断猿，失群的猿。切，急迫。杜鹃的啼声作“不如归去”（参后李商隐《锦瑟》注）。巫峡的猿啼也非常悲哀，歌谣说：“巴东三峡巫峡长，猿啼三声泪沾裳。”这两种啼声，都容易使游子思乡。诗人这里说，若是比起砧声来，鹃叫猿啼，都不算太悲哀。〔杵声不为客二句〕是说砧杵之声本非故意勾引游子思乡之情，但游子闻之极为伤感。〔杵声不为衣二句〕是说在游子感受上，砧杵之声竟似不是由于捣练而发，而只是为了催促自己还乡。

这篇诗写游子月夜闻砧之感，构思巧妙而用意深挚（后面所选谢翱的

《效孟郊体》，即学此种），与《游子吟》之从慈母缝衣着想，事异情同。

征妇怨

张　籍

九月匈奴杀边将，汉军全没辽水上。
万里无人收白骨，家家城下招魂葬。
妇人依倚子与夫，同居贫贱心亦舒。
夫死战场子在腹，妾身虽存如昼烛。

〔辽水〕在今辽宁省境内。　〔招魂葬〕古代风俗，如果人死在外边，尸首无法找到，或不能运回家乡，就用一定的仪式将死者的魂魄招回，举行葬礼。〔舒〕舒坦。　〔子在腹〕怀着孩子，还没分娩。　〔昼烛〕白天的烛，比喻虽然存在，可是没有意义。

这篇诗从人民生活中的一个侧面，深刻地反映了战争所加于他们的痛苦。

张籍，字文昌，苏州吴（今江苏省苏州市吴中区）人，后移居和州（今安徽省和县），所以也算和州人，约生于大历三年（768），约死于大和四年（830）。

野老歌

张　籍

老农家贫在山住，耕种山田三四亩。
苗疏税多不得食，输入官仓化为土。
岁暮锄犁傍空室，呼儿登山收橡实。
西江贾客珠百斛，船中养犬长食肉。

〔野老〕乡下老头儿，即诗中“老农”。　〔苗疏二句〕输，交纳。官仓，国家的粮仓。这是说农民因为收成不好，税收又重，没有粮食吃，而政府却不断地向他们搜刮，以至存贮过多，腐败变土。　〔岁暮句〕是说农民收获过了，也就被剥削光了，屋里空空的，只有农具靠墙放着。傍，依靠。　〔橡实〕栎树子，味苦涩。穷苦人民在没有粮食吃的时候用来充饥。　〔西江二句〕西江贾（gǔ）客，在西江做买卖的商人。今江西省九江市一带，唐时属江南西道，故称西江，当时是繁盛的商业区。斛，量器名，唐时以十斗为一斛。这是说商人的珍珠远比农民的粮食多，商人养的狗远比农民吃得好。

这篇诗以富商的奢侈与贫农的饥寒对比，和上篇一样，也是不着议论而旨意自明。王安石赞美作者说：“苏州司业诗名老（张籍曾任国子司业），乐府皆言妙入神。看似寻常最奇崛，成如容易却艰辛。”读此两篇，可见一斑。

蓟北旅思

张　籍

日日望乡国，空歌白苎词。
长因送人处，忆得别家时。
失意还独语，多愁只自知。
客亭门外柳，折尽向南枝。

〔蓟北〕见高适《燕歌行》注。　〔日日二句〕白苎词，指《白苎舞歌》。它是一首吴声歌曲。作者是吴人，因思乡而唱吴歌，但仍不能归，所以觉得也是空唱了。　〔客亭二句〕客亭即离亭，行者出发、居者送别之处。这是说南归者多，更引起自己的怅惘。末句以“南枝”扣“蓟北”，激射自然。

春日留别

张　籍

游人欲别离，醉复对花枝。
看著春又晚，莫轻年少时。
临行记分处，回首是相思。
各向天涯去，重来未有期。

〔醉复句〕离筵尽醉，又同赏花，表示依依不舍。

张籍的五言律诗，语淡而情浓，极刻画而又给人以并不费力的印象，在唐代诗人中自成一派，也是“成如容易却艰辛”的。这两篇是很好的例子。

观祈雨

李　约

桑条无叶土生烟，箫管迎龙水庙前。
朱门几处看歌舞，犹恐春阴咽管弦。

〔祈雨〕求龙王降雨。古人迷信活动。　〔桑条句〕形容春天旱情极端严重。　〔水庙〕龙王庙。　〔朱门〕见郭璞《游仙诗》注。　〔犹恐句〕咽，发音不响亮。管，管乐器，如笙之类。弦，弦乐器，如琵琶之类。乐器一受了潮，发音就不清脆。这是说，富贵人家所担心的，倒是天气转阴会降低音乐演奏的质量。

这篇诗艺术地指陈了这样一个客观事实，即在阶级社会中，对于生活中涉及的自然现象，统治者和被统治者有时也会有不同的感受，至于社会现象，那就更不用说了。宋末萧立之《偶成》云："雨妒游人故作难，禁持闲了下湖船。城中岂识农耕好，却恨悭晴放纸鸢。"与此诗同意。

李约，字存博，陇西成纪（今甘肃省天水市）人，元和时代的诗人（当9世纪初叶）。

秋　怀

韩　愈

秋气日恻恻，秋空日凌凌。上无枝上蜩，下无盘中蝇。
岂不感时节？耳目去所憎。清晓卷书坐，南山见高棱。
其下澄湫水，有蛟寒可罾。惜哉不得往！岂谓吾无能？

〔恻恻〕凄凉的样子。　〔日〕这里是日益的意思。　〔凌凌〕清爽的样子。　〔蜩（tiáo）〕蝉。　〔岂不二句〕憎，厌恶。所憎，指蜩和蝇。这是说秋日来临，自然多所感触，但不闻蝉鸣，不见蝇飞，倒也落得耳目清静。　〔卷书〕将书收起。卷，动词。唐时书籍是一卷一卷的。　〔南山句〕是说看到终南山高高的棱角，即山峰。　〔湫（qiū）〕水池。这里是指终南山的炭谷湫，相传其中有蛟。　〔有蛟句〕罾（zēng），渔网的一种，这里作动词用。这是说有居于寒冷的湫水中的蛟可以网捕。

《秋怀》共十一篇，是诗人元和元年（806）在长安任国子博士时所写，杂咏个人出处与时局。这一篇是写清晨读书以后，遥看南山，联想到炭谷湫中有蛟可捕而不能去捕，用以暗喻当时藩镇割据，应当加以讨伐，可是自己却处在无权的地位，无法贯彻这一主张的苦闷心情。

韩愈，字退之，河南河阳（今河南省孟州市）人，生于大历三年（768），死于穆宗李恒长庆四年（824）。他是祖国古典文学中的语言大师之一，古文运动的主将。其诗也别开生面，风格雄伟奇倔，布局纵横排拗，又常以议论为诗，使诗走向散文化，是韩诗的主要特征。这些，对宋诗影响很大。

卷卷落地叶，随风走前轩。鸣声若有意，颠倒相追奔。
空堂黄昏暮，我坐默不言。童子自外至，吹灯当我前。
问我我不应，馈我我不餐。退卧西壁下，读诗尽数编。
作者非今士，相去时已千。其言有感触，使我复凄酸。
顾谓汝童子，置书且安眠。丈人属有念：事业无穷年。

〔卷卷〕即拳拳，弯曲貌。〔轩〕见杜甫《丽人行》注。〔黄昏暮〕由黄昏到黑夜。〔吹灯〕犹点灯。《淮南子·说山》："或吹火而然（燃），或吹火而灭，所以吹者异也。"这里用吹火而燃之义。〔馈（kuì）〕送上食物。〔时已千〕时间已有一千年。〔丈人〕长辈，作者对"童子"的自称。〔属有念〕正有些思想活动。〔事业句〕这就是作者正在思想的内容。无穷年，没有完结的时候。

这篇诗写自己在某一天由黄昏到黑夜的思想活动。由古代诗人在作品中所反映的感触而引起了"事业无穷年"、自己却还无所成就的凄酸。

调张籍

韩　愈

李杜文章在，光焰万丈长。不知群儿愚，那用故谤伤。
蚍蜉撼大树，可笑不自量。伊我生其后，举颈遥相望。
夜梦多见之，昼思反微茫。徒观斧凿痕，不瞩治水航。
想当施手时，巨刃摩天扬。垠崖划崩豁，乾坤摆雷硠。
惟此两夫子，家居率荒凉。帝欲长吟哦，故遣起且僵。
剪翎送笼中，使看百鸟翔。平生千万篇，金薤垂琳琅。
仙官敕六丁，雷电下取将。流落人间者，太山一毫芒。
我愿生两翅，捕逐出八荒。精诚忽交通，百怪入我肠。

刺手拔鲸牙，举瓢酌天浆。腾身跨汗漫，不著织女襄。
顾语地上友，经营无太忙！乞君飞霞佩，与我高颉颃。

〔调(tiáo)张籍〕和张籍逗乐。〔文章〕这里偏指李白、杜甫的诗。在古代汉语中，一般文艺都可称为文章。〔不知二句〕是说不知道为什么有些愚蠢的后辈，常常要来毁谤和中伤他们。那用，何因。故，常，久。〔蚍蜉(pí fú)〕一种大蚂蚁。〔伊〕发语词，无实义。〔夜梦二句〕是说自己仰慕李、杜，夜间形于梦寐，而白昼回忆梦境，反觉渺茫。〔徒观二句〕徒，空。瞩(zhǔ)，注视，看见的意思。这是以夏禹治水比喻李、杜写诗。大禹当年疏凿江峡，现在虽然还留下一些痕迹可以看到，可是他治水时航行的具体情况都已不可见了，犹如李、杜留下了许多宝贵的诗篇，但后人对他们当年的思维活动、创作过程却不完全了解。〔想当四句〕施手，犹动手。摩天，即触及到天。垠(yín)崖，崖岸。划，裂开。崩豁，崩裂。捩，拨开。雷硠(láng)，山石崩裂声。这是想象中大禹治水，劈山通道，惊天动地的情景，以比李、杜创作时宏伟的构思和表现。〔惟此二句〕夫子，这里作老师解，是对李、杜的敬称。率，大致。荒凉，犹言冷落，这里指贫困。这是说李白、杜甫大致上一辈子都没有得意过。〔帝欲二句〕帝，这里指天帝，老天爷。这是说老天爷为了要他们不断地写出诗来，所以故意造成他们动荡不安的生活，才活动起来，又僵仆下去。〔剪翎二句〕比喻将李、杜困在命运的包围圈中，使他们看到那些庸俗的人反而得意，从而酝酿、产生自己的诗篇。〔金薤句〕垂，流传。薤(xiè)，一种像韭的菜。金薤为“倒薤书”的美称，此指优美的文字。琳琅，玉名。这是说李、杜诗篇流传后代，贵重得如金玉一般。按照一般句子的结构，应当是“垂金薤琳琅”。〔仙官四句〕敕(chì)，命令。六丁，道教中天神的名字。将，也是取。这是说，由于李、杜的诗作得太好，为天帝所喜爱，所以大多数都被仙官命令六丁鸣雷闪电，取归天上，流传在人间的极少，其比例不过是太山之于毫毛、麦芒而已。〔我愿二句〕八荒，八方(东、南、西、北、东南、西南、东北、西北)荒远之地。这是说因为不情愿李、杜诗篇被六丁取走，所以想长出双翅，飞上天空，追逐它们，哪怕它们已远在八荒之外，也要将这些作品夺回。〔精诚二句〕这是说由于自己的精神专一诚挚，以至于可与李、杜的精神互相交通，获得灵感。因此在创作时，千奇百怪都在自己的思维中出现。〔剌(là)手四句〕由于觉得鲸鱼的牙齿刺手，便将它拔去；由于觉得天浆好喝，拿起瓢来就舀；在天空飞腾，跨越了广漠的天空；甚至于连以善于纺织闻名的天帝的孙女织女所纺织的衣料，也不愿意穿了。这都是形容自己与李、杜精诚交通，百怪入肠以后，在创作上的一些表现，事实上也就是赞美李、杜诗境的雄伟高洁，推陈出新。剌，别扭。剌手犹碍手。汗漫，广大的空间。《诗经·小雅·大东》："跂彼织女，终日七襄。"指织女星座每天移动的情况。"襄"的原义是更移，这里借作纺织之义。〔顾语四句〕地上友，指张籍。经营，这里指艺术构思。无太忙，无乃太忙，岂非太忙。乞(qì)，这里作给解。飞霞佩，仙人挂在腰间的一种装饰品。颉颃(xié háng)，鸟上下飞翔貌，向上飞叫颉，向下飞叫颃。这是和张籍逗乐，要他不要老忙于在地上经营，而应当学自己腾身天上，即应当站得高、看得远，向李、杜学习。

这篇诗赞美李、杜的诗歌成就以及自己对他们的景仰，学习他们的心得，并且希望张籍也向他们学习。本是一个严肃的话题，却出之以怪怪奇奇；劝张之意，又出之以人间天上仙凡自别的比喻，所以题曰"调"。

醉留东野

韩　愈

昔年因读李白杜甫诗，长恨二人不相从。
吾与东野生并世，如何复蹑二子踪！
东野不得官，白首夸龙钟；
韩子稍奸黠，自惭青蒿倚长松。
低头拜东野，愿得终始如駏蛩；
东野不回头，有如寸莛撞巨钟。
吾愿身为云，东野变为龙。

四方上下逐东野，虽有离别无由逢。

〔醉留东野〕贞元十四年(798)，韩愈在汴州(治所在今河南省开封市)刺史董晋幕中做观察推官。孟郊原来客游在汴，这时离去，韩写此诗惜别。〔昔年四句〕李白、杜甫曾于天宝四载(745)同游齐鲁(今山东省)，“醉眠秋共被，携手日同行”。分别后，一辈子没有再见过。两人都写过一些怀念对方的诗。韩愈因为自己也要和好友孟郊分手了，想起这两位前辈在这方面的遗憾，不能无所感触。蹑(niè)，追随。二子，指李、杜。 〔东野句〕按照唐代制度，进士及第之后，再经过吏部例行考试，便由朝廷授予官职。孟郊以贞元十二年(796)春及第，至今两年多，还没有得官，这在当时是比较特殊的。 〔白首句〕孟郊生于天宝十载(751)，此时已经四十八岁。龙钟，老态。年纪大了，加之穷困，没有什么可以夸口的，只有“夸龙钟”，这是反话。 〔韩子句〕奸黠(xiá)，聪明而狡猾。这是指自己在董晋幕府中居然搞到一个小小职位，也是反话。 〔自惭句〕是比喻自己和孟郊交朋友有些不配，感到惭愧。 〔驱蛩(jù qióng)〕《淮南子·道应》记载：北方有兽名蟨(jué)，前足短，后足长，行走不便，常常给另一种名蛩蛩驱虚的兽取甘草吃。蟨遇到危害，蛩蛩驱虚就将它背走。这两种兽是互相依靠的。这是说自己对孟非常钦仰，愿意始终相依。驱蛩，当作“蟨蛩”，因蛩蛩驱虚只能省称“蛩驱”，不应倒作“驱蛩”，互相依托乃是蟨与蛩驱之间的关系，若只及蛩驱一兽，则无所谓始终相依了，而且与上文之“青蒿”、“长松”，下文之“寸莛”、“巨钟”都是以二物比两人，也不合。 〔寸莛(tíng)〕寸茎。莛，草本植物的茎。 〔吾愿四句〕古人认为，凡龙所在之处，必定有云。所以《易经·乾卦·文言》说：“同声相应，同气相求，云从龙，风从虎。”这是说希望自己和孟郊变为云和龙，则世间虽然有离别之事，可是我们却无从有这种遭逢了。

韩愈的才华、声名、官职都在孟郊之上，而对这样一位穷朋友，却吹嘘、爱护，始终不遗余力，成为祖国古代文坛上的美谈。这篇诗不但情感深沉，而且构思奇特。

山　石

韩　愈

山石荦确行径微，黄昏到寺蝙蝠飞。
升堂坐阶新雨足，芭蕉叶大支子肥。
僧言古壁佛画好，以火来照所见稀。
铺床拂席置羹饭，疏粝亦足饱我饥。
夜深静卧百虫绝，清月出岭光入扉。
天明独去无道路，出入高下穷烟霏。
山红涧碧纷烂漫，时见松枥皆十围。
当流赤足踏涧石，水声激激风吹衣。
人生如此自可乐，岂必局束为人鞿？
嗟哉吾党二三子！安得至老不更归？

〔山石〕古代诗人常以诗篇首句头两字为题，与内容往往无甚关系。　〔荦(luò)确〕险峻不平的样子。　〔径〕小路。　〔微〕狭窄。　〔寺〕指位于洛阳之北的惠林寺。贞元十七年(801)，作者与李景兴等三人同游此寺。〔支子〕即栀子，花名。　〔所见稀〕由于光照不强，看得不很清楚。稀，依稀，隐约。　〔铺床二句〕写寺中和尚为游客安排食宿。疏粝，粗粮。〔清月句〕这里是写的下弦月，所以夜深才出来。韩愈等这次游惠林寺，是在农历七月二十二日。扉，门。　〔独去〕是指游山时，和尚们没有陪同，只是游客自去，而不是说这次游山，只有作者一人。否则下文的"二三子"就没法解释了。　〔无道路〕这里是说由于天刚亮不久，烟雾未散，还看不清道路。　〔出入句〕烟霏(fēi)，犹烟雾。这是说在晓雾中走遍了高下的山路。〔枥〕同栎，一种落叶乔木。　〔十围〕形容树的粗大。两手合抱成为圆圈叫作一围。　〔当流〕对着水流。　〔岂必句〕局束，拘束。鞿(jī)，马笼头，这里作动词用。这是说难道非得像马一样供人役使？即不愿再过跟着长官打转的幕僚生活的意思。　〔吾党二三子〕我们气味相投的几位朋友，这里指这次同游的李景兴、侯喜、尉迟汾。〔不更归〕更不归的倒文，还不回去。

这篇诗先写游踪，后以抒怀作结，一句一个境界，逐层展开，有景有情，绘声绘色，不甚雕琢，而自然精彩，是韩诗的杰作之一。

八月十五日夜赠张功曹

韩　愈

纤云四卷天无河，清风吹空月舒波。
沙平水息声影绝，一杯相属君当歌。
君歌声酸辞且苦，不能听终泪如雨：
“洞庭连天九疑高，蛟龙出没猩鼯号。
十生九死到官所，幽居默默如藏逃。
下床畏蛇食畏药，海气湿蛰熏腥臊。
昨者州前捶大鼓，嗣皇继圣登夔皋。
赦书一日行万里，罪从大辟皆除死。
迁者追回流者还，涤瑕荡垢清朝班。
州家申名使家抑，坎坷只得移荆蛮。
判司官卑不堪说，未免捶楚尘埃间。
同时辈流多上道，天路幽险难追攀。”
君歌且休听我歌，我歌今与君殊科：
“一年明月今宵多。人生由命非由他。
有酒不饮奈明何！”

〔八月十五日夜赠张功曹〕八月十五日夜，指顺宗李诵永贞元年（即德宗李适贞元二十一年，805）的中秋节。张功曹，名署。贞元十九年（803），韩愈、张署同官监察御史，因直谏被贬南方。韩为连州阳山（今广东省阳山县)令,张为郴州临武(今湖南省临武县)令。贞元二十一年二月,德宗死,顺宗即位,大赦天下,两人离任到郴州(今湖南省郴州市)待命。这年八月,李诵又因病传位给儿子李纯(即宪宗),再次大赦。韩改官江陵府法曹参军,张改官江陵府功曹参军。这篇诗是在郴州得到改官消息以后所作,所以用新的官衔称张。〔纤云四卷〕薄云在天空四面都高高卷起了,即李白诗所谓"青天无片云"。〔河〕这里指银河。〔月舒波〕月亮舒展它的光辉。波,这里指月光。〔沙平句〕形容两人在郴州客居的孤独。〔相属(zhǔ)〕相劝。〔君歌二句〕这是说张署唱歌,声酸而且歌词的内容很苦,自己还没听完就已泪如雨下。这以下十八句,是张署所唱歌词的内容。〔九疑〕见李白《远别离》注。〔鼯(wú)〕一种鼠类动物。〔官所〕指张署贬地临武县。〔下床句〕南方多蛇,怕蛇咬,不敢随便下床;又多蛊(gǔ),怕中毒,不敢随便进食。古代迷信认为:南方有人把许多毒虫放在一个器皿里,使之互相吞咬,最后剩下不死的那个毒虫就叫蛊,可以把它放在食物里面,让人吞入腹中,吃掉人的内脏。这句的"药",即指蛊。〔蛰〕藏在土中的虫。〔熏〕这里是发散的意思。〔昨者句〕指宪宗即位,颁发大赦令。唐制:大赦令颁布时,要击鼓千声,公开宣布。州前,指郴州刺史衙门的前边。〔嗣皇句〕嗣皇,指宪宗。圣,指因病禅位的顺宗。登,进用。夔、皋,都是上古帝舜时代的贤臣。这是以顺宗比尧,宪宗比舜,新任大臣比夔、皋。〔赦书句〕唐制:赦书一日行五百里。此项赦书系八月初五日颁发,十五日前到达郴州。说"日行万里",是夸张之辞。一本作"千里"。〔罪从句〕大辟,死刑。这是说虽犯了死罪,也可不杀。从此以下,更会减免。〔迁者〕被贬官的人。〔流者〕被流放的人。〔涤瑕句〕瑕,玉上的疵点。垢,污秽。清朝班,清洗朝廷机构。这是指宪宗即位后,清洗了王叔文、王伾等革新派人物。韩愈在政治上是和他们对立的。〔州家二句〕唐人俗称各州刺史为州家,各道节度使、观察使为使家。申名,申报姓名。移,迁官。荆蛮,见王粲《七哀诗》注。这是说郴州和连州的刺史虽然将张、韩姓名申报上去,但被"二王"一派的湖南观察使杨凭压住,以致不能内调,而改官江陵府的功曹参军和法曹参军。〔判司二句〕判是行文,司是管事,判司即指诸曹参军。捶楚,犹鞭打。唐代判司一类的小官犯了错误，是要挨打的。〔同时句〕是说同时遇赦的许多人都已上路，到长安去。〔天路句〕意思说要回到中央任职不容易。〔我歌句〕殊，异。科，品种。这是韩愈说，我唱的和你唱的内容可不同。以下三句是韩的歌词。〔一年句〕是说一年中只有中秋佳节月光最饱满。〔他〕其他。〔有酒句〕奈明何，如何对得起这么好的月光呢？明，月光。这句与上文“一杯相属”相应。

这篇诗写政治道路的坎坷不平，诗人在遇到大的挫折之后，又遇到小的挫折，貌似旷达，实则牢骚；布局顿挫曲折，用韵变化多端，声情相应。

谒衡岳庙，遂宿岳寺，题门楼

韩　愈

五岳祭秩皆三公，四方环镇嵩当中。
火维地荒足妖怪，天假神柄专其雄。
喷云泄雾藏半腹，虽有绝顶谁能穷？
我来正逢秋雨节，阴气晦昧无清风。
潜心默祷若有应，岂非正直能感通？
须臾静扫众峰出，仰见突兀撑青空。
紫盖连延接天柱，石廪腾掷堆祝融。
森然魄动下马拜，松柏一径趋灵宫。
粉墙丹柱动光采，鬼物图画填青红。
升阶伛偻荐脯酒，欲以菲薄明其衷。
庙令老人识神意，睢盱侦伺能鞠躬。
手持杯珓导我掷，云此最吉余难同。
窜逐蛮荒幸不死，衣食才足甘长终。
侯王将相望久绝，神纵欲福难为功。

夜投佛寺上高阁，星月掩映云朣胧。
猿鸣钟动不知曙，杲杲寒日生于东。

〔谒〕进见，拜访尊敬的对方。〔衡岳〕即衡山，在今湖南省衡阳市西三十里。〔五岳二句〕五岳，见李白《梦游天姥吟留别》注。祭秩，祭祀的级别。《礼记·王制》说：天子祭天下的名山大川，五岳按三公的级别待遇。周代以太师、太傅、太保为三公。唐代五岳之神都封王爵（如衡岳神封司天王），级别又比公高，所以有的注家认为“皆”字是“加”字之误。这是说五岳名山分布各方，而以嵩山为中心。〔火维二句〕维，方隅。火维，犹言属火的一方。古人的五行学说，以五行、五方和十干相配，东方甲乙木，南方丙丁火，西方庚辛金，北方壬癸水，中央戊己土，故称南方为火维。足，充满。假，授予。柄，权力。专，主宰。雄，指雄伟的衡山。这是说，南方荒远，多有妖怪，所以天帝授权衡岳之神主宰这个地方。〔喷云二句〕半腹，山腰。这是说喷出的云，泄出的雾，都不过是原来藏在山腰里面的。山腰以上，就连云雾都上不去了，又有谁能攀登到山顶呢？极言山之不容易登览。〔我来句〕这篇诗是韩愈在永贞元年（805）由阳山到郴州，奉到改官江陵府法曹参军的命令之后，离郴州赴江陵，路过衡山所作。时当八月，正逢秋天多雨的季节。〔晦昧〕阴暗。〔潜心二句〕潜心，定下心来。默祷，暗中祷告。若有应，似乎有所反应。正直，指神，古人认为神是聪明、正直、专一的。这是说在自己祷告以后，天气就由阴雨而变成了晴天，岂不是我的诚心能够感动神明吗？〔须臾二句〕静扫，指微风在不知不觉中吹散了将山峰包围的云雾。突兀，高耸貌，这里作为高耸的山峰的代词。这是写晴朗以后所见。〔紫盖二句〕紫盖、天柱、石廪（lǐn）、祝融，都是衡山的高峰。连延，远接。腾掷，跳跃。这是形容诸峰的纵横高下，紫盖好像远远地和天柱相连属，石廪好像跳起来堆在祝融上面。〔森然句〕这是说看了这种壮伟的景色，不禁感到造物者的神奇，因此下马跪拜，向他致敬。〔松柏句〕松柏一径，是“一径松柏”的倒文。灵宫，即衡岳庙。这是说下马致敬以后，就由一条两边长满松柏的道路进入庙中。以上都是写庙外景物，以下转而写庙内情事。〔鬼物图画〕指庙中所画地狱变相，参看后面苏轼《凤翔八观·王维、吴道子画》注。填，犹涂。〔升阶二句〕伛偻（yǔ lǚ），弯腰。荐，进奉。脯，干肉。菲薄，不丰富，这里作名词用，指所献脯酒。衷，心意。这是写敬神，说自己向神献祭，不是求福，而是想向神倾吐内心的抑郁牢骚。这时作者在政治上很不得意，见上篇。〔庙令句〕庙令，庙中的主管人。这是说这位庙令是一位老年人，伺候神已多年，所以明白神的旨意。〔睢盱（suī xū）句〕睢盱，张开眼睛向上看，专横跋扈的样子，形容岳神的威势，这里作名词用。侦伺，侦察。睢盱侦伺是"侦伺睢盱"的倒文。这是说庙令能够鞠躬向神致敬，时时侦察着他那种威势逼人的样子，所以懂得他的旨意。〔手持二句〕杯珓（jiào），一种卜卦的工具，以木或竹制成大小相同的两片，各有正反两面。卜时将两片合在一处，然后掷在地下。两片一正一反，叫胜卦，最吉；两片都是正面朝上，叫阳卦，吉；两片都是反面朝上，叫阴卦，凶。这是写庙令拿出杯珓，教韩愈卜卦，韩愈掷出了一个胜卦，老头儿就说，这可再好也没有了，其他的卦象可是难得同这个一样。〔窜逐句〕韩愈贬谪的阳山，当时算是南蛮荒僻之地，中原人士不服水土，不易存活，所以诗人自庆其不死。〔衣食句〕是说刚够生活就可以过一辈子了。甘，心甘情愿。长终，长此下去，一直到完结。〔欲福〕想赐福（给我）。"福"在这里作动词用。〔曈昽（tóng lóng）〕欲明貌，形容星月光辉透过云层。〔不知曙〕不知不觉已经天亮。〔杲（gǎo）杲〕明亮的样子。

读这篇诗，请玩味它在雄伟的景物、劲健的风格和作者倔强的个性三个方面达到高度统一和谐这一特色。

华山女

韩　愈

街东街西讲佛经，撞钟吹螺闹宫庭。

广张罪福资诱胁，听众狎恰排浮萍。

黄衣道士亦讲说，座下寥落如明星。
华山女儿家奉道，欲驱异教归仙灵。
洗妆拭面著冠帔，白咽红颊长眉青。
遂来升座演真诀，观门不许人开扃。
不知何人暗相报，訇然振动如雷霆。
扫除众寺人迹绝，骅骝塞路连辎軿。
观中人满坐观外，后至无地无由听。
抽钗脱钏解环佩，堆金叠玉光青荧。
天门贵人传诏召，六宫愿识师颜形。
玉皇颔首许归去，乘龙驾鹤来青冥。
豪家少年岂知道？来往百匝脚不停。
云窗雾阁事慌惚，重重翠幔深金屏。
仙梯难攀俗缘重，浪凭青鸟通丁宁。

〔街东句〕佛教徒利用世俗生活中的悲欢离合来宣扬因果报应，由来已久。到了唐代，他们又进一步利用讲唱文学的形式，在进行宗教宣传时，边说边唱，还用音乐伴奏，图画说明，称为俗讲。这里所说的“讲佛经”，即指俗讲而言。当时长安城中佛寺很多，俗讲就在寺庙中举行，说“街东街西”，意思是到处都有。 〔撞钟句〕螺，这里指以海螺制成的号角。宫庭，今作宫廷。这是说佛徒举行俗讲，闹得满城风雨，一直传到皇宫里面去了。元和十四年(819)正月，宪宗派使者将佛骨从凤翔迎到长安，随后又派宫女手持香花迎入皇宫，供养三天。这句诗可能是指此事。 〔广张句〕张，宣扬。资，供。诱，引诱。胁，威胁。这是说佛徒们大肆宣扬反佛有罪，信佛有福，以地狱、天堂等谎话来引诱和威胁人民。 〔狎恰〕拥挤的样子。〔黄衣二句〕唐时和尚尼姑穿缁(黑)衣，道士道姑穿黄衣，所以可用缁、黄代称佛教徒与道教徒。座，讲台。这是说道士们虽也有讲经的，可是听众不多，寥若晨星。 〔奉道〕信仰道教。 〔异教〕指佛教。佛教来自印度。〔仙灵〕道教认为凡人通过修炼，可以长生不老，成为神仙。 〔洗妆二句〕

帔(pèi)，披肩。咽(yān)，咽喉，这里指颈部。这是说华山女为了要登台讲经，特地素面法服出场，可是仍然非常妖艳。〔演真诀〕讲演成仙的秘诀。真，仙。诀，诀窍。〔开扃(jiōng)〕开门。扃，门闩。〔訇(hōng)然〕大声。〔扫除句〕是说将许多佛寺里的听众全部吸引过来了。这句和上面的"听众狎恰排浮萍"句对应。〔骅骝(huá liú)句〕骅骝，好马。辎(zī)，车前面的帷。軿(píng)，车后面的帷。辎軿，车的代词。这是说达官贵人和他们的家属也都纷纷前来听讲，以致道路阻塞。〔抽钗二句〕是写听众入了迷，当场踊跃布施财物，妇女将随身插戴的饰物都献了出来。〔天门二句〕天门，指宫门。贵人，即中贵人，对有体面的宦官的敬称。六宫，皇帝的后妃所住宫殿的总称，代称后妃。师，即尊师，对华山女的敬称。这是说到了后来，连后妃们都知道华山女，就派宦官将她迎入宫。这句和上面的"撞钟吹螺闹宫庭"句对应。〔玉皇二句〕玉皇，玉皇大帝，道教中最尊贵的天神。颔(hàn)首，点头允许。青冥，天空。这是说皇帝同意让华山女进宫。这里将宪宗比为玉皇，宫廷比为天宫，而将华山女当成是仙女下凡，她的进宫，就是重回天上，所以说"归去"。既然是升天，当然不能乘坐凡间车马，所以说"乘龙驾鹤"。〔道〕指道教的教义。〔百匝(zā)〕百周，百转。〔云窗二句〕写华山女居住的地方既隐秘又富丽，也就是说，她的私生活是不可告人的。慌惚，即恍惚。〔仙梯二句〕仙梯，即上天梯。浪，随便。凭，凭借。青鸟，神话中西王母的使者。丁宁，即叮咛，一再致意。这是写华山女看不起那些来追逐她的豪家少年，认为他们俗缘太重，仙梯难攀，虽然一再托人致意，也是白搭。

这篇诗成功地塑造了一位生得漂亮又工于心计的女道士的形象，写了她是如何利用了自己的色相和人们的好奇心，在和佛教徒争夺听众和财物时，使道教徒转败为胜的；又是如何欺骗了统治阶级，玩弄了豪家少年的。唐代道、佛两教竞争激烈，互有胜败。而当时某些女道士私生活风流放诞，有些人事实上同于娼妓。因此，这篇诗就具有强烈的时代气息和社会意义。至于诗人对统治阶级迷信宗教的讽刺，对于和尚、道士愚弄人民的揭露，更为显然。

汴泗交流赠张仆射

韩　愈

汴泗交流郡城角，筑场千步平如削。
短垣三面缭逶迤，击鼓腾腾树赤旗。
新雨朝凉未见日，公早结束来何为？
分曹决胜约前定，百马攒蹄近相映。
球惊杖奋合且离，红牛缨绂黄金羁。
侧身转臂着马腹，霹雳应手神珠驰。
超遥散漫两闲暇，挥霍纷纭争变化。
发难得巧意气粗，欢声四合壮士呼。
此诚习战非为剧，岂若安坐行良图？
当今忠臣不可得，公马莫走须杀贼！

〔张仆射(yè)〕指武宁军节度使张建封。仆射，唐中央政府机构尚书省的长官，也作为地方军政长官的荣衔。张称仆射是属于后者。贞元十五年(799)，韩愈在徐州(今江苏省徐州市)张建封幕府中工作，见张耽于游乐，因赠此诗讽谏。　〔汴泗句〕郡城，指徐州。汴水在徐州西面，泗水在它的南面，二水在其城的西南角合流入淮。　〔筑场句〕场，指球场。步，旧时长度单位，一步等于五尺。　〔短垣二句〕垣(yuán)，矮墙。缭(liáo)，围绕。逶迤(wēi yí)，道路弯曲而长的样子。这是写球场三面围以短墙，其中按照当时军事训练的礼仪，鼓声腾腾，红旗高树。　〔结束〕装束，指换了戎装。　〔分曹句〕分曹，犹分组。这是说分成两组，按照原来的约定进行比赛，以决胜负。　〔攒蹄〕攒，聚。马奔驰时，前后蹄聚拢在一起。这里所写的是打马球。球以皮制，中间塞毛，使有弹性。人骑马上，以手持杖击球，以打入对方球门为胜。马球又名波罗球，唐时从西域传入内地。〔球惊句〕双方挥杖击球，争夺之时，杖与球时合时离。　〔红牛句〕以染成红色的牛毛绳子为缨绂(fú)，黄金为络头，这里说马饰的华贵。缨绂，穗子，绳状的装饰品。〔侧身二句〕神珠，球的美称。这是写球手从马上侧着身子，挥动手臂，腰弯得很低，靠近马腹，然后猛然一击，只听得雷一般的一声响，球即随杖飞向前方。〔超遥二句〕挥霍，迅速貌。纷纭，繁多貌。这是写球场上的局势变化无常，有时似乎不很紧张，有时又显得非常激烈。〔发难二句〕发难，发球之难。得巧，得球之巧。意气粗，犹言非常得意。这是写一方因为发难得巧，赢了对方一球，因此观战的壮士们大声叫好，欢声四合，球手自己也非常得意。〔此诚二句〕剧，游戏。这是说打球诚然不是为了游戏而是为了练兵，但对于像张建封这样的军事首长来说，还是不如安静地坐着从事策略的研究为好。〔当今二句〕是劝张不可因打球而过于疲劳，要保重身体，尽忠报国，为国家削平叛乱。走，奔驰。贼，指当时对抗中央政府的彰义军节度使吴少诚。

雉带箭

韩　愈

原头火烧静兀兀，野雉畏鹰出复没。
将军欲以巧伏人，盘马弯弓惜不发。
地形渐窄观者多，雉惊弓满劲箭加。
冲人决起百余尺，红翎白镞随倾斜。
将军仰笑军吏贺，五色离披马前堕。

〔原头句〕原头，平原上。打猎时，将草燃烧起来，是使鸟兽不能藏躲。静兀（wù）兀，形容猎者不作声，紧张地等待着。〔雉（zhì）〕野鸡。雄的羽毛色彩美丽，可以做装饰品。〔将军〕指张建封。〔伏人〕使人佩服。〔冲人二句〕冲人，面对着观者。决，快貌。红翎指雉。白镞（zú），饰白羽的箭。这是说雉中箭后，冲着观者，带箭迅速飞起有百来尺远，随后歪倒滑落。〔五色句〕离披，羽毛散乱的样子。这是说雉终于落了下来。

以上两篇诗，一写打球，一写行猎，不但刻画了具体情景，而且突出了人们的精神状态。前一篇二十句中换韵七次，每韵两句与每韵四句，仄声与平声，都交替使用，意之与韵，或断或连。后一篇只有十句，但也换韵三次，由四句仄，转为四句平，再转为两句仄。这都是为了与内容相适应，以求得声情并茂的艺术效果。

听颖师弹琴

韩 愈

昵昵儿女语，恩怨相尔汝。
划然变轩昂，勇士赴敌场。
浮云柳絮无根蒂，天地阔远随飞扬。
喧啾百鸟群，忽见孤凤凰。
跻攀分寸不可上，失势一落千丈强。
嗟余有两耳，未省听丝篁，
自闻颖师弹，起坐在一旁，
推手遽止之，湿衣泪滂滂。
颖乎尔诚能，无以冰炭置我肠。

〔颖师〕一位和尚。“师”在这里是对于佛教徒的尊称。 〔昵昵二句〕昵昵，亲密貌。相尔汝，就是互相叫着对方。这是形容琴声一开始时非常轻细温柔，正如一对青年男女在谈情说爱，一会儿互吐恩情，一会儿又互相埋怨。 〔划(huà)然二句〕划然，突然。轩昂，高扬。这是形容琴声突然转入雄健高亢，使人联想到勇士上战场打仗。 〔浮云二句〕这是形容琴声的境界非常开阔。 〔喧啾二句〕喧啾，鸟叫得很热闹的声音。这是形容许多声音中，突起一个高调，如百鸟群中凤凰忽然高鸣。 〔跻(jī)攀二句〕用脚上升为跻，用手上升为攀。这是形容琴声达到极高的时候，猛然又低了下来，好像一个人跻攀高处，再要上升一分一寸都很困难，终于失脚失手，一落千丈有余。〔嗟余二句〕省，知。丝篁，音乐的代称。这是说自己不大能欣赏音乐。〔起坐句〕在旁边忽起忽坐，形容激动。〔推手二句〕遽，急促地。滂（pāng）滂，泪流貌。这是说自己深受感动，至于流泪，简直没法听下去了。〔颖乎二句〕这是诗人赞美颖师艺术的话：颖师啊，你实在有本领，可是，我求你别再弹了吧，琴声激动着我，竟像在肠中同时放着互不相容的冰和炭一般。

韩愈是描写能力最强的古典诗人之一，从以上各篇作品中都可以看出来。这一篇，当形容琴声幽细的时候，用的是闭口韵（语、汝），当形容琴声昂扬的时候，用的是开口韵（昂、场、扬、凰），这就非常准确地表达了音乐家的感情和欣赏者的印象。同时，诗人还利用了人类五官的通感机能，以视觉所获得的形象（如勇士赴敌、萍絮飞扬等）之美来反映听觉所体会的声音之美，从而沟通了音乐和图画这两种艺术，使读者得到了一种更新鲜的美的享受。这些，都值得特别注意。

斗鸡联句

韩　愈　孟　郊

大鸡昂然来，小鸡竦而待。（愈）峥嵘颠盛气，洗刷凝鲜采。（郊）
高行若矜豪，侧睨如伺殆。（愈）精光目相射，剑戟心独在。（郊）
既取冠为胄，复以距为镦。天时得清寒，地利挟爽垲。（愈）
磔毛各噤痒，怒瘿争碨磊。俄膺忽尔低，植立瞥而改。（郊）
腷膊战声喧，缤翻落羽皠。中休事未决，小挫势益倍。（愈）
妒肠务生敌，贼性专相醢。裂血失鸣声，啄殷甚饥馁。（郊）
对起何急惊，随旋诚巧绐。毒手饱李阳，神槌困朱亥。（愈）
恻心我以仁，碎骨尔何罪？独胜事有然，旁惊汗流浼。（郊）
知雄欣动颜，怯负愁看贿。争观云填道，助叫波翻海。（愈）

事爪深难解，瞋睛时未怠。一喷一醒然，再接再砺乃。（郊）
头垂碎丹砂，翼塌拖锦彩。连轩尚贾余，清厉比归凯。（愈）
选俊感收毛，受恩惭始隗。英心甘斗死，义肉耻庖宰。
君看斗鸡篇，短韵有可采。（郊）

〔昂然〕情绪饱满的样子。〔竦（sǒng）〕严肃。〔峥嵘二句〕峥嵘，高貌。颠，读为阗，充满。这是说两只羽毛鲜丽得像洗刷过的鸡，正充满高昂的斗志，准备出战。〔高行句〕高行，犹大步。矜豪，夸耀自己的豪壮。这句续写昂然来的大鸡。〔侧睨（nì）句〕侧睨，斜着眼望。伺，侦察。殆，危险。这句续写竦而待的小鸡，斜着眼盯住大鸡，似乎想找机会钻对方的空子。〔精光句〕是说彼此以明亮的眼光看着对方。〔剑戟句〕剑戟心独在，是“心独在剑戟”的倒文。剑戟在这里用作战斗的代词。就是说，一心想着战斗。〔既取二句〕冠，指鸡冠。胄（zhòu），头盔。距，雄鸡爪后面突出像脚趾的部分。镦（duì），矛戟一类兵器的平底柄尾。这是写斗鸡的冠如胄，扬得很高；距如镦，立得很稳。以上写鸡在战斗前的情态。〔天时二句〕挟，倚，带。爽垲（kǎi），高而干燥。这是说时在秋天，地又高燥，环境很适合于斗鸡。以下即转入斗鸡的正面描写。〔磔（zhé）毛二句〕磔，张开。噤瘁（shēn），打寒噤。怒，气势很盛的样子。瘿（yǐng），生在脖子上的一种囊状瘤子。碨磊（wěi lěi），凸起不平的样子。这是写两只雄鸡彼此怒气勃发，像打寒噤似的将羽毛抖开，颈部由于精神紧张，呼吸急促而起伏不平，像是生了瘤子。〔俄膺二句〕俄，仰起。膺，胸。瞥，扫一眼。这是写它们已经走近，但还没有冲突的情况。一方本来将胸部挺得高高的，却忽然低了下来，而本来站着的另一方，扫了对方一眼，也立即改变了姿势。〔腷膊（bì bó）二句〕腷膊，象声词。缤翻，飞动貌。皠（cuǐ），雪白。这是写两鸡初战，鼓翼有声，互相咬啄，羽毛坠落。可能其中一只白鸡小挫，所以诗中特别以“皠”字形容落羽。〔中休二句〕中休，中间的间歇。小挫，小败。这是说双方初战，胜负未分。间歇之后，小败的一方以加倍的努力来挽回局面。〔妒肠二句〕务生敌，以怀有敌情观念为任务，即经常有敌情观念。贼，残害。醢（hǎi），肉酱。这是说双方具有妒忌的心肠，经常怀着敌情观念；又有残杀的性格，专心想搞死对方，将它变成肉酱。〔裂血二句〕殷（yān），暗红色，这里指血的颜色，即以作血的代词。馁（něi），饥饿。这是说在战斗中，一方鸡冠被啄，破裂流血，以致失声大叫，而另一方则继续进攻，啄它流血的地方，比饿了抢食还更凶猛。〔对起二句〕对起，指双方对立，跳起互啄。随旋，指一方打转，另一方跟随。诚，实在。绐（dài），欺骗。这是说当双方跳起的时候，是多么急促惊险，而当一方打转，一方跟随的时候，又实在很会耍手段，用假动作巧妙地欺骗对方。〔毒手二句〕晋石勒早年和李阳是邻居，因为争一个沤麻的水池，曾经打过架。后来，石勒做了赵王，不记旧仇，请李阳来喝酒，并且和他开玩笑说："我从前挨够了你的老拳，你也受够了我的毒手。"战国时，勇武有力的侠士朱亥曾经协助信陵君用四十斤重的大铁槌打死大将晋鄙，夺取了魏国的兵权，完成了抗秦救赵的功业。参见王维《夷门歌》注。这是以古代历史故事来比斗鸡，说它们受到对方沉重的打击，有如李阳饱遭了石勒的毒手，晋鄙受困于朱亥的神槌。神，指朱亥用槌的技艺神妙。以上十六句写第一回合的战斗。〔恻心二句〕恻心，恻隐之心，对别人苦难的同情心。儒家认为，这种恻隐之心就是仁。这是说，看到这两只鸡头都打破了，它们究竟犯了什么罪呢？不禁由于自己的仁心而有所伤痛。〔独胜二句〕有然，有其理由。浼（měi），污染。这是说两鸡相斗，强胜弱败，虽是理所当然，但由于战况激烈，旁观者也觉得惊心动魄，出了一身汗。〔知雄二句〕雄，这里是胜的代词。负，输。贿，财物，这里指赌注。在当时，斗鸡是一种游戏，又是一种赌博。这里写赌客的神情，有的知道自己要赢，欣喜见于颜面；有的害怕自己要输，忧愁地望着下的赌注。〔争观二句〕大家挤在一起观战，将道路都堵塞住了，犹如密云布满天空，还有的人给鸡助威打气，大声呼叫，犹如波涛在海中翻动。这是写观众的动态。〔事爪二句〕事，通剚（zì），以东西插入土中。瞋睛，怒目。这是写斗鸡在第一回合之后，双方牢牢地立在地上，好像脚爪插入了地中；同时，互相怒目而视，并无倦容。这是写鸡在再次作战之前的情态。〔一喷二句〕喷，指以水喷鸡，使之清醒。再接，再次接战。砺，同厉，磨擦。乃，然，如此。这是说两鸡被用水喷醒以后，又继续打了一次。这第二次是虚写，一笔带过。〔头垂二句〕丹砂，一种可以入药的矿物，红色。锦彩，色彩鲜艳的丝织品。这是写一方终于被打得大败，头垂了下来，冠被啄得鲜血直流，像碎了的丹砂，而塌着翅膀，又像拖着锦彩。前面说"缤翻落羽皠"，似乎小挫的是一只白鸡。这里说"翼塌拖锦彩"，似乎大败的是一只花鸡。那么，白鸡是转小败为大胜了。但花、白两鸡，谁大谁小，诗中没有交代。〔连轩二句〕连轩，扇动翅膀。贾（gǔ）余，购买多余的勇气。春秋时代，齐和晋战，齐高固冲入晋阵，用石头打伤一个人，将他活捉了，又将他的车子抢来乘了，然后向晋人挑衅说："你们要勇气吗？可以购买我剩余的勇气。"清厉，清澈高亢的声音。归凯，出兵打仗胜利而回时所唱的歌。这是写另一方大胜之后，扬扬得意，鼓翼长啼，好像有余勇可贾，又好像在唱凯歌。〔选俊二句〕战国时，赵平原君到楚国出使，要选随从二十人，但只十九人合格，毛遂就自己申请参加。后来果然倚仗毛的辩才，取得外交上的胜利。又，燕昭王想招贤纳士，郭隗（wěi）就对他说："王如果真想求才，就从我郭隗开始好了。我还受到您的重视，何况比我强的人呢？"昭王听了他的话，果然获得许多贤士来帮助自己。这是就鸡和它们的主人的关系来说的，意思是人从许多鸡当中选中了这只斗鸡，鸡也会有知己感恩之意。〔英心句〕承上句而来，是说斗鸡情愿为主人拼命，颇有点儿英雄气概。〔义肉句〕义肉，有义气的鸡的肉。庖，厨房。这是说对于这样一只颇有英心义气的鸡，即使阵亡，也不会将它送到厨房宰来吃掉的，那样做，就太可耻了。以上四句是诗人的议论。〔短韵〕犹小诗，这是诗人的谦词。

斗鸡这种游戏春秋时代已有记载，在唐朝尤其盛行。历代作家加以歌咏描绘的不少，其中最引人入胜的，要算这一篇了。尤其难得的是它是一篇联句诗，而结构严密，风格和谐，完全如同出于一人之手。我们读过范云、何逊的联句诗，和这篇一比，就可以看出，唐人在这方面较其前辈来，取得了多么巨大的进展。

酬乐天扬州初逢，席上有赠

刘禹锡

巴山楚水凄凉地，二十三年弃置身。
怀旧空吟闻笛赋，到乡翻似烂柯人。
沉舟侧畔千帆过，病树前头万木春。
今日听君歌一曲，暂凭杯酒长精神。

〔酬乐天扬州初逢，席上有赠〕酬，答。乐天，白居易字。敬宗宝历二年(826)冬，刘禹锡罢和州(今安徽省和县)刺史，北归洛阳，经过扬州，和白居易初见，白即席赋诗一首相赠，刘答以此诗。　〔巴山二句〕刘禹锡从永贞元年(805)贬官出京，曾任朗州司马，朗州战国时是楚地；又曾任夔州刺史，夔州秦汉时属巴郡。到了宝历二年冬，已经二十二个年头，预计到长安，就进入二十三个年头了。　〔怀旧句〕晋向秀和嵇康、吕安是好友。后来，嵇、吕惨遭司马师杀害。向秀经过山阳(今河南省修武县西北)两人的旧居，听到邻人有吹笛子的，感音而叹，因此写了一篇《思旧赋》来悼念他们。刘禹锡用这个典故，当是怀念永贞革新运动失败被贬后来又死去的王伾、王叔文等人。　〔到乡句〕古代传说：晋人王质上山打柴，看见两个童子下棋，他旁观到终局，而手中斧柄已朽烂。下山回到村里，才知道已经过去了一百年，同时的人都死光了。这里是以王质自比，极言离京已久，人事全非。柯，斧柄。　〔沉舟二句〕沉舟、病树，比久贬的自己，千帆、万木，比多数在仕途得意的人。这一联承上联来，对当时朝政的改易、人事的变迁，有着非常沉痛的回忆。　〔今日句〕指白居易即席以题为《醉赠刘二十八使君》的诗相赠。　〔长〕增长。

这篇诗写得简练沉着，成功地体现了作者在久遭贬斥以后，意气仍然不衰的豪迈情绪。

刘禹锡，字梦得，洛阳人，生于大历七年(772)，死于武宗李炎会昌二年(842)。

金陵五题

刘禹锡

余少为江南客，而未游秣陵，尝有遗恨。后为历阳守，跂而望之。适有客以《金陵五题》相示，逌尔生思，欻然有得。他日，友人白乐天掉头苦吟，叹赏良久。且曰："《石头》诗云：'潮打空城寂寞回。'吾知后之诗人，不复措辞矣。"余四咏虽不及此，亦不孤乐天之言耳。

石头城

山围故国周遭在，潮打空城寂寞回。
淮水东边旧时月，夜深还过女墙来。

〔金陵〕今江苏省南京市在战国时代隶属楚国时的旧称。〔少为江南客〕刘禹锡是洛阳人。因避安史之乱，家迁江南。他在十九岁去长安应进士科举之前，基本上在江南度过。〔秣陵〕南京在晋朝的旧称。〔为历阳守〕刘禹锡在穆宗长庆四年(824)任和州刺史。和州，今安徽省和县。历阳，和州的别名。守，太守，刺史的古称。〔跂(qǐ)〕踮起脚尖，表示迫切。〔逌(yōu)尔〕舒适自在的样子。〔欻(xū)然〕忽然。〔乐天〕白居易字。〔不复措辞矣〕不能再动笔了，极赞其不易被赶上。〔余四咏〕其余四篇，即《乌衣巷》、《台城》、《生公讲堂》、《江令宅》。〔不孤〕不辜负，没有对不起。〔石头城〕在今南京市西，三国时孙吴就石壁筑城，戍守。后人也每用石头城泛称建业(建康)。故此诗题为《石头城》，而实咏六朝兴废。〔山围二句〕故国、空城，均指石头城。它依山建筑，故云"山围"；北临大江，故云"潮打"。周遭在，言青山如故；寂寞回，言人事已非。〔淮水二句〕淮水，指流经金陵城内的秦淮河。它源出今江苏溧水东北，注入长江，传为秦时所凿，故名。女墙，城上矮墙。这是写旧时月色，今天只照着寂寞空城，六代豪华已成陈迹了。

乌衣巷

朱雀桥边野草花，乌衣巷口夕阳斜。
旧时王谢堂前燕，飞入寻常百姓家。

〔乌衣巷〕在今南京市东南。三国时，是吴国卫戍部队营房所在。军士穿黑色制服，故名。东晋初，大臣王导等住在这里，成为王、谢等豪门大族的住宅区。〔朱雀二句〕朱雀桥，又名朱雀航，是秦淮河上的一座浮桥，面对城的正南门朱雀门，故名。它是当时的交通要道。花，这里作动词用，即开花。这是说东晋南朝豪门大族的住宅区，现在已荒凉衰败。〔旧时二句〕王、谢之流的富丽雄伟的住宅，屡经变化，已成废墟；废墟之上，又建起了寻常百姓的房屋。然而春天的燕子，却年年依旧前来做巢，它们是不理会也不需要理会屋舍主人身份的变迁的。

这是一组吊古的诗，今选其二。它们以自然的永恒与人事的变迁相比，指出富贵荣华之不可久，因而不可恃，对于贪图和卖弄权势的帝王将相，具有一种混合着悲悯与讽刺的复杂心情。

伤愚溪

刘禹锡

故人柳子厚之谪永州，得胜地，结茅树蔬，为沼沚，为台榭，目曰愚溪。柳子没三年，有僧游零陵，告余曰："愚溪无复曩时矣。"一闻僧言，悲不能自胜，遂以所闻为七言以寄恨。

溪水悠悠春自来，草堂无主燕飞回。
隔帘惟见中庭草，一树山榴依旧开。

〔子厚〕柳宗元字。〔谪(zhé)永州〕谪,因罪贬官或流放。永州,今湖南省永州市零陵区。永贞元年(805),刘禹锡、柳宗元等因参加王叔文等的政治革新运动失败,都被贬为远州司马,柳谪永州。〔胜地〕风景优美的地方。〔结茅〕营建茅草屋子。〔树蔬〕种植供食用的植物。凡可食的草本植物如谷类也叫作蔬,不专指菜类。〔沼〕小池塘。〔沚(zhǐ)〕水中小洲。〔榭(xiè)〕建筑在高土台上的敞屋。〔目曰愚溪〕取个名字叫愚溪。关于愚溪得名的来源、风景之优美以及柳宗元住在那里时的心情,请参看他的《愚溪诗序》。〔柳子没三年〕没,死亡。柳宗元死于宪宗元和十四年(819),过了三年则是穆宗长庆二年(822)。〔无复曩(nǎng)时〕不再像从前(的样子)了。曩时,昔时。〔不能自胜〕经受不起。

这组诗一共三篇,此篇以春天之景物依旧,衬托草堂之人事全非。以春光中的大片浓绿(溪水、庭草、榴叶)与一树红榴花形成强烈对比,暗示出冶融春色与寂寞游人之间的矛盾。

草圣数行留坏壁,木奴千树属邻家。
唯见里门通德榜,残阴寂寞出樵车。

〔草圣句〕草圣,本指草书写得极好的人,如三国魏韦诞称东汉张芝为草圣。这里引申其义,指写得极好的草书。这是说柳宗元写的草字还留在他愚溪旧居已坏了的茅屋墙上。古人有在墙上写字题诗的习惯,称为题壁。〔木奴〕柑橘别名。三国吴李衡曾在龙阳县(今湖南省汉寿县)的汜洲上种植柑树千株,临死时,对他的儿子说:“吾州里有木奴千头,不责衣食,岁绢千匹。”(古人用奴隶从事生产,一株柑的收益可抵一个奴隶的价值,所以这么说。)〔通德榜〕东汉末,孔融对大学者郑玄十分尊敬,要高密县(今山东省高密市)为他特立一乡,称郑公乡。将乡门开得很大,使之可以通过高大的车子,称为通德门。榜,木牌,匾额。〔樵车〕运木柴的车子。

柳门竹巷依依在，野草青苔日日多。
纵有邻人解吹笛，山阳旧侣更谁过？

〔依依〕留恋貌。　〔纵有二句〕见上《酬乐天扬州初逢，席上有赠》注。

以上两篇，一以郑玄比柳之才德，一以嵇、吕比柳之遭逢，而于其身后寂寥，深致惋惜。我们应当注意到，《金陵五题》和《伤愚溪》这两组诗中所写景物，都非作者亲身经历，这是间接生活也能写出优秀作品的具体事例。当然，这并不排除这些描写中也包含有作者平日在其他时间、地点所积累的直接生活。

秋　词

刘禹锡

自古逢秋悲寂寞，我言秋日胜春朝。
横空一鹤排云上，便引诗情到碧霄。

〔自古句〕战国时代，著名的诗人宋玉写了一篇题为《九辩》的长诗，抒发自己在秋天的悲凉情绪。这篇诗影响了后来的许多人，每逢秋日，也发生悲感。　〔排云〕冲破云层。

这是一篇歌颂明丽的秋天的小诗，反映了诗人的乐观情绪。

竹枝词

刘禹锡

杨柳青青江水平，闻郎江上唱歌声。
东边日出西边雨，道是无晴还有晴。

〔晴〕情的同音字，用来暗喻感情的情。在民歌中，常常利用同音字来暗喻本意。这是一篇拟民歌，所以也采用了这一手法。

山桃红花满上头，蜀江春水拍山流。
花红易衰似郎意，水流无限似侬愁。

〔上头〕指山头上。　〔拍山流〕波浪拍击着夹岸的山而奔流。　〔侬〕女子自称。

瞿塘嘈嘈十二滩，此中道路古来难。
长恨人心不如水，等闲平地起波澜。

〔瞿塘〕见李白《长干行》注。　〔嘈嘈〕流水下滩的声音。　〔等闲〕平白地，无缘无故地。

竹枝词本是长江上游民歌的一种，后来多指以描写风土琐事为内容的七绝诗或小词。刘禹锡是我国古代诗人中注意到民歌并且十分重视学习民歌的少数人之一。这些生活气息很浓的小诗，便是他学习的实绩。

秦中吟

白居易

轻　肥

意气骄满路，鞍马光照尘。借问何为者，人称是内臣。
朱绂皆大夫，紫绶或将军。夸赴军中宴，走马去如云。
樽罍溢九酝，水陆罗八珍。果擘洞庭橘，脍切天池鳞。
食饱心自若，酒酣气益振。是岁江南旱，衢州人食人。

〔轻肥〕轻裘、肥马的简称,指奢侈的享受。 〔意气二句〕这是说骑马的人从扬起灰尘的路上驰过,神态骄傲,鞍马光鲜。 〔内臣〕宦官。唐代中叶以来,宦官权势很大。 〔朱绂(fú)二句〕绂,一种礼服。一说,与绶同,是用来拴在印纽上的丝带。古代用服饰来表示官职的高低。朱绂、紫绶,都是较高的品级。这是说,这时,宦官都兼任政府要职,不是大夫,就是将军。 〔樽罍(léi)〕均酒器名。 〔溢〕漫出。 〔九酝〕酿过多次的醇酒。〔八珍〕如熊掌等珍贵的食品。 〔果擘(bò)二句〕擘,以手剥开。天池,海的别名。鳞,指鱼。洞庭和海,都离长安非常远。这是描写统治者为了享受,不惜劳民伤财,从远方运来自己所需要的东西。 〔自若〕犹自得,得意。 〔振〕兴奋。 〔是岁〕这一年,指元和四年(809)。 〔衢(qú)州〕今浙江省衢州市。

《秦中吟》乃白居易著名的组诗之一,共十篇,是诗人专门为了揭发贞元、元和之间长安各种黑暗现象而创作的。以长安为中心的今陕西省地区,是战国时代秦国的故地,所以这组诗题为《秦中吟》。

这篇诗写当人民遭到极其严重的旱荒以致发生人吃人的惨剧的时候,统治阶级依旧尽情享乐,满不在乎,令人读后,不由地激起很大的愤怒。

白居易,字乐天,下邽(今陕西省渭南市附近)人,生于大历七年(772),死于会昌六年(846),杜甫的现实主义传统的杰出继承者。他提出“文章合为时而著,歌诗合为事而作”的战斗口号,并联合一些同时代人如元稹、李绅、王建、张籍等,来有意识地从事于具有这种先进倾向的创作实践。白居易的文学活动,是祖国古典文学史上的光辉范例之一。

买　花

帝城春欲暮,喧喧车马度。共道牡丹时,相随买花去。
贵贱无常价,酬直看花数。灼灼百朵红,戋戋五束素。
上张帷幄庇,旁织笆篱护。水洒复泥封,迁来色如故。
家家习为俗,人人迷不悟。有一田舍翁,偶来买花处。
低头独长叹,此叹无人喻:一丛深色花,十户中人赋。

〔帝城〕京城,指长安。〔喧喧〕热闹的样子。〔酬直〕付价。〔灼灼二句〕灼灼,鲜明貌。戋(jiān)戋,堆积貌。五匹为一束。这是说一百朵红牡丹值二十五匹绢。〔幄(wò)〕帐幕。〔水洒二句〕是说移植牡丹花的时候,花、叶用水洒,根部用泥封,保护得极好,所以虽经迁移,颜色依旧美丽。〔喻〕懂得。〔一丛二句〕中人,普通人家。赋,田税。当时的风尚,牡丹以深红或紫色的为贵。这是说一丛深红色牡丹花的价钱,要抵十家普通人家所交纳的田税。这也就是田舍翁长叹的缘由。

这篇诗从另外一个角度揭露了统治阶级建立在人民的苦难上的享乐生活。

新乐府

白居易

上阳白发人 愍怨旷也。

上阳人,红颜暗老白发新。
绿衣监使守宫门,一闭上阳多少春!
玄宗末岁初选入,入时十六今六十。
同时采择百余人,零落年深残此身。
忆昔吞悲别亲族,扶入车中不教哭。
皆云入内便承恩,脸似芙蓉胸似玉。
未容君王得见面,已被杨妃遥侧目。
妒令潜配上阳宫,一生遂向空房宿。
秋夜长,夜长无寐天不明。
耿耿残灯背壁影,萧萧暗雨打窗声。
春日迟,日迟独坐天难暮。

宫莺百啭愁厌闻，梁燕双栖老休妒。
莺归燕去长悄然，春往秋来不记年。
唯向深宫望明月，东西四五百回圆。
今日宫中年最老，大家遥赐尚书号。
小头鞋履窄衣裳，青黛点眉眉细长。
外人不见见应笑，天宝末年时世妆。
上阳人，苦最多，少亦苦，老亦苦。
少苦老苦两如何？
君不见，昔时吕向《美人赋》；
又不见，今日上阳宫人白发歌。

〔上阳〕宫名，在唐帝国的东都洛阳。天宝五载(746)以后，杨贵妃专宠，凡是美貌的宫人，都被打入冷宫，上阳宫是其中之一。　〔愍(mǐn)〕同悯。〔怨旷〕怨，怨女。旷，旷夫。指不能及时嫁娶的男女。这里偏指怨女。〔监使〕指管理上阳宫的宦官。　〔残此身〕剩下自己一个。　〔内〕这里指皇宫，即大内。　〔侧目〕斜视，妒忌的表情。　〔潜配〕暗中分配。　〔耿耿〕闪光貌。　〔啭〕鸟啼声。　〔悄然〕冷静貌。　〔唯向二句〕说这位宫人常常通夜不能睡觉。据“入时十六今六十”句，知这位宫人入宫四十五年，约五百四十个月。　〔大家句〕大家，宫廷中对皇帝的称呼。尚书，指女尚书，宫廷中的一种女官。这是说皇帝(这时的皇帝早已不是玄宗了，按时间推算，应当是德宗)从长安遥远地赏赐了这位宫人一个女尚书的头衔。　〔小头四句〕黛，青黑色的矿物质颜料，古代女子用来画眉。点眉，即画眉。天宝时代和贞元时代，妇女装束的风习很有不同。大概天宝时代妇女喜欢穿尖头鞋，小衿袖衣服，画细长眉毛，而半个世纪以后的贞元时代，则恰巧相反。这是这位宫人从半个世纪中妇女装束的变化上所感受到的自己的不幸。　〔吕向《美人赋》〕天宝末年，玄宗曾暗中派人搜求民间美女，称为花鸟使。吕向写过一篇《美人赋》来讽谏他。　〔上阳宫人白发歌〕就是本诗。

《新乐府》是白居易最杰出的组诗，也是祖国古典诗歌中最杰出的组诗之一，共五十篇。这一组诗在非常广阔的范围内，非常深刻的程度上，反映了唐代，特别是诗人所生活的中唐时代的社会政治各方面的重大问题，同时也体现了诗人自己先进的社会政治思想和极为高妙的艺术手段。

这篇诗通过上阳宫一位宫人不幸的一生，控诉了惨无人道的封建帝王的多妻制，对于宫女被迫将自己的青春和生命埋葬在冷宫里表现了深刻的同情，因而作品放射着强烈的人道主义的光芒。

新丰折臂翁　戒边功也。

新丰老翁八十八，头鬓眉须皆似雪。
玄孙扶向店前行，左臂凭肩右臂折。
问翁臂折来几年，兼问致折何因缘。
翁云贯属新丰县，生逢圣代无征战。
惯听梨园歌管声，不识旗枪与弓箭。
无何天宝大征兵，户有三丁点一丁。
点得驱将何处去，五月万里云南行。
闻道云南有泸水，椒花落时瘴烟起。
大军徒涉水如汤，未过十人二三死。
村南村北哭声哀，儿别爷娘夫别妻。
皆云前后征蛮者，千万人行无一回。
是时翁年二十四，兵部牒中有名字。
夜深不敢使人知，偷将大石槌折臂。
张弓簸旗俱不堪，从兹始免征云南。
骨碎筋伤非不苦，且图拣退归乡土。
臂折来来六十年，一肢虽废一身全。
至今风雨阴寒夜，直到天明痛不眠。
痛不眠，终不悔，且喜老身今独在。

不然当时泸水头，身死魂飞骨不收。
应作云南望乡鬼，万人冢上哭呦呦。
老人言，君听取。
君不闻，开元宰相宋开府，不赏边功防黩武；
又不闻，天宝宰相杨国忠，欲求恩幸立边功。
边功未立生人怨，请问新丰折臂翁。

〔玄孙〕孙子的孙子。〔因缘〕缘故。〔贯〕籍贯。〔惯听句〕梨园，见杜甫《观公孙大娘弟子舞剑器行》注。玄宗骊山行宫就在新丰县附近，老人是宫旁居民，所以这么说。〔无何〕没有多久。〔椒花落时〕花椒树春夏之间开花，秋结实。〔瘴(zhàng)烟〕即瘴气，古人以为是山林中的毒气，其实就是恶性疟疾。〔徒涉〕步行渡水。〔水如汤〕汤，沸水。事实上泸水不可能和汤一样热。〔兵部〕军事机关。〔牒(dié)〕文件。〔簸(bǒ)〕摇动。〔不堪〕不能。〔拣退〕犹言淘汰。〔臂折句〕此句或作“此臂折来六十年”，似更通顺。但“来来”为唐时口语，以来的意思，以从古本为是。〔万人冢〕唐将鲜于仲通于天宝十载(751)，李宓于天宝十三载(754)先后征云南，均大败，死的人很多，都埋在一处，称为万人冢。〔开元二句〕开府，开府仪同三司的简称，大官名。宋开府指开元时代著名政治家宋璟。黩(dú)武，随意发动战争。开元四年(716)，有一个名叫郝灵佺的边将，曾斩突厥族的可汗默啜，自以为功劳很大。但宋璟因为玄宗年轻好武，恐怕奖励了他，容易使人贪功，乱开边祸，隔了一年多，才给他一个郎将的位置。诗句所指，就是这件事。〔天宝二句〕这里所指，就是前面所说的“无何天宝大征兵”以下的情事，鲜于仲通、李宓的大败，就是杨国忠希望立边功的后果。

唐时，在今云南省地区，由乌蛮、白蛮等兄弟民族建立了一个国家，名为南诏，和唐帝国时和时战。天宝时代，杨国忠为了想更多地取得玄宗的恩宠，提高自己个人的威望，曾经几次发动对南诏的战争，但都失败了。发动战争的结果是人民痛苦，农村凋敝，国力削弱，后来安禄山叛变，就没有能迅速采取有效措施，加以镇压。诗人通过这位折臂翁生动的回忆，指出了那次不义战争对于祖国和人民的危害性，也反映了人民对于我国各族人民和睦相处、共过和平生活的愿望。

杜陵叟 伤农夫之困也。

杜陵叟，杜陵居，岁种薄田一顷余。
三月无雨旱风起，麦苗不秀多黄死。
九月降霜秋早寒，禾穗未熟皆青干。
长吏明知不申破，急敛暴征求考课。
典桑卖地纳官租，明年衣食将何如？
剥我身上帛，夺我口中粟。
虐人害物即豺狼，何必钩爪锯牙食人肉？
不知何人奏皇帝，帝心恻隐知人弊。
白麻纸上书德音，京畿尽放今年税。
昨日里胥方到门，手持尺牒榜乡村。
十家租税九家毕，虚受吾君蠲免恩。

〔杜陵〕汉宣帝的陵墓，在长安南五十里。坟墓附近地方因此也称为杜陵。〔三月〕指元和四年(809)三月。从元和三年冬起，到这时，长安近郊一带一直没有下雨。〔申破〕申报，当时公文用语。〔急敛暴征〕急忙地、凶狠地收租税。〔求考课〕追求自己考核的成绩。〔典〕典当，旧社会高利贷的一种形式。用衣物抵押，出利息借钱，过期不还便没收抵押品。〔恻隐〕仁慈。〔白麻句〕德音，皇帝加恩于臣民的诏书。诏书按当时制度是用白麻纸来写的。〔京畿(jī)〕京城的郊外，如杜陵等地方。〔里胥〕乡里中的小吏。〔榜〕这里作张挂解。〔蠲(juān)〕免除。

统治者为了自己的利益，有时也答应给人民一点小恩小惠，但往往有名无实，人民并得不着什么好处。这篇诗所写的情况，正是如此。它对统治阶级的虚伪性的揭穿，是极其有力的。

缭　绫　念女工之劳也。

缭绫缭绫何所似？不似罗绡与纨绮。
应似天台山上明月前，四十五尺瀑布泉。
中有文章又奇绝，地铺白烟花簇雪。
织者何人衣者谁？越溪寒女汉宫姬。
去年中使宣口敕，天上取样人间织。
织为云外秋雁行，染作江南春水色。
广裁衫袖长制裙，金斗熨波刀剪纹。
异彩奇文相隐映，转侧看花花不定。
昭阳舞人恩正深，春衣一对直千金。
汗沾粉污不再著，曳土踏泥无惜心。
缭绫织成费功绩，莫比寻常缯与帛。
丝细缫多女手疼，扎扎千声不盈尺。
昭阳殿里歌舞人，若见织时应也惜。

〔罗、绡、纨、绮〕均丝织物名。　〔应似二句〕缭绫是越地的名产，天台是越地的名山，所以用来相比。　〔文章〕这里是花纹的意思。　〔地铺句〕是形容素底子的缭绫上面织着暗花。　〔中使〕宦官奉命出宫办事的，称为中使。　〔口敕（chì）〕皇帝的口头诏令。　〔天上〕指皇宫。　〔人间〕指民间。　〔金斗句〕是说用缭绫来做衣服的情形。先用金属制的熨斗将像波浪一般的缭绫熨平，然后再将它的花纹剪开。　〔异彩二句〕隐映，忽隐忽现。这是形容缭绫缝成衣服以后，非常漂亮。　〔缯（zēng）、帛〕普通的丝织物。　〔缫（sāo）〕把蚕茧煮过抽丝。　〔扎扎句〕扎扎，同札札，织机声。盈，满。这是说织机动作一千次也还织不到一尺。

这是一篇申斥统治者奢华浪费的诗，但同时也反映了唐代纺织工业的进步和工人技术的精妙。

卖炭翁 苦宫市也。

卖炭翁，伐薪烧炭南山中。
满面尘灰烟火色，两鬓苍苍十指黑。
卖炭得钱何所营，身上衣裳口中食。
可怜身上衣正单，心忧炭贱愿天寒。
夜来城外一尺雪，晓驾炭车辗冰辙。
牛困人饥日已高，市南门外泥中歇。
两骑翩翩来是谁？黄衣使者白衫儿。
手把文书口称敕，回车叱牛牵向北。
一车炭重千余斤，宫使驱将惜不得。
半匹红纱一丈绫，系向牛头充炭直。

〔南山〕即终南山，在长安南。〔苍苍〕斑白。〔营〕犹言打算。〔冰辙(zhé)〕车轮在结冰的地面上轧的痕迹。〔市南句〕唐代制度：工商业区域称为市，所有贸易都要在市中进行。每日中午打鼓开市，傍晚敲锣散市。这是说老翁将自己烧的炭运到市场出售，因时间很早，市场还没有开门，所以只好在市南的门外歇息等待。〔骑〕这里指骑马的人。〔黄衣句〕黄衣使者，宫中派出来强买货物的宦官。白衫儿，即白望，黄衣使的帮手，他们在市集上东张西望，白拿货物，不给本价，故名。〔回车句〕叱(chì)，吆喝。唐代长安城市的建置，市场在南，皇宫在北。这是说，将车转过向来，吆喝着牛，将炭由市场运到皇宫里去。〔宫使〕犹中使。〔半匹二句〕唐时还以丝织物作为一种货币使用。这是说宫使夺去了老翁的炭，随便给他一点点钱作为代价。直，同值。

从玄宗天宝时代到德宗贞元时代，皇帝建立了一种新的公开掠夺人民财物的制度，称为宫市。其办法是派宦官(宫使)到市上去，看见要的东西，就抢了下来，随便给点钱，甚至一钱不给。弄得人民叫苦连天，群起反抗。这篇诗所写，就是人民遭受掠夺的一个镜头。作者在诗中并没有正面发议论，但结尾二句却以非常冷隽的语言深刻地揭露了统治者的强盗行为。

母别子　刺新间旧也。

母别子，子别母，白日无光哭声苦。
关西骠骑大将军，去年破虏新策勋。
敕赐金钱二百万，洛阳迎得如花人。
新人迎来旧人弃，掌上莲花眼中刺。
迎新弃旧未足悲，悲在君家留两儿。
一始扶行一初生，坐啼行哭牵人衣。
以汝夫妇新嬿婉，使我母子生别离！
不如林中乌与鹊，母不失雏雄伴雌。
应似园中桃李树，花落随风子在枝。
新人新人听我语："洛阳无限红楼女。
但愿将军重立功，更有新人胜于汝！"

〔新间（jiàn）旧〕新人离间了旧人。〔关西句〕汉杨震是关西人，被人尊称为关西夫子，所以"关西"是杨姓的代称。贞元、元和时代姓杨而做骠骑大将军的，只有杨朝晟。这篇诗可能就是为谴责他而写的。〔策勋〕见《木兰诗》注。〔如花人〕像花一般美丽的女人。〔嬿（yàn）婉〕和好貌。〔花落随风〕比自己被逐。〔子在枝〕比丈夫将自己所生的两个孩子留下。〔重（chóng）〕再，更。

这篇诗写了一个妇女在男权社会中的悲惨命运。结尾三句，是旧人咒诅新人的话。但事实上，新人和旧人的命运，在本质上又有什么不同呢？只是她们还没有认识到这一点罢了。正如曹雪芹所说的"千红一窟（哭）"，"万艳同杯（悲）"。

长恨歌

白居易

汉皇重色思倾国，御宇多年求不得。
杨家有女初长成，养在深闺人未识。
天生丽质难自弃，一朝选在君王侧。
回眸一笑百媚生，六宫粉黛无颜色。
春寒赐浴华清池，温泉水滑洗凝脂。
侍儿扶起娇无力，始是新承恩泽时。
云鬓花颜金步摇，芙蓉帐暖度春宵。
春宵苦短日高起，从此君王不早朝。
承欢侍宴无闲暇，春从春游夜专夜。
后宫佳丽三千人，三千宠爱在一身。
金屋妆成娇侍夜，玉楼宴罢醉和春。
姊妹弟兄皆列土，可怜光彩生门户。
遂令天下父母心，不重生男重生女。
骊宫高处入青云，仙乐风飘处处闻。
缓歌慢舞凝丝竹，尽日君王看不足。
渔阳鼙鼓动地来，惊破《霓裳羽衣曲》。

〔汉皇〕汉武帝刘彻，借指唐玄宗。 〔重色〕爱好女色。 〔倾国〕绝代佳人。汉武帝时，歌手李延年曾唱过一个赞美美女的歌曲，其中有这样两句："一顾倾人城（她望人一眼，一城的人就都会为她倾倒），再顾倾人国（她再多望一眼，一国的人也都要为她倾倒）。"李延年唱这首歌，是为了要将他美丽的妹妹献给武帝。后来她果然入宫，大受宠爱，史称李夫人。这是以李夫人比杨贵妃。 〔御宇〕即位，管理国家。 〔杨家四句〕杨玄琰的女儿玉环，本是玄宗的儿子寿王李瑁的妃子，被玄宗看中了，就令大宦官高力士设法将她从寿王府中迁出，先出了家做女道士，然后于天宝四载(745)七月将她纳进后宫，封为贵妃。诗中对于这一丑恶事实，是用曲笔来写的。〔六宫〕见韩愈《华山女》注。〔粉黛〕搽脸画眉。这里是宫中妇女的代称。〔华清池〕玄宗天宝时，将骊山(今陕西省西安市临潼区东南)上的一座行宫温泉宫加以扩建，改名华清宫，浴池名华清池。〔凝脂〕指杨贵妃的皮肤洁白光润，如同凝结的脂肪。〔云鬓花颜〕乌云似的头发，花朵似的容颜。〔步摇〕妇女的一种头饰，上有垂珠，行步时就摇动。〔从此句〕古代皇帝一清早就要上朝办公。不早朝，就是耽于酒色，不理政事。〔专夜〕每夜由杨贵妃一人陪伴。〔后宫〕后妃居住的地方。〔金屋〕汉武帝小时，和表妹阿娇感情很好。曾说："若得阿娇，当以金屋贮之。"这里金屋借指杨贵妃住的屋子。〔玉楼〕本仙人居住的楼阁，这里用以指皇宫，并与"金屋"作对。与李白《宫中行乐词》"玉楼巢翡翠，金殿锁鸳鸯"同意。〔醉和春〕酒醉之后，春意盎然。〔姊妹句〕列，同裂。列土，分封土地，这里指在指定地区内直接征收人民的租税。杨贵妃得宠之后，她的家族大大得势。三个姐姐，被封为国夫人。几个弟兄都做了大官，其中杨国忠做了宰相。参看杜甫《丽人行》及注。〔遂令二句〕遂令，就使得。杨家一门得势之后，当时社会上流传着讽刺的歌谣："生女勿悲酸，生男勿喜欢。""男不封侯女作妃，看女却为门上楣。"这两句诗是依据歌谣改写，并指出了这种情况所加于人们的在道德情操上的毒害。〔骊宫〕即华清宫。〔缓歌句〕这是描写歌舞曲《霓裳羽衣曲》的声态。《霓裳羽衣曲》是唐代宫廷著名的法曲，传为开元中西凉节度使杨敬述所献，初名《婆罗门曲》，后经玄宗润色，改名。〔渔阳二句〕渔阳，安禄山的辖区。今天津市蓟县一带。公元755年冬，安禄山突然叛变，大举南犯。这是说正在欣赏霓裳羽衣歌舞，忽然听到惊天动地的渔阳鼙鼓。

以上写唐玄宗重色，杨贵妃专宠，而安禄山的叛变，则使得他们的生活起了一个突如其来的巨大变化。

九重城阙烟尘生，千乘万骑西南行。
翠华摇摇行复止，西出都门百余里。

六军不发无奈何，宛转蛾眉马前死。
花钿委地无人收，翠翘金雀玉搔头。
君王掩面救不得，回看血泪相和流。
黄埃散漫风萧索，云栈萦纡登剑阁。
峨嵋山下少人行，旌旗无光日色薄。
蜀江水碧蜀山青，圣主朝朝暮暮情。
行宫见月伤心色，夜雨闻铃肠断声。

〔九重二句〕皇宫有九道门，称为九重。九重城阙，京城，指长安。烟尘，指战争。一车四马为一乘。这是指公元756年6月，安禄山打破潼关，玄宗等匆忙地从长安逃向四川。〔翠华〕皇帝的仪仗队中用翠鸟的羽毛装饰的旗帜，代指皇帝御驾。〔西出句〕是说走到了离长安百多里的马嵬驿（在今陕西省兴平市境）。〔六军二句〕六军，指皇帝的禁卫军。古代制度，皇帝有六军。当时事实上是四军，即左龙武军、右龙武军、左羽林军、右羽林军。不发，不肯继续前进。蛾眉，美女的代称，指杨贵妃。马前死，士兵们在陈玄礼将军的领导之下，发动了一次兵变，杀死了杨国忠等人，并逼着玄宗下令将杨贵妃缢死。宛转，指贵妃死时的缠绵之状。〔花钿、翠翘〕妇女头饰。〔委〕抛弃。〔金雀〕钗名。〔搔头〕簪子。〔云栈〕高耸入云的栈道。〔萦纡〕曲折回旋貌。〔峨嵋句〕唐玄宗从陕西进入四川，到成都后就住下了，并没有经过或走到成都以南的峨眉山，这里只是用来形容道路的漫长艰苦。一说，系指利州（今四川省广元市）境内的小峨眉山，玄宗幸蜀，实经此地。〔夜雨句〕玄宗在栈道遇雨，听到雨声和行宫屋檐上悬挂的铃声相和，很是伤感，创作了一支乐曲，叫《雨霖铃》。

以上写杨贵妃的死和玄宗在流亡中对她的悼念。

天旋日转回龙驭，到此踌躇不能去。
马嵬坡下泥土中，不见玉颜空死处。

君臣相顾尽沾衣，东望都门信马归。
归来池苑皆依旧，太液芙蓉未央柳。
芙蓉如面柳如眉，对此如何不泪垂？
春风桃李花开日，秋雨梧桐叶落时。
西宫南内多秋草，落叶满阶红不扫。
梨园弟子白发新，椒房阿监青娥老。
夕殿萤飞思悄然，孤灯挑尽未成眠。
迟迟钟鼓初长夜，耿耿星河欲曙天。
鸳鸯瓦冷霜华重，翡翠衾寒谁与共？
悠悠生死别经年，魂魄不曾来入梦。

〔天旋句〕天旋，比喻政治局势的好转。日转，比喻皇帝的还京。龙驭(yù)，犹龙驾，皇帝的车骑。公元757年9月，郭子仪收复长安；12月，玄宗由成都回长安。〔此〕指马嵬驿。〔不见句〕是说不见玉颜，空见死处。“空”字下的“见”字省去。〔君臣句〕沾衣，眼泪落在衣上。这句就是通俗小说中所说的“流泪眼看流泪眼，断肠人对断肠人”。〔东望句〕信马，让马匹随意散漫地行走。这句形容君臣们没有心绪地回到长安。〔太液、未央〕太液，汉唐长安池名。未央，汉代长安宫名，这里系借指。〔西宫二句〕西宫，指太极宫，在长安北。南内，即南宫，指兴庆宫，在长安东南。玄宗从成都回来之后，因已将皇位让给儿子肃宗，便以太上皇的身份住在兴庆宫。那时他们父子之间的关系很不好。公元760年7月，玄宗竟被肃宗亲信的宦官李辅国逼迫，迁住太极宫。这两句诗暗示了玄宗晚年寂寞而不愉快的生活。〔椒房句〕椒房，房内以花椒粉和泥涂壁，取其芳香，原指皇后的住房，这里是指杨贵妃的住房。阿监，即中监女史，女官名。青娥，犹言少女。这是说过去在椒房侍奉过杨贵妃的阿监现在也老了。〔思悄然〕犹言意兴索然。〔孤灯句〕当时玄宗虽已退位，但还是太上皇，绝不至于夜中无人侍奉。这是诗人用夸张的手法来描写他的孤独和忧伤，用挑灯这一动作来展示这位老皇帝的内心活动。〔迟迟二句〕耿耿，闪光貌。钟鼓，这里指宫中的计时器具。星河，银河。这是形容玄宗不眠之夜的感受。〔鸳鸯瓦〕两瓦一俯一仰，构成一对，叫作鸳鸯瓦。〔翡翠衾〕绣有翡翠鸟的被子。

以上写玄宗返回长安以后，仍然怀念杨贵妃。

临邛道士鸿都客，能以精诚致魂魄。
为感君王展转思，遂教方士殷勤觅。
排云驭气奔如电，升天入地求之遍。
上穷碧落下黄泉，两处茫茫皆不见。
忽闻海上有仙山，山在虚无缥缈间。
楼阁玲珑五云起，其中绰约多仙子。
中有一人字太真，雪肤花貌参差是。
金阙西厢叩玉扃，转教小玉报双成。
闻道汉家天子使，九华帐里梦魂惊。
揽衣推枕起徘徊，珠箔银屏迤逦开。
云髻半偏新睡觉，花冠不整下堂来。
风吹仙袂飘飖举，犹似霓裳羽衣舞。
玉容寂寞泪阑干，梨花一枝春带雨。
含情凝睇谢君王："一别音容两渺茫。
昭阳殿里恩爱绝，蓬莱宫中日月长。
回头下望人寰处，不见长安见尘雾。
唯将旧物表深情，钿合金钗寄将去。
钗留一股合一扇，钗擘黄金合分钿。
但教心似金钿坚，天上人间会相见。"
临别殷勤重寄词，词中有誓两心知。
七月七日长生殿，夜半无人私语时。
"在天愿作比翼鸟，在地愿为连理枝。"

天长地久有时尽，此恨绵绵无绝期！

〔临邛(qióng)〕今四川省邛崃市。〔鸿都客〕对这位道士的美称。鸿都，洛阳城门名，是东汉朝廷藏书的地方。称道士为鸿都客，是赞美他博学。〔能以句〕应上“魂魄不曾来入梦”句，说这位道士能用自己的虔诚和法术，召来杨贵妃的魂魄与玄宗相见。〔为感二句〕展转，反复。方士，即道士。这是说当时的臣子被玄宗痛苦的思忆所感动，于是就令这位道士去寻找杨贵妃的魂魄。〔碧落〕道书中天的代称。〔黄泉〕地下的代称，犹地府。〔仙山〕指蓬莱山。〔缥缈(piāo miǎo)〕隐隐约约，若有若无。〔楼阁句〕是说仙人所居之处，楼阁玲珑，被五色祥云托着，悬浮在空间。〔绰约〕美好貌。〔太真〕杨贵妃做女道士时，住在宫内的太真宫，故以太真为字。〔参差(cēn cī)〕不齐的样子，这里引申作仿佛的意思。〔扃〕见韩愈《华山女》注。〔小玉〕唐代婢女(侍儿)最常用的名字。〔双成〕姓董，古代神话中西王母的侍女，这里借指杨贵妃的近侍。〔揽衣二句〕箔，帘。屏，屏风。迤逦(yǐ lǐ)，曲折连绵的样子。这是写杨贵妃闻信后，矛盾迟疑了一阵，终于决定出来接见道士，小玉等便将珠箔卷起，银屏移开。〔半偏〕与下“不整”同意。〔风吹二句〕袂(mèi)，袖。相传杨贵妃自己也会舞霓裳羽衣，所以诗人这样来形容她下堂的姿态。〔阑干〕纵横。〔梨花句〕比喻流着泪的杨贵妃。〔凝睇(dì)〕注视。〔昭阳殿〕见王昌龄《长信秋词》注。〔钿(diàn)合〕嵌镶金花的盒子。合，同盒。〔钗留二句〕古代的钗有双股的，所以可以留下一股。合一扇，将盒的底或盖留下。擘，分开。〔临别二句〕据说，道士在蓬莱山上的仙宫中会见了杨贵妃，取得钗、盒之后，还怕回到长安，玄宗不相信，又请杨贵妃讲出一点两人私生活中为旁人所绝不知道的事情，以便证明确实是会见过她本人。于是，她讲出了天宝十载(751)七月七日，两人在华清宫中的长生殿对着牛郎织女所发的“愿世世为夫妇”的秘密誓言。但据历史记载，唐玄宗和杨贵妃到华清宫，总是在冬天，而华清宫中的长生殿，则是祭神时沐浴斋戒的地方，并非寝殿或游赏之处，所以两人七月七日在长生殿盟誓，只是当时一种传说，并非实有其事。重(zhòng)，郑重。

〔比翼鸟〕即鹣(jiān)鹣,相传这种鸟雌雄相爱,最为诚挚,一定要比翼齐飞。 〔连理枝〕不同根的草木,其枝干连生在一起。古人用来象征深厚的爱情。 〔绵绵〕不绝貌。

以上写由于方士的道术,终于使得两人互通消息,并重申了彼此之间永远不渝的爱情。最后两句,点出“长恨”,是全诗的主旨。

这篇诗是白居易最杰出的作品之一,也是祖国古典诗歌中抒情诗与叙事诗密切结合的典范之一。诗篇一开头,对男女主人公是有所谴责的,但发展下去,诗人却用自己的感情、想象丰富了这个故事,赋予了这个爱情悲剧以更普遍的意义,使得作者自己和广大读者都对之产生了高度的同情。玄宗早年励精图治,因此有开元治世;晚年荒淫无道,因此有天宝乱世。诗人面对这种具体现实,对这位天然尊长形成了矛盾而复杂的感情,有时颂美怀念,有时批评斥责,《长恨歌》则兼而有之。这是由诗人对历史事件和社会生活的认识所决定的。在艺术构思、语言运用方面,它也具有极大的魅力。

琵琶行

白居易

元和十年,余左迁九江郡司马。明年秋,送客湓浦口,闻船中夜弹琵琶者。听其音,铮铮然有京都声;问其人,本长安倡女,尝学琵琶于穆、曹二善才,年长色衰,委身为贾人妇。遂命酒,使快弹数曲。曲罢悯默,自叙少小时欢乐事,今漂沦憔悴,转徙于江湖间。予出官二年,恬然自安,感斯人言,是夕始觉有迁谪意,因为长句歌以赠之,凡六百一十二言,命曰《琵琶行》。

浔阳江头夜送客,枫叶荻花秋瑟瑟。
主人下马客在船,举酒欲饮无管弦。
醉不成欢惨将别,别时茫茫江浸月。

忽闻水上琵琶声，主人忘归客不发。
寻声暗问弹者谁，琵琶声停欲语迟。
移船相近邀相见，添酒回灯重开宴。
千呼万唤始出来，犹抱琵琶半遮面。

〔元和十年〕公元815年。〔左迁九江郡司马〕当时宦官派刺客暗杀了宰相武元衡，诗人上疏请捕刺客，触犯了政敌的忌讳，由太子左赞善大夫被贬为江州刺史，接着又降为职位更低的司马。江州，即九江郡，又名浔阳，今江西省九江市。汉代尊右卑左，故贬官降级称左迁，后代沿用。〔湓(pén)浦口〕湓水流入长江的口子。〔铮铮〕金属的响声，这里用来形容琵琶声。〔有京都声〕有长安流行的音调，即京派。〔倡女〕歌女。〔善才〕当时对琵琶师的尊称。〔委身〕将身体付托（给男人），嫁给。〔悯默〕情绪低沉的样子。〔漂沦〕漂流和沉沦。〔转徙(xǐ)〕到处迁移，流浪。〔恬(tián)然〕心情平静貌。〔迁谪(zhé)〕被朝廷贬到外地做官。〔六百一十二言〕“二”字为“六”字之误，全诗实共六百一十六字。古人称一字或一句为一言。这里指一字。〔命〕名。〔暗问〕低问。〔欲语迟〕想说话又迟疑不决。〔回灯〕移灯。

以上写送客湓浦口，偶然遇见了一位漂沦憔悴、转徙江湖的弹琵琶妇人。

转轴拨弦三两声，未成曲调先有情。
弦弦掩抑声声思，似诉平生不得志。
低眉信手续续弹，说尽心中无限事。
轻拢慢捻抹复挑，初为《霓裳》后《六幺》。
大弦嘈嘈如急雨，小弦切切如私语，
嘈嘈切切错杂弹，大珠小珠落玉盘。
间关莺语花底滑，幽咽泉流水下滩。
冰泉冷涩弦凝绝，凝绝不通声渐歇，

别有幽愁暗恨生，此时无声胜有声。
银瓶乍破水浆迸，铁骑突出刀枪鸣。
曲终收拨当心画，四弦一声如裂帛。
东船西舫悄无言，唯见江心秋月白。

〔轴〕琵琶上端调整弦音的装置。〔弦弦句〕掩抑，掩藏和抑制。思，作动词用。这是指弦上发出的声音反映着演奏者在企图控制自己的情绪，但终于无法控制，而充分泄露了自己感情上的秘密。〔信手〕随手，表示熟练自然。〔拢、捻（niǎn）、抹、挑〕都是弹琵琶的指法。拢，手指按弦。捻，手指揉弦。抹，顺手下拨。挑，反手回拨。〔霓裳〕《霓裳羽衣曲》的简称。〔六么〕曲调名。〔大弦四句〕琵琶有粗细不等的四条弦，发出各种声音。嘈嘈，沉重而长的音。切切，幽细而促的音。这是说演奏者拨弄弦索，得心应手，非常熟练巧妙。〔间关句〕间关，车轴头的转动声，引申为道路不平，声音不调的形容词。这是以黄莺的啼叫由间关而滑溜，来形容琵琶声由生而熟。〔幽咽句〕幽咽，泉水流得不畅，形容声音很低的样子。但水下滩时，势头急，声音很大，与“幽咽泉流”不合，因此，“水下滩”似当作“冰下难”，与上句“花底滑”相对为文。〔冰泉二句〕是以泉水结冰，来形容琵琶声由缓慢而间歇。〔银瓶二句〕是形容琵琶声在间歇之后又突然转入高亢紧张。〔铁骑〕穿铁甲的骑兵。〔曲终二句〕拨，弹琵琶的工具。这是写演奏结束的情况，将拨子在琵琶中心一划，四条弦同时发音，响亮得同撕裂了一幅帛一样。画，即划。〔东船句〕形容大家被高妙的演技吸引住了，一声不响。

以上写这位妇人琵琶艺术的高妙。

沉吟放拨插弦中，整顿衣裳起敛容。
自言“本是京城女，家在虾蟆陵下住。
十三学得琵琶成，名属教坊第一部。
曲罢曾教善才伏，妆成每被秋娘妒。

五陵年少争缠头，一曲红绡不知数。
钿头云篦击节碎，血色罗裙翻酒污。
今年欢笑复明年，秋月春风等闲度。
弟走从军阿姨死，暮去朝来颜色故。
门前冷落鞍马稀，老大嫁作商人妇。
商人重利轻别离，前月浮梁买茶去。
去来江口守空船，绕船月明江水寒。
夜深忽梦少年事，梦啼妆泪红阑干”。

〔沉吟〕心情沉重，陷入深思之貌。　〔敛容〕面部呈现严肃而有礼貌的表情。　〔虾蟆陵〕原名下马陵，在长安城东南，当时有名的游乐区。　〔教坊〕唐代政府设置的管理及教练音乐、歌舞、杂技的机构。　〔教〕使，让。〔秋娘〕唐时著名歌妓的通称。　〔五陵二句〕五陵，见岑参《与高适、薛据同登慈恩寺浮图》注。五陵年少，指豪贵的公子王孙。古代舞女舞时以锦缠头。因此赏赐舞女的锦缎，也称作缠头。绡（xiāo），精美的丝织物。〔钿头二句〕钿头云篦，头上用金钿制成云形的钗。击节，唱曲时打拍子。这是形容自己那时的豪奢，珍贵的衣物弄坏了，也不觉可惜。　〔颜色故〕年老色衰。　〔浮梁〕今江西省景德镇市，唐代的大茶市。　〔去来〕这里是从那时（上个月）以来的意思。“去”字在这里是个发语词。　〔梦啼句〕梦中啼哭，眼泪纵横地流在化了妆的脸上。阑干，纵横。

以上写这位妇人自述旧日的生活和目前的苦痛。

我闻琵琶已叹息，又闻此语重唧唧。
同是天涯沦落人，相逢何必曾相识？
“我从去年辞帝京，谪居卧病浔阳城。
浔阳地僻无音乐，终岁不闻丝竹声。
住近湓江地低湿，黄芦苦竹绕宅生。

其间旦暮闻何物，杜鹃啼血猿哀鸣。
春江花朝秋月夜，往往取酒还独倾。
岂无山歌与村笛，呕哑嘲哳难为听。
今夜闻君琵琶语，如听仙乐耳暂明。
莫辞更坐弹一曲，为君翻作《琵琶行》。”
感我此言良久立，却坐促弦弦转急。
凄凄不似向前声，满座重闻皆掩泣。
就中泣下谁最多，江州司马青衫湿。

〔唧唧〕见《木兰诗》注。〔倾〕这里作干杯解。〔呕哑〕小孩说话的声音，引申为繁碎不好听的声音。〔嘲哳（zhāo zhā）〕繁杂细碎声。〔难为听〕听不下去。〔翻〕指按曲调写成歌词。〔却坐〕退后坐下，即回到原坐处。〔促弦〕把弦拧紧。〔弦转急〕弦声变得高昂。〔向前〕刚才的。〔掩泣〕掩面而泣。〔青衫〕唐时官阶最低的九品官的服色。

以上写自己的迁谪沦落之感。

《琵琶行》是诗人创作中和《长恨歌》齐名的杰出诗篇。它描写了一位妇人的不幸的命运，并巧妙地将她的不幸和自己的不幸联结起来。它细致地刻画了这位值得人同情的长安故倡的神奇的音乐艺术和丰富的内心活动，也反映了诗人自己的抑郁和伤感。诗篇虽然并没有直接揭出陷他们于不幸的社会根源，但读者依旧可以体会得到作者对于当时现实的深刻不满。

画竹歌

白居易

协律郎萧悦善画竹，举世无伦。萧亦甚自秘重，有终岁求其一竿而不得者。知予天与好事，忽写一十五竿，惠然见投。予厚其意，高其艺，无以答贶，作歌以报之，凡一百八十六字云。

植物之中竹难写，古今虽画无似者。
萧郎下笔独逼真，丹青以来唯一人。
人画竹身肥臃肿，萧画茎瘦节节竦；
人画竹梢死羸垂，萧画枝活叶叶动。
不根而生从意生，不笋而成由笔成。
野塘水边碕岸侧，森森两丛十五茎。
婵娟不失筠粉态，萧飒尽得风烟情。
举头忽看不似画，低耳静听疑有声。
西丛七茎劲而健，省向天竺寺前石上见。
东丛八茎疏且寒，忆曾湘妃庙里雨中看。
幽姿远思少人别，与君相顾空长叹。
萧郎萧郎老可惜，手颤眼昏头雪色。
自言便是绝笔时，从今此竹尤难得。

〔协律郎〕掌管音律的官。〔无伦〕无比。〔予〕同余，我。〔天与好事〕天给我以对于事物发生广泛兴趣的性格。〔惠然〕友好的样子。〔贶(kuàng)〕赠送。〔云〕语尾助词，无实义。〔丹青〕绘画的代词。〔竦〕耸然直立的样子。〔死羸(léi)垂〕毫无生气的样子。羸，瘦弱。〔碕(qí)〕曲岸。〔森森〕见杜甫《蜀相》注。〔婵娟二句〕婵娟，美好貌。筠粉，新生竹皮上所生的一种粉状物。萧飒(sà)，犹萧瑟，竹树被风吹动的样子。这是说萧悦画竹，能显示它的特征。〔省〕记得。〔天竺寺〕指杭州西山上、中、下三天竺诸佛寺。〔湘妃庙〕即湘夫人庙，在今湖南省洞庭湖中的君山上。〔幽姿句〕幽姿，指画竹的姿态。远思，指画家的情趣。别，识别。这是说萧悦及其作品少有人能欣赏和理解。

读这篇诗，请注意其层次脉络分明处。它由泛咏到实写，由画到人，由描写到议论，逐步深入，终于在读者面前，不但展示了画幅的生动形象，同时也展示了画家以及诗人自己的形象。

赋得古原草送别

白居易

离离原上草，一岁一枯荣。
野火烧不尽，春风吹又生。
远芳侵古道，晴翠接荒城。
又送王孙去，萋萋满别情。

〔赋得〕赋诗得到某个题目之意。因此，凡是被指定题材、主题的诗作，多于题前冠以“赋得”字样。 〔古原〕历史上著名的平原，例如长安南边的乐游原。 〔离离〕草长貌。 〔远芳二句〕远芳，散播得很远的香气。晴翠，阳光照耀得很鲜明的绿色。这是形容春草长得极其茂盛，“古道”、“荒城”都被包围在它无边无际的长势之中。“侵”字、“接”字，下得准确而又生动。 〔又送二句〕《楚辞·招隐士》：“王孙游兮不归，春草生兮萋萋。”王孙，犹公子，贵族的通称，这里作为对作者朋友的美称。萋萋，草茂盛貌。这两句写送别，前六句则写古原草。

这篇诗的内容虽是沿用《楚辞》中的传统意象，由春草而及别情，但它给人最深刻的印象，却是对于平凡的生物所具有的顽强生命力的歌颂。

自河南经乱，关内阻饥，兄弟离散，各在一处。因望月有感，聊书所怀，寄上浮梁大兄、於潜七兄、乌江十五兄，兼示符离及下邽弟妹

白居易

时难年荒世业空，弟兄羁旅各西东。
田园寥落干戈后，骨肉流离道路中。

吊影分为千里雁，辞根散作九秋蓬。
共看明月应垂泪，一夜乡心五处同。

〔河南经乱〕贞元十五年(799)春，宣武军节度使董晋死后，部下叛乱。本来就和朝廷对抗的彰义军节度使吴少诚也继续捣乱，朝廷因此出兵讨伐。这些事都发生在河南道（辖今河南、山东两省黄河以南，江苏、安徽两省淮河以北之地）境内。　〔关内阻饥〕唐关内道，辖今陕西省中部、北部及甘肃省、宁夏回族自治区的部分地方。阻饥，艰难和饥饿。据史，贞元十四年冬天没有下雪，十五年夏天也闹旱灾，长安附近及河南一带发生饥荒。另外，当时关中地区粮食还要依靠南方接济，而漕运要经过河南。河南发生战事，必然要影响粮食的运输，所以情况更加严重。　〔浮梁大兄〕作者的大哥幼文，贞元十三年任浮梁县主簿。　〔於潜七兄〕作者的一位堂兄，当时任於潜县（今浙江省临安市於潜镇）尉。　〔乌江十五兄〕作者的另一位堂兄，当时任乌江县（今安徽省和县）主簿。　〔符离〕今安徽省宿州市，作者曾在此地住过很久。　〔下邽(guī)〕今陕西省渭南市，是作者上代住过的地方。　〔时难〕即“河南经乱”。　〔年荒〕即“关内阻饥”。　〔世业〕祖先遗留下来的家业。　〔羁旅〕寄居作客。　〔吊影二句〕吊影，对影伤情，表示孤独。古人常以雁行比喻兄弟，又以飞蓬被风连根拔起，在空中旋转，比喻离家客游，行踪无定。九秋，即深秋。这是写“兄弟离散，各在一处”。　〔一夜句〕五处，指题中所说浮梁等五处地方，自己所在地不在内。贞元十五年秋，作者正从大哥幼文浮梁任所赴洛阳探望母亲，次年春在长安应进士科举及第。这篇诗当作于赴洛阳时或者长安中举之前，当时他和兄弟们都不在一处，所以这句是说自己的一夜思乡之情与分散在五处的兄弟相同。

这是一篇写兄弟友爱的诗，透过对于骨肉团聚的渴望，诗人反映了对于时难年荒的现实的不满。白居易的七言律诗，于工整之中特具流丽的风姿，很有特色。这，对于苏轼起了某种先驱作用。

钱塘湖春行

白居易

孤山寺北贾亭西，水面初平云脚低。
几处早莺争暖树，谁家新燕啄春泥？
乱花渐欲迷人眼，浅草才能没马蹄。
最爱湖东行不足，绿杨阴里白沙堤。

〔孤山〕西湖中的一个小岛，在里湖和外湖之间，一山耸立，旁无连附，风景极美。〔贾亭〕即贾公亭，杭州刺史贾全所建。〔云脚〕下垂的物象为脚，云脚指远望中好像下垂的云气。〔白沙堤〕即白堤，又名断桥堤，西湖胜地。因名白堤，曾误传为白居易所修。

这篇诗写西湖春景，非常富于特征地刻画了早春。

览卢子蒙侍御旧诗，多与微之唱和，感今伤昔，因赠子蒙，题于卷后

白居易

早闻元九咏君诗，恨与卢君相识迟。
今日逢君开旧卷，卷中多道赠微之。
相看掩泪情难说，别有伤心事岂知？
闻道咸阳原上树，已抽三丈白杨枝。

〔卢子蒙〕名贞。〔侍御〕官名，侍御史的简称。〔微之〕元稹字，即下文的“元九”。他和白居易、卢贞都是好友。〔唱和〕见杜审言《和晋陵陆丞早春游望》注。〔掩泪〕抹泪。〔咸阳原〕元稹葬在旧咸阳县奉贤乡洪

渎原。〔已抽句〕是说元稹已死去十年，墓地的树已经长得很高了。元稹在文宗大和五年(831)去世，大和六年七月葬于洪渎原。这篇诗是武宗会昌元年(841)所作。

这篇诗是写给一位死者的好友的，而自己也是这位死者的好友，这样，就规定了诗篇不可能出之以泛常的语言。诗的前半，打破了律诗的通常格律，一气盘旋而下，不计对偶，写出了三人的关系，五、六两句，高度概括了彼此的友情，最后两句，则是“树犹如此，人何以堪”(庾信《枯树赋》语)之感，朴挚沉重，读来难以为怀。

溪　居

柳宗元

久为簪组累，幸此南夷谪。
闲依农圃邻，偶似山林客。
晓耕翻露草，夜榜响溪石。
来往不逢人，长歌楚天碧。

〔溪〕指愚溪，在永州(今湖南省永州市零陵区)西南。作者贬谪永州时，曾在溪边居住。参刘禹锡《伤愚溪》注。〔久为二句〕组，即缨，系冠的带子，古人戴冠，用簪将头发固定在冠上，又用组将冠系在下颏上，因此以簪缨为冠的代词，而冠是一种礼帽，做官才戴它，所以“簪组”又是官职的代词，与衣冠、冠剑等词同义。南夷，指永州一带，当时是汉族和少数民族杂居地区。谪，贬官，作者因为参加永贞元年革新运动失败，被贬为永州司马。这两句是失意时的自我宽慰之词。〔闲依二句〕圃，菜农。山林客，指隐士。自己本是官吏，因贬谪而与农民为邻，所以说只是偶然和隐士相像。〔榜〕一种划船的工具，这里作动词，即划船。

柳宗元，字子厚，河东(今山西省永济市)人，生于大历八年(773)，死于元和十四年(819)。唐代与韩愈齐名的杰出散文家、文体革新者。

雨后晓行，独至愚溪北池

柳宗元

宿云散洲渚，晓日明村坞。
高树临清池，风惊夜来雨。
予心适无事，偶此成宾主。

〔愚溪北池〕即愚池，是柳宗元住在愚溪的时候，利用溪水修建的一个池塘。〔宿云二句〕宿云，昨夜就有的云。村坞，村庄。这是写雨过天晴，晓日初出，水中洲渚，山边村庄，一片明丽。〔风惊句〕夜间曾下过雨，清晨树叶还没有干，所以风吹叶动，夜雨便洒落下来。〔偶此句〕“主”指北池，“宾”指自己。这是说自己来到北池，好比客人拜访主人，但又并不是有意的，不过偶然有此一举罢了。这样写，是极力形容心中闲适无事。

作者因受政敌的迫害，贬谪南方达十四年之久。在这段时期中，他写出了许多极其优美的散文和诗歌。这两篇是和《永州八记》同时的作品，在描绘南方幽美的自然景物时，也体现了在贬谪中的寂寞和抑郁心情，以及对这种心情的自我反抗。唐人写景诗多从谢灵运来而更加洗练。更重要的是，谢已注意到要刻画一山一水的个性，而他自己的个性却往往被埋没在篇尾的玄言公式中，唐代以写景擅长的诗人如王、孟、韦、柳，则都有鲜明的个性。他们将自己选择的景物与本人的个性融合成为一体了。观本书所选诸家之作，管中窥豹，亦见一斑。

登柳州城楼，寄漳、汀、封、连四州刺史

柳宗元

城上高楼接大荒，海天愁思正茫茫。
惊风乱飐芙蓉水，密雨斜侵薜荔墙。
岭树重遮千里目，江流曲似九回肠。
共来百越文身地，犹自音书滞一乡。

〔柳州〕治所在今广西壮族自治区柳州市。〔寄漳、汀、封、连四州刺史〕柳宗元等八人自永贞元年(805)参加王叔文等的政治革新运动失败,被贬到远州做司马以后,直到元和十年(815)春,八人中除程异已先任用,凌准、韦执谊已死之外,其余五人才都奉诏入京,不久,又外调为远州刺史。柳宗元为柳州,韩泰为漳州(治所在今福建省漳州市),韩晔为汀州(治所在今福建省长汀县),陈谏为封州(治所在今广东省封开县),刘禹锡为连州(治所在今广东省连州市)。此诗是元和十年夏柳宗元到柳州后所做。〔接〕指目光接触到。〔海天句〕海天,犹言水天,也就是天地之间。这是说,登楼望远,不觉百感交集。〔惊风二句〕风吹浪动叫作飐(zhǎn)。芙蓉,这里指荷花。薜荔(bì lì),一种蔓生植物,常常缘附在墙或树上。这里写登楼所见雨中近景。〔岭树二句〕江,指流经柳州的柳江。九回肠,形容极端忧愁。这两句是写所见远景,暗示别离之感,贬谪之悲。〔共来二句〕百越,这里作为五岭以南少数民族的泛称。文身,皮肤上刺成各种花纹图案,是百越人的一种习俗。滞,阻隔。这两句写怀友之情,虽然共来南方,但音信仍然阻滞,所以更加思念。

这篇诗写基于共同的政治抱负和共同的政治命运而形成的友爱,壮阔的景色与沉郁的感情交织在一处。

别舍弟宗一

柳宗元

零落残魂倍黯然，双垂别泪越江边。
一身去国六千里，万死投荒十二年。
桂岭瘴来云似墨，洞庭春尽水如天。
欲知此后相思梦，长在荆门郢树烟。

〔宗一〕作者的堂弟。 〔残魂〕残余的魂魄，作者自指其饱受迫害以后的精神状态。 〔倍黯然〕加倍地感到情绪低沉。 〔越江〕即粤江，今名珠江。它是西江、北江、东江的总称，而柳江则是西江的支流，所以诗中也称柳江为越江。 〔一身二句〕去国，离开京城。柳州到长安水陆路合计为五千四百七十里，到洛阳水陆路合计为五千六百里，举成数说，则为六千里。古人称因罪贬官远方为“投荒”。作者永贞元年被贬，而此诗作于元和十一年(816)，恰好是十二个年头。这两句极写自己的境遇，点明“残魂倍黯然”之故。 〔桂岭句〕桂岭，山名，在今广西壮族自治区贺州市东北。广西一带，秦时是桂林郡，其地可简称为桂。所以桂岭也可借来泛称广西一带的山。瘴，见白居易《新丰折臂翁》注。这句实写自己在这里的生活环境。 〔洞庭句〕宗一由柳州到江陵去，要经过洞庭湖。时当暮春，湖水浩渺，所以说“春尽水如天”。这句虚写想象中宗一途中所见景色。 〔欲知二句〕荆门，见王维《汉江临眺》注。郢(yǐng)，战国时楚国的都城，故地在今湖北省江陵县西北。荆门、郢树，是宗一今后居留之地，所以别后相思成梦，也会老是在这些地方。

这篇诗刻画了诗人在政治生活的道路上再次蹉跌时又和亲人分别的痛苦心情。和上篇一样，用意虽然沉痛，出笔却很含蓄，耐人寻味。末句“烟”字，有人认为不稳，本来应用“边”字，因避上文“越江边”之“边”而改掉了。这话不无理由。但“烟”字和上句“梦”字也相关合，以烟树之迷离，见梦境之缥缈，构思也是很巧妙的。这在美学上是因病成妍。

酬曹侍御过象县见寄

柳宗元

破额山前碧玉流，骚人遥驻木兰舟。
春风无限潇湘意，欲采蘋花不自由。

〔酬……见寄〕回答寄给我的诗。〔侍御〕官名，侍御史的简称。〔象县〕今属广西壮族自治区柳州市。〔破额山〕当是象县沿柳江一带的山名，今不可考。〔碧玉〕绿水的代称。〔骚人句〕骚人，本指屈原、宋玉等楚辞作家，后来也用以称会作诗的人，这里指曹侍御。遥驻，在远处停泊。木兰舟，用木兰这种好木料做的船。相传浔阳江中七里洲上有鲁班所刻的木兰舟，后人因而沿用。这是说曹侍御经过象县破额山，曾在柳江边暂驻，作诗怀念自己。〔春风二句〕潇湘、蘋花，均见柳恽《江南曲》注。古人的风俗习惯，采花赠人，以表感情，所以《古诗》说："涉江采芙蓉，兰泽多芳草。采之欲遗谁，所思在远道。"这里也是这个意思。诗人说："我是多么希望到潇湘一带去采蘋花（送给你），可是，我并没有这种自由啊！"

这篇诗表达了诗人在贬谪中对自由的渴望。满腔抑郁不平之气，而以委婉曲折的手段表达出来，使人读后，不由自主地产生了对于作者命运的深切悬念，所以特别动人。它不但是柳宗元最好的七言绝句，也是唐人七绝的杰作之一。

与浩初上人同看山，寄京华亲故

柳宗元

海畔尖山似剑铓，秋来处处割愁肠。
若为化作身千亿，散上峰头望故乡？

〔浩初〕潭州(今湖南省长沙市)人,是个和尚。 〔上人〕对和尚的敬称。〔山〕指柳州附近的山。 〔京华〕京城。 〔亲故〕亲戚故旧,亲友。 〔海畔〕畔,边。柳州在南方,距海较近,故称海畔。 〔若为二句〕若为,怎么才能够。尖山那么多,又那么高,每座山顶都可以望到故乡,所以有"化作身千亿"的想法。

这篇诗也作于柳州,与前寄四州刺史一篇用意略同,但由山之尖而想到愁肠如割,由山之多而想到化身千亿,则突出了诗人联想的丰富与幻想的奇妙。

古题乐府

元　稹

织 妇 词

织妇何太忙,蚕经三卧行欲老。
蚕神女圣早成丝,今年丝税抽征早。
早征非是官人恶,去岁官家事戎索。
征人战苦束刀疮,主将勋高换罗幕。
缫丝织帛犹努力,变缉撩机苦难织。
东家头白双女儿,为解挑纹嫁不得。
檐前袅袅游丝上,上有蜘蛛巧来往。
羡他虫豸解缘天,能向虚空织罗网。

〔三卧〕即三眠。蚕不吃不动叫作眠,要经过三眠(初眠、再眠、大眠),才能结茧。 〔行〕将。 〔蚕神句〕古人认为,蚕丝是由一位女性蚕神制成的。〔去岁句〕官家,皇帝的俗称。戎索,原意是戎人之法,这里指非常规的法令。本诗作于元和十二年(817),元和九年到十二年,唐帝国政府正在征讨叛变的淮西节度使吴元济。〔变缉、撩机、挑纹〕都是比较特别和精致的织纹组合的名称。缉，“缀”（shè。五丝合并）字之误。〔东家二句〕因为统治者指定某些织户进贡如缭绫等精美的丝织品，而这些丝织品又只有少数巧手才织得出来，所以一些织户为了应付官府的需索，甚至不敢让自己的懂得挑纹的女儿出嫁。〔袅（niǎo）袅〕柔弱貌。〔虫豸（zhì）〕昆虫的通称，这里指蜘蛛。〔缘天〕向高处攀缘。〔能向句〕是说蜘蛛织网有自己腹中的分泌物，可以凭空织出，不用像人一般费力养蚕缫丝。

这篇诗应当和白居易的《缭绫》合读。那篇着重写了贵族们的奢侈享受，这篇着重写了工人们的辛苦制作，也正好互相补充。

元稹，字微之，河南河内（今洛阳市附近）人，生于大历十四年（779），死于大和五年（831）。中唐时代著名诗人，和白居易齐名，并称“元白”。

估客乐

估客无住著，有利身则行。出门求火伴，入户辞父兄。
父兄相教示：“求利莫求名。求名有所避，求利无不营。
火伴相勒缚，卖假莫卖诚。交关但交假，本生得失轻。”
自兹相将去，誓死意不更。一解市头语，便无乡里情。
鍮石打臂钏，糯米吹项璎。归来村中卖，敲作金石声。
村中田舍娘，贵贱不敢争。所费百钱本，已得十倍赢。
颜色转光净，饮食亦甘馨。子本频蕃息，货贩日兼并。
求珠驾沧海，采玉上荆衡。北买党项马，西擒吐蕃鹦。
炎洲布火浣，蜀地锦织成。越婢脂肉滑，奚僮眉眼明。
通算衣食费，不计远近程。经游天下遍，却到长安城。
城中东西市，闻客次第迎。迎客兼说客：“多财为势倾。”
客心本明黠，闻语意已惊。先问十常侍，次求百公卿。
侯家与主第，点缀无不精。归来始安坐，富与王者勍。
市卒酒肉臭，县胥家舍成。岂唯绝言语，奔走极使令。

大儿贩材木，巧识梁栋形。小儿贩盐卤，不入州县征。
一身偃市利，突若截海鲸。钩距不敢下，下则牙齿横。
生为估客乐，判尔乐一生。尔又生两子，钱刀何岁平？

〔估客〕商人。〔无住著〕没有固定的住处。〔相勒缚〕绑在一道，互相约束。〔交关二句〕交关，交纳关税。交假，犹作假。例如贿赂税吏，将货物以多报少或以贵报贱。本生，本钱。“生”字在这里是个词尾。得失，偏义复词，这里偏用失字的意义。这是说，交纳关税要作假，本钱才不会吃亏。〔鍮(tōu)石〕以铜与炉甘石炼成，色如金。〔项璎〕颈项上带的璎珞(yīng luò)。璎珞是用珠玉穿成串，戴在颈项上的装饰品。〔甘馨(xīn)〕甜香。〔子本〕子金(利息)和本金。〔频蕃息〕不断地增多。〔兼并(bìng)〕并吞。〔驾沧海〕驾船入海。沧海本指我国北方海域，这里泛指海。〔荆衡〕荆，荆山，在今湖北省南漳县西，古来相传是产美玉的地方。衡，即今湖南省衡阳市，和玉没有关涉，这里只是顺便提到的。〔党项〕民族名，唐时住在今青海省境内。〔吐蕃(bō)〕见郎士元《送杨中丞和番》注。〔炎洲句〕炎洲，泛指热带。火浣，布名，石棉纤维所织，火烧不坏，相传出在西南热带地方。〔织成〕美锦名。〔越婢二句〕是说商人随身带的许多丫头奴仆，也很漂亮。奚僮，奴仆。眉眼明，眉清目秀。〔通算二句〕是说到处做生意，都带着婢仆，衣食费用，一概算在里面，并不在乎。〔城中二句〕唐代长安有东、西两市，万年县领东市，长安县领西市。市旁都设有邸店招待商人，存放货物。这是说东西市邸店的主人听说这位商人来了，就先后来迎接他。〔多财句〕势，指有势力的人。倾，陷害。这是说钱太多了，怕被有势力的人看了眼红，加以陷害。〔明黠(xiá)〕聪明而狡猾。〔十常侍〕常侍，宦官中常侍的简称。东汉末年，有张让等十二个中常侍把持政治，势力很大，举成数总称十常侍。这里是借指唐朝的宦官。〔侯家句〕王侯的家庭和公主的府第。〔点缀〕这里作奉承或敷衍解。〔勍(qíng)〕敌。〔市卒四句〕市卒，市中做杂活的人。县胥，县衙小吏。这是说这位大商人除了对上面的宦官、官僚、贵族竭力奉承，对下面的市卒则常常请他们喝酒吃肉，以致多得吃喝不完，都发臭了。对县胥也送了许多钱，使他们盖上一座座住宅。这样，他们就不仅对商人的违法行为决不开口，而且还在商人任意命令之下拼命跑腿。〔巧识句〕是说人很乖巧，知道什么材料宜于做梁和栋。〔卤(lǔ)〕浓盐汁，这里指盐。〔不入句〕是说不像农民耕田，要向地方政府交纳租税。〔偃〕本来是卧倒的意思，引申作独占解。〔截海〕横在海中。〔距〕与钜通。钜也是钩。〔判尔句〕就算你快活一辈子。〔钱刀句〕是问什么时候贫富才能平均。钱刀，见《白头吟》注。

这篇诗描写了唐代商人的不法行为和他们与统治阶级互相勾结的种种情况。在诗的结尾，作者代被剥削被压迫的人民发出了要求均贫富的呼声。

连昌宫词

元 稹

连昌宫中满宫竹，岁久无人森似束。
又有墙头千叶桃，风定落花红蔌蔌。
宫边老人为余泣：“小年进食曾因入。
上皇正在望仙楼，太真同凭阑干立。
楼上楼前尽珠翠，炫转荧煌照天地。
归来如梦复如痴，何暇备言宫里事。
初届寒食一百六，店舍无烟宫树绿。
夜半月高弦索鸣，贺老琵琶定场屋。
力士传呼觅念奴，念奴潜伴诸郎宿。
须臾觅得又连催，特敕街中许燃烛。
春娇满眼睡红绡，掠削云鬟旋装束，
飞上九天歌一声，二十五郎吹管逐。

逡巡大遍凉州彻，色色龟兹轰录续。
李谟擪笛傍宫墙，偷得新翻数般曲。
平明大驾发行宫，万人鼓舞途路中，
百官队仗避岐薛，杨氏诸姨车斗风。”

〔连昌宫〕唐朝皇帝往返于长安、洛阳之间，途中歇驾的行宫，故址在今河南省宜阳县。〔束〕形容竹子长得非常茂密，像一捆一捆似的。〔蔌(sù)蔌〕花落貌。〔小年〕少年时代。〔进食〕封建帝王每到一处，就由当地臣民奉献食物，以表敬爱，叫作进食。〔上皇二句〕上皇，即太上皇，指唐玄宗。望仙楼(还有下面的端正楼)并不在连昌宫，而是在华清宫，这里是借用。凭，倚，靠着。根据历史记载，唐玄宗纳杨贵妃后，一直住在长安，并未到过洛阳，当然他们也不曾在连昌宫歇过驾。本诗中的一些描写，乃是诗人依据他们在长安的真实生活而进行虚构的。〔珠翠〕指戴着明珠、翠羽的妇女。〔炫转荧煌〕犹灿烂辉煌。〔归来句〕是说被这样一种奢华生活惊住了。〔何暇备言〕没有空闲的时间完全说出。〔初届二句〕是说那次连昌宫里举行盛大的音乐会，正值头年冬至后的第一百零六日，即寒食禁烟的那一天。届，到。〔弦索〕就是弦。〔贺老〕当时杰出的琵琶师贺怀智。〔定场屋〕压场，压台节目。〔力士〕玄宗宠信的宦官高力士。〔念奴〕当时著名的歌妓。〔诸郎〕贵族子弟们。〔特敕句〕因为寒食禁止举火，所以夜间点着烛去接念奴前来唱歌，一定要皇帝特别下命令。〔春娇二句〕春娇满眼，指念奴春睡初醒，眼色娇懒。睡红绡，指念奴。她睡在红绡帐里。掠削，梳理。这是说念奴在睡后匆忙起来，梳妆打扮。〔飞上二句〕九天，高空，这里指宫中的高楼。二十五郎，玄宗的哥哥邠王李守礼。逐，追随，这里指伴奏。这里说念奴歌声飞扬，由二十五郎用管笛伴奏。据说，在天宝时代，每逢节日，人们都尽情欢乐，喧闹异常，几乎无法维持秩序。这时，玄宗就命令高力士在楼上大叫道：“现在要叫念奴唱歌，二十五郎吹小管笛伴奏，你们还不听吗?”大家就立刻安静了下来。根据历史记载，李守礼死在开元二十九年(741)，唐玄宗的两个弟弟岐王李范死在开元十四年(726)，薛王李业死在开元二十二年(734)，而杨玉环则是在天宝四载(745)才被立为贵妃的。李守礼等既早在天宝时代之前就死了，则他们当然不可能和杨贵妃一道游玩。因此，这里写的“二十五郎吹管逐”，以及下文“百官队仗避岐薛”，都只是一些传说。作者将其写入诗中，无非形容当时贵族宴游的盛况。〔逡(qūn)巡二句〕逡巡，走得很慢的样子，这里是指音乐的节奏很慢。大遍，一个乐章的全部。凉州，指从凉州(今甘肃省)传来的乐曲。彻，奏完。色色，种种。龟兹(qiū cí)，从龟兹国(故地在今新疆维吾尔自治区库车、沙雅两县间)传入的乐曲。录续，连续不断。这是说，慢慢地将凉州曲全部奏完之后，各种龟兹曲又连续轰鸣。〔李谟二句〕擫(yè)，以手指按笛孔。翻犹谱。传说唐玄宗在洛阳上阳宫新谱了一支曲子，第二天出外微行，就听见有人用笛吹奏，大为惊异。后来查出了原来是吹笛人李谟头天夜里在宫墙外边偷听后记下的。〔平明句〕是说皇帝的车驾一清早从连昌宫向洛阳进发。〔队仗〕仪仗队。〔杨氏诸姨〕指杨贵妃的姐姐韩国夫人等。她们都是唐玄宗的姨姐，所以称为诸姨。〔车斗风〕许多车子争着快走，像一阵风。

以上写安、史乱前，皇帝和贵族们经过连昌宫时骄奢淫逸的生活。

“明年十月东都破，御路犹存禄山过。
驱令供顿不敢藏，万姓无声泪潜堕。
两京定后六七年，却寻家舍行宫前。
庄园烧尽有枯井，行宫门闭树宛然。
尔后相传六皇帝，不到离宫门久闭。
往来年少说长安，玄武楼成花萼废。
去年敕使因斫竹，偶值门开暂相逐。
荆榛栉比塞池塘，狐兔骄痴缘树木。
舞榭欹倾基尚存，文窗窈窕纱犹绿。
尘埋粉壁旧花钿，乌啄风筝碎珠玉。
上皇偏爱临砌花，依然御榻临阶斜。

蛇出燕巢盘斗拱，菌生香案正当衙。
寝殿相连端正楼，太真梳洗楼上头。
晨光未出帘影黑，至今反挂珊瑚钩。
指似傍人因恸哭，却出宫门泪相续。
自从此后还闭门，夜夜狐狸上门屋。”

〔明年二句〕明年，指玄宗经过连昌宫到洛阳的第二年。这两句的情节也是虚构的，见前。安禄山破洛阳在天宝十四载(755)十二月，诗说十月，是受句子字数的约束，举成数而言。 〔驱令句〕供，供给。顿，储备。这是说安禄山逼使大家给他供给和储备物资，人们只好拿出来。 〔万姓〕犹百姓。 〔两京二句〕两京，西京长安和东京洛阳。这位老人是连昌宫旁的居民，当安、史叛变的时候，他逃亡到别处去了。直到两京收复，叛乱平定之后六七年，才回来寻找自己的家舍。 〔宛然〕仿佛，好像。 〔六皇帝〕六，“五”字之误。五皇帝指肃宗、代宗、德宗、顺宗、宪宗。 〔离宫〕行宫。 〔玄武句〕花萼楼，玄宗时建，西边就是其兄宁王李宪的府第。玄宗和宁王很友爱，所以取《诗经》中象征友爱的“花萼”一词作为楼名。玄武楼，即长安北城门玄武门的门楼，德宗时建，是禁卫军驻扎的地方。诗人以前一时期象征友爱的花萼楼的毁废和后一时期驻扎禁军的玄武楼的建成，来暗示大半个世纪中帝国的巨大变化和自己的今昔盛衰之感。 〔去年句〕斫(zhuó)，砍伐。这是说去年因为要砍伐竹子，曾经派宫使来过。〔相逐〕相随(入宫)。 〔荆榛(zhēn)〕荆棘，野生的有刺植物。 〔栉比〕像梳子的齿一般密密地排着。 〔狐兔句〕因为宫中久已无人居住，所以狐狸和兔子在树木中绕来绕去，毫不怕人，似乎有些骄傲和痴呆。缘，绕。〔榭(xiè)〕台上的屋子。 〔文窗〕有花纹的窗户。 〔窈窕〕这里是指美好幽静的样子。 〔尘埋句〕是说从前宫女们的花钿，依旧挂在墙壁上，盖满灰尘。 〔风筝〕挂在屋角上风吹着会响的铁马(不是纸鸢)。 〔碎珠玉〕形容鸟啄风筝的声音。 〔砌(qì)〕台阶的边沿。 〔依然句〕搬来给上皇坐着看花的御榻依然在阶边斜搁着。 〔斗拱〕柱顶支持屋梁的木。〔当衙〕唐朝称皇帝居住的地方为衙。当衙就是当着皇帝居住的门庭。

〔至今句〕五十多年前因天色未明，匆匆出发，以致宫女挂反了的珊瑚帘钩，到现在还是老样子。形容宫殿荒凉，无人管理。　〔指似句〕指似，指给。这是说老人再度入宫，看到宫中现在的荒废，就将当初盛况一一告诉旁人，自己也为之恸哭。　〔相续〕不断。

以上写安、史乱后连昌宫荒废的情形。

我闻此语心骨悲："太平谁致乱者谁？"
翁言："野父何分别？耳闻眼见为君说：
姚崇宋璟作相公，劝谏上皇言语切。
燮理阴阳禾黍丰，调和中外无兵戎。
长官清平太守好，拣选皆言由相公。
开元之末姚宋死，朝廷渐渐由妃子。
禄山宫里养作儿，虢国门前闹如市。
弄权宰相不记名，依稀记得杨与李。
庙谟颠倒四海摇，五十年来作疮痏。
今皇神圣丞相明，诏书才下吴蜀平。
官军又取淮西贼，此贼亦除天下宁。
年年耕种宫前道，今年不遣子孙耕。"
老翁此意深望幸，努力庙谟休用兵。

〔太平句〕"是谁使得天下太平，又是谁将天下搞乱了的？"这是诗人问老翁的话。　〔野父〕乡下老头儿。　〔姚崇、宋璟〕开元时代的贤宰相。　〔燮(xiè)理句〕燮理，调和。阴阳，指自然现象。古人根据天人相感的学说，认为天时和人事可以互相影响。如果宰相贤良，就能燮理阴阳，使得风调雨顺，禾黍丰收。　〔清平〕清廉而公平。　〔禄山句〕安禄山是胡人，唐玄宗时担任平卢、范阳、河东节度使，拥有重兵。杨贵妃曾收他做干儿子。后来安和他的部将史思明一道叛变，史称"安史之乱"。　〔虢国句〕虢国夫人纳贿卖官，许多无耻的人都去走她的门路，门前喧闹得像在市场一样。〔杨与李〕杨国忠、李林甫，都是天宝时代的坏宰相。〔庙谟〕国家的大政方针。上古时，国家大事常在君主祭祖先的太庙中商议决定，所以叫作庙谟。谟，谋。〔五十句〕痏（wěi），疮疤。疮痏，犹言祸害。本诗作于元和十三年（818），上推到广德元年（763）安史之乱平定，计五十六年，五十年是举整数。这是说这半个世纪以来，国家弄得百孔千疮。〔今皇〕指宪宗李纯。〔丞相〕即宰相。宪宗时担任过宰相的人很多。在平定刘辟、李锜、吴元济诸叛乱时做宰相的有郑余庆、郑絪、武元衡、李吉甫、裴度、李逢吉等。〔吴蜀平〕元和元年（806），西川节度使刘辟叛变，二年，江南东道节度使李锜叛变，均于当年平定。吴指李，蜀指刘。〔淮西贼〕指淮西节度使吴元济，元和十年（815）叛变，十二年平定。〔年年二句〕是老翁说他往年都在宫前御道上耕种，今年因为希望皇帝前来巡游，所以要子孙不要再这么做。〔老翁二句〕幸，临幸，指皇帝来巡游。这两句是诗人听了老翁的话后的意见。

以上写国家的兴衰主要由于政治的好坏，并联系当时的现实局势，希望改善政治，消弭兵祸。

这是一篇和《长恨歌》齐名的杰作。它虽然也取材于玄宗和杨贵妃的私人生活，但用意却更侧重于推求国家治乱兴衰的原因。由于写出了这样一篇好诗，作者曾被当时的人称为“元才子”。

遣悲怀

元　稹

谢公最小偏怜女，自嫁黔娄百事乖。
顾我无衣搜画箧，泥他沽酒拔金钗。
野蔬充膳甘长藿，落叶添薪仰古槐。
今日俸钱过十万，与君营奠复营斋。

〔谢公句〕谢公，指东晋著名的宰相谢安。谢安有一个侄女，名道蕴，精通玄学（魏晋以来以《易经》、《老子》和《庄子》为研究对象的一个哲学流派）和文学，最得谢安的宠爱。元稹的第一个妻子韦丛，是韦夏卿的小女儿。夏卿官至太子少保，死后追赠左仆射。这里是以韦夏卿比谢安，韦丛比道蕴。其实夏卿并未真任宰相，韦丛也并无才学，这都是夸饰之词。偏怜女，最怜爱的女儿。　〔自嫁句〕黔娄，春秋时代齐国一位贫穷、清高而又有才学的人。元稹自小孤寒，这里用来比喻自己。乖，违背，不如意。〔顾我二句〕顾，看。画箧，绘有花纹的箱子。泥（nì），口语叫作软缠。他，指韦丛。这是写韦丛非常体贴自己，不但主动地翻箱倒箧，给自己准备衣服，而且在自己的要求之下，甚至连戴在头上的金钗也拔下来给自己换酒吃了。　〔野蔬二句〕甘，乐于吃，吃得很香。长藿，指豆科植物的蔓，即豆苗之类。仰，依赖。这是写韦丛虽然出生于富贵人家，但能够和自己一道过着贫困的生活。　〔俸（fèng）〕官俸，官吏的薪水。　〔过〕超出。〔君〕指韦丛。　〔营〕安排。　〔奠（diàn）〕对死者陈设祭品致敬。　〔斋〕举行宗教仪式，为死者求福，超度其灵魂。

昔日戏言身后意，今朝皆到眼前来。
衣裳已施行看尽，针线犹存未忍开。
尚想旧情怜婢仆，也曾因梦送钱财。
诚知此恨人人有，贫贱夫妻百事哀。

〔昔日二句〕是说从前夫妻俩说玩笑话，谈到过如果韦丛死了以后，就会如何如何，没想到今天真的面临这种局势了。　〔衣裳二句〕施，给予。行看，即将。这里说的就是身后事。韦丛死后，元稹将她的衣服陆续送给别人，眼看着都快送光了，可是她亲手做的针线（衣物的代称，即针线活）却还完整地封存着，不忍心去打开它。　〔也曾句〕是说因为梦见韦丛，曾经到庙里去布施钱财，为她祈求冥福。这是古人的迷信。　〔诚知二句〕这是说，丧偶的痛苦，世人多有，但贫困的人，却存在着生活中每一件事都不堪回首的悲哀。

闲坐悲君亦自悲，百年都是几多时！
邓攸无子寻知命，潘岳悼亡犹费词。
同穴杳冥何所望？他生缘会更难期！
惟将终夜长开眼，报答平生未展眉。

〔闲坐二句〕这是诗人感伤的话，意谓韦丛只活了二十七岁，固然可悲；自己虽然可能活得长些，但人类寿命最长也不过百岁左右，又长得了多少呢？所以也同样地可悲。〔邓攸句〕西晋末年，邓攸因在兵乱中救护侄儿，把儿子抛弃了，后来再也没有生过儿子。当时人说："天道无知，使邓伯道（攸字）无儿。"韦丛没有生儿子就死了，所以借以为喻。寻，思考。寻知命，想来想去，知道这是命该如此。〔潘岳句〕潘岳丧妻后，写有《悼亡诗》三篇，本书选其一，见前。费词，浪费语言。这是以潘岳那三篇诗比拟自己这三篇诗，意谓诗作得再好，也只能发抒生者的悲哀（所谓"遣悲怀"），而不能起死者于地下，可算是多余的。〔同穴〕夫妻死后合葬在一起。〔杳（yǎo）冥〕深暗貌。〔他生缘会〕再世姻缘，是生死轮回的佛教迷信思想。〔难期〕难以期待。〔终夜〕尽夜，即整夜。〔长开眼〕表示经常失眠，指自己。〔未展眉〕老是皱着眉头，表示心情不舒畅，指韦丛。

这一组诗是古典诗歌中悼亡诗的杰作，第一篇写韦丛的安贫和对自己的体贴，第二篇写她死后家庭生活的变化，第三篇写自己对她的深刻怀念，三篇互相补充，构成一幅完整的画面。在艺术技巧上，它并没有什么特别的地方，它突出的特色是真实。真实是诗歌，也是一切文学艺术的生命。所以古人说"修辞立其诚"（《易经·乾卦·文言》），"不诚无物"（《礼记·中庸》）。

行宫

元稹

寥落古行宫，宫花寂寞红。

白头宫女在，闲坐说玄宗。

〔行宫〕皇帝出巡时的临时住所。〔寥落〕寂寥冷落。〔说玄宗〕谈开元、天宝时代的旧事。

我们念过杜甫的《丽人行》、白居易的《长恨歌》、元稹的《连昌宫词》等描写玄宗时代宫廷贵族五光十色的生活的大诗，再来读这一篇二十个字的小诗，诗人们的今昔盛衰之感就更其突出了。值得深思的是，《丽人行》等写得那么丰富、绚烂，而读时不嫌其多；这篇诗写得如此简练、平淡，而读时不觉其少，正如俗话所说，“秤砣虽小压千斤”。当然，诗人在作品中所留下的非常广阔的想象的余地，也要读者善于体会和领略。（关于这一点，也请参看前面薛道衡《昔昔盐》和张潮《江南行》的比较。虽然它们的题材、主题、风格都不相同。）

走笔谢孟谏议寄新茶

卢　仝

日高丈五睡正浓，军将打门惊周公。
口云“谏议送书信”，白绢斜封三道印。
开缄宛见谏议面，手阅月团三百片。
闻道新年入山里，蛰虫惊动春风起。
天子须尝阳羡茶，百草不敢先开花。
仁风暗结珠琲瓃，先春抽出黄金芽。
摘鲜焙芳旋封裹，至精至好且不奢。
至尊之余合王公，何事便到山人家？
柴门反关无俗客，纱帽笼头自煎吃。
碧云引风吹不断，白花浮光凝碗面。

一碗喉吻润；两碗破孤闷；
三碗搜枯肠，唯有文字五千卷；
四碗发轻汗，平生不平事，尽向毛孔散；
五碗肌肤清；六碗通仙灵；
七碗吃不得也，唯觉两腋习习清风生。
蓬莱山，在何处？玉川子，乘此清风欲归去。
山上群仙司下土，地位清高隔风雨。
安得知百万亿苍生命，堕在巅崖受辛苦！
便为谏议问苍生："到头还得苏息否？"

〔走笔〕指写诗。〔谏议〕官名，谏议大夫的简称。〔军将句〕军将，指孟谏议派来送茶的人，称军将，其人当是武职。孔丘曾叹息说："甚矣，吾衰也！久矣，吾不复梦见周公。"周公，姓姬名旦，周朝初年的大政治家，相传曾制定《周礼》。孔丘很仰慕他，所以形于梦寐。诗人在这里开玩笑地说他正和孔丘一样，在梦中与周公相会，可是军将一打门，就把周公吓跑了。〔白绢句〕指孟谏议所送书信的装潢。唐人对非正式文件，斜封函口，以示区别。〔开缄（jiān）句〕开缄，开封。宛，宛然，仿佛。这是说收到礼物信件，领略到孟的深情厚意，如见其人。〔手阅〕检看。〔月团〕古人茶叶，都制成圆饼。月团是说茶饼形如满月。〔闻道二句〕是复述孟来信中的话：农历二月惊蛰节前后，茶户便上山采茶了。〔阳羡〕唐县名，著名产茶区，故地在今江苏省宜兴市南。〔百草句〕形容阳羡茶发芽最早，许多草花还没开放，茶叶就已可采摘。〔仁风句〕仁风，和风，指春风，又暗指皇风，与上"天子"接应。珠穿在一起叫琲（bèi），玉连在一起叫瓃（lěi），这里以成串的珠玉比喻初生的茶芽。〔先春〕春天正式来临前，即上文的新年。〔摘鲜句〕是说制茶的过程，将新鲜而芳香的嫩芽摘下，然后焙（bèi）制，再密封起来。〔不奢〕不多（指阳羡茶的产量）。〔至尊二句〕至尊，皇帝的代称。何事，为什么。山人，犹隐士，卢仝自称。这是说，茶进贡后，皇帝照例分赐一些给王公大臣。没想到你得到赏赐后，又分送给我。〔纱帽句〕纱帽是古时官服的礼帽，卢仝是无官职的山人，这里写煎茶时纱帽笼头，是以文为戏，表示对名茶的特别爱好。煎，古人吃茶用水煎开。〔碧云句〕这是倒文，本应为“风引碧云”，形容茶煎开后，茶汤上散发的热气（茶烟）冉冉上升。〔白花句〕写茶叶研成的细末经水煎开，浮在面上。参后陆游《临安春雨初霁》注。古人品茶，以白色为上，故云白花。〔吻〕嘴唇。〔三碗二句〕是说三碗茶吃下去，尘俗之念一扫而空，搜索贫乏的肠肚，只留有平生读过的书文。〔唯觉句〕古人认为仙人能御风而行，如同鸟类有翅，所以称成仙为羽化。这句承上“通仙灵”来。习习，风声。〔玉川子〕卢仝的别号。〔山上二句〕山上群仙，蓬莱山的仙官，比喻统治阶级。司下土，管理人间。风雨，比喻人间的苦难。这是说统治阶级虽然管理人民，但由于上下隔绝，他们从来不能了解人民的苦难。〔苍生〕老百姓。〔堕在句〕是说采茶的辛苦。野生茶最贵重，而它们又多生长在高崖上，采时特别困难。这句承上文“闻道新年入山里”来。〔便为句〕是“便为苍生问谏议”的倒文。这样颠倒一下，念起来音节更为稳顺。〔苏息〕喘口气，略事休息。死而复生叫苏。

诗人以爱茶知名，当他的个人享受得到满足时，却没有忘记为了满足少数人的享受而受到许多苦难的人民，这也就不容易了。以文为戏，在古代诗歌中是比较生疏的现象，韩愈、卢仝等中唐诗人之外，偶然也见之于宋人如杨万里等的作品中。这对于丰富祖国诗歌的风貌，不是没有帮助的。

卢仝，范阳（今北京市大兴区附近）人，一说济源（今山西省沁源县附近）人。生年不详，死于大和九年（835）。

有所思

卢　仝

当时我醉美人家，美人颜色娇如花。
今日美人弃我去，青楼珠箔天之涯。

天涯娟娟姮娥月，三五二八盈又缺。
翠眉蝉鬓生别离，一望不见心断绝。
心断绝，几千里。
梦中醉卧巫山云，觉来泪滴湘江水。
湘江两岸花木深，美人不见愁人心。
含愁更奏绿绮琴，调高弦绝无知音。
美人兮美人，不知为暮雨兮为朝云？
相思一夜梅花发，忽到窗前疑是君。

〔青楼句〕青楼，见曹植《美女篇》注；珠箔，珍珠穿成的帘子。均指美人住处。这是说美人已经移居远方。〔娟娟〕美好的样子。〔姮(héng)娥月〕姮娥，就是嫦娥。汉文帝名恒，与姮同音。汉人避讳，改姮娥为嫦娥，后来一直沿用。〔三五〕农历十五日。〔二八〕农历十六日。〔梦中二句〕巫山云(以及下文的暮雨朝云)，用高唐神女事，见陈子昂《感遇》注。泪滴湘江水，用娥皇、女英事，见李白《远别离》注。这里说自己梦中与美人欢会，有如楚王之梦见巫山神女，而一觉醒来，又充满离愁，有如娥皇、女英之怀念帝舜，泪洒湘江。〔含愁二句〕绿绮，汉代著名文学家司马相如的琴名，后人借以指名贵的琴。古代传说：伯牙弹琴，钟子期在旁听琴音而知伯牙心里在想什么。钟子期死后，伯牙就将琴弦断绝，终身不再弹奏。这是以远处他方的美人为知音，认为虽有绿绮名琴，含愁欲奏，而曲调高雅，无人能够欣赏，只好作罢。〔不知句〕是描绘美人的心情、行为，捉摸不定。〔相思二句〕指极度怀念中产生的幻觉。“忽到”句是“疑是君忽到窗前”的倒文。

这篇诗写来一往情深，但这情却不是男女之情，而是作者自己的身世之感。“调高弦绝无知音”一句，透露了这个消息。卢仝是一个狂放古怪的人，作了许多狂放古怪的诗，但这位“山人”并没有将现实问题完全放在他的思想领域之外，从所选这两篇题材、风格迥然不同的诗中也可以看出来。

忆江上吴处士

贾　岛

闽国扬帆去，蟾蜍亏复圆。
秋风生渭水，落叶满长安。
此地聚会夕，当时雷雨寒。
兰桡殊未返，消息海云端。

〔忆江上吴处(chǔ)士〕江，指长江。吴某从长安取水路南下，舟行迟缓，估计别后一月，还在江上，所以诗题这么说。处士，没有出仕做官的人。〔闽国句〕是“扬帆闽国去”的倒文。闽国，今福建省一带。扬帆，行船。〔蟾蜍句〕月亮缺了又圆，指已过一月。蟾蜍，月的代称，见《古诗》“孟冬寒气至”篇注。　〔渭(wèi)水〕发源甘肃，流入陕西，经过西安，与泾水合流入黄河。　〔兰桡(ráo)二句〕兰桡，这里作为木兰舟的代称。木兰舟，见柳宗元《酬曹侍御过象县见寄》注。这是说吴处士一时不会回来，所以只希望听到海边传来的消息。闽国滨海，所以说“海云端”。

北宋著名词人周邦彦在其《齐天乐》中写道：“渭水西风，长安乱叶，空忆诗情婉转。”用以表达其“殊乡又逢秋晚”的旅愁，与贾岛之借“秋风生渭水，落叶满长安”之景来陪衬居者怀念行者的心情恰恰相反，而诗情婉转，则完全一致。由此可以看出，周邦彦恰恰是在贾岛的诗中找到了自己所向往的生活画面，因而牵动了感情，如果认为这只是他随手拈来的一个典故，那就不免失之交臂了。

贾岛，字浪仙，范阳人，曾出家为僧，法名无本，后还俗。生于大历十四年(779)，死于武宗李瀍(chán)会昌三年(843)。

寄韩潮州

贾　岛

此心曾与木兰舟，直到天南潮水头。
隔岭篇章来华岳，出关书信过泷流。
峰悬驿路残云断，海浸城根老树秋。
一夕瘴烟风卷尽，月明初上浪西楼。

〔韩潮州〕元和十四年(819)，宪宗派人将佛骨从凤翔迎入长安，在宫中供养三日，再送佛寺。韩愈上表劝阻，被贬为潮州(治所在今广东省潮州市潮安区)刺史。　〔此心二句〕天南，指潮州，它在南海边上。这一联在格律上是两句，在语法上只是一句，所谓双句单意。这是说同情韩之被贬，当他南迁时，自己的心也好像一直伴随着他到了海边。　〔隔岭句〕岭，指五岭，见岑参《送张子尉南海》注。篇章，指诗篇。华岳，即太华山，在长安附近，故用以代长安。这是说韩愈曾将在潮州所写的诗歌寄给在长安的自己。　〔出关句〕关，指蓝关，即峣关，在长安附近的蓝田县南，是南下潮州必经之路。泷(shuāng)流，即泷水，一条从湖南流到广东的河流。这是说自己也曾将在长安所写的书信寄给在潮州的韩愈。　〔峰悬句〕是想象南迁路途之危险，驿路好似悬挂在山峰之上，不时被云片遮断。驿路，沿途设有供应来往官吏食宿的驿站的道路，即官路。　〔海浸句〕是想象潮州风物之荒凉。这里的“秋”字，有荒凉冷落的意思，不专指季节。　〔一夕二句〕瘴烟，见白居易《新丰折臂翁》注。浪西楼，不详，当在潮州。这是想象韩愈在潮州生活的一个片段。

这篇诗寄被贬友人，而意境开阔，音节高亢，没有衰飒的气象；多从想象着笔，而韩愈倔强、开朗的个性却从这些想象中生动地显现了出来，都是它值得重视之处。

赠人斑竹拄杖

贾　岛

拣得林中最细枝，结根石上长身迟。
莫嫌滴沥红斑少，恰是湘妃泪尽时。

〔拄(zhǔ)杖〕手杖。　〔长〕生长。　〔滴沥〕水珠下滴。　〔红斑〕指竹上紫红色斑点。湖南有一种专为制手杖的竹子加工的办法，在竹子生长时，把苔钱(小而圆的青苔)移植到竹上，等它长成了，就砍下来浸在水中，用草穰洗去苔钱，竹上就留下紫红色或黑色的斑点，称为斑竹。本诗仍以红斑形成原因归于湘妃之泪。　〔恰是句〕湘妃故事，见李白《远别离》注。泪尽，同上“红斑少”相应。相传美女薛灵芸嫁给魏文帝时，和父母告别，泪水如血。后人即以“红泪”作女子眼泪的美称。泪尽，自然红斑就少。

送人一根手杖，本是一件平凡的事情，但由于诗人丰富的联想，使得这篇小诗很出色。咏物当然不算重大题材，但有些写得很好的咏物诗，却能丰富人们的美感。

井阑沙宿，遇夜客

李　涉

暮雨萧萧江上村，绿林豪客夜知闻。
他时不用逃名姓，世上如今半是君。

〔井阑沙〕地名，在皖口镇(今安徽省安庆市西)。　〔萧萧〕同潇潇，雨声。〔绿林〕山名，在今湖北省当阳市东北，西汉末年农民起义的根据地之一。〔豪客〕犹好汉。　〔逃名姓〕埋名隐姓。

李涉，洛阳人，元和、大和时代的诗人。有一次，他夜间经过皖口，在那里住宿，遇着了盗贼。盗魁听说是他，就道："我久已听到你的诗名，决不会要你的东西，但要你一篇诗。"李涉就写了这篇诗送他。在这篇小诗里，作者对当时的黑暗社会作了辛辣的讽刺。

大堤曲

李　贺

妾家住横塘，红纱满桂香。
青云教绾头上髻，明月与作耳边珰。
莲风起，江畔春。大堤上，留北人。
"郎食鲤鱼尾，妾食猩猩唇。
莫指襄阳道，绿浦归帆少。
今日菖蒲花，明朝枫树老。"

〔大堤〕襄阳附近地名。南朝西曲《襄阳乐》："朝发襄阳城，暮至大堤宿。大堤诸女儿，花艳惊郎目。" 〔横塘〕在这里就是指大堤，与崔颢《长干曲》中的横塘指南京长干里附近的一个地名不同。 〔红纱句〕红纱，女子夏季的服装。桂香，这里只是强调衣香，并非指秋天。 〔青云句〕青云即乌云，形容女子的头发黑而又多。这是说其人的发髻是青云教她梳的，即是她向青云学来的。 〔明月句〕见《羽林郎》、《焦仲卿妻》注。 〔莲风〕夏季带有莲香的风。 〔春〕形容少男少女生活愉快的情调，不是指季节。〔北人〕指女子的情人。 〔郎食二句〕鲤鱼尾、猩猩唇都是食物中的珍品。这是互文见义，说两人共同生活，都可以吃到鲤尾、猩唇。从这里起以下六句，都是女方劝留的话。 〔莫指二句〕是劝男方不要指向襄阳的道路，意图北上，因为在襄水中，回来的船很少，意即你去也许容易，来就难了。绿浦，这里指襄水旁边。襄水，见孟浩然《早寒江上有怀》注。 〔今日二句〕暗喻青春易逝，劝对方不要轻易分离。菖蒲，一种多年生草本植物，长在水边，它不常开花，因此开时人们便认为是好兆头。花，这里作动词用，即开花。枫树老了，树身就生出许多木瘤，样子很难看，以比人的老丑。

这篇诗写一位女子劝情人珍惜目前相聚的日子，不要轻易分离，前写其容貌服饰，后写其蜜意深情。他留下来没有呢？诗人没有说。他有意留给读者一个悬念。

李贺，字长吉，福昌（今河南省宜阳县）人，生于贞元六年（790），死于元和十一年（816）。他的诗想象丰富，风格幽艳新奇，在诗坛上独树一帜，别开生面。

感　讽

李　贺

合浦无明珠，龙洲无木奴。足知造化力，不给使君须。
越妇未织作，吴蚕始蠕蠕。县官骑马来，狞色虬紫须。
怀中一方板，板上数行书。“不因使君怒，焉得诣尔庐？”
越妇拜县官：“桑牙今尚小；会待春日晏，丝车方掷掉。”
越妇通言语，小姑具黄粱。县官踏飧去，簿吏复登堂。

〔感讽〕对事物有所感发因而作诗讽刺。　〔合浦二句〕合浦，今广西壮族自治区合浦县。东汉时，合浦县海滨盛产珍珠，由于地方官拼命搜刮，珍珠蚌都迁走了，以致无珠可采。后来来了一位叫孟尝的好官，革除弊政，不久，蚌又迁了回来。龙洲，龙阳洲的简称，在今湖南省常德市附近。三国吴李衡曾在洲上种了一千株柑橘，称之为千头木奴。参见刘禹锡《伤愚溪》“草圣数行留坏壁”篇注。说“无明珠”、“无木奴”，是指被贪官污吏剥削光了。　〔足知二句〕造化力，大自然的力量。给，满足。使君，见《陌上桑》注。须，需求。这是说上述两个事例，足以使我知道大自然虽然很有力量，能生出各种东西，但也满足不了老爷们的贪欲。〔越妇二句〕越妇、吴蚕，互文见义。越、吴，即浙江、江苏地区，是我国盛产蚕丝和丝织物的地区。蠕(rú)蠕，动物轻缓爬动的样子。这是说，在吴、越一带，蚕刚刚出来，纺织的时间还早。〔狞(níng)色〕凶相。〔虬紫须〕蜷曲得小龙一样的紫黑色的胡须。〔方板〕写官府文告的木板，方形。〔书〕文字。〔焉得句〕怎么会到你家里来。诣(yì)，到。〔牙〕同芽。〔会待二句〕是说要等到春末，纺车才能缫丝。晏，本指日暮，这里借指季度的末尾。掷(zhì)掉，跳动，这里指转动。〔具〕安排。〔黄粱〕一种优质小米。〔踏飧(sūn)〕飧，晚餐，引申为熟食。踏，嚃的假借字，吞食。踏飧就是饱餐。〔簿吏〕州里管文簿的小官。

这篇诗反映了封建地主阶级对农民的剥削是无穷无尽的这样一个普遍的、严酷的事实。诗篇开头指出老天爷也喂不饱这些害人虫，结尾又指出才送走虎、又来了狼，就使得中间的具体描写更其丰满，教读者明确地认识到，这绝不是什么个别现象。

浩　歌

李　贺

南风吹山作平地，帝遣天吴移海水。
王母桃花千遍红，彭祖巫咸几回死。
青毛骢马参差钱，娇春杨柳含缃烟。
筝人劝我金屈卮，神血未凝身问谁？
不须浪饮丁都护，世上英雄本无主。
买丝绣作平原君，有酒唯浇赵州土。
漏催水咽玉蟾蜍，卫娘发薄不胜梳。
看见秋眉换新绿，二十男儿那刺促？

〔浩歌〕犹放歌，纵情歌唱。　〔南风二句〕帝，天帝。天吴，古代神话中的水神，详杜甫《北征》注。这是说，自然界也在不断地变化之中，风可以把山吹平，天帝可以命令海神将海水抽干，人世的变化就不用说了。　〔王母二句〕王母，古代神话中的女神，相传她住的瑶池中种有仙桃，每三千年才开花一次。彭祖，传说中古代的长寿人，据说他活了八百岁。巫咸，古代的神巫。这是说，宇宙无始无终，而生命短促。作者另一篇诗《官街鼓》中说“几回天上葬神仙”，也是此意。　〔青毛句〕青毛骢马，见《焦仲卿妻》注。参差（cēn cī）钱，指马身上颜色深浅不一的圆形花纹，即连钱，参看岑参《走马川行奉送出师西征》注。这句是诗人写自己骑马出游。　〔娇春句〕是写出游所见春景。含缃烟，形容新生柳叶，其色嫩黄，看过去有如杨柳树藏在浅黄色的烟雾里。　〔筝人句〕筝人，弹筝的姑娘。金屈卮（zhī），有弯柄的金质酒杯。　〔神血句〕神，精神，灵魂。血，血肉，肉体。问，送给，交与。这是说人不能长生，有生必有死，死时灵魂与肉体分离，再次转生，又复凝结。当神血未凝之时，这个身子交与谁呢，自己也不知道。这是感慨生死之间，自己也无法主宰。佛教某些宗派认为，人死后，此生已完毕，但未投胎，故他生也未开始，这个中间阶段所具形态，称为中阴。神血未凝，即中阴之形。　〔不须二句〕浪饮，痛饮。丁都护，南朝刘宋时代的勇士丁旿曾官都护。这里借以代表世上英雄。这是说怀才不遇的世上英雄们不须纵饮，借酒浇愁，因为君臣契合，由此建功立业，本是不容易的事，许多英雄本来就没有主人。　〔买丝二句〕平原君，战国时代以养士著名的四公子之一，赵国人，名胜。浇，古代祭祀时，将酒浇在地上，使其渗入地下，以供死者享用的一种仪式。赵州，即赵国。这两句承上两句来，是说英雄寻找能赏识提拔他们的主人很不容易，所以许多人便只好向往于那些礼贤下士的历史人物，或买些丝线，绣一幅平原君的像来供奉，或买些酒，到平原君在赵国的坟墓上去祭奠一番。　〔漏催句〕漏，指铜壶滴漏，见李白《乌栖曲》注。壶口一般都有龙形或蟾蜍形的装饰。水咽玉蟾蜍，指壶口作蟾蜍吞水之状。咽，吞食。　〔卫娘句〕卫娘，指汉武帝的皇后卫子夫，她以头发长得特别美丽而得宠。胜，受。这是设想卫娘也有老去的时候。两句都是比喻光阴易逝。　〔看见二句〕看见，犹眼见，转眼。秋眉，衰白的眉毛。新绿，指少年人黑中带绿的眉毛。那，奈何。刺促，局促。这是说人生易老，眼见得眉毛的颜色也变换了，我已经是个二十岁的男子汉了，为什么还如此局促，毫无发展呢?

在这篇诗里，作者看出了“人生易老天难老”的自然规律，又感到在现实社会中壮志难酬的悲哀，而以渴望冲决使之陷于“刺促”的藩篱作结，显示了青年诗人积极向上的精神面貌。

李凭箜篌引

李　贺

吴丝蜀桐张高秋，空山凝云颓不流。
湘娥啼竹素女愁，李凭中国弹箜篌。
昆山玉碎凤凰叫，芙蓉泣露香兰笑。
十二门前融冷光，二十三弦动紫皇。
女娲炼石补天处，石破天惊逗秋雨。
梦入神山教神妪，老鱼跳波瘦蛟舞。
吴质不眠倚桂树，露脚斜飞湿寒兔。

〔李凭〕当时一位著名的宫廷乐师。　〔箜篌(kōng hóu)〕弦乐器名。箜篌有几种，其中二十三弦的叫竖箜篌，直抱怀中，两手齐奏，李凭所弹的就是这种。　〔吴丝句〕吴丝，吴地(今江苏一带)所产的丝。蜀桐，蜀地(今四川一带)所产的梧桐树。两者品质都很优良，吴丝宜做乐器的弦，蜀桐宜做乐器的身，这里即用作代称，借以赞美李凭所用箜篌。张，演奏。古人称奏乐为张乐。高秋，深秋，九月。这是写其演奏，兼点时间。　〔空山句〕《列子》上说秦青“抚节悲歌”，“响遏(è)行云”。这句也是此意，说箜篌的声音响彻天空，云都因而被凝结在空山之中，颓然不能流动了。颓，颓然，倒塌的样子。　〔湘娥句〕湘娥啼竹，见李白《远别离》注。素女，古代传说中一位善于弹瑟的女子。这是说李凭的演奏极为精彩，致使娥皇、女英为之感动，又对着竹子哭了起来，而素女则因为自己的技巧不及他而发愁。〔李凭句〕中国，即国中，指京城长安。这句按照逻辑次序，应当放在篇首，诗中却先写乐技，再出乐师，便显得文势突兀可喜。〔昆山二句〕昆山，即昆仑山，产玉。玉碎、凤叫，形容弦声之清脆与激越。芙蓉，就是莲花，芙蓉泣，指莲花上有露水。香兰笑，指兰花盛开如带欢容。莲花有露似泣，香兰盛开如笑，而人类之泣和笑都是有声音的，所以由此引申，以之比喻弦声的悲痛和欢欣。〔十二句〕长安城四方各有三座城门，共有十二门。融，消化。冷光，犹冷气。这是说长安城由于神奇的乐声，也变得温暖了起来。〔紫皇〕道教中天上最尊贵的神，这里用来比喻皇帝。〔女娲（wā）二句〕古代神话：共工和颛顼（zhuān xū）争帝，不胜，怒而触不周山，折天柱，女娲氏就炼五色石，将天补起来。这里说李凭所弹箜篌，声震高空，以致女娲所补的天空又破裂了，秋雨就从裂缝中泄了出来。这也是形容其技艺的惊人。逗，引出。〔梦入四句〕写李凭梦入仙境，以其乐艺惊动了仙界。神妪，指成夫人，她是一位名叫樊道基的神仙的妻，能弹箜篌。吴质，当是"吴刚"之误。相传月中有棵桂树，一位犯有过失的仙人吴刚被罚令砍树，随砍随合。又传月中有玉兔，这里寒兔即指秋月。露脚，不断降下的露水，参看杜甫《茅屋为秋风所破歌》及白居易《钱塘湖春行》注。这是说李凭乐艺通神，曾梦入神山，教授成夫人；吴刚听了他的弹奏，激动得倚着桂树，睡不着觉，不觉露水沾满了月宫；而老鱼听了，也从波浪中跳了出来；瘦蛟听了，又为之起舞。总之，是高明如神仙，冥顽如动物，无不极为欣赏。

这篇诗写弦乐的艺术魅力，而其用来作为描绘手段的则远不止于声音一端，其中有形体，有色彩，有气味，有光线，有温度，而且还有构成完整视觉形象的动作、神态。这当然也是由于人的通感在起作用，如我们在韩愈《听颖师弹琴》中所已指出的。有的注家认为，诗人之所以这样描写，当是李凭初弹之时，满天密云，接着又下了一场秋雨，弹完之时，露气已降，明月当空。他在欣赏音乐的时候，同时感染到气候的骤变，因而加以有机融合，写入诗中，构成了这一似景似情、似虚似实的好诗。这一说法，颇有可采，因为，任何神奇的想象，都有一定的现实生活作为基础。

金铜仙人辞汉歌

李　贺

魏明帝青龙九年八月，诏宫官牵车西取汉孝武捧露盘仙人，欲立置前殿。宫官既拆盘，仙人临载，乃潸然泪下。唐诸王孙李长吉遂作《金铜仙人辞汉歌》。

茂陵刘郎秋风客，夜闻马嘶晓无迹。
画栏桂树悬秋香，三十六宫土花碧。
魏官牵车指千里，东关酸风射眸子。
空将汉月出宫门，忆君清泪如铅水。
衰兰送客咸阳道，天若有情天亦老。
携盘独出月荒凉，渭城已远波声小。

〔魏明帝〕曹叡(ruì)，公元227至239年在位。　〔青龙九年〕拆迁铜人是在青龙五年(237)。这年三月，改元景初，青龙没有九年。有的本子作“青龙元年”，亦误。　〔诏宫官牵车西取汉孝武捧露盘仙人……〕汉孝武，即汉武帝刘彻。(汉代皇帝庙号上都加上“孝”字，以表示对孝道的重视。)他建铜人托盘，承露求仙，见卢照邻《长安古意》注。魏明帝景初元年，下令将原在长安的汉朝古器包括铜人承露盘等拆迁运到洛阳。铜盘拆后，铜人太重，没法运走，就留在长安附近的灞垒了。据传说，这铜铸的仙人被载上车的时候，曾经哭了起来。潸(shān)然，流泪的样子。　〔唐诸王孙〕李长吉是唐王朝远房亲族，所以自称诸王孙。“诸”在这里是众多的意思，诸王孙即许多王孙之一。　〔茂陵句〕指汉武帝。他死后葬在茂陵(在今陕西省兴平市东北)，又曾写过一篇题为《秋风辞》的诗。一说，“秋风客”

是说他虽是一位雄才大略的帝王，在位很久（前140—前87），但也终于和别人一样，同为秋风中的过客。也可能“秋风客”这一称呼是由《秋风辞》中有“欢乐极兮哀情多，少壮几时兮奈老何”这类发抒宇宙无穷、人生有限的感慨而引申出来的。本篇所写情事，发生在秋八月，下文“桂树”、“衰兰”，也都和“秋风客”相应。〔夜闻句〕这是说武帝灵魂，时或从茂陵出来夜游，所以人们可以在夜间听到马叫，而天亮之后，却一点痕迹也没有。〔画栏二句〕画栏，上面绘有花纹图案，以防护树木的栅栏。悬，飘浮，引申为扩散。三十六宫，武帝在长安上林苑中，有离宫别馆三十六所。土花，苔钱。这是说上林宫殿，久已荒废，在拆迁铜人的八月中，仅有老桂飘香而已。〔指千里〕指向远方的洛阳。〔东关句〕长安在洛阳之西，所以将铜人运到洛阳，要出长安城东边的城门（东关）。酸风，凄酸的风，即秋风。眸（móu）子，眼珠。以下七句都写铜人。〔空将二句〕将，与，和。君，指汉武帝。铅水，比喻感情沉重时流出的眼泪。这是想象中铜人的感受：他孤零零地和曾经照见过汉代盛衰全部过程的月亮一同出了宫门，想起汉武帝，不禁流下了沉痛的眼泪。〔衰兰句〕客，指铜人。咸阳，秦都城，在长安附近，这里代称长安。这是形容铜人离开长安，情况凄凉，在路上相送的，只有开败了的兰花而已。〔携盘二句〕渭城，就是咸阳，这里也指长安。这是想象中铜人离开的情景。他独自一人，带着铜盘，在荒凉的月光下向东走去，和渭城的距离越拉越长，听到的渭水波声也渐渐微弱了。

这是一篇咏史诗，写汉、魏易代的兴亡之感，而以“天若有情天亦老”这一名句从反面说明，人之易老，由于有情。前面说过，诗人咏史，多以咏怀，但也有只对前代人事的成败兴亡加以咏叹的。这些作品，虽然也有讽喻，但多数并不具体地比拟某事某人。这一篇咏史诗，就是如此。

老夫采玉歌

李　贺

采玉采玉须水碧，琢作步摇徒好色。
老夫饥寒龙为愁，蓝溪水气无清白。
夜雨冈头食榛子，杜鹃口血老夫泪。
蓝溪之水厌生人，身死千年恨溪水。
斜山柏风雨如啸，泉脚挂绳青袅袅。
村寒白屋念娇婴，古台石磴悬肠草。

〔水碧〕碧玉名。〔徒好色〕空使（妇女的）颜色美好，即只让妇女打扮得好看。好色，美色。〔老夫二句〕蓝溪，在今陕西省蓝田县东南蓝田山下，水碧的产地。这是说这位老人为饥寒所迫，到蓝溪去采玉，把溪中水气都搅得不清不白，连住在溪里的龙都因之发愁了。〔杜鹃句〕是说老夫眼中的泪正和杜鹃口中的血一样悲苦。〔蓝溪二句〕是说蓝溪的水讨厌采玉的人，因为他们把水搅得“无清白”；同时采玉的人也怨恨蓝溪的水，因为水中产玉，他们冒险去采玉，甚至“身死”。〔泉脚句〕泉脚，指从山崖上端流下直到地面的泉水。挂绳，上端挂在山上，下端系在采玉者身上的绳子。袅（niǎo）袅，摇摆貌。这是说虽在风雨中，老夫仍然不能休息。下流的泉水，系人的挂绳，都在摆动。〔村寒二句〕白屋，茅屋。磴，石级。悬肠草，一种蔓生植物，又名思子蔓。这是说，采玉老夫看见了长在古台石磴上的思子蔓，不禁想起自己茅屋中那个受饿受冻的娇弱婴儿，更加痛苦。

这篇诗写一位冒着生命危险，在深林绝涧、狂风暴雨中采玉的老人，对之表示了诚挚的同情。诗人写他不知道恨统治阶级的压迫剥削，只知道恨溪水产玉，这也真实地反映了封建社会中劳动人民认识上的局限性。

古　风

李　绅

春种一粒粟，秋收万颗子。
四海无闲田，农夫犹饿死。

〔闲田〕空着没种的田。

锄禾日当午，汗滴禾下土。
谁知盘中餐，粒粒皆辛苦！

李绅，字公垂，润州无锡（今江苏省无锡市）人，生年不详，死于会昌六年（846）。

咏内人

张　祜

禁门宫树月痕过，媚眼惟看宿燕窠。
斜拔玉钗灯影畔，剔开红焰救飞蛾。

〔内人〕皇宫称大内，服役的宫女称内人。　〔禁门句〕禁门，宫门。这是说夜间月出，随着时间移动，月光（月痕）先照着宫门，然后是宫中树木，最后还照进了这位内人的房里。　〔窠（kē）〕鸟兽的巢穴。

这篇诗起句写这位内人的孤寂无聊，次句以“惟看”两字，暗示她对于梁间燕子双宿双飞那样一种正常生活的渴望。三、四句写她对扑火飞蛾的同情，事实上是反映了她对于走进“那不得见人的去处”（《红楼梦》第十八回，贾元春的话）的痛苦生活道路的懊悔和无限自怜自惜的心情。

张祜，字承吉，南阳(今河南省沁阳市)人，一说，清河(今河北省清河县)人，元和、大和间(约当9世纪前半期)诗人。

集灵台

张　祜

虢国夫人承主恩，平明骑马入宫门。
却嫌脂粉污颜色，淡扫蛾眉朝至尊。

〔集灵台〕就是长生殿，在骊山上华清宫旁边，参白居易《长恨歌》注。〔虢国夫人〕杨贵妃的姐姐，见杜甫《丽人行》注。　〔却嫌二句〕相传虢国夫人自恃美艳，常常不过分装扮，就去朝见皇帝，所谓“素面朝天”。至尊，即上文的“主”，都是指玄宗。

《集灵台》共两篇，咏玄宗在斋戒祭神的长生殿受箓(依据道教仪式，接受仙人所赐符箓，以求长生)之后，杨贵妃和虢国夫人前来祝贺的事。第一首说：“日光斜照集灵台，红树花迎晓露开。昨夜上皇新受箓，太真含笑入帘来。”可证。集灵台是清净的斋宫，受箓是庄严的仪式，而太真含笑入帘，三姨素面朝天，成什么样子呢？大家想想吧。(唐玄宗于756年肃宗即位后，才被尊为“上皇”。诗中所咏，还是天宝年间的事，这是以后称前，古书中常有其例。)

这一篇，有的记载说是杜甫所作，不可信。

啰唝曲

刘采春

不喜秦淮水，生憎江上船。

送儿夫婿去，经岁又经年。

〔啰唝（luō hǒng）〕犹来啰，有盼望行人归来之意，所以此曲又名《望夫歌》。〔秦淮水〕见刘禹锡《石头城》注。〔生憎〕深恨。生，犹深，最。〔儿〕青年女子自称。

刘采春，淮甸（今江苏省淮安市一带）人，一作越州（今浙江省绍兴市）人，伶工周季崇的妻子，这里的几篇《啰唝曲》是她所唱，不一定是她所作。

莫作商人妇，金钗当卜钱。
朝朝江口望，错认几人船。

〔金钗句〕卜钱，给卜卦人的报酬。因为在外经商的丈夫老不回家，妻子生活不那么富裕了，只好把金钗抵作卜钱。当（dàng），作抵。

那年离别日，只道住桐庐。
桐庐人不见，今得广州书。

〔桐庐二句〕桐庐，今浙江省桐庐县。这是极言夫婿行踪无定，以为他还住在桐庐，却又从广州来信了。

这三篇写商人妇离愁别绪的诗，应当和张潮的《江南行》、李益的《江南曲》、王建的《望夫石》等合读，看看古典诗人是怎样同中求异，即在同一主题、题材的制约之下各显身手的。

送友人

薛　涛

水国蒹葭夜有霜，月寒山色共苍苍。
谁言千里自今夕？离梦杳如关塞长。

〔水国句〕《诗经·秦风·蒹葭(jiān jiā)》:“蒹葭苍苍,白露为霜。所谓伊人,在水一方。”蒹,没长穗的芦苇。葭,初生的芦苇。这是诗人送别朋友时想到情景正与《诗经》所写相似,因而融会原作,吟成此句。〔谁言二句〕是说哪个说从今夜起,彼此就相去日远,终于距离千里呢?你走到哪里,我就梦到哪里,关塞有多长,我的梦也就有多长,始终不会离开啊!杳(yǎo),无影无声、不可捉摸的样子,这里形容梦境之缥缈。

我们读沈约《别范安成》诗中的“梦中不识路,何以慰相思”两句,觉得真朴动人。唐人如张仲素的《秋闺思》:“碧窗斜月蔼深晖,愁听寒螀泪湿衣。梦里分明见关塞,不知何路向金微。”虽然比沈诗更富于形象性,但意思是一样的。这篇诗似从张诗翻出,描写梦中紧跟行人,根本不曾离开,这就把相思之情体现得更深了。

薛涛,字洪度,原籍长安,长在蜀中,是一位才貌双全的妓女,曾和元稹等著名诗人唱和,被称为“女校书”。

早　雁

杜　牧

金河秋半虏弦开,云外惊飞四散哀。
仙掌月明孤影过,长门灯暗数声来。
须知胡骑纷纷在,岂逐春风一一回?
莫厌潇湘少人处,水多菰米岸莓苔。

〔金河二句〕金河,见柳淡《征人怨》注。虏,当时对他族侵略者的恶称。这是说时当仲秋八月,胡人射猎,提早南归的大雁因受到袭击而逃散。〔仙掌二句〕仙掌,即捧承露盘的金铜仙人的手掌,见卢照邻《长安古意》及李贺《金铜仙人辞汉歌》注。长门,汉宫名。汉武帝时陈皇后失宠后居住的地方。这是说早雁失群后,飞到了长安,在月明之夜掠过仙掌,雁影使仙掌更形岑寂；在冷宫中人对着昏灯发愁的时候，越过上空，雁声使失宠者更觉悲哀。〔须知二句〕是劝说早雁既已南来，到了春天，也别忙着回去。〔少人处〕人迹稀少的地方。〔水多句〕是说南方有菰米、莓苔可吃，不妨居留下来。菰米，水生植物菰的果实，又叫雕胡米。

武宗会昌二年(842)八月，回纥入侵，大肆掳掠。这篇诗即咏其事，以早雁比喻因遭受侵略而流离失所的人民。“虏弦”、“胡骑”，点出命意所在。

杜牧，字牧之，京兆万年(今陕西省西安市附近)人，生于贞元十九年(803)，死于宣宗李忱大中六年(852)。

九日齐山登高

杜　牧

江涵秋影雁初飞，与客携壶上翠微。
尘世难逢开口笑，菊花须插满头归。
但将酩酊酬佳节，不用登临叹落晖。
古往今来只如此，牛山何必独沾衣？

〔九日齐山登高〕九日，指农历九月初九日，即重九节，因九为阳数，故又名重阳节。相传东汉时桓景听仙老费长房说，九月初九那天他家里有灾难，要家人臂上各系红袋，内放茱萸，登高饮菊花酒，就可免祸。结果真是如此。后代因形成风俗。齐山在今安徽省池州市贵池区东南。〔涵〕包容。〔翠微〕山的代称。〔菊花句〕古代风俗，男子也在头上戴花。〔但将句〕酩酊(mǐng dǐng)，大醉的样子。酬，报答。佳节，指重九节，相传陶渊明在某年重九节没有酒喝，只好在宅边摘了许多菊花，恰好王弘派个白衣人送来了酒，他便喝得大醉。这里暗用这典故。〔落晖〕夕阳，人生迟暮的象征。〔牛山句〕相传春秋时，齐景公登牛山欣赏美景，转念有生必有死，不能长期玩赏，因而哭了起来。这是说人不必因为不能长生而痛苦。

杜牧于会昌四年(844)任池州刺史。贵池唐时名秋浦,是池州治所,此诗当作于池州任内。他是一个有政治远见和抱负的人,但其为国为民的努力往往由于被迫无所作为而落空,因此在他的诗中,愤惋、旷达、颓废的情绪都有。即如此诗,消沉中就含有执着,说"不用登临叹落晖",也就是屈原的"欲少留此灵琐兮,日忽忽其将暮"的心情,不过是正言若反罢了。

赤　壁

杜　牧

折戟沉沙铁未销,自将磨洗认前朝。
东风不与周郎便,铜雀春深锁二乔。

〔赤壁〕在今湖北省赤壁市西北长江边。汉献帝建安十三年(208),曹操为一方,孙权、刘备为另一方,在这一带进行决战,结果曹操大败,形成鼎足三分的局面。〔折戟二句〕戟,见杜甫《潼关吏》注。沉沙,埋在江岸的泥沙之中。将,持,拿着。前朝,指汉朝。这里说有人发现了埋在沙中的折断了的戟,拿来磨洗以后,认出了是赤壁之战的遗物。〔东风二句〕不与,(假使)不给。周瑜领兵时很年轻,人称"周郎"。便,方便。周瑜决定火攻曹操的舰队,作战的那天,恰巧起了东南风。(据《江表传》说:"时东南风急。"这东南风是关键,单是东风绝不能烧败地处江北的曹军。诗为七言,字数所限,省一"南"字。)火仗风威,向西北延烧,位于上游的曹兵因此大败。铜雀,台名,省称铜台,见张说《邺都引》注。二乔,当时著名的美女,姐姐是孙策的妻子,妹妹是周瑜的妻子。这是说,东风假使不给周瑜提供方便,那么二乔就免不了要被曹操俘虏到铜雀台中供他享乐去了。这里的"春深"和"锁",是含蓄的说法。

这是一篇很著名的咏史诗。它之所以好,一是只写孙吴假使失败,二乔的命运就会如何,而不及另外许多远为重要的政治后果,实则这些后果莫不在内，这是小中见大。二是认为周瑜不过是侥幸成功，大有阮籍凭吊广武楚汉战场而慨叹“时无英雄，使竖子成名”的意味，也正是发抒自己怀才不遇的心情，这是人中有我。

题木兰庙

杜　牧

弯弓征战作男儿，梦里曾经与画眉。
几度思归还把酒，拂云堆上祝明妃。

〔与画眉〕给（自己）画眉。　〔几度二句〕拂云堆，在今内蒙古自治区五原县境。这是说，木兰由于思归，就拿着酒杯祭奠王昭君，祷告她保佑自己早日胜利还乡。明妃，即王昭君，见杜甫《咏怀古迹》注。

这篇诗非常巧妙地刻画了女英雄木兰的内心活动。木兰虽然女扮男装，可是决不会忘记自己是个女子；虽然出征在外，可是决不会不怀念自己可爱的家乡。但在激烈的战斗生活当中，又不可能直接地想起这些来，只是在梦寐当中，在偶尔闲空的时候，这些隐藏在内心深处的思想感情才会忽然浮起。诗人深刻地体会到这种生活真实，并以此丰富了这位女英雄的性格。

赠　别

杜　牧

多情却似总无情，唯觉尊前笑不成。
蜡烛有心还惜别，替人垂泪到天明。

〔尊前〕作别的酒筵之前。尊，酒杯。 〔有心〕明指烛心，暗示人心，语意双关。

这是作者和情人分别时写的诗。这位情人，是扬州的一位妓女。我们知道，由于古代的婚姻并不是爱情的产物，现代所说的爱情关系，在古代在官方社会以外也有。那么，诗人和处在官方社会以外的妇女——这位姑娘——产生了爱情，并且在和她分别时写出如此动人的诗篇，也就不足为奇了。“蜡烛”二句，可以和李白的“春风知别苦，不遣柳条青”比美，是拟人化手法的典范。

将赴吴兴，登乐游原

杜　牧

清时有味是无能，闲爱孤云静爱僧。
欲把一麾江海去，乐游原上望昭陵。

〔将赴吴兴〕宣宗大中四年(850)，杜牧由吏部员外郎出任湖州刺史。吴兴，就是湖州，今浙江省湖州市吴兴区。 〔乐游原〕长安城南地势较高可供登临的一个游览区。 〔清时二句〕是说生活在清平的时世，本可有所作为，而自己却喜爱天畔孤云之闲，庙中和尚之静，足见“无能”。这是认为自己有能而被迫无所作为的反话。 〔欲把句〕由于政治上失意，作者曾三次上书宰相，请求外调湖州，但以赡养病弟孀妹为借口。把，持。麾(huī)，旌麾，旗子。汉朝制度，郡太守车上有两幡(fān。长方形直挂的旗子)。汉之太守相当于唐之刺史。杜牧要去做湖州刺史，所以也说要拿着旌麾走。江海，指湖州，其地北边是长江，东边是东海。 〔乐游句〕昭陵，太宗李世民的坟墓。太宗朝是唐朝国势最富强的时代。这是写离京前夕，凭吊昭陵，怀古即是伤今。

这篇诗写自己在政治上的失意和对祖国兴复的渴望，用意措词，既深刻，又委婉。

沈下贤

杜　牧

斯人清唱何人和？草径苔芜不可寻。
一夕小敷山下梦，水如环佩月如襟。

〔沈下贤〕名亚之，吴兴人，当时著名的诗人和传奇小说家。〔斯人句〕唱、和（hè），见杜审言《和晋陵陆丞早春游望》注。这是说沈下贤那些清雅的歌唱现在已经没有人（可以）继和了。〔草径句〕沈的旧居今天已无从寻访。苔芜，青苔和杂草。〔一夕二句〕小敷山，在吴兴西南，沈旧居所在。这是写一夜梦中到了沈的旧居，觉其风景极好，水声如美女所带环佩，月色如美女所穿衣服。

这篇诗纯从烘托着笔，没有正面描写，而这位前辈才人的文学成就、身后寂寞，以及自己对他的崇敬与怀念，都充分地表达了出来。

咸阳城东楼

许　浑

一上高城万里愁，蒹葭杨柳似汀洲。
溪云初起日沉阁，山雨欲来风满楼。
鸟下绿芜秦苑夕，蝉鸣黄叶汉宫秋。
行人莫问当年事，故国东来渭水流。

〔咸阳城〕秦汉时代的京城。汉将咸阳改名长安，仍在原地。唐时才将京城迁到渭水之南，仍名长安。诗人所登城楼，故址在今陕西省咸阳市境内。〔一上二句〕蒹葭，见薛涛《送友人》注。作者是江南人。这是说登上高城远望，觉得渭河流域，蒹葭、杨柳繁茂，很像江南的汀洲，牵动了万里离愁。〔溪云二句〕作者自注："南近磻溪，西对慈福寺阁。"阁，指慈福寺中的阁。楼，指咸阳城东楼，两句形容气候变化迅速，溪中起云，太阳旋即落到自己看到的阁后；山间欲雨，大风已经吹到自己所在的楼头。〔鸟下二句〕互文见义，极言秦苑、汉宫繁华的岁月都已过去，惟有飞鸟、鸣蝉点缀在草、树之中而已。"夕"与朝对，"秋"与春对，都是描摹荒凉，不一定实指时节。〔故国句〕是说渭水由故国向东流逝。故国，指咸阳城。这句以渭水东流，一去不返，暗喻秦、汉已成陈迹。

沈德潜《唐诗别裁集》评第二句说："咸阳何地，而竟如汀洲耶?"段玉裁《与阮芸台书》又认为第三句的"阁"字与第四句的"楼"字重复，应当改为"谷"字。看来，这一篇被人传诵的诗也还有不大好懂的地方。

许浑，字用晦，润州丹阳（今江苏省丹阳市）人，大和间（约当9世纪前期）诗人。

春江花月夜词

温庭筠

玉树歌阑海云黑，花庭忽作青芜国。
秦淮有水水无情，还向金陵漾春色。
杨家二世安九重，不御华芝嫌六龙。
百幅锦帆风力满，连天展尽金芙蓉。
珠翠丁星复明灭，龙头劈浪哀笳发。
千里涵空照水魂，万枝破鼻团香雪。
漏转霞高沧海西，玻璃枕上闻天鸡。
蛮弦代雁曲如语，一醉昏昏天下迷。

四方颂洞烟尘起，犹在浓香梦魂里。
后主荒宫有晓莺，飞来只隔西江水。

〔春江花月夜词〕陈后主陈叔宝和隋炀帝杨广都曾作《春江花月夜》曲词。这篇诗咏这两个亡国之君，以杨广为主、陈叔宝为宾，所以也沿用了这个题目。 〔玉树二句〕《玉树后庭花》，陈后主所作曲名。阑，尽。海云黑，比喻朝政的昏暗。花庭，即种有琪花玉树的后庭。青芜国，犹言青草地。这是说陈后主荒淫无道，将《玉树后庭花》唱完，他的宫殿也就忽然变成长满青草的荒地了。公元589年，隋军攻入建康，后主被俘，陈灭，南北朝结束。 〔秦淮二句〕参刘禹锡《石头城》及注。此诗写水漾春色，刘诗写月照女墙，均以自然界之无情，写人间世之多变。 〔杨家句〕杨家二世，指杨广，公元605年继父杨坚位，是隋朝的第二代皇帝。安，安居。九重，古代天子的宫禁有九道门，代称宫禁。这是说杨广安居深宫，耽于逸乐。〔不御句〕御，驾。华芝，车盖，车上的圆形伞盖。称车为盖，是以偏概全。六龙，马高八尺为龙。古制：天子的车驾以六马，也称为六龙。这是说杨广出游江都（今江苏省扬州市），没有乘坐马驾的车。 〔百幅句〕杨广于大业元年（605）八月，乘坐龙舟，从运河巡游江都，大小船只，连绵不断。船都以锦做帆，经过之处，香闻十里。 〔连天句〕是说锦帆上的花纹在太阳照射之下闪烁发光。连天，极言其多。 〔珠翠句〕丁星，犹叮当、叮咚，象声词。明灭，时明时暗。杨广南游时，曾选美女千人，随行服役，号称殿脚女。这句就是写这些满身珍珠、翡翠的姑娘们。 〔龙头句〕是说龙舟破浪前进，乐队同时奏乐助兴。杨广当时写了许多淫词，又令白明达谱曲，声调哀怨，所以说"哀箫发"。箫，一种管乐器。代指所有乐器，也是以偏概全。发，弹奏。 〔千里二句〕杨广命令沿着运河堤岸一千三百里，遍栽杨柳。这两句描写堤边杨柳之茂盛，上句写参天的杨柳倒影映照在河中，下句写当春天杨柳开花时，柳絮成团，洁白耀眼，仿佛也有香气。〔漏转二句〕漏，见李贺《浩歌》注。沧海西，指日落处。玻璃，宝玉名，不是现在的玻璃。天鸡，见李白《梦游天姥吟留别》注。这是写沧海西头落日处，时间缓缓移动（"漏转"），天色发亮（"霞高"），杨广睡在枕上也该听到天鸡啼叫而起身了。〔蛮弦〕泛指南方音乐。蛮，见元结《贼退示官吏》注。〔代雁〕泛指北方音乐。代，古国名，今河北省蔚县一带。雁，指雁柱，弦乐器上安弦的柱子，斜列如雁行，故名。〔迷〕乱。〔四方句〕澒，原作“倾”，今改。澒洞，见杜甫《观公孙大娘弟子舞剑器行》注。这是说由于杨广荒淫无道，不断出现农民起义。〔犹在句〕是说杨广仍在醉生梦死的糊涂生活中。〔后主二句〕是说杨广重复了陈叔宝的生活道路，也同样归于灭亡。西江，指由西向东流的长江。隋炀帝游江都，而陈后主都建康，相隔一条长江，所以后主荒宫的莺要飞到江都炀帝的荒宫中来。

此诗咏陈后主、隋炀帝以荒淫失国，词采富艳而语气冷隽。

温庭筠，本名岐，字飞卿，太原祁（今山西省祁县）人，生于元和七年(812)，死年不详。

懊恼曲

温庭筠

藕丝作线难胜针，蕊粉染黄那得深？
玉白兰芳不相顾，青楼一笑轻千金。
莫言自古皆如此，健剑刜钟铅绕指。
三秋庭绿尽迎霜，唯有荷花守红死。
庐江小吏朱斑轮，柳缕吐牙香玉春。
两股金钗已相许，不令独作空城尘。
悠悠楚水流如马，恨紫愁红满平野。
野土千年怨不平，至今烧作鸳鸯瓦。

〔懊恼曲〕原为六朝民谣。〔藕丝四句〕六朝以来，女子化妆，除施朱敷粉之外，还在眉间额上涂上黄粉，称为约黄。这种黄粉取自花蕊，色泽很淡。参卢照邻《长安古意》注。青楼，见曹植《美女篇》注。这是写男女之间，感情很不容易投合，要美女以那种比千金还贵重的一笑来对某一位男子，其困难有如以藕丝当线去穿针，用蕊粉染黄而要它呈现深色，或者要以白为美的玉和以香为美的兰这两种特性不同的东西互相看顾（重视）一般。〔莫言四句〕健剑，犹言利剑。刜（fú），击。这是承上反说，意谓人的性格刚柔不同。男女感情固然难以契合，而契合之后，当外界施加压力，要拆散他们的时候，有的就逆来顺受，如铜钟之被利剑劈开，或铅条可以随意曲绕在指头上；有的坚贞不屈，如深秋九月庭中树木遭霜打由绿变黄时，荷花却一直到花瓣坠落也不改变它的红色。所以不能一概而论。〔庐江句〕庐江小吏，指焦仲卿。朱斑轮，指《焦仲卿妻》中婆媳决裂之后，仲卿送兰芝回家，即"府吏马在前，新妇车在后"一段情事。这里转入诗中所咏本事。〔柳缕句〕柳缕，柳条。牙，同芽。香玉，指柳絮，它白而不香，但柳絮又称柳花，所以由花而联想到香，这里是诗人的视觉与嗅觉的通感在起作用。李白《金陵酒肆留别》也说："风吹柳花满店香。"这句是点缀春景。〔两股句〕陈鸿《长恨传》、白居易《长恨歌》写唐玄宗曾以金钗两股赐予杨贵妃，和她定情。这里用这个典故，来说明仲卿、兰芝的关系。但仲卿和兰芝是汉人，而玄宗、杨妃则是唐人，咏汉事，用唐典，这是诗人疏忽的地方。〔不令句〕空城，指庐江。这是说仲卿夫妇决定双方殉情，谁也不使对方独自化为庐江的尘土。〔楚水〕庐江，汉末郡治在今安徽省潜山市，潜水流过境内，其地古属楚国，所以称为楚水。〔恨紫句〕恨紫愁红，指盛开的花也由于受到这个悲剧的感染而带有愁恨，与上"柳缕"句相应。〔野土二句〕从《焦仲卿妻》末段"中有双飞鸟"情节生出。鸳鸯瓦，见白居易《长恨歌》注。

这篇诗是感怀焦仲卿和刘兰芝的悲剧的。诗的后半是咏叹，而前半则是议论，根本没有叙事，与王维《夷门歌》等的写法完全不同。值得注意的是，诗中议论纯以形象出之。那些把议论和形象思维对立起来的人，读了这类作品，应当多少受到一些启发。

送人东归

温庭筠

古戍落黄叶，浩然离故关。
高风汉阳渡，初日郢门山。
江上几人在？天涯孤棹还。
何当重相见，尊酒慰离颜。

〔古戍二句〕古戍，古时的营垒，也就是“故关”。浩然，广大貌，这是说友人在秋天的时候，起了难以遏止的归心，便行东归。《孟子》中有“予然后浩然有归志”的话，这里用“浩然”二字以切“东归”。 〔高风二句〕高风，秋风。秋深云少，天宇寥廓，故称高秋，因此秋风也可称高风。汉阳，今湖北省武汉市汉阳区。郢门山，即荆门山，见杜甫《咏怀古迹》注。这是写其归途风景。由西而东，应当是先过荆门山，再到汉阳渡，这里是因为调谐声律的关系，将上下两句颠倒了。 〔江上二句〕江上，泛指长江下游，即这位友人要归去的地方。这是想其归后人事必多变迁。 〔何当二句〕何当，何时。重(chóng)，再。离颜，离别之后的忧愁的面貌。这是写彼此的别怀。

这篇诗风格宽和，布局匀称，虽送别之作，而不作苦语。次联与作者另外一联名句“鸡声茅店月，人迹板桥霜”(《商山早行》)，都以不用虚字见长，显得特别健拔。

过陈琳墓

温庭筠

曾于青史见遗文，今日飘蓬过此坟。
词客有灵应识我，霸才无主始怜君。

石麟埋没藏春草，铜雀荒凉对暮云。
莫怪临风倍惆怅，欲将书剑学从军。

〔陈琳墓〕在今江苏省邳州市。　〔曾于句〕是说曾经在史书上读过陈琳遗留下来的文章。古人在纸未发明以前，用竹简写字，竹呈青色，称为青简，用青简写史书，故称青史。现存史籍如陈寿《三国志》裴松之注和范晔《后汉书》上都载有陈琳的文章。　〔飘蓬〕蓬，一种草本植物，干弱根浅，一遇大风，就被拔起飘转。所以古诗中常用以比喻人的漂泊无依。这里是自比。　〔词客句〕词客，文学家、作家，指陈琳。这句诗显示了诗人的自负。〔霸才句〕霸才，犹奇才。陈琳先在袁绍部下，袁绍被曹操消灭之后，又给曹操担任起草文件的工作。诗人认为袁、曹都不是理想的君主，因此为陈琳不能充分发挥其才能而惋惜。这句诗事实上也是诗人的自感，“怜君”就是自怜。　〔石麟二句〕石麟，古人安置在墓道上作为仪卫的石头雕成的麒麟。铜雀，台名，见张说《邺都引》注。这是说陈琳的墓、曹操的台，都已成为历史上的陈迹。　〔莫怪二句〕临风，面对墓前风物。书剑，古代士子出外求取功名时，除了携带书籍之外，还带上一把剑，作为防身之用，所以“书剑”就成为他们的行李的代称。唐代士子以考进士科为最好的出路，但考取极难。当他们在这方面失意时，便往往到河北藩镇（割据性的地方政府）那里去从军，因为那些地方经常发生战事，容易取得功名。这两句诗也就透露了这种心情，虽然事实上他并没有去。

这篇诗可以和刘长卿的《过贾谊宅》合读。诗人咏史，往往借古讽今，将人比己。本诗感慨深切，和刘诗异曲同工。

苏武庙

温庭筠

苏武魂销汉使前，古祠高树两茫然。

云边雁断胡天月，陇上羊归塞草烟。
回日楼台非甲帐，去时冠剑是丁年。
茂陵不见封侯印，空向秋波哭逝川。

〔苏武〕西汉民族英雄，武帝天汉元年（前100）奉命出使匈奴，被扣留。因坚持民族气节，不肯投降，被流放到北海（今贝加尔湖）一带牧羊。直到昭帝始元六年（前81），他才被释回国，前后在匈奴十九年。〔苏武二句〕魂销，心情异常激动。汉使，指汉昭帝派到匈奴接他回去的使者。古祠，指后人立的苏武庙。茫然，无知的样子。这一联上句写生前，下句写身后。〔云边句〕是说苏武陷在匈奴，和祖国断绝了音信。古人有鸿雁捎书的传说，所以"雁断"即音信断绝。雁日飞夜宿，有月时雁不飞，"月"应上"断"字。汉使到匈奴索还苏武，匈奴假说苏武已死，汉使也假说皇帝亲自射到一只大雁，雁脚上系有帛书，说苏武等人在某泽中，这样，匈奴才承认苏武还活着。这里也暗用这个典故。〔陇上句〕是说苏武在匈奴以牧羊为生。陇，同垄，丘陵地带。烟，指薄暮的烟雾。"烟"应上"归"字。苏武在匈奴牧羊，匈奴说，等公羊产了羔就让你回国。他养的牛羊还曾被另外一个叫丁零的部族偷盗过。他的生活极艰苦，甚至靠挖掘野鼠所藏的草籽充饥。这句诗，是包含了这许多事实在内的。〔回日句〕汉武帝曾以许多珍宝妆饰帐幕，希望神来居住，称甲帐，较次的自己居住，称乙帐。这是说苏武回国时，武帝已死，换了皇帝。〔去时句〕冠剑，戴冠佩剑。古礼，男子到了二十岁，要行冠（guàn）礼，束发戴冠（guān），表明成年。汉代制度：男子二十岁到五十六岁要服徭役，叫作丁男。丁年，即二十岁以后成丁之年。《文选》载旧题李陵《答苏武书》中说："丁年奉使，皓首而归。"诗用书中语意。〔茂陵句〕茂陵，武帝的陵墓，代称武帝。《答苏武书》中又写道："闻子（苏武）之归，赐不过二百万，位不过典属国，无尺土之封加子之勤。"这里也是用其语，以批评皇帝之刻薄寡恩。西汉制度，非刘氏不得封王，侯就是皇族以外的大臣所能获得的最高爵位。茂陵不见，即"不见茂陵"的倒文。〔空向句〕空，徒然，白白地。秋波，秋水。逝川，流逝的河川。这是写苏武对朝廷功高赏薄的伤感。

这也是一篇咏史诗。它进一步写出了不特霸才无主为可怜，就是生逢其时，有机会为国立功，而所获得的恩赏反而不及一些“妨功害能之臣”、“亲戚贪佞之辈”，如《答苏武书》中所指陈的。这篇诗显然受了《答苏武书》的思想影响，虽然它在艺术构思上是独立的，甚至是独特的。

南歌子

温庭筠

井底点灯深烛伊，共郎长行莫围棋。
玲珑骰子安红豆，入骨相思知不知。

〔井底句〕烛，“嘱”的谐音。伊，他，即下句的“郎”。井底点灯，表面上是形容深深地照着，骨子里是说深深地嘱咐着。　〔共郎句〕长行（hàng），古代的一种游戏。这里用来表示走长路，即去到远方。围棋，“违期”的谐音。这句诗表面上是说和情人玩长行，不玩围棋，骨子里是说让你走得远远的也行，可是一定要如期回来，不要失约。　〔玲珑二句〕骰（tóu）子，一般叫色（shǎi）子，一种正方立体的赌具，六面分刻一至六点。红豆，又名相思子，参王维《相思》。骨制的骰子上刻的点子涂有红色，所以用来形容入骨相思，以申上文深嘱情郎不可违期之意。

这也是一篇拟民歌。使用谐声、双关语，本是南朝吴歌的传统，刘禹锡在《竹枝词》中偶一用之，温庭筠则在这方面有更巧妙的构想。

长安秋望

赵　嘏

云物凄清拂曙流，汉家宫阙动高秋。

残星几点雁横塞，长笛一声人倚楼。
紫艳半开篱菊静，红衣落尽渚莲愁。
鲈鱼正美不归去，空戴南冠学楚囚。

〔云物句〕天空的云往往形成各种物象，如杜甫《可叹》所写："天上浮云如白衣，斯须变化如苍狗。"所以称为云物。这是说天亮时，看到寒云在高空流动。 〔汉家句〕汉家，指唐朝。高秋，深秋。这是说长安高耸的宫阙隐约出没于深秋云物之中，似乎在动荡。 〔残星句〕天已拂曙，在数点稀星之中，但见雁群越塞南归。 〔长笛句〕是说人倚楼时，忽闻有人吹笛，因之更加引动乡思。 〔红衣〕指红莲花瓣。 〔渚〕水中小洲。 〔鲈鱼句〕西晋末年吴郡人张翰，曾任齐王司马冏的僚属。他洞察到当时政局可能发生变化，因秋风起，想念家乡的莼羹、鲈鱼，便辞官回家。后来齐王失败，他没有受到连累，被人赞赏有远见。这是说自己不如张翰。 〔空戴句〕战国时，楚国的伶官钟仪在战争中被郑国俘虏，献给了晋国。他为了表示不忘本国，经常戴着南冠(楚国样式的帽子)。诗人当时情况，和被拘留在晋国的楚籍囚犯并不相同，但不能回乡是一致的，所以说空学楚囚。

本篇写清晨登楼览景，触动乡思。前半挺拔，次联尤其精彩。它上下两句都完整地自成一个独立的形象，而"横塞"之雁与"倚楼"之人又自然融合，构成一体。故杜牧深为赞赏。这篇诗的疵病是收尾平弱。如何写好结句，是写诗的一个难题。

赵嘏(gǔ)，字承祐，山阳(今江苏省淮安市)人，会昌、大中间(约当9世纪中叶)诗人。

落　花

李商隐

高阁客竟去，小园花乱飞。

参差连曲陌，迢递送斜晖。
肠断未忍扫，眼穿仍欲归。
芳心向春尽，所得是沾衣。

〔参差二句〕参差（cēn cī），不齐貌。曲陌，弯曲的小路。迢递（tiáo dì），远貌。斜晖，夕阳。这是写落花飞舞之状。曲陌、斜晖，点明地点、时间。〔扫〕指扫花。　〔归〕指春归。　〔沾衣〕眼泪沾在衣上。

这篇诗题为“落花”，是惜花之落，又是惜人之去，所以首联双起，三联双承。花飞使人肠断而不忍扫，足见多情；居者虽然望眼欲穿，行者却仍然走了，暗示无情。结果所得到的就只有一把眼泪了。这“向春尽”的“芳心”，当然是落花之心，但也无妨认为是居者之心吧。

李商隐，字义山，怀州河内（今河南省沁阳市）人，生于元和八年（813），死于大中十二年（858）。他是晚唐最有成就的诗人之一，与杜牧齐名，后人称他们为“小李杜”。

夜　饮

李商隐

卜夜容衰鬓，开筵各异方。
烛分歌扇泪，雨送酒船香。
江海三年客，乾坤百战场。
谁能辞酩酊，淹卧剧清漳？

〔卜夜句〕春秋时齐国的陈完请桓公饮酒，桓公很愉快，要在晚上继续喝下去。陈完回答说：“臣卜其昼，未卜其夜，不敢。”古人迷信，凡是比较重大的事，都要卜卦，请国君饮酒，也算大事，所以陈完这么回答。后人因称昼夜聚饮不休为卜昼卜夜。衰鬓，衰白的头发，代称年老体弱。其实这时诗人才四十来岁。这是说容许像我这样的人夜间饮酒,亦即我因生活无聊,只好夜间饮酒。〔开筵句〕异方,指梓州(今四川省三台县)。这时,诗人在东川节度使柳仲郢幕府中掌书记。这句以“异方”补足上句“卜夜”之故。〔烛分句〕烛泪,见杜牧《赠别》注。歌扇,古代歌妓所用团扇。当时或有某一妓女感怀身世,曾于筵前歌唱时流泪,诗人对她表示同情,因而认为烛之流泪,也是为了分担她的痛苦。〔船〕这里指容积较大的酒器。〔江海句〕诗人于大中五年(851)七月离开长安,到柳仲郢幕府工作,到大中八年作此诗时,恰是三年。江海,在古代典籍中常与魏阙(朝廷)对言,指京城以外较偏远的地方。〔乾坤句〕是泛言时势很艰难。从安史之乱以后,唐朝内则有藩镇叛乱,外则有各族入侵,一直没有过什么好日子。〔谁能二句〕酩酊(mǐng dǐng),大醉的样子。淹,留。剧,甚。刘桢《赠五官中郎将》:“余婴沉痼疾,窜身清漳滨。”这里是以刘桢卧病漳水之滨自比,认为自己比他还要无聊,所以不辞一醉。

这是作者在浮沉下僚的生活中所发出的慨叹。在古人集中,这一类的诗是常见的,值得注意的是,他将自己的和国家的命运联系起来了。王安石特别推重五、六两句,也应当从这个角度去理解,不独风格老健为可爱可重而已。

安定城楼

李商隐

迢递高城百尺楼,绿杨枝外尽汀洲。
贾生年少虚垂涕,王粲春来更远游。
永忆江湖归白发,欲回天地入扁舟。
不知腐鼠成滋味,猜意鹓雏竟未休。

〔安定〕郡名,即泾州,唐泾原节度使治所,故地在今甘肃省泾川县北。

〔迢递〕见上《落花》注，这里由远貌引申为高貌。　〔贾生句〕贾生事，见刘长卿《过贾谊宅》注。贾谊曾给汉文帝上《治安策》，说到"可为痛哭者一，可为流涕者二"等语。他虽剀切指陈时政利弊，但终未见大用，所以其痛哭流涕算是白费。文宗开成三年(838)，诗人在泾原节度使王茂元幕府工作，做了他的女婿。婚后，赴京应博学宏词科考试，不中，仍回泾州。这时他是二十六岁，考试失意，故以贾谊自比。　〔王粲句〕王粲事，见王粲《七哀诗》注。这是以王粲从长安远走荆州，依靠刘表，比喻自己来泾州依靠王茂元。王粲客荆州时，曾在春日登当阳城楼，感于远游而作《登楼赋》。此诗之"春来"，当是借指开成三年春天。　〔永忆二句〕永忆，长远结记着。回天地，犹言扭转乾坤，使政治局面由坏变好。入扁舟，归隐的行为。这是说，自己希望能够在对国家做出贡献后，老年归隐，驾一叶扁舟，放浪江湖。　〔不知二句〕《庄子·秋水》中有个故事说，惠施在梁(就是战国时代的魏国)担任相国，庄周去探望他。有人对惠施说："庄周是想来接替你的。"惠施大为惊恐，在城里搜查了三天三夜。庄周终于去见了惠施，并对他说："南方有一种鸟名叫鹓(yuān)雏(即凤凰)，你知道吗？它非梧桐不栖，非竹实不食，非醴泉不饮。而当鸱(即猫头鹰)弄到一只腐臭的老鼠时，鹓雏恰好从它面前过去，鸱竟然认为鹓雏要抢那只腐鼠了，于是发出怒声——'吓'。今天，难道你想用你的梁国来'吓'我吗?"这里用来比喻自己志向远大，并不恋恋于博学宏词科。别人因猜忌他而不予录取，也不值得介意。

在9世纪中叶，唐王朝统治阶级内部有两个互相倾轧的党派，即以李德裕为首的"李党"和以牛僧孺为首的"牛党"。李商隐原来依附的令狐楚是"牛党"，而王茂元则被认为是"李党"。令狐楚死后，李商隐做了王茂元的女婿，被"牛党"认为是背叛，所以在其考博学宏词科时，就利用了他们所掌握的权力对之加以排斥。这篇诗反映了诗人自己平素的政治抱负和在党争中受到抑压的苦闷心情。它赋比交替，虚实相兼，寓议论于咏叹之中，在艺术上也很有特色。

哭刘蕡

李商隐

上帝深宫闭九阍，巫咸不下问衔冤。
黄陵别后春涛隔，湓浦书来秋雨翻。
只有安仁能作诔，何曾宋玉解招魂？
平生风义兼师友，不敢同君哭寝门。

〔哭刘蕡(fén)〕蕡字去华，昌平（今北京市昌平区）人，大和二年(828)，应贤良方正直言极谏科试，在对策中猛烈抨击宦官专权乱政，请求皇帝消灭他们。考官赞赏他的文章，但因惧怕宦官，不敢录取。后又遭诬陷，被贬为柳州（今广西壮族自治区柳州市）司户参军，会昌二年(842)死去。这是李商隐在长安听到这个不幸的消息之后所写的悼诗之一。 〔上帝二句〕阍(hūn)，门。九阍即九重。巫咸，古代的神巫，名咸。古人认为，巫是神和人之间的使者，可代双方传达意见。这是借天上的事来说人间，痛惜刘蕡含冤被贬，皇帝高居深宫之内，也不派人下访，了解案情，给他平反。 〔黄陵句〕黄陵，山名，在今湖南省湘阴县境内。黄，旧作“广”，误。刘蕡死前一年的春天，贬官柳州时，经过黄陵，曾与正在那里客游的李商隐会面。这是写和好友最后见面的时间、地点。当时湘江之滨，正涨春涛，分别以后，竟然难以重见，像是被“春涛”阻隔了。 〔湓浦句〕湓(pén)浦，见白居易《琵琶行》注。翻，犹波动。这是说从湓浦来的信告知这个不幸消息时，又值秋雨猛下，倍觉凄凉。 〔只有二句〕安仁，潘岳字。他长于作诔（哀悼文的一种）。《文选》中收诔八篇，潘作占四篇。《招魂》，《楚辞》的一篇，王逸认为是宋玉给他的老师屈原招魂（古代希望死者复生的宗教仪式）而作的。这是说刘蕡死后，自己能像潘岳那样，作诔文以表哀悼，可是没法像宋玉那样，因为宋玉虽然写了《招魂》，又何曾能使死者复生呢？解，懂得。 〔平生二句〕平生风义，指一辈子和刘蕡以道义气节互相劝勉的关系。寝，内室。《礼记》上载孔丘的话说：“老师死了，我便在寝内哭他。朋友死了，我便在寝门外面哭他。”这是表示尊卑、亲疏有别。李商隐认为，刘蕡不但是他的益友，而且是他的良师，所以不敢将他仅仅当成朋友，哭于寝门（之外）。这也和第六句以宋玉自比，以屈原比刘相应。

刘蕡是9世纪前期一团闪耀着强光的火花，照亮了唐帝国当时的黑暗政治。虽然这团火花不久就被扑灭了，但其影响却很不小。他进士及第时，宦官头子仇士良曾指责主考官杨嗣复，说他取了一个疯子。他在贤良方正直言极谏科考试中没有被取，同试的李郃说：“刘蕡下第，我辈登科，实厚颜矣。”这些事实可以说明，李商隐何以在他死后，连续地写了四篇极其沉痛的悼诗。这些诗，不但使我们认识和理解了刘蕡，也同样使我们认识和理解了李商隐。

春　雨

李商隐

怅卧新春白夹衣，白门寥落意多违。
红楼隔雨相望冷，珠箔飘灯独自归。
远路应悲春晼晚，残宵犹得梦依稀。
玉珰缄札何由达？万里云罗一雁飞。

〔怅卧二句〕白夹衣，唐人在没有做官时穿白衫，所以闲居时也可以白夹衣为便服。白门，金陵的别名，今南京市。一说，据南朝民歌《杨叛儿》：“暂出白门前，杨柳可藏鸦。欢作沉水香，侬作博山炉。”则白门是指男女幽会的地方。寥落，寂寞貌。意多违，很不如意。这是写春雨客居的寂寞之感。　〔红楼二句〕红楼，诗中女方原来的住处。珠箔（bó），珠帘。这是写人去楼空之感，上下句不是一时之事。上句写现在雨中遥望红楼，感到气候（也是情绪）的寒冷。下句写过去曾于某夜重访她的旧居，但见珠箔低垂，与灯火相映，而其人已去，只有独自归来。　〔远路句〕晼（wǎn）晚，日落的形容词。这里借用来形容春天即将过去。春，这里既指自然界的春天，又指生活中美好的时刻。这是设想在远处的对方也会为了春天的消逝而发生哀感。〔残宵句〕残宵，后半夜。依稀，模糊貌。这是实写自己长夜难眠，只是在后半夜才迷迷糊糊地梦见了所怀念的人。这句与起句相应。〔玉珰二句〕珰，用玉或珠制的耳坠。缄(jiān)札，书信。把珰作为给女方的礼物，连信一并寄去，故珰、札连言。作者《夜思》中也有“寄恨一尺素，含情双玉珰”之句。云罗，密布如网罗的云层。雁，指捎带书信的人。这是说虽然想和她通讯，但道路遥远，行程艰难，未必能够到达对方手中。“云罗”的比喻，由春雨联想而来。

这篇诗写春雨之夜，客中独处，怀念情人。自己伤别，又代对方惜别；自己伤春，又代对方惜春，用意缠绵忠厚。但写“红楼”、“珠箔”，则人之窈窕，自然可知。李商隐写美人，大抵都用侧笔。此诗也是如此。

无　题

李商隐

相见时难别亦难，东风无力百花残。
春蚕到死丝方尽，蜡炬成灰泪始干。
晓镜但愁云鬓改，夜吟应觉月光寒。
蓬山此去无多路，青鸟殷勤为探看。

〔无题〕唐以来诗人凡是不愿意标出主题时，就标为“无题”。某些摘取第一句头两个字作为诗题而不顾及它的文意的，事实上也是无题。如果本有诗题而后来脱落了的，则称为阙题或失题，与无题不同。〔相见句〕骆宾王《与博昌父老书》：“古人云：别易会难，不期然也。”这里是翻进一层，上“难”字，指事之困难。下“难”字，指人之难受。〔东风句〕点明相别正值暮春落花时节。但前人多只写花谢，而此句兼写“东风无力”，有吹花之风与被吹之花同归于尽的意思，这就使“别亦难”的内涵更为丰富。〔春蚕二句〕是说要不相思，除非生命结束。“丝”是“思”的谐音字。蜡泪，参见杜牧《赠别》。〔晓镜二句〕晓镜，指女子晨妆。云鬓，女子头发的美称。改，这里指头发变得稀薄。她晨起对镜，因年华易逝而愁苦；夜间吟诗，又觉月光凄冷而悲凉。这是想象对方的相思之情，总之是“离恨千端，闲愁万种”。〔蓬山二句〕蓬山，神话中的蓬莱山，这里指女方所在。无多路，没多远。青鸟，见杜甫《丽人行》注。这是以女方远去比喻她已上升仙界，希望也有只捎信的青鸟能为自己殷勤地去探看。这是绝望中仍希望有人传递消息，再续前缘。

李商隐集中有好些篇“无题”诗，其中绝大部分是写爱情的，而且写得极好。许多注家认为它们是作者写来寄托政治感情，主要是反映其在牛、李党争中的遭遇和困惑的。由于年代久远，资料不足，今天还不能对这个争论已久的问题作出结论。但就诗论诗，我们却不能忽视这些精品。本篇写得既缠绵又执着，尤其是第二联，写对与生命相终始的爱情的执着以及这种执着的爱情遭到破坏之后无穷无尽的哀伤，尤为深挚感人。它大体和《春雨》相似，而情同景异，加以比较，正可看出诗人如何融景入情。

隋　宫

李商隐

紫泉宫殿锁烟霞，欲取芜城作帝家。
玉玺不缘归日角，锦帆应是到天涯。
于今腐草无萤火，终古垂杨有暮鸦。
地下若逢陈后主，岂宜重问《后庭花》！

〔隋宫〕指隋炀帝杨广南游江都（今江苏省扬州市）时在其地所建筑的行宫。〔紫泉二句〕紫渊，流经长安北部的一条河流。唐高祖名渊，唐人避讳,改“渊”为“泉”。这里即以紫泉代称长安。锁烟霞,关闭在云霞之中,即放弃不住。南朝刘宋时代,广陵(扬州)太守刘怀之曾因避北魏侵略,将城烧毁,携带人民南渡长江。后来竟陵王诞据广陵叛变,沈庆之平叛,杀了三千多人。十年之内,两遭兵祸。鲍照来游,看到城宇荒芜,非常感慨,作了一篇《芜城赋》,后人因以“芜城”为扬州的别名。隋炀帝于大业元年(605)到十二年,三次巡幸江都,大肆挥霍,成为当时人民极大的灾难。这是说炀帝把长安宫殿关闭,让它深锁烟霞,因为他想把江都当作京城,以便任情享乐。叙事中充满讽刺意味。 〔玉玺二句〕玺(xǐ),皇帝的印章。缘,因。日角,指李渊。古代迷信,认为人的骨相可以决定命运,人的额骨非常饱满,叫作日角,是帝王之相。李渊起兵反隋之前,唐俭曾称其相为“日角龙庭”。锦帆,指炀帝游江都时所乘龙舟。这种特制的船,高达四十五尺,长二百尺,有楼四层,以锦做帆。这是说隋朝的政权假使不为唐朝所取代,隋炀帝的龙舟就不会到江都为止,还会去到更远的地方。 〔于今句〕炀帝曾在洛阳景华宫搜集萤火数斛,夜间放出,光照山谷,以此取乐。他在江都也曾这样做过。唐时还有放萤院遗址。古人认为腐草化萤,事实上是萤在腐草根部产卵,然后孵化为萤的成虫。这是说由于当初萤火都被爱玩的昏君搜光,直到现在江都的腐草间都没有萤火虫了,暗示隋宫在兵火之后遗址荒凉的情况。 〔终古句〕炀帝开运河,在汴口到长江即通济渠到邗沟一段,沿河筑御道,遍栽杨柳,称为隋堤。这是说南游盛况,已成陈迹,但有垂杨、暮鸦,终古如故,不异当时。旧日繁华,今日只剩下这一点凄凉景物作为点缀而已。 〔地下二句〕《后庭花》,见温庭筠《春江花月夜词》注。《隋遗录》载:隋炀帝在江都时,曾于醉梦中恍惚和陈后主相遇,问知后主的宠妃张丽华后,并请她舞了一曲《玉树后庭花》。那时,杨广还是在位的皇帝,陈叔宝则是亡国之君。可是到了后来,炀帝也以荒淫失国,情况变得和陈后主一样了。于是,诗人就这个传说提出了一个冷隽的问题:如果这两个昏君地下相逢,炀帝再问起张丽华以及她的舞曲,难道还是合适的吗?

这篇诗的主题、题材全同温庭筠的《春江花月夜词》,而风格不同,温诗俊逸,此诗沉郁。在严密的布局和精工的对仗之中,具有开合动荡的气势、沉郁顿挫的风格。这些方面，李商隐是杜甫七言律诗最优秀的继承者。

锦 瑟

李商隐

锦瑟无端五十弦，一弦一柱思华年。
庄生晓梦迷蝴蝶，望帝春心托杜鹃。
沧海月明珠有泪，蓝田日暖玉生烟。
此情可待成追忆？只是当时已惘然！

〔锦瑟(sè)〕绘有美丽如锦的花纹的瑟。因此诗中第一句头两个字是“锦瑟”，故用作诗的题目，实即无题。 〔锦瑟二句〕瑟原来有五十条弦，后来一般只有二十五条弦。在瑟的尾部，每一条弦有一根柱支着。参李端《听筝》注。无端，没来由地。华年，青年。这是说，锦瑟恰巧是五十条弦、五十根柱，我已快五十岁了，这个数字使我想起了过去的青年时代。这位诗人生活在宪宗到宣宗时代，正当牛（僧孺）、李（德裕）两党斗争极为剧烈的时期。他因婚姻关系，卷入党争，被“牛党”排斥，已见前。其后李德裕贬死，令狐楚的次子绹做了宰相。他去谢罪，令狐绹拒不接见，终于穷困而死，才活了四十七岁。这篇诗是他晚年回想自己陷于当时牛、李党争的不幸的一生而写的，充满了忧伤抑郁的气氛。 〔庄生句〕战国时代的哲学家庄周在其所著《齐物论》中说，我从前做梦变成了一只蝴蝶，就真是生动活泼的蝴蝶；一会儿醒了，又是清清楚楚的自己。我真不知道，是庄周梦见自己变了蝴蝶，还是蝴蝶梦见自己变了庄周。这里是借这个典故所显示的意象说自己一生纠缠在政治斗争当中，有如梦幻，感到迷惘。 〔望帝句〕望帝，古代蜀国国王杜宇。据说杜宇从天上下凡，自立为蜀王。一个名叫鳖灵的人，死而复活，望帝就用他做了宰相。当时玉山发生水灾，望帝不会治水，就派鳖灵去治。鳖灵走后，望帝却和他的妻子发生了不正当的关系。后来,望帝感到愧悔,觉得自己没有品德,不如鳖灵,就把帝位让给他,死后变成了杜鹃鸟。因此,在古代神话传说中,望帝是一个自己做错了事而感到后悔的形象。杜鹃是在暮春三月啼叫,所以称后悔的心情为“春心”。这里是以望帝自比,觉得一生在政治生活中,干了许多后悔的事,只能借诗歌抒写出来,和望帝的春心托杜鹃的叫声宣泄出来一样。〔沧海句〕古代通称今黄海、渤海、东海海域为沧海。今南海海域则称为南海或涨海。只有南海才产珍珠,这句诗说沧海产珠,是一种隐蔽的艺术手法,以免将诗句中暗指的时事说得太露骨,于自己不利。古代传说,南海中有一种鲛人,哭泣出来的泪滴都是珍珠。古人将产珠的珠贝也称为珠,引申起来,“珠有泪”就是鲛人在哭泣。这是用以比李德裕贬谪崖州,心境忧伤。 〔蓝田句〕蓝田,指产美玉的蓝田山。古代迷信认为,若是某地有贵人或宝物,上空就有烟云。这是用以比令狐绹在朝廷做了宰相,权势隆盛。 〔此情二句〕是说无须等今天来回想那些使自己终身陷于不幸的激烈政治斗争,就在当时,这些斗争也就使得自己昏头转向了。可待,岂待,何须等待。惘然,不得意的样子。

这是一篇回想平生、自伤不幸的诗。封建统治阶级内部的派系斗争,常常使得一些有能力并且愿意为祖国服务的人在激烈的倾轧中,失去了贡献力量的机会。李商隐就是其中之一。诗篇以比兴的手法、美丽的形象、朦胧的气氛和丰富的暗示来表达深沉的哀怨,非常富于魅力。也有人认为此诗是诗人悼念其亡妻王氏之作。由于形象大于思想,一诗多义的情形在欣赏和批评中总是会存在的。我们在这里,只是提出了自己认为比较恰当的看法。

贾　生

李商隐

宣室求贤访逐臣,贾生才调更无伦。
可怜夜半虚前席,不问苍生问鬼神。

〔宣室二句〕宣室,汉朝未央宫中的正室。贾生,贾先生的省称。贾生即贾谊,他被周勃、灌婴等大官排斥,放逐在外。后来文帝又将他找了回来,在宣室召见。才调,犹才气、才情。无伦,无比。 〔可怜二句〕前席,古人席地而坐,坐的形式是将双膝跪下,以臀部安放在脚跟上。当谈话或听话很入神的时候,两膝就不自觉地在席上向前移动,以便靠得更近一些,叫作前席。可怜,可惜。苍生,人民。贾谊奉诏进见汉文帝的时候,文帝正在宣室受釐(举行接受祭过神的祭肉的宗教仪式),因而就问贾谊关于鬼神的道理。贾谊说得头头是道,文帝听得入神,到了半夜,不觉"前席"。

这篇诗讽刺统治者虽然遇着有才能的臣子,可是不知道怎样使用他们,结果自然也就无从发挥其对于人民有利的作用了。在旧社会,这种情形是非常之多的。这篇诗正是对这种不合理现象的抗议。王安石同题之作云:"一时谋议略施行,谁道君王薄贾生?爵位自高言尽废,古来何啻万公卿。"则借古事以发抒他对宋神宗的知遇之感。如果仅将其看成了翻李商隐的案,那就被王安石瞒过了。

夜雨寄北

李商隐

君问归期未有期,巴山夜雨涨秋池。
何当共剪西窗烛,却话巴山夜雨时。

〔巴山〕泛指三巴(今重庆市东部)一带的山。 〔何当〕何时。

当诗人在巴山一带接到北方家中妻子的来信,问他什么时候可以回去的时候,他回答道:"还没有准儿啊!而且现在正下着愁人的夜雨;将来什么时候我能和你在西窗下面,剪烛夜谈,而把现在的生活当作话题,那就好了。"这篇诗在结构上与刘皂《旅次朔方》相同,均以时间、空间的回环对照取胜。宋代的诗人,对于这种结构也很有兴趣。如王安石《与宝觉宿龙华院》:“与公京口水云间,问月何时照我还。邂逅我还还问月,何时照我宿钟山。”杨万里《听雨》:“归舟昔岁宿严陵,雨打疏篷听到明。昨夜茅檐疏雨作,梦中唤作打篷声。”都是机杼相同的好诗。

黄陵庙

李群玉

小姑洲北浦云边,二女啼妆尚俨然。
野庙向江春寂寂,古碑无字草芊芊。
风回日暮吹芳芷,月落山深哭杜鹃。
犹似含颦望巡狩,九疑凝黛隔湘川。

〔黄陵庙〕指立在黄陵的娥皇、女英庙。黄陵,见李商隐《哭刘蕡》注。娥皇、女英,见李白《远别离》注。 〔小姑二句〕小姑洲,黄陵庙南洞庭湖旁的一座洲,庙在今湖南省湘阴县北四十里的洞庭湖边。浦云,水边的云。小水进入大水的口子叫作浦,这里指湘水注入洞庭湖的水口。二女,指娥皇、女英。啼妆,悲泣的形象。俨(yǎn)然,宛然,栩栩如生的样子。这是写庙址和神像。 〔江〕指湘江。 〔古碑句〕庙碑所刻文字,由于风雨剥蚀,已不可见,形容年代久远。芊(qiān)芊,草茂盛貌。 〔芷〕香草名。〔杜鹃〕见李白《蜀道难》、李商隐《锦瑟》注。 〔犹似二句〕含颦,女子因愁怨而皱眉。巡狩,天子出外视察游览。黛,青黑色。九疑,山名,见李白《远别离》注。这是说庙中二女,啼妆俨然,至今还像当初皱着眉头,遥望她们的南巡不返、死葬九疑的丈夫。诗人在黄陵庙边,不可能望见远在湘江上游的九疑山,这只是由这个历史故事而引起的想象,又依据自己的想象对二女的啼妆作出解释而已。

李白的《远别离》曾以雄奇奔放的古诗歌咏了这个古代悲剧,李群玉则代之以清丽婉转的今体。所写境界不同,风格亦异,而都能激发人们的“思古之幽情”。此诗中四句极写野庙当前环境的寥寂凄清，与首尾两联之将读者带到想象中遥远的古代和远方的描写结合得极为巧妙。

李群玉，字文山，澧州（今湖南省澧县）人，生于元和八年（813），约死于懿宗李漼咸通元年（860）。

魏城逢故人

罗 隐

一年两度锦城游，前值东风后值秋。
芳草有情皆碍马，好云无处不遮楼。
山牵别恨和肠断，水带离声入梦流。
今日因君试回首，淡烟乔木隔绵州。

〔魏城〕唐县名，属剑南道绵州。今四川省绵阳市和梓潼县之间有魏城镇。〔锦城〕成都的别名。见杜甫《蜀相》注。 〔好云句〕成都平原雨量充足，晴天而有云的日子多，所以诗人这么说。 〔今日句〕是说由于这位故人谈及成都，因而怀念起旧游之地来，更增身在绵州，和成都相隔之恨。

这篇诗以移情的手法见长。中四句连写芳草碍马、好云遮楼、山牵别恨、水带离声，将草、云、山、水都人格化了，由于句法变化，所以不嫌重复。

罗隐，字昭谏，新城（今浙江省杭州市富阳区）人，生于大和七年（833），死于梁太祖朱晃开平三年（909）。

蜂

罗 隐

不论平地与山尖，无限风光尽被占。

采得百花成蜜后，不知辛苦为谁甜？

这是一篇寓言诗。诗中的蜜蜂就是封建社会中千千万万的普通农民。他们祖祖辈辈辛辛苦苦地干着活，可是劳动成果到头来却都被统治者掠夺去了。

唐末有些诗人曾用比较通俗的语言写诗，反映当时的民生疾苦。罗隐以及聂夷中、杜荀鹤、于濆等，对此都有所贡献。但他们艺术水平不够高，因此这些作品影响并不大。

咏田家

聂夷中

二月卖新丝，五月粜新谷。
医得眼前疮，剜却心头肉。
我愿君王心，化作光明烛。
不照绮罗筵，只照逃亡屋。

〔二月二句〕二月里蚕还没养就出卖新丝，五月里禾还没熟就出卖新谷，表明农民为了挣扎着活下去，不得不将劳动果实先行贱售。这种预付低价的远期交易，是封建社会流行的一种剥削形式。粜（tiào），出卖粮食。〔医得二句〕就是俗话说的“剜（wān）肉补疮”。〔绮罗筵〕坐满穿着丝绸衣服的人的筵席。〔逃亡屋〕农民逃亡以后遗留下来的空屋。农民忍受不了过于繁重的剥削，纷纷离开家乡，逃亡他处，称为逃亡户。

这篇诗前半揭露了当时广大农民在死亡线上挣扎的惨状，后半则显示了作者的局限性。他是将皇帝当成超阶级的天然尊长来看待的，因而对之抱有幻想，望其大发慈悲。

聂夷中，字坦之，河东（今山西省永济市）人，一说河南（今河南省洛阳市附近）人，生于文宗开成二年(837)，约死于僖宗李儇中和四年(884)。

公子家

聂夷中

种花满西园，花发青楼道。
花下一禾生，去之为恶草。

〔种花二句〕青楼，见曹植《美女篇》注。青楼下临西园，所以西园之花，发于青楼旁边的道路上。发，开。　〔去之句〕拔掉它，因为它是害草。之，此。

孟宾于《公子行》云："锦衣红夺彩霞明，侵晓春游向野庭。不识农夫辛苦力，骄骢踏烂麦青青。"虽属同一主题，但不及聂夷中这一篇写得深刻。因为孟诗中的公子不过"不识农夫辛苦力"，而在聂诗中的公子眼中，则养活他的禾，竟然成为"恶草"了，这就更其出人意料地突出了一个纨绔膏粱子弟愚昧而丑恶的形象。

春宫怨

杜荀鹤

早被婵娟误，欲妆临镜慵。
承恩不在貌，教妾若为容？
风暖鸟声碎，日高花影重。
年年越溪女，相忆采芙蓉。

〔早被二句〕婵娟（chán juān），姿容美艳。慵，懒。这是说，自己由于美貌，很年轻就被选为宫女，而入宫之后并没有承恩，即得到皇帝的宠爱，反而耽误了终身，因此觉得悲感，想要妆扮，可是对着镜子，又懒得动了。〔承恩二句〕是说入宫以后，才知道自己过去那样一种认为单凭美貌就可以承恩的想法太幼稚了。既然"承恩不在貌"，那又叫我怎样妆扮呢？即妆扮又有什么用呢？这两句暗示宫廷内部争宠争权，情势复杂，非一般年轻宫女所能理解和应付。〔风暖二句〕以春光之美好，反衬这位怨女内心的寂寞。碎，细碎。重，重叠。〔年年二句〕用古代越国著名的美女西施来和这位宫女相比，指出她们的不同命运。王维《西施咏》："朝为越溪女，暮作吴宫妃。"写西施入吴宫承恩，而这位宫女则与之相反，所以常常要怀想她在入宫前的平民生活。芙蓉，莲花。

杜荀鹤是一位通俗诗人，颇能反映民生疾苦，而艺术水平不高。但这篇却是他被人传诵的名作，第三联尤其出色。当时有人说："杜诗三百首，惟在一联中。"就是指的这两句。这篇诗揭示出女性入宫是否得宠，与宫廷的内部斗争有关，而不只是由于她美貌与否，也是其他宫怨诗中所稀有的。

杜荀鹤，字彦之，池州石埭(今安徽省石台县)人，生于武宗李瀍会昌六年(846)，死于昭宣帝李祝天祐四年(即梁太祖开平元年〔907〕)。

山中寡妇

杜荀鹤

夫因兵死守蓬茅，麻苎衣衫鬓发焦。
桑柘废来犹纳税，田园荒尽尚征苗。
时挑野菜和根煮，旋斫生柴带叶烧。
任是深山更深处，也应无计避征徭。

〔蓬茅〕草屋。〔桑柘(zhè)二句〕柘，木名，叶也可喂蚕。征苗，征收农业税。这是说农民已经无法进行生产，官府仍要从事剥削。〔时挑二句〕旋，还。这是说生活极度贫困，吃野菜，舍不得去掉根；砍柴烧，等不得晒干。〔也应〕也该。〔征〕赋税。〔徭(yáo)〕劳役。

这篇诗对统治阶级无休无止的剥削，揭露是有力的。但如拿来和白居易的《杜陵叟》、李贺的《感讽》对照，就觉得其中缺少了一点对于读者说来绝不是可有可无的什么东西。这是值得深思的。

江陵愁望有寄

鱼玄机

枫叶千枝复万枝，江桥掩映暮帆迟。
忆君心似西江水，日夜东流无歇时。

〔江陵〕今湖北省江陵县。　〔有寄〕有所寄，将此诗寄予某人。　〔枫叶二句〕掩映，遮掩映带。这是说从江桥上望过去，枫叶遮掩映带，日暮中帆船迟迟驶来，点题“愁望”。　〔西江〕这里指长江上游，长江由西向东流，故称其上游为西江。

这篇诗首二句以写景物，寓别情，后二句以江流之不停，喻相思之无尽。王维《送沈子福归江东》以相思比遍于江南江北之春色，乃自空间极言其广，这里却以相思比长流不停的江水，乃从时间极言其长，措语不同，各极其妙。

鱼玄机，字幼微，一字蕙兰，长安（今陕西省西安市）人，女道士，曾和温庭筠等诗人交往唱和。

古宴曲

于　濆

雉扇合蓬莱，朝车回紫陌。重门集嘶马，言宴金张宅。
燕娥奉卮酒，低鬟若无力。十户手胼胝，凤凰钗一只。
高楼齐下视，日照绮罗色。笑指负薪人，不信生中国。

〔雉扇句〕雉扇，用雉（zhì。野鸡）尾毛做成的宫扇。皇帝上朝时，由内侍举着，立在御座两旁作为仪仗。蓬莱，唐宫名，原名大明宫。这是形容皇帝临朝，由雉扇等仪仗集合拥簇。　〔朝车句〕朝车，贵臣们坐着上朝的车子。紫陌，宫城大道的美称。紫，指泥土的颜色。这是说贵臣们朝见皇帝以后，各自乘车回府。　〔重门二句〕重门，一道一道的门，指贵臣的府第。言，语助词，无实义。金、张，见左思《咏史》“郁郁涧底松”篇注，这里指当时贵臣。这是写他们下朝之后聚饮。　〔燕娥〕河北一带出生的美女，这里指贵臣们的侍女。《古诗》：“燕赵多佳人，美者颜如玉。”所以特标“燕娥”。　〔奉〕同捧。　〔卮（zhī）〕酒器。　〔低鬟句〕形容侍女们故作娇态。　〔十户二句〕胼胝（pián zhī），手或足上因为劳动被经常摩擦而变硬变厚了的那一部分皮肤。这是说十户劳动人民胼手胝足生产出来的东西，仅仅够侍女们购置戴在头上的一只小小的凤凰钗。　〔高楼四句〕这是说当侍女们从高楼中向下眺望的时候，日光照着她们穿着的华丽衣服，显得格外鲜明，而她们却指着那些卖柴的穷人，竟然不相信自己的国家里还有这种人存在。

这篇诗前半平常，后四句从侍女眼中着笔，就觉深入一层，鞭挞那些高级寄生虫更其有力了。

于濆，字子漪，懿宗时代（约当 9 世纪后期）的诗人。

田翁叹

于　濆

手植千树桑，文杏作中梁。频年徭役重，尽属富家郎。
富家田业广，用此买金章。昨日门前过，轩车满垂杨。
归来说向家，儿孙竟咨嗟。不见千树桑，一浦芙蓉花。

〔文杏句〕是说自己原有的住宅很好，屋梁用名贵木材文杏树做成。　〔频年〕连年。〔富家二句〕是说富家的田地产业本已很多，还要兼并自己的桑田和住宅，是因为想积累更多的钱，去买官做。金章，金制官印。〔门前〕指原来属于自己的“文杏作中梁”的住宅门前。〔轩车句〕轩车，见《古诗》“冉冉孤生竹”篇注。古制，大夫乘轩车。这是说富家郎在他的旧宅中招待贵宾。这是田翁“昨日门前过”所看到的一件事。〔竟〕疑当作“竞”。〔咨嗟〕叹息。〔不见二句〕浦，这里指池塘。这是说富家郎已经把桑田废弃，挖成池塘，种满荷花，以供玩赏。这是田翁“昨日门前过”所看到的又一件事。

这位田翁有桑树千株和杏梁住宅，并非穷苦人家，而终于不免被富家郎所兼并，这就说明了晚唐时代兼并之激烈。素封尚且不免，赤贫可想而知。以田宅换金章，废桑田为荷池，也特征地描绘了大地主的生活。

正乐府

皮日休

橡媪叹

秋深橡子熟，散落榛芜岗。伛伛黄发媪，拾之践晨霜。
移时始盈掬，尽日方满筐。几曝复几蒸，用作三冬粮。
山前有熟稻，紫穗袭人香。细获又精舂，粒粒如玉珰。
持之纳于官，私室无仓箱。如何一石余，只作五斗量？
狡吏不畏刑，贪官不避赃。农时作私债，农毕归官仓。
自冬及于春，橡实诳饥肠。吾闻田成子，诈仁犹自王。
吁嗟逢橡妇，不觉泪沾裳！

〔橡媪（ǎo）〕拾橡子的老妇人。橡子，栎树的果实，味苦涩，灾荒时穷人常用来充饥。〔榛芜〕丛生的草木。〔伛（yǔ）伛〕弯腰驼背的样子。

〔拾之句〕踏着早晨的寒霜去拾,形容辛苦。 〔移时〕过了一些时间。〔盈掬(jū)〕满手。 〔曝(pù)〕晒。 〔三冬〕孟冬十月、仲冬十一月、季冬十二月。 〔玉珰〕见李商隐《春雨》注。 〔箱〕即厢。 〔私债〕高利贷。 〔橡实句〕用难吃的橡子欺骗自己饥饿的肚肠。 〔吾闻二句〕诈仁,假仁假义。田成子,周朝齐国的贵族,曾用种种方法争取齐国的人心(例如借粮食给人时用大斗量,人还粮食时用小斗量等等),以求达到做国王的目的,后来他的曾孙田和果然做了齐王。这是说当时的皇帝还不如假仁假义的田成子,因为田成子究竟还对人民有些好处。 〔吁嗟〕叹声。

《正乐府》十篇,是白居易《新乐府》的嗣音。但在表现能力方面,这位诗人远远不及他伟大的先辈,所以影响也较小。

皮日休,字袭美,襄阳(今湖北省襄阳市襄州区)人,曾参加唐末的农民起义,被黄巢任为翰林学士。从他所写的这一类的诗篇中可以看出,他参加起义,是有其思想基础的。

和袭美春夕酒醒

陆龟蒙

几年无事傍江湖，醉倒黄公旧酒垆。
觉后不知明月上，满身花影倩人扶。

〔傍江湖〕住在江湖旁边。傍,靠着。作者长期住在太湖旁边,过着隐居生活,自号江湖散人。 〔黄公旧酒垆〕垆,见《羽林郎》注。黄公酒垆是西晋时代阮籍、嵇康等人聚饮的地方。这是说他和皮日休由于遭世昏乱,所以效法古人,纵饮自遣。 〔倩(qiàn)〕请。

日间聚饮,夜间始醒。若非花影满身,岂知醉之久?若非倩人扶,岂知醉之甚?

陆龟蒙,字鲁望,吴郡(今江苏省苏州市)人,皮日休的好友。

新　沙

陆龟蒙

渤澥声中涨小堤，官家知后海鸥知。
蓬莱有路教人到，亦应年年税紫芝。

〔渤澥（xiè）〕见杜甫《渼陂行》注。　〔声〕指海涛声。　〔堤〕新沙的代称。〔官家句〕海鸥随时在海边觅食，照理应当首先发现由于淤积而新出现在海面的沙，而官家却居然比它们更先知道，便忙着去向在新沙上开荒的贫苦人民征收租税。这句讽刺剥削阶级由于其贪婪的天性，对于可供剥削的对象具有特殊的敏感。　〔蓬莱二句〕蓬莱，传说中海中仙山名。紫芝，灵芝的一种，据说吃了能长生不老，所以仙人也在蓬莱种植它。这是说那些剥削成性的人如果能够去蓬莱，他们也会向仙人收税的。

这篇诗用两种并不相关的想象构成，而统一于讽刺当时官府无所不至地进行剥削这个主题里。人民冒着风涛之险，在新沙上开荒，无非因为开荒可以不必交租，但诗人指出，他们想得太美了。陶渊明在《桃花源诗》中所描写的“秋熟靡王税”的理想世界，在陆龟蒙思想中已完全破灭，他所看到的，只是“任是深山更深处，也应无计避征徭”（杜荀鹤句），所以不禁想到，连仙人也无所逃于天地之间。

开元寺楼看雨联句

陆龟蒙　皮日休

海上风雨来，掀轰杂雷电。登楼一凭槛，满眼蛟龙战。（龟蒙）
须臾造化惨，倏忽堪舆变。万户响戈鋋，千家披组练。（日休）
群飞抛轮石，杂下攻城箭。点急似摧胸，行斜如中面。（龟蒙）

细洒魂空冷，横飘目能眩。垂檐珂佩喧，擈瓦珠玑溅。（日休）
无言九陔远，瞬息驰应遍。密处正垂絙，微时又悬线。（龟蒙）
写作玉界破，吹为羽林旋。翻伤列缺劳，却怕丰隆倦。（日休）

〔开元寺〕史载，周圣神皇帝天授元年(690)，长安、洛阳及天下诸州各置大云寺一所，唐玄宗开元二十六年(738)，一律改名开元寺。据诗中“海上风雨来”、“湖彩熟于练”等句及皮、陆二人踪迹，此开元寺当在苏州，而不一定是最著名的宣州(今安徽省宣城市)开元寺。(宣州开元寺建于东晋，旧名永安寺，杜牧曾题诗。) 〔掀轰〕大声，指雷声。 〔槛〕栏杆。 〔蛟龙战〕比喻天空中风雨雷电交作。 〔须臾二句〕造化，天的代称。堪舆，地的代称。这是说转眼之间，天地都变成了阴惨惨的样子，即杜甫《渼陂行》所谓“天地黤惨忽异色”。 〔万户二句〕戈、铤(yán)，两种兵器。披组练，犹言披铠甲。组是丝绳，练是帛，用来联缀铠甲，即作为铠甲的代称。这是从上句“战”字来，进一步描写猛雨的威势。当它落下的时候，似乎万户千家都受到它的袭击。它以水点进攻，人以房屋防御。 〔群飞四句〕续写猛雨对人的袭击。抛轮石，指打炮。古代的炮，以石做弹，用轮机发射。行，行列。中，射中。 〔细洒二句〕横(hèng)，放纵貌。眩，眼花缭乱。这是赞美猛雨非常壮观，使人眼花缭乱，不像细雨那样使人情绪低沉。〔垂檐二句〕珂佩，玉佩。将玉佩在腰间以作妆饰，是古代男女通行的一种习惯。擈(bào)，打击。玑，小珠。这也是对雨声的赞美，说它落在檐和瓦上，有珠玉之声。 〔无言二句〕九陔(gāi)，空间最高极远之处，这是形容这场猛雨降落区域之广，不要说九陔很远，它转眼之间可都落遍了。〔密处二句〕絙(gēng)，粗绳。微，细。从这里起，写雨势由大转小。先是下得很密，雨脚如垂下的粗绳，后来渐细，又像悬空的细线。 〔写作二句〕写，同泻。玉界，天空。羽林，星名，共有四十五颗。这是形容雨落时如天空破裂，水从裂处漏出(即李贺《李凭箜篌引》“石破天惊逗秋雨”之意)，而当它被急风一吹，又像许多星在旋转。 〔翻伤二句〕翻，同反。列缺，电。丰隆，雷。这是说大雨之中，电闪个不息，雷打个不停，想来它们太辛苦，太疲倦了，值得同情。

以上写登楼赏雨及楼中所见雨景。

遥瞻山露色，渐觉云成片。远树欲鸣蝉，深檐尚藏燕。（龟蒙）
残雷隐辚尽，反照依微见。天光洁似磨，湖彩熟于练。（日休）
疏帆逗前渚，晚磬分凉殿。接思强挥毫，窥词几焚砚。（龟蒙）
佶栗乌皮几，轻明白羽扇。毕景好疏吟，余凉可清宴。（日休）

〔隐辚(lín)〕不平貌，这里形容雷声由高而低。〔反照〕斜阳。〔依微〕隐约、依稀貌。〔磨〕古人用铜镜，常常要磨，以保持明亮。〔湖彩句〕湖彩，犹湖光。煮过的丝帛变得白软，叫熟练。这是形容雨后湖光明净。〔逗〕停留。〔晚磬(qìng)句〕磬，佛寺中一种打击乐器。是写傍晚雨声止后，磬声可闻，好像它也分享了阴凉佛殿中的空间。〔接思二句〕接思，承接着（皮日休的）艺术构思。强，勉强。挥毫，动笔。窥词，看见了（皮日休的）诗句。几，几乎。焚砚，烧掉砚台，表示不敢再作诗。这是陆在和皮联句快要结束时，赞美诗友的话。〔佶(jí)栗二句〕佶栗，高耸貌。几，一种用具，形式略如今茶几。古人在席地而坐时，累了就伏在上面休息。乌皮几，蒙以黑色皮革的几。轻明，质轻而色鲜。这是写观赏之后，在楼上休憩。〔毕景句〕是说看完景物，又可随意吟诗，气候转凉，也很舒适。疏，不急促。清宴，犹清闲。

以上写雨后继续观赏和在楼中休息。

君携下高磴，僧引还深院。驳藓净铺筵，低松湿垂鬋。（龟蒙）
斋明乍虚豁，林霁逾葱倩。早晚重登临，欲去多离恋。（日休）

〔磴〕石级。〔驳藓句〕驳，斑驳，颜色很杂。筵，席。这是说杂色的苔藓经过雨洗，洁净如铺设的席子。〔低松句〕鬋(jiǎn)，下垂的鬓发。这是说雨后松枝湿漉漉地垂着，有如下垂的鬓发。〔斋〕指僧房，即上文的深院。〔虚豁〕开朗。〔霁(jì)〕雨（雪）停天晴。〔葱倩〕草木美好貌。〔重〕再。

以上写下楼所见雨后庭前之景及离寺时依恋之情。

这是一篇可以和韩愈、孟郊《斗鸡联句》比美的联句，将一场猛雨写得有声有色，如在目前，章法也非常严密完整，有首有尾。

金桥感事

吴　融

太行和雪叠晴空，二月郊原尚朔风。
饮马早闻临渭北，射雕今欲过山东。
百年徒有伊川叹，五利宁无魏绛功？
日暮长亭正愁绝，哀笳一曲戍烟中。

〔金桥感事〕金桥，地名，故址在今山西省长治市西南。昭宗大顺元年(890)，唐军与李克用军在今山西省东南部一带作战，唐军屡败。李克用是沙陀人，他和唐王朝的敌对行为，是一种带有种族斗争性质的地方军阀叛乱活动，诗人咏叹其事，着眼于此。　〔太行〕见曹操《苦寒行》注。这里指位于今长治市东边的一段。　〔二月句〕二月，指大顺二年二月。唐朝与李克用之间的战争，持续到大顺元年十一月，以唐将张濬全军覆没结束。二年正月，恢复李克用官爵，和他讲和。朔风，北风。这里也暗指沙陀兵马。这是说气候还冷，战争的气氛也还有遗留。　〔饮马句〕指僖宗中和三年(883)及光启元年(885)，李克用及其他地方军阀两度攻入长安，纵兵大肆抢劫的事。在某处饮马表示军事势力进入其地。渭北，渭水之北，这里指长安。　〔射雕句〕指李克用的势力将要扩张到太行山以东，即今河北省西南部、河南省西北部一带地方。射雕，见王维《观猎》注，以打猎比喻作战。　〔百年二句〕《左传》载：东周辛有经过伊川，看见有披散头发在野外祭祀的人民，他便叹息说："恐怕不到一百年，这地方便会成为戎族(的聚居区)，因为礼俗已经改变了。"果然在不久以后，秦国和晋国便把陆浑的戎族迁居到了那里。又载:晋魏绛向悼公建议,与诸戎(晋国邻境的少数民族)和好,认为有五种利益:一是可以买进其土地;二是可以安定地从事农业生产;三是可以增强晋国的威望;四是没有战争;五是不但使本国人民安居乐业,而且可以使远方人民来归。悼公采取了魏绛的意见,和诸戎结盟,果然获得许多利益。这是说面对现实局势,不能像辛有那样,光是叹气,而是应当像魏绛那样,对李克用采取安抚的政策,以免他继续和朝廷为难。 〔日暮二句〕亭,大路上的驿站。古制,十里一长亭,五里一短亭。愁绝,愁到极点。笳,一种军用管乐器。戍烟,指戍所烽火台上所发出来的烟。这是说自己暂住长亭,听到戍烟中悲哀的笳声,感到十分忧愁。

这篇诗反映了诗人对当时朝廷衰弱、军阀混战的动乱局面的感受,而着重表现了对沙陀等族入侵的忧虑,音节宏亮,气格沉雄。

吴融,字子华,越州山阴(今浙江省绍兴市)人,昭宗时代(约当9世纪末叶)的诗人。

长安清明

韦 庄

早是伤春梦雨天,可堪芳草正芊芊。
内官初赐清明火,上相闲分白打钱。
紫陌乱嘶红叱拨,绿杨高映画秋千。
游人记得升平事,暗喜风光似昔年。

〔早是二句〕梦雨,睡梦之中所闻雨声。芊(qiān)芊,草盛貌。这是写乱世逢春,但增伤感。 〔内官句〕见韩翃《寒食》注。 〔上相句〕上相,宰相的尊称。白打,古代的足球游戏。唐时宫女在寒食那一天举行白打,可以获得由官库支给的奖金。所以王建《宫词》写道:“寒食内人长白打,库中先散与金钱。”关于古代踢足球的情况,《水浒传》第二回有较详细的描写,可以参看。〔紫陌句〕紫陌,见于濆《古宴曲》注。红叱拨,玄宗天宝年间大宛国进贡的良马名,这里泛指红色的马。这句写男子郊外游春。〔绿杨句〕画秋千,架上画有花纹的秋千。秋千是唐、宋时代女子最喜爱的游戏,称为半仙之戏。这句写女子家中作乐。

僖宗广明元年(880),黄巢起义军攻陷长安,其后李克用又曾进入。这篇诗大概是诗人在昭宗李杰乾宁元年(894)在长安应进士科举及第前后写的。它不写这个古老京城的残破,而写其逐渐恢复,以自己逢春的感伤,来对衬游人之暗喜,而所谓"升平事",又不过是内官赐火、上相分钱之类,时局也就可想而知了。

韦庄,字端己,京兆杜陵(今陕西省西安市)人,约生于文宗开成元年(836),死于梁太祖开平四年(910)。

古离别

韦　庄

晴烟漠漠柳毵毵,不那离情酒半酣。
更把玉鞭云外指,断肠春色在江南。

〔晴烟〕晴天的云。〔漠漠〕寂寞的样子。〔毵(sān)毵〕毛长貌。〔不那〕不奈,无奈。〔更把句〕云外,犹天边。云外指,"指云外"的倒文。这是写行者临别上马的情景。

在王维的《送沈子福归江东》与此诗中,都突出了居者所在的地方与行者所去的地方的杨柳所呈现出来的春色,这是所同。但是,王维强调春色既无边,故相思亦无尽,而韦庄则强调此时已不奈离情,彼地当更伤春色,又是同中之异,非细赏不知。

故　都

韩　偓

故都遥想草萋萋，上帝深疑亦自迷。
塞雁已侵池籞宿，宫鸦犹恋女墙啼。
天涯烈士空垂涕，地下强魂必噬脐。
掩鼻计成终不觉，冯驩无路学鸣鸡。

〔故都〕指长安。朱温（又名全忠，代唐为帝时又改名晃）为了要夺取唐朝政权，于昭宣帝李柷天祐元年（904），将京城由长安迁往洛阳。天祐四年，篡唐自立，国号梁。这篇诗悼念长安以寄亡国之恨，故以“故都”为题。〔故都二句〕是说远望故都，城中都长满了草，一片荒凉景象，连上帝也会深为疑惑，感到迷惘。上句与杜甫《春望》“城春草木深”同意。　〔塞雁句〕在池塘上编扎竹条，上张绳网，使池中水禽不能飞出，池外水禽不能飞入，这种装置叫作池籞（yù）。塞外飞回的雁已侵入池籞住宿，可见宫殿破败，无人管理了。史载，朱温强迫唐朝迁都时，曾拆毁长安的宫殿、官署和民屋，将建筑材料运往洛阳。　〔宫鸦句〕女墙，指宫墙上的短墙。参见刘禹锡《石头城》注。这是以宫鸦仍旧反衬人事全非。　〔天涯烈士〕诗人自指。他于昭宗天复三年（903）已被朱温排斥出京，朱温篡唐时，他正流寓今福建省境，故称天涯烈士。古代汉语对节侠义烈之士，不论存亡，都可称烈士。　〔地下句〕地下强魂，指崔胤。天复三年，宰相崔胤为了要铲除宦官势力，将朱温召入长安，大杀宦官，从此大权又落入朱温之手；次年，朱温把崔胤也杀了。这是说崔胤死而有知，也会对这些往事感到后悔莫及。噬脐，自己咬自己的肚脐眼，比喻不可及，引申为后悔莫及。典故出于《左传》：楚文王路过邓国，邓祈侯设宴招待他。邓侯的三个外甥认为楚文王将来会灭亡邓国，应当趁这个机会杀掉楚王，他们说：“若不早图，后君噬齐（脐），其及图之乎？”　〔掩鼻句〕魏王送楚王一位美女，楚王很爱她。楚王的夫人郑袖就对这位美女说：“王是喜欢你的，但不喜欢你的鼻子,你若是在王面前老是掩住鼻子,那么就可以永远被宠了。”这位美女就按照郑袖的话做了。楚王问郑袖:“她见到我老是掩住鼻子,是为什么呢?”郑袖说:“她说她怕闻你的臭气。”楚王大怒,就把这位美女的鼻子给割了。从此郑袖一人专宠。这一传说见于《韩非子·内储说下》。这是说朱温伪装效忠唐朝,以阴谋取天下而不为人所察觉,就和郑袖一样。〔冯驩(huān)句〕冯驩,齐孟尝君所倚重的一位门客,曾经给孟尝君出过一些好主意,收买民心。孟尝君入秦被困,逃回齐国,半夜到了函谷关,无法出去。按规定,鸡鸣就开关,让旅客通行。孟尝君门客中有一位会口技,于是他就学鸡叫,附近的鸡也跟着叫了起来,关吏以为时间到了,就打开关门,孟尝君一行因而脱险。事见《史记·孟尝君列传》。朱温迁都洛阳后,昭宣帝完全失去自由,所以诗人以冯驩自比,而慨叹自己这时不在皇帝身旁,没有路子学那个学鸡叫的门客,使君主摆脱困境。

这篇诗写的是唐亡后一位比较有气节的封建士大夫的感受。缠绵之中,寓以慷慨。前半凄凉,后半勃郁。

韩偓,字致尧,京兆万年(今陕西省西安市附近)人,生于会昌元年(841),约死于梁末帝朱友贞乾化四年(914)。他是唐末最重要的诗人,许多感怀身世的七言律诗,继承了杜甫和李商隐的传统,而语言平易流畅,又有其独特的风格。近人陈曾寿《苍虬夜课》中有《读韩集》二首。其一云:“为爱冬郎(偓小字)绝妙辞,平生不薄晚唐诗。一枝一影灯前看,正是秋花秋露时。”其二云:“可怜陆九(贽)同文笔,却与朱三(温)共岁年。憔悴如斯终不死,书生留命亦符天。”对其人其诗作了恰当的评价。另外,他早年还写了不少近于庸俗猥亵的艳情诗,辑为《香奁集》,给后人带来了不好的影响。

惜　花

韩　偓

皱白离情高处切,腻红愁态静中深。

眼随片片沿流去，恨满枝枝被雨淋。
总得苔遮犹慰意，若教泥污更伤心。
临轩一盏悲春酒，明日池塘是绿阴。

〔皱白二句〕皱，指花瓣萎缩。腻，指花瓣丰腴。白花已有皱纹，所以在高枝之上，离情很切。红花也盛极将衰，所以在闲静之中，愁态转深。〔总得句〕是说如果花瓣都落在青苔上，没有被泥污，还稍可获得一点安慰。〔临轩二句〕是说在轩中饮酒送春，不免伤情。

落花是行将或已经消逝的美好事物的象征。这篇诗写花落堪哀，春留无计，非常沉痛，所以有的批评家认为诗人是在写亡国之恨。

安　贫

韩　偓

手风慵展八行书，眼暗休寻九局图。
窗里日光飞野马，案头筠管长蒲卢。
谋身拙为安蛇足，报国危曾捋虎须。
举世可能无默识，不知谁拟试齐竽？

〔手风二句〕风，这里指风痹（bì），风湿病。慵，懒。古代信纸一般是八行，所以称信为八行书。九局图，棋谱。这是说自己身体不好，手痛眼昏，既懒于看信，也懒于照棋谱练习下棋。〔窗里二句〕野马，指春天沼泽上浮动的气体。案，几案，古人席地而坐时用来写字或倚着休息。筠管，竹管，指毛笔管。蒲卢，细腰蜂，每每找个小洞产卵。笔管上头有洞，卵可在其中孵化。这两句承上续写闲居无聊时所见景象。〔谋身二句〕蛇足，画蛇添足。《战国策·齐策》载：楚国某人赏给众门客一壶酒，门客们约定，画地为蛇，成者先饮。有个人先画好了，边拿起酒壶，边继续给蛇添上足。

另一个人紧跟着画好了，夺过酒壶说："蛇没有足，你怎么能乱添呢？"乱添蛇足的人反而没喝到酒。天复三年(903)，韩偓因荐赵崇做宰相，得罪了朱温，几乎被杀，后被贬出京。捋(lǚ)虎须，犹俗话"摸老虎屁股"，指触怒了朱温，几乎丧生。这是说自己报国虽忠，谋身很笨，所以落到如此结局。〔举世二句〕齐竽(yú)，《韩非子·内储说上》载：齐宣王爱听吹竽(一种管乐器)，而且要三百人一齐吹。有位南郭处士不会吹，也混在乐队里充数。宣王死后，湣王却喜听独奏，一个一个试听，南郭处士只好逃走。默识，记在心上。这是说在世上怎能没有(将人才)记在心上的人呢？又有谁能像齐湣王那样有区别真假的才能呢？这是慨叹世无有识之士，不能选拔人才，挽救国家。

这篇诗前半写贫居生活之无聊，后半写所以致贫之故，而归结于不能不"安贫"。这"贫"，并非说经济上的困难，而是说政治上的失意。

乱后春日途经野塘

韩　偓

世乱他乡见落梅，野塘晴暖独徘徊。
船冲水鸟飞还住，袖拂杨花去却来。
季重旧游多丧逝，子山新赋极悲哀。
眼看朝市成陵谷，始信昆明是劫灰。

〔途经〕路过。〔季重(zhòng)句〕季重，吴质字。他和曹丕、曹植兄弟以及徐幹、陈琳、应玚、刘桢等人交谊很深。徐等四人，均于建安二十二年(217)染瘟疫死去，曹丕后来在给吴质的信中提到这事，表示痛心。这句是说诗人的许多老友都已死去。〔子山句〕子山，庾信字。他出使西魏，被迫留仕北朝，已见其《咏怀》注。他曾作《哀江南赋》以抒写国破家亡之感，极为动人。赋序说："不无危苦之词，惟以悲哀为主。"这是以庾信自比，说近来写的诗极哀伤。〔眼看二句〕朝，朝廷。市，街市。《诗经·小雅·十月之交》中写自然界的巨大变化，有“高岸为谷，深谷为陵”的话。劫，梵语“劫波”的省略。佛教认为天地经过一段时间，劫火延烧，万物都成灰烬，然后再从头开始，谓之一劫。据说，汉武帝开凿昆明池，在池底发现许多黑灰。到东汉明帝时，胡僧竺法兰来中国，说：“世界终尽，劫火洞烧，此灰是也。”这是说亲身经历了祸乱，才相信昆明池底之物确是劫灰，天地确是由成而毁。

这篇诗也是凭吊唐亡而作。在思想上具有封建伦理观念，在政治上依附于原来王朝的士大夫，对于改朝换代，往往是反对的。这种反对，如果其中具有反对民族侵略，或反对“以暴易暴”使人民陷于更深重的灾难的因素，那么，这些作品在内容上还是有其可取的一面。庾信写亡国之恨的作品属于前者，韩偓则属于后者。当然，在艺术上，他们也各有成就。

新上头

韩　偓

学梳蝉鬓试新裙，消息佳期在此春。
为爱好多心转惑，偏将宜称问旁人。

〔上头〕古代女子到了十五岁，用簪子将头发盘起，表示成年，称为上头。〔蝉鬓〕将两鬓梳得薄如蝉翼。〔消息句〕佳期，指婚期。古代婚姻，都由“父母之命”，事前女孩儿是不好意思打听的，所以她只听到消息说，好日子就在今年春天。〔为爱句〕是说因为过于想打扮得好一些，自己反而没有把握，疑惑不定。〔宜称（chèn）〕合适，这里有是否合适的意思。

这篇诗写一个就要结婚的少女的内心活动，非常准确而细致。与王建《新嫁娘词》之揣摹新媳妇心理，异曲同工。

寄　人

张　泌

别梦依依到谢家，小廊回合曲阑斜。
多情只有春庭月，犹为离人照落花。

〔谢家〕李德裕爱妓名谢秋娘，这里借指所寄女子之家。　〔回合〕犹回环。

起句入梦，次句梦境，三、四两句醒后情景。相见为难，所以寻梦甚切，而梦境又如此短暂，其何以堪？幸有此明月相照，聊慰寂寞。明月不照离人，似乎对人并不多情，但其照落花，却是为了离人，又是多情之至了。通篇极写相思，用笔处处转换，全不明揭，妙绝！

张泌，字子澄，常州（今江苏省常州市）人，五代时（约当10世纪前期）诗人。

春　怨

金昌绪

打起黄莺儿，莫教枝上啼。
啼时惊妾梦，不得到辽西。

〔辽西〕今辽宁省西部，即“妾”的丈夫征戍之地。

如果这位闺中少妇做的梦是像岑参《春梦》和张泌《寄人》所写的那样，在梦中会到了所思念的人，那么，这个“惊妾梦”的黄莺儿就实在该打。但如果她做的梦是像张仲素《秋闺思》所写的：“梦里分明见关塞，不知何路向金微。”那么，就以不打为是。

金昌绪，临安（今浙江省杭州市）人。

第三部分　宋诗

村 行

王禹偁

马穿山径菊初黄，信马悠悠野兴长。
万壑有声含晚籁，数峰无语立斜阳。
棠梨叶落胭脂色，荞麦花开白雪香。
何事吟余忽惆怅？村桥原树似吾乡。

〔信马〕任马行走。〔野兴长〕对郊游很有兴趣。〔万壑二句〕籁(lài)，孔穴中发出的声音。这是说傍晚时候，秋风吹拂，山沟处处都发出声响，而几座山峰则沉静地矗立在斜阳之中。〔棠梨〕一种落叶乔木。〔吟余〕吟诗以后。

宋太宗赵匡义淳化二年(991)，作者因论妖尼道安罪，被贬为商州(今陕西商洛市商州区)团练副使。这篇诗作于次年秋，反映了自己在贬谪之中，对景难排的寂寞之感，而出笔很含蓄。诗中不念京城而念家乡，暗示了政治上的失望。壑本无声，风吹则闻之有声，这是真；峰不能语，静立却反似能语而不语，这是幻。闻之真与见之幻，交织在一起，是此诗写景独特之处。

王禹偁(chēng)，字元之，巨野(今山东省巨野县)人，生于周世宗柴荣显德元年(954)，死于宋真宗赵恒咸平四年(1001)。

追思柳恽汀洲之咏，尚有遗妍，因成一绝

寇　准

杳杳烟波隔千里，白蘋香散东风起。
日落汀洲一望时，柔情不断如春水。

〔杳(yǎo)杳〕深远貌。　〔蘋〕见柳恽《江南曲》注。

杜牧《江南春》云："千里莺啼绿映红，水村山郭酒旗风。南朝四百八十寺，多少楼台烟雨中。"画出了伟大祖国锦绣山河的一角。这篇诗作，则融情入景，写出了在美妙风光中生活着的人的柔情蜜意。两篇诗形象都十分丰富鲜明。看来，唐、宋诗人的思维方式并不存在太大的差异。

寇准，字平仲，华州下邽(今陕西省渭南市东北)人，生于太祖赵匡胤建隆二年(961)，死于仁宗赵祯天圣元年(1023)。

书怀寄刘五

杨　亿

风波名路壮心残，三径荒凉未得还。
病起东阳衣带缓，愁多骑省鬓毛班。
五年书命尘西阁，千古移文愧北山。
独忆琼林苦霜霰，清尊岁晏强酡颜。

〔刘五〕名筠，字子仪，时与杨亿同官知制诰。　〔风波句〕名路，功名富贵的道路。残，这里作衰退讲。这是说名路上风波很多，很不平安，所以自己的用世壮心也衰退了。　〔三径句〕陶渊明在其《归去来辞》中，曾经慨叹由于离家出外，做个小官，以至于"三径就荒"，即园子都荒废了。这里是以陶渊明自比，以不能弃官归隐为憾。　〔病起句〕病起，病好起床。沈

约曾在齐郁林王萧昭业隆昌元年(494)任东阳太守(东阳,南朝宋置县,故地当在今江苏省境内),后人因称其为沈东阳。他在写给徐勉的信中,曾经叙述自己因病变瘦,“百日数旬,革带常应移孔”。《古诗》:“相去日已远,衣带日已缓。”缓,松弛。衣带缓,就是人瘦了。这是说自己因病而瘦,有如沈约。〔愁多句〕晋潘岳在《秋兴赋》的序文中说他三十二岁那年(晋武帝咸宁四年),“始见二毛”,即开始有了白发。那年,他正“以太尉掾兼虎贲中郎将,寓直于散骑之省”,即担任太尉掾、虎贲中郎将,而在散骑常侍的官署(省)中办公。班,同斑,杂色。这是说自己因愁而衰,有如潘岳。〔五年句〕书命,指为皇帝起草文书命令。当时作者任知制诰,就担任着这项工作。西阁,是知制诰办公的地方。尘,污染,这是谦词,犹辱。这是说,自己担任知制诰,为皇帝起草书命,已有五年,很不称职,把西阁这个办公地点都污染了。〔千古句〕南齐时,周彦伦隐居北山(今南京市紫金山),后来出山做官,曾拟经过旧隐之地,孔稚圭作了一篇《北山移文》,假借山灵的口吻,嘲笑周彦伦利用隐居来沽名钓誉的行为。这是说,自己不能归隐。〔独忆二句〕琼林,宋苑名,在开封顺天门外。清尊,犹言美酒。岁晏,年终。喝了酒脸上发红叫作酡(tuó)。这是说,年终天寒时皇帝在琼林苑赐宴,别人也许引以为荣,但自己却以勉强喝酒为苦。

作者是一位才高性傲的人。他在知制诰时,因受到别人的排挤甚至陷害,不安于位。这篇诗就倾吐了这种心情。它写得简练沉着,虽然也用典故,但并不堆砌。

杨亿,字大年,建州(今福建省建瓯市)人,生于太祖开宝七年(974),死于真宗天禧四年(1020)。

寓　意

晏　殊

油壁香车不再逢，峡云无迹任西东。

梨花院落溶溶月，柳絮池塘淡淡风。
几日寂寥伤酒后，一番萧瑟禁烟中。
鱼书欲寄何由达，水远山长处处同。

〔寓意〕寄托情意。 〔油壁香车〕油漆过的用香木制成的车子，女子所乘。〔峡云句〕峡云，指住在巫峡的巫山神女，见陈子昂《感遇》注。这是说情人已去，无可寻踪。这句是比，上句是赋。 〔溶溶〕广阔貌。 〔伤酒〕饮酒过多。 〔萧瑟〕冷落貌。 〔禁烟〕见韩翃《寒食》及元稹《连昌宫词》注。〔鱼书〕见无名氏《饮马长城窟行》注。 〔水远句〕是说万水千山，无处不远不长，极言书信之难以到达。

晚唐许多诗人学习白居易，但没学好，流为粗俗，杨亿等“西昆派”诗人及其追随者则以学李商隐来扭转那种风气，却又矫枉过正，用典太多，雕琢太甚，因此为人所不满。但如以上所选杨亿一篇，以下所选宋祁一篇，以及晏殊本篇，或沉着，或清新，都不失为好诗。所以对于“西昆派”，也应当一分为二，具体分析。

晏殊，字同叔，临川（今江西省抚州市）人，生于淳化二年（991），死于仁宗至和二年（1055）。

落　花

宋　祁

坠素翻红各自伤，青楼烟雨忍相望？
将飞更作回风舞，已落犹成半面妆。
沧海客归珠迸泪，章台人去骨遗香。
可能无意传双蝶，尽付芳心与蜜房。

〔坠素二句〕坠，堕落。翻，飞舞。素，白花。红，红花。这是写花在风雨中自伤凋零，而人在青楼上也不忍再向之眺望。〔将飞二句〕形容落花神态。《洞冥记》载：汉武帝宫人丽娟在芝生殿唱《回风曲》，庭中花皆翻落。李贺《残丝曲》："落花起作回风舞。"《南史・后妃传》载：梁元帝瞎了一只眼。徐妃在他来时，故意作半面妆（即只妆扮半边脸）等待他。元帝因此总是大怒而去。这里是比喻花朵在风雨之中，已有部分损坏。〔沧海句〕见李商隐《锦瑟》注。这是以鲛人泣珠比喻人因惜花而流泪。〔章台句〕章台，汉代长安城中一条繁华的街名。骨，指花瓣。遗，留。这是写赏花之人虽已离去，而花瓣落地，仍留有余香。〔可能二句〕可能，犹岂能。传，招。蜜房，蜂藏蜜的地方。这是说花经蜂采，已成蜜入房，虽然想再招引蝴蝶，也就不大可能了，补足"落"字。

李商隐借落花写离别之情，韩偓借落花抒亡国之恨。这篇诗则是咏物之作，而以次联象征在人生旅途的艰难困苦中奋斗到底的精神为读者所激赏。晚清俞樾有"花落春仍在"之句。黄季刚老师《灵谷寺看牡丹》云："朱明已至绿阴稠，始向郊坰补禊游。喜见危红藏叶底，有花仍可说春留。"都从此出，而更加倔强可喜。

宋祁，字子京，安州安陆（今湖北省安陆市）人，生于咸平元年(998)，死于仁宗嘉祐六年(1061)。

宿甘露僧舍

曾公亮

枕中云气千峰近，床底松声万壑哀。
要看银山拍天浪，开窗放入大江来。

〔甘露僧舍〕即甘露寺，在今江苏省镇江市北固山上，下临长江。

谢朓《郡内高斋闲坐，答吕法曹》云："窗中列远岫。"杜甫《绝句》云："窗含西岭千秋雪。"写窗中所见山。此诗云："开窗放入大江来。"苏轼《南堂》云:“挂起西窗浪接天。”写窗中所见水。虽动静不同,但都是通过一窗,使内外交流,小中见大,由窗中的小空间进入窗外的大空间。瞭望的角度随时不同,眼中所见也就跟着发生变化。这样,景物就无限地增多,美的享受也就无限地丰富了。

曾公亮,字明仲,泉州晋江(今福建省晋江市)人,生于咸平元年(998),死于神宗赵顼元丰元年(1078)。

行 色

司马池

冷于陂水淡于秋,远陌初穷到渡头。
赖是丹青无画处,画成应遣一生愁。

〔赖是〕犹幸是。 〔丹青〕红色和青色的颜料,有时即以作为绘画的代称。〔遣〕使。

不写离情而写行色,离情即在行色之中,而于行色又只就陂(bēi)水秋容略作点染,以见行程之无尽,语淡情浓。下半突作议论,如其成画,则终生看了都要发愁;那么,这个现在身临其境的人,在感情上能够担承得起吗?妙就妙在这里。

司马池,字和中,陕州夏县(今山西省夏县)人,著名政治家和历史学者司马光的父亲。

田 家 语

梅尧臣

庚辰诏书,凡民三丁籍一,立校与长,号弓箭手,用备不虞。主司欲以多媚上，急责郡吏；郡吏畏，不敢辩，遂以属县令。互搜民口，虽老幼不得免。上下愁怨，天雨淫淫，岂助圣上抚育之意耶？因录田家之言，次为文，以俟采诗者云。

谁道田家乐？春税秋未足。里胥扣我门，日夕苦煎促。
盛夏流潦多，白水高于屋。水既害我菽，蝗又食我粟。
前月诏书来，生齿复板录。三丁籍一壮，恶使操弓韣。
州符今又严，老吏持鞭朴。搜索稚与艾，唯存跛无目。
田闾敢怨嗟，父子各悲哭。南亩焉可事？买箭卖牛犊。
愁气变久雨，铛缶空无粥。盲跛不能耕，死亡在迟速。
我闻诚所惭，徒尔叨君禄。却咏《归去来》，刈薪向深谷。

〔庚辰诏书〕庚辰，仁宗康定元年（1040）。那年六月，下诏要“陕西、河北、河东、京东西等路，量州县户口，籍民为乡弓手、强壮，以备盗贼”。事实上是因西夏来攻，要加强防卫力量。梅尧臣这时正做襄城县令，襄城属京西路，所以他也与闻此事。　〔三丁籍一〕宋代兵制，正规军外，还有乡兵，名弓箭手，简称弓手、弩手，就当地人口每户二丁或三丁抽一，四丁、五丁抽二，以此类推。丁，能负担赋役的成年人。籍，登记在簿册上。　〔立校与长〕校，弓箭手编制单位“将”的统辖官。长，弓箭手的队长。　〔用备不虞〕犹有备无患。虞，忧。　〔主司〕主管机关，指各路设立的提举弓箭手司。　〔郡〕指当时的州或府，比县高一级的行政单位。郡是用古称。〔属〕交付。　〔淫淫〕雨多貌。古代有一种天人交感的学说，认为天也有知，人行事不当，天就会降灾示警，所以诗中说：“愁气变久雨。”　〔圣上〕皇帝。　〔次为文〕编排成文字。　〔以俟采诗者〕周代有采诗的制度，见元结《春陵行》注。宋朝并没有这种制度，这里不过是说希望通过这篇诗，使下情能够上达而已。　〔春税句〕春天应当交的税，秋天还没有交完。足，完。　〔里胥〕乡里中担任公差的小吏。　〔扣〕同叩，敲。　〔煎促〕催促很急，有如火煎。　〔潦（lǎo）〕积水。　〔菽（shū）〕豆。　〔生齿句〕生齿，人口。板录，登记。木板也是书写材料，宋代已通行用纸，这里是沿用旧词汇。这是说又在登记户口了。〔壮〕就是“丁”，指成年男子。古代十七八岁到三十岁都可称为壮。〔恶使句〕操，持，拿。韣（dú），弓套，这里作为弓的代称。这是说（里胥们）凶恶地迫使人民拿起弓箭（去操练）。〔州符〕州，即序中的“郡”。州符，州中下的命令。当时襄城县属汝州（今河南省汝州市）管辖。〔朴〕通扑，打。〔搜索二句〕稚，儿童。艾，五十岁。这是说将本来不符合条件的儿童、老人都抽去了，只剩下跛子和瞎子。〔田闾（lǘ）句〕闾，古代的居民点单位，二十五家为一闾。敢，这里是岂敢或不敢的意思。这是说人民在高压之下，连气也不敢叹一口。〔南亩句〕南亩，见高适《封丘作》注。事，从事，劳作。这是说没法从事农业劳动。〔买箭句〕汉代著名的循吏（好官）龚遂做渤海太守时，恰好遇到荒年，有的人被迫拿起武器去当强盗。龚遂就教他们从事本业，“卖剑买牛，卖刀买犊”，不要为非作歹，扰乱社会秩序，收到了很好的效果。这里是反用这个典故，说政府逼着老百姓卖掉生产工具去买弓箭。〔铛（chēng）〕锅。〔缶（fǒu）〕瓦罐。〔我闻句〕是说我所听到的正是我所感到惭愧的。〔徒尔句〕是说白白地拿朝廷的俸禄。叨，贪，引申为谦词，凡是享受了不配享受的待遇叫做叨。〔却咏二句〕《归去来》，见高适《封丘作》注。刈（yì），割（草）。薪，柴草。这是说想学陶渊明弃官归隐，自食其力。

梅尧臣，字圣俞，宣城（今安徽省宣城市）人，生于咸平五年（1002），死于嘉祐六年（1060）。

汝坟贫女

梅尧臣

时再点弓手，老幼俱集。大雨甚寒，道死者百余人。自壤河至昆阳老牛陂，僵尸相继。

汝坟贫家女，行哭音凄怆。自言有老父，孤独无丁壮。
郡吏来何暴，县官不敢抗。督遣匆稽留，龙钟去携杖。
勤勤嘱四邻：“幸愿相依傍。”适闻闾里归，问讯疑犹强。
果然寒雨中，僵死壤河上。弱质无以托，横尸无以葬。
生女不如男，虽存何所当！抚膺呼苍天，生死将奈向？

〔汝坟〕汝，指北汝河，在今河南省中部，发源嵩县外方山，流经襄城县，南会沙河，到商水县流入颍河。坟，大堤。汝坟，即汝河边。《诗经·周南》中有《汝坟》一篇，是用一位妇女的口气写的描写乱世的作品，其中说到王室（朝廷）虽然毁（焚烧）了，但父母很近，还可依靠。这篇诗取《汝坟》旧题，也用一位妇女的口吻来写。但这位妇女的境遇却更为悲惨，因为她的父亲也被折磨死了，家破人亡，更无依靠。　〔再点弓手〕第二次征集弓箭手。　〔道死〕死在路上。　〔壤河〕疑即瀼河，流经鲁山县，入沙河。〔昆阳〕故地在今叶县。　〔行哭〕即哭。行，从事，做。　〔县官句〕这些不敢抗拒凶暴的郡吏的县官，当然包括了梅尧臣自己在内，所以这是一句充满内疚的话，虽然说得不太显露。　〔督遣〕督促着加以遣送。　〔龙钟句〕龙钟，衰老貌，这里即作为老人的代称。这是说老头儿们也被迫扶着拐杖开拔了。　〔幸愿句〕这是贫女嘱咐和她父亲一道应征去当弓手的邻居的话，希望邻居们照顾她父亲，使老人有所依靠。　〔闾里〕邻家。　〔问讯句〕是说贫女以为她父亲还能够勉强支持，便去问个消息。“疑犹强（qiǎng）”在前，“问讯”在后，诗句是倒文。　〔生女二句〕是说女儿不能代父应征，虽然生存，也不顶用。当（dàng），作抵。　〔抚膺（yīng）〕捶胸。　〔生死句〕奈向，奈何，“向”是助词，无实义。这是说，挣扎着活下去呢，还是死了拉倒呢？

宋朝国势很弱，建国以后，在和各少数民族建立的地方政权对峙中，常处劣势。北宋就是如此，南宋更不必谈。这两篇将当时西夏进攻，朝廷匆忙征集乡兵，加强戒备，而官吏却借此胡作非为，使得人民未遭外患，先遇内殃的情况，作了真实的反映。前篇泛写官吏横暴，上下愁怨之道；后篇通过一位穷家女子的控诉,进一步描绘了一个由于征集乡兵,使得人民家破人亡的典型事例。杜甫、元结那些充满了对人民的爱,而语言又非常朴实的咏叹时事的篇章,显然是梅尧臣这类作品的先导。

戊子三月二十一日,殇小女称称

梅尧臣

蓓蕾树上花,莹洁昔婴女。
春风不长久,吹落便归土。
娇爱命亦然,苍天不知苦。
慈母眼中血,未干同两乳。

〔戊子〕仁宗庆历八年(1048)。 〔殇(shāng)〕没有到成年就死了。〔蓓蕾(bèi lěi)二句〕这是以树上还没开放的花苞比晶莹纯洁的称称。

这篇诗写亲子之爱,简朴深刻,可与孟郊《游子吟》合读。在后面,我们还可以读到陆游的《送子龙为吉州掾》。陆诗所叙情事比这两篇远为丰富,但异曲同工。而结尾两句以分娩不久就失去了婴儿的母亲的痛苦,极为成功地表达了主题,则是本诗所独具。

鲁山山行

梅尧臣

适与野情惬,千山高复低。
好峰随处改,幽径独行迷。
霜落熊升树,林空鹿饮溪。
人家在何许?云外一声鸡。

〔鲁山〕一名露山，在今河南省鲁山县东北，接近襄城县西南境。〔适与句〕恰好符合（我）爱好山野景色的情趣。惬，合。〔云外句〕是回答上一句，说远处有鸡叫，也就是有人家。云外，形容高远。

梅尧臣论诗，主张平淡，在《读邵不疑学士诗卷》中，他说："作诗无古今，惟造平淡难。"像这一类的诗，可以表现他所追求的平淡之境。但这种境界，仍自千锤百炼中来。从陶渊明以下，莫不如此。否则，欲求平淡，只成滑率。凡属文艺，都是如此，不独诗歌。所以王安石深有体会地说："看似寻常最奇崛，成如容易却艰辛。"

陶　者

梅尧臣

陶尽门前土，屋上无片瓦。
十指不沾泥，鳞鳞居大厦。

〔陶者〕烧窑工人，这里指烧瓦的工人。〔陶尽句〕烧瓦要先用泥土做成坯子，然后放进窑里去烧，这是说烧瓦多年，将门前的泥土都用完了，可见其劳动年岁之久，强度之大。〔鳞鳞句〕鳞鳞，屋瓦排列得很齐整，像鱼鳞一般。这是说住在屋顶盖着鳞鳞般瓦片的大厦里面。

这篇诗可以和李绅的《古风》、聂夷中的《公子家》等合读。它们都是古典诗歌中的匕首、投枪，以运用短小精悍的形式、尖锐地揭发旧社会的基本矛盾为其特色。此诗只对照事实，不加论断，尤其耐人寻味。

水谷夜行，寄子美、圣俞

欧阳修

寒鸡号荒林，山壁月倒挂。披衣起视夜，揽辔念行迈。
我来夏云初，素节今已届。高河泻长空，势落九州外。
微风动凉襟，晓气清余睡。缅怀京师友，文酒邀高会，
其间苏与梅，二子可畏爱。篇章富纵横，声价相摩盖。

〔水谷〕在今河北省顺平县西北。庆历四年(1044)，欧阳修巡视河东路，归途曾过其地。〔子美〕苏舜钦字。〔圣俞〕梅尧臣字。〔号(háo)〕叫。〔揽辔(pèi)〕牵马。辔，驾驭牲口的嚼子和缰绳。〔行迈〕路途遥远。〔我来二句〕云，助词，无实义。素节，即秋天。按照古代五行的说法，秋属西方，色白。届，到。这是说四月奉使是初夏，不觉之间，已到秋天。〔高河二句〕形容银河的高远。九州，见阮籍《咏怀》"独坐空堂上"篇注。〔缅怀〕追想。缅，遥远。〔京师〕指北宋首都东京汴梁，今开封市。〔可畏爱〕犹可敬可爱。古人称值得自己敬佩的友人为畏友。〔富纵横〕富于纵横之气，气势很盛。〔相摩盖〕不相上下。

以上写水谷夜行之景及旅途中对于京城旧游的怀念，而特别着重苏、梅两人。

子美气尤雄，万窍号一噫。有时肆颠狂，醉墨洒滂沛。
譬如千里马，已发不可杀。盈前尽珠玑，一一难拣汰。

〔万窍句〕《庄子·齐物论》:"大块噫气，其名为风，是唯无作，作则万窍怒号。"大块，大地。噫(ài)，吹。窍，这里指洞穴。这是说苏舜钦的诗，气势奔放，犹如大风发作，万穴皆鸣。〔肆〕放纵。〔醉墨句〕醉墨，喝醉以后写的诗稿。滂沛，水大貌。苏舜钦同时又是一位书法家，这句兼赞其诗歌书法，写得淋漓尽致。〔杀〕减退(速度)，削弱(威势)。〔盈前〕陈列

在自己面前。〔玑〕小珠。〔拣汰〕选择淘汰。

以上描绘苏诗风格。

梅翁事清切，石齿漱寒濑。作诗三十年，视我犹后辈。
文辞愈清新，心意虽老大。譬如妖韶女，老自有余态。
近诗尤古硬，咀嚼苦难嘬。初如食橄榄，真味久愈在。

〔梅翁二句〕事，从事于。石齿，尖峭的石头。濑（lài），激流。这是说梅尧臣诗所具有的清切的风格，犹如寒流冲激着石齿。〔视我句〕比起来，我还是后辈。视，比。这是欧阳修的客气话，梅比欧只大几岁。〔心意句〕是说年纪虽大，文辞更好。〔譬如二句〕妖韶，美好。这是说梅诗老而益工，好比一位美女，年纪虽大，风韵犹存。〔咀（jǔ）嚼句〕咀，细嚼。嘬（chuài），咬。这是说咬也咬不动，形容其诗之古硬。

以上描绘梅诗风格。

苏豪以气轹，举世徒惊骇。梅穷独我知，古货今难卖。
二子双凤凰，百鸟之嘉瑞。云烟一翱翔，羽翮一摧铩。
安得相从游，终日鸣哕哕。问胡苦思之，对酒把新蟹。

〔苏豪句〕是说苏舜钦性格豪迈，因而诗歌气势很盛。以，因。轹（lì），凌轹，欺压。〔二子四句〕嘉瑞，祥瑞。翱（áo）翔，展翅飞腾。翮（hé），鸟翅的翎管。铩（shā），摧残。这是说两人都在诗坛上有很大的成就，但都被庸俗的社会所排斥，犹如凤凰一度在云端飞翔，就一度遭到打击，伤残毛羽。〔终日句〕哕（huì）哕，凤凰的叫声。这是指大家在一起相聚，作诗唱和之乐。〔问胡二句〕是说虽然有酒可饮，有蟹可吃，但独居无友，仍然寂寞寡欢，故苦思故人而作诗以通音问。

以上慨叹二人的遭遇，并重致相思之意。

以富于形象性的语言以及诗的形式来评诗，来描绘诗歌的风格，《诗经》已开其端，如《大雅·烝民》云“吉甫作诵，穆如清风”就是。到了唐代，更有发展。司空图的《诗品》既是二十四篇抒情写景的诗歌，又是二十四篇风格学的论文。这篇诗又和《诗品》不同，它不是泛泛地形容某些风格，而是具体描绘呈现在苏、梅两家诗中的风格特征。古典文学批评中这种以诗论诗的独特方式是我们把握前人诗歌艺术的手段之一。当然，它不能代替现代的文学批评。

欧阳修，字永叔，庐陵（今江西省吉安市）人，生于真宗景德四年（1007），死于神宗熙宁五年（1072）。他是当时的文坛领袖，散文和诗歌都继承和发扬了韩愈的传统，骈文（四六）及词也写得很好。从他及苏、梅开始，宋诗逐渐清晰地呈现了其不同于唐诗的新面目。

春日西湖寄谢法曹歌

欧阳修

西湖春色归，春水绿于染。
群芳烂不收，东风落如糁。
参军春思乱如云，白发题诗愁送春。
遥知湖上一尊酒，能忆天涯万里人。
万里思春尚有情，忽逢春至客心惊。
雪消门外千山绿，花发江边二月晴。
少年把酒逢春色，今日逢春头已白。
异乡物态与人殊，惟有东风旧相识。

〔西湖〕指在今河南省许昌市的西湖，也是一个著名的风景区。〔谢法曹〕谢伯初，字景山，当时正在许昌任法曹参军。故诗题称法曹，而诗中称参军。〔西湖四句〕归，去，消逝。糁（sǎn），米粒。这是诗人在夷陵想象许昌当时景物，暮春时节，绿暗红稀。〔参军二句〕原注：“谢君有‘多情未老已白发，野思到春如乱云’之句。” 〔遥知二句〕这是说由于谢将在西湖饮酒送春的诗篇相寄，因而知道他很惦记自己。 〔万里二句〕上言“参军春思乱如云”，指谢；此言“万里思春尚有情”，兼指；言“忽逢春至客心惊”，则指自己；写出客里逢春，诗篇赠答，互相感染。从这以下八句，都是作者在夷陵的闻见和感受。

仁宗景祐三年(1036)，作者因批评司谏高若讷对有人攻击当时名臣范仲淹这件事没有能够主持正义，被贬官为峡州夷陵(今湖北省宜昌市东)县令。这篇诗写于次年春天。谢寄诗安慰他贬官，他以此诗作答。前半写西湖景色以及朋友相念之情，后半写自己异乡逢春，自伤老大。此诗婉转流丽与李白相近，而逊其豪迈，这与作者的个性有关。

啼 鸟

欧阳修

穷山候至阳气生，百物如与时节争。
官居荒凉草树密，撩乱红紫开繁英。
花深叶暗耀朝日，一暖众鸟皆嘤鸣。
鸟言我岂解尔意？绵蛮但爱声可听。

〔穷山二句〕候，气候。阳气，春天温暖之气。这是说到了春天，动植物都活跃起来，如同在和时节竞争一样。 〔官居〕指滁州(今安徽省滁州市)官署。庆历三年(1043)，作者被人诬陷，贬官为滁州知州。这篇诗作于六年春。 〔撩乱〕犹纷乱。 〔英〕花。 〔嘤(yīng)鸣〕犹齐鸣。两鸟并鸣为嘤。 〔绵蛮〕鸟叫声。

以上总叙鸟声。

南窗睡多春正美，百舌未晓催天明。
黄鹂颜色已可爱，舌端哑咤如娇婴。
竹林静啼青竹笋，深处不见惟闻声。
陂田绕郭白水满，戴胜谷谷催春耕。
谁谓鸣鸠拙无用？雄雌各自知阴晴。
雨声萧萧泥滑滑，草深苔绿无人行。
独有花上提葫芦，劝我沽酒花前倾。
其余百种各嘲哳，异乡殊俗难知名。

〔百舌〕鸟名，据说它能学各种鸟叫，故称。〔黄鹂〕黄莺。〔哑咤〕婴儿学话的声音。〔青竹笋〕鸟名。〔戴胜句〕谷谷，鸟叫声，今写作“咕咕”。戴胜鸟在三月中叫，所以说催耕。〔谁谓二句〕鸣鸠就是斑鸠，据说它不大会做巢，天下雨时，因为巢不够住，雄的就将雌的赶走；雨下过了，又喊它回来，所以谚语说：“天欲雨，鸠逐妇；天既雨，鸠呼妇。”这是说鸣鸠能够知道下雨放晴，也还不算太笨。〔泥滑滑、提葫芦〕都是鸟名，它们叫的声音，听上去就像这两个词。所以诗人据以生出意思。人们将葫芦晒干挖空装酒，所以提葫芦就是打酒。沽，买酒。倾，指干杯。〔嘲哳〕同啁哳，繁碎声音的形容词。〔异乡句〕是说许多鸟名都是根据滁州的风俗、方言而取的，不能全懂。

以上描写各种鸟叫。

我遭谗口身落此，每闻巧舌宜可憎。
春到山城苦寂寞，把盏常恨无娉婷。
花开鸟语辄自饮，醉与花鸟为友朋。
花能嫣然顾我笑，鸟劝我饮非无情。
身闲酒美惜光景，惟恐鸟散花飘零。
可笑灵均楚泽畔，离骚憔悴愁独醒。

〔谗(chán)口〕即谗言,指庆历三年诬蔑作者和其甥女发生暧昧的人。〔山城〕指滁州。因为“环滁皆山也”(《醉翁亭记》)。〔把盏〕捧着酒杯(劝饮)。〔娉婷(pīng tíng)〕女子娇美貌,这里用作美女的代称。〔嫣(yān)然〕笑得好看的样子。〔可笑二句〕灵均,屈原字。楚泽,楚国的水滨。离骚,离忧,屈原由于被国君疏远,感到离忧,曾以《离骚》为题,写成长诗一首。《楚辞·渔父》写屈原在被放逐之后,行吟泽畔,容颜憔悴,申诉道:“举世皆浊而我独清,众人皆醉而我独醒,是以见放。”这是说何必像屈原那样,应该流连光景,饮酒为乐。

以上抒写迁谪之感,并以及时行乐自慰。

“处处闻啼鸟”(孟浩然句),是春日人人所曾经历的生活,而诗人感物兴怀,写得如此细致,又如此深婉,足见他对自己身边环境的观察,对自己心灵的反省是多么敏锐。中间一段,铺叙中有变化,显然从韩愈来。后来黄庭坚的《演雅》也属此种,但缺少情韵。

夷陵岁暮书事,呈元珍、表臣

欧阳修

萧条鸡犬乱山中,时节峥嵘忽已穷。
游女髻鬟风俗古,野巫歌舞岁年丰。
平时都邑今为陋,敌国江山昔最雄。
荆楚先贤多胜迹,不辞携酒问邻翁。

〔岁暮〕年终。〔元珍〕丁宝臣字,丁时任峡州军事判官。〔表臣〕未详。梅尧臣诗中有朱表臣,不知是否此人。〔峥嵘(zhēng róng)〕高峻貌,引申为突出的样子。〔游女二句〕原注:“夷陵俗朴陋,惟岁暮祭鬼,则男女数百相从而乐饮;妇女竞为野服,以相游嬉。”游女,见张九龄《感遇》注。野巫,乡村中的迷信职业者。〔平时二句〕原注:“三国时,吴、蜀战争于此。”平时，指诗人自己所处时代。这是说夷陵在历史上虽然曾是军事要地，但现在则不过是一座颇为朴陋的城市而已。〔荆楚二句〕原注：“处士何参居县舍西，好学，多知荆楚故事。”春秋战国时楚又名荆，故“荆楚”可以连称。邻翁，指何参。

戏答元珍

欧阳修

春风疑不到天涯，二月山城未见花。
残雪压枝犹有橘，冻雷惊笋欲抽芽。
夜闻归雁生乡思，病入新年感物华。
曾是洛阳花下客，野芳虽晚不须嗟。

〔天涯、山城〕均指夷陵。〔冻雷〕初春的雷声为冻雷。〔夜闻句〕乡思，怀念家乡的感情。雁是候鸟，南来北去有定期，又传说它能给人捎信，所以这么说。〔物华〕美好的景物。〔曾是二句〕北宋时洛阳牡丹最盛，欧阳修做过洛阳留守推官，写过《洛阳牡丹记》，丁元珍也在洛阳住过。这是说虽然现在这里只有一些野花，而且开得又迟，但我们过去却有幸看过洛阳的牡丹，也就不须因此而嗟叹了。

古代诗人，贬官居外，多作自宽自解的话，以平衡内心的苦闷。这两篇也是如此，它们写来有兴致，有趣味，反映了作者心胸的开朗。此诗题亦作《花时久雨之什》。二月已是开花时节，而久雨花迟，故有“春风疑不到天涯”的疑问。此句，初看突兀无根，莫名其妙，及至看到下句，又觉问得有理，实在该问。能在一转手间，改变读者的思路，所以诗人颇以此自负。

梦 中 作

欧阳修

夜凉吹笛千山月，路暗迷人百种花。
棋罢不知人换世，酒阑无奈客思家。

〔棋罢句〕用王质烂柯的典故，见刘禹锡《酬乐天扬州初逢，席上有赠》注。〔酒阑句〕阑，尽。有酒尚可借以浇愁，酒尽就更无可排遣，因而更思家了。

杜甫《绝句》："两个黄鹂鸣翠柳，一行白鹭上青天。窗含西岭千秋雪，门泊东吴万里船。"以四个各自独立的形象表现一个主题，此诗与之同格。但杜诗纯是写景，"虽信美而非吾土兮，曾何足以少留"（王粲《登楼赋》句）之情，即寓景中，而此诗则前景后情，以一种怀乡的忧郁情调，将多种景物连缀起来，又于同中见异。

宿云梦馆

欧阳修

北雁来时岁欲昏，私书归梦杳难分。
井桐叶落池荷尽，一夜西窗雨不闻。

〔云梦〕今湖北省云梦县。　〔馆〕驿站。　〔岁欲昏〕犹岁欲暮，一年将尽。〔私书句〕私书，家信。这是说家信中盼归之情和睡梦中怀归之情相与一致，不可分割。　〔井桐〕水井边的桐树。古人习惯在井边种桐。

这篇诗的意境和李商隐《夜雨寄北》相近，而章法不同。后两句也和李商隐《宿骆氏亭，寄怀崔雍、崔衮》之"秋阴不散霜飞晚，留得枯荷听雨声"接近。

城南感怀呈永叔

苏舜钦

春阳泛野动，春阴与天低。远林气蔼蔼，长道风依依。
览物虽暂适，感怀翻然移。所见既可骇，所闻良可悲。
去年水后旱，田亩不及犁。冬温晚得雪，宿麦生者稀。
前去固无望，即日已苦饥。老稚满田野，斫掘寻凫茨。
此物近亦尽，卷耳共所资。昔云能驱风，充腹理不疑。
今乃有毒厉，肠胃生疮痍。十有七八死，当路横其尸。
犬彘咋其骨，乌鸢啄其皮。胡为残良民，令此鸟兽肥？
天意岂如此？泱荡莫可知！高位厌粱肉，坐论搀云霓。
岂无富人术，使之长熙熙？我今饥伶俜，悯此复自思：
自济既不暇，将复奈尔为？愁愤徒满胸，嵘竑不能齐。

〔永叔〕欧阳修字。〔春阳〕春季晴天。〔春阴〕春季阴天。〔蔼蔼〕茂盛的样子。〔依依〕轻柔的样子。〔翻然〕反而。〔移〕改变。〔前去〕将来。〔凫茨(cí)〕野荸荠。〔卷耳句〕是说大家只好靠吃卷耳过活。卷耳，一种药用植物，嫩叶可吃。〔驱风〕治疗风疾。中医称昏眩或麻木为风。〔毒厉〕毒害。〔痍(yí)〕创伤。〔彘(zhì)〕猪。〔咋(zé)〕咬。〔鸢(yuān)〕鹰的一种。〔残〕害。〔泱荡〕莫测高深的样子。〔高位二句〕厌，同餍，饱足。搀，刺。这是说那些身居高位的大官们在吃饱了饭和肉之后，坐着胡吹一通钻到云端里去的(也就是无边无际的)废话。〔富人术〕使人民富足起来的方法。〔熙熙〕愉快的样子。〔伶俜(pīng)〕孤单可怜的样子。〔将复句〕又能把你们怎么样。〔愁愤二句〕嵘竑(róng hóng)，不齐貌。这是说心情空自忧愤不平，仿佛山岭一样。与杜甫《自京赴奉先县咏怀五百字》中“忧端齐终南，澒洞不可掇”二句同意。

这篇诗以览物暂适起，以愁愤满胸结。它与梅尧臣的《田家语》等篇相同，写出了宋朝即使在号称盛世的仁宗时代，也已民不聊生了。这些情况，在诗人们的作品中，反映得是很清晰的。

苏舜钦，字子美，梓州铜山（今四川省中江县南）人，生于真宗大中祥符元年（1008），死于庆历八年（1048）。

中秋夜吴江亭上对月，怀前宰张子野及寄君谟蔡大

苏舜钦

独坐对月心悠悠，故人不见使我愁。
古今共传惜今夕，况在松江亭上头。
可怜节物会人意，十日阴雨此夜收。
不惟人间重此月，天亦有意于中秋。
长空无瑕露表里，拂拂渐上寒光流。
江平万顷正碧色，上下清澈双璧浮。
自视直欲见筋脉，无所逃遁鱼龙忧。
不疑身世在地上，只恐槎去触斗牛。
景清境胜反不足，叹息此际无交游。
心魂冷烈晓不寝，勉为此笔传中州。

〔吴江〕即今江苏省苏州市吴江区。　〔前宰张子野〕张先，字子野，著名词人，曾任吴江县令，所以称为前宰。宰是县令的古称。　〔君谟蔡大〕蔡襄，字君谟，行大。　〔故人〕指张、蔡。　〔松江〕即吴淞江，又名吴江，俗名苏州河，是太湖最大的支流。作为水名，吴江、松江就是一水；作为县名，则吴江、松江乃是二县。　〔瑕〕玉上的疵点，这里比喻浮云。　〔拂拂〕动貌。〔双璧浮〕天空的月亮和江中的月影互相照映，就好像两块璧在浮动。璧，平圆形中间有孔的玉。　〔自视二句〕形容月光极其明亮，可以透视人体筋络血脉，以及水中鱼龙。　〔只恐句〕槎去触斗牛，见宋之问《明河篇》

注。斗、牛,均星座名。这是说置身月光之中,就像神话中的人乘浮槎到了天河。〔勉为句〕此笔,指本诗。中州,指汴京,即蔡君谟所在之地。这是说在玩月直到天亮之后,就写了此诗寄蔡。勉为,自谦词,是说虽有清景,不易写好,只得勉为其难。

这篇诗写太湖中秋月色,设想奇特,力求生新。我们读过张九龄的《望月怀远》那种风格安详和雅的作品,再来念这篇主题相同的诗,就不难看出宋人在力求突破唐人成规、避俗就生、推陈出新等方面所下的工夫,所取得的成就。

和淮上遇便风

苏舜钦

浩荡清淮天共流,长风万里送归舟。
应愁晚泊卑喧地,吹入沧溟始自由。

〔和淮上遇便风〕某人在淮水上坐船,遇到顺风,有诗。苏舜钦写了此诗和他。〔天共流〕淮水长流,到了远处,看上去似乎与天合而为一了。〔长风万里〕刘宋时,宗炳问他侄儿宗悫(què)的志向,宗悫回答说:"愿乘长风,破万里浪。"表示志向远大,不怕困难。这里是用此成语。〔应愁句〕卑喧地,卑湿而喧哗的地方。这是说应该为晚上停泊在卑喧的地方、不能继续航行而发愁。〔沧溟〕大海。

这篇小诗非常鲜明地体现了诗人豪迈不羁的个性,同时也赞美了雄伟的淮河。

煮海歌

柳 永

煮海之民何所营？妇无蚕织夫无耕。
衣食之源太寥落，牢盆煮就汝输征。
年年春夏潮盈浦，潮退刮泥成岛屿。
风干日曝盐味加，始灌潮波溜成卤。
卤浓盐淡未得闲，采樵深入无穷山。
豹踪虎迹不敢避，朝阳出去夕阳还。
船载肩擎未遑歇，投入巨灶炎炎热。
晨烧暮烁堆积高，才得波涛变成雪。
自从潴卤至飞霜，无非假贷充糇粮。
秤入官中得微值，一缗往往十缗偿。
周而复始无休息，官租未了私租逼。
驱妻逐子课工程，虽作人形俱菜色。
煮海之民何苦辛，安得母富子不贫？
本朝一物不失所，愿广皇仁到海滨。
甲兵净洗征输辍，君有余财罢盐铁。
太平相业尔惟盐，化作夏商周时节。

〔煮海〕将海水熬干取盐。〔营〕经营，谋生。〔寥落〕稀少。〔牢盆〕熬盐的盆。〔就〕完成。〔输征〕纳税，这里指将盐熬好以后，要向政府缴纳一部分，充做赋税。〔潮退句〕是说每年秋季准备熬盐，先将含有盐分的泥堆积起来，和岛屿一样。〔风干二句〕是说等经过风吹日晒，泥中水分减少，盐分增加时，再将海水灌入泥中，加热蒸馏，制成盐卤，以便熬盐。曝(pù)，晒。〔卤浓句〕是说由于温度不够高，卤水的咸淡也就不合适，所以以下就接着写去砍柴加温。〔烁(shuò)〕熔化金属。这里借指烧柴。〔波涛〕这里指由海水提取的卤水。〔雪〕指盐。〔潴(zhū)〕积水,这里指积卤水。〔飞霜〕指出盐。〔假贷〕借债。〔糇(hóu)粮〕干粮。〔秤入句〕是说将盐卖给公家,价钱被压得很低。〔一缗(mín)句〕是说还官府的钱,利息要得极大。缗,古代穿铜钱用的绳子。一般以一千个钱穿成一串,称为一缗。〔课〕这里是使其负担的意思。〔安得句〕封建统治阶级为了欺骗人民,常常将自己比成父母,人民比成儿女。这句诗拆穿了这种伪善。〔甲兵二句〕是说只要不打仗,赋税就可以停止;皇帝钱有得多,盐税和铁税都可以取消。甲,铠甲。兵,武器。洗干净甲兵,表示不再打仗。辍(chuò),停止。〔太平二句〕业,事业。尔惟盐,你就好比调味的盐。古人把治理国家比成烹饪,宰相就是盐、梅之类的调味作料。夏、商、周三代是古代理想的太平时代。诗人看到盐民的痛苦,联想起以盐比宰相的典故来,希望当时的宰相真能发挥作用,使国家和三代一样成为太平盛世。

古代诗歌反映农民痛苦的较多,而反映手工业工人痛苦的较少。像李贺的《老夫采玉歌》、梅尧臣的《陶者》以及本篇,就特别值得珍视。作者是一位著名的词人,他的词多半写都市繁华、男女欢爱,因此历来都认为他只不过是一个风流浪子。从这篇诗来看,他还是有其关心人民痛苦的一面的。鲁迅先生认为,评论作家,“倘有取舍,即非全人;再加抑扬,更离真实”(《“题未定”草〔六〕》)。这话值得玩索。

柳永,字耆卿,崇安(今福建省武夷山市)人,仁宗时代(约当11世纪20年代到60年代)的词人。

次韵孔宪蓬莱阁

赵　抃

山巅危构傍蓬莱,水阁风长此快哉!
天地涵容百川入,晨昏浮动两潮来。

遥思坐上游观远，愈觉胸中度量开。
忆我去年曾望海，杭州东向亦楼台。

〔次韵〕和别人的诗，所押的韵完全与原作相同，叫作次韵；所押的韵与原作用韵同在一部而次序不同，叫作“用其韵而不次”。两者又通称为和韵。〔孔宪〕指孔延之，时知越州。宪，官场中对上级或同级的尊称。〔蓬莱阁〕指越州的蓬莱阁，在鉴湖之滨。〔山巅句〕是说山顶上耸立的建筑，靠着湖滨的蓬莱阁。〔水阁〕蓬莱阁在鉴湖边，故称水阁。〔遥思句〕孔在越州登蓬莱阁，有诗寄赵，所以赵见诗而遥想其登赏之情。〔杭州句〕原注：“杭有望海楼。”

赵抃，字阅道，衢州西安（今浙江省衢州市）人，生于大中祥符元年（1008），死于元丰七年（1084）。他是一位以清廉刚直著名的政治家，做谏官时，不避豪贵，人称“铁面御史”。他不以诗名，触口而成，工拙随意，但自具清苍雄浑之风，此诗即其一例。

忆钱塘江

李　觏

昔年乘醉举归帆，隐隐山前日半衔。
好是满江涵反照，水仙齐著淡红衫。

〔钱塘江〕浙江流经杭州市的一段别名钱塘江。〔举〕高挂。〔日半衔〕太阳沉落下去了一半。衔，衔山，即落山。

把被斜阳照射着的白帆比为穿着淡红衫的水仙，出人意想之外，又在情理之中。这可能是受到曹植《洛神赋》“凌波微步，罗袜生尘”的启发。姜夔《点绛唇》云：“数峰清苦，商略黄昏雨。”则更进了一层，因为李诗不过形容斜阳下白帆之外表，而姜词却在揣摩暮雨中山峰的内心了。

李觏，字泰伯，南城（今江西省南城县）人，生于大中祥符二年（1009），死于嘉祐四年（1059）。

明妃曲

王安石

明妃初出汉宫时，泪湿春风鬓脚垂。
低徊顾影无颜色，尚得君王不自持。
归来却怪丹青手，入眼平生几曾有？
意态由来画不成，当时枉杀毛延寿。
一去心知更不归，可怜著尽汉宫衣。
寄声欲问塞南事，只有年年鸿雁飞。
家人万里传消息：“好在毡城莫相忆。
君不见，咫尺长门闭阿娇，人生失意无南北。”

〔明妃〕见杜甫《咏怀古迹》注。　〔泪湿春风〕是说明妃泪流满面。《咏怀古迹》中有“画图省识春风面”之句，这里即以“春风”为“面”的代称。〔低徊句〕这是形容明妃出宫时自怜自伤的情况。　〔不自持〕不能控制自己，指汉元帝初见明妃，被她的美貌惊倒了。　〔归来四句〕归来，回过头来。丹青手，画师。意态，犹言风神。这是说，元帝认为明妃之美，平生未见，因而怪毛延寿没有将她如实地画出来，便将其处以死刑。其实，明妃的风神本是画不出的，毛延寿被杀，未免冤枉。　〔一去四句〕写明妃远嫁匈奴，而依然热爱祖国，宫衣穿尽，雁信难传，十分悲惨。　〔好在三句〕明妃家里的人安慰她的话。毡城，指匈奴所在地。游牧民族以毡为帐篷。咫（zhǐ）尺，距离很近。咫，周尺八寸。阿娇，汉陈婴的孙女，武帝的表妹。武帝小时，很爱这位表妹，曾说：“如果娶了阿娇为妻，就要造一座金屋将她藏起来。”后来阿娇虽做了皇后，却因年久失宠，退居长门宫，卫子夫代替了她的位置。失意无南北，无论汉和匈奴，都有失意的人。

王安石《明妃曲》，自来颇为人误解，受人攻击。朱自清先生《语文续拾》中有篇短文，对之作了正确而平实的说明，今略加删节，转录如下：

黄山谷引王深父的话，说："孔子曰：'夷狄之有君，不如诸夏之无也。''人生失意'句非是。"这是说，无论怎样，中国总比夷狄好，南总比北好，打在冷宫的阿娇也总比在毡城做阏氏（yān zhī。匈奴皇后）的明妃好；诗中将南北等量齐观，是不对的。山谷却辩道：孔子居九夷，可见夷狄也未尝无可取之处，诗语并不算错。这种辩论似乎有点小题大做，所以有人说王安石只是要翻新出奇罢了，是不必深求的。但细读这首诗，王安石笔下的明妃本人，并未离开那"怨而不怒"的旧谱儿；不过"家人"给她抱不平，口气却有点"怒"了。"家人"怒，而身当其境的明妃并没有怒，正见其忠厚之极。这里"一去"两句说她久而不忘汉朝，"寄声"两句说这么久了，也托人问汉朝消息，汉朝却绝无消息——年年有雁来，元帝却没有给她一个字。在国内几年未承恩幸，出宫时虽"得君王不自持"，又杀了毛延寿，而到塞外几年，却又未承眷念；她只算白等着。家里的消息却是有的，教她别痴想了，汉朝的恩是很薄的；当年阿娇近在咫尺，也打下冷宫来着，你惦记汉朝，即便你在汉朝，也还不是失意？——该失意的，在南北都一样，别老惦着"塞南"罢。这是决绝辞，也可以说是恰如其分的安慰语，不过这只是"家人"说说罢了。

王安石，字介甫，临川人，生于天禧五年（1021），死于哲宗赵煦元祐元年（1086），宋代杰出的政治家、散文家和诗人。

明妃初嫁与胡儿，毡车百两皆胡姬。
含情欲说独无处，传语琵琶心自知。
黄金杆拨春风手，弹看飞鸿劝胡酒。
汉宫侍女暗垂泪，沙上行人却回首：
"汉恩自浅胡自深，人生乐在相知心。"
可怜青冢已芜没，尚有哀弦留至今。

〔毡车句〕毡车，以毡为车厢，取其温暖、舒适。一车两轮，故称为两(liàng)。今通写作“辆”。《诗经·召南·鹊巢》写贵族女子出嫁说：“之子于归，百两御之。”这里借以写匈奴派了大队胡姬前来迎接明妃。事实上，明妃出塞，恐系骑马而非乘车。 〔含情二句〕是说她满腔心事，不敢开口，只好通过弹奏琵琶，表达出来。 〔杆拨〕弹奏琵琶的工具。 〔春风手〕形容手能弹奏出美妙的声音。 〔汉宫侍女〕由汉宫中带到匈奴去陪嫁的宫女。 〔芜没〕犹言荒废。 〔尚有句〕即杜诗“千载琵琶作胡语，分明怨恨曲中论”之意。

关于这第二篇，朱先生写道：

李壁注引范冲对高宗云：“诗人多作明妃曲，以失身胡虏为无穷之恨；安石则曰：‘汉恩自浅胡自深，人生乐在相知心。’然则刘豫不是罪过，汉恩浅而虏恩深也。……孟子曰：‘无父无君，是禽兽也。’以胡虏有恩而遂忘君父，非禽兽而何！”这以诗中明妃与汉奸刘豫相比，骂她是禽兽；其实范冲真要骂的是王安石。骂王安石，与诗无甚关系，且不必论。就诗论诗，全篇只是以琵琶的悲怨见出明妃的悲怨；初嫁时不用说，含情无处诉，只借琵琶自写心曲。后来虽然弹琵琶劝酒，可是眼看飞鸿，心不在胡而在汉。飞鸿有三义：句子从嵇康《赠秀才入军》诗“目送归鸿，手挥五弦”来，意思却牵涉《孟子》的“一心以为鸿鹄将至”，又带着盼飞鸿捎来消息。这心事“汉宫侍女”知道，只不便明言安慰，惟有暗地垂泪。“沙上行人”听着琵琶的哀响，却不禁回首，自语道：汉朝对你恩浅，胡人对你恩深，古语说得好，“乐莫乐兮新相知”，你何必老惦着汉朝呢？在胡言胡，这也是恰如其分的安慰语。这绝不是明妃的嘀咕，也不是王安石自己的议论，已有人说过，只是沙上行人自言自语罢了。但是青冢芜没之后，哀弦流传不绝，可见后世人所见的还只是个悲怨可怜的明妃；明妃并未变心可知。王深父、范冲之说，都只是断章取义，不顾全局，最是解诗大病。

偏见比无知距离真理更远。像王、范之流，对王安石的为人抱有偏见，对他的诗又无知，两者兼而有之，那就难怪其议论一无是处了。

桃源行

王安石

望夷宫中鹿为马，秦人半死长城下。
避时不独商山翁，亦有桃源种桃者。
此来种桃经几春，采花食实枝为薪。
儿孙生长与世隔，虽有父子无君臣。
渔郎漾舟迷远近，花间相见因相问。
世上那知古有秦？山中岂料今为晋？
闻道长安吹战尘，春风回首一沾巾。
重华一去宁复得？天下纷纷经几秦！

〔望夷句〕望夷宫，秦帝国的宫名。秦二世时，宦官赵高任丞相，为了试探自己在朝中的威望，故意把一匹鹿说成马。群臣中和他争辩的都被陷害。后来，二世皇帝也终于被赵高在望夷宫杀掉。这是说秦帝国政治的黑暗。〔秦人句〕参见陈琳《饮马长城窟行》及注。　〔商山翁〕即商山四皓，见陶渊明《桃花源诗》注。　〔桃源种桃者〕见陶渊明《桃花源记》及《桃花源诗》。〔漾舟〕让船在水中漂流。　〔世上句〕是说古代秦朝的存在，已被后世很多人所不知。　〔山中句〕桃花源中的人从秦朝起，就和外界隔绝了，所以他们如《记》中所说，是“不知有汉，无论魏、晋”的。　〔闻道二句〕是说作为政治中心之一的长安，从古以来，一直是统治者争夺的对象，所以老是吹起战尘，在春天回想起来，很使人伤感。沾巾，以巾拭泪。　〔重华二句〕重华，舜的名字。这是说，舜那样的好皇帝过去以后，怎么能再有呢？后来历史上纷纷经过的许多朝代，只不过是一个秦朝接着一个秦朝罢了。

正同《桃花源记》及《桃花源诗》一样，这篇诗也是作者写来发抒自己的政治感情和社会思想的。其中“虽有父子无君臣”一句，最能传达出陶渊明原作的精神，即指出了人们愿意保持家庭淳朴关系，却憎恨封建等级制度。

纯甫出释惠崇画，要余作诗

王安石

画史纷纷何足数，惠崇晚出吾最许。
旱云六月涨林莽，移我翛然堕洲渚。
黄芦低摧雪翳土，凫雁静立将俦侣。
往时所历今在眼，沙平水淡西江浦。
暮气沉舟暗鱼罟，欹眠呕轧如闻橹。
颇疑道人三昧力，异域山川能断取。
方诸承水调幻药，洒落生绡变寒暑。
金坡巨然山数堵，粉墨空多真漫与。
濠梁崔白亦善画，曾见桃花净初吐。
酒酣弄笔起春风，便恐飘零作红雨。
流莺探枝婉欲语，蜜蜂掇蕊随翅股。
一时二子皆绝艺，裘马穿羸久羁旅。
华堂直惜万黄金，苦道“今人不如古”。

〔纯甫〕作者最小的弟弟王安上的字。 〔释惠崇〕宋初一个能诗善画的和尚。佛教创始人是释迦牟尼，所以佛徒都以“释”为姓。 〔画史〕画家。〔许〕肯定。 〔旱云二句〕旱云，暑天的云。莽，密生的草。翛（xiāo）然，无拘无束、自由自在貌。洲渚（zhǔ），水中间的小块陆地。释惠崇这幅画画的是深秋的景物，王安石题这幅画却在盛夏。诗人看了画以后，顿然忘了暑热，觉得清凉，就像落到凉爽的洲渚上去了。 〔黄芦二句〕低摧，芦杆被风吹折或吹弯了。雪，这里是芦花的代称。翳（yì），覆盖。将，陪。俦侣，伴侣。这是写画面的形象。 〔往时二句〕淡，安静貌。西江，即江西。这是说过去在故乡江西水边所看见过的风景，今天在画上又见着了。〔暮气二句〕罟（gǔ），网。欹（qī）眠，斜躺着。呕轧，摇橹的声音。这是说画中的夜色吞没了渔船，渔网也看不清了。诗人斜躺着欣赏这幅画，仿佛听得见船上的橹声。〔颇疑四句〕道人,指释惠崇。(魏晋六朝时代,称佛教徒为道人,道教徒为道士,后来才逐渐混淆。)三昧力,佛教术语,原意为正定。《大乘义章》:“心体寂静,离于邪乱,故曰三昧。”这里指法力、神通。方诸,古时用来在月光下承接露水的铜盘子或蚌壳。幻药,能使事物发生奇妙变化的仙药。生绡,没有练过的绢,古代用来绘画。这四句也都是赞美惠崇艺术的话。诗人说:“我很疑心这个和尚有‘三昧力’,不然,他怎么能将西江浦的风景搬进画里呢?我又疑心他这画是用方诸承接了月下的露水调着幻药在生绢上画的,不然,他怎么能使我在夏天有秋天的感觉呢?”〔金坡二句〕金坡,即金銮坡,唐代学士院所在地。巨然,五代时南唐一个善于画山水的和尚。堵,墙壁。漫与,随便。这是说巨然曾在金銮坡学士院墙上画过壁画,数量虽然不少,可惜太随便了,比不上惠崇。〔濠梁〕地名,今安徽省凤阳县东北。〔酒酣四句〕红雨,比喻飘落的桃花。掇蕊,采花。这是赞美崔白的画和惠崇同样给人以异常真实的感觉。〔二子〕惠崇和崔白。〔裘马句〕穿,破了洞。羸(léi),瘦弱。羁旅,寄居作客。这是说这两位大画家虽有绝艺,但由于没有人欣赏,只好穿着破裘,骑着瘦马,长久在外面流浪。〔华堂二句〕华堂,华丽的房屋,指富贵人家。直,实在。万,一万两。苦道,硬说。这是说现在的富贵人家因为舍不得金钱,不肯买他们的画,还要硬说今人不如古人。

这篇诗不仅描写了当时杰出画家的艺术造诣,并且也为他们所遭受到的庸俗社会的冷淡倾吐了自己的不平。在“今人不如古”即厚古薄今这种片面的、保守的观点支配之下,旧社会不知扼杀了多少有才华的人。诗人的抗议,正批判了这一不合理的社会偏见,同时也就体现了自己的先进思想。杜甫题画诗的优良传统,在王安石的笔下,得到了很好的发扬。出巨然、崔白以陪惠崇,错落有致。

杜甫画像

王安石

吾观少陵诗，为与元气侔。
力能排天斡九地，壮颜毅色不可求。
浩荡八极中，生物岂不稠？
丑妍巨细千万殊，竟莫见以何雕锼。
惜哉命之穷，颠倒不见收。
青衫老更斥，饿走半九州。
瘦妻僵前子仆后，攘攘盗贼森戈矛。
吟哦当此时，不废朝廷忧。
常愿天子圣，大臣各伊周。
宁令吾庐独破受冻死，不忍四海赤子寒飕飗。
伤屯悼屈止一身，嗟时之人我所羞。
所以见公像，再拜涕泗流。
推公之心古亦少，愿起公死从之游！

〔少陵〕指杜甫。少陵本是汉宣帝的妻子许皇后的陵墓，在长安东南。杜甫曾经在其附近住过，因此自称少陵野老。〔元气〕见杜甫《奉先刘少府新画山水障歌》注。〔侔（móu）〕同。〔力能句〕排，推动。斡（wò），旋转。九地，犹九州，天下。这是形容杜甫的诗篇力量非常雄伟。〔壮颜毅色〕指杜诗所体现的伟大而壮丽的精神面貌。〔浩荡四句〕八极，八方。稠（chóu），密，多。妍，美丽。何，如何。雕锼（sōu），刻画，描写。这是说杜诗的主题、题材异常广阔，艺术技巧又非常高妙，简直无法看出是怎么写成的。〔命之穷〕命运很坏。〔收〕指被朝廷所任用。〔老更斥〕杜甫到四十六岁，才做了左拾遗这样一个小官，不久又被排斥。〔饿走句〕从公元758年起，杜甫为了生活，各处流浪，到过现在的甘肃、四川、湖北、湖南各省，终于穷死异乡。〔仆〕摔倒。〔攘攘〕纷乱貌。〔吟哦〕指作诗。〔此时〕“饿走半九州”的时候。〔不废句〕废，终止。这是说没有终止对于国家大事的忧虑。〔大臣句〕伊尹，商朝的贤相。周公，周朝的贤相。这是说希望各位大臣都像伊尹、周公。〔宁令二句〕赤子，初生的婴儿，这里指人民。飕飗（sōu liú），风声。这两句是杜诗《茅屋为秋风所破歌》的概括。〔伤屯二句〕屯、屈，都是个人命运不好的意思。嗟时，嗟叹个人没有遇到好时代。这是说，为个人打算，是我所认为可羞的事情。〔再拜〕再度下拜，古人致崇高敬礼的仪式。〔愿起句〕希望能够使您活转来，让我好随着您学习。

这篇诗对于杜甫的崇高的思想和艺术作了高度的概括，同时也体现了作者对于这位伟大的先辈的敬爱。王安石一生的政治活动，都贯注着为人民谋福利的精神，杜甫的创作所给他的教育，不能说不是使他具有这种高贵精神的重要因素之一。

思王逢原

王安石

蓬蒿今日想纷披，冢上秋风又一吹。
妙质不为平世得，微言惟有故人知。
庐山南堕当书案，湓水东来入酒卮。
陈迹可怜随手尽，欲欢无复似当时！

〔王逢原〕名令，是王安石的连襟，也是志同道合的好友。〔蓬蒿二句〕是说王令死去转眼已有一年。蓬、蒿，两种野草。纷披，散乱的样子。王令死于嘉祐四年（1059）秋，此诗当是五年秋作。《礼记·檀弓》：“朋友之墓，有宿草（陈根草）而不哭焉。”这二句诗含有时间虽已过去一年，于礼不当再哭，但仍然不能忘掉自己的悲痛之意。王安石当时在汴京，而王令则葬在常州。〔妙质句〕妙质，不平凡的、特别好的姿质。平世，太平盛世。

在古汉语中,“平世”和“乱世”是一对反义词。这里是世上的意思。〔微言句〕微言,精微的言论。故人,作者自指。这是说王令许多精微的言论,除自己之外,没人知道。〔庐山二句〕庐山、湓水,都在今江西省九江市附近,是两人过去聚会的地方。当,对着。两句以夸张的手法描摹当时豪纵之气,形象雄伟而又独特。嘉祐三年,王安石提点江东刑狱,按临鄱阳。王令六月中到鄱阳与安石会晤。诗句即指其时情事。〔陈迹二句〕陈迹,过去的踪迹。无复,不再。这是写现在死别之悲,说当时之“书案”、“酒卮”,今日已成“陈迹”,点题“思”字。

王令是王安石认为有着和自己相同的政治抱负、可以在为国家和人民建功立业中互相支持的人。对于王令的生命如此迅速地消逝,他怀有深沉的悲痛,诗中特别着重地表达了这种感情。第二联写人才难得,知人不易,关合彼我,力透纸背;虽若发论,实则抒怀。正是在这些地方,宋人力破唐人余地。

示长安君

王安石

少年离别意非轻,老去相逢亦怆情。
草草杯盘供笑语,昏昏灯火话平生。
自怜湖海三年隔,又作尘沙万里行。
欲问后期何日是,寄书应见雁南征。

〔长安君〕王安石的大妹妹,名文淑,工部侍郎张奎的妻子,封长安县君。县君,封建时代朝廷赐予妇女的一种爵位。〔少年二句〕是说少年时代,姐妹们会多离少,离别时每觉感情沉重;而到了老年,则会少离多,即使相逢,也觉伤情。〔草草杯盘〕犹言家常便饭。〔自怜二句〕是说自己和文淑相别已有三年之久,这次相逢不久,又要出使辽国。〔欲问二句〕是说出使之后，寄信都很为难，相见更是不知何日。

嘉祐五年(1060)，王安石奉派出使辽国。这篇诗是他出发前示妹之作，写得极朴实，极沉着，而且从生活的描写中透露了诗人的个性。

详定试卷

王安石

童子常夸作赋工，暮年羞悔有扬雄。
当时见视倡优等，今日论才将相中。
细甚客卿因笔墨，卑于《尔雅》注鱼虫。
汉家故事真当改，新咏知君胜弱翁。

〔详定试卷〕参加评阅当时应进士科举人的考试卷子。这事在嘉祐六年(1061)。　〔童子二句〕扬雄是西汉末年著名的学者和作家，在其所著《法言·吾子篇》中，曾记载了他和别人的一段对话。问："先生青年时代爱作赋吗?"答："是的，这是青年们的玩艺儿(童子雕虫篆刻)。"过了一会儿，又道："成年人就不干了。"这是借扬雄自述兴趣的转变，说明词赋不足贵。〔当时二句〕《汉书》上曾记载东方朔很善于射覆(将一件东西覆盖起来，然后叫人去猜的游戏)，常常射中，武帝曾经赐予绢帛；又记载武帝曾以词赋与倡、优、博、奕，即歌舞、游艺、赌博相提并论，认为前者比后者要好些；又记载枚皋认为词赋和俳优(一种以滑稽为主要内容的游艺)差不多，自己很为作赋而后悔。唐朝人非常重视进士科举，因为它的出路最好。许多由进士出身的人，后来做到了将相，因此被称为"将相科"。宋初沿着唐代风气，也很看重进士科举，虽然其时名额已经放宽，及第也因之容易得多。这是综合上述历史和典故，对进士考试以诗赋为主要内容，给以批判。〔细甚句〕客卿，即子墨客卿，扬雄《长杨赋》中一个假托的人物，这里泛指做官的人。笔墨，写文章的工具，即以作为文章的代称。这是说，写几句文章,实在微不足道,但人们却凭借这点儿本领去做官。〔卑于句〕《尔雅》是古代的一部词典,也是我国词汇学最早的经典,其中有专门解释有关鱼、虫词汇的部分。这是说,为鱼、虫作注释,固然没有什么了不起,但只知道写点诗赋去应科举考试的人,却还不如他们。韩愈诗:"《尔雅》注虫鱼,定非磊落人。"这里暗用其意。〔汉家二句〕弱翁,魏相字。汉武帝曾询问过他一些政治上的问题,他却奏上故事、诏书二十三件,要武帝一切按老规矩办事。王安石在这里借用这个典故,来说明考试内容实在应当改革了,希望负责官员不要像魏相那样墨守成规。新咏,新写的诗,即本诗。

唐代旧有的从科举选拔人才的制度,已不能满足宋代封建统治的需要,是王安石对之进行抨击并要求改革的根本原因。到了熙宁四年(1071),他出任宰相,才对此进行了比较彻底的改革,将以前作诗赋为考试主要内容的进士科和默写经书为考试主要内容的明经科合并为进士科,以发表政治见解的时务策为考试主要内容。这一改革,主要是为了选拔一些通经术、明时务的人才,为变法服务。这篇诗说明,他的这些观点早已在自己思想中酝酿着了。它是政论与诗的结合,虽以议论行之,而由于贯穿着一系列的历史形象,显得感慨深至,所以并不缺乏诗味。

江　上

王安石

江水漾西风,江花脱晚红。
离情被横笛,吹过乱山东。

〔脱晚红〕迟开的花也都谢了。〔离情二句〕双句单意。与李白《闻王昌龄左迁龙标,遥有此寄》中"我寄愁心与明月,随风直到夜郎西",又贾岛《寄韩潮州》中"此心曾与木兰舟,直到天南潮水头"同格。横笛,横吹的笛,古代的笛也有竖吹的。

南　浦

王安石

南浦随花去，回舟路已迷。
暗香无觅处，日落画桥西。

秣陵道中口占

王安石

经世才难就，田园路欲迷。
殷勤将白发，下马照青溪。

〔秣陵〕南京的别名，作者晚年居住的地方。　〔口占〕随口吟成。　〔青溪〕在南京市东北，今已干涸。

王安石可以说是王维以后五言绝句写得最好的诗人，但人们往往注意他那些雄伟的大篇而忽略了他在这方面的成就。读这几篇，可见一斑。《秣陵道中口占》以小诗而表现了深刻的矛盾，寄托了深沉的感慨，与李商隐《乐游原》："向晚意不适，驱车登古原。夕阳无限好，只是近黄昏。"可称同调。

题西太一宫壁

王安石

柳叶鸣蜩绿暗，荷花落日红酣。
三十六陂春水，白头想见江南。

〔题壁〕即兴作诗，写在公共建筑物的墙壁上，是古人非正式地发表诗歌创作的一种方式。〔西太一宫〕神庙名，在汴京西苏村。太一，尊神名。〔柳叶二句〕蜩(tiáo)，蝉。酒喝得很畅快叫酣，引申起来，物态饱满也都叫酣。这两句写夏景之美。〔三十二句〕三十六陂，地名，在汴京。这是说已生白发的自己，由于重游汴京的三十六陂，因而想到自己曾经游赏过的弥漫着春水的江南。言下之意是三十六陂的春景很像江南。

三十年前此地，父兄持我东西。
今日重来白首，欲寻陈迹都迷。

〔三十二句〕父，指作者的父亲王益。兄，指作者的哥哥王安仁。东西，由东到西，即走动。景祐三年(1036)，王安石十六岁，曾随父亲到过汴京。〔今日句〕熙宁元年(1068)，王安石四十八岁，神宗召他入京，准备变法。两次时间相距三十二年。

王安石于十六岁随王益到了汴京；次年，王益被任命为江宁府(今南京市)通判，又随父亲赴任。他十八岁时，王益去世，葬在南京，子孙就在那里安了家。嘉祐六年(1061)，王安石任知制诰，时年四十一岁；八年，他母亲吴氏在汴京去世，他又扶柩回江宁居丧，一直到熙宁元年才再次入京。在这三十二年中，家庭生活有了重大的变化，自己的抱负又还没有什么指望，而转眼就将五十岁了。对于王安石这样一个人来说，感情上该有多么沉重的负担啊！然而表现在这两篇小诗中的今昔之感，却又非常含蓄，非常深沉。难怪苏轼后来游西太一宫时，对着写在墙壁上这两篇诗注视了很久，然后情不自禁地叹了一口气，赞赏说："此老，野狐精也！"

雪 干

王安石

雪干云净见遥岑，南陌芳菲复可寻。

换得千颦为一笑，春风吹柳万黄金。

〔遥岑〕远山。　〔南陌〕南郊。　〔换得句〕颦，皱眉，表示忧愁。古人以柳叶比喻女子的眉毛，这里则反过来，以女子的眉毛比喻柳叶。千颦，指在漫长的冬天里，柳叶不能发生；一笑，指一到春天，柳叶一齐舒展。　〔万黄金〕形容数不清的初生柳叶所呈现的嫩黄色。

金陵即事

王安石

水际柴门一半开，小桥分路入青苔。
背人照影无穷柳，隔屋吹香并是梅。

〔金陵〕南京古名。　〔即事〕见张继《阊门即事》注。

北陂杏花

王安石

一陂春水绕花身，身影妖娆各占春。
纵被东风吹作雪，绝胜南陌碾成尘。

〔北陂(bēi)〕当时地名。　〔身影句〕妖娆，娇媚。这是说花在岸上而影投水中，花与影，都有妖娆之态，平分春色。　〔纵被二句〕碾(niǎn)，压碎。这是说杏花即使被东风吹成雪片，在天空飘散，也比落在地面，被车马碾成泥土要强得多。

这三篇小诗都是写初春景物的。《雪干》着重咏柳树，《金陵即事》合咏柳树、梅花，本篇单咏杏花。前两篇全写景物，本篇则除了写景物，还借杏花来象征自己刚强的性格。用意措词，各不相犯，都使我们认识到诗人对于生活的熟悉和艺术构思的巧妙。作者又别有《杏花》五古云："石梁度空旷，茅屋临清炯。俯窥娇娆杏，未觉身胜影。嫣如景阳妃，含笑堕宫井。怊怅有微波，残妆坏难整。"通篇写临水杏花，侧重花影，而不着一"水"字，极工巧而富于情韵，可与本篇参读。

送和甫至龙安，微雨，因寄吴氏女子

王安石

荒烟凉雨助人悲，泪染衣襟不自持。
除却春风沙际绿，一如看汝过江时。

〔和甫〕作者的弟弟王安礼的字。　〔龙安〕即龙安津，在江宁（今南京市）城西二十里。　〔吴氏女子〕姓吴的女儿，指作者的长女，吴安持的妻。古代女子出嫁之后，即从夫姓，所以称嫁给吴姓的女儿为吴氏女子。　〔汝〕指吴氏女子。

作者别有《泊船瓜州》云："京口瓜州一水间，钟山只隔数重山。春风又绿江南岸，明月何时照我还？"其中第三句是王安石讲究修辞的一个很著名的例子。原先是"春风又到江南岸"，后来他将"到"字改成"过"、"入"、"满"等字，改了十多次，最后才定为"绿"字。这个"绿"字，的确很形象地写出了春风对于植物的绿化作用，但还不如本篇"除却春风沙际绿"这个"绿"字。因为在那一句中，"春风"与"绿"究竟是两样东西，诗写由于春风，江南岸变绿了，这和贺知章《咏柳》"不知细叶谁裁出，二月春风似剪刀"，用意略同，而这一句则以为并非春风能使草木呈现绿色，而是春风本身就是绿的，因此吹到之处，水边沙际，就无往而非一片绿色了。以春风为有色而且可染，是诗人功参造化处。

梦　蝗

王　令

至和改元之一年，有蝗不知自何来。
朝飞蔽天不见日，若以万布筛尘灰。
暮行啮地赤千顷，积叠数尺交相埋。
树皮竹颠尽剥秸，况又草谷之根荄。
一蝗百儿月再孕，渐恐高厚塞九垓。
嘉禾美草不敢惜，却恐压地陷入海。
万生未死饥饿间，肢骸遂转蛟龙醢。

〔至和句〕指至和元年(1054)。这年，宋仁宗将原来的年号皇祐改为至和。古代皇帝改变年号，称为改元。〔若以句〕好比用许多布匹做罗底，用来筛灰尘，极形蝗虫之多。〔啮(niè)〕咬。〔赤千顷〕把大面积土地上种的谷物都吃光了。赤，空，在这里作动词用。〔积叠句〕是说蝗虫太多，在地面上堆了几尺厚，互相埋着。〔竹颠〕竹梢。〔秸(jiē)〕这里作去掉植物的皮讲。〔荄(gāi)〕草根。〔九垓(gāi)〕九天，天空最高的地方。〔嘉禾四句〕嘉禾，长得特别好的禾。万生，许多的生命，指人及牲畜。骸，骨。醢(hǎi)，肉酱。这是说蝗虫太多，恐怕会将大地压垮，陷入海中，那么，还不要等人因无禾、畜因无草而饿死，其四肢百骨就已变成蛟龙吃的肉酱了。

以上写蝗虫成灾，十分严重。

群农聚哭天，血滴地烂皮。苍苍冥冥远复远，天闻不闻不可知。
我时为之悲，堕泪注两目。发为疾蝗诗，奋扫百笔秃。
一吟青天白日昏，两诵九原万鬼哭。
私心直冀天耳闻，半夜起立三千读。

〔血滴句〕血，这里代称泪。这是说农民的泪水滴到地上，将地的表层都冲烂了。〔苍苍冥冥〕苍苍，深青色；冥冥，昏暗貌，合用以指辽远的天空。〔疾〕恨。〔九原〕本是春秋时晋国贵族坟墓所在的地方，这里作为阴间的代称。〔直冀〕一个劲儿的希望。〔三千读〕读许多遍。三千，极言其多。

以上写农民痛苦，呼天求救；诗人愤怒，作诗斥责蝗虫，也希望老天爷知道。

上天未闻间，忽作遇蝗梦。梦蝗千万来我前，口似嚅嗫色似冤。
初时吻角犹唧嗾，终遂大论如人然。问我："子何愚，乃有疾我诗？
我尔各生不相预，子何诗我盍陈之？"我时愤且惊，噪舌生条枝。
谓此腐秽余，敢来为人讥！"尔虽族党多，我谋久已就。
方将诉天公，借我巨灵手。尽拔东南竹柏松，屈铁缠缚都为帚。
扫尔纳海压以山，使尔万噍同一朽。尚敢托人言，议我诗可否？"

〔嚅嗫（rú niè）〕口动，想说又不说的样子。〔色似冤〕脸上有一种受冤枉的表情。〔吻〕嘴唇。〔唧嗾（jī sǒu）〕声音很小的样子。〔终遂句〕后来就大发议论，和人一般。〔预〕干涉。〔子何句〕子，蝗虫称诗人。诗，这里作动词用。盍（hé），何不。这是说，你为什么要写诗骂我，何不把理由说明一下呢？〔噪舌句〕本来在大声说话的舌头上忽然像长了树木的枝条，无法活动，形容"愤且惊"，以致一时说不出话来。〔腐秽（huì）余〕腐败污秽的残余，指蝗虫。余，残余。〔为人讥〕与人互相讥讽。〔我谋句〕我早已打好主意。〔巨灵〕古代神话中身躯最大的神。〔屈铁〕将铁弄弯。〔使尔句〕万噍（jiào），万口。这是说，让你们全部死掉。〔可否〕犹是非，偏义复词，这里偏用否字的意义。

以上写诗人做梦，梦见蝗虫前来质问，诗人对它们加以恐吓。

群蝗顾我嗟："不谓相望多！我欲为子言，幸子未易呶。

我虽身为蝗，心颇通尔人。尔人相召呼，饮啜为主宾。
宾饮啜嚼百豆爵，主不加诟翻欢欣。此竟果有否？子盍来我陈？”
余应之曰：“然。此固人间礼。傧介迎召来，饮食固可喜。”
蝗曰：“子言‘然’，余食何愧哉？我岂能自生，人自召我来。
啜食借使我过甚，从而加诟尔亦乖。尝闻尔人中，贵贱等第殊。
雍雍材能官，雅雅仁义儒。脱剥虎豹皮，假借尧舜趋。
齿牙隐针锥，腹肠包虫蛆。开口有福威，颐指转赏诛。
四海应呼吸，千里随卷舒。割剥赤子身，饮血肥皮肤。
噬啖善人党，嚼口不肯吐。连床列竽竽，别屋闲嫔姝。
一身万椽家，一口千仓储。儿童袭公卿，奴婢连簪裾。
犬豢美膏粱，马厩余绣涂。其次尔人间，兵倡释老徒。
子不父而父，妻不夫而夫。臣不君尔事，民不家尔居。
目不识牛桑，手不亲犁锄。平时不把兵，皮革包矛殳。
开口坐待食，万廪倾所须。家世不藏机，绘绣锦衣襦。
高堂倾美酒，脔肉脍百鱼。良材琢梓楠，重屋擎空虚。
贫者无室庐，父子一席居。贱者饿无食，妻子相对吁。
贵贱虽云异，其类同一初。此固人食人，尔责反舍且？
我类蝗自名，所食况有余。吴饥可食越，齐饥食鲁邾。
吾害尚可逃，尔害死不除。而作疾我诗，子言得无迂？”

〔不谓句〕是说没有料想到这么狠地怨恨我。望，这里作怨恨解。　〔幸子句〕幸，希望。易，随便。呶（náo），喧哗。这是说希望你别随便吵闹。〔饮啜（chuò）句〕是说或为主人，或为客人，一道吃喝。啜，吃。　〔豆〕一种食器。　〔爵〕一种饮器。　〔诟〕责骂。　〔我陈〕陈我，告诉我。　〔傧（bīn）介〕礼宾人员。介是傧的助手。　〔我岂二句〕暗示蝗虫为灾，是人君无道所致。　〔乖〕悖理。　〔殊〕差别。　〔雍雍〕和平快乐的样子。〔雅雅〕整齐严肃的样子。　〔脱剥二句〕趋，本是快走的意思，这里引申作步伐或行为解。这是说这班官僚儒者，表面上雍雍雅雅，可实际上却穷凶极恶，剥掉他们身上有文采的皮革，就显出了伪装的行为。〔开口句〕是说一开口就能给人以福，或是给人以祸。威，这里作祸害解。〔颐(yí)指句〕是说略加暗示，就可以转赏为罚，或转罚为赏。颐指，面颊稍为一动，做出暗示。〔四海二句〕卷舒，伸缩，开合。这是形容当权贵官势力很大，在很广阔的范围内，都得听他们的。〔赤子〕婴儿。这里比喻淳朴的老百姓。〔噬(shì)〕咬。〔啖(dàn)〕吃。〔床〕这里指放乐器的架子。〔闲〕关着，引申为住着。〔嫔姝(pín shū)〕嫔，古代皇宫中女官名。姝，美女。〔一身二句〕万椽(chuán)，即一万间屋。这是说，只有一个人，却占了一万间屋，只有一张嘴，却占了一千仓的粮。〔儿童句〕封建袭封制度，祖、父的官爵，儿孙可以继承，所以儿童也就做上了公卿。袭，继承。三公、九卿，都是大官。〔奴婢句〕是说连供其使唤的奴婢也穿得很高级。连，表明不止一人。裾是衣的前后襟。簪裾在这里用作贵人衣冠的代称。〔犬豢(huàn)句〕是说养的狗不但吃得好，而且有得多。豢，养。羡，多余。膏，肥肉。粱，细粮。〔马厩(jiù)句〕是说马房里都充满彩色装饰。厩，马房。余，多余，引申为充满的意思。绣涂，像锦绣一般的装饰。〔兵倡句〕兵士、倡伎(娼妓)、和尚、道士之类(佛教的教主是释迦牟尼，道教的教主是老子，所以称和尚为释，道士为老)，都是不参加生产的人。但封建统治阶级拥有的军队，有镇压人民的一面，也有抵抗外敌的一面，作者以之与倡、释、老同列，不免片面。〔子不四句〕这是说，像以上四类人，有的不把父亲当父亲，有的不把丈夫当丈夫，是臣子却不为国家出力，是人民却不住在家里。而，你。〔平时二句〕是说这些人平时虽然并没有拿着杀人的兵器，可是他们不劳而食，而且还生活得好，如同皮肤里藏着兵器一样害人。殳(shū)，杖一类的兵器。〔廪(lǐn)〕粮仓。〔机〕指织机。〔绘绣句〕极言衣着之华美贵重。襦(rú)，短袄。〔脔(luán)〕将肉切成小块。〔脍(kuài)〕将鱼肉细切。〔梓楠〕均树名，是名贵的木材。〔重屋句〕是说重重叠叠的房屋一直撑到天空里去了，极言其高。〔吁(xū)〕叹气。〔尔责句〕你反而放弃了对这种现象的斥责。且(jū)，句尾助词。〔吴、越〕春秋时两个相邻的国家，吴在今江苏省，越在今浙江省。〔齐、鲁、邾(zhū)〕春秋时三个相邻的国家，均在今山东省境内。〔得无迂〕岂非不通。迂，曲，引申为不通的意思。

以上写蝗虫不怕恐吓，和诗人展开辩论，使得诗人终于哑口无言。

这篇寓言诗借蝗虫之口，对封建统治阶级以及在其包庇之下的不事劳动生产的寄生分子，作了深刻而大胆的揭露。诗中还有一个没有出场的人物，即两次三番提到的老天爷。虽然没有正面描写他，可是那个以对人民的深重灾难无动于衷为其性格特征的最高统治者的形象，已被巧妙地显示出来了。

王令，字逢原，广陵（今江苏省扬州市）人，生于仁宗明道元年（1032），死于嘉祐四年（1059）。

暑旱苦热

王　令

清风无力屠得热，落日着翅飞上山。
人固已惧江海竭，天岂不惜河汉干？
昆仑之高有积雪，蓬莱之远常遗寒。
不能手提天下往，何忍身去游其间！

〔屠得热〕消减暑气。消减可称为杀，屠宰也可称为杀，作者力求用词生新，以“屠”字作消减用。〔落日句〕形容太阳迟迟不肯西落，倒像长了翅膀飞上山。〔昆仑、蓬莱〕都是古代神话中神仙居住的地方。〔遗〕留存。

古代儒家认为，一个人应当“穷则独善其身，达则兼济天下”。诗人在这里进一步指出：昆仑、蓬莱尽管是清凉世界，但如果不能使天下人都脱离火坑，自己一个人又岂能忍心去享受呢？说明只有兼济天下，才是正确的。黄季刚老师在其绝笔诗《九日独吟》中写道：“秋气侵怀正郁陶，兹晨倍欲却登高。应将丛菊沾双泪，漫借清尊慰二毛。青冢霜寒驱旅雁，蓬山风急扑灵鳌。神方不救群生厄，独佩萸囊未足豪。”那时，日本帝国主义正对我国进行疯狂的侵略，这位爱国诗人的忧愤之情，跃然纸上。末句用意，正与王诗相同。

寒食雨

苏　轼

自我来黄州，已过三寒食。年年欲惜春，春去不容惜。
今年又苦雨，两月秋萧瑟。卧闻海棠花，泥污燕脂雪。
暗中偷负去，夜半真有力。何殊病少年？病起头已白。

〔自我二句〕苏轼于元丰二年（1079）十二月被贬为黄州（今湖北省黄冈市）团练副使，三年二月到黄州，这两篇诗作于五年。〔苦雨〕以雨（下个不停）为苦。〔秋萧瑟〕萧瑟如秋。〔燕脂雪〕指海棠花落下的红色花瓣。燕脂，即胭脂。〔暗中二句〕用《庄子·大宗师》中将船藏在山沟里，又将山沟藏在山里，但有气力的人夜半仍可将它背走的寓言。参看陶渊明《杂诗》注。这里比喻花谢春归，乃是大自然运用它的力量的结果。〔何殊二句〕何殊，有什么差别。这是形容海棠花经风雨摧残后，绿暗红稀，就像一个青年人害了一场病，愈后，头发都由黑变白了。

苏轼，字子瞻，别号东坡居士，又号老泉山人，眉州眉山（今四川省眉山市）人，生于景祐四年（1037），死于徽宗赵佶建中靖国元年（1101），祖国文学艺术史上具有多方面才能的作家之一，对于诗、词、散文、骈文、书法、绘画，都有极其卓越的成就。

春江欲入户，雨势来不已。小屋如渔舟，蒙蒙水云里。
空庖煮寒菜，破灶烧湿苇。那知是寒食？但见乌衔纸。
君门深九重，坟墓在万里。也拟哭途穷，死灰吹不起。

〔空庖二句〕是说谪居生活非常艰苦。庖，厨房。寒菜，寒冷季节的蔬菜。〔那知二句〕古代风俗，寒食、清明时给死者扫墓。祭品放在坟前，每每有乌鸦飞下取食，掀动坟前的纸灰，好像衔起来一样，所以称乌衔纸。这是说，不看到乌衔纸，哪知今天是寒食呢？　〔君门二句〕君门九重，见李商隐《哭刘蕡》注。坟墓万里，指祖坟远在眉州，无法上坟。这两句写谪居的苦恼。欲归朝廷，则君门有九重之深；欲返乡里，则坟墓有万里之远。〔也拟二句〕晋阮籍常独自驾车，随意奔驰，到了路的尽头，不能前进时，就大哭而回。汉韩安国因罪入狱，狱吏田甲对他加以凌辱。安国说："死灰就不会再燃烧吗？"田甲回答道："燃烧时，撒一泡尿就将它熄灭了。"这里写自已避祸自全的思想，说并不想如死灰复燃，但有穷途之哭而已。用"死灰"这个典故，是从乌衔纸钱，掀动纸灰而引起联想。

这两篇诗，前者写惜春之情，后者写谪居之感，互相补充。"春江"四句，是实景，真中见幻，可与前举曾公亮等诗对比。

庐山二胜

苏　轼

余游庐山南北，得十五六，奇胜殆不可胜纪。而懒不作诗，独择尤佳者，作二首。

开先漱玉亭

高岩下赤日，深谷来悲风。擘开青玉峡，飞出两白龙。
乱沫散霜雪，古潭摇清空。余流滑无声，快泻双石谼。
我来不忍去，月出飞桥东。荡荡白银阙，沉沉水精宫。
愿随琴高生，脚踏赤鲜公。手持白芙蕖，跳下清泠中。

〔得十五六〕游览过十分之五六。　〔不可胜纪〕无从尽加记录。胜，尽。

〔开先〕南唐中主李璟所建佛寺，在庐山南麓星子县境内。〔漱玉亭〕亭名漱玉，是形容亭前所见激流从石峡中穿过，水花四溅，如玉屑被漱洗而出。〔擘（bò）开二句〕是说山水从开先寺前的青玉峡中流过之后，分为两股，奔流而下，好似巨灵神将山擘开，两条白龙因而飞了出来。〔古潭句〕是说由于水势猛烈，以致注入清空的古潭时，古潭也在动摇。〔谼（hóng）〕大山沟。〔荡荡二句〕形容月光之下所见景物。〔愿随四句〕琴高，古代的一位水仙，曾骑红色鲤鱼游戏人间。生，先生。赤鲩（hún）公，鲤鱼的尊称。《酉阳杂俎》载：唐朝因皇帝姓李，李、鲤同音，所以尊称鲤鱼为赤鲩公，不准捕捉。卖鲤鱼的，判刑，打六十棍。芙蕖（qú），即芙蓉，荷花。李白《庐山谣寄卢侍御虚舟》："遥见仙人彩云里，手把芙蓉朝玉京。"清泠（líng），水名，见《山海经》。这里是借用。这是说看了这种仙境一般的胜景，真想追随琴高，出世成仙。

栖贤三峡桥

吾闻太山石，积日穿线溜。况此百雷霆，万世与石斗。
深行九地底，险出三峡右。长输不尽溪，欲满无底窦。
跳波翻潜鱼，震响落飞狖。清寒入山骨，草木尽坚瘦。
空蒙烟霭间，澒洞金石奏。弯弯飞桥出，潋潋半月彀。
玉渊神龙近，雨雹乱晴昼。垂瓶得清甘，可咽不可漱。

〔栖贤三峡桥〕栖贤，谷名，在庐山南五老峰与汉阳峰夹峙的涧中。中多大石，水行石间，有声如雷。上架长桥，北宋初建，名栖贤桥。因地势很险，如长江三峡，又名三峡桥。〔吾闻二句〕汉枚乘在上吴王濞的一封书信中说："太山之霤穿石，单极之绠断干，水非石之钻，索非木之锯，渐靡使之然也。"霤，同溜，流水。殚，尽。靡，无。线溜，像线一般细的水流。这就是谚语所谓"水滴石穿，绳锯木断"。〔九地〕指地中最深处。"九"用来形容事物之最。〔险出句〕春秋时中原尚右，楚人尚左。汉以来也是以右为尊、为胜。这是说栖贤之险，过于三峡。〔长输〕永远输入。〔窦〕

洞。〔跳波〕从上游跳下的波浪。〔潜鱼〕藏在水底的鱼。〔飞狖(yòu)〕行动迅速如飞的狖。狖,猴类。〔澒洞(hòng dòng)句〕澒洞,这里是水势汹涌的形容词。古人以制造乐器的原材料为依据区分乐音,称金、石、丝、竹、匏、土、革、木为八音。这是说水势汹涌,其声如演奏金石制成的乐器。〔弯弯二句〕潋(liàn)潋,水波相连的样子。彀(gòu),将弓拉开,这里指弓形。这是说栖贤谷上架着弯弯的飞桥,谷中则水波相连,从桥上下望,也如同弓形的半月。〔玉渊二句〕玉渊,潭名,栖贤谷中的水就流入这潭。雨,这里作动词用,落下。这是写急流注入深潭,水花乱射,有如下着冰雹,大晴天的景象也给弄乱了。〔垂瓶二句〕垂瓶,以绳系瓶,从高处汲水。这是说水极清甘,只能拿来喝,如果用以漱口,就未免可惜了。

庐山,古往今来的诗人画师不知道为它付出了多少灵心和彩笔。苏轼游庐山,一方面认为它"奇胜殆不可胜纪",一方面又"独择其尤佳者,作二首",这就显示了他在选择题材和主题时,注意到了避免和前人相犯,同时也就是如何推陈出新的问题。可是在落笔的时候,他要写的恰是开先瀑布与栖贤激流,都是水,都是庐山的水。这,又是故意和自己相犯了。但是,如我们所看到的,这两篇诗写得多么富于独创性,各有其不可重复之处。在艺术创作中,不重复别人固然难,不重复自己则更难。苏轼既考虑避免和前人相犯,却又敢于和自己相犯,这正是一件事的两面,给人的启发可大了。

凤翔八观

苏　轼

王维、吴道子画

何处访吴画?普门与开元。

开元有东塔，摩诘留手痕。
吾观画品中，莫如二子尊。
道子实雄放，浩如海波翻。
当其下手风雨快，笔所未到气已吞。
亭亭双林间，彩晕扶桑暾。
中有至人谈寂灭，悟者悲涕迷者手自扪。
蛮君鬼伯千万万，相排竞进头如鼋。
摩诘本诗老，佩芷袭芳荪。
今观此壁画，亦若其诗清且敦。
祇园弟子尽鹤骨，心如死灰不复温。
门前两丛竹，雪节贯霜根。
交柯乱叶动无数，一一皆可寻其源。
吴生虽妙绝，犹以画工论。
摩诘得之于象外，有如仙翮谢笼樊。
吾观二子皆神俊，又于维也敛衽无间言。

〔凤翔〕今陕西省宝鸡市凤翔区。〔八观〕犹八景。王维（字摩诘）和吴道子（名道玄，和王维同时的著名画家）在普门寺、开元寺创作的壁画是凤翔八观之一。〔手痕〕手迹。〔莫如句〕再没有比这两位更崇高的了。以上六句合写二家。〔亭亭句〕亭亭，耸立貌。双林，两株树，这里特指两株娑罗树。相传佛教创建人释迦牟尼在灭度（佛教称死亡为灭度）前，曾在天竺（即印度）拘尸那城娑罗双树下说法。吴道子在开元寺中壁上画的是释迦牟尼由出生、修行、说法到灭度的一生事迹。诗中描写的是释迦临终说法的场面。〔彩晕句〕扶桑，古代神话中太阳升起处。暾（tūn），太阳升起。这是说画中释迦头上的一圈神光，就像太阳初升，发出彩晕。〔至人〕至高无上的人，指释迦牟尼。〔寂灭〕这里指佛教的一种教义。〔扪〕以手摸胸，表示还不了解。〔蛮君二句〕蛮君，指天竺的君长。鬼伯，鬼头子。鼋（yuán），鳖类动物。这是描写画上听法者杂多拥挤，人、鬼都有，像鼋似的伸着头倾听。据说释迦牟尼灭度时，诸鬼王、天王都来致敬。以上十句写吴画。〔佩芷句〕袭，穿着。芷、荪，均香草名。这是说王维诗风秀美，像一个人身上穿戴的都是香草。〔亦若〕也像。〔清且敦〕风格清秀而浑朴。〔祇(qí)园二句〕祇园，印度“祇树给孤独园”的简称，也是释迦牟尼说法的地方。鹤骨，形容人长得很瘦。这是描写王维在开元寺东塔上所画的人物。画家不仅画出了佛徒们外形的清瘦，而且也画出了他们内心的孤寂。〔门前四句〕交柯，互相交叉的枝干。这是描写王维所画的祇园门前的竹子，枝叶繁复、意态生动而脉络依然分明。以上十句写王画。〔吴生四句〕象外，形象以外的精神。翮(hé)，鸟翎的茎，代称鸟。谢，离开。樊，篱笆。祖国古典绘画要求形神兼备，甚至遗貌取神。诗人认为，就这一点来说，吴道子还赶不上王维。王维的画，妙处在于已经突破了形似阶段，掌握了精神实质，正像仙鸟冲破了限制它活动范围的笼子和篱笆一样。〔神俊〕精神饱满，气势飞扬。〔敛衽〕整理衣襟，表示尊敬。〔无间言〕没有异议。以上六句，又是合写二家，并评定优劣。

以宗教为题材的艺术品，是祖国文化遗产中的一个重要部分。这些作品，固然是宣传宗教的工具，但同时也是艺术家艺术地认识生活并再现生活的成果。如这篇诗所写的王维和吴道子所绘制的壁画，其情节故事虽然是宗教的，但画面所呈现的风格却是雄放、绚烂、清新、浑朴的，其艺术构思所表达的生活真实是引人入胜的。在古典作品当中，类似情况很多，不可轻率地否定，应当用审慎的态度，批判地加以接受，去其糟粕，取其精华。这篇诗是苏轼早期的杰作之一，布局于整齐中见变化，风格于清新中含浑厚(也就是他所说的“清且敦”)，不但体现了诗人的创作能力，也体现了他的鉴赏水平。

欧阳少师令赋所蓄石屏

苏　轼

何人遗公石屏风？上有水墨希微踪。
不画长林与巨植，独画峨嵋山西雪岭上，万岁不老之孤松。
崖崩涧绝可望不可到，孤烟落日相溟蒙。
含风偃蹇得真态，刻画始信天有工。
我恐毕宏韦偃死葬虢山下，骨可朽烂心难穷。
神机巧思无所发，化为烟霏沦石中。
古来画师非俗士，摹写物象略与诗人同。
愿公作诗慰不遇，无使二子含愤泣幽宫。

〔欧阳少师〕即欧阳修，他于熙宁四年(1071)以太子少师的官衔致仕(告老退休)。〔令赋〕命令(苏轼)作诗描写。〔蓄〕收藏。〔石屏〕石制屏风。〔遗(wèi)〕赠送。〔上有句〕听不见的声音叫希，抓不着的东西叫微。这是说石屏上隐隐约约有水墨画的痕迹。〔雪岭〕指位于今四川省西部的群山，山头积雪终年不化。〔溟蒙〕迷茫的样子，形容云气日光互相影响。〔含风句〕偃蹇，曲折貌。这是说石纹所形成的孤松，弯弯曲曲地立在风中，姿态横生，就像真的一样。〔我恐句〕毕宏、韦偃都是唐代长于画松的画家，杜甫曾写诗赞赏他们的作品。虢(guó)山，在今河南省卢氏县，是石屏的产地。毕是河南偃师人，韦是长安人，这里说他们死葬虢山下，并非事实，而是出自想象，借以关合下文。〔骨可三句〕神机，犹言天才。这是说，毕、韦死后，虽然骨头旋即朽烂，但艺术生命却永远长存，其天才无处发泄，所以将所画松树化为石纹，供人永久欣赏。〔不遇〕不受重视。〔幽宫〕坟墓。

这篇诗完全从幻想与想象着笔，而归结到“感士不遇”。幻与真统一，景与情交织。无中生有，是苏诗艺术上的独特性之一，即此可见。其《书鄢陵王主簿所画折枝》云：“论画以形似，见与儿童邻。赋诗必此诗，定非知诗人。诗画本一律,天工与清新。”与本篇“古来画师非俗士,摹写物象略与诗人同”及《王维、吴道子画》中“吴生”四句,都指出了我国古典美学中形神兼备与遗貌取神的原则,这也是苏轼在自己创作中一贯遵循的原则。

游金山寺

苏 轼

我家江水初发源，宦游直送江入海。
闻道潮头一丈高，天寒尚有沙痕在。
中泠南畔石盘陀，古来出没随涛波。
试登绝顶望乡国，江南江北青山多。
羁愁畏晚寻归楫，山僧苦留看落日。
微风万顷靴纹细，断霞半空鱼尾赤。
是时江月初生魄，二更月落天深黑。
江心似有炬火明，飞焰照山栖鸟惊。
怅然归卧心莫识，非鬼非人竟何物?
江山如此不归山，江神见怪惊我顽。
我谢江神岂得已，有田不归如江水。

〔游金山寺〕金山,宋时还是今江苏省镇江市北长江中的一座小岛屿,后因泥沙淤积,已和南岸相连。寺在山上,原名泽心寺,真宗天禧初改名金山寺。本诗是熙宁四年(1071),苏轼外任杭州通判时,经过金山所作。〔我家句〕古人认为长江发源于岷(mín)山,岷山在四川,而苏轼是四川人,所以这么说。 〔宦游〕在异乡做官。 〔江入海〕长江流到镇江附近,水面广阔,古人称为海门。作者因去杭州任所,路经镇江,镇江在长江下游,所以这么说。 〔闻道二句〕这是以下句证实上句,即从遗留的沙痕见出潮头之高。天寒，当时在农历十一月。〔中泠(líng)句〕是说金山在中泠之南。中泠，泉名，在金山西北。盘陀，石大且多的样子。石盘陀，即指金山。〔古来句〕是说金山位于水中，常随水势涨落而有高低。出没，在这里是夸大之辞。〔试登二句〕是说两岸青山重叠，家乡无法望见。〔羁愁句〕羁愁，旅愁。归楫(jí)，指回到镇江的船。楫是划船的用具，代称船。这是说傍晚凄清的景物，容易牵惹乡愁，所以要找船回去。〔微风句〕是说在微风中，水不扬波，浪痕细得和皮靴的皱纹一样。这句写江水。〔断霞句〕鲜鱼的尾很红，用来形容片段的红霞。这句写江天。〔生魄〕有月叫生魄，无月叫死魄。魄，也写作"霸"。那天是十一月初三日，月亮才有一点儿光，所以称初生魄。〔江心句〕原注："是夜所见如此。"可能是某种水生生物所发的光。炬，火把。〔归山〕指辞官归隐。〔江神句〕惊我顽，由于我的顽固而感到震惊。这是暗示二更江心火炬也许是江神示警。〔我谢二句〕谢，告诉。如江水，古人发誓以表明心迹的成语。如晋祖逖渡江北伐时，在中流击楫自誓："祖逖不能清中原而复济者，有如大江。"这是诗人告诉江神，自己不弃官归隐，只是由于无田可耕，是不得已的事。

苏轼由于反对神宗及王安石的变法，被人诬告贪污，因此请求外调。这篇诗中思归之情，是受陷害后感到抑郁的反映。但诗风壮丽，笔势骞腾，却正见出诗人开朗的胸襟，以及不容易被逆境压倒的乐观情绪。起句与结句，遥相呼应，不可移易地写出了蜀士之远游，也是本诗构思上值得注意的特点。

法惠寺横翠阁

苏　轼

朝见吴山横，暮见吴山从。
吴山故多态，转侧为君容。

幽人起朱阁，空洞更无物。
惟有千步冈，东西作帘额。
春来故国归无期，人言秋悲春更悲。
已泛平湖思濯锦，更看横翠忆峨嵋。
雕栏能得几时好？不独凭栏人易老。
百年兴废更堪哀，悬知草莽化池台。
游人寻我旧游处，但觅吴山横处来。

〔法惠寺〕故址在今浙江省杭州市清波门外。　〔朝见二句〕吴山，一名胥山，又名城隍山，在今杭州市内西南角。“从”字作纵横的“纵”字用时，念zòng，这里仍念cóng，与下“容”字押韵。这是说从寺中登阁，远眺吴山，因光照的明暗不同，白天看到它蜿蜒地横在眼前，而黑夜视线模糊，但见高处，所以觉其非横列而系纵立了。作者《题西林壁》云“横看成岭侧成峰”，与此相似，不过这篇看出山形有异，是由于时间不同，而那篇诗看出山形有异，是由于角度不同。　〔吴山二句〕是将吴山人格化，比为美女，她是在从各种不同的角度，为能够欣赏她的人，做出姿态。故，本来。转侧，不停地转换角度。为君容，为你打扮。作者《和何长官六言》：“青山自是绝色，无人谁与为容。”又《次韵答马忠玉》：“只有西湖似西子，故应宛转为君容。”都与此诗同意。　〔幽人〕高人雅士，这里指法惠寺的和尚。〔朱阁〕佛寺。一般寺庙都以红漆涂饰，所以可称朱阁。这里指横翠阁。〔空洞句〕这是赞美寺中幽人的话，说他们四大皆空，无挂无碍，并非说横翠阁是一座空屋子。　〔惟有二句〕千步冈，指白天所看到的横列着的吴山。帘额，门窗上挂的帘子，因在上端，有如人额，故名。这两句承上句来，说阁中空洞无物，阁外亦然，只有吴山横在阁前，从东到西，有如阁上的帘额。　〔已泛二句〕是说看了杭州美好的景物，就更想念故乡四川的江山。泛，乘船。平湖，在杭州市临平山东南。濯锦，即蜀江。相传成都织成的锦，在这条江中洗濯后，颜色特别鲜艳，因此称为濯锦江，简称锦江。峨嵋，见李白《蜀道难》注。　〔悬知〕预先知道。　〔草莽化池台〕即池台化草莽。　〔游人二句〕是说许多年以后，不仅我已死亡，横翠阁也将不复存在，后人来寻找我和我游览过的地方，恐怕只能找到横列的吴山了。

此诗前八句，五言，写景；后十句，七言，写情。前十二句，四句一转韵；中隔以“雕阑”二句，末复以四句转一平韵作收。布局于整齐中有变化，而且声情相应。思乡的悲凉之感与处世的旷达之怀，达到了巧妙的平衡。它与欧阳修的《春日西湖寄谢法曹歌》思路、风格都很接近。从这些地方，可以看出欧苏师弟诗学的传承关系。

清厉鹗之“水落山寒处，盈盈记踏春。朱阑今已朽，何况倚阑人”（《湖楼题壁》）即此诗后六句之意。但其中有盈盈踏春之人，呼之欲出。在吟秋之候，忆踏春之人，朱阑已朽，紫玉成烟。便又觉只有秦观之“碧野朱桥当日事，人不见，水空流”（《江城子》）及周邦彦之“当时相候赤栏桥，今日独寻黄叶路”（《玉楼春》），才真与厉诗同调，而苏诗则似同实异。

郭祥正家醉画竹石壁上，郭作诗为谢，且遗二古铜剑

苏　轼

空肠得酒芒角出，肝肺槎牙生竹石。
森然欲作不可回，吐向君家雪色壁。
平生好诗仍好画，书墙涴壁长遭骂。
不瞋不骂喜有余，世间谁复如君者？
一双铜剑秋水光，两首新诗争剑铓。
剑在床头诗在手，不知谁作蛟龙吼？

〔郭祥正〕字功父，当涂（今安徽省当涂县）人。 〔空肠四句〕是说平日郁积在胸中的不平之气，酒醉后通过画竹石表现出来。芒角，植物初生的尖叶，借指笔锋。槎（chá）牙，歧出貌。森然，繁多貌。 〔好诗、好画〕两个

“好”(hào)字都作喜爱讲。〔涴(wò)〕玷污。〔瞋(chēn)〕睁大眼睛瞪人。〔喜有余〕极为喜欢。〔秋水光〕形容剑锋之利。〔两首句〕是说郭写的两篇诗也有声有色,可与剑的锋芒相比。〔剑在二句〕杜甫《相从行》:“把笔开樽饮我酒,酒酣击剑蛟龙吼。”杜以“蛟龙吼”属剑,苏翻其意,说剑与诗都能作“蛟龙吼”,可不知道它们谁愿意这么做。

一个极其平常的题材,写得新奇可喜,勃郁情深,如此拗峭,又如此自然,这乃是苏轼的绝招,他人难以企及。

续《丽人行》

苏　轼

李仲谋家有周昉画背面欠伸内人,极精。戏作此诗。

深宫无人春日长,沉香亭北百花香。
美人睡起薄梳洗,燕舞莺啼空断肠。
画工欲画无穷意,背立东风初破睡。
若教回首却嫣然,阳城下蔡俱风靡。
杜陵饥客眼长寒,蹇驴破帽随金鞍。
隔花临水时一见,只许腰肢背后看。
心醉归来茅屋底,方信人间有西子。
君不见,孟光举案与眉齐,何曾背面伤春啼!

〔续《丽人行》〕杜甫有《丽人行》,见前。这里用了同一题目,故称为“续”。但这篇诗是题画的,画中内人原与杜诗所写丽人无涉,作者却把杜甫诗和周昉画牵合起来,将画中的背面内人算作丽人之一,所以序中又称“戏作”。〔周昉〕字仲朗,又字景元,长安人,唐代著名的人物画家,尤其长于描写贵族妇女生活。〔欠伸〕打呵欠,伸懒腰。〔内人〕本是唐代教坊歌妓的专称，后也用以泛指宫女。〔沉香句〕沉香亭，在唐宫兴庆池东，玄宗用外国进贡的沉香木所造。玄宗与杨贵妃赏牡丹时，曾命李白进呈《清平调》三首，第三首是："名花倾国两相欢，长得君王带笑看。解释春风无限恨，沉香亭北倚阑干。"这里用李诗之意。〔薄梳洗〕即淡妆。白居易《梦游春》："风流薄梳洗。"〔燕舞句〕是说这位内人对景伤春。〔背立句〕初破睡，刚睡醒。刚醒，所以伸懒腰。这句点"欠伸"。〔若教二句〕嫣（yān）然，笑得好看的样子。宋玉《登徒子好色赋》描写一位姑娘极美，"嫣然一笑，惑阳城，迷下蔡"。阳城、下蔡均楚邑名。风靡，犹言倾倒。这是写背面。〔杜陵二句〕杜陵，在长安东南，杜甫在那里住过。又杜甫在《奉赠韦左丞丈二十二韵》中写自己在长安的贫困生活道："骑驴十三载，旅食京华春。朝扣富儿门，暮随肥马尘。残杯与冷炙，到处潜悲辛。"蹇（jiǎn）驴，驽弱的驴子。金鞍，贵人所骑的马。古代富贵人骑马，贫贱人骑驴。这两句由周昉画转到杜甫诗，描摹杜甫望见虢国夫人等出游曲江的情景：贫困的诗人眼里射出寒冷的光芒，跟在金鞍肥马后面。〔隔花二句〕《丽人行》："三月三日天气新，长安水边多丽人。"又："背后何所见，珠压腰衱稳称身。"这里即用杜诗之意。〔心醉二句〕西子，即西施，比喻虢国夫人等丽人。这是说看到那样一些丽人之后，为之心醉，到了家中回想起来，才相信世界上竟然真有西施那样的美女。是夸张地形容丽人之丽。这两句与杜甫原诗用意不合，因《丽人行》用意在于讽刺杨氏兄妹之荒淫无耻，并无心醉之意。〔君不见二句〕东汉梁鸿妻孟光，相貌很丑，但德才兼备。每次送饭，总是将案（盘子一类的食具）高举到和眉毛相齐，表示敬重丈夫。这是说富贵人家常常是一男多妇，婢妾成群。妇女的物质生活虽好，但爱情生活苦闷，怎么比得上普通人家如梁鸿、孟光，一夫一妻，互助互敬呢！这两句又从杜甫诗转回周昉画，由实而虚，以议论作结。

周昉所画背面欠伸内人，深刻地描绘了宫廷妇女那种苦闷无聊的特种囚徒生活，从而曲折地揭示了封建贵族多妻制度的罪恶。这篇诗则不但使人见诗如见画，而且还就原主题加以发挥，写出了画中所无的人物、场景。这也就是作者"论画以形似，见与儿童邻"这种主张的实践。

书丹元子所示李太白真

苏　轼

天人几何同一沤？谪仙非谪乃其游。
麾斥八极隘九州。
化为两鸟鸣相酬，一鸣一止三千秋。
开元有道为少留，縻之不可矧肯求？
西望太白横峨岷，眼高四海空无人。
大儿汾阳中令君，小儿天台坐忘身。
“平生不识高将军，手污吾足乃敢嗔！”
作诗一笑君应闻。

〔书〕指题诗。〔丹元子〕一位姓姚的道士的别号。〔真〕画像。〔天人句〕沤，水泡。佛教认为天（宇宙）、人（人生）都很短暂，像个水泡，旋生旋灭。〔谪仙句〕李白游长安时，贺知章读了他的作品，大为赞叹说：“子，谪仙人也。”这是说李白这样的仙人生在人间，并非有罪被贬，不过是偶尔高兴下凡来游历一番罢了。〔麾斥句〕麾斥，放纵。八极，极远的地方。参李颀《赠张旭》注。隘（ài），狭小，这里作动词用。九州，见阮籍《咏怀》“独坐空堂上”篇注。这句形容李白豪迈的精神面貌。〔化为二句〕韩愈《双鸟诗》：“双鸟海外来，飞飞到中州。一鸟落城市，一鸟巢岩幽。不得相伴鸣，尔来三千秋。……还当三千秋，更起鸣相酬。”“双鸟”何指，注家说法不一。有人认为是指李白、杜甫两大诗人。作者采用此说，说李、杜同时，互相赠答，是文坛佳话，可传之永久，但也难以再得，有如双鸟一唱一停，都要经过三千年。〔开元二句〕开元，唐玄宗年号，713 至 741 年。在开元时代，玄宗比较关心国计民生，任用贤臣良将，被称为开元盛世。縻（mí），笼络。矧（shěn），况且。作者认为，李白因为开元有道，曾短期在长安勾留，不久被高力士等排挤走了。像这种人，皇帝都没法笼络他，难道他还会去乞求（功名富贵）吗？〔西望句〕李白《蜀道难》：“西当太白有鸟道，可以横绝峨眉颠。”这里用其语意。岷(mín)，岷山，在四川省松潘县北，一支南下，尽处就是峨眉山，所以“峨岷”连称。〔大儿二句〕东汉末年祢衡非常瞧不起人，只和孔融、杨修二人交好，常说：“大儿孔文举(融字)，小儿杨德祖(修字)，余子碌碌，莫足数也。”汾阳中令君，指郭子仪，他曾封汾阳王，任中书令。(中令君，即中书令之别称。)传说郭子仪在并州当兵的时候，曾经犯法，李白当时正在那里，极力营救，因此没有判刑。后来李白因参加永王李璘的军事行动，要受处分，其时郭子仪已经是执掌重兵的大臣。他请求肃宗准许他交还自己的官爵来赎李白的罪，因而李白得以从轻发落。天台坐忘身，指天台人司马子微。他曾说李白“有仙风道骨，可与神游八极之表”。又曾写过一篇题为《坐忘论》的文章，阐明修仙的途径。身，犹人。这是说，李白只看得起郭子仪和司马子微。〔平生二句〕高将军，名力士，唐玄宗时最有权势的宦官，曾任右监门卫将军及骠骑大将军。李白陪玄宗喝酒，醉后命令高力士给他脱靴。力士认为蒙受了耻辱，就中伤并排挤走了李白。吾，李白自称。嗔，生气。这两句是托为李白的口气写的，充分地表现了诗人对权贵的蔑视。〔作诗句〕是说我作此诗，你听到后，应当为之一笑，表示赞许。

在宋代诗人中，王安石最接近杜甫，苏轼最接近李白。我们细读王安石《杜甫画像》及本篇，可以体察出他们对伟大先辈的深刻理解。在这两篇题像诗中，杜甫和李白的精神风貌得到了非常准确而又丰富的反映。此诗句句用韵，七句一转，以平接平，音节也很有特色。

荔支叹

苏　轼

十里一置飞尘灰，五里一堠兵火催。
颠坑仆谷相枕藉，知是荔支龙眼来。
飞车跨山鹘横海，风枝露叶如新采。

宫中美人一破颜，惊尘溅血流千载。
永元荔支来交州，天宝岁贡取之涪。
至今欲食林甫肉，无人举觞酹伯游。
我愿天公怜赤子，莫生尤物为疮痏。
雨顺风调百谷登，民不饥寒为上瑞。
君不见，武夷溪边粟粒芽，前丁后蔡相笼加。
争新买宠各出意，今年斗品充官茶。
吾君所乏岂此物，致养口体何陋耶？
洛阳相君忠孝家，可怜亦进姚黄花。

〔荔支〕同荔枝。　〔十里二句〕置，这里作驿站解，古代差官歇脚换马的地方。堠(hòu)，大路旁的计里土堆，这里也借指驿站。这是说，汉、唐的皇帝为了要吃到远方进贡的新鲜荔枝，不惜要差官十里换一次马，拼命地跑，不断扬起尘灰，如同有紧急军事情报一般。　〔颠坑句〕颠、仆，摔死。枕藉，相枕而卧，倒在一堆。这是说人马由于奔跑太快，所以伤亡很重。〔龙眼〕桂圆。进贡的是荔枝，龙眼是作为陪衬而提到的。　〔飞车二句〕飞车，古代神话中能在天空飞行的车子。鹘(gǔ)，海鹘，一种海船。风枝露叶，荔枝的枝叶还带着风露，形容非常新鲜。两句形容统治者为了要得到新鲜荔枝，不惜想尽一切办法。　〔宫中二句〕宫中美人，指像杨贵妃那样的人。这是说为了使宫中美人吃荔枝后一笑，人民大遭其殃。这件事人民永远不会忘记。《新唐书·杨贵妃传》："妃嗜荔支，必欲生致之。乃置骑传送，走数千里。味未变，已至京师。"杜甫《解闷》："侧生野岸及江蒲，不熟丹宫满玉壶。云壑布衣鲐背死，劳人害马翠眉须。"杜牧《华清宫》："长安回望绣成堆，山顶千门次第开。一骑红尘妃子笑，无人知是荔支来。"这两句虽写实事，显然也受了大、小杜的启发。　〔永元四句〕永元，汉和帝刘肇的年号(89—104年)。涪(fú)，涪州，今重庆市涪陵区。觞(shāng)，酒器名。酹(lèi)，将酒倒在地上，古代的一种祭仪。伯游，唐羌字。汉和帝时，曾由交州进贡荔枝，弄得人民很痛苦，后来唐伯游将情况据实报告,和帝就将进贡的事取消了。天宝时宰相李林甫,一意阿谀谄媚,对皇帝要涪州进贡荔枝丝毫没有劝阻。诗人慨叹道:“李林甫这样的坏人,直到现在大家还恨不得吃他的肉,这自然是对的;但对唐伯游却很少有人纪念。”就是说,现在能够继承唐伯游那种精神的人是很少的。〔尤物〕特别美好的东西,如荔枝和下面提到的斗茶、牡丹等。〔疮痏(wěi)〕见元稹《连昌宫词》注。〔登〕谷物成熟。〔上瑞〕最好的祥瑞。〔武夷二句〕武夷,山名,在今福建省,是著名的产茶区。粟粒芽,初春的芽茶,一种最细嫩珍贵的茶叶。丁,丁谓,真宗时曾任宰相。蔡,蔡襄,著名书法家,对吃茶也很有研究,曾著《茶录》。笼加,笼罩,胜过。这是说当时丁谓、蔡襄之流,争着进贡好茶叶给皇帝。〔买宠〕讨好。〔今年〕指绍圣二年。〔斗品〕当时有斗茶风俗,将各种好茶拿出来比赛,参加斗的好茶称斗品。〔官茶〕这里指进贡的茶。〔致养句〕致养口体,奉养皇帝的口腹和身体(物质享受)。何陋耶,多么鄙陋庸俗啊。《孟子·离娄上》认为儿子奉养父母,应当注意养志(随顺其心意),而不应只注意养口体。古人以父子关系比君臣关系,所以这么说。〔洛阳二句〕洛阳相君,指钱惟演,吴越国王钱俶的儿子。钱俶主动归降宋朝,被太宗称赞为“以忠孝而保社稷”,所以说钱是“忠孝家”。可怜,可惜。钱晚年以使相留守西京(宋制:凡亲王、枢密使、留守、节度使兼侍中、中书令、同中书门下平章事的都称为使相。他是兼的平章事。北宋以洛阳为西京),曾将洛阳最名贵的牡丹花姚黄(最初由姓姚的培养出来的一种黄色大花)进贡给仁宗。

此诗是哲宗赵煦绍圣二年(1095)作,作者其时正被贬谪在广东惠州(今广东省惠州市惠阳区)。他初次吃到美味的荔枝,十分赞赏,但也不禁联想起历史上为了进贡荔枝所加于人民的祸害。诗中揭发了封建社会的一项弊政——进贡,指斥了高高在上的皇帝,也鞭挞了那些只顾讨好皇帝、不顾人民死活的官僚们。

和子由渑池怀旧

苏　轼

人生到处知何似？应似飞鸿踏雪泥。
泥上偶然留指爪，鸿飞那复计东西？
老僧已死成新塔，坏壁无由见旧题。
往日崎岖还记否？路长人困蹇驴嘶。

〔和子由渑(miǎn)池怀旧〕子由，苏轼弟弟苏辙的字。渑池，今河南省渑池县。苏辙旧有《怀渑池寄子瞻兄》诗。嘉祐六年(1061)十一月，苏轼由汴京赴凤翔任签判，苏辙送到郑州。他经过渑池时，回想到往年苏辙寄给他的诗，就和了这一篇。〔人生四句〕知何似，知道像什么。原诗起头两句是“相携话别郑原上，共道长途怕雪泥”。苏轼由此引起联想，化实为虚，借“雪泥”、“鸿爪”以喻人生之离合无端，成为千古名句和成语。〔老僧二句〕苏辙原诗第六句是“旧病僧房壁共题”，自注：“昔与子瞻应举，过宿县中寺舍，题老僧奉闲之壁。”这里是说奉闲已经死去，只留下埋存他骨灰的小塔(死后火化，造塔埋骨，是佛教的习俗)，而旧日壁间题字，也已无可寻找了。〔往日二句〕原注：“往岁马死于二陵，骑驴至渑池。”崎岖，道路不平的样子。二陵，南陵和北陵，是渑池县西崤山的两座大山包。

这篇诗前半盘旋流畅，与白居易《览卢子蒙侍御旧诗，多与微之唱和，感今伤昔，因赠子蒙，题于卷后》一篇相似，但仍然互有短长。白诗将卢、元和自己一再并提，有回环往复之妙，则胜于苏；苏诗比喻新奇，属对工巧，则胜于白。白居易是苏轼素来敬仰的一位前辈，我们不能排除这两篇诗具有直接传承关系的可能性。

有美堂暴雨

苏　轼

游人脚底一声雷，满座顽云拨不开。
天外黑风吹海立，浙东飞雨过江来。
十分潋滟金尊凸，千杖敲铿羯鼓催。
唤起谪仙泉洒面，倒倾鲛室泻琼瑰。

〔有美堂〕嘉祐二年(1057)，梅挚出任杭州太守，仁宗皇帝赋诗送行，中有“地有吴山美，东南第一州”之句。梅到杭后，就在吴山顶上建堂，名为有美堂，欧阳修曾作《有美堂记》以纪其事。　〔游人句〕暴雨往往是伴随着靠近地面的雷声而落下的，所以这么说。　〔满座句〕是说云层浓而且低，距人很近。　〔天外句〕杜甫《朝献太清宫赋》：“九天之云下垂，四海之水皆立。”这里用其语意。　〔浙东句〕杭州在浙江(钱塘江)之西，所以这么说。　〔十分句〕潋滟(liàn yàn)，水波相连的样子。凸，高出。这是写水势很大，如同金杯中斟满的酒高出了杯面。　〔千杖句〕敲铿，啄木鸟啄木的声音，这里借作打鼓的声音。羯鼓，羯族(匈奴的一支)传入的一种乐器，盛行于唐代。唐人打羯鼓，以声音碎而急为美，用打坏了多少鼓杖来看所下的功夫。(如李龟年对唐玄宗说：“臣打五千杖讫。”)催，赶。这是写雨声很急，如同羯鼓被鼓杖赶着打击，其声敲铿。　〔唤起二句〕谪仙，指李白。见《书丹元子所示李太白真》注。唐玄宗曾谱新曲，需要新词，便派人去召李白。李白已在酒店中醉倒了，于是召入，用水洒在脸上，使之清醒过来。李白醒后，即时写了十多篇。鲛室，鲛人所住的地方，即海。(鲛人，见李商隐《锦瑟》注。)琼瑰(guī)，玉石，这里用作诗的美称。这是说老天爷为了使醉中的李白迅速醒来，好写出许多气势如翻江倒海的诗，所以特地将雨洒在他的脸上。这是苏轼当时产生的联想。

暴雨是谁都经历过的，但只有诗人，才能够将生活中这种常见的、但又是稍纵即逝的景物赋予永恒的意义，从而显示了它的美。值得注意的还在于他写的是在一座近海城市的山上看到的暴雨，而不是在其他什么别的地方看到的；他写的是一位诗人的想象和感受，而不是其他什么别的人的想象和感受。

过永乐，文长老已卒

苏　轼

初惊鹤瘦不可识，旋觉云归无处寻。
三过门间老病死，一弹指顷去来今。
存亡惯见浑无泪，乡井难忘尚有心。
欲向钱塘访圆泽，葛洪川畔待秋深。

〔永乐〕乡名，在秀州（今浙江省嘉兴市）。〔文长老〕秀州报本禅院的长老。长老即住持，一寺的负责人。〔初惊二句〕是说文长老生病时，作者曾去探望，感到他瘦得脱了形，简直不认识了，不久重来而文已死。旋，不久。鹤、云，比喻文长老。古人每以野鹤闲云称世外高人。〔三过二句〕熙宁五年（1072）作者曾去拜访文长老，作有《秀州报本禅院乡僧文长老方丈》一诗。（方丈有两义：一指住持的住房，因为传说佛教最著名的居士维摩诘的住房面积只有一方丈的缘故。二指住持本人。此诗指住房。）六年，再去看望时，文已因病不管事了，作者又写下《夜至永乐文长老院，文时卧病退院》一诗。前后共去三次，第一次文“老”，第二次文“病”，第三次文“死”。佛教以生、老、病、死为四苦，这里用佛家教义。弹（tán）指，佛教计时单位。二十念为一瞬，二十瞬为一弹指。顷，短暂时间。去、来、今，指三世。佛教以过去世、未来世、现在世为三世。这是写人事无常，光阴迅速。〔浑〕全。〔乡井〕指文长老与作者是四川同乡。同住一乡，也就同用一井，所以“乡井”连言。〔欲向二句〕圆泽，唐代和尚，与李源友善。临死转世投胎时和李源约定，十二年后中秋月夜，两人在杭州天竺寺外相见。李源如期赴约，果然在葛洪川旁看到一牧童，敲着牛角唱诗。苏轼有《圆泽传》，系据唐代袁郊《甘泽谣·圆观》改写。这是说希望文长老像圆泽那样，来世还能和自己重见。

苏轼对家乡四川怀有深刻的眷恋，多次形之于创作，因而对这位同乡老僧也特别有感情了。第三联上句放开，下句收拢，极见功夫，也是《秀州报本禅院乡僧文长老方丈》一诗前半“万里家山一梦中，吴音渐已变儿童。每逢蜀叟谈终日，便觉峨嵋翠扫空”的注脚。至于第二联的工巧，则人人可识。

八月七日初入赣，过惶恐滩

苏　轼

七千里外二毛人，十八滩头一叶身。
山忆喜欢劳远梦，地名惶恐泣孤臣。
长风送客添帆腹，积雨浮舟减石鳞。
便合与官充水手，此生何止略知津！

〔八月七日初入赣〕哲宗绍圣元年(1094)，苏轼以五十九岁的高年，被政敌迫害，不断贬官，最后以宁远军节度副使的名义，安置在惠州(今广东省惠州市惠阳区西)。八月初七那天开始乘船进入位于今江西省南部的赣(gàn)江。　〔七千二句〕七千里，当指作者故乡距离赣江道里的约数。二毛人，有黑白两色头发的人，即老人。十八滩，由万安到赣州(今江西省赣州市)，共有十八个滩，惶恐滩是其中最险恶的一个。一叶身，乘坐小船的人。一叶，扁舟的代称。这是说老年遭贬，冒险远行。　〔山忆二句〕上句原注：“蜀道有错喜欢铺，在大散关上。”蜀道，由蜀入陕的道路。大散关在今陕西省宝鸡市西南。嘉祐元年(1056)，诗人二十一岁时，取道陕西去汴京应进士科举，经过这里。这是回想他约四十年前初入社会的往事。以地名“惶恐”表明当时心情，并与“喜欢”作对。孤臣，被冷遇的臣子。这是对自己一生概括地加以评论，却以唱叹出之。年轻时功名顺遂，原以为大有可为，而四十年来的经历告诉自己，那种想法不过是“错喜欢”罢了，而今所有的，只是垂泪孤臣的无限“惶恐”。〔长风句〕船帆受风，如人腹受食，所以称为帆腹。行船遇到顺风，将帆吹得更加饱满，所以说“送客”，说“添”。〔积雨句〕水流江底石上，波如鱼鳞，所以称为石鳞。行船恰巧在久雨江涨以后，所以水深而石鳞也不怎么多了。〔便合二句〕知津，见陶渊明《癸卯岁始春，怀古田舍》注。这是说自己活了六十年，经过的事可多了，好比老水手，不仅知道几个渡口而已，满可以给官府驾船。这与次联暗中照应。

六月二十日夜渡海

苏　轼

参横斗转欲三更，苦雨终风也解晴。
云散月明谁点缀？天容海色本澄清。
空余鲁叟乘桴意，粗识轩辕奏乐声。
九死南荒吾不恨，兹游奇绝冠平生。

〔六月二十日夜渡海〕苏轼在绍圣四年又从惠州被贬为琼州别驾，安置在昌化军（今海南省的儋州市），直到哲宗元符三年（1100）五月，才获得大赦。这是他北归渡琼州海峡时所作。〔参（shēn）横句〕参、斗，都是二十八宿之一。横、转，指星座的位置的移动。一夜分为五更，三更即半夜。这是说渡海时在夜半。〔苦雨句〕苦雨，下个不停的雨。终风，吹个不停的风。这是说原来风雨不止，这时人要渡海，似乎风雨也知道，因而放晴。〔云散二句〕《晋书·谢重传》载：谢重在会稽王司马道子坐上做客，正值月色明净。道子认为极好，谢重说：“我觉得还不如有点云彩点缀。”道子开玩笑地答道：“你自己心地不干净，还想将天空也弄得污秽吗？”这里用这个典故，比喻自己被政敌诬蔑陷害，但本来清白纯洁，终于获得昭雪。〔空余句〕鲁叟，指孔丘。孔丘是鲁国人。《论语·公冶长》载：他曾慨叹自己的主张无法实现，想“乘桴（fú）浮于海”。乘桴，坐木筏。这是以孔丘自比，孔丘曾想乘桴浮海，并没有去成，自己虽然去了，但仍然没有在海外实现自己的主张，所以说空余乘桴之意。〔粗识句〕轩辕，即黄帝。《庄子·天运》：“帝张（演奏）咸池之乐于洞庭之野。”这是说由于自己两度浮海，得以大概领会比得上咸池之乐的这种大海波涛演奏的音乐。〔九死〕死去多次。〔兹游句〕兹游，指贬官儋县。冠，居第一位。这是表示心胸豁达，不以贬谪为意。

苏轼在政敌章惇等人的残酷迫害之下，在南方住了七年，经历了许多艰难困苦，但他的情绪始终是乐观的。以上选的两篇诗，一篇写南下，一篇写北归，都不仅表现了他的乐观和达观，也表现了他的倔强和幽默。这些，正是苏轼性格中最吸引人的地方，而如我们所看到的，他的艺术又能够充分地体现这些性格。

六月二十七日望湖楼醉书

苏　轼

黑云翻墨未遮山，白雨跳珠乱入船。
卷地风来忽吹散，望湖楼下水如天。

〔六月二十七日〕指熙宁五年（1072）的六月二十七日。熙宁五年到七年，作者在杭州任通判。〔望湖楼〕在杭州西湖旁边，五代时吴越国钱氏王朝所建，又名看经楼、先德楼。

放生鱼鳖逐人来，无主荷花到处开。
水枕能令山俯仰，风船解与月徘徊。

〔放生〕佛教戒杀，认为将鱼鳖等生物买来放入池中养着，可以得福，称为放生。天禧四年(1202)，王钦若曾奏请以西湖为放生池，禁捕鱼鸟，为皇帝求福。〔水枕句〕说是躺在船里看山，不觉水波时有起落，反觉山形时有高低。水枕，铺在水面(船上)的枕席。俯仰，犹上下。〔风船句〕是说湖中的船随风飘移，好像领会月光之意而随着徘徊。

苏轼曾经两度在杭州做官，给这个美丽的风景区留下了不少富有特色和情致的诗篇。这两篇前写雨过放晴，后写月夜泛舟，真达到了梅尧臣所谓“意新语工，得前人所未道”，“状难写之景，如在目前；含不尽之意，见于言外”的境界。

饮湖上，初晴后雨

苏　轼

水光潋滟晴方好，山色空蒙雨亦奇。
欲把西湖比西子，淡妆浓抹总相宜。

〔潋滟(liàn yàn)〕水纹波动的样子。〔空蒙〕雨中迷茫的样子。〔西子〕即西施。〔淡妆句〕妇女脸上脂粉用得少，叫淡妆；脸上脂粉用得多，叫浓抹(即浓妆)。这里是以晴天的西湖比淡妆的西子，以雨天的西湖比浓妆的西子，觉得无论怎么打扮，都非常美丽。

这篇诗的后两句也是一个万口流传的比喻，与《题西林寺壁》之“不识庐山真面目，只缘身在此山中”一样。从这些作品中，不难看出，它们对读者不只诉之于感受，同时也诉之于思考。这种由于思考而产生的奇巧比喻，乃是情感与智慧的结合，也是形象思维与抽象思维的统一，看来，这并无损而是有益于诗中所写的西湖、庐山形象之美。

书李世南所画秋景

苏　轼

野水参差落涨痕，疏林欹倒出霜根。
扁舟一棹归何处？家在江南黄叶村。

〔李世南〕字唐臣，和苏轼同时的画家，长于山水。

人间斤斧日创夷，谁见龙蛇百尺姿？
不是溪山成独往，何人解作挂猿枝？

〔斤〕也是斧。〔创夷〕犹伤害。〔龙蛇〕这里指古藤。〔不是二句〕是说如果不是画家独自进入深溪老林，看到那些"龙蛇百尺姿"，他笔下也就画不出那些"挂猿枝"来。

这两篇诗前篇写秋日荒寒之景，非常逼真。后篇一则慨叹古藤之遭砍伐，二则论写生对于作画之重要，都是由画中形象生发，没有涉及形象本身。可是，画家溪山独往的胜情，却又被间接烘托了出来，用笔极为超妙。

过　家

黄庭坚

络纬声转急，田车寒不运。儿时手种柳，上与云雨近。
舍旁旧佣保，少换老欲尽。宰木郁苍苍，田园变畦畛。
招延屈父党，劳问走婚亲。归来翻作客，顾影良自哂。
一生萍托水，万事雪侵鬓。夜阑风陨霜，干叶落成阵。

灯花何故喜？大是报书信。亲年当喜惧，儿齿欲毁龀。系船三百里，去梦无一寸。

〔过家〕元丰四年(1082)黄庭坚知吉州太和县(今江西省吉安市)；六年十二月，移监德州德平镇(今属山东省临邑县)。在去德平之前，他曾回家探亲。本诗即作于回家的时候。〔络纬句〕络纬即蟋蟀。这是说天气转冷，蟋蟀的鸣声也转高。〔田车句〕这是说，农功已毕，水车也不再运转了。〔上与句〕犹言(高柳)参天。〔佣保〕佣，雇工。可信任的佣称为保。〔少换句〕年老的换成了年轻的，几乎都换光了。〔宰木〕坟头上种的树木。〔畦(qí)〕田园中分成的小区。〔畛(zhěn)〕田间小路。〔招延二句〕写过家时和亲戚来往的情况。招延，邀请。屈，委屈，古人请客时用的谦词，如屈尊、屈驾。父党，父系亲属。劳问，慰问。婚亲，亲家。〔归来二句〕是说长年在外，回家反而生疏如客，看到自己的身影，有点觉得可笑。良，很。哂(shěn)，微笑。这两句所显示的情调是愉快的，和明人李世熊《寒支集》中“怀人惟故鬼，作客在家乡”的深悲极苦，截然不同。〔一生二句〕写自己一生如萍浮水上，饱经忧患。〔夜阑〕夜深。〔陨(yǔn)〕坠落。〔干叶句〕枯干了的树叶一阵一阵地落下。〔灯花〕古人迷信，认为人有喜事，灯心上就会结灯花。〔亲年二句〕父母老了，儿女大了，这是由家信而引起的一些思想活动。《论语·里仁》：“父母之年，不可不知也，一则以喜，一则以惧。”意思是做儿女的一方面因为父母健在而高兴，另一方面也因为父母年迈而恐惧。毁龀(chèn)，小孩子换牙。〔系船二句〕写由太和回分宁的急迫心情，船虽然还系在三百里外，可是梦中离家连一寸远也没有。

本诗大分两段，第一段为前十六句，写返家之后。一、二两句写节物，三至八句写离家后情况的变化，九、十两句写亲戚存问，十一至十四句感怀，十五、十六两句又写景物，与一、二两句照应。第二段为后六句，写返家之前。十七至二十句写得书心情，二十一、二十二两句写思家之切。它所使用的语言都经过拣选，显得生新可喜；所写的场面，跨度较大，衔接处也不十分清楚。在总体结构上，后来的情事却反而放在前面。凡此种种，都使读者耳目一新。前人所谓宋人之诗变化于唐而出其所自得，往往于这些地方可以窥见。

黄庭坚，字鲁直，号山谷道人，洪州分宁(今江西省修水县)人，生于庆历五年(1045)，死于徽宗崇宁四年(1105)。他是江西派的中坚人物。宋诗的独特面貌，以在苏轼和黄庭坚及其同派诗人陈师道等的作品中体现得最充分。

次韵吴宣义三径怀友

黄庭坚

佳眠未知晓，屋角闻晴哢。万事颇忘怀，犹牵故人梦。
采兰秋蓬深，汲井短绠冻。起看冥飞鸿，乃见天宇空。
甚念故人寒，谁省机与综。在者天一方，日月老宾送。
往者不可言，古柏守翁仲。

〔宣义〕官名，即宣义郎。〔三径〕西汉末，王莽专权，兖州刺史蒋诩辞官隐居，于院中辟三径，只和求仲、羊仲二人来往，后人因以“三径”作为家园的代称。〔晴哢(lòng)〕晴天的鸟叫声。〔采兰二句〕蓬，野草，即飞蓬。绠，系在吊桶上用来汲水的绳子。这是以兰被蓬所遮蔽，井中甘泉由于绠短又冻结而不能汲引，来比喻才士被提拔之不易。〔起看二句〕冥(míng)飞鸿，在高空飞翔的鸿雁。冥，即冥冥，高远之貌。这两句写景，同时暗示世界很广阔，即使不被提拔，也可隐居自适，免于忧患，不必悲伤。扬雄《法言》:“鸿飞冥冥，弋人(猎鸟的人)何篡(捕捉)焉?”此用其意。〔甚念二句〕机，织布机。综(zèng)，织机上梭口的装置。这里是衣服的代词。两句应上“犹牵故人梦”，描写吴某很挂念他朋友的生活情况：天已冷了，谁管他的衣服呢?〔在者句〕即旧题苏武诗“良友远别离，各在天一方”之意。〔日月句〕宾，迎接。送，送走。日月每天出没如常，而人在迎送它们之中变老了。〔往者二句〕翁仲，这里指墓前石人。这两句承上句来，说由于日月如流，过去的都没有什么可说的了，只要看到死者坟前古柏守着翁仲，便明白了一切。

吴宣义家居怀友，其友为谁，诗人似乎并不关注，他所会心的倒是吴某对朋友遭遇的深切同情。起两句显然从孟浩然《春晓》“春眠不觉晓，处处闻啼鸟”来，不过抽换字面罢了，但接以三、四两句，上言万事都不挂心，下言故人仍然入梦，就觉友谊深厚，不比寻常。五、六叹其仕途牢落，紧承上文，是合。七、八以飞鸿为喻，是开。九、十叹其生活艰难，又是合。运转极见笔力。收四句由生者想到死者，由“同心而离居，忧伤以终老”（《古诗》“涉江采芙蓉”句），想到“人生能几何，毕竟归无形”（王维《哭殷遥》句），情怀沉痛而风格峭拔。

跋子瞻和陶诗

黄庭坚

子瞻谪岭南，时宰欲杀之。
饱吃惠州饭，细和渊明诗。
彭泽千载人，东坡百世士。
出处虽不同，风味乃相似。

〔跋（bá）〕写在书籍或作品后面的短文。以诗作跋是一种变格。〔岭南〕指五岭之南的今广东省境。五岭，见岑参《送张子尉南海》注。〔时宰句〕时宰，当时的宰相，指章惇。绍圣元年，章惇做了宰相，就将苏轼贬官惠州。苏轼在惠州时作诗道：“为报先生春睡足，道人轻打五更钟。”章惇知道了，就说：“苏子瞻还这么快活！”又将他贬谪到更远、更艰苦的海南岛上去了。〔饱吃二句〕苏轼在古代诗人中最敬爱陶渊明，他元祐七年（1092）在扬州时曾和陶诗《饮酒》二十首，到了惠州后又和了很多篇，总共一百零九首。〔彭泽〕指陶渊明，他曾任彭泽（今江西省彭泽县）令。〔东坡〕苏轼的别号，是他在元丰四年（1081）贬官黄州时自己取的。〔千载人、百世士〕指道德文章可以名垂不朽的人。世，三十年。〔出处〕出，出来做官，指苏轼。处，隐居不出，指陶渊明。

在有人“欲杀之”的情况下，却仍然饱吃饭，细和诗，寥寥二十字，很能传出苏轼的精神状态，可与前选其南下、北归两律互证。由苏之和陶，指出两位诗人的风味相似，对于了解其人和作品，也极为有益。

清杜濬咏东坡云：“堂堂复堂堂，子瞻出峨眉。幼读《范滂传》，晚和渊明诗。”对这位诗人的身世、出处、性情、学养，作了极为精练的概括，足以追配此诗。

戏和答禽语

黄庭坚

南村北村雨一犁，新妇饷姑翁哺儿。
田中啼鸟自四时，催人脱裤著新衣。
著新替旧亦不恶，去年租重无裤著。

〔禽语〕指布谷鸟的叫声。它的叫声听上去像“脱却布裤”这句话。〔雨一犁〕可以浸透一犁头那么深的土地的雨量。〔饷（xiǎng）〕给饭吃。〔自四时〕自能明辨四季。〔著新二句〕是说布谷鸟叫人著新替旧，自然也不坏，可哪里知道去年由于租税太重，农民原来就没有裤穿。

有些鸟儿的叫声，听上去很像人说的某一句话。古代诗人往往从这句话生发出一些意思，写成诗篇，称为禽言诗。这篇诗虽以《戏和答禽语》即开玩笑地与鸟儿唱和为题，但基本上仍然是一篇禽言诗。作者抓住农民听到布谷鸟催他们“脱却布裤”时的感受，代他们宣泄了在沉重剥削之下的苦痛。诗的头两句给人以气候不坏、生活平安的印象，下面却忽然出人意外地转出完全相反的情景来。黄诗用意深曲，耐人寻味处，往往如此。苏轼《五禽言》之一云："昨夜南山雨，西溪不可渡。溪边布谷儿，劝我脱破裤。不辞脱裤溪水寒，水中照见催租瘢。"用意同黄，而略直致。

送王郎

黄庭坚

酌君以蒲城桑落之酒，泛君以湘累秋菊之英。
赠君以黟川点漆之墨，送君以阳关堕泪之声。
酒浇胸次之磊隗，菊制短世之颓龄。
墨以传万古文章之印，歌以写一家兄弟之情。
江山千里俱头白，骨肉十年终眼青。
连床夜语鸡戒晓，书囊无底谈未了。
有功翰墨乃如此，何恨远别音书少。
炒沙作糜终不饱，镂冰文章费工巧。
要须心地收汗马，孔孟行世日杲杲。
有弟有弟力持家，妇能养姑供珍鲑。
儿大诗书女丝麻，公但读书煮春茶。

〔送王郎〕郎，这里指姐妹的丈夫。旧时兄弟称姐妹的丈夫为郎，丈夫称妻子的兄弟为舅。王纯亮，字世弼，是黄庭坚的妹夫。黄在德平时，王来探望。这是送别之作。　〔酌(zhuó)君二句〕酌，斟酒。君，指王郎。蒲城，今陕西省蒲城县。桑落，蒲城所产名酒。九月桑叶落时酿造，故名。湘累，屈原。凡非因获罪而死去的人叫作累。屈原以忠愤自沉于湘江，所以扬雄在《反离骚》中称他为"湘累"。屈原《离骚》中有"夕餐秋菊之落英"之句。(落英，才开的花。)"泛"字无食义，疑从"浮白"的"浮"字来。古人称喝一大杯酒为"浮一大白"。此处以"泛"字代替"浮"字，是劝说王郎饮桑落酒，而这酒中则泡有菊花，所以也请其一同吃下。古人以菊花泡酒，见下引《菊花颂》。〔赠君句〕黟（yī）川，今安徽省黟县，从五代以来，就以产墨著名。历史上著名制墨技师李廷珪就曾在这里造墨。点漆，形容墨好，一点落纸，其黑如漆。〔送君句〕王维《送元二使安西》："劝君更进一杯酒，西出阳关无故人。"此用其意。阳关，在玉门关的南面，是汉、唐时代赴西域的通道。〔酒浇句〕《世说新语·任诞篇》："阮籍胸中垒块，故须酒浇之。"垒块，堆积起来的土块。比喻胸中郁积的不平之气。"磊隗"是"垒块"的异体字。〔菊制句〕陶渊明《九日闲居》："酒能消百虑，菊解制颓龄。"制，控制。颓龄，衰老的年龄。古代医学认为服用菊花可以防止衰老。所以晋傅统妻《菊花颂》说："爰采爰拾，投之醇酒，服之延年，佩之黄耇（gǒu）。"〔墨以句〕印，指心印，佛教名词，谓佛法历代传授，心心相印。这是说以好墨送给王郎，是希望他努力写好文章，发扬古代的优良传统。〔兄弟之情〕指自己和王郎夫妇的亲情。〔江山句〕是说自己游宦，长在异乡，彼此相去甚远，不觉头发都白了。〔骨肉句〕是说由于是骨肉关系，尽管极久才能会面一次，可是彼此感情仍然非常之好。眼青，表示有好感。阮籍能做青白眼。用青眼对待有好感的人，用白眼对待有恶感的人。〔连床二句〕连床，两张床放在一起。戒晓，即戒旦，黎明时警戒睡着的人，使之醒来。一头有底的口袋叫做囊，两头无底全靠绳子扎住的口袋叫做橐（tuó）。这是写王郎和自己同宿时的情景。这位妹婿满腹诗书，像个无底书袋，一谈起来，就是一个通夜，直到鸡叫也没个完。〔有功翰墨〕指文学精能。翰墨，笔墨。〔炒沙二句〕《楞严经》："若不断淫，修禅定者，如蒸沙石，欲其成饭。经千百劫，只名热沙。何以故？此非饭，本沙石成故。"糜（mí），稀饭。桓宽《盐铁论》："内无其质，而外学其文，若画脂镂冰，费日损功。"儒家思想认为文以载道，德行为本，文章为末，所以诗篇在赞叹王郎"书囊无底"、"有功翰墨"之后，又指出不能停留在工于文章的阶段上，否则就如同"炒沙"和"镂冰"，虽工巧而无用处。〔要须句〕佛教以为心能生万法，如同地能生万物，故称心为心地。汗马，使马流汗，形容战争的劳苦，所以战功也称为汗马之劳。孔孟，指孔孟之道。杲（gǎo）杲，光明貌。这是说要经过艰苦的思想斗争，才能明白圣贤的道理有如日光杲杲，照耀人间。〔力持家〕努力维持（管理）家庭。〔妇〕指王郎的妻子，即作者的妹妹。〔珍鲑（guī）〕犹言美味。鲑，鱼名。〔儿大句〕儿子大了念书，女儿大了纺织。

此诗以四个排句起，再以四个与之相对应的排句续之，然后以“江山”二句总束，是送王郎之情。接着，“连床”四句以赞叹大开，“炒沙”四句以规诫大合，用意诚挚而笔势骞腾，结四句劝其居家读书，更求深造，不必汲汲于功名富贵。看重他，所以对他提出了更高的要求。爱人以德之情，赠人以言之意，溢于言表。措辞不落凡近，而立意却极温厚，是黄诗长处，不可但以奇创求之。

送范德孺知庆州

黄庭坚

乃翁知国如知兵，塞垣草木识威名。
敌人开户玩处女，掩耳不及惊雷霆。
平生端有活国计，百不一试薶九京。
阿兄两持庆州节，十年麒麟地上行。
潭潭大度如卧虎，边人耕桑长儿女。
折冲千里虽有余，论道经邦正要渠。
妙年出补父兄处，公自才力应时须。
春风旍旗拥万夫，幕下诸将思草枯。
智名勇功不入眼，可用折棰笞羌胡。

〔范德孺知庆州〕范德孺，字纯粹，范仲淹的第四子，元丰八年（1085）八月知庆州。庆州，今甘肃省庆阳市，当时是宋和西夏的边界，军事重镇。宋代制度，中央派出的州一级的地方行政长官，带“权知军州事”衔，简称知州。〔乃翁句〕乃翁，你父亲，指范仲淹。仁宗时，西夏赵元昊侵扰边境，范仲淹自请出任边防工作，击败元昊，迫使其罢兵求和。他又在朝廷担任过参知政事等要职，对当时政治进行了某些有利于人民的改革，所以诗句赞扬其懂得国政如同懂得军事一样。〔塞垣〕见鲍照《代东武吟》注。〔敌人二句〕描写范仲淹“知兵”。他文静得像一个大姑娘，使得敌人放松了警惕，大开门户，谁知道他动作起来，又快又猛，像迅雷轰击，使人不及掩耳。《孙子·九地》：“始如处女，敌人开户；后如脱兔，敌不及拒。”《淮南子·兵略》：“疾雷不及塞耳。”这里上句用《孙子》词意，下句则兼用《孙子》与《淮南子》词意。〔端有〕正有。〔活国计〕使国家富强康乐的办法。〔百不句〕九京，即九原，春秋时晋国卿大夫的墓地。这是说范仲淹的许多“活国计”连百分之一都没有试行，就死去了。范仲淹死于仁宗皇祐四年(1052)，距此时已有三十三年。〔阿兄二句〕阿兄，指德孺的二哥纯仁。他曾于熙宁七年(1074)及元丰八年两次出知庆州。持节，即拥旄，见岑参《轮台歌奉送封大夫出师西征》注。麒麟，古代传说中一种象征祥瑞的兽。徐陵幼时非常聪明，曾被当时著名的和尚宝志称为“天上石麒麟”，后世因此用来作为他人儿子的美称。这里美称范纯仁。这是说纯仁迅速地成长之后，继承父亲的勋业，两度出知庆州。上、下句是倒文。〔潭潭二句〕潭潭，深广貌。长，成长。这是说范纯仁胸有权谋，深广难测，镇守边塞，不动声色，敌人都不敢乱动。因此，边地人民能够安定地生产，和平地生活。〔折冲二句〕折冲，使敌人战车后撤，即击退敌人。论道，讨论治国之道。经邦，管理国政。渠，他。这是说，范纯仁抵御敌人于千里之外，虽然才力很有余裕，但治理整个国家的工作，却更需要他，所以元丰八年第二次出知庆州没有多久，就又调到中央担任枢密副使去了。〔妙年句〕是说范德孺还在少年的时候，就以其才力填补了父亲和哥哥留下的空缺，出知庆州。妙年，少年。〔公〕指德孺。〔自〕本来。〔应时须〕适应当前的需要。〔春风句〕想象德孺到了庆州，军容很盛。春风，指元祐元年(1086)春天，即作诗之时。旍(jīng)，同旌，古代的一种旗帜，用以指挥或开道。〔幕下句〕是说宋朝的边防军将领们求战心切，夏去秋来，马肥草枯，正是便于作战的时候。〔智名二句〕《孙子·形篇》：“善战者之胜也，无智名，无勇功。”棰(chuí)，棍子。笞(chī)，鞭打。羌胡，指西夏，羌族建立的政权。“胡”在这里作为西北各族的通称。这是赞美范德孺有大将之才，没有将以智出名、以勇建功放在眼里（即善于统筹全局，并不在个别计谋或战斗上显得突出），西夏若胆敢前来侵犯，他只要折下一根棍子揍他一顿就行了。

这篇诗就用意论，结构谨严，在全诗十八句中，父、兄、弟各占六句；就用韵论，又故意打破了这种均匀的局面，先是平韵八句，间以仄韵两句，又是平韵八句，换意与换韵参差错综，又与前人之换意就换韵之注重声情相应者不同。这是其创新的地方。范德孺父、兄的功业，久已昭著，而他本人则还是一位少年将领，所以诗篇主要是以父、兄烘托他本人，就这一点来说，其作法又与杜甫《观公孙大娘弟子舞剑器行》有相近处。（杜诗“晚有弟子传芬芳”，即此诗之“妙年出补父兄处”。）

老杜浣花溪图引

黄庭坚

拾遗流落锦官城，故人作尹眼为青。
碧鸡坊西结茅屋，百花潭水濯冠缨。
故衣未补新衣绽，空蟠胸中书万卷。
探道欲度羲黄前，论诗未觉《国风》远。
干戈峥嵘暗宇县，杜陵韦曲无鸡犬。
老妻稚子具眼前，弟妹飘零不相见。
此公乐易真可人，园翁溪友肯卜邻。
邻家有酒邀皆去，得意鱼鸟来相亲。
浣花酒船散车骑，野墙无主看桃李。
宗文守家宗武扶，落日蹇驴驮醉起。
愿闻解鞍脱兜鍪，老儒不用千户侯。

中原未得平安报，醉里眉攒万国愁。
生绡铺墙粉墨落，平生忠义今寂寞。
儿呼不苏驴失脚，犹恐醒来有新作。
常使诗人拜画图，煎胶续弦千古无！

〔老杜〕指杜甫。后人称杜甫为“老杜”，杜牧为“小杜”，以示区别。〔浣花溪图〕浣花溪，在今成都市西，杜甫流寓四川，曾在溪边建造一座草堂居住。图是描绘诗人当时的生活。〔拾遗〕唐肃宗至德二载(757)，杜甫曾任左拾遗。〔锦官城〕见李白《蜀道难》注。〔故人句〕故人，旧交，老朋友。指严武。他于肃宗宝应元年(762)及代宗广德二年(764)两度出任成都尹，都对杜甫多所帮助，后一次还请杜甫在他的幕府中担任参谋，授予检校工部员外郎的头衔。青眼，见黄诗《送王郎》注。这是说严武当时很照顾杜甫。〔碧鸡二句〕碧鸡坊、百花潭，都在浣花溪附近。濯(zhuó)，洗。冠缨，系帽的带子。《古歌》：“沧浪之水清兮，可以濯我缨。”〔故衣二句〕是说杜甫学问虽好，但生不逢时，依然衣服破旧，生计困难。蟠，环绕，引申为堆积的意思。〔探道二句〕度，超越。羲黄，伏羲和黄帝，都是传说中上古的圣王。《国风》，《诗经》中的民歌部分，自来被认为是古诗的经典著作。这是说杜甫探讨治国之道，几乎要超过羲黄；而其评论诗歌，则使人觉得《国风》去人不远。〔干戈句〕指安史之乱，峥嵘，山高貌，引申为形容战局严重。宇县，犹言中国。宇，即空间。县，“赤县神州”的简称。〔杜陵句〕是说战乱的严重后果。杜陵、韦曲，都是长安附近的繁荣地区。〔老妻二句〕老妻，指杜甫的妻子杨氏。稚子，指杜甫的两个儿子宗文、宗武。具，都在。诗人于肃宗乾元二年(759)由陕西转徙到甘肃，再到四川，只有他的妻、儿和弟弟杜占同行，其余三弟一妹则散居各地。参其所写《送韩十四江东省觐》注。〔此公句〕是说杜甫和蔼平易，使人感到喜爱。〔园翁句〕园翁，种菜老汉。(古人称种菜为灌园。)溪友，特指居在溪边打鱼为生的人。卜邻，古人迷信，选择邻居也要卜卦。这是说诗人没有架子，肯和普通的劳动人民做邻居。〔浣花二句〕车骑，指严武等贵官所乘的车、骑的马。这是说有时有些做官的人来浣花溪边杜甫家中做客，泛舟饮酒，旋即散去，诗人又独自观赏野景。次句本意为看野墙无主之桃李，因韵律而改变了句子的结构。〔落日句〕蹇(jiǎn)驴，行走迟钝的驴。驮(tuó)，以背负载人或物。这是写这幅画图中的杜甫形象。与下面的"儿呼不苏驴失脚"句合看，所画当是杜甫在傍晚日落时，已喝得大醉，小儿子宗武扶他上驴回家；驴失前蹄，老诗人便从驴背上滑了下来，但仍然不很清醒。〔愿闻四句〕兜鍪(móu)，即头盔，古代打仗时用的防护帽。老儒，指杜甫。千户侯，有一千家农户向其交纳租税的侯爵。攒眉，皱着眉头，表示悲苦。万国，指全中国。这是说杜甫渴望和平安定的生活，而不想在战争中博取功名富贵。所以当他流寓西蜀，听不到中原平安的消息时，虽然喝醉了酒，仍然愁眉苦脸，为全国的局势而深感关切。〔生绡二句〕生绡，生绢，古代都用绢作画。粉墨，画上的颜料。这是说挂在墙上的这幅《老杜浣花溪图》已经很陈旧，而诗人的忠肝义胆，也很少为人所关心注意。〔常使二句〕诗人，指后代的诗人。古代传说，凤凰的嘴和麒麟的角合煎成胶，可以将断了的弦接上，称为续弦胶。这是说杜甫崇高的思想和伟大的艺术，后代的诗人都难以为继，只有向着他的画像下拜，以表敬意。

这幅作者不详的画图，通过杜甫从驴背上滑了下来仍然不很清醒这一稍纵即逝的形象，非常成功地显示了这位伟大诗人的内心世界。黄庭坚则不但了解杜甫，而且理解这幅画，于是，就产生了这篇好诗。王安石《杜甫画像》以豪健胜，此篇以情韵胜，他们都对于杜甫的为人及其所生活的时代有深刻的理解。

王充道送水仙花五十枝，欣然会心，为之作咏

黄庭坚

凌波仙子生尘袜，水上轻盈步微月。
是谁招此断肠魂，种作寒花寄愁绝。

含香体素欲倾城，山矾是弟梅是兄。
坐对真成被花恼，出门一笑大江横。

〔作咏〕即作诗。　〔凌波二句〕曹植《洛神赋》:“凌波微步，罗袜生尘。”形容洛水女神宓妃的神奇美丽，说她在水波上面慢慢地行走，所穿的罗袜也蒙上了灰尘。上句虚构，下句实有；上句幻，下句真。真幻交织，使人读后觉同时兼具超现实感和现实感。本诗利用这一传统形象加以改写，形容这位穿着罗袜在水面上(凌，升；凌波即在水面上)轻盈缓步的女神，由于罗袜附着纤足，有如新月一弯(微月即新月)，走时便也像新月在移动了。〔是谁二句〕此断肠魂，这一悲伤的魂灵，指宓妃。《洛神赋》中写她和曹植欢会之后，旋即分别，“悼良会之永绝兮，哀一逝而异乡”。这两句是诗人由花名水仙而发生的想象。不知道是谁将她的“断肠魂”招得来，种成在冷天开放的水仙花，来寄托她深深的愁恨。招魂，古代希望死者复生而举行的一种宗教仪式。愁绝，即绝愁，深愁。　〔含香句〕这是说水仙花既香且白，赢得多数人的喜爱。　〔山矾句〕山矾，树名，春天开小白花，极香。这是说这三种花都具有白而香的特色，可以相提并论。(梅花也有他色的，这只是就大概言之。)　〔坐对二句〕是说对之赏玩太久，倒像真受到花的撩拨了，还是摆脱一下，付之一笑，到门外去看看长江吧。此诗作于建中靖国元年(1101)，诗人暂寓位于长江之滨的荆南(今湖北省江陵县)，所以诗中提到长江。

相传黄庭坚在荆南客居时，曾经爱上了邻居一位“幽闲姝美”的姑娘，但她后来却另嫁了。在《次韵(马)中玉水仙花》中，诗人曾将她比作水仙花，发出了“可惜国香天不管”的叹息。这篇诗可能也与这一情事有关。但诗人却似乎是要从沉溺的感情中求得解脱了。最后两句便体现了这一点。

杜甫《缚鸡行》:“小奴缚鸡向市卖，鸡被缚急相喧争。家中厌鸡食虫蚁，不知鸡卖还遭烹。虫鸡于人何厚薄，吾叱奴人解其缚。鸡虫得失无了时，注目寒江倚山阁。”杜、黄此二诗，确是如陈长方《步里客谈》所说“断句辄旁入他意，最为警策”。要补充的是，其所以成为“警策”，是由于诗中本意与他意之间，存在着内在联系，所以其彼此之间的情景粗看似乎相去甚远，而由此及彼，仍属可感可知。因而这种陡峭的转折，不但能为读者所接受，反而会由于存在其中的矛盾的解决而使读者产生一种意外的喜悦。

次韵刘景文登邺王台见思

黄庭坚

公诗如美色，未嫁已倾城。
嫁作荡子妇，寒机泣到明。
绿琴蛛网遍，弦绝不成声。
想见鸱夷子，江湖万里情。

〔刘景文〕名季孙，苏、黄的诗友。　〔邺王台〕曹操被封为魏王，建都于邺（今河北省临漳县西），并建铜雀台，故铜雀台也称邺王台。参张说《邺都引》注。　〔见思〕犹见怀，怀念我。　〔公诗二句〕公，指刘。这是说刘景文青年时期的诗已很动人。　〔嫁作二句〕荡子，老在异地作客的人。这是说刘中年时期的诗情调忧伤。以上都以美女作比喻。　〔绿琴二句〕绿琴，即绿绮琴，见卢仝《有所思》注。这是说刘景文由于其诗缺少理解的人，甚至于停笔不写了，犹如琴师未遇知音，只好断了丝弦。〔想见二句〕传说范蠡本与西施相爱，为了协助越王勾践灭亡吴国，便用美人计将西施献给吴王夫差。吴亡之后，他就带着西施，归隐江湖，自号鸱（chī）夷子。这是以西施终于与范蠡结合，来与上述美女之不幸嫁给荡子对比，以见刘诗之哀伤，乃是由于未逢知己，与彼女同，与西施异。

这组诗一共五篇，这是其最后一篇，通首作比。前四句一层，五、六两句又是一层，但均为正比。结二句则为反比。这反比来得突然，一时不易理会。方东树《昭昧詹言》说：“山谷之妙，起无端，接无端……往往承接处中亘万里，不相联属，非寻常意计所及。”其古体固多如此，今体亦然。此诗可证。这是黄诗秘诀之一，所当细参。

郭明甫作西斋于颍尾，请余赋诗

黄庭坚

食贫自以官为业，闻说西斋意凛然。
万卷藏书宜子弟，十年种木长风烟。
未尝终日不思颍，想见先生多好贤。
安得雍容一尊酒，女郎台下水如天。

〔颍尾〕颍水注入淮水的浦口，又名颍口，在安徽省颍上县东南。〔食贫二句〕食贫，过着贫穷的生活。凛然，警惕貌。这是说，由于自己家里贫穷，不得不将做官当成职业，听说郭在颍尾建筑西斋，隐居读书，不禁引起自己的警惕。因为古人常认为做官而不能福国利民，就只不过是混迹风尘，还不如隐居读书为好。诗作于熙宁四年（1071），黄庭坚初次做官，任汝州叶县（今河南省叶县）尉。〔万卷二句〕宜子弟，适合于子弟，即为子弟的学习提供了条件。长（zhǎng）风烟，在风云雨露中成长。《管子·权修》：“十年之计，莫如树木；终身之计，莫如树人。”这里暗用其意，以下句陪衬上句，寓议论于描写之中。〔未尝二句〕先生，指郭明甫。好（hào），喜爱。这是写自己对于郭的倾慕之情，由于想见其好贤乐善，所以时常怀念。〔安得二句〕安得，怎么能够。雍容，从容不迫的样子。女郎台，故址在今安徽省阜阳市境内。相传从前有位胡女，嫁给鲁哀侯做夫人，哀侯为她筑了这座台，后人名之为女郎台。这是说由于郭明甫请他为西斋赋诗，所以也很想到安徽来和明甫相聚。

这篇诗赋西斋，但诗人却并没有到过西斋，所以全从想象落笔，化实为虚。“闻说”、“想见”、“安得”，都非泛下，读时不可忽略过去。

次元明韵寄子由

黄庭坚

半世交亲随逝水，几人图画入凌烟？
春风春雨花经眼，江北江南水拍天。
欲解铜章行问道，定知石友许忘年。
脊令各有思归恨，日月相催雪满颠。

〔次元明韵寄子由〕元明，黄庭坚的哥哥大临的字。子由，苏轼的弟弟辙的字。元明有诗寄予在筠州（今江西省高安市）监盐酒税的子由，庭坚依其用韵次第同作。　〔半世二句〕凌烟，阁名，在唐代长安太极宫内。唐太宗曾令著名人物画家阎立本将功臣长孙无忌等二十四人的像画在阁内，以表彰他们的勋劳。这是说他们兄弟交好，已有多年，但都在政争中遭到失败，时光像流水般过去了，却没有为国家效力的机会。　〔春风二句〕写花开江涨之景，因以寄托其离别相思之情。此诗于元丰四年（1082）春天作于太和县，所以描写春景。　〔欲解二句〕古代居官时，将印带佩在腰上（汉代规定县令是铜章墨绶）；离职，就得解下来。所以“欲解铜章”，就是要想辞去知县的意思。苏轼在和苏辙《与兄子瞻会宿》诗题中说：“子由自少旷达，天资近道，又得至人养生长年之诀。”可见子由是曾经求仙学道的。所以“行问道”就是说要想向子由学道。行，将。石友，交谊坚贞如石的朋友，指子由。年长的人和年少的人交朋友，不计较年龄上的差异，称为忘年友或忘年交。苏辙比黄庭坚大七岁。这是说料想子由定会同意自己的要求。　〔脊令句〕《诗经·小雅·常棣》：“脊令在原，兄弟急难。”脊令，水鸟名，首尾动摇相应，以比兄弟有危急时，互相帮助。这是说子由怀念苏轼，也如自己怀念元明，彼此都以不能同回家园，时常相聚为恨。〔雪满颠〕白发满头。

读这篇诗，要看它的用笔变幻难测处。首句起得平常，次句却出人意外地写到功名蹭蹬，丰富了如水一般流逝的那个半世的内涵。次联只写当前之景，而相念之情自在其中，与上下文似衔接非衔接。三联才正面写相思相寄之情。尾联又回过来，与首联相应。层层转换，无一平笔。

登快阁

黄庭坚

痴儿了却公家事，快阁东西倚晚晴。
落木千山天远大，澄江一道月分明。
朱弦已为佳人绝，青眼聊因美酒横。
万里归船弄长笛，此心吾与白鸥盟。

〔快阁〕在今江西省泰和县东澄江边，是登览胜地。〔痴儿二句〕痴儿，诗人自指。晋夏侯济给友人傅咸的书信中说："生子痴，了官事，官事未易了也。"晋朝人以放达为高雅，以处理官事为痴呆。这里反用其意，说自己办完公事，才在傍晚时分登临快阁。元丰四年（1081）至六年，作者任太和知县。〔落木二句〕阁上所见秋天远景。澄江，太和县东的一条河流。又水色清澈的江也可称为澄江。这是双关。〔朱弦二句〕《吕氏春秋·本味》载：伯牙是古代一位著名的琴师，钟子期是他的知音。钟子期死后，他就"破琴绝弦"。琴弦染成红色，故称朱弦。这里是写登临时怀念知音的佳人。这位佳人指谁，不详。青眼，见《送王郎》注。横，这里是活动的意思。这是说虽无佳人，幸有美酒，还可消遣一番。〔万里二句〕是表示自己无意长久混迹官场，希望归隐江湖。鸥盟，和鸥鸟结盟，意思是共同过闲适的生活，即隐退。

这篇诗一气盘旋，无多曲折，而气势豪放，和上篇是两种笔墨。

寄黄几复

黄庭坚

我居北海君南海，寄雁传书谢不能。
桃李春风一杯酒，江湖夜雨十年灯。
持家但有四立壁，治病不蕲三折肱。
想见读书头已白，隔溪猿哭瘴溪藤。

〔我居句〕黄几复，名介。元丰八年（1085），黄几复知广州四会县（今广东省四会市），黄庭坚则从六年起就在德平镇（今属山东省临邑县）。广东、山东都在海滨，所以用《左传》中楚成王问齐桓公的话“君处北海，寡人处南海”，来说明相距之远。〔寄雁句〕寄，托。谢，拒绝，推辞。这句是上句的补充描写，不可呆看，如果传书不能，又怎能寄诗呢？〔桃李二句〕上句写同游的快乐，是过去的事。下句写分手之后，流转江湖，不觉已有十年，夜雨灯前，回忆旧游，不胜怅惋，是现在的事。〔持家句〕四立壁，《史记》描写司马相如的穷困说：“家居徒四壁立。”即一间空房之外，一无所有。这是用以形容黄几复虽然做官，仍旧清贫。〔治病句〕三折肱（gōng），三次折断了胳膊。《左传》中记载一句古代成语说：“三折肱知为良医。”意思是一个人断了三次胳膊，凭着丰富的治疗护理经验，也可算得上一个好医生了。蕲（qí），求。这是反用《左传》之意，赞奖黄几复做四会县令，办事能干，并不需要像医生跌断胳膊，取得经验，才会给人治病。〔想见二句〕瘴溪，发生瘴气的溪水，指四会县的溪流。瘴，见白居易《新丰折臂翁》注。这是写黄几复老而好学，在官舍中仍然经常读书，与栖息在瘴溪藤蔓上的猿猴的啼声相应和。

这篇诗前半写昔日之交情，今天的怀想；后半称赞黄几复不但清贫好学，而且干练有为，然而垂暮之年，还只在海滨做一县令。怜才之意，不平之鸣，都于言外见之。

雨中登岳阳楼，望君山

黄庭坚

投荒万死鬓毛斑，生入瞿塘滟滪关。
未到江南先一笑，岳阳楼上对君山。

〔岳阳楼〕见杜甫《登岳阳楼》注。〔君山〕洞庭湖中的一座小岛。〔投荒二句〕投荒，贬官到荒僻的地方。哲宗绍圣二年(1095)，黄庭坚因修国史被政敌诬陷，贬涪州(今重庆市涪陵区)别驾，安置在黔州(今重庆市彭水县)居住。元符三年(1100)，徽宗即位，他的政治地位略有改善。建中靖国元年(1101)，出了四川，在沙市(今湖北省荆州市沙市区)暂住。崇宁元年(1102)，又从湖北经过岳阳，准备回到家乡。这时已经贬谪七年，流转在四川、湖北一带，环境非常恶劣，又到了五十七岁的高年，而居然活着通过瞿塘滟滪堆的天险，所以感到庆幸。瞿塘滟滪，见李白《长干行》注。生入……关，用汉班超“但愿生入玉门关”的话。〔江南〕这里泛指长江下游南岸，包括作者的故乡分宁在内。

未到江南，已先一笑，若到江南，当更如何？但这情绪既欣然，又凄然。取较苏轼的《六月二十日夜渡海》，就见出这两位诗人在个性与气质上的差异。

满川风雨独凭阑，绾结湘娥十二鬟。
可惜不当湖水面，银山堆里看青山。

〔川〕这里指洞庭湖。〔绾(wǎn)结句〕写风雨凭阑时所见君山。绾结，(将头发)向上束起。湘娥，《楚辞·九歌》中的湘君和湘夫人，相传即帝舜二妃娥皇和女英。(参李白《远别离》注。)君山是她们居住的地方。鬟，发髻。十二鬟，是说君山丘陵起伏，有如女神各式各样的发髻。“十二”是古汉语中常用的一个成数，并非实指，也不是“十二鬟”都在一位或两位女神的头上。古代妇女梳头，多也不过双鬟。（见《羽林郎》。）雍陶《望君山》："应是水仙梳洗罢，一螺青黛镜中心。"黄诗的"十二鬟"即由雍诗的"一螺青黛"化出。〔可惜二句〕银山，指湖中波浪。这是诗人的设想。由于风雨中在岳阳楼上看不清楚青色的君山，所以想到，如果能够身临湖边，面对湖水，也许就可透过起伏的波浪，看清君山的面貌了。

上一篇写今昔之情，这一篇写当前之景。既不重复，又相衔接。

临平道中

释道潜

风蒲猎猎弄轻柔，欲立蜻蜓不自由。
五月临平山下路，藕花无数满汀洲。

〔风蒲〕被风吹着的蒲苇。〔猎猎〕风声。〔欲立句〕是说蒲叶轻柔，连蜻蜓也站不稳。〔临平山〕在今杭州市东北。〔藕花〕荷花。

这篇诗非常特征地写出了江南五月的秀丽风光。苏轼读了，大为赞美，就给写了，刻在石上。还有一位女画家曹夫人也为此创作了一幅《临平藕花图》。

释道潜，字参寥，神宗、徽宗时代著名的诗僧（约当11世纪70年代到12世纪初叶）。

春　日

秦　观

一夕轻雷落万丝，霁光浮瓦碧参差。
有情芍药含春泪，无力蔷薇卧晓枝。

〔万丝〕指细雨。〔霁光〕雨后初晴时的阳光。〔浮瓦〕由于阳光反射在瓦上,光线好像飘浮着。〔碧〕指琉璃瓦的颜色。〔参差(cēn cī)〕不齐貌。〔泪〕指雨点。

这是一篇写春夜小雨,次晨放晴的小诗,风格比较纤巧,所以元好问《论诗》评此诗云:"拈出退之《山石》句,始知渠是女郎诗。"我们虽然很尊敬元好问在诗歌创作和理论方面所取得的成就,但就这一点而论,却不能不为了他之不能欣赏异量之美而感到惋惜。另外,一般诗人多半以花比美女,而本诗则反过来,以娇弱女子的神态比喻雨后花枝,不失为具有创造性的描写。

秦观,字少游,高邮(今江苏省高邮市)人,生于仁宗皇祐元年(1049),死于元符三年(1100)。

泗州东城晚望

秦　观

渺渺孤城白水环,舳舻人语夕霏间。
林梢一抹青如画,应是淮流转处山。

〔渺渺〕远貌。〔孤城〕指泗州,故城原在今江苏省盱眙(xū yí)县东北淮河边上,清初沉入洪泽湖。〔舳舻(zhú lú)〕舳本指船的尾部,舻本指船的头部,这里即以舳舻作为船的代称。〔夕霏〕傍晚的云彩。

眼前环城的水是白的,远处淮河转弯处山上的树梢则抹上了一层青色,而在它们的上空则是绚丽的云彩。大自然是——同时诗人也是——多么善于着色的画家,岂止一抹青林为如画而已。

再和马图

张　耒

我年十五游关西，当时惟拣恶马骑。
华州城西铁骢马，勇士十人不可羁。
牵来当庭立不定，两足人立迎风嘶。
我心壮此宁复畏，抚鞍蹑镫乘以驰。
长衢大呼人四走，腰稳如植身如飞。
桥边争道挽不止，侧身逼堕壕中泥。
悬空十丈才一掷，我手失辔犹攒蹄。
回顾一跃已在岸，但见满道人嗟咨。
关中平地草木短，尽日散漫游忘归。
驱驰宁复受鞭策，进止自与人心齐。
尔来十年我南走，此马嗟嗟入谁手？
楚乡水国地卑污，人尽乘船马如狗。
我身未老心已衰，梦寐时时犹见之。
想图思画忽有感，况复慷慨吟公诗。
达人遇境贵不惑，世有尤物常难得。
宁能使我即无情，搔首长歌还叹息。

〔再和马图〕苏轼写过几篇题韩幹画马的诗，其中的一篇题为《书韩幹牧马图》，张耒见了，就和了一篇《读苏子瞻韩幹牧马图》，意犹未尽，又写了这篇，故称为“再和”。　〔关西〕函谷关以西，即今陕西省关中平原一带。〔华(huà)州〕今陕西省华县。　〔铁骢马〕即青骢马，毛黑白相杂而黑毛较多的马。　〔羁(jī)〕束缚。　〔蹑(niè)〕踩。　〔镫(dèng)〕挂在马鞍两旁，供骑马人踏脚之物。　〔长衢(qú)〕大路。　〔如植〕像(树木)栽在地里。　〔桥边二句〕是说由于在桥边和别的骑手抢路，控制不住马，就连人带马被逼得落在壕沟中去了。〔悬空句〕一掷，一跳。这是说桥高壕深，人马从空跳下，情况惊险。〔我手句〕辔（pèi），缰绳。攒（cuán）蹄，四只蹄子聚在一处，马在飞驰或跳跃时的动作。这是说自己一惊，将缰绳丢了，但这匹马很懂事，虽然无人驾驭，但仍然奋力从壕中跳出。〔嗟咨〕赞叹声。〔驱驰二句〕进止，前进或停止。这是说，这匹马很驯良，或走或停，都符合人意，简直不用人去指挥。〔卑污〕低下。〔想图二句〕点明"再和"之意。苏轼在《书韩幹牧马图》中曾赞赏韩幹画中所写马群在平沙细草中自由自在的生活，合于马的天性，借以暗示自己也不愿意混迹庸俗的官场。张耒读了，很有同感，所以这么说。〔达人四句〕达人，心胸开朗的人。不惑，不被迷惑。尤物，见苏轼《荔支叹》注，这里指马。搔首，以手轻抓头皮，这里表示思考。这是说，世上有许多开朗的人，不为罕见的好东西所迷惑，可是自己生性多情，还不能做到这点，因此在写下了这篇怀念旧游和那匹骏马的长歌的同时，又不禁叹息起来。

这篇诗虽然题曰《再和马图》，但全篇已摆脱韩画、苏诗范围，而是借题发挥，自抒所感。苏轼"作诗必此诗，定知非诗人"的理论，显然不仅体现在自己的创作实践中，对这类作品的产生也有影响。

张耒，字文潜，楚州淮阴（今江苏省淮安市淮阴区）人，生于皇祐四年（1052），死于徽宗政和二年（1112）。

有　感

张　耒

群儿鞭笞学官府，翁怜痴儿傍笑侮。
翁出坐曹鞭复呵，贤于群儿能几何？
儿曹相鞭以为戏，翁怒鞭人血满地。
等为戏剧谁后先？我笑谓翁"儿更贤"。

〔群儿句〕是说孩子们学当官的打人作耍。鞭笞(chī)，鞭打。官府，这里指当官的。〔翁怜句〕是说当官的老翁怜悯这些无知的孩子们，便在旁边加以嘲弄。傍，通旁。〔坐曹〕在官府坐堂审判案件。〔呵〕骂。〔等为二句〕是说孩子们装扮成官府打人和官府打人都是逢场作戏，但孩子是假打，官府是真打，所以比较起来，孩子们的演出倒是更好一些。

这是一篇讽刺诗，它揭露官府审案，等于开玩笑，而人民则不免在这种玩笑之中遭殃。

怀金陵

张　耒

曾作金陵烂漫游，北归尘土变衣裘。
芰荷声里孤舟雨，卧入江南第一州。

〔烂漫〕无拘束的，自由自在的。〔北归句〕陆机《为顾彦先赠妇》：“京洛多风尘，素(白)衣化为缁(黑)。”这句化用陆诗之意。〔芰(jì)荷二句〕芰，菱。江南第一州，指金陵。这是回忆初到金陵之景。

首句平起，次句逆接。后半实写烂漫游程，又与首句绾合。这样，便突出了“怀”字。

妾薄命

陈师道

主家十二楼，一身当三千。古来妾薄命，事主不尽年。
起舞为主寿，相送南阳阡。忍著主衣裳，为人作春妍？
有声当彻天，有泪当彻泉。死者恐无知，妾身长自怜。

〔妾薄命〕妾，侧室，也是旧日妇女的谦称。曹植有题为《妾薄命行》的乐府诗。这里用其旧题。　〔十二楼〕据鲍照《代陈思王京洛篇》："凤楼十二重，四户八绮窗。"则"十二楼"当是十二层的楼。这里用以泛指贵人所住高楼。　〔一身句〕即白居易《长恨歌》"后宫佳丽三千人，三千宠爱在一身"的意思。　〔事主句〕这是说侍奉主人不能到头。尽年，走完生命的旅程。　〔起舞二句〕为寿，犹言祝福。汉原涉为他父亲在南阳置办的墓地，称为南阳阡。阡，指通往坟地的道路。这是说正翩翩起舞，供他欣赏，愿他幸福，岂料转眼间就送他到墓地了。刘禹锡悼宰相武元衡遇刺的《代靖安佳人怨》有句云："晓来行哭里门外，昨夜华堂歌舞人。"写由生到死，乐极哀来，与这两句略同。　〔忍著二句〕唐崔国辅《怨词》云："妾有罗衣裳，秦王在时作；为舞春风多，秋来不堪著。"又白居易《燕子楼》云："钿晕罗衫色似烟，几回欲著即潸（shān）然（流泪貌）；自从不舞《霓裳曲》，叠在空箱十一年（当作一十年）。"与这两句都是事异义同，一从不忍舍旧爱着笔，一从不忍事新人着笔。　〔有声二句〕形容极度悲苦，哭声可上达青天，泪滴可下透黄泉。

叶落风不起，山空花自红。捐世不待老，惠妾无其终。
一死尚可忍，百岁何当穷。天地岂不宽？妾身自不容。
死者如有知，杀身以相从。向来歌舞地，夜雨鸣寒蛩。

〔叶落二句〕承上篇"相送南阳阡"来，写墓园的凄惨之状。以红花之绚烂与落叶之飘零相衬，愈见山野之空旷寥寂。　〔捐世二句〕捐世，弃世，指死亡。惠，这里作及物动词用，施以恩惠。无其终，犹言不到头。这是说主人还没有老就死了，因此施予我的恩惠就没有到头。　〔一死二句〕何当，何时。穷，尽。这是说，死亡的痛苦还可以忍受得住，但痛苦的生存却没完没了，更令人难堪。　〔天地二句〕这是说，我之所以如此痛苦，并非人生道路狭仄所致，而是自己为了爱情而做出的选择。　〔死者二句〕与上篇"死者恐无知，妾身长自怜"二句对应。　〔向来二句〕言主人死后，楼阁荒凉，与上篇"主家十二楼，一身当三千"二句对应。蛩（qióng），蟋蟀。

作者于诗题下自注云:“为曾南丰作。”曾巩,字子固,南丰(今江西省南丰县)人,当时杰出的史学家、散文家,陈师道的老师,死于元丰六年(1083)。这是两首写法比较别致的悼诗。它们以一位侍妾悲悼宠爱她的主人的口吻,来表达学生对老师死亡的沉痛心情。我国古典文学的传统自来表明,诗人喜爱并且善于以男女之情来譬喻国家和人民、君和臣、师和生以及朋友之间的关系。正如明人郝敬所解释的:“诗多男女之咏,何也? 曰……情欲莫甚于男女……声音发于男女者易感。故凡托兴男女者,和动之音,性情之始,非尽男女之事也。”(陆以谦《词林纪事序》引)所以唐朱庆余的《近试上张水部》:“洞房昨夜停红烛,待晓堂前拜舅姑。妆罢低声问夫婿,画眉深浅入时无?”这篇传诵人口的作品即是以举子考进士比女子结婚,以诗坛前辈张籍比作丈夫,将自己比作新娘。至如陈师道此诗之所以为人推重,还和当时的社会风气有关。王安石做宰相时,向他学习的人很多,但政局一变,都赶忙洗刷自己,矢口否认和老师的关系了。张舜民的《画墁集》中《哀王荆公》四篇,慨叹“今日江湖从学者,人人讳道是门生”,“若使风光解流转,莫将桃李等闲栽”。因此,读者肯定这两篇诗,实质上也就是在批判当时那种存在于士大夫当中的凉薄风气。至于就诗论诗,则这两篇语言工妙,感情深挚,乃是情诗中的精品,自不待言。

陈师道,字无己,又字履常,彭城(今江苏省徐州市)人,生于皇祐五年(1053),死于建中靖国元年(1101)。

示三子

陈师道

去远即相忘，归近不可忍。
儿女已在眼，眉目略不省。
喜极不得语，泪尽方一哂。
了知不是梦，忽忽心未稳。

〔示三子〕元丰七年(1084),陈师道家境贫穷,养不活自己的家口,只好让妻子郭悟及三个儿子和一个女儿随他岳父郭概到四川生活。四年以后,即元祐二年(1087),妻儿才从四川回到徐州。这篇诗作于妻儿们刚回的时候。〔去远二句〕是说实在走远了,也就不那么惦记了,而听说不久就要回来,反而控制不住自己。〔儿女二句〕写初见。相别几年,孩子们大了,见面也不大认识了。省,识。〔哂(shěn)〕微笑。〔了知二句〕了知,确实知道。这是说虽然确实知道并非梦中相见,可是心里还是迷迷糊糊的,一时稳定不下来。

诗贵含蓄,要有文外曲致。但是,也不能绝对化。像这篇作品以及上面的《妾薄命》,就是至情无文,却感人肺腑。孟郊《游子吟》也是如此。陈师道提倡"宁拙无巧,宁朴无华"(《后山诗话》)。因此以质朴见长,黄庭坚却往往伤于工巧。陈说:"人言我语胜黄语。"也就是在这些地方。

此诗之"去远即相忘",就是姜夔《鹧鸪天》中的"人间别久不成悲","了知不是梦,忽忽心未稳",就是晏几道《鹧鸪天》中的"今宵剩把银釭照,犹恐相逢是梦中"。一为亲子之情,一为男女之爱,对象不同,而诗词风格也有分别;但构思则不谋而合,可见人同此心。

雪后黄楼寄负山居士

陈师道

林庐烟不起,城郭岁将穷。
云日明松雪,溪山进晚风。
人行图画里,鸟度醉吟中。
不尽山阴兴,天留忆戴公。

〔黄楼〕元丰元年(1078),苏轼在徐州太守任内,以黄土建大楼于城东门上,名曰黄楼。〔负山居士〕张仲连的别号。〔林庐二句〕是说登黄楼虽属傍晚，但无炊烟或雾气，所以林中茅庐，历历在目。由于内城（城）外城（郭）都有积雪，所以觉得一年快完了。〔云日二句〕注意其“明”字和“进”字的具体性和生动性。上句写日光透过云层，照耀着落在松梢上的雪，是视觉。下句写晚来风力劲猛，已经吹进溪山，是听觉兼触觉。〔人行二句〕“人行”、“鸟度”，是楼头所见景物，“醉吟”则属诗人自己。〔不尽二句〕晋王徽之居山阴（今浙江省绍兴市）时，夜雪初停，忽然怀念住在剡（shàn）县（今浙江省嵊州市）的戴逵，就乘小船前往，隔夜才到。但不登门拜访，就回来了。别人问他为什么。他说：“本乘兴而来，兴尽而返，何必见戴？”这两句是说，兴尽了，就未必怀念了，所以自己登楼赏玩雪景，忽然怀念张仲连时，宁可不去访他，以便怀念之情，自然有余不尽。天，犹自然。

此诗前六句写雪后黄楼，后两句寄负山居士。雪后明丽之景，诗人冲淡之怀，如在目前。末二句翻案，谓王之访戴而尽兴，何如己之不访张不尽兴，体现了诗人的人生哲学。

登快哉亭

陈师道

城与清江曲，泉流乱石间。
夕阳初隐地，暮霭已依山。
度鸟欲何向？奔云亦自闲。
登临兴不尽，稚子故须还。

〔快哉亭〕故址在今江苏省徐州市，原是唐诗人薛能建阳春亭的地方。李邦直重在其地建亭，苏轼名之曰“快哉”。〔城与句〕与，共。依江建城，所以城随江流转向而同其曲折。〔夕阳二句〕初隐地，刚刚沉入地平线下。暮霭（ǎi），傍晚时候山林间升起的雾气。这两句形容晚景，惟妙惟肖。〔度鸟二句〕度，飞过。两句动中见静，忙中见闲。实是诗人因景寓情,展示胸襟,与杜甫《江亭》“水流心不竞,云在意俱迟”同意,但陈却将自己的感情埋藏得更深。〔登临二句〕稚子,指同游的孩子们。故,故意。这是说自己登高临远,还没尽兴,孩子们却故意闹着要回家(便只好走了)。

此诗前六句写景,后二句别作一意,与上篇同。但上篇写自己可尽兴而不想尽兴,而本篇则写自己想尽兴而未能尽兴,确实体现了在生活中经常出现的矛盾。诗中写景,当然要有层次,一般是由近而远,或者反过来,由远而近。但这篇诗的前六句,共分三层,每联一层,却是由低而高,先写水,次写山,再写天,比较别致,也是值得注意之处。

怀　远

陈师道

海外三年谪,天南万里行。
生前只为累,身后更须名?
未有平安报,空怀故旧情。
斯人有如此,无复涕纵横!

〔海外二句〕苏轼于绍圣四年(1097)被贬儋州(今海南省儋州市),本诗作于元符二年(1099),正是三年。这是说苏轼被贬时间之久,空间之远。〔生前二句〕是说苏轼因为名声很大,所以被人忌刻陷害。名声在生前也只能累人,那么,死后还要它干什么呢? 〔斯人二句〕是说像这么个人,却落得这种结果,真叫人眼泪都没得流了,也就是说,眼泪都为他流尽了。

这篇诗是作者怀念因被政敌奸臣章惇等陷害、贬谪远方的好友苏轼而作。诗中充满了悲愤和激情,正反映了两位朋友之间深厚的交谊和对于黑暗势力的抗议。

九日寄秦觏

陈师道

疾风回雨水明霞，沙步丛祠欲暮鸦。
九日清尊欺白发，十年为客负黄花。
登高怀远心如在，向老逢辰意有加。
淮海少年天下士，可能无地落乌纱。

〔九日〕即重九节，见杜牧《九日齐山登高》注。〔秦觏〕字少章，秦观的弟弟。〔疾风二句〕步，水边可以系船供人上下的地方。丛祠，位于草木茂盛之地的神庙。这是写作者吟诗时所见眼前景物：傍晚时分，急风将雨吹散了，水面闪耀着霞光，而水边丛祠之中，已有暮鸦来集。〔九日二句〕尊，酒器。清尊，犹言清酒（好酒）。陶渊明曾于某年重九节在家中赏玩菊花，可是没有酒喝，恰好友人王宏送了酒来。因此，后人便往往将酒、菊花和九日联系在一道，形于歌咏了。本篇作于元祐二年（1087）诗人三十四岁任徐州州学教授时，在这以前，诗人常为了生活在异乡奔走，所以这么说。〔登高二句〕是说垂老之年，遇到节日，多所感慨，因此更加怀念在远处的秦觏。九日登高，是当时风俗。心如在，此心如在远处（即秦觏所在之处）。向老，走向老境。逢辰，遇到节日。〔淮海二句〕淮海少年，指秦觏，他是高邮人。那里位于淮河与东海之间。天下士，全国知名的人物。乌纱，帽的代称。晋孟嘉是大将军桓温的参军，重九节同游龙山。大风将孟嘉的帽子吹落了，他自己并不觉得。桓温就命孙盛写篇文章嘲弄他，他也写了一篇文章回敬，都写得很好。这是说想到秦觏这样知名的青年文士，逢此佳节，必然登高览胜，有所创作。

这篇诗前六句自咏，后两句寄秦，由己之牢落不偶，望秦能意气风发，风格沉郁，意味深长。沙步，或作瓜步。瓜步即瓜洲渡，在今扬州市南江边，渡口与镇江市相对。若作瓜步，则首联属秦，与次联及三联不相衔接，似不可从。

和寇十一晚登白门

陈师道

重楼杰观屹相望，表里山河自一方。
小市张灯归意动，轻衫当户晚风长。
孤臣白首逢新政，游子青春见故乡。
富贵本非吾辈事，江湖安得便相忘！

〔寇十一〕名国宝，陈师道的学生。〔白门〕徐州城门名。〔重(chóng)楼二句〕重楼，多层的楼。杰观(guàn)，雄伟的楼阁。屹，高耸。表里山河，外外里里，水绕山环，形容地势险要。自，本来。这是说登楼眺望，但见重楼杰观，互相对峙，本是一方形胜之地。〔小市二句〕小市，徐州地名。这是写登白门以后返家的情况。上句说直待看到小市点了灯才动归意，下句说春天和暖，所以返家后，在晚风中仍然身穿轻衫，站在门前。〔孤臣二句〕宋朝自从神宗熙宁二年(1069)，以王安石为首的新派主张变法，遭到以司马光为首的旧派反对，派性斗争延续了几十年。元符三年(1100)，哲宗死去，徽宗即位，想在两派之间搞平衡，新旧并重。陈师道在政治上属旧派，这时，他的好友如苏轼等人还贬谪在辽远的南方，所以他为白首孤臣(失宠的臣子)还能遭逢新的政治措施而感到庆幸，为他们能够北归而感到欣喜。杜甫《闻官军收河南河北》："青春作伴好还乡。"下句用杜意。〔富贵二句〕这是说一方面，富贵和我们是无缘的，而另一方面，却还浮沉在官场中，不能归隐江湖，所以进退两难。

寇十一原诗已佚。此诗如何对应原作，已不可知。但它前四句写登临，后四句写怀抱，似乎了无关涉。细加玩索，始知后者即登临所感，由前者来。似断非断，连而不连。前选杜甫《登楼》一篇，也是在登临中抒怀抱，但起笔即点明"伤客心"、"万方多难"，便是唐人章法，与此有异。

和李使君九日登戏马台

陈师道

登高能赋属吾侪，不用传杯击钵催。
九日风光堪落帽，中年怀抱更登台。
江山信美因人胜，黄菊逢辰满意开。
二谢风流今复见，千年留句待君来。

〔使君〕见《陌上桑》注。这里指徐州太守李某。〔九日〕即重九节。〔戏马台〕项羽戏马台，是徐州的古迹。〔登高二句〕古时认为，一个人如果具备九项能力，就可以担任大夫的官职。其中一项是登高能赋。吾侪(chái)，我们。传杯，轮流饮酒。击钵(bō)，敲打铜钵。两者都是古人用来限制作诗时间的方法。必须在饮酒一轮或击钵一次的时间之内将诗作成，否则就要受罚。这是说我们本来就会作诗，无须定下办法限时催促。〔九日二句〕落帽，见上《九日寄秦觏》注。四五十岁为中年。陈师道此诗作于元符三年(1101)，时年四十八岁。晋谢安曾对王羲之说："中年以来，伤于哀乐。"这两句写一对矛盾，一方面觉得遇此佳节，无妨像孟嘉那样狂放不羁，而另一方面又觉仍然和谢安相同，到了中年，伤于哀乐，登台之时不能不别有怀抱(心思)。〔江山二句〕是赞美李使君和同游的人，说江山实在美，而因为有了贤主嘉宾就显得更其出色；而黄菊也似乎有知，遇到重阳佳节开得更为精神。信，实在。〔二谢二句〕东晋时，宋公刘裕曾在戏马台设宴饯别孔靖，诗人谢瞻、谢灵运都写了《九日从宋公戏马台集，送孔令》的诗，载在萧统《文选》。这是登台而发思古之幽情，说二谢当日写诗，风流传于千古，好像留待李使君来欣赏似的。君，指李。

这虽是一篇即兴之作，但写得有气势，有兴会，使人联想到王维的《汉江临眺》。

谢赵生惠芍药

陈师道

九十风光次第分，天怜独得殿残春。
一枝剩欲簪双髻，未有人间第一人。

〔惠〕赠予。〔芍药〕指木芍药，即牡丹。〔九十句〕是说美好的春天迅速消逝。春季三个月，共九十天。九十风光，即春光。次第，这里作迅速解。分，分别，离去。〔天怜句〕怜，爱。殿，最后，这里作动词用。这是说由于天也怜爱牡丹，所以让它在春色已残时最后开放。〔一枝二句〕剩欲，很想。这是极写牡丹之美艳，说很想折下一枝，给一位女子簪在发髻上，可是却找不到佩戴这朵花的人间第一美人，言外有怀才不遇之意。

唐人咏牡丹名句如李正封之“国色朝酣酒，天香夜染衣”，李白之“一枝红艳露凝香”，吴融之“腻若裁云薄缀霜”，都从正面形容其体态，此诗则从侧面暗示其风神，非惟实虚有殊，还从议论中展示形象。唐、宋有别，这又是一例。

病后登快哉亭

贺　铸

经雨清蝉得意鸣，征尘断处见归程。
病来把酒不知厌，梦后倚楼无限情。
鸦带斜阳投古刹，草将野色入荒城。
故园又负黄花约，但觉秋风鬓上生。

〔快哉亭〕见陈师道《登快哉亭》注。〔征尘句〕是说归路很远，路上行人车马扬起的灰尘已断，而归程仍在前头。〔病来句〕是说因病添愁，只好借酒来排遣，不以为可厌。〔梦后句〕指梦境难忘，启结两句怀归之意。〔刹(chà)〕佛寺。〔草将句〕与白居易《赋得古原草送别》“晴翠接荒城”同意。荒城，指徐州。〔故园句〕黄花，菊花。这是说本来想回到故乡去赏黄花，但又失约了。

这是一篇怀念故乡的诗，所写都是眼前景物，但风格清朗，很有情致。

贺铸，字方回，卫州(今河南省卫辉市)人，生于嘉祐八年(1063)，死于徽宗宣和二年(1120)。

九绝为亚卿作

韩　驹

君住江滨起画楼，妾居海角送潮头。
潮中有妾相思泪，流到楼前更不流。

〔九绝为亚卿作〕亚卿，姓葛，作者的友人。这九篇七言绝句是作者听了亚卿诉说的关于自己的爱情故事后为他们写的，这里选了两篇。〔画楼〕以绘画做装饰的楼，即华美的楼，下篇“画樯”同。〔妾居句〕海角，指江入海处，海水涨潮，则潮头随江而上，所以这么说。

韩驹，字子苍，仙井监(今四川省仁寿县)人，生年不详，死于高宗赵构绍兴五年(1135)。

妾愿为云逐画樯，君言十日看归航。
恐君回首高城隔，直倚江楼过夕阳。

〔妾愿句〕樯(qiáng)，桅杆，这里作为船的代称，画樯即画船。这是说我愿意变作一朵云，随着你走，是女方的话。〔君言句〕是说只要十天，你就可以看到回来的船，这是男方的话。〔恐君二句〕是写女方到了那一天的期待之情，倚楼直到夕阳西下，暗示男方失约。

宋朝人习惯于以当时的流行歌曲——词这种样式来抒写爱情生活，在大量的五、七言古今体诗中，以爱情为主题和题材的诗篇只占极少数。这两篇写得缠绵悱恻，值得珍视。

牛酥行

江端友

有客有客官长安，牛酥百斤手自煎。
倍道奔驰少师府，望尘且欲迎归轩。
守阍呼语："不必出，已有人居第一先。
其多乃复倍于此，台颜顾视初怡然。
昨朝所献虽第二，桶以淳漆丽且坚。
今君来迟数又少，青纸封题难胜前。"
持归定惭辽东豕，努力明年趁头市。

〔长安〕本是汉代的西京，这里借指北宋的西京洛阳。〔牛酥〕牛奶油。〔倍道〕两步并成一步走。〔少师〕官名，这里指梁师成。梁师成曾任少师，《宋史》本传失载。〔望尘句〕晋潘岳对当时大官贾谧非常谄媚。每逢贾谧坐着车子出来，他等不及看见车子，只要望到车子走动时扬起的灰尘，就赶忙下拜。轩，见《古诗》"冉冉孤生竹"篇注。这里用潘岳来比喻这个送牛酥的人，用贾谧来比喻少师，说梁师成当时不在家，送牛酥的就在他门口恭候。〔守阍(hūn)〕看门的人。〔出〕拿出来。〔台颜〕指少师的脸色。台是敬词。〔怡然〕愉快貌。〔淳漆〕厚漆。〔封题〕犹言封口，包扎。题，头，指盛器上端的口。〔持归句〕古代寓言：辽东地方不出白猪，有次忽然生了一个白头猪，人们都很奇怪，决计将它献给皇帝，哪知到了河东，看到许多猪都是白的，于是抱着这白头猪惭愧而回。这是讽刺这个送牛酥的人自以为送的礼物不错，其实不算什么，拿回去的时候，定然会觉得难为情。〔趁头市〕赶第一场交易，指再来行贿。

在宣和年间(1119—1125)，有个姓邓的做西京留守，曾经送给当时擅权的宦官少师梁师成一百斤牛酥。诗人就写了这篇诗，加以辛辣的讽刺。

江端友，字子我，陈留(今河南省陈留镇)人，北宋、南宋之间(约当11世纪末叶到12世纪中叶)的诗人。

张　求

唐　庚

张求一老兵，著帽如破斗。卖卜益昌市，性命寄杯酒。
骑马好事人，金钱投瓮牖。一语不假借，意自有臧否。
鸡肋乃安拳，未省怕嗔殴。坐此益寒酸，饿理将入口。
未死且强项，那暇顾炙手？士节久凋丧，舐痔甜不呕。
求岂知道者？议论无所苟。吾宁从之游，聊以激衰朽。

〔卖卜〕卜卦为生。〔益昌〕宋县名，今废。故治在今四川省广元市西南昭化区。〔性命句〕是说爱酒如命。〔好事人〕对于某些事情感到兴趣的人。〔瓮牖(wèng yǒu)〕旧时穷人家用破瓮口作窗户，夏天通风透光，冬天堵死，比用木窗省钱。这里指穷人家。〔一语二句〕假借，犹虚伪。臧否(zāng pǐ)，好坏。这是说张求非常直爽，对来问卦的人，好就说好，坏就说坏。〔鸡肋二句〕鸡肋最薄，形容张求瘦弱的胸部。安，承受。未省，不知道。嗔，生气。这是说张求宁可挨拳头，不肯说假话。〔坐此二句〕是说因此他就变得更加穷困，也许就要饿死了。坐，因。益，更。理，纹路。古代迷信：人脸上的皱纹关联到人的命运。延长到口部的纹，称为饿纹。饿纹入口，就会饿死。〔未死二句〕东汉洛阳令董宣执法如山，得罪了光武帝的姐姐。光武帝要他叩头赔礼，董宣坚决不低头。光武帝也没有办法，只好“叱强项令出”（叫这位硬脖子的县令出去）。后人因以“强项”为刚直不阿的意思。炙手，指权势很盛。这是说张求只要活着，就要保持他刚强的性格，顾不上那些有钱有势的问卦的人。〔士节句〕读书人长期丧失了气节。〔舐（shì）痔〕舐，舔。《庄子·列御寇》中有个寓言：秦王生了痔疮，下令说，凡是来舐痔的，可以得到五乘车子，居然就有人来舐。用以讽刺那些不顾廉耻、趋炎附势的人。〔知道者〕懂得大道理的人。〔苟〕苟且，随便。〔从之游〕和张求做朋友。〔衰朽〕指社会上庸俗卑劣的风气。

这篇诗给一位身份低微而性格高贵的人画了一幅生动的肖像，结句点出作意。只有深入生活而不是飘浮在生活的表面的诗人，才会从一般人认为是平庸甚至卑污的事物中发现纯洁和真诚的美，并且如实地将它反映出来。

唐庚，字子西，丹棱（今四川省丹棱县）人，生于熙宁四年（1071），死于宣和三年（1121）。

瑜上人自灵石来求鸣玉轩诗，会予断作语，复决堤作一首

释惠洪

道人去我久，书问且不数，闻余窜南荒，惊悸日枯削。
安知跨大海，往返如入郭？譬如人弄潮，覆却甚自若，
旁多聚观者，缩头胆为落。僻处少过从，闲庭堕斗雀。
手倦失轻纨，叩门谁剥啄？开关忽见之，但觉瘦矍铄。
立谈慰良苦，兀坐叙契阔。谁持稻田衣，包此剪翎鹤？
远来殊可念，此意重山岳。悃愊念无华，语论出棱角。
为余三日留，颇觉解寂寞。忽然欲归去，破裓不容捉。
想见历千峰，细路如遗索。相寻固自佳，乞诗亦不恶。

而余病多语，方以默为药。寄声灵石山：“诗当替余作。”
便觉鸣玉轩，跳波惊夜壑。

〔上人〕对和尚的敬称。〔灵石〕山名，在浙江省江山市南，又名江郎山、须郎山。〔会〕适，刚刚。〔断作语〕停止说话，这里指不作诗。〔决堤〕比喻控制不住自己的创作激情，犹言破戒。〔道人〕指和尚。见王安石《纯甫出释惠崇画，要余作诗》注。〔书问句〕是说很少通音信。数(shuò)，屡次。〔闻余二句〕惠洪于徽宗政和元年(1111)，因得罪朝廷，被刺配朱崖(今海南岛)军牢，后赦还。这是说瑜上人听说他放逐南方荒远之地，为之惊恐，怕他变得枯瘦了。削，瘦。〔弄潮〕见李益《江南曲》注。〔覆却〕翻了(船)。〔僻处〕在荒僻的地方居住。处(chǔ)，居住。〔过从〕交往。〔失轻纨〕绢制团扇从手中滑下。〔剥啄〕敲门声。〔关〕门。〔矍铄(jué shuò)〕形容老年人精神健旺。〔立谈二句〕良苦，古人相见时的慰问话，犹现在说“辛苦了”。慰良苦，是说自己以良苦一语慰问瑜上人。兀坐，端端正正地坐着。契阔，犹言聚散，引申以指久别之情。这是写久别重逢先立谈后坐叙的情状。〔谁持二句〕是对瑜上人善意的玩笑话。稻田衣，和尚穿的一种上有水田一般格子的衣服，又名水田衣，简称田衣。剪翎鹤，暗示瑜上人本是一位大有可为的人，如云中白鹤，而今只落得混迹空门，犹如鹤剪了翎。〔悃愊(kǔn bì)二句〕悃愊，诚恳。棱角，犹锋芒。这是承上句来，说虽然由于瑜上人态度诚恳，而想见其内心更无尘缘，但另一方面，则又觉其口角仍带锋芒，不尽忘怀世事。无华，没有装饰，即返朴归真，不涉尘缘之意。〔破裓(gé)句〕裓，僧衣。破裓就是那件包着“剪翎鹤”的“稻田衣”。这句写留客不住，“捉”字下得非常生动。〔细路句〕写瑜上人的归程，其所经过的小路，望过去就如一根丢下的绳子，即羊肠小道。〔便觉二句〕轩在山中溪边，“闻水声，如鸣珮环”，像柳宗元在《至小丘西小石潭记》中所写的，故以鸣玉为名。跳起的波声，震惊着夜间的溪沟，在诗人眼中，这声音便是鸣玉轩下之水在吟咏，而这也就是它为鸣玉轩题的诗，瑜上人真不该远来求自己作诗了。

在诗人的感受中，一切大自然所呈现的声音、颜色、气味、形态，都可以而且应当是诗。诗人的职能,只不过是对大自然加以虔诚的模仿罢了。这篇诗最后四句,即是此意。当然,事实上诗人不可能不注入自己的主观意识。而且,只有在这种模仿中,不以人的意志为转移地注入了诗人所独有的个性,才显示出其不可重复的、独特的美。

释惠洪,字觉范,俗姓彭,筠州(今江西省高安市)人,生于熙宁四年(1071),死于高宗建炎二年(1128),宋代最杰出的诗僧。

送胡邦衡之新州贬所

王庭珪

囊封初上九重关,是日清都虎豹闲。
百辟动容观奏牍,几人回首愧朝班?
名高北斗星辰上,身堕南州瘴海间。
不待他年公议出,汉廷行召贾生还。

〔胡邦衡〕名铨,南宋初年著名的主战派政治家。 〔新州〕今广东省新兴县。 〔囊封二句〕囊封,古代臣子上给皇帝的秘密奏章都用囊装起,以防泄露,也叫封事。清都,古代神话中上帝住的地方。据说清都共有九道门,由虎豹守着。闲,关起。绍兴八年(1138),胡铨上封事请斩欺君误国、主张向金投降的奸臣秦桧等。诗人以“清都”比朝廷,以“虎豹”比奸臣,说当封事上达九重关的那天,奸臣们都感到害怕,像那些阻止人们进入清都的虎豹被关住了。 〔百辟二句〕百辟,百官。动容,脸上变色。朝班,朝廷上按次序排成的官员行列。这是说许多人看到胡铨的奏牍(奏章),都紧张得变了脸色,但因为自己没有能像胡铨这样和奸臣斗争而在朝班中感到惭愧的,又有几个人呢? 〔名高句〕这是赞美胡铨的声名比北斗星还崇高。 〔身堕句〕南州,指新州。瘴海,有瘴气的滨海地区。这是惋惜胡铨被贬。 〔不待二句〕公议,公正的议论。这是说也许不要等候将来大家的公议出来，宋高宗就会将胡铨召回，正和汉文帝将贾谊召回一样。贾谊事，见刘长卿《过贾谊宅》及李商隐《贾生》注。

北宋政权被金倾覆之后，南宋广大人民和爱国志士坚决主张继续抗战，收复失地，但高宗和秦桧等昏君奸臣，一味投降求和，于是主战派和求和派展开了激烈的斗争。胡铨上疏得罪以后，许多人都怕秦桧，不敢开口，甚至连话也不敢和他说，而王庭珪却坚决地支持他，写诗鼓励他，终于也被流放夜郎。胡铨和王庭珪这种见义勇为、不畏强暴的精神，正是中国人民民族精神的集中表现。

王庭珪，字民瞻，庐陵（今江西省吉安市）人，生于元丰二年（1079），死于孝宗赵昚乾道七年（1171）。

浯溪中兴颂诗和张文潜

李清照

君不见，惊人兴废传天宝，中兴碑上今生草。
不知负国有奸雄，但说成功尊国老。
谁令妃子天上来？虢秦韩国皆天才。
花桑羯鼓玉方响，春风不敢生尘埃。
姓名谁复知安史？健儿猛将安眠死。
去天尺五抱瓮峰，峰头凿出开元字。
时移势去真可哀，奸人心丑深如崖。
西蜀万里尚能反，南内一闭何时开？
可怜孝德如天大，反使将军称“好在”。
呜呼！奴辈乃不能道辅国用事张后尊，乃能道春荠长安作斤卖。

〔浯溪中兴颂〕浯溪在今湖南省祁阳市西南。元结在安史之乱平定以后，撰《大唐中兴颂》以纪功，由著名书法家颜真卿书写。大历六年（771），刻在浯溪边的大石崖上，俗称磨崖碑。〔和张文潜〕文潜即张耒。张原诗云：“玉环妖血无人扫，渔阳马厌长安草。潼关战骨高于山，万里君王蜀中老。金戈铁马从西来，郭公凛凛英雄才。举旗为风偃为雨，洒扫九庙无尘埃。元功高名谁与纪，风雅不继骚人死。水部胸中星斗文，太师笔下蛟龙字。天遣二子传将来，高山十丈磨苍崖。谁持此碑入我室，使我一见昏眸开。百年废兴增叹慨，当时数子今安在？君不见，荒凉浯水弃不收，时有游人打碑卖。”李清照和诗一共两篇，这是第二篇。〔惊人句〕唐玄宗开元年间，号称盛世。天宝时，李林甫及杨氏家族擅权，败坏朝政，终于爆发安史叛乱。到了代宗大历年间，天下粗安，号称中兴。诗人认为天宝处在中间，独为衰世，所以这么说。兴废，犹治乱、兴衰。这句是和原诗“百年废兴增叹慨”句。〔中兴句〕此诗作于元符三年（1100）前后，距立碑时已有三百多年，当然长满了野草。这句是和原诗“荒凉浯水弃不收”句。〔不知二句〕奸雄，指天宝时代的弄权宰相李林甫，他为人阴险奸诈，被称为“口蜜腹剑”。国老，德高望重的老人。这里是指在平定安史之乱中立有大功的郭子仪。这两句是和原诗“金戈铁马从西来”以下四句。说张耒只推尊了郭子仪的功勋，可是忽略了揭露李林甫有负于国家的罪行。大凡和诗，立意与原作可同可异。在这一点上，女诗人指出了她的前辈在见识上的欠缺。〔谁令句〕关于杨贵妃入宫的经过，可参看白居易《长恨歌》注。此事分明是唐玄宗主谋，高力士经办。诗人却明知故问“谁”使其来，而且是“天上来”，用意在暗示玄宗咎由自取。〔虢秦韩〕见杜甫《丽人行》注。〔皆天才〕都是天姿国色。〔花桑句〕羯（jié）鼓、方响，两种打击乐器。羯鼓用山桑木制成（花桑，疑即山桑）。方响用玉制成。据小说，玄宗长于羯鼓。这里特提羯鼓，也就是暗点玄宗的享乐生活。〔春风句〕形容宫廷中演奏的地方环境洁净，虽有春风，但无尘埃。〔姓名二句〕是说玄宗沉溺在享受之中，朝廷里也就对像安禄山、史思明这样的野心家丧失了警惕，连国防军中的士兵、将军们也在睡大觉。（即过着安逸的日子，直到死亡。）〔去天二句〕《辛氏三秦记》：“城南韦杜，去天尺五。”是说唐时韦、杜两大族，地位特高，接近皇帝。天，皇帝的代称。尺五，一尺五寸，极言其近。但这里只用其词，不用其意，“天”是实指天空。抱瓮峰，华山峰名，又名瓮肚峰，其形崛起，有如瓮肚，故名。郑棨《开天传信记》说，玄宗曾想在峰头大凿“开元”两字，填以白石，使人在百余里外都能望见。后因谏官劝阻，方才作罢。这两句承上来，说一方面对当前危机丧失警惕，而另一方面，却好大喜功，自我陶醉。〔时移势去〕用陈鸿《长恨传》中的话：“时移事去，乐尽悲来。”〔奸人〕指大宦官李辅国。他为人工于心计，用了许多阴谋，取得肃宗的信任，窃权乱政，并离间玄宗、肃宗父子的关系。深如崖，比喻其阴狠。〔西蜀句〕《松窗杂录》载：玄宗曾以自己的终身问僧一行。一行回答说：“陛下行幸万里，圣祚无疆。”后来到了成都，望见一座大桥，问知名为万里桥，就叹气说：“一行之言，今果符之，吾无忧矣。”后来玄宗终于回到长安。〔南内句〕见白居易《长恨歌》注。玄宗从成都回来，就住在南内（兴庆宫）。后来被李辅国胁迫，迁居西内（太极宫），就把南内关闭了。何时开，言永无重返故居之日。〔可怜二句〕历代封建帝王，无不尊崇孝道，他们死后的谥（shì）法中往往有“孝”字，所以说“孝德如天大”。将军，指高力士，他曾任骠骑大将军。柳珵《常侍言旨》载：玄宗退位后住在兴庆宫时，曾登勤政楼，楼下市民向他欢呼万岁，声动大地。当时肃宗正生着病。李辅国就诬陷高力士等，说他们要阴谋复辟，伪造肃宗诏书，将玄宗迁居太极宫。李辅国统兵押送，刀光闪闪。玄宗吓得几次要掉下马来。幸亏高力士大声说：“五十年太平天子！李辅国旧为家臣，不宜无礼！”李才不敢放肆。高又代玄宗问候将士们说：“将士各得好在否？”（好在，唐人口语，就是好。）这时李才令兵士将刀入鞘，高声回答道：“太上皇万福。”高又要李给玄宗牵马护送，才算平安到达。像这样，怎能说是“孝德如天大”呢？所以诗人特地在其前加上“可怜”二字，在其后更用“反使”二字。〔奴辈二句〕奴辈，指高力士。宦官是皇帝的家奴。用事，专权。张后，肃宗的皇后。她与李辅国合作，专擅朝政，肃宗因为怕她，甚至不敢到太极宫去看父亲。（后来李、张二人又发生矛盾，张被李杀。）又《高力士外传》载：力士在玄宗迁居太极宫后十天，即被流放巫州（今湖南省黔阳县）。他看到那里的居民不吃荠菜，就作诗道：“两京秤斤卖，五溪无人采。夷夏虽有殊，气味应不改。”暗喻自己不幸的遭遇。这是说他虽得玄宗信任，但不敢指陈重大问题，挽救危局，只想到一身荣枯，又有什么价值。黄庭坚《书磨崖碑后》云:“事有至难天幸尔,上皇跼蹐还京师。内间张后色可否,外间李父颐指挥。南内凄凉几苟活,高将军去事尤危。”李清照作此篇时,心中当然有黄庭坚诗在,所以最后两句也可说是对黄有关高力士的评议提出异议。

李清照,号易安居士,济南(今山东省济南市)人,生于元丰四年(1081),死年不详,考古学家赵明诚的妻子,文学史上最杰出的女词人。她的诗笔清刚,而且反映了许多重大的现实问题,与词异趣。大概古代多数作家,很注重文学题材与文学样式的配合,认为词宜于描写个人生活,却不适合用来反映重大社会政治题材。李清照也持有这种看法。像这种具备独特见解和带有讽刺意味的咏史诗,她的词中就没有出现过。如果我们评价这位作家,而将这类作品排斥在外,显然有失公道。

夏日绝句

李清照

生当作人杰，死亦为鬼雄。
至今思项羽，不肯过江东。

〔至今二句〕江东,见王维《送沈子福归江东》注。秦末,项羽和刘邦争天下失败后,有人劝他退回江东,他说:“我带着江东子弟八千人出来,现在他们都战死了,我一人回去,拿什么脸去见江东父老呢?”就自杀于乌江。

这不是一篇泛泛的咏史诗,而是对当时赵宋皇朝的深刻嘲讽。这个皇朝的统治者在被金朝侵略以后,不想抗战到底,却忙着逃过江来,依旧过着醉生梦死的日子。这就无怪要引起诗人对于生作人杰、死为鬼雄的项羽的怀念了。

咏　史

李清照

两汉本继绍，新室如赘旒。
所以嵇中散，至死薄殷周。

〔两汉二句〕公元前202年，刘邦建立汉朝，定都长安。公元8年，王莽篡汉自立，国号新，公元23年，被汉兵推翻。25年，刘秀重建汉朝，定都洛阳。史家依时间次序称刘邦建立的汉朝为前汉，称刘秀建立的汉朝为后汉，或依都城方位称前汉为西汉，后汉为东汉，合称两汉。继绍，继承。新室，即新朝。赘旒(liú)，又作缀旒。旒，旗子上的飘带。缀，系。旗被人拿着，上面系的飘带也不能自由活动，比喻人君虽处尊位，并无实权。这是说东汉继承西汉，合理合法，王莽篡汉，就像赘旒。　〔所以二句〕三国后期，司马氏想篡夺曹魏政权。中散大夫嵇康就在其文章中表示反对商汤王革夏桀王的命，周武王革商纣王的命。这实质上就是反对司马氏，嵇康因此终于被杀。薄，看不起。殷，就是商。

1126年，汴京被女真贵族侵略者攻陷，第二年，高宗赵构在南京(即应天府，治所在今河南省商丘市南)重建汉族政权。就在这一年，金人立张邦昌为楚帝，1130年，又立刘豫为齐帝，意图以这些傀儡政权来迷惑人民，但这些阴谋都以失败告终。作者在这篇小诗里，将南宋继承北宋比作东汉继承西汉，将伪楚、伪齐比作新室，并赞赏嵇康反对司马氏篡魏的言论，都体现了她热爱祖国、反对侵略的感情。这篇诗也有可能是从一篇长诗中摘取的四句，但却表现了一个统一的意境，并无割裂之痕。因此，即使如此，也不妨将它当成一篇完整的作品来欣赏。

1931年，日本帝国主义者侵占东北；次年，成立伪满傀儡政权。1935年，汉奸殷汝耕又成立所谓“冀东防共自治政府”。在那严峻的岁月里，国民党政府却仍然不力图抵御外侮，反而歌舞升平，纵情享乐。当时，郁达夫先生在《青岛杂事诗十首》之一中写道：“万斛涛头一岛青，正因死士义田横。而今刘豫称齐帝,唱破家山饰太平。”他赞扬了因为不肯向刘邦臣服而自杀、又以自己的侠烈行为感召了他部下的五百壮士的田横;同时,痛斥了在汉奸横行、国土沦丧时,仍然粉饰太平的南宋小朝廷,借古讽今,与李作一致。就艺术而论,它们以两个互不相涉的典故构成一篇完整的诗,是其所同,而李诗激烈喷薄,郁诗感慨苍凉,又各有其风格特色。

雨

陈与义

沙岸残春雨,茅檐古镇官。
一时花带泪,万里客凭阑。
日晚蔷薇重,楼高燕子寒。
惜无陶谢手,尽力破忧端。

〔古镇官〕指在陈留镇(今河南省陈留镇)监酒税。宣和六年(1124),作者因为他的保荐人宰相王黼(fǔ)得罪朝廷去官,也受到牵连,由符宝郎谪监陈留镇酒税。〔一时句〕承首句“残春雨”。〔万里句〕承次句“古镇官”。〔日晚二句〕上句应上“花带泪”,带泪即含雨,日虽晚而雨犹未收,故蔷薇亦重。下句应上“客凭阑”,凭阑于高楼之上,人觉寒,故知燕子亦寒。这都是凭阑之景。〔惜无二句〕是说自己缺少陶渊明、谢灵运那样的手段,能够借吟咏尽遣忧闷。这是凭阑之情。忧端,见杜甫《赴奉先县咏怀五百字》注。

陈与义,字去非,洛阳人,生于元祐五年(1090),死于绍兴八年(1138)。

霏霏三日雨,霭霭一团春。
雾泽含元气,风花过洞庭。

地偏寒浩荡，春半客竛竮。
多少人间事，天涯醉又醒。

〔霭(ǎi)霭〕多云貌。〔雾泽句〕泽，指位于岳阳之北的云梦泽，参孟浩然《临洞庭上张丞相》注。元气，见王安石《杜甫画像》注。这句就是孟诗中的"气蒸云梦泽"。〔风花句〕风花，犹烟花，泛指春天景物。洞庭湖在岳阳之南，南方地暖，故风花由南而北。〔地偏二句〕钦宗赵桓靖康元年(1126)，金人入侵，诗人由陈留南下避兵，辗转到了岳阳。此诗作于建炎三年(1129)春。宋都汴京，故以岳阳为偏。自己是避兵而来，所以自称竛竮(líng píng)之客。竛竮即伶俜，孤单的样子。

陈与义的集子当中有许多篇咏雨的五言律诗，虽统题之曰《雨》，却每篇都展示了特定的情景。即如这两篇，陈留古镇与洞庭巨浸的景色就不一样，贬官与避兵的心情也不一样。虽然同是描绘春天雨景，同是发抒抑郁胸怀，本篇却由于身世之感与民族之恨交织在一起，而蕴含着更深沉的痛苦。

巴丘书事

陈与义

三分书里识巴丘，临老避胡初一游。
晚木声酣洞庭野，晴天影抱岳阳楼。
四年风露侵游子，十月江湖吐乱洲。
未必上流须鲁肃，腐儒空白九分头。

〔三分句〕三分书，指记录三国时代历史的《三国志》，晋陈寿著。巴丘，岳阳的别名。这是说自己由于读《三国志》，认识到巴丘是个重要地方。〔胡〕这里指金朝侵略者。〔酣〕这里作充塞、满盈解。〔影〕这里指日光。一说,指树阴。 〔四年〕本诗也作于建炎三年(1129)。靖康元年(1126),诗人南下避胡,到现在已经四年。 〔十月句〕是说到了冬天,水落洲出。乱,形容分布不规则。 〔未必二句〕三国时代,蜀关羽占有荆州,吴孙权曾派鲁肃带兵万人,驻防巴丘,和他对抗。对于主要领域在长江下游的吴来说,巴丘乃是上游。腐儒,见解陈腐的读书人,书呆子,诗人自指。这是说巴丘虽是个重要的地方,可是现在的朝廷未必会派一个像鲁肃那样有能力的人来镇守,我这个书呆子就将十成头发急白了九成,又有什么用呢!

读这篇诗,请特别注意其虚词,如"酣"、"抱"、"侵"、"吐"等。由于诗人使用了这样一些极其生动的词汇,就赋予了自然景物以非常活跃的生命。

再登岳阳楼,感慨赋诗

陈与义

岳阳壮观天下传,楼阴背日堤绵绵。
草木相连南服内,江湖异态阑干前。
乾坤万事集双鬓,臣子一谪今五年。
欲题文字吊古昔,风壮浪涌心茫然。

〔再登……赋诗〕在这篇诗之前,作者已有《登岳阳楼》七律二首。 〔楼阴句〕岳阳楼西南临洞庭湖,北倚长江,江边有堤,所以这么说。绵绵,长貌。〔草木句〕南服,南方偏远的地方。周代将王朝直接管辖以外的地方,依其距京城的远近,分为九服。这是写登楼所见远景。 〔江湖句〕江水黄而浊,湖水碧而清,吞吐之时,颜色各异。这是写登楼所见近景。 〔乾坤句〕乾坤,天地。这是说自己的迁谪之恨,国家的兴衰之感,所有一切,都反映在自己的双鬓上面,即由于这些,头发都变白了。 〔臣子句〕此诗也作于建炎三年，上距宣和六年被贬，已有五年。〔欲题二句〕汉贾谊被贬长沙，经过湘水，曾作赋以吊屈原。“题文字吊古昔”即指此事，但自己的处境却比贾谊更坏，所以欲题而又难于下笔，有茫然之感。

此诗与杜甫《白帝城最高楼》格调相同，也是一篇拗体七律。它一气呵成，不假雕饰，音节拗怒，感情沉郁，很成功地表现了诗人胸中抑塞难堪的不平之气。

伤　春

陈与义

庙堂无策可平戎，坐使甘泉照夕烽。
初怪上都闻战马，岂知穷海看飞龙！
孤臣霜发三千丈，每岁烟花一万重。
稍喜长沙向延阁，疲兵敢犯犬羊锋。

〔庙堂〕朝廷，政府。〔平戎〕平息兵祸，这里指消除金朝入侵的祸害。〔坐〕因。〔甘泉照夕烽〕汉文帝时，匈奴入寇，烽火一直照到了离首都长安不远的甘泉宫，这里用来比喻金人对于北宋首都汴京（今河南省开封市）的入侵。〔上都〕长安，这里借指汴京。〔穷海看飞龙〕穷海，海的尽头。飞龙，古人用来做皇帝的代称，指宋高宗。建炎三年（1129），金人渡江南下，高宗曾由临安（今杭州）、明州（今宁波）一直浮海逃到温州。〔孤臣〕见苏轼《八月七日初入赣，过惶恐滩》注。诗人自称。他从宣和六年（1124）被贬谪，一直没有起用。〔霜发三千丈〕形容愁多。李白《秋浦歌》：“白发三千丈，缘愁似个长。”〔每岁句〕烟花，这里指汴京的景物，一万重，形容繁盛。这是说沦陷后的汴京每年景物依旧，人事全非。杜甫《伤春》：“关塞三千里，烟花一万重。”作者这里是有意地以杜句对李句。改李诗“白发”为“霜发”，也是为了与杜诗“烟花”作对。〔向延阁〕指向子諲，他曾任直秘阁的官职。宋代秘阁相当于汉代宫廷藏书处延阁，所以也称他为向延阁。〔疲兵句〕犬羊，对侵略者的贱称。建炎四年，向子諲曾在长沙一带率领军民，坚决阻击敌人的进犯。

读此诗，要细玩其用笔顿挫处。如首联平叙，而次联动荡；三联方叹烟花之无知，而尾联又赞疲兵之敢战。亦忧亦喜，一往情深。

怀天经、智老，因访之

陈与义

今年二月冻初融，睡起苕溪绿向东。
客子光阴诗卷里，杏花消息雨声中。
西庵禅伯方多病，北栅儒先只固穷。
忽忆轻舟寻二子，纶巾鹤氅试春风。

〔天经〕姓叶，名懋。〔智老〕即洪智，·位和尚。〔睡起句〕苕溪，河名，源出浙江省天目山，流经余杭、杭州、湖州等地，入太湖。这是说一夜之间，春水已涨，出门但见满溪绿水，都向东流。〔西庵二句〕西庵，智老所居；北栅(zhà)，天经所居，都在湖州东南九十里的乌镇。禅伯，精于佛学的人。儒先，儒生，精于儒学的人。固穷，安于穷困。这是写对两位友人的怀念。〔忽忆句〕是说忽然怀念智老、天经，因而乘轻舟去访问他们。这时作者住在青镇，与乌镇隔苕溪相对。青镇在溪东，旧属桐乡县。乌镇在溪西，旧属乌程县。青、乌旧本一镇，统名青镇，后分为二。今又合并，称乌镇，属桐乡市。〔纶(guān)巾句〕纶巾，以丝带制成的一种头巾(帽子)。鹤氅(chǎng)，以鸟类羽毛做的外衣。纶巾、鹤氅是六朝以来名士爱穿的服装。这句写将乘此春日出访，与首联相应。

这篇诗是诗人绍兴六年(1136)作。其中“客子”一联是历来传诵的名句。宋诗属对，已不完全注重字面的精巧，而更着重上下句之间的内在联系。即如此联，上句写客中无聊，唯有吟诗度日，下句也写了一个清冷的境界来衬托，就显得人物之间，情调交融，有如水乳。至于“客子”与“杏花”，“诗卷”与“雨声”是否的对，倒并不关重要了。

和张规臣水墨梅

陈与义

巧画无盐丑不除，此花风韵更清姝。
从教变白能为黑，桃李依然是仆奴。

〔张规臣〕作者的表兄。他为一位名叫仁老的和尚画的墨梅题了诗，这一组诗是陈与义的和作。　〔巧画二句〕无盐，战国时齐国的一位妇女，姓钟离，名春。因是无盐（今山东省东平县东）人，后人也就称她为无盐。她容貌丑陋，但有德行，后被宣王立为王后。清姝（shū），清秀而美丽。这是说一个女人长丑了，再画得巧妙些，也不能将其丑除掉，可是，仁老笔下的水墨梅，虽不红不白，其风韵却分外显得清秀而美丽。　〔从教二句〕从，同纵。从教，纵使。这是说，在画家笔下，虽然梅花由白的变成了黑的，但桃花、李花无论多么鲜艳，依然只能算是梅花的奴仆。中国人民从古以来，就尊崇气节，赞赏坚贞，而鄙视趋炎附势。所以认为能抵抗严寒的松、竹、梅是“岁寒三友”，而逢春暖就开放的夭桃、秾李，在品格上却不如它们。

粲粲江南万玉妃，别来几度见春归。
相逢京洛浑依旧，惟恨缁尘染素衣。

〔粲粲〕鲜明的样子。　〔玉妃〕比喻白梅花。　〔相逢二句〕西晋陆机《为顾彦先赠妇》：“辞家远行游，悠悠三千里。京洛多风尘，素衣化为缁。”这是为仁老画的不是白梅而是水墨梅作出解释，想象这是玉妃由江南客游京洛,而京洛风尘太多,以致她们所穿白衣也变黑了。京洛,西晋当时的京城洛阳。缁(zī),黑色。素衣,白衣。

含章檐下春风面,造化功成秋兔毫。
意足不求颜色似,前身相马九方皋。

〔含章句〕含章,汉代长安宫殿名。春风面,美丽的脸。这是以一位美艳的宫女比喻所画墨梅。也许所画是以宫殿作为背景,即所谓宫梅。〔造化句〕造化,创造、化育,也指天地、自然界。秋兔毫,指笔。秋天的兔毛极细,称为秋毫,适于制笔。这是说在画家笔下,成功地再现了大自然。〔前身句〕九方皋是春秋时代一位善于相马的人。伯乐介绍给秦穆公,令他去找好马。三个月后,九方皋回报说已经找到了,是一匹黄色的母马。使人去牵,却是一匹黑色的公马。穆公就将伯乐叫来,说:"糟极了,你派去找马的那个人连毛色、性别都分不清楚,怎么能识别马的好坏呢?"伯乐叹息说:"竟然到了这种程度吗?可真是胜我千倍万倍。他注意的是马的'天机',看到的是精而不是粗,是本质而不是外形啊。"后来果然发现,这是一匹了不起的好马。见《列子·说符》。这是说仁老是九方皋转世投胎,即赞美仁老之画梅,正如九方皋之相马。

自读西湖处士诗,年年临水看幽姿。
晴窗画出横斜影,绝胜前村夜雪时。

〔西湖处士诗〕指林逋《梅花》两首,其中"疏影横斜水清浅,暗香浮动月黄昏"及"雪后园林才半树,水边篱落忽横枝"两联,自来被推为杰作。林逋长期隐居杭州西湖中的孤山,故称之为西湖处士。处士是不做官的读书人的通称。〔晴窗二句〕是赞美仁老所画水墨梅悬挂在晴窗之上,非常逼真,胜过了林逋诗中所写雪夜梅花。

这组诗共五篇,这里选的是第一、三、四、五四篇。

诗人说："意足不求颜色似，前身相马九方皋。"很精辟地指出了客观世界中虽无墨梅，但画家却无妨创作墨梅，反映了中国古典美学中"迁想妙得"（顾恺之语）的特色，即承认为了赋予其创作以更丰富的生命，艺术家有充分发挥自己的想象力，创造性地和不拘形迹地摹仿自然，即由形似而达到形神兼备，再上升到遗貌取神的境界的权利。这组诗是这种理论成功的例子之一，自来颇负盛名。

题临安邸

林　升

山外青山楼外楼，西湖歌舞几时休？
暖风熏得游人醉，直把杭州作汴州！

〔临安〕南宋的都城，今浙江省杭州市。　〔邸（dǐ）〕兼营货栈业务的旅店。〔汴州〕北宋的都城汴京，今河南省开封市。

这篇诗对当时统治阶级在民族政权在北中国被颠覆以后，不想奋发图强，依旧没完没了地寻欢作乐，作了辛辣的讽刺。

林升，孝宗时代（约当12世纪后半期）的士人。

春　阴

朱　弁

关河迢递绕黄沙，惨惨阴风塞柳斜。
花带露寒无戏蝶，草连云暗有藏鸦。
诗穷莫写愁如海，酒薄难将梦到家。
绝域东风竟何事？只应催我鬓边华。

〔迢递(tiáo dì)〕远貌。 〔黄沙〕指沙漠。 〔花带二句〕形容北方气候寒冷。 〔诗穷〕作诗的本领已经用尽。 〔酒薄〕酒中所含酒精度数不高,不容易喝醉。 〔将〕协助。 〔绝域二句〕绝域,极远的地区。华,同花,又头发白了一部分也叫作华,即花白。这是说,在寒冷的金国,春天也没有什么花儿,东风无花可以吹开,只是把我的头发吹白了而已。

作者在建炎元年(1127)出使金朝,因拒绝诱降,被长期拘留,一直到绍兴十三年(1143)才回宋。这篇诗是留金期间所作,充满了对故国故乡的深刻怀念。

朱弁,字少章,婺源(今江西省婺源县)人,生年不详,死于绍兴十四年(1144)。

汴京纪事

刘子翚

内苑珍林蔚绛霄,围城不复禁刍荛。
舳舻岁岁衔清汴,才足都人几炬烧。

〔内苑句〕宋徽宗为了享乐,曾派官吏专门到各处搜采奇花异石,经汴河运到汴京,用来装修了一座极好的御园,称为万岁山,又名艮岳。其中最壮丽的建筑是绛霄楼。内苑,指艮岳。蔚,草木茂盛貌,这里作动词用。这是说艮岳中的绛霄楼为无数珍贵的树木所围绕、拥簇。 〔围城句〕靖康元年(1126)闰十一月,汴京被围,人民从万岁山上打下石块作为炮石去抵抗金兵;十二月底,汴京沦陷,天冷多雪,人民就将这座内苑中的房屋拆掉,树木砍光,去当柴烧。刍荛(chú ráo),打柴的人。 〔舳舻〕见秦观《泗州东城晚望》注。 〔衔清汴〕一条船接着一条船,在清澈的汴河中航行。衔,接。 〔都人〕京城中的老百姓。

《汴京纪事》二十篇,是作者在靖康之乱以后,回思往事,痛定思痛之作。每篇写一件事，合起来，便组成了一幅这一重大历史事件的连续图画。这一篇写徽宗穷奢极侈地造成的艮岳，却落得如此下场。

刘子翚(huī)，字彦冲，崇安(今福建省武夷山市)人，生于建中靖国元年(1101)，死于绍兴十七年(1147)。

空嗟覆鼎误前朝，骨朽人间骂未销。
夜月池台王傅宅，春风杨柳太师桥。

〔空嗟句〕《易经·鼎卦》中有“鼎折足，公覆𫗧(sù)”的话。鼎是三或四只脚的铜制食器。公是居上位的人。覆是打翻。𫗧是盛在鼎中的羹汤。覆鼎，比喻大臣失职。前朝，指北宋。这是说回想北宋覆灭的因由，惟有空自叹息。　〔夜月二句〕王傅，官封太傅楚国公的王黼。太师，官封太师鲁国公的蔡京。两人都是当时当权的奸臣，在汴京各有广大的府第。这是说王、蔡两人虽已死去，却留下了风景优美的府第供人唾骂。(蔡京的住宅已在靖康元年围城中被烧，诗中“太师桥”是指其遗址。)

这一篇写祸国殃民的权奸王、蔡永远被人民钉在历史的耻辱柱上。

辇毂繁华事可伤，师师垂老过湖湘。
缕衣檀板无颜色，一曲当时动帝王。

〔辇毂(niǎn gǔ)〕辇，皇帝乘的用人力拉动的车。毂，车轮的中心，代称车轮。古人称京城为辇毂下，意即皇帝行动的地方，简称辇毂或辇下。这里指汴京。　〔师师句〕李师师，徽宗所宠爱的妓女。汴京沦陷后，她曾逃亡到了浙江、湖南(“湖湘”)等地方。　〔缕衣句〕缕衣，即金缕衣，用金色的线绣成的衣。檀板，唱歌时用的檀木拍板。这是用缕衣、檀板指李师师的姿容和技艺。

这篇诗通过一位歌妓生活的变化，反映出兴衰之感。和杜甫《江南逢李龟年》同意，但还不及杜诗之沉郁。朱敦儒《鹧鸪天》云：“唱得梨园绝代声，前朝惟数李夫人。自从惊破《霓裳》后，楚奏吴歌扇里新。　秦嶂雁，越溪砧。西风北客两飘零。尊前忽听当时曲，侧帽停杯泪满巾。”可与此诗合读，互证。

池口移舟入江，再泊十里头潘家湾，阻风不止

杨万里

北风五日吹江练，江底吹翻作江面。
大波一跳入天半，粉碎银山成雪片。
五日五更无停时，长江倒流都上西。
计程一日二千里，今逾滟滪到峨眉。
更吹两日江必竭，却将海水来相接。
老夫早知当陆行，错斜一帆超十程。
如今判却十程住，何策更与阳侯争。
水到峨眉无去处，下梢不到忘归路。
我到金陵水自东，只恐从此无南风。

〔池口〕镇名，在今安徽省池州市贵池区西北五里，临长江。　〔阻风不止〕被不停息的风所阻。　〔江练〕即江水，谢朓诗：“澄江静如练。”故称江水为江练。　〔错斜句〕斜，疑“料”之误。这是说原来以为水行远比陆行快，一帆风顺，一天便可超过十天，哪知却料想错了。　〔判〕拼。　〔阳侯〕水神名。　〔水到二句〕是说水被风倒吹，到了峨眉山，虽然没法向前走了，但它却忘记了回来的路程，所以回不了下游。　〔我到二句〕是说如果我的船到了金陵，自然可以顺着江水东下，但现却在池口被北风挡住，如果没有南风，就绝不能朝东走，可怎么办呢？

这篇诗写乘船遇到逆风，全从江水倒流着笔，想象奇特而又丰富。杨

万里在这些地方和李白非常相似，而语言轻快活泼，特别接近口语，又自有其面目。

杨万里，字廷秀，吉州吉水（今江西省吉水县）人，生于建炎元年(1127)，死于宁宗赵扩开禧二年(1206)。

暮泊鼠山，闻明朝有石塘之险

杨万里

下水船逢上水船，夕阳仍更涩沙滩。
雁来野鸭却惊起，我与舟人俱仰看。
回望雪边山已远，如何篷底暮犹寒？
今朝莫说明朝路，万石堆心一急湍。

〔鼠山、石塘〕今地未详。　〔涩〕不光滑，这里引申为停留的意思。　〔湍(tuān)〕急流。

这篇诗三、四两句，粗读似乎并非对句，而细看则无字不对，非常工整。这便是所谓“流水对”，双句而单意，诗中有此，往往能够增加生动的气氛。这种句法，唐人已开其端，而宋人运用更为自如。

初入淮河四绝句

杨万里

船离洪泽岸头沙，人到淮河意不佳。
何必桑干方是远？中流以北即天涯。

〔洪泽〕湖名，在今江苏、安徽两省，和淮河通连。作者由洪泽湖进入淮河，再向北走。〔何必二句〕山西省的桑干河曾经是唐朝的边防前线。那时人们提到桑干河，都感到很远。可是到了南宋，不仅桑干河流域早已沦陷，而且腹地的淮河也竟然成了宋、金两国的分界线，以江心为界，中流以北就属于金，远得和天涯一般，那又何必一定认为桑干河才算远呢？

刘岳张韩宣国威，赵张二将筑皇基。
长淮咫尺分南北，泪湿秋风欲怨谁？

〔刘、岳、张、韩〕指南宋初年抗金名将刘光世、岳飞、张俊、韩世忠。〔赵、张〕指当时另外两位名将相赵鼎、张浚。〔筑皇基〕树立起南宋皇朝的基业。〔长淮二句〕咫（zhǐ），周尺八寸。咫尺，形容距离很近。这是说既然有这么多忠勇的将领，却仍然只能以淮河为界，使大家在秋风中流泪，这该怨谁呢？诗人在这里暗示了高宗和秦桧等投降派应当负责任。

两岸舟船各背驰，波痕交涉亦难为。
只余鸥鹭无拘管，北去南来自在飞。

〔背驰〕朝着相反的方向行驶。〔波痕句〕是说宋金以淮河为国境线，断绝交通，就似乎连一条河也分成两半，各流各的，没有关涉。〔拘管〕拘束，限制。

中原父老莫空谈，逢着王人说不堪。
却是归鸿不能语，一年一度到江南。

〔中原二句〕中原，指已沦陷的黄河流域。父老，长辈。王人，皇帝的使臣，这里指宋朝派到金朝的使节，包括诗人自己在内。不堪，指不能忍受的民族压迫。这是作者的愤慨之词，说政府无心也无力收复失地，虽然父老对王人诉说积压在心头的痛苦，却不免仍是空谈。〔却是二句〕是进一步代沦陷区人民发挥他们的民族感情。南宋诗人中常以羡慕鸿雁之能由南而北以寄托其对北方故土的怀念，如陆游《冬夜闻雁有感》："夜闻雁声起太息，来时应过桑干碛。"本诗则反过来，以羡慕鸿雁之能由北而南来代中原父老发抒其向往南方民族政权的感情。

光宗赵惇绍熙元年(1190)，杨万里奉命去迎接金朝派来的贺正使(祝贺新年的使节)，来到边境，写了这一组诗。当时主和派在朝廷得势，广大人民抵抗侵略、收复中原的正当意愿受到抑压，所以诗篇中充满了忧郁的气氛。

送子龙赴吉州掾

陆　游

我老汝远行，知汝非得已。驾言当送汝，挥涕不能止。
人谁乐离别？坐贫至于此。

〔子龙〕陆游的次子。〔赴吉州掾(yuàn)〕吉州，今江西省吉安市。掾，官府中助理人员的通称。子龙去吉州任司理参军，协助掌管司法工作，是掾吏一类的官职。〔我老〕这篇诗写于宁宗嘉泰二年(1202)，陆游时年七十七岁。〔驾言句〕是说要驾车送子龙之行。言，助词，无实义。〔挥涕〕见王粲《七哀诗》注。〔坐〕因为。

以上写子龙因家贫赴吉州掾。

汝行犯胥涛，次第过彭蠡。波横吞舟鱼，林啸独脚鬼。
野饭何店炊？孤棹何岸舣？

〔汝行句〕传说春秋时吴国的忠臣伍子胥自杀身死之后，成为潮水之神，所以称钱塘江的潮水为胥涛。子龙由山阴(今浙江省绍兴市)老家去吉州，要经过钱塘江。犯，冒犯。〔次第〕接着。〔彭蠡(lǐ)〕今江西省境内的鄱阳湖。〔吞舟鱼〕能将一条船吞下去的鱼，特大的鱼。〔独脚鬼〕即夔，古代传说中的一种怪物，形状像牛，只有一只脚。〔孤棹〕即孤舟。〔舣(yǐ)〕靠岸停船。

以上写对于子龙旅途生活的怀念。

判司比唐时，犹幸免笞棰。庭参亦何辱，负职乃可耻！
汝为吉州吏，但饮吉州水。一钱亦分明，谁能肆谗毁？
聚俸嫁阿惜，择士教元礼。我食可自营，勿用念甘旨。
衣穿听露肘，履破从见指。出门虽被嘲，归舍却睡美。

〔判司二句〕韩愈《八月十五日夜赠张功曹》："判司官卑不堪说，未免捶楚尘埃间。"这是说宋朝小吏的政治待遇，比唐朝已有改善，幸而不再挨打了。判司，参军之类的小官。笞棰(chī chuí)，鞭打。〔庭参〕当时属吏在公堂上谒见长官，有一定的仪式，称为庭参。〔负职〕不称职。〔肆谗毁〕任意说坏话，加以诬蔑。〔阿惜〕子龙的女儿。〔择士句〕元礼，子龙长子。这是说要给元礼选一个好老师。〔营〕安排。〔甘旨〕好吃的东西，特指子女奉献给父母的食品。

以上告诫子龙，要他忠于职守，安贫守分，不要做对不起国家人民的事情。

益公名位重，凛若乔岳峙。汝以通家故，或许望燕几。
得见已足荣，切勿有所启。又若杨诚斋，清介世莫比。
一闻俗人言，三日归洗耳。汝但问起居，余事勿挂齿。
希周有世好，敬叔乃乡里。岂惟能文辞，实亦坚操履。
相从勉讲学，事业在积累。仁义本何常，蹈之则君子。

〔益公二句〕周必大，庐陵(吉安)人，曾官左丞相，封益国公，这时退休住在家乡。乔岳，高山。这是说周必大有很尊严的地位与崇高的名望。好比一座高山，威严地矗立着。〔汝以二句〕通家，两家经常来往，具有交情。

或许，也许会被允许。燕几，一种可以伏在上面休息的工具。不说周必大同意接见子龙，而说子龙也许会被允许望见周所用的燕几，这是表示对之非常尊敬。〔启〕请求。〔诚斋〕杨万里的别号。〔清介〕清高而耿直。〔三日句〕是“归洗耳三日”的倒文。洗耳，见郭璞《游仙诗》“青溪千余仞”篇注。〔问起居〕问安。〔挂齿〕犹放在嘴上，即说到。〔希周〕姓陈，这时在吉州。〔世好〕世交，即上辈子有交情，指希周和自己是朋友。〔敬叔〕姓杜，这时也在吉州。〔乡里〕同乡。〔坚操履〕坚持正直的操守和行为。〔相从〕指与陈、杜来往。〔仁义二句〕是说仁义并非出自天生，为某些人所常有，只要认真实践，就可以成为一个品德完美的君子。

以上告诫子龙到吉州以后，要注意交游，对老辈尊敬，向同辈学习，以期品德日进。

汝去三年归，我倘未即死。江中有鲤鱼，频寄书一纸。

〔三年归〕唐、宋制度，官吏一般三年任满，另调工作。〔倘〕也许。〔江中二句〕见《古诗》“客从远方来”篇注。

以上希望子龙三年任满，即时回家团聚，也希望他常写家信。

这是一位慈爱、正直的老父亲对因为贫困而不能不去远方谋生的儿子所作的一番临别吩咐，其中有苦恼，有宽解，有记挂，有担心，有告诫，有劝勉，语重心长，至情流露。虽然平铺直叙，却正以其质朴无华激动人心。

陆游，字务观，号放翁，越州山阴（今浙江省绍兴市）人，生于宣和七年（1125），死于宁宗嘉定三年（1210）。他生活在汉族与女真族斗争激化的时代。在六十多年的创作生活中，他写了九千多篇诗。反对金人的民族压迫，反对宋朝的投降政策，是贯穿在他作品中的基调，在中国人民抵抗国内民族压迫和近一百多年的帝国主义侵略的斗争中，起过巨大的鼓舞作用。近代梁启超在《读陆放翁集》中写道：“诗界千年靡靡风，兵魂销尽国魂空。集中什九从军乐，亘古男儿一放翁。”“辜负胸中十万兵，百无聊赖以诗鸣。谁怜爱国千行泪，说到胡尘意不平！”对这位伟大的爱国者作了为大家所同意的热烈的歌颂。

长歌行

陆　游

人生不作安期生，醉入东海骑长鲸。
犹当出作李西平，手枭逆贼清旧京。
金印煌煌未入手，白发种种来无情。
成都古寺卧秋晚，落日偏照僧窗明。
岂其马上破贼手，哦诗长作寒蛩鸣？
兴来买尽市桥酒，大车磊落堆长瓶。
哀丝豪竹助剧饮，如巨野受黄河倾。
平时一滴不入口，意气顿使千人惊。
国仇未报壮士老，匣中宝剑空有声。
何当凯还宴将士？三更雪压飞狐城。

〔人生四句〕安期生，古代仙人，传说秦始皇曾和他交谈。李晟（chéng），唐德宗时名将，封西平郡王，故称为李西平。建中四年（783），朱泚（cǐ）叛，据长安；兴元元年（784），李晟收复长安，朱泚被杀。枭（xiāo），枭首，杀头以后将其高挂在木杆上。逆贼，本指朱泚，暗喻金人。旧京，本指长安，暗喻东京。这是说人生在世，不能出世成仙，就该为国破敌。　〔金印二句〕金印，古代文武大臣所佩黄金印信。煌煌，光辉貌。种种，短貌。这是说功业未建，年齿已衰。　〔成都二句〕淳熙元年（1174），陆游五十岁。这年秋冬间，客居成都多福院。诗即作于此时。古寺，指多福院。“落日”句象征诗人心情的寂寞和对生命的留恋，有李商隐“夕阳无限好，只是近黄昏”（《登乐游原》）及“人间重晚晴”（《晚晴》）之意。　〔岂其二句〕难道这位能上马破贼的人,就只好老是吟诗像寒蝉那么叫吗?手,这里指人,以部分代全体。哦,吟咏。寒螿(jiāng),一种体型较小色呈青红色的蝉。〔兴来〕高兴起来。〔市桥〕成都濯锦江上的一座桥。〔磊落〕错落不齐的样子。〔哀丝豪竹〕动听的管弦乐。哀,犹言悲;豪,犹言壮。古人论乐,以悲哀为美,已见前。〔剧饮〕痛饮。〔如巨句〕《史记·河渠书》载:汉武帝元光年间(前134—前129),黄河从瓠子决口,水向东南注入巨野泽。这是形容剧饮,有如黄河决口注入巨野。倾,倒,注入。〔顿〕即时。〔匣中句〕匣,指剑鞘。传说宝剑可以通灵,能够自己发出声音来表示斗志或警戒。〔何当二句〕凯还,同凯旋,胜利归来。飞狐,县名,今河北省涞源县。这里用来泛指边境要隘。这是诗人的希望:什么时候部队能够大胜而归,哪怕是三更天下着大雪到达飞狐城,也要即时大摆庆功宴。

诗中牢骚往往伴随着消沉。如果随同牢骚出现的不是消沉而是希望,就会给读者以鼓舞和教育了。陆游发了一辈子的牢骚,这种牢骚痛苦地折磨着诗人的心灵,但同时,希望的火焰也不停息地在他心中熊熊地燃烧着。这篇诗(当然还有其他许多篇)是很好的例证。它意态英伟,风格清壮,笔势顿挫转折有力,确是一篇杰作。

五月十一日,夜且半,梦从大驾亲征,尽复汉、唐故地。见城邑人物繁丽,云:西凉府也。喜甚,马上作长句,未终篇而觉,乃足成之

陆　游

天宝胡兵陷两京,北庭安西无汉营。

五百年间置不问,圣主下诏初亲征。

熊罴百万从銮驾,故地不劳传檄下。

筑城绝塞进新图，排仗行宫宣大赦。
冈峦极目汉山川，文书初用淳熙年。
驾前六军错锦绣，秋风鼓角声满天。
苜蓿峰前尽亭障，平安火在交河上。
凉州女儿满高楼，梳头已学京都样。

〔大驾〕御驾，皇帝的车马。〔西凉府〕今甘肃省武威市，即诗中的“凉州”，其时早被西夏占领。〔长句〕七言诗的别名。〔天宝句〕指天宝十四载(755)安禄山叛变，先后攻陷唐帝国东都洛阳和西都长安。〔北庭句〕北庭、安西，唐代设置的两个都护府，前者是汉代乌孙国故地，后者是汉代龟兹国故地。唐帝国这两个都护府，在安史之乱以后，由于国力衰弱，在贞元时代，先后被吐蕃侵占。〔五百年〕本诗作于孝宗淳熙十年(1180)，上距天宝十四载，计四百二十五年，说五百年，是举整数。〔圣主〕指宋孝宗。〔熊罴〕这里用来作武士的代称。〔銮(luán)驾〕即大驾。銮，一种铃铛，用来悬挂在车驾上。皇帝的车子上有八个銮铃。〔故地句〕檄，在这里指具有宣告性质的文书。这是说只要檄文传到原来的领土上，那地方就可以拿了下来，不用费事。〔绝塞〕极远的边塞。这里指唐北庭、安西两都护府原来的辖区。〔新图〕新绘制的筑城图样。〔排仗〕排列仪仗队。〔宣大赦〕由于国家收复失地，取得重大胜利，所以宣布大赦，对许多罪人宣布免刑或减刑。〔极目〕望到尽头。〔驾前二句〕形容进驻部队服装华美，声威显赫。周制：天子有六军。〔苜蓿峰〕峰，当作“烽”。故址在玉门关外，唐岑参有《题苜蓿峰寄家人》一诗。〔亭障〕国境上的碉堡、瞭望哨。〔平安火〕晚上在固定地点和时间燃起用来报告前线平静无事的烽火。唐制：边境上每三十里置一烽堠，平时每夜举烽一炬，称平安火。〔交河〕在今新疆维吾尔自治区吐鲁番市西，源出天山。唐代设交河县于其地，安西都护府的治所就在那里。

这是一篇以浪漫主义手法写成的诗篇，其中洋溢着渴望民族兴复的激情和崇高美丽的想象，而广大人民无比深厚的反侵略、反压迫精神，则正是诗人的激情和想象的根源。结尾以生活中一个细小的变化，反映出时局的重大变化，有"一粒粟中藏世界"之妙。

草书歌

陆　游

倾家酿酒三千石，闲愁万斛酒不敌。
今朝醉眼烂岩电，提笔四顾天地窄。
忽然挥洒不自知，风云入怀天借力。
神龙战野昏雾腥，奇鬼摧山太阴黑。
此时驱尽胸中愁，捶床大叫狂堕帻。
吴笺蜀素不快人，付与高堂三丈壁。

〔石、斛(hú)〕都是计量单位。十斗为一石，十或五斗为一斛。　〔闲愁句〕是说酒不能消愁。　〔烂岩电〕指眼光明亮有如山岩下的闪电。《世说新语》载：晋裴楷说王戎"眼烂烂如岩下电"。　〔神龙二句〕《易经·坤卦·象辞》中说："龙战于野，其血玄黄。"太阴，月亮。这是描写自己在草书中所创造的艺术意境，有如群龙野战，在昏雾之中可以嗅到它们身上的腥臭；奇鬼摧山，月亮也消失了它的光明。　〔帻(zé)〕即头巾，参《陌上桑》注。　〔吴笺二句〕吴地所产的笺纸，蜀地所产的绢素，都是写字的材料。这是说用纸或绢作草书，还不能使人痛快，所以将它写在高墙上面。古代书家常在墙上写字，称为题壁。

书法是中国特有的一种艺术，它利用线条进行点、线、面的有机统一的组合，显示复杂的动感和韵律，形成千变万化的奇观，表现出艺术家丰富的精神世界。陆游这篇诗写自己借草书来排遣闲愁。这闲愁的具体内容，他在诗中没有明说，可是在《题醉中所作草书卷后》中却讲得很清楚："胸中磊落藏五兵，欲试无路空峥嵘，酒为旗鼓笔刀槊，势从天落银河倾。……须臾收卷复把酒，如见万里烟尘清。”这也再一次地证明了，这位诗人对祖国的热爱，对现实的关注，是他创作激情的根源。

九月一日，夜读诗稿有感，走笔作歌

陆　游

我昔学诗未有得，残余未免从人乞。
力孱气馁心自知，妄取虚名有惭色。
四十从戎驻南郑，酣宴军中夜连日。
打球筑场一千步，阅马列厩三万匹。
华灯纵博声满楼，宝钗艳舞光照席。
琵琶弦急冰雹乱，羯鼓手匀风雨疾。
诗家三昧忽见前，屈贾在眼原历历。
天机云锦用在我，剪裁妙处非刀尺。
世间才杰固不乏，秋毫未合天地隔。
放翁老死何足论？《广陵散》绝还堪惜。

〔九月一日〕指绍熙三年(1192)九月一日，那时作者住在山阴家里。　〔走笔〕挥笔，动笔。　〔残余句〕是说机械地模仿古人，好比向别人乞讨吃剩的东西。　〔力孱(chán)气馁(něi)〕指内容不够充实和缺乏表现能力。孱，衰弱。馁，饥饿。　〔四十句〕乾道八年(1172)，陆游参加了四川宣抚使王炎的幕府，驻在南郑(今陕西省汉中市)，当时他是四十八岁，说“四十从戎”，是举整数而言。　〔打球句〕见韩愈《汴泗交流赠张仆射》注。〔阅马句〕厩(jiù)，马棚。古人以“三”和“九”代表多数，三万匹不一定是实数。这只是说检阅厩中战马，数目众多。　〔华灯句〕是说大家尽情赌博，大声喝彩，满楼都是声音。　〔宝钗句〕即高适《燕歌行》中所写“美人帐下犹歌舞”，古代大将出征，都有女乐侍奉。　〔琵琶句〕参白居易《琵琶行》

及注。〔羯鼓句〕参苏轼《有美堂暴雨》注。〔三昧〕见王安石《纯甫出释惠崇画，要余作诗》注。这里指诀窍。〔见〕同现，出现。〔屈贾句〕是说屈原和贾谊的创作奥秘都清晰地呈现了。历历，分明貌。〔天机二句〕古代神话认为，天上锦绣般的云霞，都是天帝的孙女即织女在织机上织出来的。后人又用来形容织得极华美的丝织品。推而广之，也用以形容写得极好的文学作品，如苏轼的《潮州韩文公庙碑》赞美韩文，就有"天孙为织云锦裳"之句。这里用以说明，诗歌如果是从对生活深入地体验中产生的，则妙合自然，浑然天成，犹如天孙在机上织成云锦裳，无需使用刀尺。〔不乏〕不缺少。〔秋毫句〕就是俗话说的"差之毫厘，谬以千里"。秋毫，秋天鸟兽新生的毫毛，极细。〔放翁二句〕《广陵散》，古代著名的琴曲，魏嵇康很善于弹奏它，却舍不得传授于人。后来他被司马昭杀害，临死时，特意弹了一遍，叹息说："《广陵散》从此绝矣。"这是说自己死去算不了什么，诗学失传才真正可惜。

这篇诗是陆游晚年写的对于诗歌创作的体会，当时他已是六十八岁。诗中指出，学诗与实际生活的体验密切相关，也与其他艺术相通。没有生活，诗就没有了内容，而不从其他艺术得到借鉴，也会使技巧受到限制。很显然，他偶然从其中受到启发的军中生活的那些部分，并不是生活中最本质的东西，这是我们应加注意的。

登赏心亭

陆　游

蜀栈秦关岁月遒，今年乘兴却东游。
全家稳下黄牛峡，半醉来寻白鹭洲。
黯黯江云瓜步雨，萧萧木叶石城秋。
孤臣老抱忧时意，欲请迁都泪已流。

〔登赏心亭〕赏心亭故址在建康(今南京市)西秦淮河边,原江宁县西下水门城上。陆游于乾道六年(1170)入蜀,先在夔州(今四川奉节),后来调到南郑(今属陕西)工作,又改官成都,直到淳熙五年(1178)才被召回临安。这篇诗是他经过建康时所作。 〔蜀栈句〕蜀栈,四川北部的栈道。栈道,见李白《蜀道难》注。秦关,陕西前线的关塞。遒(qiú),尽。这是说在蜀、秦两地消磨了许多岁月。 〔黄牛峡〕见杜甫《送韩十四江东省觐》注。〔白鹭洲〕见李白《登金陵凤凰台》注。 〔瓜步〕即瓜洲,属扬州市,在今镇江市对岸的长江边。 〔石城〕见刘禹锡《金陵五题》注。 〔孤臣二句〕孝宗隆兴元年(1163),宋、金和议将成,陆游上疏,反对以临安为都城而赞成以建康为都城,其中说:"江左自吴以来,未有舍建康他都者。……驻跸临安,出于权宜,本非定都。以形势则不固,以馈饷则不便,海道逼近,凛然常有意外之忧。"这个正确的意见并没有被采纳,而第二年,却反因议论朝廷有人"招权植党",触怒孝宗,出任建康府通判。诗人重到建康,回想前事,不觉已经过十多年,因此不胜感叹。

这篇诗前写宦游远方多年才得东归的欣快之情;后则写登临之时,回忆前尘,忧时痛泪却不由自主地涌出,情随事迁,转换无痕。五、六两句,触景生情,以景足情,恰好作为过脉,布局很见匠心,不独"意极沉着,词亦健拔"(高步瀛《唐宋诗举要》语)而已。

书 愤

陆 游

早岁那知世事艰?中原北望气如山。
楼船夜雪瓜洲渡,铁马秋风大散关。
塞上长城空自许,镜中衰鬓已先斑。
《出师》一表真名世,千载谁堪伯仲间?

〔早岁〕指自己年轻的时候，和下文的"衰鬓"对应。　〔世事艰〕指当时的政治斗争和民族斗争都非常激烈，人民收复中原的愿望，一直遭到阻挠和破坏。　〔中原句〕是说北望沦陷了的中原地区，十分激愤，心潮汹涌，像山一般高。"令人气涌如山"是孙权的话，见《三国志・孙权传》。　〔楼船二句〕是通过回忆自己的游踪，概括宋、金在东南和西北两个战场作战的往事。楼船，有楼的船，战舰。绍兴三十一年(1161)十一月，金主完颜亮南侵，准备从瓜洲渡江。宋将刘锜、虞允文等在瓜洲、采石一带以水军击败了侵略者。后来完颜亮为部下所杀，金兵溃退。陆游入蜀，往返都经过这一带。铁马，披甲的马，战马。大散关，在今陕西省宝鸡市南，当时宋、金的分界处。绍兴三十一年秋天，金人攻占了大散关。吴璘的部队与之激战，次年，收复了这个重地。乾道八年(1172)，陆游在南郑参加王炎的幕府。王炎和他积极筹划进攻长安，曾强渡渭水，与金兵在大散关作战。这年九月，王炎调回临安，反攻计划未能实现。　〔塞上二句〕南北朝宋、魏对峙时，宋名将檀道济防守国境，魏人不敢来犯，后来被人陷害处死。临死时，他说："乃坏汝万里长城！"唐太宗也曾以长城比其名将李勣。斑，头发花白。这里是以檀、李自比，叹息自己空有报国之心，却无效力的机会，终于渐渐地衰老了。陆游写此诗时，年六十二岁。　〔出师句〕三国时代蜀汉后主刘禅建兴五年(227)，诸葛亮带兵北伐曹魏，出发之前，写了一篇奏章——《出师表》上给后主，说明定要"奖率三军，北定中原"，"兴复汉室，还于旧都"，一直为后世传诵。　〔千载句〕伯仲，兄弟。伯仲间，即差不多，可以相提并论的意思。杜甫《咏怀古迹》诗赞美诸葛亮，说他"伯仲之间见伊吕"，即可以和商朝的开国功臣伊尹、周朝的开国功臣吕尚相比。本诗引申其意说，从伊、吕以后一千多年，再也没有人比得上这位为了国家的兴复献出自己的一切，"鞠躬尽瘁，死而后已"的人物了。言外之意是要向这位古代名臣学习。

这篇诗从早年的豪迈写到晚年的悲愤。这不仅是诗人自己的生活和感情的写照，也是那一时代宋、金之间由战而和，宋由对金抵抗转为对金屈服的历史局势的写照。诗人们常常是通过自己内心的感受来反映广阔重大的社会生活的。

临安春雨初霁

陆　游

世味年来薄似纱，谁令骑马客京华？
小楼一夜听春雨，深巷明朝卖杏花。
矮纸斜行闲作草，晴窗细乳戏分茶。
素衣莫起风尘叹，犹及清明可到家。

〔世味二句〕世味，犹世情。古代富贵人骑马，贫贱人骑驴。说骑马，暗示自己又被召做官。京华，京城，这里指临安。淳熙十三年（1186）春，陆游奉命权知严州（治所在今浙江省建德市）事，到任之前，先由山阴到临安办理手续，三月还家，七月才到严州。这是说隐居家乡，用世之心已淡，没想到朝廷又要自己出来工作。　〔矮纸二句〕矮纸，短纸，古人写字的纸卷成卷子，所以不说小纸而说矮纸。作草，写草书。东汉大草书家张芝曾认为写草书应比写楷书慢些，只在闲空时才能写。这里说“闲作草”，是暗示客居无事。细乳，古人将茶饼研磨成为细末，然后煎来吃，细末一煎，便浮在水面，称为乳花，或简称乳。分茶，宋人烹茶的一种游艺，具体方法今已失传。　〔素衣二句〕见陈与义《和张规臣水墨梅》注。这里是说不久即可回家，不必顾虑京城中的势利污染了自己。

这篇诗反映了诗人对于官场生活的厌倦心情。这当然是和他壮志难酬、中情抑郁分不开的。次联使我们想起陈与义的名句“客子光阴诗卷里，杏花消息雨声中”，虽然陈诗上句的意境，在陆诗中是通过全篇而展现的；而陆诗上下句之间，存在着明显的因果关系，也自不同。

夜登千峰榭

陆　游

夷甫诸人骨作尘，至今黄屋尚东巡。
度兵大岘非无策，收泣新亭要有人。
薄酿不浇胸垒块，壮图空负胆轮囷。
危楼插斗山衔月，徙倚长歌一怆神。

〔千峰榭〕在严州。　〔夷甫二句〕王衍，字夷甫，西晋时任尚书令、司徒等大官，喜欢清谈，不理国政，终于导致了西晋王朝的覆灭，临死才感到后悔。后来东晋桓温也说："遂使神州陆沉，百年丘墟，王夷甫诸人不得不任其责。"这里以王夷甫等喻北宋末年那些使国家陷于危亡的大臣们。黄屋，皇帝所乘以黄绸为盖的车子。皇帝外出视察叫巡。东巡，指高宗渡江，建立南宋政权。这是说那些误国的大臣们的骨头都已化为泥土了，但他们所造成的政治上的恶果仍然存在。　〔度兵二句〕大岘（xiàn），山名，在今山东省沂水县东北。东晋末年，刘裕北伐慕容超，设法通过了这个险要地区，因而取得胜利。新亭，故址在今江苏省南京市南，是东晋初年过江的上层人物的一个游宴胜地。《世说新语·言语》载：有一次，周颉在座中慨叹说："风景不殊，正自有山河之异！"许多人都为这话所感动，哭了起来。只有王导沉痛地说："当共戮力王室，克复神州，何至作楚囚相对？"大家就不哭了。这是说在军事上并非没有打败金兵的办法，重要的是，要在思想上有收复失地的决心。　〔薄酿句〕薄酿，淡酒。王忱曾经评论阮籍说："阮籍胸中垒块，故须酒浇之。"垒块，指勃郁不平之气。这是说饮酒不足消愁。　〔壮图句〕壮图，宏大的计划。轮囷，盘曲貌。这是说虽有壮图而无从实现，白白地辜负了忠肝义胆。　〔危楼二句〕危楼，高楼，指"千峰榭"。衔，含。夜深则北斗星的斗柄朝下，好像插在危楼上。徙倚，犹徘徊。长歌，指本诗。怆神，犹伤心。这两句点明登榭以后，徘徊很久，直至夜深，感慨赋诗。

这篇诗写登临胜地时的忧国之情，和《登赏心亭》同，而前者着重写多年游宦的行踪，本篇则着重写前史兴亡的往事，借以发抒自己的孤愤。而对当前景物不着重渲染，则也是一样。凡是登临之作，或以模山范水为主，将景物描绘得栩栩如生，或以对景抒情为主，将自己的心思向读者倾诉，这两篇诗属于后者。

剑门道中遇微雨

陆　游

衣上征尘杂酒痕，远游无处不销魂。
此身合是诗人未？细雨骑驴入剑门。

〔剑门道中〕剑门，山名，在今四川省剑阁县东北。乾道八年（1172）冬，陆游由南郑到成都去任成都路安抚司参议官，这首诗写于途中。〔征尘〕旅途中沾上的尘土。〔销魂〕这里指客中的孤寂怅惘之情。〔此身二句〕唐朝诗人如李白、杜甫、贾岛、李贺等都有骑驴的故事，所以陆游也因自己在细雨中骑驴而发生联想，提出了这么一个饶有风趣的问题。未，犹否。

“腰垂锦带佩吴钩，走马曾防玉塞秋。莫笑关西将家子，只将诗思入凉州。”如果知道李益有这首《边思》，读陆游此作，就很难不想起它来。虽然由于诗人们当时心境不同，两篇作品一壮美，一优美，风格上存在着显著的差别。

夜归，偶怀故人独孤景略

陆　游

买醉村场夜半归，西山月落照柴扉。

刘琨死后无奇士，独听荒鸡泪满衣。

〔独孤景略〕名策，河中（今山西省永济市）人，工文章，善骑射。陆游在四川和他结识，推为“一世奇士”。　〔柴扉（fēi）〕柴门，犹言蓬户、茅屋，指诗人自己的住所。　〔刘琨二句〕东、西晋之交的刘琨和祖逖，曾尽力于抵抗匈奴等族的入侵。两人私交很好，曾共被同寝，半夜里祖逖听到了鸡叫，说：“此非恶声也！”两人就起来舞剑，互相激励。这里是以古人自比，慨叹自从独孤景略死后，就再也找不着这样一位志同道合的“奇士”了，夜半独听荒鸡，不禁凄然泪下。荒鸡，夜间不时啼叫的鸡。

十一月四日风雨大作

陆　游

僵卧孤村不自哀，尚思为国戍轮台。
夜阑卧听风吹雨，铁马冰河入梦来。

〔轮台〕见岑参《轮台歌奉送封大夫出师西征》注。这里只是用来代表边境。　〔夜阑〕夜深。　〔铁马冰河〕指北方战场的情景。

以上这两篇诗分别写于绍熙元年（1190）和三年（1192）。当时诗人已近七十岁，在山阴家中闲居，但反抗民族侵略和压迫的火焰依旧在他心里熊熊地燃烧着，“志士凄凉闲处老”（作者句）的痛苦随时随地地从他的笔端流露出来。

沈 园

陆 游

城上斜阳画角哀，沈园非复旧池台。
伤心桥下春波绿，曾是惊鸿照影来。

〔沈园〕故址在今浙江省绍兴市。陆游和妻子唐氏感情极好，可是他母亲和媳妇不和，两人终于被迫离婚。后来，唐氏改嫁了赵士程。有一天，陆游到绍兴禹迹寺南边沈家花园里去游玩，恰巧唐氏和她的后夫也在那里。陆游触景伤情，曾作一首调名《钗头凤》的词，题在壁上。在唐氏死了多年以后，陆游重游沈园，写下这两篇诗。 〔画角〕绘有花纹的角。角是古代军队中的一种管乐。 〔惊鸿〕惊飞的鸿（一种水鸟）。鸿飞动时，姿态优美，古人以此比美女。曹植《洛神赋》："翩若惊鸿。"这里指唐氏。

梦断香消四十年，沈园柳老不吹绵。
此生行作稽山土，犹吊遗踪一泫然。

〔梦断香消〕比喻自己过去生活的消逝和唐氏的死亡。 〔绵〕这里指柳絮。 〔此生句〕稽山，会稽山，在绍兴。这是说自己快要死了。陆游作这两篇诗时是七十五岁。 〔泫然〕流泪貌。

这两篇诗写的是作者自己的家庭悲剧。在封建社会的伦理观点支配之下，父母对于子女具有绝对权威。因此，像陆、唐这类的悲剧就经常发生。诗人在这里对自己悲剧产生的原因没有作出任何指责，他只是倾诉了一辈子也排遣不了的哀伤，也就使读者透过他的哀伤，看出了封建社会的黑暗面。

示　儿

陆　游

死去元知万事空，但悲不见九州同。
王师北定中原日，家祭无忘告乃翁。

〔九州同〕九州，见阮籍《咏怀》“独坐空堂上”篇注。九州同，即将九州放在同一政权之下，也就是全国统一。　〔王师〕指宋朝的军队。　〔北定中原〕诸葛亮《出师表》中的话。　〔家祭〕家庭中对祖先的祭祀。　〔乃翁〕你父亲，指自己。

这可能是诗人在八十六岁时所写的绝笔诗。这不仅是对自己儿子的召唤，也是对全体被异族侵略和压迫的人民的召唤。

后催租行

范成大

老父田荒秋雨里，旧时高岸今江水。
佣耕犹自抱长饥，的知无力输租米。
“自从乡官新上来，黄纸放尽白纸催。
卖衣得钱都纳却，病骨虽寒聊免缚。
去年衣尽卖家口，大女临歧两分首。
今年次女已行媒，亦复驱将换升斗。
室中更有第三女，明年不怕催租苦。”

〔后催租行〕诗人一共写了两篇《催租行》，这是第二篇，所以题为《后催租行》。　〔老父〕老头儿。　〔旧时句〕是说水涨齐岸，田地被淹。　〔佣耕〕

当雇农。这是说自己的田地遭了水灾,没法种,只好去当雇农。〔的〕的确。〔输〕送。〔自从句〕以下都是这位老父的话。〔黄纸句〕黄纸,指皇帝的诏书(当时一般诏书都用黄纸写印)。放尽,完全免除。白纸,指地方官府的公文。在宋代,统治者为了欺骗人民,常常由皇帝下诏,减少或免除人民交纳的租税,但下面照例不执行这诏令,依旧催逼。〔纳却〕交掉。〔缚(fù)〕捆。这里指交不出租,被官吏捆绑。〔临歧〕在岔路口上。〔分首〕分别。〔行媒〕和人订了婚。〔升斗〕这里指少数粮食。

这篇诗愤怒地揭露了统治者的伪善,控诉了他们的凶残,而对在他们压榨之下弄得家破人亡的农民,则寄予了无限的同情。值得特别指出的是,诗人的愤怒不是直接表示的,而是通过这位老农民沉痛的自白表示的。这一自白,表面上是在为自己宽解,事实上却表明自己的走投无路。这就使得诗的揭露和控诉更加深刻有力。

范成大,字致能(一作至能),吴县(今江苏省苏州市)人,生于靖康元年(1126),死于绍熙四年(1193)。

姑　恶

范成大

姑恶,水禽,以其声得名。世传姑虐其妇,妇死所化。东坡诗云:“姑恶,姑恶!姑不恶,妾命薄!”此句可以泣鬼。余行苕、霅间,始闻其声,昼夜哀厉不绝。客有恶之,以为此必子妇之不孝者。余为作后《姑恶》诗。

姑恶妇所云,恐是妇偏辞。
姑言妇恶定有之,妇言姑恶未可知。
姑不恶,妇不死。
与人作妇亦大难,已死人言尚如此!

〔东坡诗〕苏轼有《五禽言》诗，第五篇咏姑恶，即此所指。〔泣鬼〕形容感染力强，可以使鬼都为之哭泣。〔苕（tiáo）、霅（zhà）〕二水名，在今浙江省东北。〔哀厉〕悲哀而高声。〔偏辞〕片面的、不公平的话。

封建伦理观念认为“天下无不是的父母”，所以婆媳不和，总是媳妇的错。但具有进步思想的诗人却不能同意这种观点。苏轼还说得委婉一些，范成大可就对那位憎恶姑恶的“客”不能抑制自己的憎恶了。

宜春苑

范成大

狐冢獾蹊满路隅，行人犹作御园呼。
连昌尚有花临砌，肠断宜春寸草无！

〔宜春苑〕北宋皇家的东御园，故址在汴京东二里。〔獾（huān）〕野兽名。〔连昌二句〕连昌宫，见元稹《连昌宫词》注。元稹写安史之乱以后的连昌宫，一方面说“狐兔骄痴缘树木”，“夜夜狐狸上门屋”，另一方面又说“上皇偏爱临砌花，依然御榻临阶斜”，即宫虽废而犹存。可是宜春苑却什么也没有了，所以更加使人伤心。

作者于乾道六年（1170）闰五月，出使金朝，写了七十二篇七言绝句和一卷日记《揽辔录》，以记沿途闻见，这篇和下两篇都是诗中的组成部分。这一篇通过写汴京的残破，以寄托北宋政权覆灭的悲哀。

州　桥

范成大

州桥南北是天街，父老年年等驾回。
忍泪失声询使者："几时真有六军来?"

〔州桥句〕原注:"南望朱雀门,北望宣德楼,皆旧御路也。"御路,即天街,皇帝出行的必由之路。州桥是北宋汴京城里的一座桥,前为御路。〔父老〕对老人的尊称。〔驾〕皇帝的车驾。〔忍泪句〕失声,控制不住声音。一面忍泪,一面失声,形容询问时心情之激动。使者,指宋朝派来的使节,即作者自己。〔六军〕指宋朝的部队。古时天子有六军。

根据当日实际的政治社会情况看,这篇诗所写情事是不可能发生的。如果父老们敢于发出这样的询问,他们就会立即遭到镇压了。但诗中所写的,的确是沦陷区千千万万在民族压迫之下过着苦难生活的人民的心声,体现了他们永远不会改变的爱国、爱民族的心情。"齐心同所愿,含意俱未伸",诗人都将其如实地表现出来了。这是艺术的真实性。这种真实性,虽源于生活,却高于生活。

翠　楼

范成大

连衽成帷迓汉官，翠楼沽酒满城欢。
白头翁媪相扶拜，垂老从今几度看!

〔翠楼〕相州(今河南省安阳市)附近的旗亭(即市楼,来往旅客休息吃喝的地方)。〔连衽(rèn)成帷〕形容人群密集。衽,衣襟。帷,布幔。许多人聚在一处,衣襟连起来,就像个布幔子。〔迓〕迎接。〔汉官〕这里指宋朝使者。〔媪(ǎo)〕老妇人。〔垂老句〕是翁媪的想法。他们认为自己已经老了，对于祖国来的使者，见不着几次了，所以要饱看一番。

《揽辔录》记载作者过相州时，“遗黎往往垂涕嗟啧，指使人云：‘此中华佛国人也。’老妪跪拜者尤多”。可与此诗参证。陆游《夜读范至能〈揽辔录〉，言中原父老见使者多挥涕，感其事，作绝句》云：“公卿有党排宗泽，帷幄无人用岳飞。遗老不应知此恨，亦逢汉节解沾衣。”则将偏安南方、无意恢复的南宋统治阶级当权派对沦陷区人民所犯下的罪行作了更直接的揭发。

雪中闻墙外有鬻鱼菜者，求售之声甚苦，有感

范成大

携箩驱出敢偷闲？雪胫冰须惯忍寒。
岂是不能扃户坐？忍寒犹可忍饥难。

〔鬻(yù)〕卖。〔雪胫(jìng)〕被埋在雪中的小腿。〔冰须〕结着冰的胡须。〔扃(jiōng)户坐〕关起门来坐着。

啼号升斗抵千金，冻雀饥鸦共一音。
劳汝以生令至此，悠悠大块果何心？

〔啼号(háo)句〕是说穷人所以啼哭，是由于生活困难，一升一斗的粮食，在他们看来，就和一千金那么难得。啼号，犹啼哭。〔冻雀句〕是说啼号得很悲痛，和受冻的雀儿、受饿的乌鸦的叫声没有两样。〔劳汝二句〕令，使。大块，大自然。《庄子·大宗师》中曾经说过，大自然以生活来使人们劳苦，以死亡来使人们休息。这是说，生活竟然使人劳苦到这样，高远的天啊，您到底安着什么心呢？

这两首诗描写在饥饿线上挣扎的城市小贩。它使我们认识到，在封建社会中，城市贫民和广大农民的生活是同其困苦的。

鹅湖寺和陆子寿

朱　熹

德义风流夙所钦，别离三载更关心。
偶扶藜杖出寒谷，又枉篮舆度远岑。
旧学商量加邃密，新知培养转深沉。
却愁说到无言处，不信人间有古今！

〔鹅湖寺〕故址在今江西省铅(yán)山县鹅湖山上。〔陆子寿〕名九龄，和他的弟弟陆九渊都是主观唯心主义哲学家。〔德义句〕德义，指道德修养。风流，指风度。这是说陆氏兄弟一向是自己所钦佩的。〔偶扶二句〕扶，拿。藜杖，用藜枝制成的手杖。寒谷，冷落的山谷，指福建省武夷山市武夷山中自己的住处。枉，枉驾，屈尊。篮舆，竹轿。上句是说自己从武夷山来到鹅湖寺，下句是说陆子寿也屈尊从抚州(今江西省抚州市)远道前来。〔邃(suì)密〕精密。〔转〕更加。〔却愁二句〕愁，这里是反话，事实上是喜的意思。这是说，当我们讨论到非常精深的地方时，我们的精神不是和古代学者贯通起来了吗？那么，说今人和古人有区别，我是不相信的，这真是叫人欢喜得发愁了。

朱熹，字元晦，婺源(今江西省婺源县)人，生于建炎四年(1130)，死于宁宗庆元六年(1200)，哲学家，客观唯心主义者。淳熙二年(1175)，他和陆氏兄弟来到鹅湖寺，讨论哲学问题，彼此意见出入很大，没有能够取得一致的结论。但在接触中，双方都一直本着自由讨论、反复商量的态度进行研究。在相会时，陆子寿曾作诗一首，表示了自己的观点。三年后，朱熹从崇安到江西南康军(治所在今江西省庐山市)去做官，路过鹅湖寺，陆子寿又从抚州赶来和他会晤。朱熹便作此篇追和陆的前诗。在这篇诗中，显示了作者求真和谦逊的精神以及对不同观点持有者的尊重。

观书有感

朱　熹

半亩方塘一鉴开，天光云影共徘徊。
问渠那得清如许，为有源头活水来。

〔半亩句〕是说一塘的水看起来像打开的一面镜子。古人以铜为镜，包以镜袱，用时打开。鉴，镜。〔天光句〕是说天的光和云的影反映在塘水之中，不停地摇动，犹如人在徘徊。〔渠〕他，指方塘。〔那得〕怎么会。〔如许〕像这般的。

这是一篇体现了作者哲学思想的小诗。它以池塘要不断地有活水注入才能清澈，比喻思想要不断地有所发展提高才能活跃，免于停滞和僵化。它用形象思维的方式表达了抽象思维，因而使之更容易为人们所接受。此题还有一篇云："昨夜江边春水生，蒙冲巨舰一毛轻。向来枉费推移力，此日中流自在行。"形容人生修养中水到渠成的境界，也很有意思。

除夜自石湖归苕溪

姜　夔

细草穿沙雪半消，吴宫烟冷水迢迢。
梅花竹里无人见，一夜吹香过石桥。

〔除夜自石湖归苕溪〕石湖是太湖的一个分支，位于苏州市，是个著名的风景区。范成大晚年退休，就住在那里。苕溪，指姜夔当时住家的湖州，这个城市在苕溪旁边。绍熙二年(1191)冬，姜夔到范家做客，住了一个多月，直到除夕才乘船回家。〔吴宫句〕吴宫，指春秋时代吴国宫殿的遗址，在苏州附近，太湖之滨。〔梅花二句〕姜夔在石湖所作咏梅词《暗香》说："但怪得竹外疏花，香冷入瑶席。"与此同意。

这组诗一共十篇，杂写归途所见所感。这一篇写对于石湖繁盛的梅花的留恋之情。

姜夔，字尧章，鄱阳(今江西省鄱阳县)人，约生于绍兴二十五年(1155)，约死于嘉定十四年(1221)。

千门列炬散林鸦，儿女相思未到家。
应是不眠非守岁，小窗春色入灯花。

〔千门句〕千门，指许多人家。炬，火把，这里指过除夕时点的灯。这是说，家家点灯迎接新年，将栖息在树林中的乌鸦都惊散了。〔儿女句〕是想象孩子们在惦念自己为什么还未到家。〔应是句〕除夕通宵不睡，表示对旧年惜别，叫作守岁。这句承上句来，说孩子们不睡觉，是盼望自己回家，而不是为了守岁。〔小窗句〕点明"除夕"，过了今夜，就算是春天了。

这篇诗写自己怀人，却从对方着笔，与杜甫《月夜》相同。柳永《八声甘州》云："想佳人妆楼凝望，误几回天际识归舟。"也可比观。

笠泽茫茫雁影微，玉峰重叠护云衣。
长桥寂寞春寒夜，只有诗人一舸归。

〔笠泽〕太湖的别名。〔玉峰句〕是说山峰为云气所缭绕。〔舸(gě)〕船。

这篇诗写旅途之荒寒，心情之寂寞，以对照的方式与上篇互相补充。

姑苏怀古

姜　夔

夜暗归云绕柁牙，江涵星影鹭眠沙。
行人怅望苏台柳，曾与吴王扫落花。

〔夜暗二句〕行人所见夜景。柁牙，桅杆。柁牙高耸，低垂的云幕似乎从远处归来，绕在柁牙之旁。　〔苏台〕即姑苏台，在今苏州市西南的姑苏山上，春秋时吴王阖闾所建，从上可以眺望太湖。

云静非归，云动非去，也与柁牙无关，正如上篇山峰之与白云也本无交涉一样。然而在诗人笔下，它们之间都发生了亲密而和谐的关系。苏台柳曾扫吴宫花，谁曾见来？但又何必一定要实有其事呢？这些地方，好就好在虽无理而有情。排除了幻想与想象，也就没有诗了。

乡村四月

翁　卷

绿遍山原白满川，子规声里雨如烟。
乡村四月闲人少，才了蚕桑又插田。

〔白满川〕指平原中的稻田浸满了水。　〔子规〕见李白《蜀道难》注。〔雨如烟〕形容雨下得很小，望上去像烟。　〔了〕完结。

这是一篇被后人传诵得很广的诗。它以朴素的语言赞美了农民们辛勤的劳动。

翁卷，字灵舒，永嘉（今浙江省温州市）人，孝宗、理宗时代（约当 12 世纪 70 年代到 13 世纪 30 年代）的诗人。

约　客

赵师秀

黄梅时节家家雨，青草池塘处处蛙。
有约不来过夜半，闲敲棋子落灯花。

〔灯花〕灯芯久燃成炭，结成花形，叫作灯花。

这是一篇把期待的心情描写得细致入微的小诗。屋外雨声、蛙声的喧闹与屋内的静寂形成强烈的对照。

赵师秀，字紫芝，永嘉人，与翁卷同时。

甲午江行

毛　珝

百川无敌大江流，不与人间洗旧仇。
残垒自缘他国废，诸公空负百年忧。
边寒战马全装铁，波阔征船半起楼。
一举尽收关洛旧，不知消得几分愁？

〔甲午〕理宗赵昀端平元年（1234）。〔江行〕走水路，乘船。〔百川二句〕是说在世世代代生活着的土地上，有上百条无可比拟的河流，还有长江，可是不给人们冲洗掉过去的仇恨。也就是说，在壮丽的河山里，依然存在着被侵略的仇恨。〔残垒句〕残垒，残余的堡垒。他国，指金。南宋统治者为了向金求和，曾经废除前线的军事设施，表示决不收复失地。〔诸公句〕诸公，指当时的执政大臣。百年，北宋皇朝于1127年倾覆，到这时已经过了一百年。这是说大臣们没有能负起改变百年来历史局势的责任。晋桓温曾认为“使神州陆沉，百年丘墟”，王衍等人不能推卸责任，已见陆游《夜登千峰榭》注，本句也暗用了这个典故。〔装铁〕披上铁甲。〔征船〕战船。〔关洛〕关，关中，泛指今陕西一带。洛，洛阳，泛指今河南一带，都是从1127年之后，就被女真贵族侵占了的中原地区。〔不知句〕是说即使这样，也还不能完全消释长期积累起来的仇恨和忧愁。

1234年，蒙古族灭掉了女真族的金朝，从此南宋面对着一个更其强大的侵略者。诗人认为应该借金朝覆灭机会，收复中原，所以就写了这篇风格雄壮的诗，来鼓舞人们的斗志。但由于南宋朝廷的腐朽无能，不仅没能这样做，而且接着又受到蒙古的进攻，终于灭亡。

毛珝（xǔ），字元白，三衢（今浙江省衢州市衢江区）人，理宗时代（约当13世纪中叶）的诗人。

织妇叹

戴复古

春蚕成丝复成绢，养得夏蚕重剥茧。
绢未脱轴拟输官，丝未落车图赎典。
一春一夏为蚕忙，织妇布衣仍布裳。
有布得著犹自可，今年无麻愁杀我。

〔轴〕织机上支持纬线的部件叫作杼，支持经线的部件叫作轴。这里以轴作为杼轴的统称。〔输〕交纳。〔车〕指缫丝的车。〔图〕思谋。〔赎典〕赎回典当的东西。〔一春四句〕是说织绢的妇女，不但穿不上绢，连麻布也穿不上。犹自可，即尚可。尚可、杀我，分用在上、下两句的末尾，是民谣中常见的句型，如古乐府《独漉篇》："独漉独漉，水深泥浊。泥浊尚可，水深杀我。"

本篇与前面选的梅尧臣《陶者》同意，也就是俗话说的"卖油的娘子水梳头"。

戴复古，字式之，黄岩(今浙江省台州市黄岩区)人，生于乾道三年(1167)，死年不详。

江阴浮远堂

戴复古

横冈下瞰大江流，浮远堂前万里愁。
最苦无山遮望眼，淮南极目尽神州。

〔江阴〕今江苏省江阴市。〔浮远堂〕堂名浮远，取苏轼《同王胜之游蒋山》诗中"江远欲浮天"意。〔瞰(kàn)〕向下看，俯视。〔淮南句〕淮南，指今江苏、安徽省长江以北，淮河以南之地。南宋与金议和，划淮为界。故由长江南岸的江阴北望中原，要从淮南看过去。极目，穷尽眼力。神州，见左思《咏史》"皓天舒白日"篇注，这里指中原金占区。

望之则不忍，不望又不能，于是深悔登上能供北望的高堂为多此一举了。刘克庄《冶城》云："神州只在阑干北，几度来时怕上楼。"与此同意而从正面说出，反不及这篇之耐人寻味。

军中乐

刘克庄

行营面面设刁斗，帐门深深万人守。
将军贵重不据鞍，夜夜发兵防隘口。
自言"虏畏不敢犯"，射麋捕鹿来行酒。
更阑酒醒山月落，彩缣百段支女乐。
谁知营中血战人，无钱得合金疮药！

〔行营〕作战时可以随时移动的军事指挥部。〔刁斗〕见李颀《古从军行》注。〔不据鞍〕即不骑马作战。〔隘(ài)口〕险要的地方。〔麋(mí)〕鹿,又名驼鹿。〔更阑〕更都快打完了,即天快亮了的时候。〔彩缣〕染了颜色的丝织物。〔支〕给予。〔女乐〕以妇女组成供统治阶级享乐的歌舞班子。〔合〕这里作配药解。〔金疮〕刀箭等武器所造成的伤害,即战伤。

这篇诗所写,即高适《燕歌行》"战士军前半死生,美人帐下犹歌舞"之意,但更具体和细致。

刘克庄,字潜夫,莆田(今福建省莆田市)人,生于淳熙十四年(1187),死于度宗赵禥咸淳五年(1269)。

国殇行

刘克庄

官军半夜血战来,平明军中收遗骸。
埋时先剥身上甲,标成丛冢高崔嵬。
姓名虚挂阵亡籍,家寒无俸孤无泽。
呜呼诸将官日穹,岂知万鬼号阴风!

〔遗骸(hái)〕指留在战场上的尸体。骸,骨。〔丛冢〕乱坟。〔崔嵬〕见李白《蜀道难》注。〔姓名二句〕寒,贫穷。俸,军饷。泽,抚恤。这是说战士们虽然为着保卫国家,忠勇地献出了自己的生命,在阵亡士兵的名册上有个名字,但他们的贫寒家庭和留下的孤儿,没有得到任何报酬和抚恤。〔穹(qióng)〕高。〔岂知句〕哪里知道死去的战士在阴风中悲痛地呼号着呢?

以上两篇诗很深刻地揭露了南宋末年军队中的黑暗情况。将军们胆小如鼠,根本不敢和敌人进行斗争,但生活却异常豪侈。士兵们是忠勇的，但生前受了伤，药都没钱去配；战死以后，家庭也得不到抚恤。这，正是这个腐朽帝国不断地遭受到女真、蒙古贵族的侵略，而终于灭亡的重要原因之一。

北 来 人

刘克庄

试说东都事，添人白发多。
寝园残石马，废殿泣铜驼。
胡运占难久，边情听易讹。
凄凉旧京女，妆髻尚宣和。

〔东都〕指汴梁。北宋以汴梁为东京。〔寝园二句〕是说北宋皇帝的陵园和宫殿都已遭到破坏。石马是皇帝陵墓道上的陈列物。西晋洛阳宫殿前面陈列着铜制的骆驼。索靖预见到天下将要大乱，指着铜驼叹息说："会见汝在荆棘中耳。"西晋果然不久被匈奴刘聪灭亡了。〔胡运二句〕是说金人的命运算来不会长久，可是对于敌情又往往得不着确实的消息。占，卜卦。边情，边界上的消息、动态。当时南宋朝廷不认真派人去探听消息，却听信一些谣言，例如女真贵族夏天到东北去避暑，却误认为是金朝出了什么乱子，逃回了老家之类。因此诗人有此慨叹。〔凄凉二句〕使人伤感的是汴梁虽然沦陷了多年，但人民仍然不忘故国，保存着汉族的风习。妆髻，发式。宣和（1119—1125），徽宗年号。

这篇诗是听了北方来人谈及北宋旧都汴梁情况后所发抒的感愤。二、四两联侧重叙事，一、三两联偏于述怀，而交错写出，便不呆板。末句与陆游的"凉州女儿满高楼，梳头已学京都样"事同情异，哀乐全殊。

赠江防卒

刘克庄

战地春来血尚流，残烽缺堠满淮头。
明时颇牧居深禁，若见关山也自愁。

〔堠(hòu)〕瞭望敌情的堡垒。　〔淮头〕淮水边上。　〔明时句〕明时，太平年月。颇、牧，廉颇和李牧，战国时代赵国的名将。深禁，警卫森严的深宅大院。这是一句反话，因为当时金兵压境，并不太平，但将军们却依旧躲在家中玩乐，而且他们的本领也决比不上颇、牧。

一炬曹瞒仅脱身，谢郎棋畔走苻秦。
年年拈起江防字，地下诸贤会笑人。

〔一炬句〕一炬，一把火。阿瞒，曹操的小名。这是指建安十三年(208)赤壁之战中，周瑜率领孙权、刘备的军队，用火攻计将几十万曹兵杀得大败。曹操本人仅得幸免一死。南宋偏安，所以在历史上推尊蜀汉，视为正统，以赤壁之战曹败刘胜为正义的胜利。　〔谢郎句〕谢郎，指谢安。苻秦，晋时五胡十六国中氐族建立的前秦，君主姓苻。这里是指苻坚。太元八年(383)淝水之战中，苻坚派了近百万的军队大举侵略东晋，而主持这次反侵略正义战争的宰相、征讨大都督谢安却大会亲友，还和他的侄儿前锋都督谢玄下围棋，态度非常镇定。由于他掌握了敌人的弱点，结果把苻坚打得大败。这两句是以历史事实表明不能坐失良机，必须积极抗金。　〔年年句〕指在官府文书中，每每照例地提起江防这件事。　〔地下诸贤〕指死去的周瑜、谢安等人。

从嘉泰四年(1204)宋韩侂(tuō)胄定议伐金，一直到嘉定十七年(1224)宋金议和，这二十年中双方经常发生战争，互有胜负。《赠江防卒》六篇，以讽刺的手法，记录了当时宋朝军队中的一些阴暗面，与其乐府体写的作品《军中乐》等篇相同。韩侂胄在军事条件准备得很不充分的情况下，举兵北伐，以致被金兵反扑过来，直到长江旁边。诗中“居深禁”的“明时颇牧”，可能就是指的这位权臣。

和上官伟长芜城晚眺

严　羽

平芜古堞暮萧条，归思凭高黯未消。
京口寒烟鸦外灭，历阳秋色雁边遥。
清江木落长疑雨，暗浦风多欲上潮。
惆怅此时频极目，江南江北路迢迢。

〔上官伟长〕名良史。〔芜城〕广陵（故治在今江苏省扬州市东北）在南朝时两遭兵祸，城郭荒芜，鲍照为此写了一篇《芜城赋》。后人因称扬州为芜城。详李商隐《隋宫》注。〔眺（tiào）〕望。〔平芜〕生满杂草的原野。〔堞（dié）〕即女墙，城上的短墙。〔归思句〕是说虽然登城赏景，但还不能排遣乡愁。黯（àn），黯然，心神沮丧貌。〔京口〕今江苏省镇江市。〔历阳〕今安徽省和县。

这篇诗写登城怀归之感，中四句目中所见，又分远近两层。

严羽，字仪卿，邵武（今福建省邵武市）人，孝宗、理宗时（约当12世纪80年代至13世纪40年代）人，著名的诗论家。

三 虎 行

方　岳

黄茅惨惨天欲雨，老乌查查路幽阻。

田家止予且勿行，前有南山白额虎。
一母三足其名彪，两子从之力俱武。
西邻昨暮樵不归，欲觅残骸无处所。
日未昏黑深掩关，毛发为竖心悲酸，客子岂知行路难！
打门声急谁氏子，束蕴乞火霜风寒。
劝渠且宿不敢住，袒而示我催租瘢。
呜呼！李广不生周处死，负子渡河何日是？

〔查(zhā)查〕即喳喳，鸟叫声。〔幽阻〕黑暗而危险。〔予〕同余，我。〔一母句〕彪的原义是小虎。这里说三只脚的虎叫彪，是民间传说。〔毛发为竖〕极其害怕的样子，就是俗话所说“汗毛直竖”。〔谁氏子〕姓什么的人，指陌生人。〔蕴〕草把。〔乞火〕讨个火种。〔渠〕他。〔袒(tǎn)〕脱掉上衣。〔催租瘢(bān)〕因无力交纳租税而被官吏鞭打留下的伤疤。瘢，疤。〔李广二句〕李广，汉朝的神箭手，见卢纶《塞下曲》“林暗草惊风”篇注。周处，西晋人，年轻时不学好，祸害地方。大家把他同山中一虎、水中一蛟并称为三害。周处听了，愤然改过，上山杀了虎，下水斩了蛟，自己也规规矩矩做人，除掉了三害。东汉刘昆做弘农太守，三年之后，仁化大行。老虎都不敢在弘农呆下去，纷纷背上小虎过河，到别的地方去了。这是说现在既无为民杀虎除害的英雄人物如李广、周处，更不知哪一天才有像刘昆那样大行仁政的好官。

这篇诗写的是一个古老的主题——“苛政猛于虎”。老虎虽然吃人，有时还能幸免，统治阶级的剥削却无时无地不在，简直无所逃于天地之间，所以广大人民最后只有走上起义的道路。

方岳，字巨山，祁门(今安徽省祁门县)人，生于庆元五年(1199)，死于理宗景定三年(1262)。

泊歙浦

方　岳

此路难为别，丹枫似去年。
人行秋色里，雁落客愁边。
霜月攲寒渚，江声惊夜船。
孤城吹角处，独立渺风烟。

〔歙(shè)浦〕在今安徽省歙县东南，是新安江与练溪会合之处。　〔攲(qī)〕倾斜。

张继《枫桥夜泊》与此诗意境近似，却更干净、完整。当然，这篇不甚知名的作品也不失为好诗，风格颇近中唐。

游园不值

叶绍翁

应怜屐齿印苍苔，小扣柴扉久不开。
春色满园关不住，一枝红杏出墙来。

〔不值〕没有遇上。　〔应怜句〕是说由于站得太久，以致木屐底下的齿把门前的青苔都踩出痕迹来了，未免可惜。屐(jī)，木制鞋，鞋底有齿。〔扣〕同叩，敲。

门前长有青苔，足见这座花园的幽僻，而主人又不在家，敲门很久，无人答应，更是冷清，可是红杏出墙，仍然把满园春色透露了出来。从冷寂中写出繁华，这就使人感到一种意外的喜悦。

叶绍翁，字嗣宗，龙泉(今浙江省龙泉市)人，宁宗、理宗时代(约当13

世纪前半期)的诗人。

除 夜

文天祥

乾坤空落落,岁月去堂堂。
末路惊风雨,穷边饱雪霜。
命随年欲尽,身与世俱忘。
无复屠苏梦,挑灯夜未央。

〔除夜〕指元世祖至元十八年(1281)除夕。〔乾坤二句〕乾坤,天地,即空间。落落,广大貌。岁月,即时间。堂堂,明显貌。这是感叹自己抵抗蒙古贵族侵略,保卫祖国的事业,遭到失败。山河虽然广大,时间却已消逝。〔末路二句〕指自己不幸被俘,押送燕京(今北京市)过着囚徒生活。战斗则几惊风雨,囚居则饱受雪霜。称燕京为"穷边"(极远的边地),是就南宋辖区而言。〔命随二句〕是说作者感到自己的生命即将随着一年的终结而结束,决心殉国,对世上一切都付之遗忘,再无留恋。〔无复二句〕古代风俗,元旦日全家团聚,饮屠苏酒。这是说除夕一人独处囚房,只有孤灯相伴,连饮屠苏酒的梦也不会做了。夜未央,见曹丕《燕歌行》注。

文天祥是至元十九年冬十月在燕京柴市就义的,十八年除夕是他过的最后一个除夕。如这篇诗中所表现的,他身处牢狱,面对死亡,既无所畏惧,也不抱幻想,既慷慨而又从容。这种高贵的精神状态,永远是鼓舞我们的力量。

文天祥,字宋瑞,一字履善,吉水(今江西省吉水县)人,生于端平三年(1236),死于至元十九年(1282)。文天祥是中国历史上伟大的民族英雄。他将全部的生命献给了反对民族压迫、反抗侵略的正义事业。在不幸被俘后,敌人曾经用种种卑鄙手段来对他进行胁迫利诱,但文天祥铁一般的意志，毫不为之动摇，终于从容就义。他的战斗业绩和他写的战斗诗篇，都显示了“富贵不能淫，威武不能屈”的崇高品德，是留给我们的宝贵遗产。

过零丁洋

文天祥

辛苦遭逢起一经，干戈落落四周星。
山河破碎风抛絮，身世飘摇雨打萍。
惶恐滩头说惶恐，零丁洋里叹零丁。
人生自古谁无死？留取丹心照汗青。

〔辛苦句〕起一经，指自己由科举出身。古代考科举时，每人要考自己所专门研究的一种经书。文天祥是理宗宝祐四年(1256)的状元，后来做到丞相，但他所处的时代则是宋帝国已经濒于危亡的时候，他支撑残局，非常辛苦，所以是这么说。〔干戈句〕落落，多貌。周星，木星约十二年绕太阳一周，古人用它来纪年，称十二年为一周星。同时，地球则约十二月绕太阳一周，相当于前者的十二分之一，也可借称十二月为一周星。这里是用后一解释。本诗作于帝昺(bǐng)祥兴二年(1279)正月十二日。四周星，是指帝㬎(xiǎn)德祐元年(1275)到祥兴元年(1278)。德祐元年，文天祥起兵抗元；祥兴元年，不幸被俘。这四年当中，战斗频繁激烈，所以说“干戈落落”。〔惶恐句〕惶恐滩，见苏轼《八月七日初入赣，过惶恐滩》注。惶恐，惶惑和恐惧，引申也有惭愧的意思。端宗赵昰景炎二年(1277)，文天祥在家乡今江西省吉水县附近的空阬被蒙古侵略者打败。妻欧阳氏，妾颜氏、黄氏，次子佛生，女柳娘、环娘都被俘北去。只有母亲曾夫人和长子道生随着他经由赣江惶恐滩一带，退往汀州(今福建省长汀县)。这句是对当时感到惶恐的回忆。〔零丁句〕零丁洋，即今广东省中山市南的海面。零丁，孤独貌。1278年，文天祥在今广东省海丰县的五坡岭被元将张弘范俘获。张弘范要继续追击在厓山（在今广东省江门市新会区南海中）的帝昺，强迫他随船前往。经过零丁洋时，文天祥就写了这诗。这句是在目前感到零丁的心情。〔丹心〕红心，忠心。〔照汗青〕照耀史册。汗青，在纸没有发明以前，古人写字用竹简，先将竹简用火烤干水分（竹汗），可以防蛀，称为汗青。这里指历史。

张弘范进攻厓山时，最初由于另一位民族英雄张世杰防御得力，没有攻下。张弘范想要文天祥写信，劝张世杰投降，文天祥就将这篇诗写给他看，表示了自己崇高的民族气节，挫败了这个诱降者的阴谋。

金陵驿

文天祥

草合离宫转夕晖，孤云飘泊复何依？
山河风景元无异，城郭人民半已非。
满地芦花和我老，旧家燕子傍谁飞？
从今别却江南路，化作啼鹃带血归。

〔金陵驿（yì）〕这是作者被俘押送燕京时经过金陵（今南京市）驿所作。驿，驿站，旧日出差或传递公文的人中途休息的地方。〔草合句〕草合，长满了草。离宫，行宫，皇帝的临时住所。建炎元年（1127），高宗在南京（应天府，故治在今河南省商丘市南）即位。三年，曾到建康府（即金陵）小住。绍兴八年（1138），才定都临安。德祐元年（1275），元兵攻破金陵。这句是写在夕阳照射之下荒废的行宫，暗示政权的覆灭。〔孤云〕作者自比。〔山河二句〕“风景不殊，正自有山河之异”是东晋初周𫖮的话，参见陆游《夜登千峰榭》注。原话说“山河之异”，是指沦陷了的北方与南方不同。这里是说现在南北都已沦陷，没有什么差别了。元，同原。《搜神后记》载:汉朝道士丁令威学道成仙,化为一鹤,回到故乡辽东,从空中下望,作诗道:"去家千年今始归,城郭犹是人民非。"这里是反用其意,认为土地虽为敌占,但人民并未全非,即民心并未全失。〔满地二句〕上句暗用刘禹锡《西塞山怀古》中"金陵王气黯然收"及"故垒萧萧芦荻秋"意。下句暗用刘禹锡《乌衣巷》中"旧时王谢堂前燕,飞入寻常百姓家"意。刘诗前篇叹孙吴政权之灭亡,后篇叹王、谢高门之零落,都是金陵旧事。这里用以寄托对南宋倾覆的哀思。〔路〕一本作"日",误。〔化作句〕带血啼鹃,屡见前注,这里也是自比。归,表示始终要忠于南方民族政权,死了变鸟,也要回到南边来。

这是文天祥被俘北上时路过金陵所作。诗中将自己的切身体验以及前朝和本朝在这座名城中所发生的兴亡事件、前人的咏叹,交织在一起,写得极其沉挚。

醉歌

汪元量

乱点连声杀六更,荧荧庭燎待天明。
侍臣已写归降表,"臣妾"佥名"谢道清"。

〔乱点句〕每夜分五更,每更分五点。宋初有民谣云:"寒在五更头。"统治阶级忌讳这句话,所以宫中在五更之后,又敲梆打鼓,叫作虾蟆更。禁门这时才开,百官随即进入。这也就是六更。乱点连声,指敲梆打鼓。杀,同煞,收束。这是说到了六更,已是百官入朝的时候。〔荧(yíng)荧句〕荧荧,光微弱貌。庭燎(liǎo),大烛。大烛而以荧荧形容之,是暗示局面的悲惨。〔臣妾句〕谢道清是理宗的皇后、帝㬎的祖母,即所谓太皇太后,当时宋宫里最尊贵的人物,所以由她在归降表上签名。佥,同签。古代风习,在被敌人战败后,屈膝投降,男为人臣,女为人妾。故谢道清在降表上自称“臣妾”。

《醉歌》杂写德祐二年(1276)春,元兵直逼临安,宋朝派大臣向元丞相伯颜上传国玺和降表诸事。这篇诗不着议论,只陈事实,而对朝廷这一措施之不满却非常明显。这也就是所谓直书其事,而其义自见。

汪元量,字大有,钱塘(今浙江省杭州市)人,度宗时的宫廷琴师,宋灭,被俘北去,后为道士南归。南宋亡国的情状,在他的诗歌中有大量的反映,而且写得非常生动。

南苑西宫棘露牙,万年枝上乱啼鸦。
北人环立阑干曲,手指红梅作杏花。

〔南苑句〕牙,同芽。宫苑中荆棘露牙,可见已经无人管理。　〔万年枝〕即冬青树。宋宫中多种这种树。宋亡后,皇帝的陵墓被侵略者发掘,遗民们收拾遗骨重葬,也种冬青作为标志,所以宋遗民怀念故国的诗歌中常常提到它。

这篇诗借元人闯入宫禁、不识红梅这样一件小事,暗示宋朝的沦亡。与杜牧《赤壁》中“东风不与周郎便,铜雀春深锁二乔”同意,而虚实相反。

湖州歌

汪元量

一掬吴山在眼中,楼台叠叠间青红。
锦帆后夜烟江上,手抱琵琶忆故宫。

〔一掬(jū)句〕一掬,一捧。吴山,见苏轼《法惠寺横翠阁》注。这是形容远望吴山,体积很小,好像可以用手捧起来。　〔楼台句〕叠叠,重叠的样子。间(jiàn),间隔。这是说许多饰以青色和红色的楼台高低错落地建筑在吴山之上。〔锦帆〕见李商隐《隋宫》注。这里指南宋宫女在国亡被俘之后乘坐着北去的船。

《湖州歌》共九十八篇，写亡宋母后、幼主及在宫廷服役的人员被元兵俘虏押送燕京的事。德祐二年二月，伯颜从临安东北的临皋山进驻湖州（今浙江省湖州市吴兴区），派人到临安索取谢道清的投降手诏，并解散南宋政府，对政权进行全面接管。因此，汪元量将这组诗命名为《湖州歌》。

这一篇写宫女们在出发前两天对故国故都的留恋之情，前两句实写其眼前所见景物，后两句揣想其旅途所过生活。

青天淡淡月荒荒，两岸淮田尽战场。
宫女不眠开眼坐，更听人唱《哭襄阳》。

〔淡淡〕水摇动的样子，这里用以形容天清澈得和水一样。〔荒荒〕辽阔而寒冷的样子。〔哭襄阳〕当时流传的一篇民间歌曲。襄阳一向是历史上南北兵争的要害地区。元兵于咸淳三年（1267）围攻襄阳，吕文焕一直坚守到咸淳九年，而宰相贾似道始终不肯派兵来救，吕终于献城出降。襄阳一失，元兵就长驱直入了。

作者在《醉歌》中写道："吕将军在守襄阳，十载襄阳铁脊梁。望断援兵无信息，声声骂杀贾平章。"可与此篇合读。大概"骂杀贾平章"也是《哭襄阳》的部分内容。宫女不眠，而这篇民谣忽然入耳，这就使她们把自己的命运与襄阳失守的关系很自然地连结起来了。

寄江南故人

家铉翁

曾向钱塘住，闻鹃忆蜀乡。
不知今夕梦，到蜀到钱塘？

〔曾向句〕向，犹在。钱塘，这里指临安。这是自己曾在南宋朝廷做官的一种婉曲的说法。　〔闻鹃句〕杜鹃鸟四川最多，叫声像“不如归去”这句话。又相传它是古时蜀国的皇帝杜宇所变。蜀中人民对这位传说中的皇帝很敬爱，每逢夜半听到杜鹃叫，就起来对它下拜。杜甫在四川的时候，因为感叹唐玄宗遭安史之乱，流离迁播，也曾按照蜀中风俗，闻鹃下拜，以表自己对祖国的忠诚。作者是四川人，这句诗写闻鹃思乡，也暗含有对已经覆灭的民族政权的深切怀念在内。

“不知”得好，因为梦到钱塘和梦到蜀中，对于诗人来说，都是梦想恢复祖国，实质上是一回事。

家铉(xuàn)翁，眉州(今四川省眉山市)人，生年不详，死于元世祖至元三十一年(1294)。宋亡被俘，留在燕京很久，拒绝在元朝做官，后被放还南归。

二　砺

郑思肖

愁里高歌《梁父吟》，犹如金玉戛商音。
十年勾践亡吴计，七日包胥哭楚心。
秋送新鸿哀破国，昼行饥虎啮空林。
胸中有誓深如海，肯使神州竟陆沉？

〔二砺(lì)〕砺，磨刀石。砺是用来磨刀的，因此，磨炼自己的志气也叫作砺。作者写了好些篇这样的诗，都以砺为名，如《一砺》、《二砺》等。　〔梁父吟〕古乐曲名。即《梁甫吟》，见李白《梁甫吟》注。相传诸葛亮爱唱《梁父吟》。作者倾慕诸葛亮要以“鞠躬尽瘁，死而后已”的精神“北定中原”，要向他学习，所以这么说。　〔犹如句〕金，指铜制乐器，如钟等。玉，指玉或石制乐器，如磬等。戛(jiá)，敲击。商，乐调名，其声悲凉慷慨。这是说，自己歌唱起《梁父吟》来，和以金玉制的乐器奏出商调的声音一样悲壮。〔十年句〕勾践，春秋时越王名。父为吴王阖闾所败。勾践继位，在槜(zuì)李(今浙江省嘉兴市一带)击败吴国的军队。后又为阖闾的儿子夫差所败，被困于会稽(今浙江省绍兴市)，只好屈辱求和。他卧薪尝胆，发愤图强，十年生聚，十年教训，终于兴兵灭吴。〔七日句〕申包胥，春秋时楚臣名。楚昭王时，吴兵伐楚，一直打到楚国的都城郢(今湖北省江陵县东南)，昭王也逃走了。申包胥看到局势危急，就到秦国去哭求救兵。秦哀公最初不肯出兵。申包胥就在秦国的朝廷痛哭，长达七天之久，终于感动秦君，出兵打退了吴军。这是说自己也有申包胥这样的忠心，可惜无地可以求救。〔愁送句〕鸿雁是每年南去北来的候鸟，今年新到南方，南方的宋朝已经灭亡，是个破国了，鸿雁看到，同样是要为之悲哀的；而诗人呢，则忧愁地送着新到南方的鸿雁去哀怜破碎的祖国。〔昼行句〕啮(niè)，咬。老虎敢在大白天跑出来，在空林中寻找食物，那么，经过侵略者横暴地杀掠之后，人烟稀少，城野荒凉的情况也就可想而知了。〔神州陆沉〕见陆游《夜登千峰榭》注。

这是诗人发出的庄严的誓言。正因为富于民族精神的人民决不能忍受“神州陆沉”，所以当蒙古贵族建立元朝以后，人民从来没有一天停止过向侵略者进行最坚决的斗争，终于不到一个世纪，就推翻了建立在民族压迫基础之上的蒙古贵族统治，迎来了民族解放。这不仅对汉族人民的发展前途是有利的，对蒙古人民也同样有利。因为，如我们所熟知，任何民族，当它还在压迫别的民族时，它自己也不可能成为自由的民族。

郑思肖，字忆翁，连江(今福建省连江县)人，生于理宗嘉熙三年(1239)，死于元仁宗爱育黎拔力八达延祐三年(1316)。

效孟郊体

谢 翱

闲庭生柏影，荇藻交行路。忽忽如有人，起视不见处。
牵牛秋正中，海白夜疑曙。野风吹空巢，波涛在孤树。

〔闲庭二句〕闲庭，空庭。荇、藻，两种水草。这是写月光如水，照着柏树，而柏影映在路上，有如荇藻浮在水中。〔忽忽〕恍惚不定的样子。〔野风二句〕以鸟去巢空，暗喻南宋灭亡，帝后被掳北去，人民流离失所。作者《重过杭州故宫》云："复道垂杨草欲交，武林无树着凌霄。野猿引子移来住，覆尽花枝翡翠巢。"与此同义。

这篇诗写自己在秋夜月明之下的感受。他空虚，他追求，又因前途的渺茫而感到怅惘，很曲折地表达了亡国之痛。

谢翱，字皋羽，长溪（今福建省霞浦县南）人，生于理宗淳祐九年(1249)，死于元成宗铁穆耳元贞元年(1295)。

落叶昔日雨，地下仅可数。今雨叶落处，可数还在树。
不愁绕树飞，愁有空枝垂。天涯风雨心，杂佩光陆离。
感此毕宇宙，涕零无所之。寒花飘夕晖，美人啼秋衣。
不染根与发，良药空尔为！

〔落叶四句〕以秋雨中树叶愈落愈少比喻国势日益衰弱，终致灭亡。〔不愁二句〕曹操《短歌行》："月明星稀，乌鹊南飞，绕树三匝，何枝可依？"以乌鹊无依比喻人民流亡。这里更进一步，说只要国家尚存，总还有土地可供流亡，如果国家都不再存在，那就连要想流亡也为难了。〔天涯二句〕风雨心，在风雨飘摇的国势之中动荡不安的心情。杂佩，左右佩玉，古人的一种妆扮。陆离，长貌。屈原在《离骚》中描写自己的形象说："高余冠之岌岌兮，长余佩之陆离。"诗人借以形容自己。这是说形象优雅、品德高洁的自己，虽远处天涯，而仍对现实局面深感不安。〔感此句〕这是说自己对于这种情状感到痛苦，将随宇宙永存，没有穷尽。〔无所之〕无地可去，应上“不愁”二句。〔不染二句〕这两句是说枯根不能重生，白发难以变黑，但句意未醒，因为发可染而根不可染。空尔为，白白地这样做了，指服良药。这是比喻拯救国家民族，要从根本上解决问题。

这篇诗以传统的草木零落、美人迟暮之感寄托祖国沦亡之哀。

闺中玻璃盆，贮水看落月。看月复看日，日月从此出。
爱此日与月，倾写入妾怀。疑此一掬水，中涵济与淮。
泪落水中影，见妾头上钗。

〔写〕同泻。〔一掬〕见汪元量《湖州歌》注。〔中涵句〕济，水名，源出河南省，东流入山东省境内，其下游后为黄河及大小清河所占。江、河、淮、济，古称四渎，所以济、淮并称。

这篇诗借男女之情写对祖国的忠爱，由盆水生意。盆中出日月，盆水涵济、淮，都是小中见大，幻中见真。末两句描写自己伶俜孤独，顾影自怜，反映了遗民们的深沉的悲痛。

这三篇诗具有孟郊的悲苦和幽僻，也参有李贺的光怪和古艳；而其所描写的环境和人物，则更有类于《咏怀》中的阮籍，甚至《离骚》中的屈原。无望的现实和炽热的灵魂交织在这些诗篇中，引起激烈的冲突，诗人的感情一次又一次地爆发出火花。

西台哭所思

谢　翱

残年哭知己，白日下荒台。
泪落吴江水，随潮到海回。

故衣犹染碧，后土不怜才！
未老山中客，惟应赋《八哀》。

〔西台哭所思〕西台，在今浙江省桐庐县西富春山，山临富春江，有东、西二台，是汉隐士严光垂钓处，故一名钓台。所思，所怀念的人，指文天祥。元兵南侵时，谢翱曾参加文天祥的幕府。文牺牲后，谢隐居浙东，一想起他所敬爱的英雄就痛哭失声。至元二十七年(1290)，他曾和吴思齐、冯桂芳、严侣等登西台，设天祥神位，号哭祭奠，并写《登西台恸哭记》一文，以记其事。这首诗当是其时所作。〔残年〕指至元二十七年岁暮，不是指老年。当时谢翱是四十一岁，所以下面自称"未老山中客"。〔知己〕指文天祥。〔白日句〕是说太阳隐匿在西台之下。据《登西台恸哭记》，登台祭奠那一天，正下着雨，后来雨停了，而"有云从西南来，滃浥浡郁(云气蒸腾貌)，气薄林木，若相助以悲者"。〔泪落二句〕吴江，这里借指富春江。这是说泪流不停，落入江中，流到海里，又随着潮水复回，永无休止。〔故衣句〕故衣，指文天祥上刑场时所穿的衣服。染碧，染血。"碧"在这里是血的代称。古代传说，忠臣苌弘含冤被杀，有人将他的血藏了起来，三年之后变成碧(青玉)。这是痛惜文天祥之死。〔后土句〕后土，地神。这是悼惜文天祥在抗元斗争中没有发挥最大的作用。〔八哀〕杜甫曾赋五言古诗八篇，分别哀悼死去的王思礼、李光弼、严武、李琎、李邕、苏源明、郑虔、张九龄等八位当代著名人物，题为《八哀》。这是说自己也只有像杜甫那样赋诗来哀悼文天祥。

书文山卷后

谢　翱

魂飞万里程，天地隔幽明。
死不从公死，生如无此生。

丹心浑未化，碧血已先成。
无处堪挥泪，吾今变姓名。

〔文山〕山名，在吉水县，文天祥曾用作自己的别号。〔卷〕诗卷。〔魂飞句〕文天祥在燕京就义的不幸消息传到南方，作者听了大为震动，似乎自己的灵魂都飞到燕京追随文天祥去了。〔天地句〕幽，阴间，鬼的世界。明，阳间，人的世界。这是说文天祥和自己在天地间已经幽明异路。〔丹心句〕浑，全。碧血，见上篇注。这是悲痛文天祥的死，说他忠诚的精神虽然万古长存，但宝贵的生命却仍然牺牲了。〔无处句〕是说全部领土都已被占领，再也没有可以自由抒发感情的地方。〔变姓名〕隐姓埋名，表示决不和侵略者建立的政权合作。

文天祥是谢翱的上级和战友，他们有着共同的保卫祖国的崇高志愿、反抗侵略的献身精神。文天祥的牺牲，给谢翱带来了难以愈合的心灵创伤。从这些充满了激情的诗篇也可以看出来。像这样的诗，可以说，不是用墨，而是用血写成的。

酬谢皋父见寄

林景熙

入山采芝薇，豺虎据我丘。入海寻蓬莱，鲸鲵掀我舟。
山海两有碍，独立凝远愁。美人渺天西，瑶音寄青羽：
自言招客星，寒川钓烟雨。《风》《雅》一手提，学子屦满户。
行行古台上，仰天哭所思。余哀散林木，此意谁能知？
夜梦绕勾越，落日冬青枝。

〔谢皋父〕即谢翱。〔入山六句〕古人认为灵芝吃了可以长生，所以“采芝”就是想求仙。薇是伯夷、叔齐隐居首阳山时用以充饥的野菜，所以“采薇”就是想归隐。丘，山。蓬莱，古代神话中的仙岛。鲵（ní），雌鲸。这是说，从前的人在不得志时总可隐居山林江海，可是现在处处都为敌占，连山颠海涯都不能去了。天地虽大，竟无容身之地，所以独立凝愁。〔美人二句〕《诗经·邶风·简兮》："云谁之思，西方美人。"这里"美人"指谢翱。渺天西，远在天边。瑶音，玉音，对谢翱诗的美称。青羽，青鸟。传说西王母常派遣青鸟为她传信。这里说自己所怀念的好友，从西边给寄来了美好的诗篇。〔自言二句〕严光（子陵）少时和东汉光武帝刘秀同学，两人感情很好。刘秀做皇帝后，把严光请来话旧。夜里，两人同睡在一张床上，严光无意中把脚压在刘秀的腹上。第二天，主管天文的太史上奏说："客星犯帝座，甚急。"（古人迷信，认为人间事态，上应天象。如果有人侵犯了皇帝，天文上也会反映出来。代表皇帝的星座称帝座。光度有变化而明暗不定的恒星叫变星，客星是变星的一种。大概两位老友同床的那晚，恰巧有个客星出现在帝座旁边。）光武帝想请严光出来做官，他拒绝了，隐居在富春山，以耕钓为生。这是说谢翱来信谈到自己正在把严光招来，一同在寒江烟雨中钓鱼度日（即以严光为榜样，拒绝在元朝做官，坚决隐居）。〔风雅二句〕《风》、《雅》，《诗经》的两个主要部分。提，犹言掌握。屦（jù），古代的一种鞋。古人生活习惯，进屋脱鞋，鞋放门外。这是赞美谢翱精通诗学，向他学习的人很多。〔行行四句〕见谢翱《西台哭所思》注。〔夜梦二句〕勾越，即越。"勾"是古代吴地方言中的发语词，吴可称"勾吴"，越可称"勾越"。这两句暗示彼此对宋陵被掘事，都不能忘怀。掘陵事，详下《梦中作》注。

这不是一般的酬答之作，而是两个志同道合、忠肝义胆的战友彼此之间崇高的心灵交感。对于谢翱，对于自己，林景熙都了解得非常真切，所以在他的笔下，就不仅呈现了谢翱的，同时也呈现自己的真实的形象。诗中"美人渺天西"以下十句属谢，而首六句及末二句则抒发了两人的共同感情。

林景熙，字德阳，平阳（今浙江省平阳县）人，生于淳祐二年（1242），死于元武宗海山至大三年（1310）。

梦中作

林景熙

珠亡忽震蛟龙睡，轩敝宁忘犬马情。
亲拾寒琼出幽草，四山风雨鬼神惊。

〔梦中作〕元世祖至元二十一年(1284)，江南释教总统杨琏真伽奉元帝命令，为了镇压汉族人民，发掘了南宋皇帝的陵墓。事后，林景熙、郑宗仁、谢翱等人，一同暗中将宋帝骸骨搜集、埋葬起来。高宗、孝宗的骸骨埋在兰亭(在今浙江省绍兴市西南)，后来又找到理宗的骸骨，合埋在一起。这组诗共四篇，就是为此而写。因为怕写得太明显了召来不利，所以隐约其词，并托言梦中所作。这组诗也有记载说是另一位遗民唐珏写的。 〔珠亡句〕这是说陵墓被掘，群情震动。古代传说：深渊里住着骊龙，颔下有宝珠。人们要想获得宝珠，一定要等骊龙睡熟之后才能去摘取。这里用来影射诸陵被掘之事。珠亡，比喻殉葬珠宝被劫。龙睡，比喻宋帝死后长眠。(蛟龙是复词偏义，这里偏用龙字义。) 〔轩敝句〕轩，车。敝，坏。《礼记·檀弓》："敝帷不弃，为埋马也；敝盖不弃，为埋狗也。"这种习俗说明了车的帷盖和犬马是有关联的。车子坏了，虽犬马也难以忘情，比喻国破家亡，臣民也不能不感到痛苦。 〔亲拾句〕寒琼，诸帝白骨的美称。琼，美玉。陵墓被掘之后，林等扮成乞丐，背上竹箩，带着竹夹，暗中贿赂那些掘墓的人，将高宗、孝宗的骸骨捡进竹箩，装成两盒，偷偷地运走。〔四山句〕是说人民对于敌人暴行所进行的斗争足使天地鬼神都为之感动。

一坯自筑珠丘土，双匣犹传竺国经。
独有春风知此意，年年杜宇泣冬青。

〔一坯(pī)句〕一坯，一堆。古代神话：舜埋葬在苍梧之野，有许多叫凭霄雀的神鸟，嘴里含着青沙珠飞来，在葬处积成一个堆，称珠丘。这是将兰亭的宋帝新墓比成舜陵，林等比为神鸟。〔双匣句〕林等将宋帝的两盒骸骨葬在兰亭，托言盒中装的是佛经。佛经来自天竺国（印度），所以称为竺国经。〔年年句〕杜宇，见李白《蜀道难》注。冬青，见汪元量《醉歌》注。这里以杜宇比宋帝，冬青指其兰亭新墓，想象先朝皇帝在九泉之下，也会为自己身后的不幸遭遇而哀伤。

昭陵玉匣走天涯，金粟堆前几暮鸦。
水到兰亭转呜咽，不知真帖落谁家？

〔昭陵句〕东晋穆帝司马聃永和九年（353）三月三日，王羲之与孙绰、谢安等四十一人在兰亭修禊赋诗（修禊，见杜甫《丽人行》注），王羲之作了一篇《兰亭集序》，并亲自书写。他是书法大师，这份墨迹极为后世宝重。唐太宗李世民非常喜欢王羲之的字，用计从王的七世孙智永和尚的弟子辩才手中得到了《兰亭集序》的真本。太宗死了，高宗遵照遗嘱，将这份真迹藏在一个玉匣里，放进了太宗的坟墓昭陵。可是后人将昭陵打开，却没有看到。这是暗喻宋帝的骸骨在被掘暴露之后又迁走了。〔金粟句〕金粟堆，见杜甫《观公孙大娘弟子舞剑器行》注。这里是借“金粟堆”来指宋帝诸陵，形容其被掘后之残破荒凉。〔水到二句〕呜咽（yè），悲泣声，也可以用来形容水流声。将字摹刻在石或木上，然后用纸拓下来，叫做帖。这是借兰亭真帖的失踪，引起人们系念，比喻诸帝骸骨已被秘密改葬兰亭，但许多人还不知它们到底被抛散到什么地方去了，因此悲泣。

珠凫玉雁又成埃，斑竹临江首重回。
犹忆年时寒食祭，天家一骑捧香来。

〔珠凫句〕相传秦始皇葬在骊山，墓室内以“人膏为灯烛，水银为江海，金银为凫雁”。见《汉书·刘向传》。这里以“珠玉”字代“金银”字，仍指墓中殉葬物。这是说诸陵被掘，殉葬物化为尘埃。〔斑竹句〕斑竹，见李白《远别离》及贾岛《赠人斑竹拄杖》注。重,再。这是借二妃哭舜的故事来说明自己对祖国的深厚感情。诸帝骸骨虽已重行埋葬,但回思前事,仍感悲痛。〔犹忆二句〕年时,当年。天家,皇家。这是说,还记得当年每逢寒食节,皇家都要派专使捧着香来扫墓,可是现在又如何呢?

在封建社会中,皇帝一般被认为是天然尊长,是国家民族的象征,皇帝的陵墓当然也是神圣不可侵犯的。而侵略者为了打击广大人民的民族自尊心,居然使用了发掘陵墓这种最残暴、最下流无耻的行为。针对着这种行为,遗民们进行了英勇斗争,并发为诗歌,加以揭露,这当然也表现了作者们的忠君思想,但更其主要的,则是表现了他们的民族气节。

山窗新糊有故朝封事稿，阅之有感

林景熙

偶伴孤云宿岭东，四山欲雪地炉红。
何人一纸防秋疏，却与山窗障北风!

〔故朝〕过去的朝代,指宋朝。〔防秋疏〕上给皇帝的关于防秋的奏章,即题中的“封事”,参王庭珪《送胡邦衡之新州贬所》注。在古代,每逢秋高马肥的时候,北方的游牧部族就要乘机南侵,因此,每到秋天,就必须加强防卫,叫作防秋。〔障〕挡。〔北风〕暗喻从北方来的蒙古贵族侵略者。

防秋的奏稿,在政权颠覆以后,却用来做了糊窗纸,诗人看了,感慨无穷,是完全可以理解的。但诗人同时也告诉了我们,即使是一张纸,也还在抵挡着北风,何况千百万人民呢?这也可以用来警告当代的侵略者,倘若敢于踏进有深厚的爱国主义传统的中国,他们就会感觉到:不仅是人民,就是连一草一木仿佛也会仇恨他们,也要抵抗他们。到处伸手的扩张主义者、侵略者,绝不会有好下场,古今都一样。

后记

南京大学中文系曾印过本书的征求意见稿。中外学侣及古籍出版社的同志们都曾指出过它的一些疏误，提供了很好的补充、修改意见。谨志于此，以表谢意。

此书属稿，始于1956年，几经损益，才成为现在这个样子。亡妻沈祖棻曾选注过其中的唐诗百余篇。但全书的定稿，则因她已于1977年不幸逝世，只好由我独力完成。现在联名出版，作为我们两人"四十年文章知己、患难夫妻"的永久纪念。祖棻治学细密严谨，对古典诗词造诣很深。如果她始终参加此书的写作，定可提高质量，减少错谬。东坡云："少游已矣，虽万人何赎！"近千载后，我对这种沉哀也深有会心，不独燕婉之私为没齿难忘而已。

程千帆

1981年1月　南京大学